ADOBE® ILLUSTRATOR® CS5

CLASSROOM IN A BOOK®

A239 Adobe Illustrator CS5 Classroom in a Book : guia de treinamento oficial/ [Adobe Creative Team] ; tradução: Félix José Nonnenmacher ; revisão técnica: Simone Belém. – Porto Alegre : Bookman, 2011.
475 p. : il.: color. ; 25 cm.+ 01 CD-ROM.

ISBN 978-85-7780-909-7

1. Software – Computação Gráfica. I. Adobe Creative Team.

CDU 004.4 Illustrator

Catalogação na publicação: Ana Paula M. Magnus – CRB 10/2052

ADOBE® ILLUSTRATOR® CS5

CLASSROOM IN A BOOK®

Guia de treinamento oficial

Tradução:

Félix José Nonnenmacher

Revisão técnica:

Simone Belém

Consultora Técnica Adobe Systems Brasil

Adobe Certified Expert em Adobe Photoshop

bookman

2011

Obra originalmente publicada sob o título
Adobe Illustrator CS5 Classroom in a Book, 1st Edition
ISBN 0-321-70178-X

Capa: *Henrique Chaves Caravantes*, arte sobre capa original

Leitura final: *Leonardo Zilio*

Gerente editorial – CESA: *Arysinha Jacques Affonso*

Editora responsável por esta obra: *Mariana Belloli Cunha*

Projeto e editoração: *Techbooks*

ARTMED® EDITORA S.A.
(BOOKMAN® COMPANHIA EDITORA é uma divisão da ARTMED® EDITORA S. A.)
Av. Jerônimo de Ornelas, 670 – Santana
90040-340 – Porto Alegre – RS
Fone: (51) 3027-7000 Fax: (51) 3027-7070

Unidade São Paulo
Av. Embaixador Macedo Soares, 10.735 – Pavilhão 5 – Cond. Espace Center
Vila Anastácio – 05095-035 – São Paulo – SP
Fone: (11) 3665-1100 Fax: (11) 3667-1333

SAC 0800 703-3444

IMPRESSO NO BRASIL
PRINTED IN BRAZIL

SUMÁRIO

O QUE HÁ NO CD

Uma visão geral do conteúdo do CD do Classroom in a Book

O CD do *Adobe Illustrator CS5 Classroom in a Book* inclui os arquivos de lição necessários para completar os exercícios deste livro, bem como outras informações que ajudam a conhecer melhor o Adobe Illustrator CS5 e a utilizá-lo com eficiência e facilidade. O diagrama abaixo representa o conteúdo do CD e ajuda a encontrar os arquivos necessários.

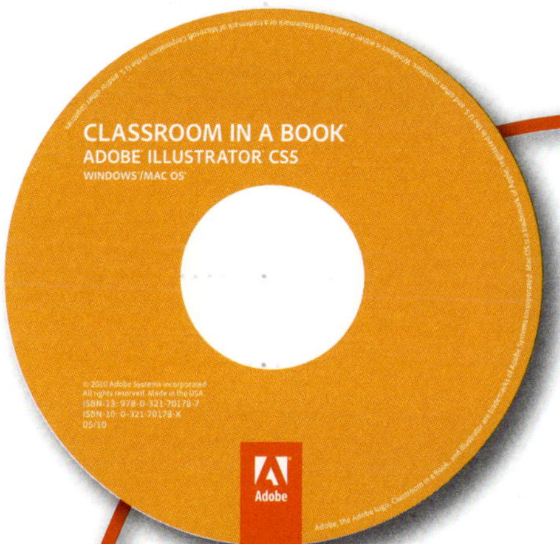

Arquivos das lições

Cada lição tem sua própria pasta dentro da pasta Lessons. Você precisa copiar essas pastas de exercícios para seu disco rígido antes de iniciar as lições.

Recursos online

Links para Adobe Community Help, suporte a produtos e páginas de suporte, Adobe Press, programas de certificação Adobe, Adobe TV e outros recursos online estão disponíveis em um prático arquivo html. Basta abrir o arquivo Online Resources em seu navegador da Internet e clicar nos links. Inclui um link especial para a página deste produto, em que você pode acessar atualizações e material adicional.

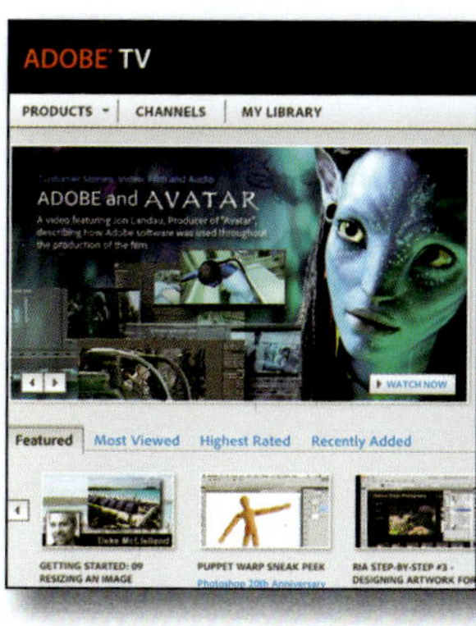

Adobe Press

ADOBE PRESS

Encontre informações sobre outros títulos da Adobe Press, com toda a linha de produtos Adobe, no arquivo Online Resources.

Adobe

INTRODUÇÃO

O Adobe® Illustrator® CS5 é o aplicativo de ilustração padrão no mercado de impressão, multimídia e criação de conteúdo online. Se você é designer ou ilustrador técnico que produz arte para publicações impressas, um artista que produz gráficos multimídia ou um criador de páginas Web ou de conteúdo online, o Adobe Illustrator oferece as ferramentas que você precisa para obter resultados de qualidade profissional.

Sobre o Classroom in a Book

O *Adobe Illustrator CS5 Classroom in a Book®* faz parte da série de treinamento oficial para softwares de publicação e tratamento gráfico desenvolvidos com o suporte dos especialistas da Adobe Systems, Inc.

As lições foram criadas para que você possa aprender em seu próprio ritmo. Se for iniciante no Adobe Illustrator, aprenderá os fundamentos necessários para começar a usar o aplicativo. Se for mais experimente, descobrirá vários recursos avançados, incluindo dicas e técnicas para utilizar a versão mais recente do Adobe Illustrator.

Embora cada lição forneça instruções passo a passo para criar um projeto específico, há espaço para exploração e experimentação. Você pode seguir o livro do início ao fim ou fazer somente as lições que satisfaçam seus interesses e necessidades. Cada lição termina com uma seção de revisão que resume o que foi visto.

Pré-requisitos

Antes de começar a usar o *Adobe Illustrator CS5 Classroom in a Book*, você deve conhecer o funcionamento do seu computador e sistema operacional. Certifique-se de que sabe como utilizar o mouse e os comandos e menus padrão, e também como abrir, salvar e fechar arquivos. Se precisar rever essas técnicas, consulte a documentação impressa ou online de seu Windows ou Mac OS.

● **Nota:** Quando as instruções são diferentes em cada plataforma, os comandos do Windows aparecem primeiro, seguidos pelos comandos do Mac OS, com a plataforma especificada entre parênteses. Por exemplo, "pressione Alt (Windows) ou Option (Mac OS) e clique fora da ilustração". Em alguns casos, comandos comuns podem ser abreviados com os comandos do Windows em primeiro lugar, seguidos por uma barra e os comandos do Mac OS, sem nenhuma referência entre parênteses. Por exemplo, "pressione Alt/Option" ou "pressione Ctrl/Command+clique".

Instalando o programa

Antes de começar a usar o *Adobe Illustrator CS5 Classroom in a Book*, certifique-se de que seu sistema está configurado corretamente e de que o software e o hardware necessários estão instalados.

O software Adobe Illustrator CS5 não está incluído no CD do *Classroom in a Book*; você deve comprá-lo separadamente. Para instruções completas sobre a instalação do software, veja o arquivo Adobe Illustrator Read Me no DVD do aplicativo ou na Web, em www.adobe.com/support.

Fontes utilizadas neste livro

Os arquivos de lição utilizam as fontes que vêm com o Adobe Illustrator CS5, que são instaladas com o produto para sua conveniência nas seguintes localizações:

- Windows: [unidade de inicialização]\Windows\Fonts\
- Mac OS X: [unidade de inicialização]/Library/Fonts/

Para informações adicionais sobre fontes e instalação, veja o arquivo Adobe Illustrator CS5 Read Me no DVD do aplicativo ou na Web, em www.adobe.com/support.

Copiando os arquivos do Classroom in a Book

O CD do *Classroom in a Book* inclui pastas com todos os arquivos necessários para as lições. Cada lição tem uma pasta própria, e você deve instalar essas pastas no disco rígido a fim de completar as lições. Para economizar espaço no disco rígido, você pode instalar somente a pasta necessária para cada lição e removê-la ao terminar.

Para instalar os arquivos de lição

1 Insira o CD do Classroom in a Book na unidade de CD-ROM.

2 Siga um destes passos:

- Copie a pasta Lessons inteira para o disco rígido.
- Copie apenas a pasta de lição que você precisa para o disco rígido.

Restaurando as preferências padrão

O arquivo de preferências controla a maneira como os comandos aparecem na tela quando você abre o Adobe Illustrator. Toda vez que você fecha o Adobe Illustrator, a posição dos painéis e de certas configurações são registradas em arquivos de preferências diferentes. Se quiser restaurar as ferramentas e configurações ao padrão inicial, você pode excluir o arquivo de preferências atual do Adobe Illustrator CS5. O Adobe Illustrator criará um novo arquivo de preferências, se ele já não existir, na próxima vez em que você iniciar o programa e salvar um arquivo.

Você deve restaurar as preferências do Illustrator antes de iniciar cada lição. Isso garante que as ferramentas e os painéis funcionem conforme descrito neste livro. Quando terminar o livro, você pode restaurar suas configurações salvas.

Para salvar as preferências atuais do Illustrator

1 Feche o Adobe Illustrator CS5.

2 Localize o arquivo AIPrefs (Windows) ou Adobe Illustrator Prefs (Mac OS):

- (Windows XP) O arquivo AIPrefs está localizado na pasta [unidade de inicialização]\Documents and Settings\[nome de usuário]\Application Data\Adobe\Adobe Illustrator CS5 Settings\en_US.*
- (Windows Vista ou Windows 7) O arquivo AIPrefs está localizado na pasta [unidade de inicialização]\Users \[nome de usuário]\AppData\Roaming\Adobe\Adobe Illustrator CS5 Settings\en_US.*
- (Mac OS X) O arquivo Adobe Illustrator Prefs está localizado na pasta [unidade de inicialização]/Users/[nome de usuário]/Library/Preferences/Adobe Illustrator CS5 Settings/en_US.*

● **Nota:** Se você não puder localizar o arquivo de preferências, utilize o comando Find de seu sistema operacional e procure AIPrefs (Windows) ou Adobe Illustrator Prefs (Mac OS).

Se não puder encontrar o arquivo, deve ser porque ou você ainda não iniciou o Adobe Illustrator CS5 ou moveu o arquivo de preferências. O arquivo de preferências é criado depois que o programa é fechado pela primeira vez, e daí em diante, ele é atualizado.

3 Copie o arquivo e salve-o em outra pasta no disco rígido.

4 Inicie o Adobe Illustrator CS5.

▶ **Dica:** Para localizar e excluir rapidamente o arquivo de preferências do Adobe Illustrator toda vez que você começar uma nova lição, crie um atalho (Windows) ou um alias (Mac OS) para a pasta Illustrator CS5 Settings.

● **Nota:** No Windows XP, a pasta Application Data fica oculta por padrão. O mesmo vale para a pasta AppData no Windows Vista e Windows 7. Para deixar uma das duas visível, abra Opções de Pasta, no Painel de Controle, e clique em Modo de Exibição. No painel Configurações Avançadas, localize Arquivos e Pastas Ocultos e selecione o botão Exibir Arquivos e Pastas Ocultos.

* O nome da pasta pode ser diferente dependendo da opção de idioma que você instalou.

Para excluir as preferências atuais do Illustrator

1 Feche o Adobe Illustrator CS5.

2 Localize o arquivo AIPrefs (Windows) ou Adobe Illustrator Prefs (Mac OS):

- (Windows XP) O arquivo AIPrefs está localizado na pasta [unidade de inicialização]\Documents and Settings\[nome de usuário]\Application Data\Adobe\Adobe Illustrator CS4 Settings\en_US.*
- (Windows Vista ou Windows 7) O arquivo AIPrefs está localizado na pasta [unidade de inicialização]\Users \[nome de usuário]\AppData\Roaming\Adobe\Adobe Illustrator CS5 Settings\en_US.*
- (Mac OS X) O arquivo Adobe Illustrator Prefs está localizado na pasta [unidade de inicialização]/Users/[nome de usuário]/Library/Preferences/Adobe Illustrator CS5 Settings/en_US.*

3 Exclua o arquivo de preferências.

4 Inicie o Adobe Illustrator CS5.

Para restaurar as preferências salvas depois de completar as lições

Nota: Você pode mover o arquivo original de preferências em vez de renomeá-lo.

1 Feche o Adobe Illustrator CS5.

2 Exclua o arquivo de preferências atual. Localize o arquivo de preferências original que você salvou e mova-o para a pasta Adobe Illustrator CS5 Settings.

Recursos adicionais

Nota: Comentários e sugestões relativos à edição brasileira desta obra podem ser enviados para secretariaeditorial@grupoeditoras.com.br

O objetivo do *Adobe Illustrator CS5 Classroom in a Book* não é substituir a documentação que acompanha o programa, nem ser uma referência completa para cada recurso do software. Somente os comandos e opções utilizados nas lições são explicados neste livro. Para informações adicionais sobre os recursos do programa e tutoriais, consulte:

Adobe Community Help: O Community Help reúne os usuários ativos, os integrantes das equipes de produto e os especialistas de produtos Adobe para oferecer as informações mais úteis, relevantes e atualizadas sobre esses produtos. Se você está procurando um código de exemplo ou uma resposta para um problema; se tem uma pergunta sobre o software; ou se deseja compartilhar uma dica ou um procedimento, o Community Help será muito útil. Os resultados de uma pesquisa mostrarão não apenas os conteúdos da Adobe como também da comunidade.

* O nome da pasta pode ser diferente dependendo da opção de idioma que você instalou.

Com o Adobe Community Help você pode:

- Acessar conteúdos de referência atualizados e definitivos online e offline
- Acessar o conteúdo mais importante oferecido pelos especialistas da Adobe Community, conectado ou não a Adobe.com
- Comentar, avaliar e contribuir com conteúdos para a comunidade Adobe
- Baixar conteúdo de ajuda diretamente para o seu computador para consultar offline
- Acessar conteúdos afins com ferramentas de busca dinâmica e de navegação

Para acessar o Community Help: Se você possui qualquer produto Adobe CS5, então já tem o aplicativo Community Help. Para acessar a ajuda, escolha Help > Illustrator Help. Este aplicativo incluído na suíte permite buscar e navegar em conteúdo da Adobe e da comunidade, além de comentar e avaliar qualquer artigo, exatamente como você faz no navegador. Porém, você pode baixar o Adobe Help e o conteúdo de referência para seu idioma e acessá-lo offline. É possível inscrever-se para receber atualizações de conteúdo (que podem ser baixadas automaticamente) e ter sempre à mão o conteúdo mais atualizado para seu produto Adobe. Você pode baixar o aplicativo em www.adobe.com/support/chc/index.html.

Os conteúdos da Adobe são atualizados com base em feedbacks e contribuições dados pela comunidade. Você pode colaborar de diversas maneiras: acrescentando comentários a conteúdos ou fóruns, incluindo links a conteúdos na Web, publicando seus próprios conteúdos, utilizando o Community Publishing ou contribuindo com o Cookbook Recipes. Descubra mais sobre como colaborar em www.adobe.com/community/publishing/download.html.

Visite http://community.adobe.com/help/profile/faq.html para encontrar respostas a perguntas frequentes sobre o Community Help.

Adobe Illustrator Help and Support: www.adobe.com/support/illustrator, onde você pode encontrar e navegar em conteúdo de ajuda e suporte em adobe.com.

Adobe TV: http://tv.adobe.com é um recurso online de vídeo que fornece instruções especializadas e inspirações sobre produtos Adobe, incluindo um canal How To, que informa os primeiros passos relativos a seu produto.

Adobe Design Center: www.adobe.com/designcenter traz artigos interessantes sobre design e questões de design, uma galeria mostrando os trabalhos de projetistas experientes, além de tutoriais e muito mais.

Adobe Developer Connection: www.adobe.com/devnet é sua fonte de artigos técnicos, amostras de códigos e vídeos de demonstração que abordam produtos e tecnologias dos desenvolvedores da Adobe.

Recursos para educadores: www.adobe.com/education inclui currículos gratuitos que utilizam uma abordagem integrada para o ensino sobre os softwares Adobe e que podem ser usados como preparação para os exames de membro certificado Adobe.

Visite também estes links úteis:

Adobe Forums: http://forums.adobe.com permite que você participe de discussões peer-to-peer e também faça perguntas e encontre respostas sobre produtos Adobe.

Adobe Marketplace & Exchange: www.adobe.com/cfusion/exchange é uma central de recursos que oferece ferramentas, serviços, extensões, amostras de códigos e muito mais para complementar e aumentar os recursos de seus produtos Adobe.

Home Page do Adobe Illustrator CS5: www.adobe.com/products/illustrator

Adobe Labs: http://labs.adobe.com oferece acesso às primeiras novidades da tecnologia de ponta, além de fóruns nos quais você pode interagir com as equipes de desenvolvedores da Adobe que trabalham nessa tecnologia e outros integrantes da comunidade.

Certificação Adobe

O objetivo do programa de treinamento e certificação Adobe Certified é ajudar os clientes e instrutores da Adobe a aprimorar e promover suas habilidades e proficiência no uso do produto. Há quatro níveis de certificação:

- Adobe Certified Associate (ACA)
- Adobe Certified Expert (ACE)
- Adobe Certified Instructor (ACI)
- Adobe Authorized Training Center (AATC)

O certificado Adobe Certified Associate (ACA) atesta que as pessoas têm as habilidades básicas para planejar, projetar, construir e manter uma comunicação utilizando diferentes formas de mídia digital.

O programa Adobe Certified Expert é uma maneira de os usuários especialistas poderem atualizar suas credenciais. Você pode usar a certificação Adobe como um catalisador para conseguir um aumento salarial, encontrar um emprego ou aumentar sua experiência.

Se você é instrutor de nível ACE, o programa Adobe Certified Instructor eleva o nível de suas habilidades e fornece acesso a um amplo espectro de recursos da Adobe.

Os Adobe Authorized Training Centers oferecem cursos conduzidos por instrutores e treinamento em produtos Adobe, empregando apenas instrutores certificados pela Adobe. Um diretório de AATCs está disponível em http://partners.adobe.com.

Para informações sobre os programas de certificação da Adobe, visite www.adobe.com/support/certification/main.html.

Acelere seu ritmo de trabalho com o Adobe CS Live

O Adobe CS Live é uma suíte de serviços que utiliza a conectividade da Web e se integra ao Adobe Creative Suite 5 para simplificar o processo de revisão criativa, acelerar os testes de compatibilidade, gerar inteligência relevante sobre o usuário da rede e muito mais, permitindo que você concentre seus esforços na criação de trabalhos mais impactantes. Os serviços CS Live são oferecidos gratuitamente por tempo limitado* e podem ser acessados online ou via aplicativos da Creative Suite 5.

Adobe BrowserLab é destinado a Web designers e desenvolvedores que precisam pré-visualizar e testar suas páginas da Web em diversos navegadores e sistemas operacionais. Diferentemente de outras soluções de compatibilidade com navegadores, o BrowserLab gera imagens de tela praticamente *on demand* com diversas ferramentas de visualização e diagnóstico, e pode ser usado com o Dreamweaver CS5 para pré-visualizar conteúdos locais e diferentes estados de páginas interativas. Por ser um serviço online, o BrowserLab tem ciclos de desenvolvimento rápidos, com maior flexibilidade para expandir suporte de navegação e funcionalidades atualizadas.

Adobe CS Review é destinado a profissionais da criação que desejam um novo nível de eficiência no processo de revisão criativa. Ao contrário de outros serviços que oferecem a revisão online de conteúdo criativo, o CS Review permite publicar uma revisão diretamente na Web utilizando InDesign, Photoshop, Photoshop Extended e Illustrator, além de visualizar os comentários dos revisores no aplicativo original do Creative Suite.

Acrobat.com é dirigido a profissionais da criação que precisam trabalhar com um grupo de colegas e clientes para fazer um projeto criativo ir do briefing de criação ao produto final. O Acrobat.com é um conjunto de serviços online que inclui *web conferencing*, compartilhamento online de arquivos e espaços de trabalho. Em vez da colaboração via e-mail e das demoradas reuniões presenciais, o Acrobat.com traz as pessoas até seu trabalho, abolindo a necessidade de enviar arquivos a todos os envolvidos. Com isso, você consegue acelerar as tratativas de negócio do processo criativo de qualquer local.

Adobe Story atende às necessidades de profissionais da criação, produtores e escritores que trabalham com scripts. O Story é uma ferramenta colaborativa de desenvolvimento de scripts que os transforma em metadados que podem ser utilizados com as ferramentas Adobe CS5 Production Premium para melhorar a eficiência dos fluxos de trabalho e criar recursos de vídeo.

SiteCatalyst NetAverages é para profissionais Web e de dispositivos móveis que desejam otimizar seus projetos para públicos maiores. O NetAverages fornece informações sobre como os usuários estão acessando a Web, o que ajuda a reduzir as suposições já no começo do processo criativo. Você pode acessar dados agregados de usuário, como tipo de navegador utilizado, sistema operacional, perfil de dispositivo móvel, resolução da tela e muito mais — tudo isso mostrado em tempo real. Os dados são obtidos das atividades dos visitantes de sites clientes do Omniture SiteCatalyst. Diferentemente de outras soluções de inteligência para a Web, o NetAverages exibe dados com Flash, criando uma experiência envolvente, robusta e, ao mesmo tempo, fácil de usar.

Você pode acessar o CS5 Live de três maneiras:

1 Configure o modo de acesso quando registrar os produtos de sua Creative Suite 5 e obtenha acesso gratuito que inclui todos os recursos e vantagens de fluxo de trabalho do CS Live com o CS5.

2 Configure o modo de acesso com o registro online e obtenha acesso gratuito a serviços online CS Live por tempo limitado. Observe que esta opção não oferece acesso aos serviços em seus produtos.

3 As versões de teste dos produtos para desktop incluem um período de teste de 30 dias dos serviços CS Live.

**Os serviços CS Live são oferecidos gratuitamente por tempo limitado. Visite www.adobe.com/go/cslive para obter mais detalhes.*

O QUE HÁ DE NOVO NO ADOBE ILLUSTRATOR CS5

O Adobe Illustrator CS5 vem com recursos novos e inovadores para ajudá-lo a produzir ilustrações mais eficientes para impressão, Web e vídeo digital. Neste capítulo, você conhecerá muitos desses novos recursos – como eles funcionam e como você pode utilizá-los em seu trabalho.

Desenho em perspectiva

Utilize as grades de perspectiva para desenhar formas e cenas em perspectiva com um, dois ou três pontos de fuga com bastante precisão. A nova ferramenta Perspective Grid permite girar a grade que sustenta os desenhos diretamente nos planos em uma perspectiva real. Já a nova ferramenta Perspective Tool permite mover, redimensionar, duplicar e transformar objetos em perspectiva de maneira dinâmica. Mova e duplique objetos de um plano para outro com facilidade.

Contornos bonitos

No Illustrator CS5, foram introduzidos diversos novos recursos que tornam o desenho a traço ainda mais poderoso e flexível. As principais ferramentas de desenho no Illustrator recebem atenção a cada nova versão do software, e o Illustrator CS5 traz atualizações que tanto os usuários novos como os antigos vão gostar. Você pode controlar com precisão a largura dos traços pontilhados, pontas de seta e o modo como pincéis correm ao longo de um path. Além disso, as melhorias no trabalho com cantos permitem que as formas a traço se comportem conforme o esperado em ângulos pequenos ou ao redor de pontas.

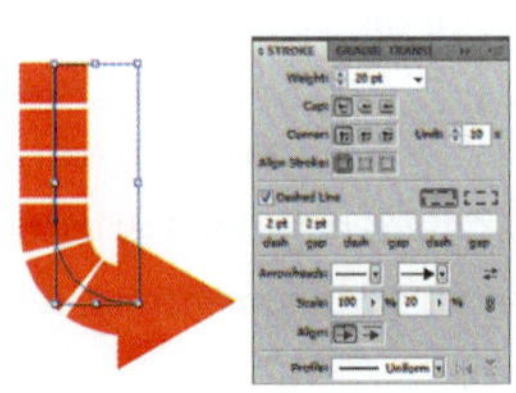

O pincel Bristle

Pinte com vetores que lembram pinceladas reais. O novo pincel Bristle permite um controle inovador de pintura. Você pode configurar características das cerdas como tamanho, comprimento, espessura e rigidez. Configure a forma do pincel e a densidade das cerdas. Configure a opacidade da pintura utilizando variações em transparência para simular mesclagens realistas. Quando escolher as características perfeitas para seu pincel Bristle, você pode salvá-las para usá-las posteriormente.

Diversas melhorias para a prancheta

Trabalhe com até 100 pranchetas de diferentes tamanhos em um único documento de maneira organizada e visualize da maneira que preferir. As novas e mais amplas opções de prancheta do CS5 incluem um painel Artboards completo, onde você pode atribuir nomes e reordenar a ordem das pranchetas. Adicione, exclua e duplique pranchetas usando o painel de controle ou atalhos de teclado.

A ferramenta Shape Builder

Combine, edite e preencha formas de maneira intuitiva em sua prancheta. Arraste o cursor sobre formas e paths sobrepostos para criar objetos novos e adicionar cores sem ter de acessar diversas ferramentas e painéis. Una, exclua, corte e mova formas rapidamente.

Melhorias no desenho

Agilize ainda mais o seu trabalho com ferramentas comuns. As melhorias feitas nas ferramentas de desenho tornam o trabalho com o CS5 mais eficiente e produtivo. A criação instantânea de máscaras no modo Draw Inside e a união de paths com um toque no teclado são algumas das melhorias que agilizam suas tarefas do dia a dia.

Edição completa com o Adobe Flash Catalyst CS5

Utilize o Illustrator CS5 para criar design interativo, agora possível devido ao novo Adobe Flash Catalyst, disponível no Adobe Creative Suite 5 Design Premium, Web Premium, Production Premium e Master Collection. Desenvolva suas ideias e projete sua interface no Illustrator, criando layouts de tela e elementos individuais como logotipos e botões. Abra sua ilustração no Flash Catalyst e adicione ações e componentes interativos – sem escrever códigos.

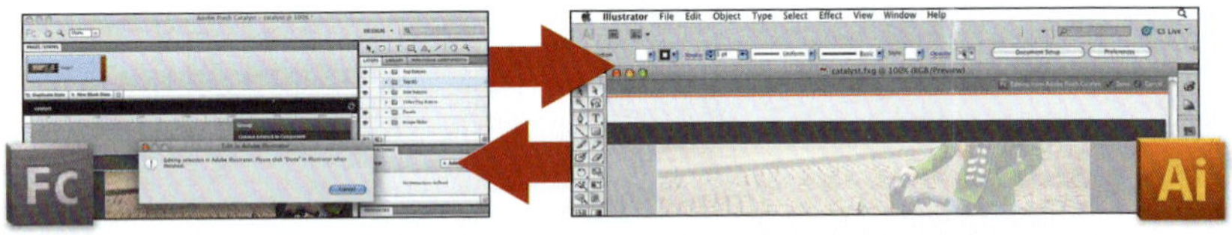

Efeitos independentes da resolução

Visualize efeitos de rasterização como sombreamento, desfocados e texturas mantendo o mesmo padrão em diferentes mídias. Você já passou pela situação de perceber que sua ilustração misteriosamente perdeu a aparência de alta qualidade depois de publicado? Agora você pode criar ilustrações para diferentes tipos de saída sabendo que os efeitos de rasterização mais populares manterão a aparência esperada, não importa o quanto mudem as configurações de resolução. Você pode até mesmo aumentar a resolução. Trabalhe rápida e eficientemente com ilustrações de baixa resolução e então aumente a resolução para as etapas finais da produção, como a impressão em alta qualidade.

Elementos gráficos limpos e nítidos para a Web e dispositivos móveis

Crie objetos vetoriais na grade de pixels do arquivo para gerar ilustrações alinhadas em pixels. Sempre que você projetar ilustrações para o Flash Catalyst, o Adobe Flash Professional e o Adobe Dreamweaver, é essencial que as imagens rasterizadas tenham uma aparência definida, sobretudo em se tratando de elementos gráficos padrão da Web, com resolução de 72 ppi. O alinhamento em pixels é útil também para o controle de rasterização na resolução de vídeos. Além disso, no Illustrator CS5, as novas ferramentas de design gráfico para Internet incluem aperfeiçoamento de texto. Escolha uma das quatro opções antialias de texto para cada frame de texto no Illustrator.

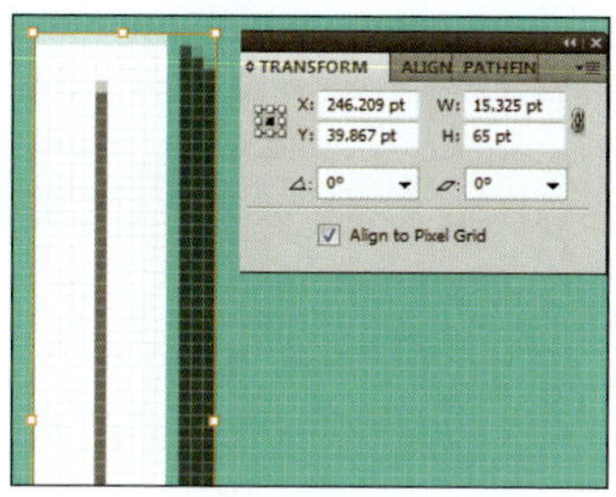

A integração com o Adobe CS Review

O Illustrator CS5 está integrado ao Adobe CS Review, um dos novos serviços do CS Live. Com o Adobe CS Review, você pode criar e compartilhar revisões online com clientes e colegas em seu local de trabalho ou em todo o mundo. Publique revisões de seus trabalhos na Web diretamente do Illustrator CS5. Vários revisores podem acessar a sua revisão pelo navegador, sem precisar de qualquer software adicional, e podem fazer comentários na janela do navegador usando ferramentas de anotação fáceis de usar.

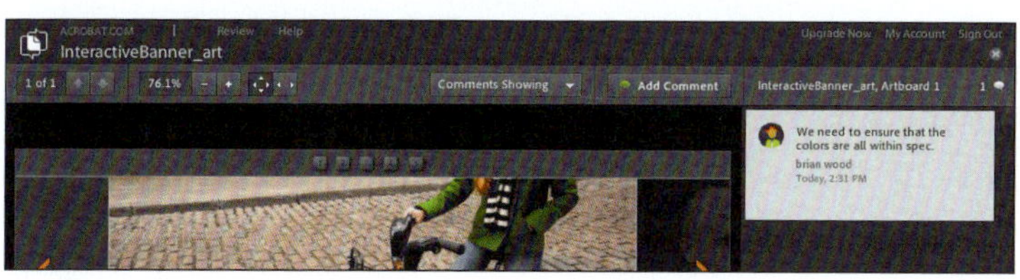

Embora esta lista mencione somente alguns dos novos recursos do Illustrator CS5, ela ilustra bem o compromisso que a Adobe tem de fornecer as melhores ferramentas para o mercado de publicação e editoração. Esperamos que você goste de trabalhar com o Illustrator CS5 tanto quanto nós.

–Equipe do Adobe Illustrator CS5 Classroom in a Book

UM BREVE ROTEIRO DO ADOBE ILLUSTRATOR CS5

Visão geral da lição

Nesta demonstração do Adobe Illustrator CS5, você terá uma visão geral do aplicativo e, ao mesmo tempo, utilizará alguns recursos novos.

Esta lição levará aproximadamente uma hora para ser concluída. Antes de tudo, copie a pasta Lesson00 para o seu disco rígido.

Nesta demonstração do Adobe Illustrator CS5, você utilizará novos e interessantes recursos do aplicativo, como a ferramenta Shape Builder e o desenho em perspectiva, e também aprenderá alguns dos fundamentos para trabalhar com o aplicativo.

Introdução

Você vai trabalhar com um só arquivo durante este tour. Todos os arquivos estão no CD do *Adobe Classroom in a Book*, que se encontra no final deste livro. Copie a pasta Lessons do CD para o seu disco rígido antes de iniciar este exercício. Você também precisa restaurar as preferências do Adobe Illustrator CS5 antes de começar. Esta lição inclui um arquivo de arte-final para que você possa visualizar o que será criado.

● **Nota:** Se você ainda não o fez, copie os arquivos desta lição para o seu disco rígido a partir da pasta Lesson00 do CD do *Adobe Illustrator CS5 Classroom in a Book*. Veja "Copiando os arquivos do Classroom in a Book", na página 14.

1 Para garantir que as ferramentas e os painéis funcionem como descritos nesta lição, exclua ou desative (renomeando) o arquivo de preferências do Adobe Illustrator CS5. Consulte "Restaurando as preferências padrão", na página 15.

2 Inicie o Adobe Illustrator CS5.

3 Escolha File > Open e abra o arquivo L00end_1.ai e o arquivo L00end_2.ai da pasta Lesson00, na pasta Lessons que está no disco rígido. Esses são os arquivos do trabalho final. Você pode deixá-los abertos para referência ou escolher File > Close para fechá-los. Para esta lição, comece com um documento em branco.

Trabalhe com várias pranchetas

Um documento Illustrator pode conter até 100 pranchetas (páginas). A seguir, você vai criar um documento com diversas pranchetas e então editá-las. Leia mais sobre a criação e a edição de pranchetas na Lição 4, "Transformando Objetos".

● **Nota:** Os perfis de novos documentos são personalizados para diferentes tipos de projetos – dispositivos móveis, impressão, Web e vídeo, por exemplo.

1 Escolha File > New.

2 Na caixa de diálogo New Document, nomeie o arquivo **teabook** e deixe a configuração New Document Profile em Print. Altere Number Of Artboards para **2**, Columns para **2**, Units para Inches, Width para **6.85** in e Height para **9.75** in. Clique em OK. Um novo documento em branco será exibido.

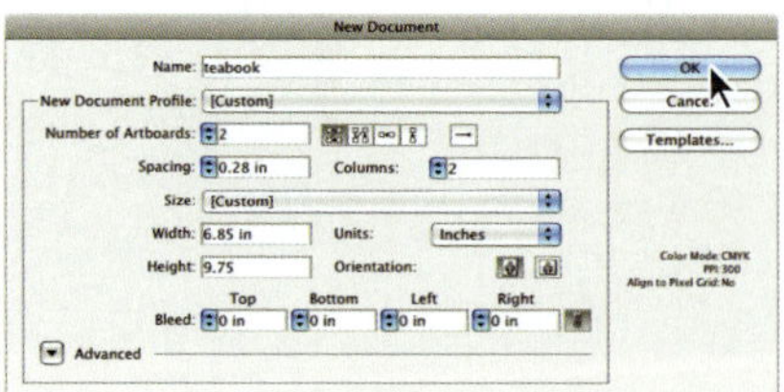

3 Escolha File > Save As. Na caixa de diálogo Save As, deixe o nome como teabook.ai e vá até a pasta Lesson00. Deixe a opção Save As Type configurada como Adobe o Illustrator (*.AI) (Windows) ou a opção Format configurada como Adobe Illustrator (ai) (Mac OS) e clique em Save. Na caixa de diálogo

Illustrator Options, deixe as opções do Illustrator em suas configurações padrão e clique em OK.

4 Escolha View > Rulers > Show Rulers para exibir as réguas na prancheta.

5 Selecione a ferramenta Artboard ( ) no painel Tools. Clique na prancheta de nome 01 – Artboard 1 no canto superior esquerdo. No painel Control, acima do documento, clique no ponto de referência central à direita ( ) e então altere Width para **3.5** in.

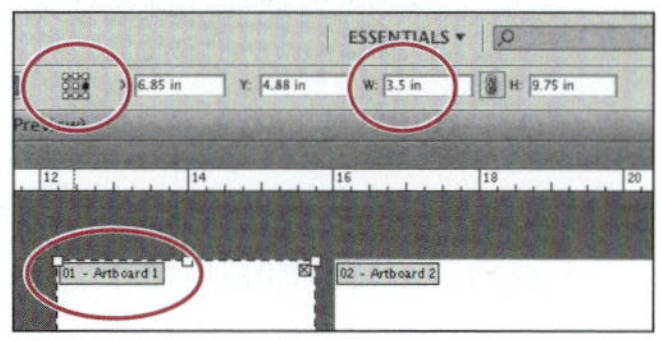

Observe que as opções para editar as dimensões, orientação da prancheta entre outras, aparecem no painel Control, abaixo dos menus.

● **Nota:** Se você não vir os campos Width e Height no painel Control, clique no botão Artboard Options ( ) no painel Control e digite o valor na caixa de diálogo exibida.

6 Selecione a ferramenta Selection ( ) para parar de editar as pranchetas. Clique na prancheta superior direita para deixá-la ativa. Escolha View > Fit Artboard In Window.

Crie formas

Formas são peças fundamentais no Illustrator, e você vai criar diversas formas nas lições deste livro. A seguir, vamos criar e copiar algumas formas. Leia mais sobre isso na Lição 3, "Criando e Editando Formas".

1 Selecione a ferramenta Rectangle ( ) no painel Tools e posicione o cursor no canto superior esquerdo da prancheta. Observe a palavra "intersect" ao lado do cursor, indicando que o retângulo que você desenhou vai aderir àquele canto da prancheta. Arraste para o canto inferior direito da prancheta.

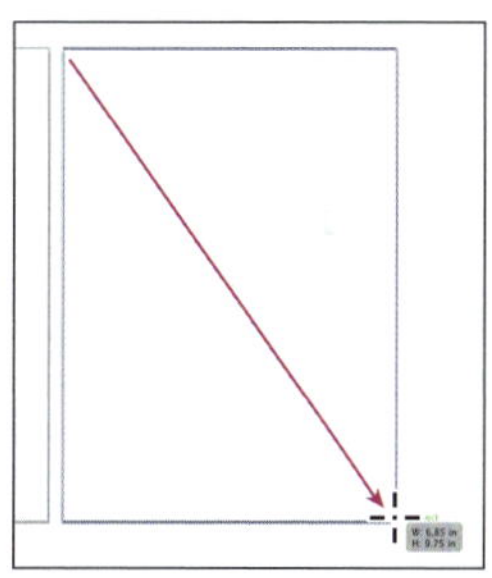

Com a ferramenta retângulo ainda selecionada, observe que há controles para preenchimento e contorno na parte inferior do painel Tools. O contorno (*stroke*) é, essencialmente, uma borda e o preenchimento (*Fill*) é o interior de uma forma. Quando a caixa Fill estiver na frente, a cor selecionada é atribuída ao interior do objeto selecionado.

2 Ative o preenchimento clicando na caixa sólida (branca) Fill, mesmo se já estiver selecionada.

Fill selecionado

Stroke selecionado

● **Nota:** Se a cor do painel não for exibida, clique no ícone do painel Color (🎨) no lado direito da área de trabalho para expandir o painel.

3 Com o retângulo ainda selecionado, no painel Color exibido no canto direito da área de trabalho, altere os valores no painel para C=**0**, M=**2**, Y=7 e K=**0**. Após digitar o último valor, pressione Enter ou Return para alterar a cor. O retângulo agora tem um preenchimento amarelo-claro.

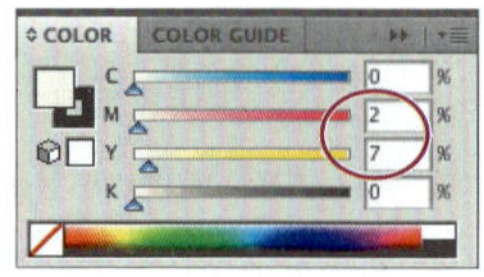

4 Selecione a ferramenta Selection (↖) no painel Tools e então escolha Edit > Copy, Edit > Paste In Front.

5 Com a ferramenta Selection, arraste o ponto delimitador superior central da forma selecionada para baixo. No rótulo de medição cinza exibido enquanto arrasta, você verá medidas de largura e altura. Quando o valor da altura for aproximadamente 2.2 in, solte o mouse. O rótulo de medida faz parte das guias inteligentes, que você conhecerá mais tarde.

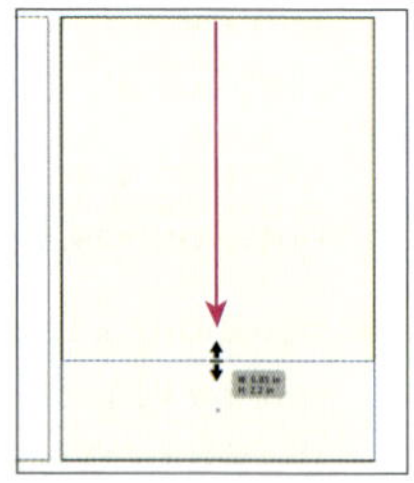

6 Clique no ícone do painel Swatches (▦) no lado direito da área de trabalho para expandir o painel Swatches. Certifique-se de que a caixa Fill esteja selecionada na parte inferior do painel Tools e então clique na amostra da cor preta para preencher a nova forma com essa cor.

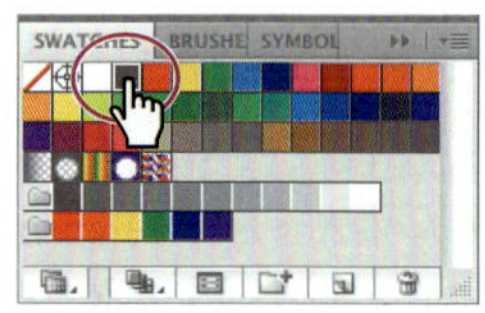

7 Escolha Select > All On Active Board. Escolha Object > Lock > Selection.

8 Escolha File > Save. Deixe o arquivo aberto.

Trabalhe com a ferramenta Shape Builder

Shape Builder é uma ferramenta interativa para criar formas complexas mesclando e apagando formas mais simples. Agora, você vai criar um bule de chá a partir de formas simples usando essa ferramenta. Leia mais sobre como trabalhar com ela na Lição 4, "Criando e Editando Formas".

1 Selecione a ferramenta Zoom (🔍) no painel Tools e clique duas vezes no retângulo preto na parte inferior da prancheta, para ampliá-la.

▶ **Dica:** Se você não vir in (inches) na caixa de diálogo Rounded Rectangle, pode inserir "in" depois do valor para criar o retângulo em polegadas (*inches*).

2 Selecione a ferramenta Rounded Rectangle (▢) clicando e mantendo pressionada a ferramenta Rectangle (▭) no painel Tools. Clique uma vez no centro do retângulo preto.

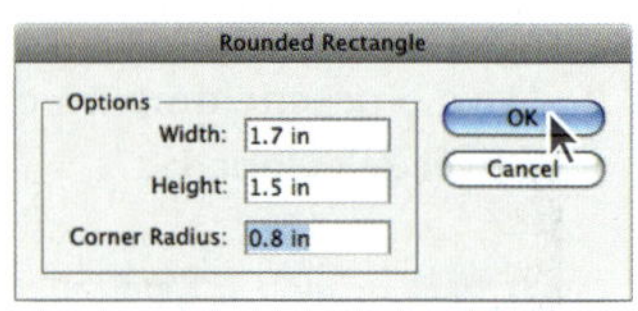

3 Na caixa de diálogo Rounded Rectangle, altere o valor de Width para **1.7 in**, de Height para **1.5 in** e de Corner Radius para **0.8 in**. Clique em OK.

4 Clique na cor de preenchimento (■▾) no painel Control e clique na amostra branca.

5 Com a ferramenta Rounded Rectangle ainda selecionada, arraste para a esquerda da nova forma para criar uma forma semelhante com cerca de 0.7 polegadas de largura e 0.3 polegadas de altura. Utilize o rótulo de medição para ter uma ideia das dimensões.

● **Nota:** Seu retângulo com vértices arredondados talvez não esteja na mesma posição mostrada na figura abaixo. Não se preocupe com isso.

6 Clique duas vezes na ferramenta Rotate (⟲) no painel Tools. Na caixa de diálogo Rotate, altere Angle para **–45** e clique em OK.

7 Selecione a ferramenta Selection (▸) no painel Tools e arraste a forma para posicioná-la conforme mostra a figura, para criar o bico do bule.

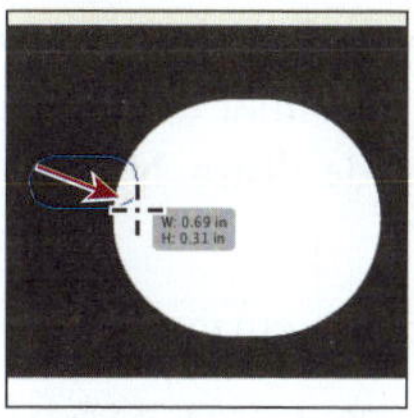

Crie um retângulo com vértices arredondados.

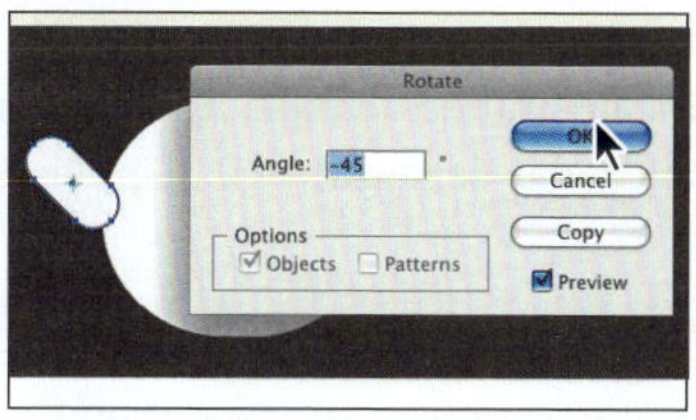

Gire o retângulo.

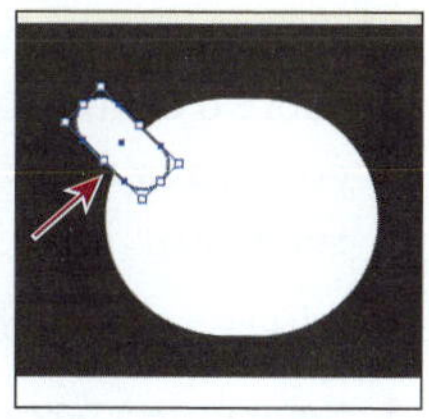
Arraste até a posição desejada.

8 Selecione a ferramenta Rectangle (▭) no grupo Rounded Rectangle no painel Tools. Arraste para criar um retângulo que sobreponha o quarto inferior do retângulo maior com vértices arredondados. Veja a figura para ter uma ideia das posições.

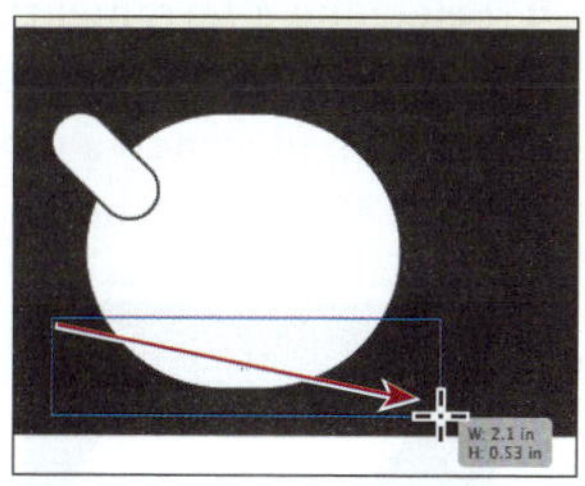

9 Selecione a ferramenta Selection no painel Tools. Mantendo pressionada a tecla Shift, clique nas duas outras formas brancas para selecionar as três formas.

10 Selecione a ferramenta Shape Builder (⊕) no painel Tools. Posicione o cursor na forma retangular arredondada menor e arraste até o retângulo arredondado branco maior. Isso une as duas formas, compondo uma só forma.

11 Mantendo pressionada a tecla Alt (Windows) ou Options (Mac OS), arraste para baixo as duas formas com a ferramenta Shape Builder para removê-las. Observe o sinal de subtração no cursor.

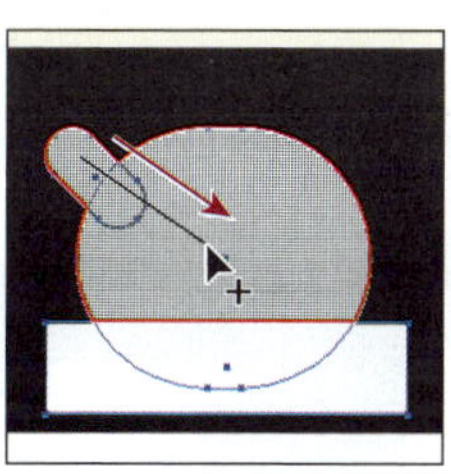

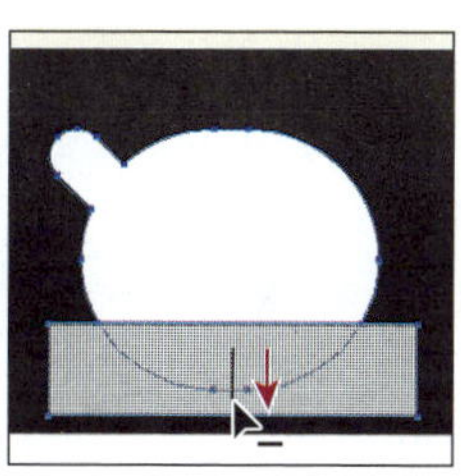

Trabalhe com os modos de desenho

Os modos de desenho permitem desenhar no interior de formas, por trás de formas existentes ou desenhar no modo normal, que coloca formas em camadas, umas sobre as outras. A seguir, você vai desenhar um retângulo no interior do bule de chá. Leia mais sobre modos de desenho na Lição 3, "Criando e Editando Formas".

1 Selecione a ferramenta Selection ( ) no painel Tools. Clique para selecionar a forma do bule de chá.

2 Clique no botão Draw Inside ( ) na parte inferior do painel Tools. Observe que a forma do bule de chá agora tem linhas pontilhadas ao redor de seus cantos, indicando que você pode desenhar no interior da forma.

● **Nota:** Se o painel Tools for exibido como coluna única, você pode clicar no botão Drawing Modes ( ) na parte inferior do painel Tools e escolher um modo de desenho no menu exibido.

3 Selecione a ferramenta Rectangle ( ) no painel Tools. Posicione o cursor sobre o centro da forma branca do bule. Arraste para desenhar um retângulo com cerca de 0.7 polegadas de largura e 0.35 polegadas de altura. Não precisa ser exato.

4 Altere a cor de preenchimento no painel Control para um cinza médio.

5 Selecione a ferramenta Selection e arraste o retângulo para cima, para o interior do bico.

▶ **Dica:** Se você não gostar de uma forma que desenhou, pode escolher Edit > Undo e tentar outra vez.

6 Selecione a ferramenta Rotate ( ) no painel Tools. Posicione o cursor no canto superior direito do retângulo. Mantendo pressionada a tecla Shift, arraste obedecendo a um movimento no sentido anti-horário, até perceber o valor 45°. Solte o botão do mouse e, em seguida, a tecla Shift.

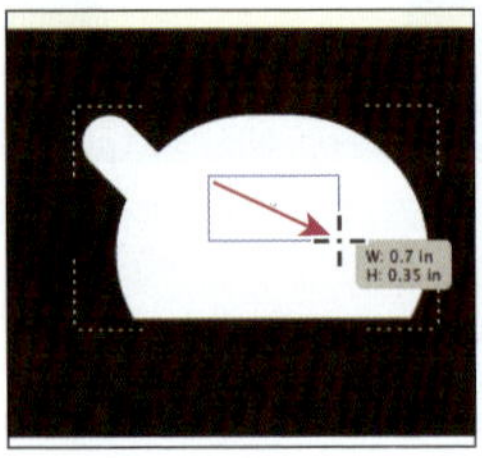

Crie um retângulo

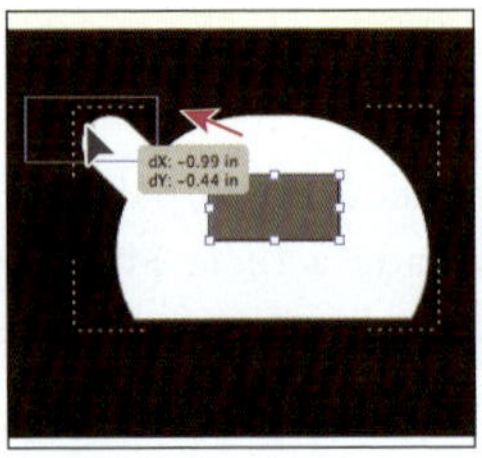

Arraste até a posição

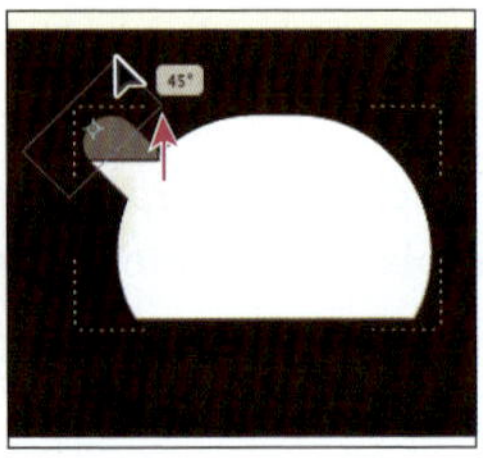

Gire o retângulo

7 Clique no botão Draw Normal ( ) na parte inferior do painel Tools.

8 Escolha Select > Deselect e então File > Save.

Trabalhe com contornos

A ferramenta Width permite criar um traço com espessura variável e salvar essa espessura como perfil, que poderá ser aplicado a outros contornos. A seguir, você vai criar uma alça para o bule.

1 Selecione a ferramenta Selection ( ) no painel Tools. Escolha Select > All On Active Artboard. Arraste o bule próximo ao canto inferior direito do retângulo preto.

2 Selecione a ferramenta Ellipse ( ) no grupo de ferramentas Rectangle no painel Tools. Posicione o cursor acima e à direita do bico do bule. Arraste para criar uma elipse que tenha aproximadamente 1.25 polegadas de largura e 1.4 polegadas de altura.

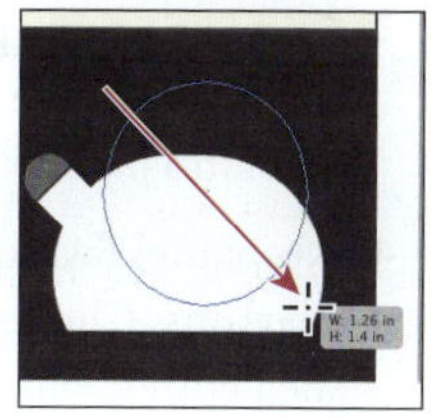

3 Clique na cor de preenchimento no painel Control e escolha None ( ) como preenchimento. Clique na cor de contorno (stroke) no painel Control e escolha um cinza-claro (C=0, M=0, Y=0 e K=50).

4 Escolha **2 pt** como Stroke Weight à direita de Stroke Color no painel Control.

5 Escolha Object > Arrange > Send Backward para enviar a alça para trás do bule.

6 Selecione a ferramenta Zoom ( ) no painel Tools e clique duas vezes na elipse nova, para aumentá-la.

7 Com a elipse ainda selecionada, selecione a ferramenta Width ( ) no painel Tools. Posicione o cursor na parte superior do contorno cinza, um pouco à esquerda do centro. Arraste, afastando da linha, conforme mostra a figura.

8 Posicione o cursor um pouco para a esquerda do ponto para o qual você acabou de arrastar o contorno. Clique e arraste na direção do centro da linha. A distância desse arraste não precisa ser idêntica à mostrada na figura.

9 Escolha Select > Deselect e então escolha File > Save.

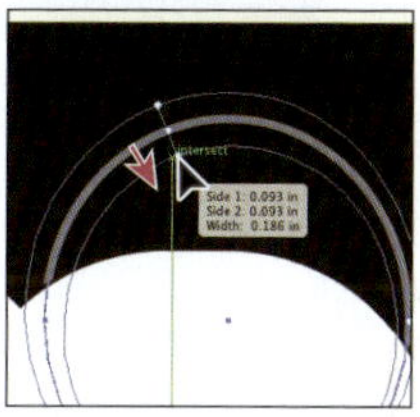
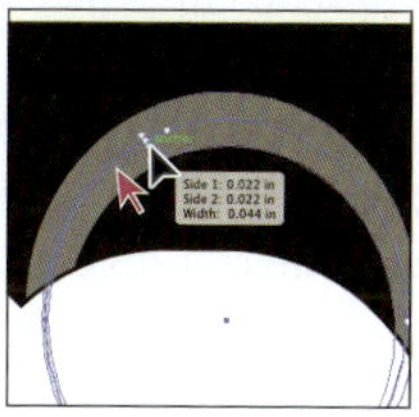

▶ **Dica:** Você pode utilizar a ferramenta Selection ( ) no painel Tools para reposicionar a elipse após desenhá-la.

▶ **Dica:** Leia mais sobre a ferramenta Width na Lição 3, "Criando e Editando Formas".

Trabalhe com grupos de cores e troque cores de uma ilustração

Um grupo de cores é uma ferramenta de organização que permite agrupar amostras de cores relacionadas no painel Swatches. Além disso, um grupo de cores pode ser uma espécie de local de armazenagem de paletas de cores harmônicas, que você cria usando a caixa de diálogo Edit Color/Recolor Artwork ou o painel Color Guide. Agora, você vai criar mais cores para a capa de um livro.

1 Escolha View > Fit Artboard In Window.

2 Selecione a ferramenta Rounded Rectangle ( ) no painel Tools. Clique no centro da prancheta. Na caixa de diálogo Rounded Rectangle, altere Width para **4.5** in, Height para **1.1** in e Corner Radius para **0.2** in. Clique em OK.

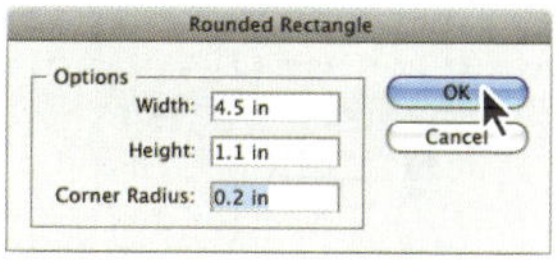

▶ **Dica:** Leia mais sobre grupos de cores e como recolorir um trabalho na Lição 6, "Cor e Pintura"

3 Clique na caixa preenchimento Fill no painel Tools, se ainda não estiver selecionada. Clique no ícone do painel Swatches (▦) no lado direito da área de trabalho para expandir o painel.

4 No painel Swatches, posicione o cursor nas amostras marrons. Clique na amostra marrom que mostra uma dica com C=40, M=65, Y=90 e K=35, para preencher o retângulo.

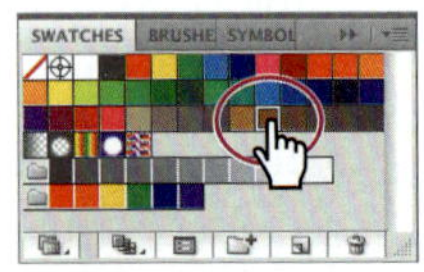

5 Selecione a ferramenta Selection e clique no ícone do painel Color Guide (◣) no lado direito da área de trabalho. Clique no ícone Set Base Color To The Current Color (■). Escolha Shades no menu Harmony Rules (sinalizado com um círculo na figura).

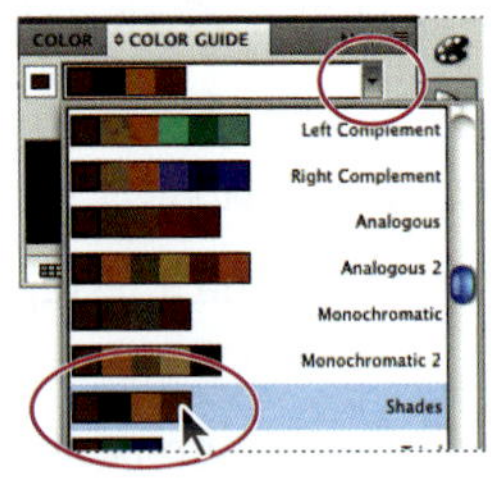

6 Clique no botão Save Color Group To Swatch Panel. Isso salva as quatro cores presentes no alto do painel como um grupo no painel Swatches.

7 Com a ferramenta Selection (↖), arraste uma seleção que inclua o bule de chá e sua alça no canto inferior direito da prancheta, para selecionar os dois objetos.

8 Clique no ícone do painel Swatches (▦) para expandir o painel. Observe o novo grupo de cores listado na parte inferior do painel (você talvez precise rolar para baixo). Clique na pasta à esquerda das quatro cores marrons no painel Swatches. Clique no botão Edit Or Apply Colors (◉) na parte inferior do painel Color Guide.

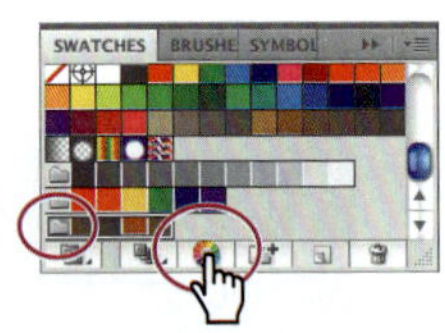

9 Na caixa de diálogo Recolor Artwork, clique em Color Group 1 na área Color Groups. Clique em OK. Escolha Select > Deselect.

A caixa de diálogo Recolor Artwork mapeia as cores na arte para as cores no grupo de cores que você selecionou.

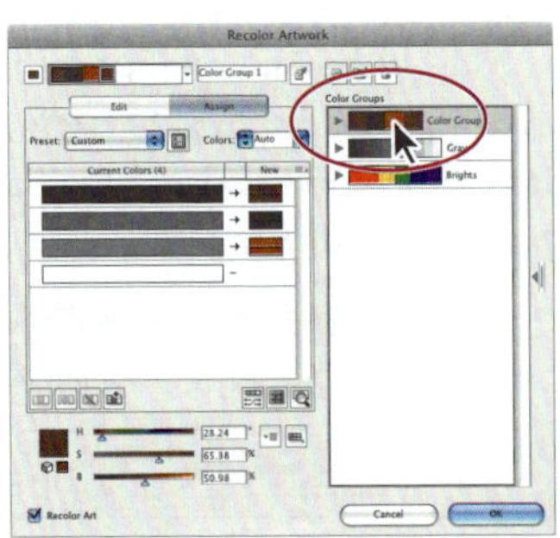

Insira imagens do Adobe Photoshop® no Illustrator

No Illustrator, você pode inserir arquivos do Photoshop e atribuir Layer Comps antes de inserir imagens na prancheta. A seguir, você vai inserir uma imagem desenhada à mão. Leia mais sobre Layer Comps e sobre como inserir imagens do Photoshop na Lição 15, "Combinando Elementos Gráficos CS5 com Outros Aplicativos Adobe".

1 Escolha View > Fit Artboard In Window para garantir que a janela Document esteja centralizada.

2 Escolha File > Place. Na caixa de diálogo Place, navegue até Lesson00 na pasta Lessons e selecione o arquivo floral.psd. Certifique-se de que a opção Link, no canto inferior esquerdo, esteja selecionada e clique em Place.

   O Illustrator reconhece quando um arquivo foi salvo com Layer Comps e abre a caixa de diálogo Photoshop Import Options. O arquivo deste exemplo foi salvo com duas Layer Comps diferentes.

3 Na caixa de diálogo Photoshop Import Options, selecione Show Preview. Certifique-se de que No Background esteja selecionado no menu Layer Comp e clique em OK. A imagem da padronagem floral é inserida na prancheta.

● **Nota:** Selecionando Link na caixa de diálogo Place, você conecta a imagem do Photoshop ao arquivo do Illustrator. Se a imagem for editada posteriormente no Photoshop, ela será atualizada no arquivo do Illustrator.

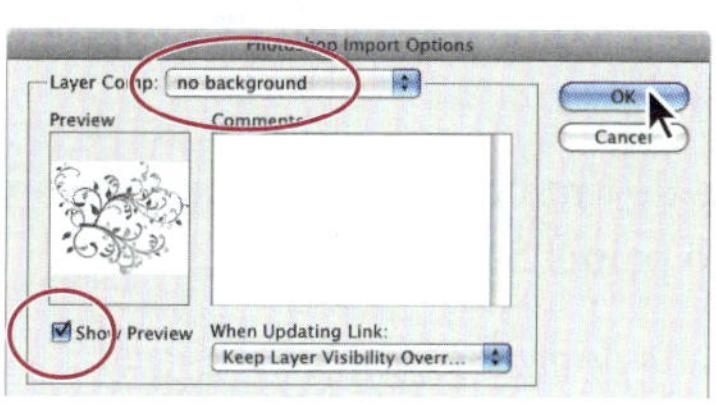

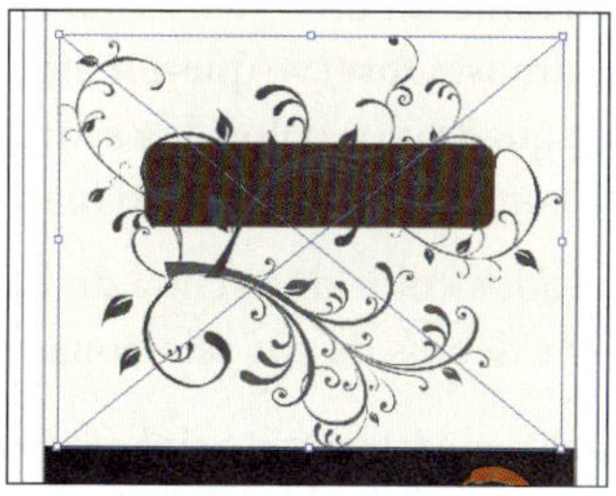

● **Nota:** Seu retângulo com vértices arredondados pode estar em uma posição diferente daquela mostrada na figura. Não se preocupe com isso.

4 Escolha File > Save.

Utilize o Live Trace

Você pode utilizar o Live Trace para converter fotografias (imagens rasterizadas) em arte vetorial. Agora, você vai retraçar o arquivo do Photoshop para criar uma arte a traço em preto e branco. Leia mais sobre o Live Trace na Lição 3, "Criando e Editando Formas".

1 Com a imagem ainda selecionada, clique no botão Live Trace do painel Control. A imagem é convertida em paths vetoriais, mas ainda não está editável.

▶ **Dica:** Nesse ponto, se a imagem estiver vinculada e se você precisar editar a imagem floral.psd no Photoshop, a imagem Live Trace será atualizada no Illustrator.

2 Escolha One Color Logo no menu Preset no painel Control. Isso altera as configurações de traço e torna as áreas brancas transparentes.

3 Escolha File > Save.

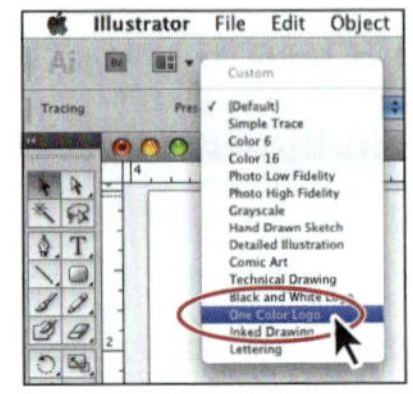

Utilize o Live Paint

A ferramenta Live Paint permite colorir objetos da mesma forma que você faria no papel. Leia mais sobre a Live Paint na Lição 6, "Cor e Pintura".

1 Com a imagem traçada ainda selecionada, clique no botão Live Paint no painel Control.

2 Selecione a ferramenta Live Paint Bucket no grupo de ferramentas Shape Builder no painel Tools. Clique na cor de preenchimento no painel Control e selecione a primeira amostra marrom no grupo de cores que você criou anteriormente.

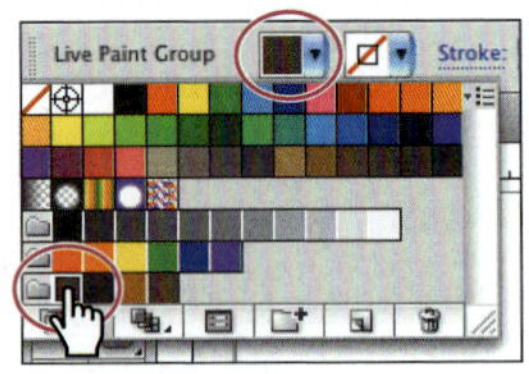

3 Pressione Ctrl++ (Windows) ou Cmd++ (Mac OS) duas vezes para aumentar o zoom.

● **Nota:** Se a área entre os ramos receber pintura, escolha Edit > Undo Live Paint Bucket e tente clicar outra vez.

4 Com a ferramenta Live Paint Bucket selecionada, posicione o cursor em um dos ramos. Observe que a maior parte da figura está realçada em vermelho e que quadrados coloridos são exibidos acima do cursor. Clique para aplicar a cor de preenchimento marrom.

Os quadrados coloridos acima do balde de tinta representam as cores exibidas antes e depois da cor selecionada no painel Swatches.

● **Nota:** Mesmo que a forma tenha sido criada a partir de diversos paths, o Live Paint reconhece as formas visuais e as realça em vermelho enquanto você desloca o cursor sobre elas.

5 Pressione a tecla de seta para a direita uma vez para escolher a cor marrom-escura entre os três quadrados coloridos acima da ferramenta Live Paint Bucket. Utilizando a ferramenta Live Paint Bucket, clique para aplicar o preenchimento a uma das folhas.

Experimente pintar as outras folhas e ramos pressionando as teclas de seta para alterar cores enquanto pinta.

6 Selecione a ferramenta Selection (↖) no painel Tools. Com a arte ainda selecionada, clique no botão Expand para converter a arte em formas vetoriais editáveis. Escolha Object > Arrange > Send Backward.

7 Com a ferramenta Selection clique no retângulo com vértices arredondados. No painel Control, clique na palavra Transform para abrir o painel Transform. Certifique-se de que Reference Point central (▦) esteja selecionado e altere o valor de X para **3.425** in e o valor de e o valor de Y para **4.1** in. Pressione Enter ou Return para mover o retângulo com vértices arredondados.

● **Nota:** Dependendo da resolução da tela, as opções Transform podem ser exibidas no painel Control. Se elas não aparecerem, você pode configurar as opções diretamente no painel Control. Você pode também escolher Window > Transform para abrir o painel Transform.

● **Nota:** Você talvez tenha de digitar "in" enquanto digita os valores no painel Transform, se outra unidade de medida estiver sendo exibida.

8 Mantendo a tecla Shift pressionada, clique com a ferramenta Selection sobre a ilustração floral. Solte a tecla Shift e então clique no retângulo com vértices arredondados outra vez, para configurá-lo como objeto-chave ao qual os outros deverão se alinhar.

9 Clique no botão Vertical Align Center (⊶) no painel Control. Observe que a ilustração floral se move de maneira a se alinhar com o retângulo.

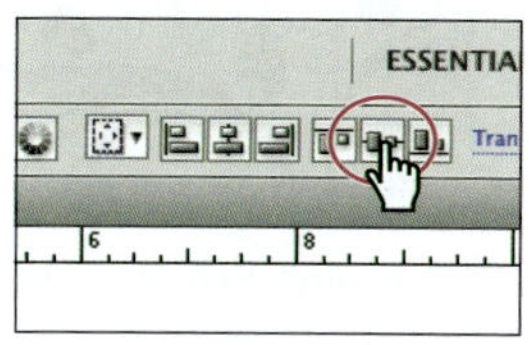

● **Nota:** Se você não enxergar as opções Align, clique na palavra Align no painel Control para abrir o painel Align.

10 Escolha Select > Deselect.

11 Com a ferramenta Selection, clique na forma floral para selecioná-la. Escolha Align to Artboard (▣) no botão Align To (⬚) no painel Control. Isso garante que qualquer objeto selecionado seja alinhado à arte. Clique no botão Horizontal Align da esquerda (⊫) para alinhar a forma floral à borda esquerda da prancheta.

12 Escolha Select > Deselect.

Trabalhe com a ferramenta Blob Brush

A ferramenta Blob Brush pode ser utilizada para pintar formas preenchidas que interceptam e se mesclam com outras formas de cor idêntica. A seguir, você vai utilizar a ferramenta Blob Brush para editar a arte floral.

● **Nota:** Leia mais sobre como trabalhar com a ferramenta Blob Brush na Lição 11, "Trabalhando com Pincéis".

1 Escolha View > Fit Artboard In Window. Com a ferramenta Selection (↖) selecionada, dê um duplo clique na arte floral. Essa ação faz entrar no modo de isolamento e permite que você edite as formas da arte floral.

2 Selecione a ferramenta Zoom (🔍) no painel Tools. Arraste um contorno de seleção sobre a metade superior da arte floral para aumentar o zoom.

3 Com a ferramenta Selection, clique para selecionar um dos ramos principais na parte superior (não selecione folhas). Isso seleciona a maior parte da arte floral.

4 Dê um clique duplo na ferramenta Blob Brush () no painel Tools. Na caixa de diálogo Blob Brush Tool Options, selecione Keep Selected, altere o valor de Smoothness para **80** e o tamanho para **5** pt. Clique em OK.

5 Posicione ao cursor sobre a extremidade de um dos ramos superiores (veja a figura abaixo para uma ideia das posições). Arraste a partir do ramo superior para cima e para a esquerda para criar outro ramo, menor. Enquanto arrasta, solte o botão do mouse. Observe como a forma muda e que a parte que você desenhou faz agora parte do ramo.

6 Arraste para criar uma extremidade maior, arredondada, para o ramo que você desenhou. Você pode usar o pincel Blob como se fosse um giz de cera; não é preciso ter precisão.

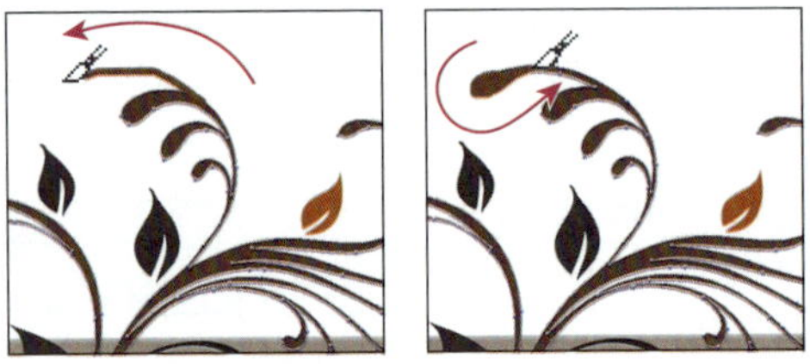

7 Escolha Select > Deselect. Pressione a tecla Escape (Esc) para sair do modo de isolamento.

8 Escolha View > Fit Artboard In Window e então escolha File > Save.

Trabalhe com texto

▶ **Dica:** Leia mais sobre como trabalhar com texto na Lição 7, "Trabalhando com Texto".

Agora, você vai adicionar um texto à arte da capa do livro.

1 Escolha Window > Workspace > Essentials para redefinir os painéis.

2 Selecione a ferramenta Type (T) e clique uma vez na prancheta em uma área onde não haja objetos. Você vai reposicionar o texto mais adiante na lição.

3 Digite **FeliciTea**. Com a ferramenta Type selecionada, escolha Select > All, ou pressione Ctrl+A (Windows) ou Command+A (Mac OS), para selecionar todo o texto que você digitou. Escolha Type > Change Case > UPPERCASE.

▶ **Dica:** Se você não enxergar as opções Character, clique na palavra character para ver o painel Character.

4 No painel Control, arraste para selecionar o nome da fonte no campo Font do painel Control (à direita da palavra Character). Digite "**tra**" com a fonte selecionada para encontrar a fonte Trajan Pro na lista de fontes. Digite **45 pt** no campo Font Size e pressione Enter ou Return.

5 Com a ferramenta Type, selecione a parte "Tea" do texto. Altere o tamanho da fonte para **64 pt** no painel Control

6 Escolha Select > All. Selecione a ferramenta Eyedropper () no painel Tools. Clique na forma de fundo amarelo-clara para capturar a cor e aplicá-la ao texto.

7 Com o texto ainda selecionado, altere a cor de contorno no painel Control para None (☐).

8 Com a ferramenta Selection (↖), arraste a área de texto para baixo na parte superior do retângulo com vértices arredondados em direção ao centro da prancheta.

9 Escolha Object > Hide > Selection para ocultar o texto temporariamente.

10 Escolha File > Save.

O resultado antes de ocultar o texto

Utilize o painel e os efeitos Appearance

O painel Appearance permite controlar os atributos de um objeto, como contorno, preenchimento e efeitos.

▶ **Dica:** Leia mais sobre o painel Appearance na Lição 13, "Aplicando Atributos de Aparência e Estilos Gráficos".

1 Com a ferramenta Selection (↖), clique para selecionar o retângulo marrom com vértices arredondados.

2 Clique no ícone do painel Appearance (◉) no lado direito da área de trabalho. Observe que, no painel Appearance, a seleção atual está listada na parte superior do painel como Path.

3 Clique na cor de contorno no painel Appearance e escolha a amostra marrom-clara (C=21, M=55, Y=83 e K=5) no grupo de cores que você criou. Altere a espessura do contorno à direita da cor para **10** pt. Clique na palavra sublinhada Stroke e no painel Stroke que é exibido. Em seguida, clique em Align Stroke To Outside (▣).

4 Clique no botão Add New Stroke (■) na parte inferior do painel Appearance para adicionar um novo contorno ao painel Appearance. Clique na cor de contorno e selecione a primeira amostra marrom (C=40, M=65, Y=90 e K=35) no grupo de amostras que você acabou de criar. Clique na linha da cor de contorno no painel Appearance para fechar o painel Swatches. Altere a espessura do contorno para **4** pt.

5 Escolha Effect > Path > Offset Path. Na caixa de diálogo Offset Path, altere o deslocamento para **11** pt e clique em OK.

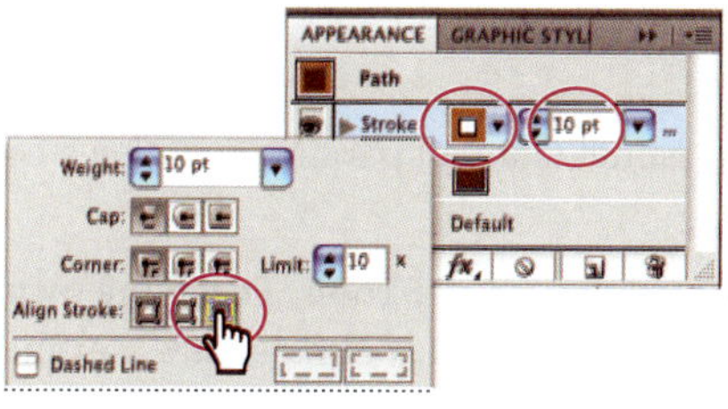

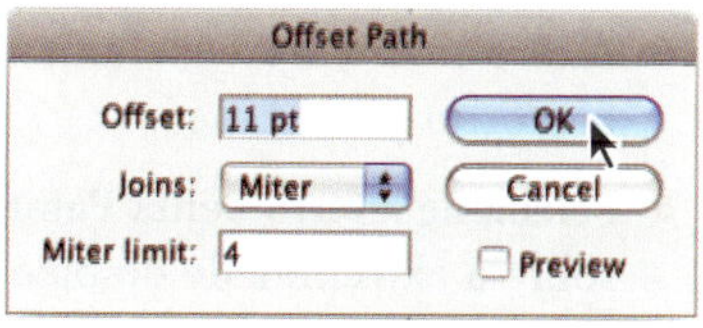

6 Clique na palavra Path no alto do painel Appearance para aplicar o efeito de texto a todo o path.

7 Clique no botão Add New Effect (*fx*) na parte inferior do painel Appearance e escolha Stylize > Drop Shadow. Na caixa de diálogo Drop Shadow, altere o valor da opacidade para **40** e X Offset e Y Offset para **0.06** in. Altere Blur para **0.04** in. Clique em OK.

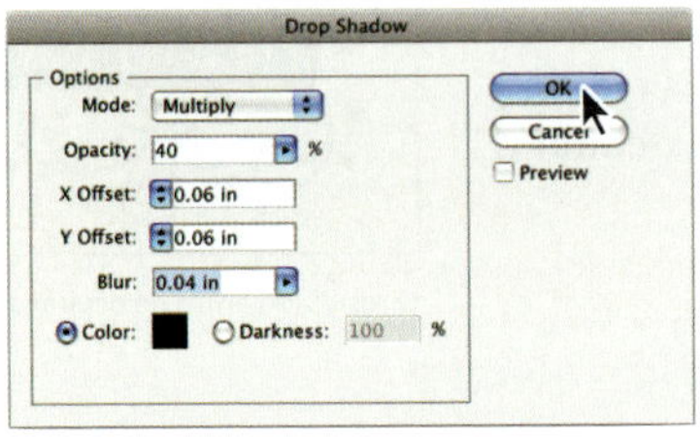

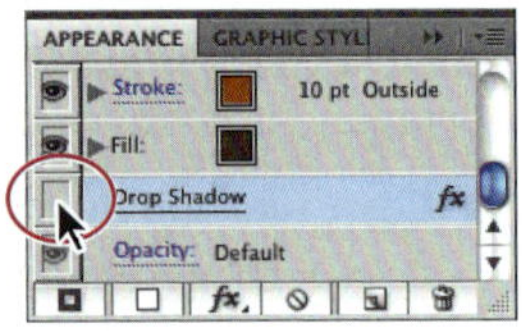

8 Role para baixo no painel Appearance. Clique no ícone de olho (👁) à esquerda do efeito Drop Shadow para ocultar e desabilitar o efeito. Clique na mesma caixa para revelá-lo outra vez.

9 Escolha Object > Show All para exibir o texto.

10 Escolha Select > Deselect e então escolha File > Save.

Trabalhe com pincéis

Os pincéis permitem que você estilize a aparência dos paths. Você pode aplicar pinceladas a paths já existentes ou utilizar a ferramenta Paintbrush para desenhar um path e aplicar uma pincelada ao mesmo tempo. Leia mais sobre como trabalhar com pincéis na Lição 11, "Trabalhando com Pincéis".

1 Escolha Object > Unlock All. Com a ferramenta Selection (↖), clique para selecionar o retângulo preto na parte inferior da prancheta. Mantenha pressionada a barra de espaço e arraste a prancheta para cima, para reposicioná-la.

2 Clique no botão Draw Inside (◙) na parte inferior do painel Tools. Escolha Select > Deselect.

3 Clique no ícone do painel Brushes (✱) no lado direito da área de trabalho para expandir o painel Brushes. Role para baixo no painel e clique no pincel Filbert. Uma dica de ferramenta é exibida quando você posiciona o cursor em um dos pincéis na lista.

4 Altere a cor de preenchimento no painel Control para None (▱) e a cor de contorno para branco.

5 Selecione a ferramenta Paintbrush (🖌) no painel Tools. Posicione o cursor sobre a extremidade do bico do bule. Arraste para cima e para a esquerda, além da borda do retângulo preto, para criar um pouco de vapor. Desenhe algumas linhas para criar um efeito de vapor.

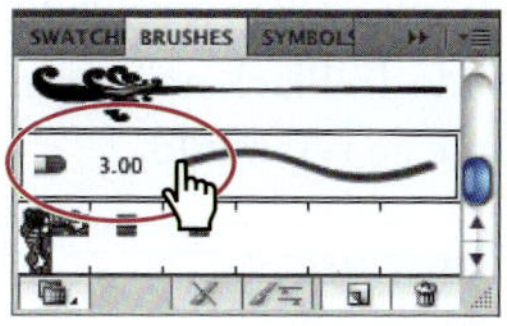

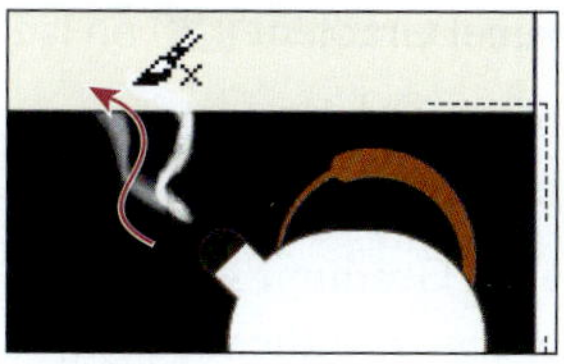

6 Dê um duplo clique no pincel Filbert no painel Brushes para editá-lo. Na caixa de diálogo Bristle Brush Options, altere Shape para Flat Fan, tamanho para **4**, Bristle Length para **280**, Paint Opacity para **15** e Stiffness para **20**. Selecione Preview para ver a mudança em sua pintura. Talvez você precise mover a caixa de diálogo para vê-la. Clique em OK.

7 Na caixa de diálogo Brush Change Alert, clique em Apply To Strokes para alterar os contornos que você já pintou na prancheta.

8 Com a ferramenta Paintbrush, experimente pintar um pouco de vapor no lado esquerdo do retângulo preto para parecer que o vapor está envolvendo as bordas interiores da caixa.

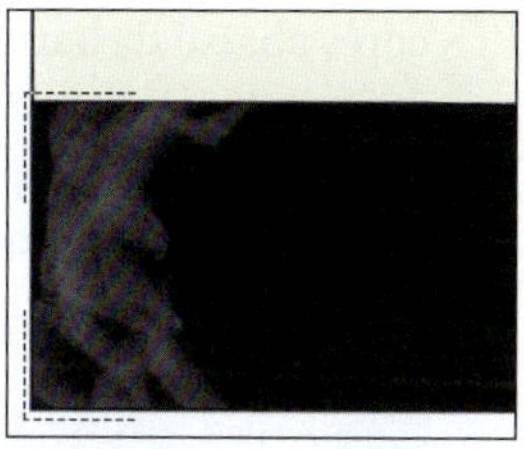

9 Clique no botão Draw Normal (◙) na parte inferior do painel Tools e escolha File > Save.

Crie e edite um degradê

Degradês são mesclagens de cores com duas ou mais cores. A seguir, você vai aplicar um degradê a uma forma no fundo.

▶ **Dica:** Leia mais sobre como trabalhar com degradês na Lição 10, "Mesclando Cores e Formas".

1 Com a ferramenta selection (➘), clique para selecionar o retângulo amarelo-claro no fundo. Escolha Edit > Copy.

2 Escolha View > Fit All In Window. Clique na primeira prancheta à esquerda para torná-la a prancheta ativa. Escolha View > Fit Artboard In Window. Escolha Edit > Paste In Place. Arraste o ponto delimitador central direito para a esquerda, até ele aderir à borda direita da prancheta esquerda.

3 Com a forma ainda selecionada, escolha Edit > Copy, Edit > Paste In Front. Arraste o ponto superior central para baixo, para redimensionar o retângulo copiado. Quando a guia de alinhamento verde aparecer, indicando que ele está alinhado com o retângulo posterior na prancheta à direita, solte o botão do mouse.

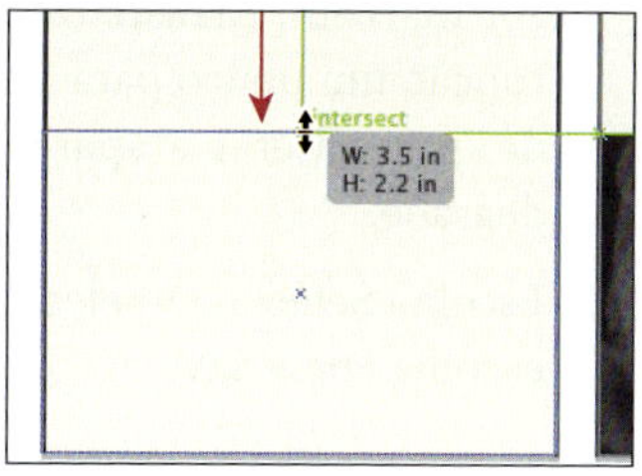

4 Clique no ícone do painel Gradient (▯) no lado direito do área de trabalho.

5 Clique no botão do menu Gradient (▯) e escolha Fade To Black no menu. Isso aplica um degradê que varia de preto a transparente ao retângulo.

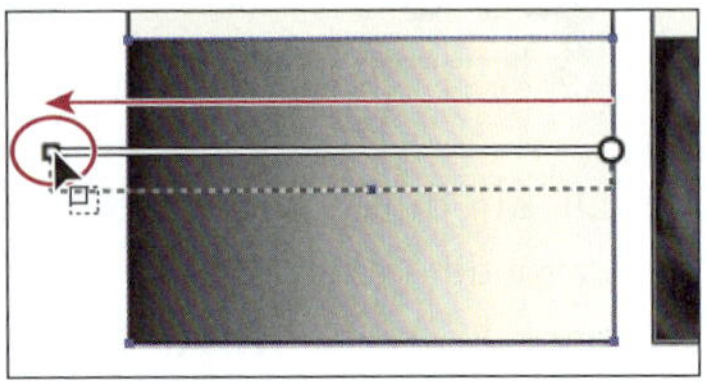

6 Selecione a ferramenta Gradient (▯) no painel Tools. Observe o indicador de degradê (a barra) exibido no retângulo. Mantendo pressionada a tecla Shift, arraste pelo retângulo da direita para a esquerda, acima da barra de degradê.

Arrastar com a ferramenta Gradient altera a direção do degradê.

7 Posicione o cursor sobre o indicador de degradê (a barra no retângulo) para que ele se transforme em uma barra de degradê. Observe as interrupções de cores abaixo da barra de degradê, que são semelhantes às do painel Gradient. Dê um duplo clique na interrupção de cor preta (▯) no lado direito do indicador de degradê. Clique no botão Swatches (▯) e clique na primeira cor marrom no grupo de cores que você criou, para alterar a cor para marrom. Pressione a tecla Escape para fechar o painel.

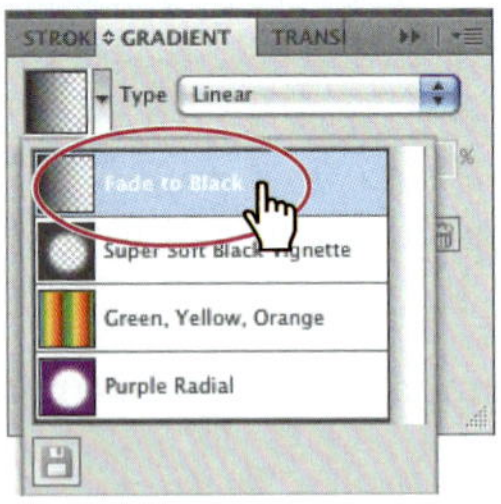

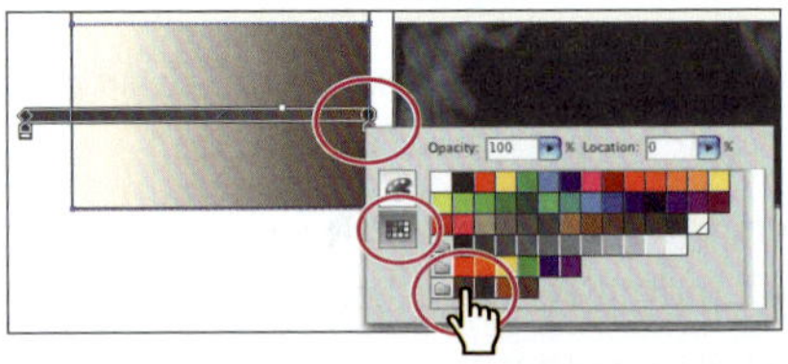

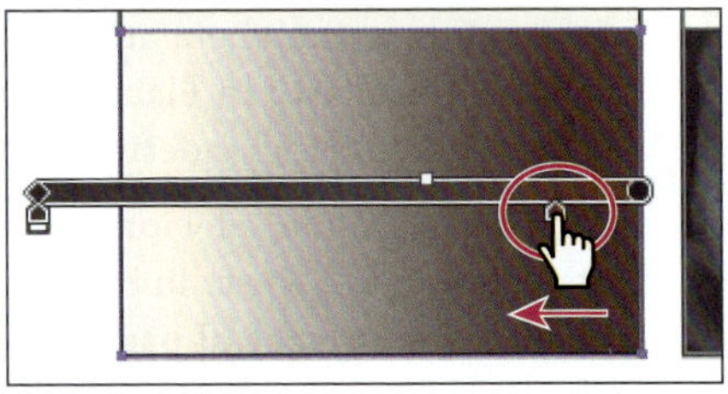

8 Posicione o cursor na extremidade direita do indicador de degradê para revelar a interrupção de cor marrom. Arraste essa interrupção um pouco para a esquerda, para alterar a aparência do degradê.

9 Escolha Select > Deselect e então escolha File > Save.

Trabalhe com símbolos

Um símbolo é um objeto armazenado no painel Symbols que você pode reutilizar. Você agora vai criar um símbolo a partir de uma ilustração. Leia mais sobre como trabalhar com símbolos na Lição 14, "Trabalhando com Símbolos".

1 Clique no ícone do painel Artboards ( ) no lado direito da área de trabalho. Dê um duplo clique na Artboard 2 para ajustar a segunda prancheta à janela Document.

2 Escolha File > Open e abra o arquivo symbol.ai na pasta Lesson00 na pasta Lessons em seu disco rígido. Escolha Select > All On Active Artboard. Escolha Edit > Copy e então File > Close. No arquivo teabook.ai, escolha Edit > Paste.

3 Clique no ícone do painel Symbols ( ) no lado direito da área de trabalho.

4 Com o círculo ainda selecionado na prancheta, clique no botão New Symbol ( ) na parte inferior do painel Symbols. Na caixa de diálogo Symbol Options, nomeie o símbolo como **circle** e selecione Graphic como Type. Clique em OK.

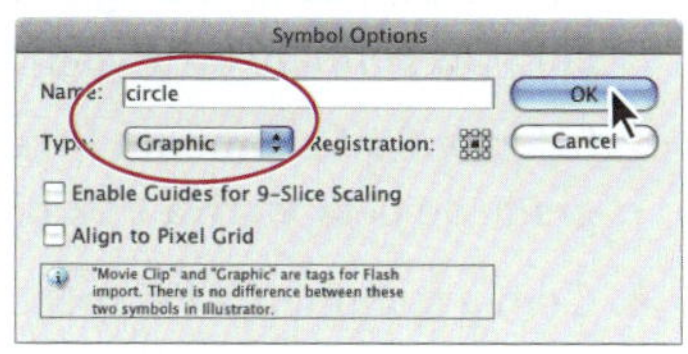

O círculo agora aparece no painel Symbols. Esse símbolo é salvo no painel Symbols para uso apenas nesse documento.

5 No painel Symbols, arraste o símbolo do círculo para a prancheta. Isso cria uma instância desse símbolo. Arraste alguns outras instâncias de símbolos para criar um padrão em torno do retângulo marrom com vértices arredondados e do texto.

● **Nota:** Sua instância de símbolo talvez esteja em um local diferente em comparação com a figura. Não se preocupe com isso. Utilize as figuras apenas para orientação.

6 Mantendo as teclas Shift+Alt (Windows) ou Shift+Option (Mac OS) e com a ferramenta Selection ( ), arraste um ponto delimitador na direção do centro de um dos círculos para diminuir seu tamanho, ao mesmo tempo que mantém suas proporções.

7 Experimente redimensionar cada círculo, fazendo-os menores em comparação com o original.

8 Escolha Selct > Deselect e então File > Save.

Trabalhe com perspectiva

Você agora vai renderizar a capa do livro em perspectiva. O recurso de perspectiva do Illustrator permite desenhar ou renderizar suas ilustrações em perspectiva com facilidade. Leia mais sobre este recurso na Lição 9, "Trabalhando com Desenho em Perspectiva".

1 Escolha File > New. Na caixa de diálogo New Document, atribua o nome **teabook_persp** ao arquivo e escolha Print no menu New Document Profile. Altere Units para Inches e Width para **15** in. Clique em OK.

2 Escolha File > Save As. Na caixa de diálogo Save As, mantenha o nome teabook_persp.ai e navegue até a pasta Lesson00. Mantenha a opção Save As Type configurada para o formato Adobe Illustrator (Windows)*.AI ou a opção Format configurada como Adobe Illustrator (ai) (Mac OS) e clique em Save. Na caixa de diálogo Illustrator Options mantenha as opções Illustrator em suas configurações padrão e clique em OK.

3 Selecione a ferramenta Perspective Grid () no painel Tools. Observe que a grade de perspectiva é exibida.

4 Com a ferramenta Perspective Grid selecionada, escolha View > Perspective Grid > Lock Station Point. Isso permite que você edite os planos da grade de perspectiva em conjunto.

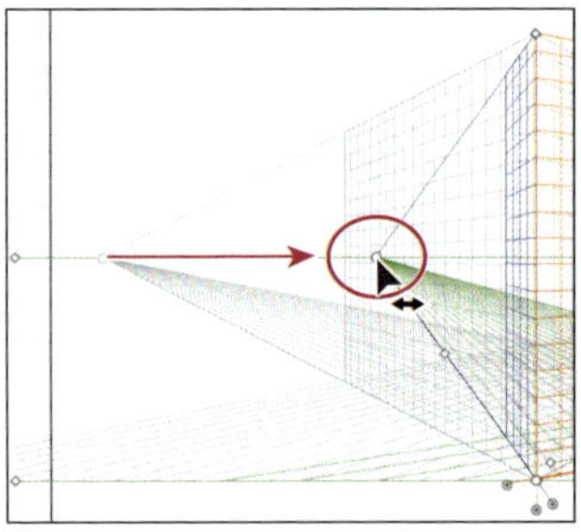

5 Arraste o ponto de fuga esquerdo para a direita, como na figura. Isso altera a grade de perspectiva.

6 Clique na guia teabook.ai na parte superior da janela Document.

7 Selecione a ferramenta Selection () no painel Tools. Clique na segunda prancheta (a maior) para torná-la a prancheta ativa. Escolha Select > All On Active Artboard.

8 Escolha Edit > Copy.

9 Clique na guia teabook_persp.ai para voltar para o documento em perspectiva.

10 Escolha Edit >Paste e então Object > Group.

11 Com teabook_persp.ai exibido na janela Document, selecione a ferramenta Perspective Selection () no mesmo grupo da ferramenta Perspective Grid () no painel Tools.

12 Clique no Right Plane Grid no Plane Switching Widget no canto superior esquerdo da prancheta. Isso permite que você coloque em perspectiva o grupo selecionado no plano de grade direito.

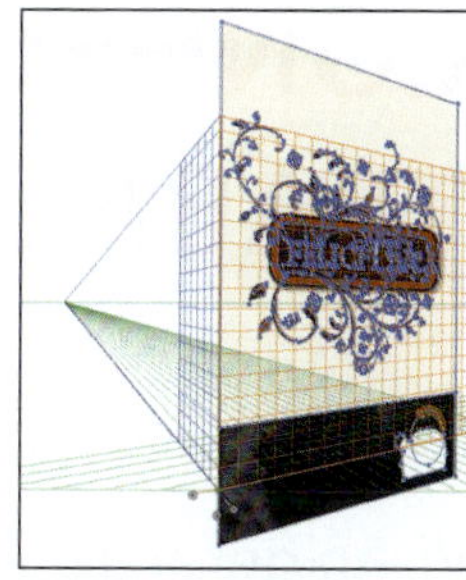

13 Com a ferramenta Perspective Selection, arraste o grupo de maneira que a borda esquerda do grupo fique aproximadamente alinhada ao ponto em que os planos esquerdo e direito se encontram no centro.

● **Nota:** Arrastar a arte vetorial existente com a ferramenta Perspective Selection coloca o conteúdo em perspectiva.

14 Clique na guia teabook.ai na parte superior da janela Document.

15 Selecione a ferramenta Selection (↖) no painel Tools. Clique na primeira prancheta (a menor) para torná-la a prancheta ativa. Escolha Select > All On Active Artboard.

16 Escolha Edit > Copy. Clique na guia teabook_persp.ai para retornar o documento em perspectiva. Escolha Edit > Paste e então Object > Group.

17 Selecione a ferramenta Perspective Selection (↖) no painel Tools.

18 Clique no plano de grade esquerdo no Plane Switching Widget no canto superior esquerdo da prancheta. Isso permite que você coloque o grupo selecionado em perspectiva no plano de grade esquerdo.

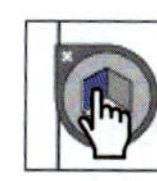

19 Com a ferramenta Perspective Selection, arraste o grupo para que a borda direita do grupo fique aproximadamente alinhada com a borda esquerda do grupo que você posicionou antes. Você pode reposicionar o grupo uma vez que ele está no plano de grade se não estiver ajustado por completo, conforme mostra a figura.

20 Com a ferramenta Perspective Selection, arraste o ponto delimitador esquerdo central na lombada do livro para a direita, para estreitá-lo.

21 Escolha Select > Deselect e então escolha View > Perspective Grid > Hide Grid.

Posicione a arte da lombada.

Redimensione a arte.

O resultado.

22 Escolha File > Save e então File > Close para cada um dos arquivos abertos.

1 CONHECENDO A ÁREA DE TRABALHO

Visão geral da lição

Nesta lição, você vai aprender a:

- Utilizar a tela Welcome
- Abrir um arquivo do Adobe® Illustrator® CS5
- Selecionar ferramentas no painel Tools
- Trabalhar com painéis
- Utilizar as opções de visualização para expandir e reduzir trabalhos
- Navegar por múltiplas pranchetas e documentos
- Entender o funcionamento de réguas
- Trabalhar com grupos de Documentos
- Utilizar a ajuda do Illustrator

Esta lição levará aproximadamente 45 minutos para ser concluída. Se necessário, remova a pasta Lesson00 do seu disco rígido e copie a pasta Lesson01.

Para utilizar as grandes capacidades de ilustração, pintura e edição do Adobe Illustrator CS5 da melhor maneira possível, é importante entender como navegar pela área de trabalho. A área de trabalho consiste na barra Application, na barra de menus, no painel Tools, no painel Control, na janela Document e na configuração padrão dos painéis.

Introdução

Você vai trabalhar com diversos arquivos de arte durante esta lição, mas, primeiramente, restaure as preferências padrão para o Adobe Illustrator CS5. Em seguida, abra o arquivo final desta lição para ver a ilustração.

1 Para que as ferramentas e os painéis funcionem exatamente como o descrito, exclua ou desative (renomeando) o arquivo de preferências do Adobe Illustrator CS5. Consulte "Restaurando as preferências padrão", na página 15.

Nota: Se você ainda não o fez, copie os arquivos desta lição para o seu disco rígido a partir da pasta Lesson01 do CD do Adobe Illustrator CS5 Classroom in a Book. Veja "Copiando os arquivos do Classroom in a Book", na página 14.

2 Dê um duplo clique no ícone do Adobe Illustrator CS5 para iniciar o Adobe Illustrator.

3 Escolha Help > Wellcome Screen para abrir a tela Welcome. A tela Welcome apresenta opções com hiperlinks.

Dica: Por padrão, a tela Welcome não aparece na inicialização. Para mostrá-la quando você inicializar o Illustrator, desmarque Don't Show Again no canto inferior esquerdo da tela Welcome.

Utilize a tela Welcome para descobrir o que há de novo no Illustrator e obter acesso a recursos como vídeos, modelos e muito mais. A tela Welcome também permite criar um novo documento a partir do zero ou de um modelo, ou abrir um documento existente. A área Open A Recent Item inclui o link Open e uma lista dos arquivos recém-visualizados. Essa área estará em branco quando você utilizar o Adobe Illustrator CS5 pela primeira vez. Para esta lição, você abrirá um documento já existente.

4 Clique em Open no lado esquerdo da Tela Welcome ou escolha File > Open para abrir o arquivo L1start_1.ai. Esse arquivo está na pasta Lesson 01, dentro da pasta Lesson, em seu disco rígido.

5 Escolha View > Fit Artboard In Window.

6 Escolha Window > Workspace > Essentials para garantir que a área de trabalho esteja configurado conforme o padrão.

● **Nota:** Devido às diferenças nas configurações de cores entre sistemas, uma caixa de diálogo Missing Profile pode aparecer à medida que você abre diversos arquivos de exercícios. Clique em OK se você vir essa caixa de diálogo.

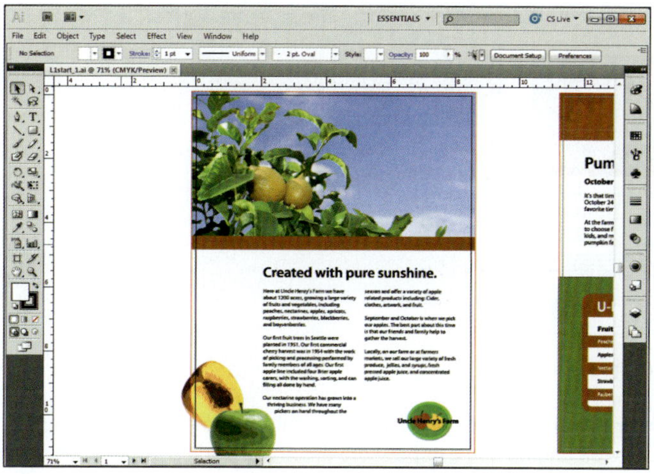

O arquivo de arte contém a capa e o verso de uma brochura.

Quando o arquivo está aberto e o Adobe Illustrator CS5 está completamente carregado, a barra Application, o painel Tools, o painel Control e os grupos de painéis aparecem na tela. Observe que os painéis estão encaixados no lado direito da tela. É nessa posição que alguns dos painéis estão armazenados por padrão. O Illustrator CS5 também mantém as opções de painel acessados com maior frequência no painel Control abaixo da barra de menus. Isso permite operar com menos painéis visíveis e oferece um área de trabalho maior.

Você vai usar o arquivo L1start_1.ai para praticar navegação, ampliação e investigação de um documento e da área de trabalho do Illustrator CS5.

7 Escolha File > Save As. Na caixa de diálogo Save As, nomeie o arquivo como **brochure.ai** e salve-o na pasta Lesson01. Deixe a opção Save As Type (Windows) ou mantenha a opção Format (Mac OS) configuradas como Adobe Illustrator (*.AI ou ai). Clique em Save. Se uma caixa de diálogo avisando sobre as cores spot e a transparência aparecer, clique em Continue. Na caixa de diálogo Illustrator Options, deixe as opções do Illustrator nas configurações padrão e clique em OK.

● **Nota:** Você pode ter até 100 pranchetas por documento, dependendo do tamanho delas. Pode especificar o número de pranchetas para um documento quando você o cria, e até mesmo acrescentar e excluir pranchetas a qualquer momento durante o trabalho. Além disso, você pode criar pranchetas de diferentes tamanhos e redimensioná-las com a ferramenta Artboard, posicionando-as na tela – elas podem até mesmo se sobrepor.

● **Nota:** Se você está salvando um documento Illustrator para colocá-lo em um programa de layout como o InDesign, as áreas imprimíveis e não imprimíveis são irrelevantes. A arte fora dos limites permanece visível.

Visão geral das pranchetas

Pranchetas representam as regiões que podem conter uma arte imprimível. Você pode utilizar pranchetas a fim de cortar áreas para fins de posicionamento ou impressão. Múltiplas pranchetas são úteis para criar diversos PDFs de múltiplas páginas, páginas impressas com diferentes tamanhos ou diferentes elementos, elementos independentes para sites, storyboards de vídeos ou itens individuais para animação no Adobe Flash ou After Effects entre outros.

A. Área imprimível
B. Área não imprimível
C. Borda da página
D. Prancheta
E. Área do sangrado
F. Canvas

A. A **área imprimível** é limitada pelas linhas pontilhadas mais internas e representa a parte da página que a impressora escolhida poderá imprimir. Muitas impressoras não conseguem imprimir até a borda do papel; não confunda isso com o que é considerado não imprimível.

B. A **área não imprimível** está entre os dois conjuntos de linhas pontilhadas, que representam qualquer margem não imprimível da página. Este exemplo mostra a área não imprimível de uma página de 8.5˝ x 11˝ (ou 21,5 cm x 28 cm) para uma impressora a laser padrão. As áreas imprimível e não imprimível são determinadas pela impressora selecionada na caixa de diálogo Print Options.

C. A **borda da página** é indicada pelas linhas pontilhadas mais externas.

D. A **prancheta** é limitada por linhas sólidas e representa toda a região que pode conter o trabalho imprimível. Por padrão, a prancheta tem o mesmo tamanho da página, mas pode ser expandida ou reduzida. A prancheta padrão nos Estados Unidos tem 8.5" x 11", mas pode ser configurada para até 227" x 227" (ou 577 cm x 577 cm).

E. A **área do sangrado** é a porção da arte que sai fora do limite de impressão ou fora das marcas de corte e marcas de refile. É possível incluir sangrados em seu trabalho como uma margem de segurança – para garantir que a tinta permaneça impressa até a borda da página mesmo após o aparo das bordas ou para garantir que uma imagem possa ser retirada em uma linha-chave em um documento.

F. **Canvas** é a área fora da prancheta que se estende até borda da janela de 227 polegadas quadradas. Os objetos inseridos nessa área permanecem visíveis na tela, mas não são impressos.

– Extraído e traduzido do Illustrator Help

Entenda a área de trabalho

Você cria e manipula seus documentos e arquivos utilizando vários elementos como painéis, barras e janelas. Qualquer arranjo desses elementos é chamado área de trabalho. Ao inicializar o Illustrator pela primeira vez, você verá a área de trabalho padrão, que pode ser personalizada para as suas tarefas. Você pode criar e salvar múltiplas áreas de trabalho – um para editar e outro para visualizar, por exemplo – e alternar entre eles ao longo do trabalho.

● **Nota:** As figuras neste capítulo foram feitas com o sistema operacional Windows, e podem parecer um pouco diferentes daquelas que você vê, sobretudo se utiliza Mac OS.

Eis as áreas do área de trabalho:

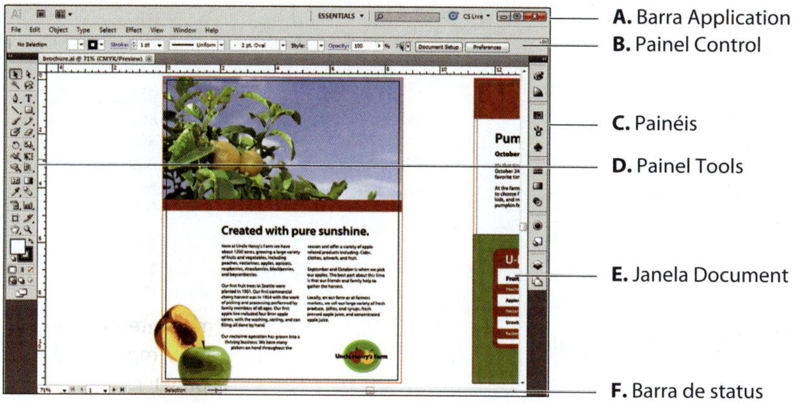

A. A barra Application na parte superior contém um seletor de áreas de trabalho, barra de menus (somente Windows, dependendo da resolução da tela) e controles de aplicativo.

● **Nota:** Para o Mac OS, os itens de menu aparecem acima da barra Application.

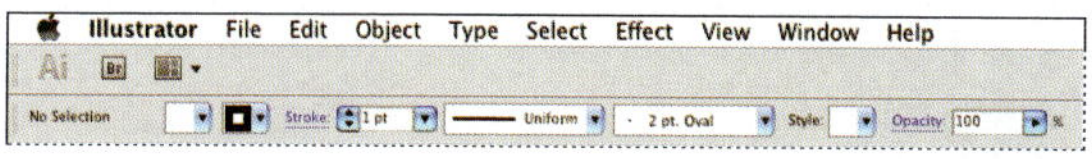

B. O painel Control exibe as opções objeto selecionado.

C. Os painéis ajudam a controlar e modificar seu trabalho. Certos painéis são exibidos por padrão, mas você pode adicionar qualquer painel escolhendo-o no menu Window. Muitos painéis possuem menus com opções específicas. Os painéis podem ser agrupados, empilhados, encaixados ou flutuantes.

D. O painel Tools contém ferramentas para criar e editar imagens, artes vetoriais, elementos de página, etc. As ferramentas relacionadas são agrupadas.

E. A janela Document exibe o arquivo em que você está trabalhando.

F. A barra de status aparece na borda inferior esquerda da janela Document. Ela exibe informações e controles de navegação.

Trabalhe com o painel Tools

O painel Tools contém ferramentas de seleção, ferramentas de desenho e pintura, ferramentas de edição, ferramentas de visualização, as caixas de preenchimento e contorno (Fill and Stroke), e modos de desenho (Drawing Modes). Ao longo das lições do livro, você aprenderá a função específica de cada ferramenta.

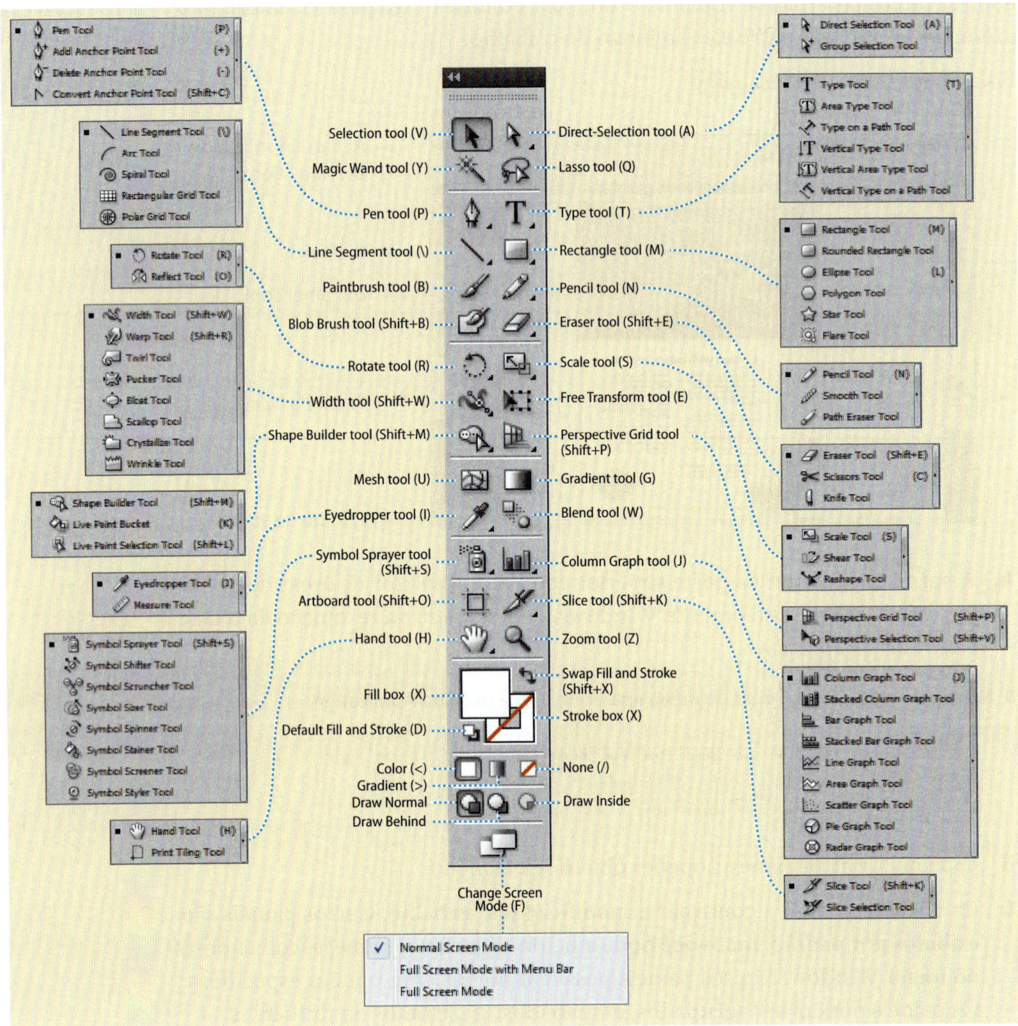

Nota: O painel Tools mostrado aqui tem duas colunas. Dependendo da resolução de tela e da área de trabalho, você pode vê-lo com uma coluna.

1 Posicione o cursor sobre a ferramenta Selection ( ) no painel Tools. Observe que o nome e o atalho de teclado são exibidos.

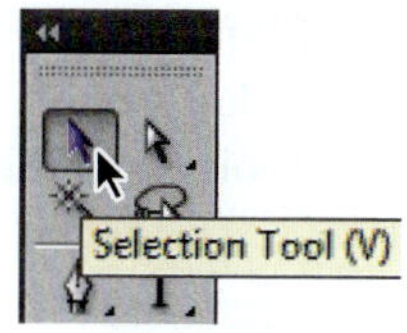

▶ **Dica:** Você pode ativar ou desativar a exibição de dicas escolhendo Edit > Preferences > General (Windows) ou Illustrator > Preferences > General (Mac OS) e desmarcar Show Tool Tips.

2 Posicione o cursor sobre a ferramenta Direct Selection ( ), clique e mantenha pressionado o botão do mouse. Aparecerão ferramentas de seleção adicionais. Arraste o cursor para baixo e para a direita. Solte o botão do mouse sobre uma ferramenta para selecioná-la.

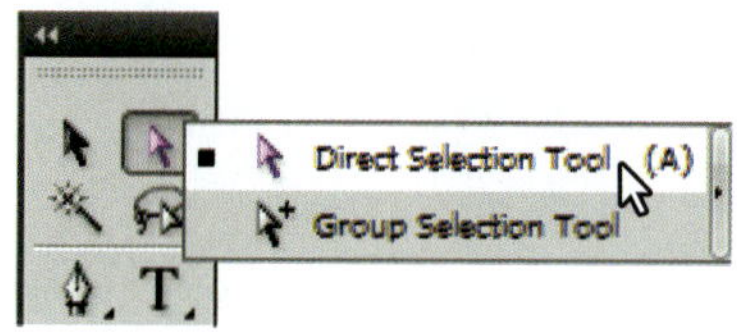

Qualquer ferramenta no painel Tools que exiba um pequeno triângulo contém ferramentas adicionais que podem ser selecionadas desta maneira.

● **Nota:** No Mac OS, o topo do painel flutuante Tools tem um botão de fechamento no canto superior esquerdo (para fechar o painel) e setas duplas no canto superior direito.

A seguir, você aprenderá a redimensionar o painel Tools e deixá-lo flutuante.

3 Selecione as ferramentas ocultas utilizando os métodos a seguir:

- Clique e mantenha pressionado o botão do mouse em uma ferramenta que possua ferramentas adicionais ocultas. Então, vá até a ferramenta desejada e solte o botão do mouse.
- Mantenha a tecla Alt (Windows) ou Option (Mac OS) pressionada e clique na ferramenta no painel Tools. Cada clique seleciona a próxima ferramenta oculta na sequência de ferramentas ocultas.
- Clique e mantenha pressionado o botão do mouse na ferramenta Rectangle ( ). Arraste o cursor para a direita das ferramentas ocultas e solte sobre a seta separadora. Isso separa as ferramentas do painel Tools para que você possa acessá-las sempre.

4 Clique na seta dupla no canto superior esquerdo do painel Tools para converter as duas colunas em uma para poupar espaço na tela. Clique na seta dupla outra vez para expandir para duas colunas.

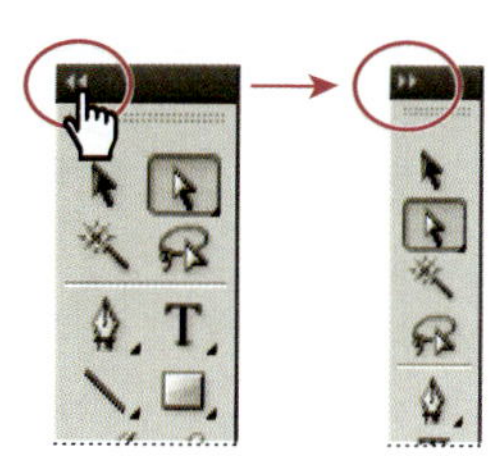

▶ **Dica:** Uma vez que os atalhos de teclado padrão funcionam apenas quando você não tem um ponto de inserção de texto, você pode acrescentar outros atalhos de teclado para selecionar ferramentas, mesmo quando estiver editando texto. Para isso, escolha Edit > Keyboards Shortcuts. Para mais informações veja "Keyboard Shortcuts" na ajuda do Illustrator.

5 Clique na barra de título cinza-escura na parte superior do painel Tools, ou na linha dupla abaixo dela, e arraste o painel até a área de trabalho. O painel Tools agora flutua na área de trabalho.

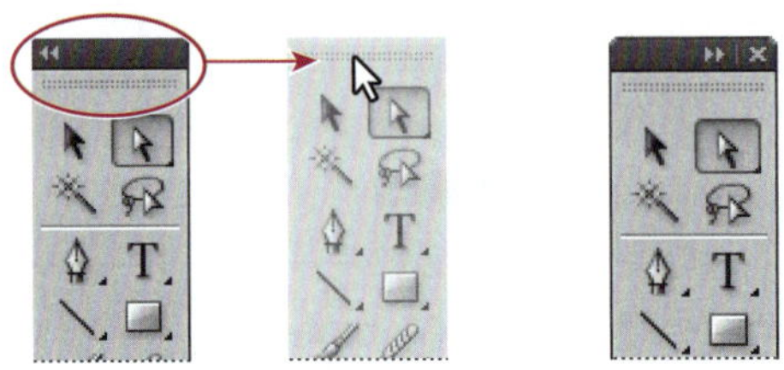

Arraste o painel Tools para que ele flutue na área de trabalho.

6 Com o painel Tools flutuando na área de trabalho, clique na seta dupla na barra de título para exibir o painel Tools com apenas uma coluna. Clique novamente para exibir o painel Tools com duas colunas.

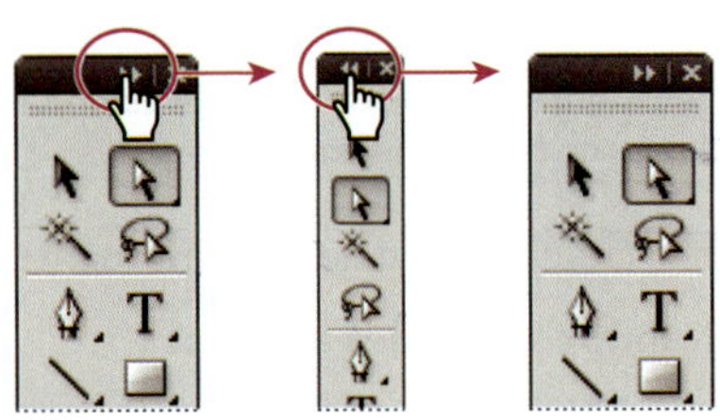

7 Para encaixar o painel Tools novamente, arraste sua barra de título ou a linha dupla abaixo dela até o lado esquerdo da janela do aplicativo (Windows) ou da tela (Mac OS). Quando o cursor atinge a borda esquerda, uma margem azul translúcida aparece. Ela é chamada drop zone. Solte o botão do mouse para ajustar perfeitamente o painel Tools na lateral da área de trabalho.

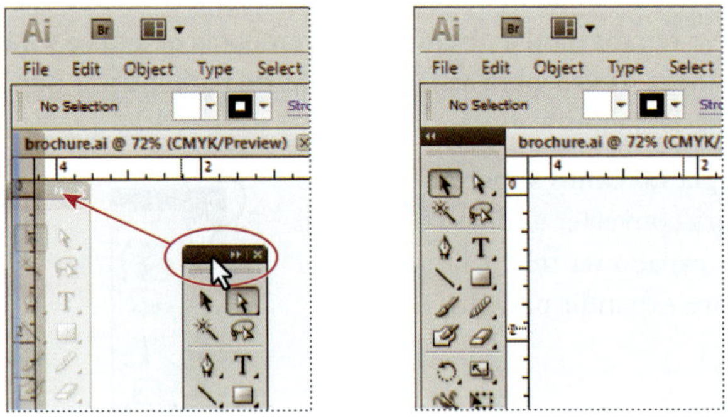

Clique e arraste para encaixar o painel Tools na margem do espaço de trabalho.

O painel Control

O painel Control é sensível ao contexto, ou seja, ele oferece acesso rápido a opções, comandos e outros painéis importantes com base no(s) objeto(s) selecionado(s). Por padrão, ele fica na parte superior da janela do aplicativo (Windows) ou da tela (Mac OS); entretanto, você pode encaixá-lo na parte inferior, fazê-lo flutuar ou ocultá-lo completamente. Você pode clicar no texto azul e sublinhado para exibir um painel relacionado. Por exemplo, clique na palavra sublinhada Stroke para exibir o painel Stroke.

1 Examine o painel Control localizado abaixo da barra de menus. Selecione a ferramenta Selection (↖) no painel Tools e clique no meio da barra avermelhada próxima ao centro da página. Observe que as informações para aquele objeto aparecem no painel Control incluindo "Path", Stroke, Style e Opacity.

2 Com uma ferramenta qualquer, arraste a linha dupla cinza-clara ao longo do lado esquerdo do painel Control até a área de trabalho. Quando o painel Control estiver flutuando livremente, você pode arrastar uma barra vertical cinza-escura que aparece no limite esquerdo do painel Control para movê-lo até a parte superior ou inferior da área de trabalho.

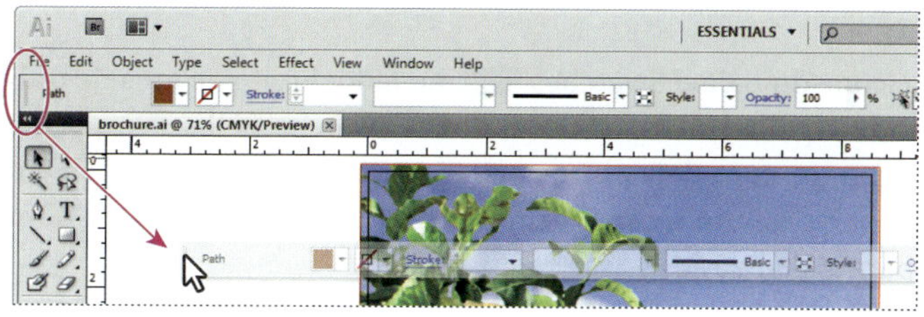

3 Arraste o painel Control até a parte inferior da janela do aplicativo (Windows) ou da tela (Mac OS). Quando o cursor alcança a parte inferior, uma linha azul aparece indicando a zona para soltá-lo, o painel será encaixado quando você soltar o botão do mouse.

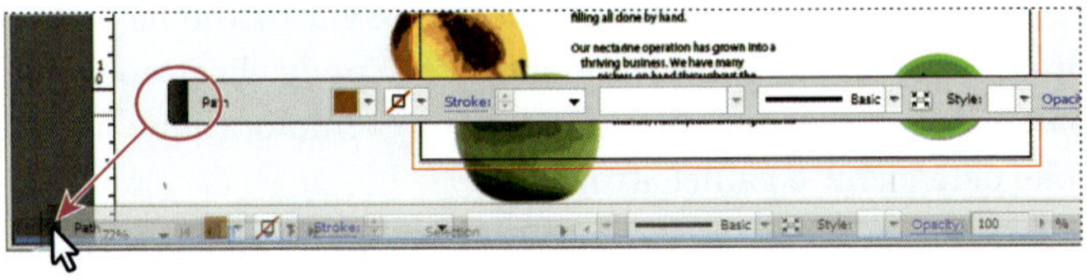

▶ **Dica:** Você pode também encaixar o painel Control escolhendo Dock to Top ou Dock to Bottom no menu do painel Control (▾☰).

4 Se o painel Control estiver encaixado na parte inferior, arraste-o até a parte superior da janela Document. Quando o cursor alcança o topo, acima da guia de documento brochure.ai, a linha azul aparece, indicando a zona para soltar. Se você soltar o botão do mouse, o painel será encaixado.

5 Escolha Select > Deselct para desmarcar o caminho.

▶ **Dica:** Para mover o painel Control para a parte superior da área de trabalho, você também pode escolher Window > Workspace > Essentials. Isso redefinirá a área de trabalho.

Trabalhe com painéis

Os painéis, localizados no menu Window, fornecem acesso rápido a muitas ferramentas que facilitam a modificação da arte. Por padrão, alguns painéis são encaixados e aparecem como ícones no lado direito da área de trabalho.

Agora você vai ocultar, fechar e abrir painéis.

1 Primeiro escolha Essentials no seletor da área de trabalho na barra Application (à esquerda do campo de busca) para redefinir os painéis de acordo com a localização original.

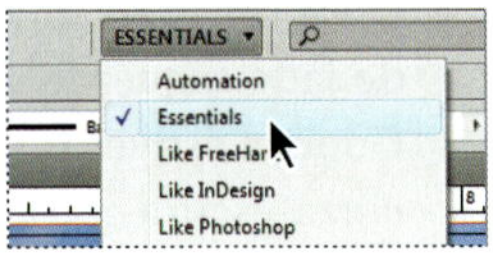

▶ **Dica:** Você pode também escolher Window > Workspace > Essentials para redefinir os painéis.

2 Clique no ícone do painel Swatches (▦), no lado direito da área de trabalho, para expandir o painel ou escolha Window > Swatches. Observe que o painel Swatches aparece com dois outros painéis – os painéis Brushes e Symbols. Eles fazem parte de um mesmo grupo de painéis. Clique na guia do painel Symbols para visualizá-lo.

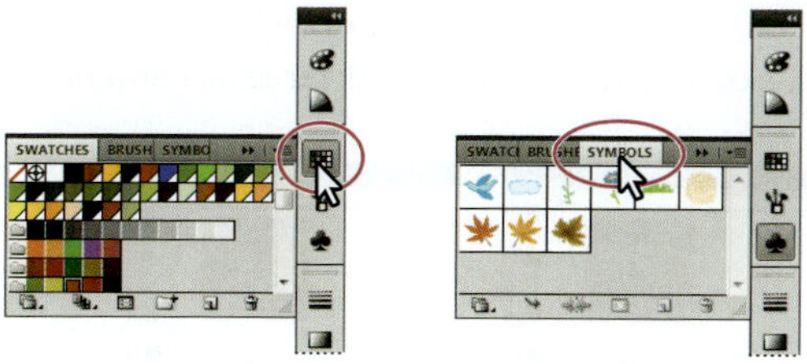

3 Agora clique no ícone do painel Color ( ). Observe que um novo grupo de painéis é exibido, e que o grupo de painéis que continha o painel Swatches é fechado.

4 Clique no ícone do painel Color ( ) para ocultar grupo de painéis.

▶ **Dica:** Para localizar um painel oculto, selecione o painel no menu Window. Uma marca de seleção à esquerda do nome do painel indica que esse painel já está aberto e está na frente dos outros painéis do grupo de painéis. Se você escolher um nome de painel já selecionado no menu Window, o painel e seu grupo fecharão.

▶ **Dica:** Para transformar um painel em um ícone outra vez, clique na guia do painel ou na seta dupla de sua barra de título.

5 Clique na seta dupla na parte superior do encaixe para expandir os painéis. Clique na seta dupla outra vez para ocultar os painéis. Utilize este método para exibir mais de um grupo de painéis de uma única vez.

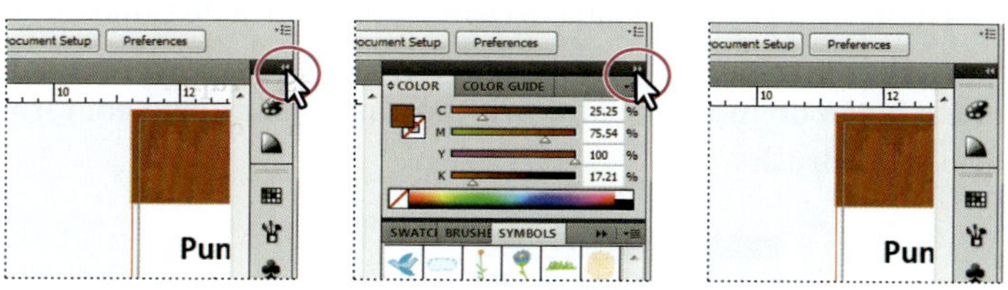

Clique para expandir   Clique para minimizar

6 Para aumentar a largura de todos os painéis em um encaixe, arraste a borda esquerda dos painéis encaixados para a esquerda, até o texto aparecer. Para reduzir a largura, clique e arraste a borda esquerda dos painéis encaixados para a direita, até o texto desaparecer.

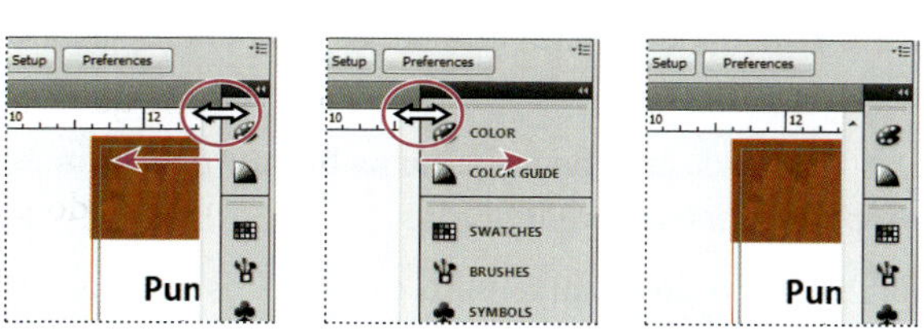

A seguir, você reorganizará um grupo de painéis.

7 Escolha Window > Workspace > Essentials para redefinir a área de trabalho.

8 Arraste o ícone do painel Swatches ( )para remover o painel do encaixe e torná-lo um painel flutuante. Observe que o painel permanece fechado en-

quanto um ícone permanece flutuante. Clique na seta dupla na barra de título do painel Swatches para expandi-lo e assim visualizar seus conteúdos.

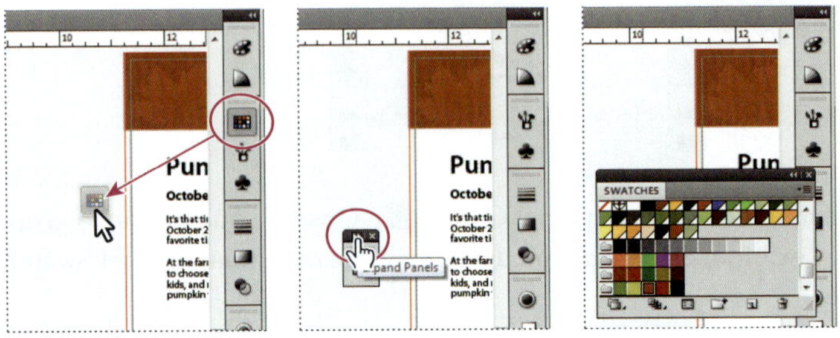

Você também pode mover os painéis de um grupo para outro. Com isso, você poderá criar grupos de painéis personalizados com os painéis que você mais usa.

Dica: Para fechar um painel, arraste o painel para longe do encaixe e clique no x no canto superior direito (Windows) ou no ponto do canto superior esquerdo (Mac OS) dele. Você também pode clicar com o botão direito do mouse ou com a tecla Ctrl pressionada em uma guia do painel encaixado para escolher Close no menu.

9 Arraste o painel Swatches pela guia do painel, pela barra de título do painel ou pela área atrás da guia do painel até os ícones do painel Brushes and Symbols. Solte o botão do mouse quando vir um contorno de azul em torno do grupo de painéis Brush.

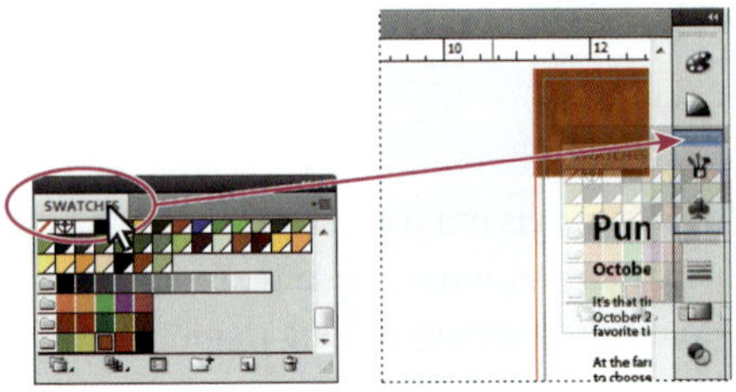

O próprio passo é organizar os painéis para criar mais espaço em sua área de trabalho.

10 Escolha Essentials no seletor da área de trabalho na barra Application, certificando-se de que os painéis estejam redefinidos.

11 Clique na seta dupla no topo do encaixe para expandir os painéis. Dê um clique na guia do painel Color para se certificar de que esteja selecionado. Dê um duplo clique na guia do painel para reduzir o tamanho do painel. Dê um duplo clique na guia novamente para minimizar o painel. Isso também pode ser feito quando um painel for flutuante.

Dica: Se você der um duplo clique mais de uma vez, o painel se expande por completo.

Dica: Pressione Tab para ocultar todos os painéis e o painel Tools. Pressione Tab outra vez para mostrá-los novamente. Você pode ocultar ou exibir todos os painéis exceto o painel Tools e o painel Control pressionando Shift + Tab para ocultar e Shift + Tab para exibi-los.

Nota: Muitos painéis requerem apenas que você dê um duplo clique na guia do painel duas vezes para retornar ao tamanho maior deste painel.

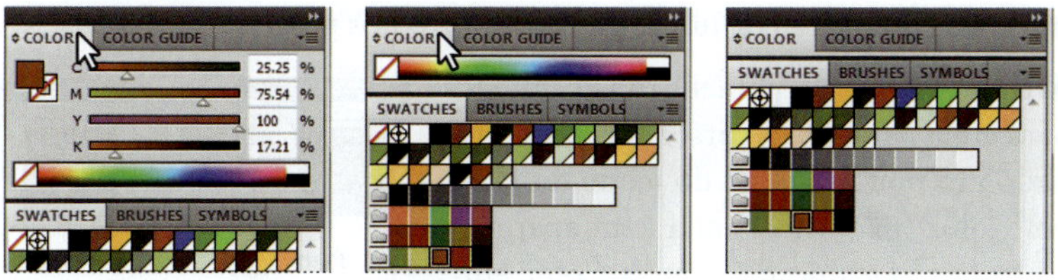

Clique duas vezes na guia do painel.

Clique duas vezes de novo.

▶ **Dica:** Para reduzir e expandir o tamanho do painel, em lugar de um clique duplo você pode clicar no pequeno ícone de seta à esquerda do nome do painel na guia do painel.

12 Clique na guia do painel Appearance para expandi-lo. Dependendo da resolução de sua tela, ele talvez já esteja expandido.

A seguir você redimensionará o grupo de painéis, o que pode facilitar a visualização dos painéis mais importantes.

13 Clique na guia do painel Symbols e arraste até a linha divisória entre o grupo de painéis Symbols e o grupo de painéis Stroke, para redimensionar o grupo.

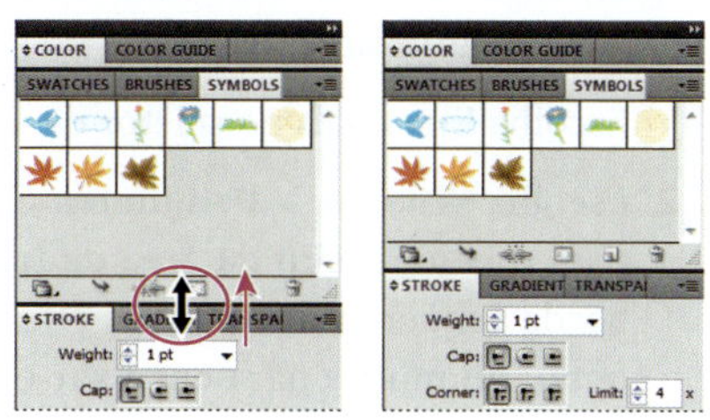

● **Nota:** Você talvez não consiga arrastar o divisor muito adiante, pois este arraste depende do tamanho e da resolução de sua tela, além do número de painéis expandidos.

14 Escolha Essentials no seletor da área de trabalho na barra Application.

A seguir, você vai reorganizar os grupos de painéis. Grupos de painéis podem ser encaixados, desencaixados ou organizados em modos recolhidos ou expandidos.

15 Escolha Windows > Align para abrir o grupo do painel Align. Arraste a barra de título do grupo de painéis Align até os painéis encaixados no lado direito da área de trabalho. Posicione o cursor um pouco abaixo do ícone do painel Symbols (♣) para que uma linha azul apareça. Solte o botão do mouse para adicionar o grupo ao encaixe.

● **Nota:** Se você arrastar um grupo até o encaixe e soltá-lo em um grupo existente, os dois serão mesclados. Redefina a área de trabalho e abra o grupo de painéis para reverter a operação de mescla.

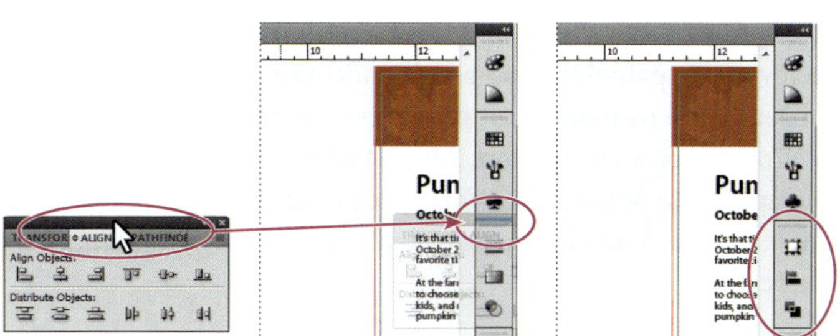

Agora arraste um painel de um grupo para outro nos painéis encaixados.

▶ **Dica:** Você pode também reordenar grupos inteiros de painéis no encaixe arrastando para cima ou para baixo a linha cinza dupla no topo de cada painel.

16 Arraste o ícone do painel Transform ( ) para cima para que o cursor seja posicionado um pouco abaixo do ícone do painel Color ( ). Uma linha azul aparece realçando o grupo de painéis Color em azul. Solte o botão do mouse.

Organizar os painéis em grupos pode facilitar o seu trabalho.

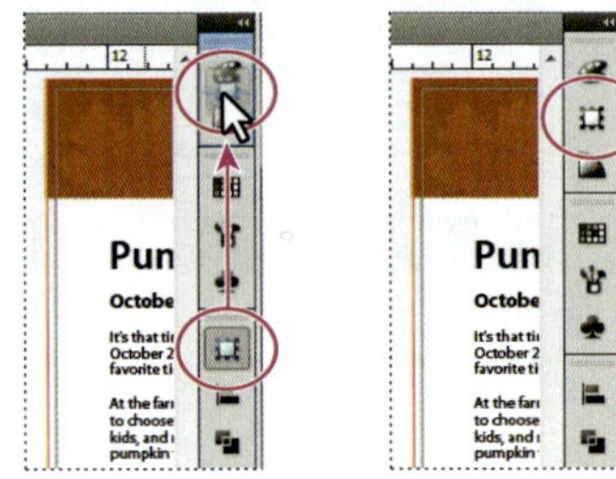

Redefina e salve sua área de trabalho

Você pode redefinir seus painéis e o painel Tools de acordo com suas posições padrão, como você vem fazendo ao longo desta lição. Também pode salvar a posição dos painéis para acessá-los facilmente criando uma área de trabalho. A seguir, você vai criar uma área de trabalho para acessar um grupo de painéis comumente utilizado.

▶ **Dica:** Encaixar painéis uns ao lado dos outros no lado direito da área de trabalho é uma excelente maneira de preservar espaço. Um painel encaixado pode também ser minimizado e redimensionado para conservar ainda mais espaço.

1 Escolha Essentials no seletor da área de trabalho na barra Application.

2 Escolha Window > Pathfinder. Clique e arraste a guia do painel Pathfinder para o lado direito da área de trabalho. Quando o cursor se aproximar da borda esquerda dos painéis encaixados, uma linha azul aparecerá. Solte o botão do mouse para encaixar o painel. Clique na caixa fechar (Windows) ou no botão fechar (Mac OS) para fechar o grupo de painéis restantes que contém os painéis Align e Transform.

3 Escolha Window > Workspace > Save Workspace. A caixa de diálogo Save Workspace abre. Insira o nome **Navigation** e clique em OK. A área de trabalho chamado Navigation é salvo no Illustrator, até você removê-lo.

4 Retorne ao layout de painel padrão escolhendo Window > Workspace > Essentials. Observe que os painéis retornam às suas posições padrão. Escolha Window > Workspace > Navigation. Alterne entre as duas áreas de trabalho utilizando o comando Window > Workspace e selecione a área de trabalho que você quer utilizar. Volte à area de trabalho Essentials antes de começar o próximo exercício.

● **Nota:** Para excluir espaços de trabalhos salvos, escolha Window > Workspace > Manage Workspaces. Selecione o nome da área de trabalho que deseja excluir e clique no botão Delete Workspace.

▶ **Dica:** Para mudar uma área de trabalho, redefina os painéis que você quer ver exibidos e então escolha Window > Workspace > Save Workspace. Na caixa de diálogo Save Workspace, nomeie a área de trabalho com o nome original e clique em OK. Uma caixa de diálogo é exibida perguntando se você gostaria de sobrescrever a área de trabalho existente. Clique em Yes.

Use menus de painéis

A maioria dos painéis tem um menu no canto superior direito do painel. Clicando no botão do menu painel (▾≡), você acessa as opções adicionais para o painel selecionado. Você pode também utilizar o menu de painel para alterar a exibição do painel.

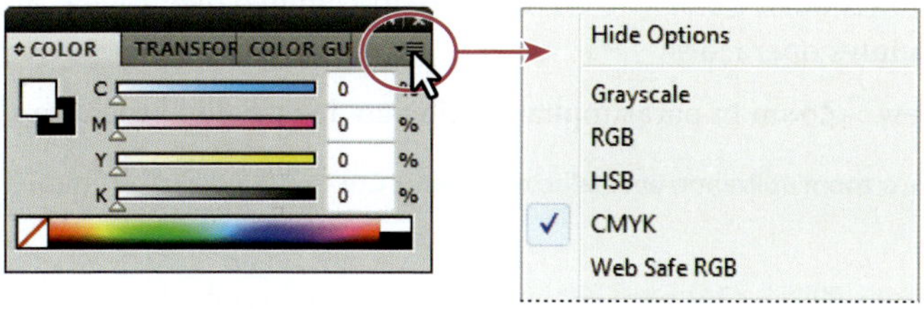

A seguir você vai alterar a exibição do painel Symbols utilizando o menu de painéis.

1 Clique no ícone do painel Symbols (♣) à direita da área de trabalho. Você também pode escolher Window > Symbols para exibir este painel.

2 Clique no menu painel (▾≡) no canto superior direito do painel de símbolos.

3 Selecione Small List View no menu de painéis. Os nomes de símbolos e as miniaturas são exibidos. Uma vez que as opções do menu de painéis se aplicam apenas ao painel ativo, apenas a exibição do painel Symbols é afetada.

4 Clique no menu do painel Symbols e escolha Thumbnail View, para retornar os símbolos à sua exibição original. Clique no ícone do painel Symbols (♣) para ocultar o painel outra vez.

Além dos menus de painéis, os menus contextuais exibem comandos relevantes à ferramenta, seleção ou painel ativos.

Para exibir menus contextuais, posicione o cursor sobre a janela ou painel Document. Feito isso, clique com o botão direito do mouse (Windows) ou clique mantendo a tecla Ctrl pressionada (Mac OS) para exibir o menu. O menu contextual exibido aqui é mostrado sempre que você clicar no trabalho sem ter selecionado coisa alguma.

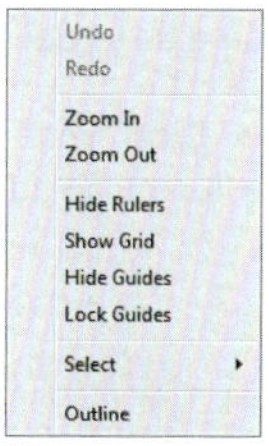

Um menu contextual

Mude a exibição da arte

Quando você estiver trabalhando com arquivos, é provável que precise alterar o nível de ampliação e navegar entre pranchetas. O nível de ampliação, que pode variar de 3,13% a 6400%, é exibido na barra de título (ou guia de documento) ao lado do nome do arquivo e também no canto inferior esquerdo da janela Window. Utilizar qualquer uma dessas ferramentas e comandos de visualização afeta apenas a exibição do trabalho feito, não o tamanho real dele.

Utilize comandos de exibição

Para aumentar ou reduzir a exibição do trabalho utilizando o menu View, execute uma das seguintes operações:

- Escolha View > Zoom In para ampliar a exibição do trabalho brochure.ai.

▶ **Dica:** Aumente o zoom utilizando um atalho de teclado: Ctrl + + (Windows) ou Cmd + + (Mac OS).

- Escolha View > Zoom Out para reduzir a ampliação do trabalho brochure.ai.

▶ **Dica:** Diminua o zoom utilizando um atalho de teclado: Ctrl + – (Windows) ou Cmd + – (Mac OS).

Toda vez que você escolher uma opção de Zoom, a exibição do trabalho é redimensionada ao nível de zoom predefinido mais próximo. Os níveis de zoom predefinidos aparecem em um menu no canto inferior esquerdo da janela Document, identificado por uma seta que aponta para baixo, ao lado da porcentagem.

Você pode também utilizar o menu View para dimensionar adequadamente o trabalho da prancheta ativa em sua janela, para dimensionar todas as pranchetas na área de visualização ou para visualizar a arte em seu tamanho real.

1 Escolha View > Fit Artboard In Window. Uma imagem reduzida da prancheta ativa é exibida na janela.

● **Nota:** Uma vez que a tela (a área externa às pranchetas) se estende até o tamanho de 227", você talvez não consiga visualizar sua ilustração. Escolha View > Fit Artboard In Window ou utilize os atalhos de teclado Ctrl + 0 (Windows) ou Cmd + 0 (Mac OS) para centralizar a arte na área de visualização.

▶ **Dica:** Você pode dar um duplo clique na ferramenta Hand no painel Tools para dimensionar a ilustração adequadamente à área de visualização.

2 Para exibir a ilustração em seu tamanho real, escolha View > Actual Size. A arte é mostrada com zoom 100%. O tamanho real de seu trabalho determina quanto dele pode ser visto em uma tela com zoom 100%.

▶ **Dica:** Como alternativa, você pode dar um duplo clique na ferramenta Zoom no painel Tools para exibir sua arte com zoom 100%.

3 Escolha View > Fit All In Window. Você verá todas as pranchetas no documento sendo exibidas na janela. Você poderá aprender mais sobre navegar

com pranchetas na seção "Navegue com múltiplas pranchetas", ainda nesta lição.

4 Escolha View > Fit Artboard In Window antes de prosseguir à próxima seção.

Utilize a ferramenta Zoom

Além das opções View, você pode também utilizar a ferramenta Zoom (🔍) para aumentar ou reduzir a visualização do trabalho. Utilize o menu View para selecionar níveis de aumento predefinidos ou para ajustar seu trabalho à janela Document.

1 Clique na ferramenta Zoom (🔍) no painel Tools para selecionar a ferramenta e então mova o cursor até a janela Document. Observe que o sinal de adição (+) aparece no centro do cursor da ferramenta Zoom.

2 Posicione a ferramenta Zoom sobre o texto de título "Created with..." no centro da prancheta e clique uma vez. A ilustração é exibida em tamanho maior.

3 Clique mais duas vezes no texto "Created with...". A visualização é aumentada outra vez e você perceberá que a área em que você clicou ficou maior.

A seguir, você reduzirá a dimensão de sua ilustração.

4 Com a ferramenta Zoom ainda selecionada, posicione o cursor no texto "Created with..." e pressione Alt (Windows) ou Option (Mac OS). Um sinal de subtração (–) aparece no centro do cursor da ferramenta Zoom. Continue pressionando a tecla para a próxima etapa.

5 Com a tecla Alt ou Option pressionada, clique na ilustração duas vezes para reduzir o tamanho da visualização.

Nota: A porcentagem de ampliação é determinada pelo tamanho do contorno de seleção que você desenha com a ferramenta Zoom – quanto menor o contorno de seleção, maior o nível de ampliação.

Para maior controle de zoom, você pode arrastar um contorno de seleção ao redor de uma área específica de sua prancheta. Isso amplia apenas a área selecionada.

6 Escolha View > Fit Artboard In Window antes de prosseguir.

7 Com a ferramenta Zoom ainda selecionada, arraste uma seleção ao redor do logotipo Uncle Henry's Farm no canto inferior direito da prancheta. Quando você vir o contorno de seleção ao redor da área que está arrastando, solte o botão do mouse. A área selecionada agora foi aumentada para se ajustar ao tamanho da janela Document.

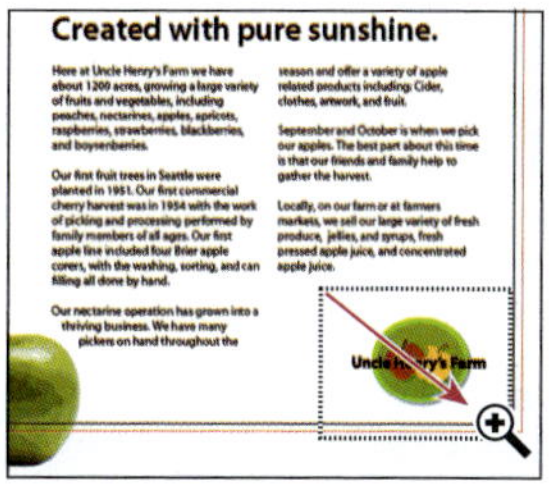

8 Dê um duplo clique na ferramenta Hand (✋) no painel Tools para dar à prancheta o mesmo tamanho da janela Document.

A ferramenta Zoom é utilizada com frequência durante o processo de edição, para aumentar e diminuir a visualização da arte. Em função disso, o Illustrator permite que você selecione essa ferramenta utilizando o teclado a qualquer momento, sem precisar antes desmarcar qualquer outra ferramenta que você esteja usando.

9 Antes de selecionar a ferramenta Zoom com o teclado, selecione qualquer outra ferramenta no painel Tools e mova o cursor até a janela Document.

10 Agora mantenha pressionada a tecla Ctrl + barra de espaço (Windows) ou Cmd + barra de espaço (Mac OS) para utilizar a ferramenta Zoom. Clique ou arraste para aumentar o zoom em qualquer área da prancheta e então solte as teclas.

Nota: Em algumas versões do Mac OS, os atalhos de teclado para a ferramenta Zoom abrem Spotlight ou Finder. Se você decidir utilizar estes atalhos no Illustrator, talvez precise desabilitar ou alterar estes atalhos de teclado no menu de preferências do Mac OS.

11 Para diminuir o zoom utilizando o teclado, pressione as teclas Ctrl + Alt + barra de espaços (Windows) ou Cmd + Option + barra de espaços (Mac OS). Clique na área em que você deseja reduzir o zoom da ilustração e solte as teclas.

12 Dê um duplo clique na ferramenta Hand no painel Tools para dimensionar corretamente a prancheta na janela Document.

Rolagem por um documento

Utilize a ferramenta Hand para se deslocar a áreas diferentes de um documento. A ferramenta Hand permite deslocar um documento para cima ou para baixo exatamente como você faria com uma folha de papel sobre sua escrivaninha.

1 Selecione a ferramenta Tool (✋) no painel Tools.

2 Arraste a janela Document para baixo. À medida que você a arrasta, a ilustração se move, acompanhando o movimento da mão.

Tal qual a ferramenta Zoom (🔍), você pode selecionar a ferramenta Hand com um atalho de teclado, sem ter de desmarcar a ferramenta ativa.

3 Clique em qualquer ferramenta, exceto a ferramenta Type (**T**) no painel Tools e mova o cursor para a janela Document.

4 Mantenha pressionada a barra de espaço para selecionar a ferramenta Hand em seu teclado e então arraste para trazer a ilustração de volta para o centro de sua área de visualização.

5 Dê um duplo clique na ferramenta Hand para adaptar a prancheta ativa à janela Document.

Nota: O atalho contendo a barra de espaço para a ferramenta Hand não funciona quando a ferramenta Type está ativa e seu cursor está sobre um texto.

Visualize seu trabalho

Quando você abre um arquivo, ele é automaticamente exibido no modo de pré--visualização, que mostra como uma arte ficará quando impressa. Quando você está trabalhando com ilustrações grandes e complexas, talvez seja necessário visualizar apenas os contornos ou reticulados de objetos presentes em seu trabalho de ilustração, para que a tela não tenha de redesenhar toda a ilustração sempre que você efetuar uma alteração. O modo Outline pode ser útil também para selecionar objetos, como você verá na Lição 2, "Selecionando e Alinhando".

1 Escolha View > Logo Zoom (na parte inferior do menu View) para aumentar a ampliação em uma área predefinida da imagem. Esta visualização personalizada foi salva com o documento.

▶ **Dica:** Para poupar tempo quando trabalhar com documentos grandes ou complexos, você pode criar suas próprias visualizações personalizadas em um documento para poder ir com rapidez a áreas e níveis de zoom específicos. Defina a visualização que você deseja salvar e então escolha View > New View. Nomeie a visualização. Ela é salva com o documento.

2 Escolha View > Outline. Somente são exibidos os contornos dos objetos. Utilize esta visualização para encontrar objetos que possam não estar visíveis no modo pré-visualização.

3 Escolha View > Preview para ver todos os atributos da arte.

Se você preferir atalhos de teclado, utilize Ctrl+Y (Windows) ou Cmd+Y (Mac OS) para alternar entre a pré-visualização e o modo de exibição de contornos.

4 Escolha View > Overprint Preview para visualizar quaisquer linhas ou formas que estejam prontas para serem impressas.

Este modo de visualização é útil para as pessoas do setor de impressão que precisam ter uma ideia de como as tintas interagem quando estão prontas para a impressão. Talvez você não consiga perceber todas as mudanças no logotipo quando alterna para este modo.

● **Nota:** Ao alternar entre modos de exibição, mudanças visuais talvez não fiquem prontamente aparentes. O zoom in e out (View > Zoom In e View > Zoom Out) podem ajudá-lo a perceber as diferenças com mais facilidade.

5 Escolha View > Pixel Preview para ver como a arte aparecerá quando rasterizada e vista na tela de um navegador da Web. Escolha View > Pixel Preview para desmarcar a visualização em pixels.

Visualização Preview

Visualização Outline

Visualização Overprint

Visualização Pixel

6 Escolha View > Fit Artboard in Window para visualizar toda a prancheta ativa.

Navegue por múltiplas pranchetas

O Illustrator permite utilizar múltiplas pranchetas em um único arquivo. Essa é uma excelente maneira de criar um documento com diversas páginas, o que permite ter peças semelhantes, como uma brochura, um cartão-postal e um cartão de visitas, em um mesmo documento. Você pode compartilhar conteúdo facilmente entre essas peças, criar PDFs com diversas páginas e imprimir múltiplas páginas com a criação de diversas pranchetas.

Você pode acrescentar múltiplas pranchetas no momento da criação de um documento Illustrator escolhendo File > New. É possível acrescentar ou remover pranchetas após o documento ter sido criado utilizando a ferramenta Artboard no painel Tools.

A seguir você vai aprender a navegar em um documento com diversas pranchetas de maneira eficiente.

1 Selecione a ferramenta Selection (↖) no painel Tools.

2 Escolha View > Fit In All Window. Observe que há duas pranchetas no documento.

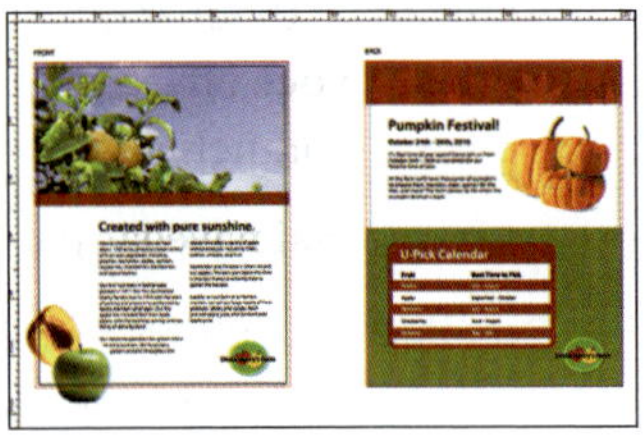

As pranchetas em um documento podem ser dispostas em qualquer ordem, orientação ou tamanho de prancheta – elas podem até mesmo se sobrepor. Suponhamos que você deseje criar uma brochura com quatro páginas. Você pode criar diferentes pranchetas para cada página da brochura, todas de mesmo tamanho e orientação. Elas podem ser dispostas na horizontal ou na vertical, ou de qualquer outra maneira que você preferir.

O documento brochure.ai tem duas pranchetas, que formam a capa e a contracapa da brochura.

3 Pressione Ctrl+ – (Windows) ou Cmd+ – (Mac OS) até aparecer a logomarca no canto superior esquerdo da tela, que está fora das pranchetas.

4 Escolha View > Fit Artboard In Window. Este comando adapta a prancheta ativa ao tamanho da janela. A prancheta ativa é identificada no menu Artboard Navigation no canto inferior esquerdo da janela Document.

Nota: Aprenda a numerar pranchetas e a adicionar e editar pranchetas na Lição 3, "Criando e Editando Formas" e na Lição 4, "Transformando Objetos".

5 Escolha 2 do menu Artboard Navigation. A contracapa da brochura é exibida na janela Document.

6 Escolha View > Zoom Out. observe que o aumento do zoom ocorre na prancheta ativa.

Observe as setas à direita e à esquerda do menu Artboard Navigation. Você pode utilizar essas setas para navegar até a primeira prancheta (⏮), a anterior (◀), a próxima (▶), e a última (⏭).

7 Clique no botão de navegação Previous para visualizar a prancheta anterior (prancheta no. 1) na janela Document.

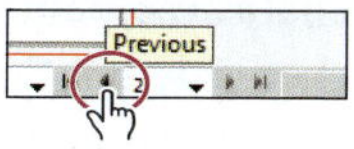

● **Nota:** Uma vez que há apenas duas pranchetas neste documento, você pode também clicar no botão First (⏮) nesta etapa.

8 Escolha View > Fit Artboard In Window para se certificar de que a primeira prancheta (prancheta no. 1) esteja adaptada à janela Document.

Outro método para navegar entre diversas pranchetas é utilizar o painel Artboards. A seguir você abrirá o painel Artboards e navegará no documento.

9 Escolha Essentials no seletor da área de trabalho na barra Application para redefinir a área de trabalho Essentials.

10 Escolha Window > Artboards para expandir o painel Artboards no lado direito da área de trabalho.

O painel Artboards lista todas as pranchetas do documento. Este painel permite que você navegue entre pranchetas, renomeando-as, acrescentando ou excluindo pranchetas, editando configurações, e muito mais.

A seguir você vai navegar pelo documento utilizando este painel.

11 Dê um duplo clique no nome "Artboard 2" no painel Artboards. Isso faz a prancheta 2 se dimensionar de acordo com a janela Window.

● **Nota:** Um duplo clique no número à esquerda do nome da prancheta no painel Artboards não permite que você navegue entre pranchetas, ele apenas indica a ordem delas. Um duplo clique no ícone da página à direita do nome da prancheta no painel permite editar as opções da prancheta.

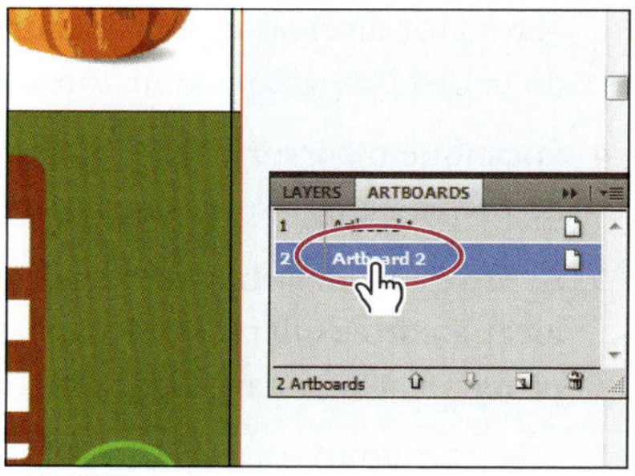

12 Escolha View > Zoom In para aumentar o zoom na segunda prancheta.

13 Dê um duplo clique no nome "Artboard 1" no painel Artboards para mostrar a primeira prancheta na janela Document.

Observe que quando você dá um duplo clique em um nome de prancheta, ela é dimensionada de maneira a se adaptar à janela Document.

14 Clique no ícone do painel Artboard (🗐) no encaixe para recolher o painel Artboards.

Use o painel Navigator

Outra ferramenta para navegar em um documento com uma ou diversas pranchetas é o painel Navigator. Ele é útil quando você precisa ver todas as pranchetas de um documento em uma janela e editar conteúdo em qualquer dessas pranchetas com nível maior de zoom.

1 Escolha Window > Navigator para abrir o painel Navigator. Ele flutua na área de trabalho.

2 No painel Navigator, arraste o controle deslizante à esquerda a aproximadamente 50%, para reduzir o nível de ampliação. A caixa vermelha no painel Navigator, chamada área de visualização proxy aumenta, indicando a área do documento em exibição.

Nota: O botão deslizante do painel Navigator tende a mudar a ampliação em intervalos pré-configurados. Para ampliar com mais precisão, digite o valor no canto inferior esquerdo do painel.

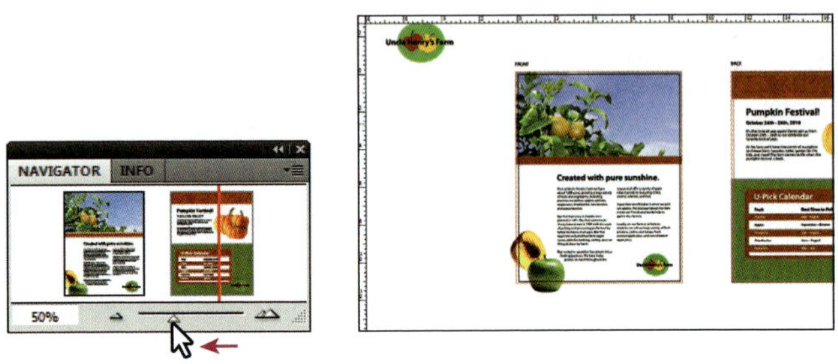

3 Clique no ícone de montanha maior () no canto inferior direito do painel Navigator diversas vezes para aumentar o zoom da brochura até o percentual do painel Navigator exibir zoom de cerca de 150%.

4 Posicione o cursor dentro da área de visualização proxy (a caixa vermelha) do painel Navigator. O cursor se transforma em uma mão ().

5 Arraste a mão na área de visualização proxy do painel Navigator para se deslocar a partes diferentes do trabalho artístico. Arraste a área de visualização proxy até a logomarca no canto inferior direito da capa da brochura.

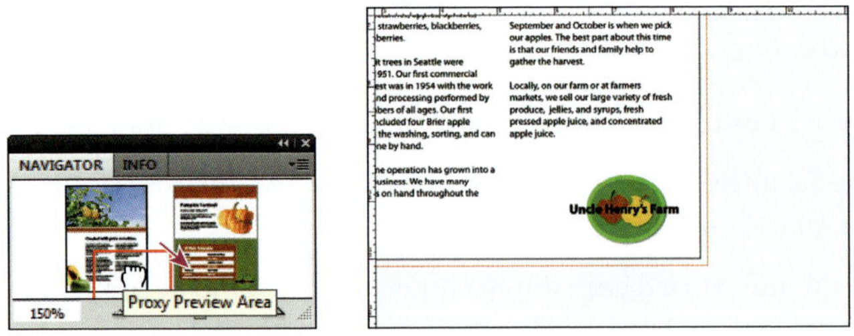

6 No painel Navigator, mova o cursor para fora da área de visualização proxy e dê um clique. Isso desloca a caixa e exibe uma área diferente da arte na janela Document.

7 Com o cursor (mão) ainda posicionado no painel Navigator, pressione a tecla Ctrl (Windows) ou Cmd (Mac OS). Quando a mão se transformar em uma lupa, arraste um contorno de seleção pela área do trabalho artístico. Quanto menor o contorno de seleção que você desenhar, maior o nível de ampliação na janela Document.

▶ **Dica:** Escolher Options Panel no menu do painel Navigator permite adaptar o painel Navigator a suas preferências. Por exemplo, você pode mudar a cor da janela de visualização.

8 Escolha View > Fit Artboard In Window.

9 Desmarque View Artboard Contents Only no menu do painel Navigator (▾☰). Com isso você pode ver qualquer arte na tela. Observe o logotipo na tela.

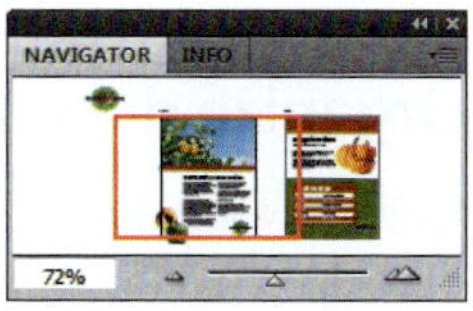

● **Nota:** Você talvez precisará ajustar o controle deslizante no painel Navigator para ver o logotipo na área proxy.

● **Nota:** A porcentagem e a área de visualização proxy em seu painel Navigator podem ser diferentes do mostrado aqui. Não se assuste.

10 Escolha o grupo do painel Navigator clicando na caixa fechar (Windows) ou no botão fechar (Mac OS) na barra de título.

Entenda as réguas

Réguas são úteis para localizar e medir objetos com exatidão em seu documento; por padrão, são exibidas em todos documentos. Réguas horizontais e verticais são exibidas no alto e à esquerda na janela Document. O ponto "0" (zero) em cada régua é chamado origem da régua.

A seguir, você vai explorar réguas, ativando-as e ocultando-as, observando onde a origem é localizada em cada prancheta.

1 Escolha View > Rulers > Hide Rulers para ocultar as réguas.

2 Escolha View > Rulers > Show Rulers para exibi-las outra vez.

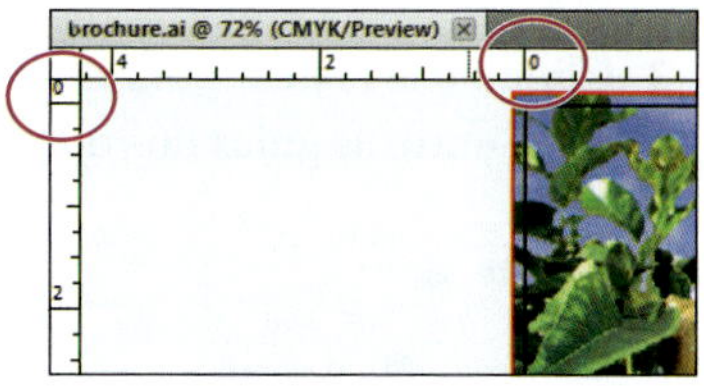

Observe que o "0" da régua horizontal está alinhado à margem esquerda da primeira prancheta e o "0" régua vertical (à esquerda da janela Document) está alinhado à margem superior da prancheta.

3 Navegue até a segunda prancheta escolhendo 2 no menu Artboard Navigation

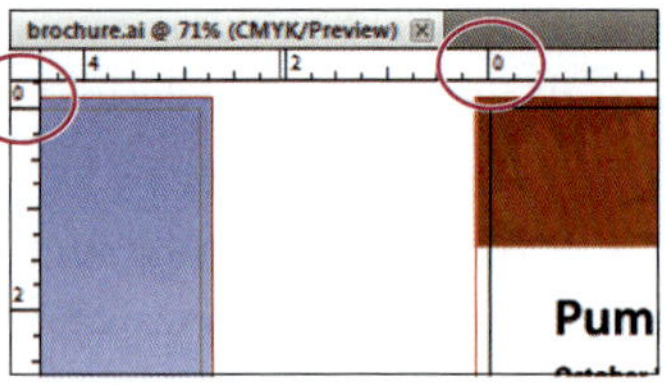

Observe que as réguas começam em "0" no canto superior esquerdo, também nessa segunda prancheta. Toda prancheta tem seu próprio sistema de réguas, sendo que os zeros das réguas horizontal e vertical começam no canto superior esquerdo de cada uma. Você aprenderá sobre o ponto zero e outras opções no Capítulo 4, "Transformando Objetos".

4 Navegue de volta à primeira prancheta escolhendo 1 no menu Artboard Navigation.

Organize documentos

Quando você abre mais de um arquivo Illustrator, as janelas Document são exibidas com guias. Você pode arranjar os documentos abertos de outras maneiras, como lado a lado, para poder compará-los prontamente ou arrastar itens de um documento a outro. Você pode também utilizar a janela Arrange Documents para exibir documentos abertos com rapidez em diversas configurações.

A seguir você abrirá diversos documentos.

1 Escolha File > Open e, na pasta Lesson01, clique nos arquivos L1star_2.ai e L1start_3.ai mantendo a tecla Shift pressionada para selecioná-los. Estes arquivos estão localizados na pasta Lessons em seu disco rígido. Clique em Open para abrir os dois arquivos ao mesmo tempo.

Você agora tem três arquivos do Illustrator abertos: brochure.ai, L1start_2.ai e L1start_3.ai. Cada um deles tem sua própria guia no topo da janela Document. Estes documentos são considerados um grupo de janelas Documents. Você pode criar grupos de documentos para associar arquivos abertos livremente.

2 Clique na guia do documento brochure.ai para exibir a janela Document de brochure.ai.

● **Nota:** Suas guias podem estar em ordem um pouco diferente desta. Não há problema. Tenha cuidado para arrastar para a direita sem interrupção, do contrário você pode desencaixar a janela Document e criar um novo grupo. Se isso acontecer, escolha Window > Arrange > Consolidate All Windows.

3 Clique e arraste a guia do documento brochure.ai para a direita, para que fique entre as guias dos documentos L1start_2.ai e L1start_3.ai.

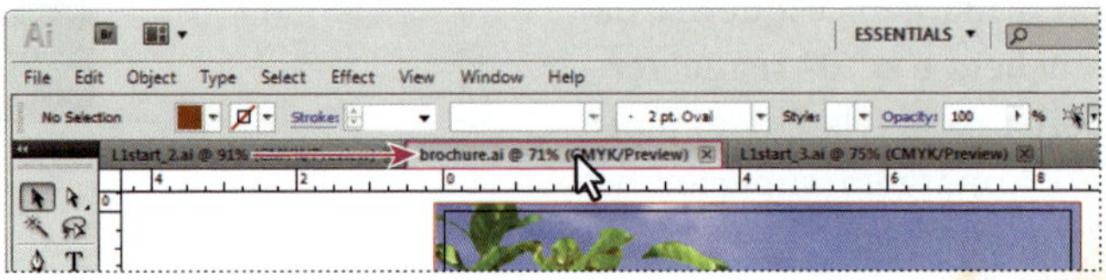

Arrastar as guias de documentos permite alterar a ordem destes documentos. Isso pode ser bastante útil se você estiver utilizando atalhos de documentos para navegar entre eles:

- Ctrl+F6 (próximo documento), Ctrl+Shift+F6 (documento anterior) (Windows)
- Cmd+ ` (próximo documento), Ctrl+Shift+ ` (documento anterior) (Mac OS)

4 Arraste as guias de documentos na seguinte ordem, da esquerda para a direita: brochure.ai, L1start_2.ai e L1start_3.ai. Esses três documentos são versões de peças de marketing. Para ver todos ao mesmo tempo, você pode arranjar as janelas Document em cascata ou lado a lado. A configuração em cascata permite exibir diferentes documentos um sobre o outro e será discutida mais adiante ainda nesta seção. A configuração lado a lado exibe múltiplas janelas Document de uma única vez, em diversas ordens.

A seguir você organizará documentos abertos lado a lado para poder ver todos ao mesmo tempo.

5 No Mac OS (os usuários da plataforma Windows podem pular esta etapa e ir direto para a próxima), escolha Window > Application Frame.

Os usuários da plataforma Mac OS podem utilizar a moldura do aplicativo para agrupar todos os elementos do área de trabalho em uma única janela integrada, semelhante ao trabalho na plataforma Windows. Se você mover ou redimensionar a moldura do aplicativo, os elementos se modificam simultaneamente de forma a não se sobreporem.

6 Escolha Window > Arrange > Tile.

Todas as três janelas Document são exibidas de acordo com um padrão lado a lado.

7 Clique em cada uma das janelas Document para ativar os documentos. Escolha View > Fit Arboard In Window para cada um dos documentos. Além disso, certifique-se de que a prancheta 1 esteja sendo exibida para cada documento na janela Document.

Nota: Seus documentos podem ser arranjados lado a lado em ordem diferente da apresentada. Não se preocupe com isso.

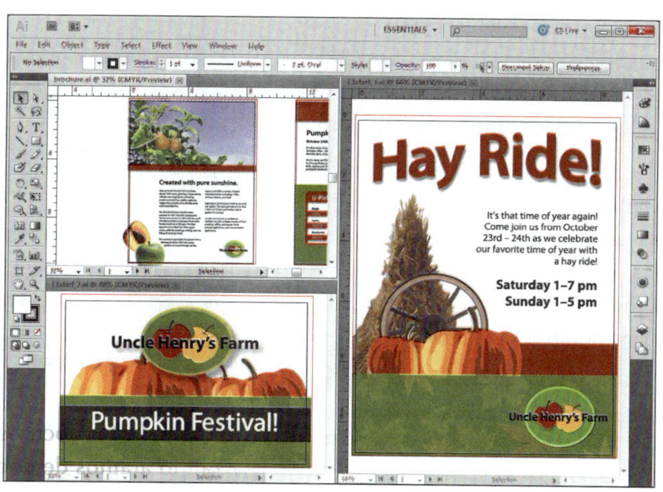

Documentos exibidos lado a lado

Com os documentos lado a lado é possível arrastar as linhas divisórias entre cada uma das janelas Document e assim revelar mais ou menos área de um documento em especial. Você pode também arrastar objetos entre documentos para copiá-los de um documento a outro.

8 Clique na janela Document L1start_3.ai. Com a ferramenta Selection, arraste a imagem da roda de carro de boi (atrás das abóboras na prancheta), para a janela Document L1start_2.ai e solte o botão do mouse. Isso copia a imagem de L1start_3.ai para L1start_2.ai.

● **Nota:** Após arrastar os conteúdos de acordo com o item 8, observe que a guia do documento para L1start_2.ai agora tem um asterisco à direita do nome do arquivo. Isso indica que o arquivo precisa ser salvo.

● **Nota:** Quando você arrasta conteúdo entre documentos dispostos lado a lado, um sinal de adição aparece ao lado do cursor (apenas no Windows), conforme mostra a figura abaixo.

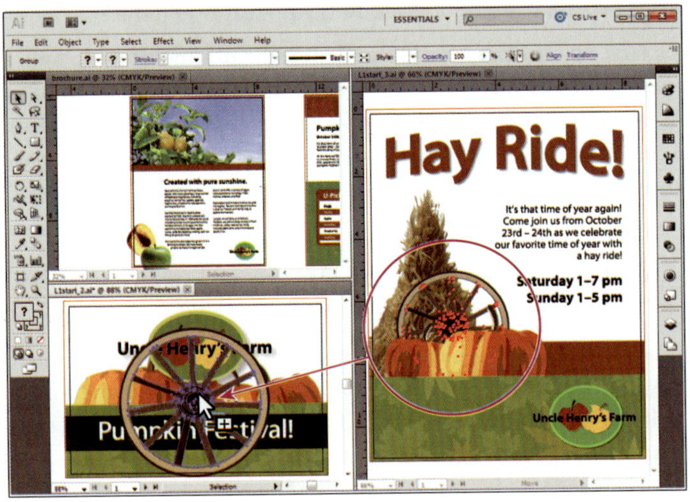

Para alterar a disposição das janelas lado a lado, você pode arrastar as guias dos documentos a posições novas. Porém, é mais fácil utilizar a janela Arrange Documents para dispor documentos abertos com rapidez em uma variedade de posições.

9 Clique no botão Arrange Documents (▦ ▾) na barra Application para exibir a janela Arrange Documents. Clique na janela Arrange Documents. Clique no botão Tile All Vertically (▥) para dispor os documentos lado a lado.

● **Nota:** No Mac OS, a barra de menus fica acima da barra Application. Além disso, dependendo da resolução de tela, os menus Windows podem aparecer na barra Application.

10 Clique no botão vertical 2 Up (▮▮) na janela Arrange Documents.

Observe que dois dos documentos aparecem como guias nas áreas lado a lado.

11 Clique para selecionar a guia L1start_2.ai se ela ainda não estiver selecionada. Então, clique no "x" ao lado da guia L1start_2.ai para fechar o documento. Se uma caixa de diálogo for exibida pedindo que você salve o documento, clique em Don't Save.

12 Clique no botão Arrange Documents (▦ ▾) na barra Application e clique no botão Consolidate All (■). Isso recolhe os dois documentos para guias no mesmo grupo. Mantenha os documentos brochure.ai e L1start_3.ai abertos.

▶ **Dica:** Você pode também escolher Window > Arrange > Consolidate All Windows para que os dois documentos apareçam como guias no mesmo grupo.

Grupos de documentos

Por padrão, documentos abertos no Illustrator são dispostos como guias em um único grupo de janelas. Você pode criar diversos grupos de arquivos para facilitar a navegação e associar arquivos uns aos outros pelo tempo necessário. Isso pode ser útil se você estiver trabalhando com um projeto grande e que exija a criação e edição de diversas peças. Agrupar documentos permite que você mantenha grupos flutuantes, de maneira a separá-los da janela do aplicativo (Windows) ou da tela (Mac OS).

A seguir você criará e trabalhará com dois grupos de arquivos.

1 Clique para selecionar a guia L1start_3.ai, se ainda não estiver selecionada.

2 Escolha Window > Arrange > Float All In Windows. Isso cria grupos separados para todos os grupos de documentos. Por padrão, os grupos são dispostos em cascata, um sobre o outro.

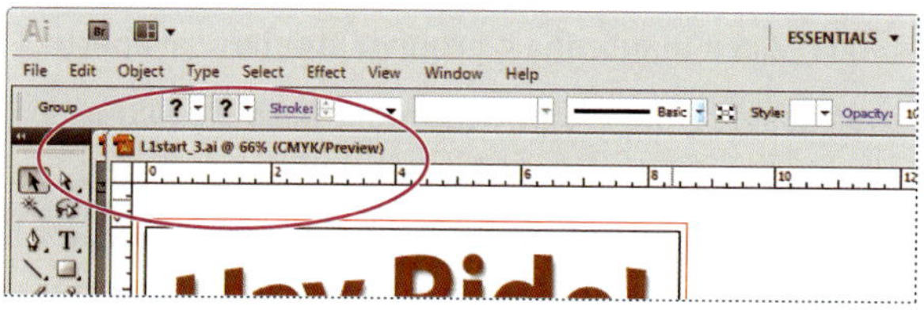

Janelas de documentos flutuando em grupos separados

3 Clique na barra de título em brochure.ai e observe que L1start_3.ai não está visível. L1start_3.ai agora está atrás de brochure.ai.

● **Nota:** Se você não conseguir selecionar a guia brochure.ai, escolha Window > brochure.ai na parte inferior do menu Window.

4 Escolha File > Open e, na pasta Lesson01, selecione o arquivo L1start_2.ai, localizado na pasta Lessons de seu disco rígido. Clique em Open. Observe que o documento aberto agora é adicionado como guia de documento no grupo que contém brochure.ai.

● **Nota:** Quando você abre um documento ou cria um novo documento, esse documento é adicionado ao grupo atualmente selecionado.

5 Escolha Window > Arrange > Cascade para revelar ambos os grupos.

6 Clique no botão Minimize no canto superior direito (Windows) ou no canto superior esquerdo (Mac OS) do grupo L1start_3.ai. Observe que, no Windows, por padrão, o grupo é minimizado no canto inferior esquerdo da janela do aplicativo. No Mac OS, a janela é minimizada no Dock do sistema operacional.

7 Para mostrar o grupo minimizado, clique no botão Restore ou na guia do documento (Windows), ou no thumbnail do documento no Dock (Mac OS).

8 Clique na caixa Fechar (Windows) ou no botão Fechar (Mac OS) para fechar o grupo L1start_3.ai.

9 Arraste a guia do documento até o documento parecer flutuar livremente. Esta é uma alternativa para criar um grupo de documentos flutuantes.

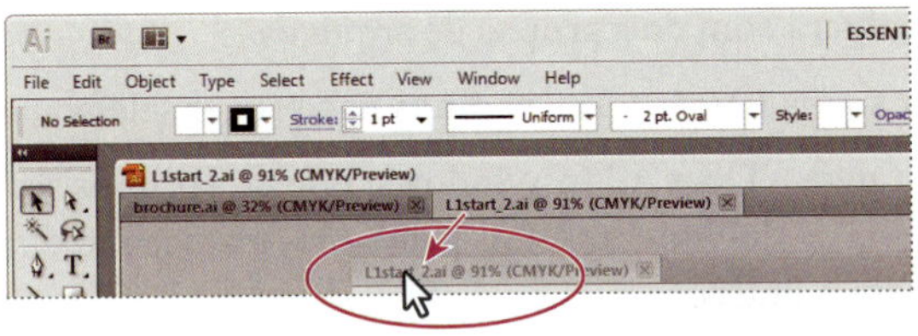

10 Feche o arquivo L1start_2.ai e mantenha o arquivo brochure.ai aberto.

11 No Windows (os usuários de Mac OS podem pular para o próximo passo), escolha Window > Arrange > Consolidate All Windows.

12 No Mac OS, escolha Window > Application Frame para desmarcar a barra Application. Então clique no botão verde no canto esquerdo superior da janela Document para que ela se adapte o melhor possível.

13 Escolha View > Fit Artboard In Window para redimensionar adequadamente a primeira prancheta de brochure.ai à janela Document.

Encontre recursos para utilizar o Illustrator

Para informações mais completas e atualizadas sobre a utilização dos painéis, ferramentas e outros atributos de aplicativo do Illustrator, visite o website da Adobe. Escolha Help > Illustrator Help – onde você se conecta com o website da comunidade de ajuda do Illustrator. Nesse website você pode fazer buscas no Help do Illustrator e obter suporte a documentos, além de conhecer outros websites importantes para usuários do Illustrator. Você pode reduzir os resultados de suas buscas e visualizar apenas itens da ajuda da Adobe e de seus documentos de suporte.

Se você planeja trabalhar com o Illustrator quando não estiver conectado à Internet, baixe a versão mais atualizada em PDF da ajuda do Illustrator em www.adobe.com/support/documentation.

Para recursos adicionais como dicas e técnicas e também informações mais atualizadas sobre produtos, visite a página da ajuda da Adobe Community em community.adobe.com/help/main.

● **Nota:** Se o Illustrator detectar que você não está conectado à Internet ao iniciar o aplicativo, escolha Help > Illustrator Help para abrir as páginas de ajuda no formato HTML instaladas junto com o Illustrator. Para informações mais atualizadas, acesse os arquivos de ajuda online e baixe o PDF atual para referência futura.

Busque um tópico na caixa Search For Help

Você pode utilizar a caixa Search For Help no lado direito da barra Application para pesquisar tópicos de ajuda e outros conteúdos online. Se você estiver conectado à Internet, poderá acessar todo o conteúdo do website da Community Help. Se você pesquisar na ajuda sem uma conexão com a Internet ativa, os resultados da busca serão limitados ao conteúdo da ajuda incluído na sua versão do Illustrator instalada.

1 Digite **artboards** na caixa Search For Help na barra Application e pressione Enter ou Return.

Se você estiver conectado à Internet, a janela Adobe Community Help será aberta. Com ela você pode explorar os diferentes tópicos de ajuda disponíveis.

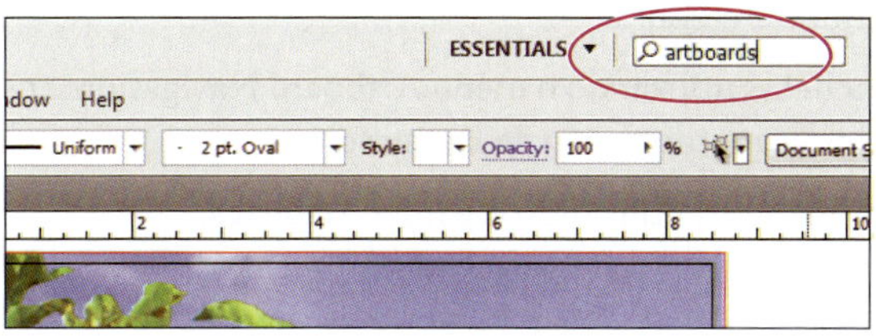

2 Feche a janela e retorne para o Illustrator.

3 Escolha File > Close para fechar o arquivo aberto.

Verifique se há atualizações

A Adobe fornece atualizações do software periodicamente. Você pode obter essas atualizações com facilidade por meio do Adobe Updater, desde que você tenha uma conexão com a Internet ativa.

1 No Illustrator, escolha Help > Updates. O Adobe Updater automaticamente verifica se há atualizações disponíveis para seu software Adobe.

2 Na caixa de diálogo Adobe Application Manager, selecione as atualizações que você deseja instalar e então clique em Download and Install Updates para instalá-las.

3 Quando você terminar de buscar por atualizações, feche a janela e retorne para o Illustrator.

Nota: Para definir suas preferências por atualizações futuras, clique em Preferences. Selecione as aplicações para as quais você deseja verificar se há atualizações e para notificá-lo destas atualizações. Clique em Done para aceitar as novas configurações de atualização.

Explore por conta própria

Você abrirá um arquivo exemplo do Adobe Illustrator CS5 para investigar e utilizar alguns dos recursos de navegação e organização aprendidos nesta lição.

1 Abra o arquivo L1start_2.ai na pasta Lesson 1.

Nota: É possível que apareça um caixa de diálogo Missing Profile. Clique em OK para continuar.

2 Execute um dos seguintes passos no trabalho artístico:

- Pratique aumentar e diminuir o zoom. Observe que, em níveis menores de zoom, parte do texto pode ficar difícil de ler, como se fosse uma barra cinza sólida. À medida que você aumenta o zoom, o texto fica mais fácil de visualizar.
- Salve visualizações com nível elevado de zoom utilizando View > New View para diferentes áreas, como a face de um cartão-postal (prancheta 1) e o verso do cartão (prancheta 2).
- Crie uma imagem ampliada da abóbora na prancheta 2 em Outline View.
- Amplie o painel do Navigator e o utilize para rolar entre as pranchetas e para aumentar e diminuir o zoom.
- Navegue entre pranchetas utilizando o menu Artboard Navigation e os botões no canto inferior esquerdo da janela Document.
- Navegue entre as pranchetas utilizando o painel Artboard.
- Crie uma área de trabalho salva (Window > Workspace > Save Workspace) que mostra apenas o painel Tools, o painel Control e o painel Layers.

3 Escolha File > Close sem salvar.

Perguntas de revisão

1 Descreva duas maneiras de alterar a visualização de um documento.

2 Como você seleciona ferramentas no Illustrator?

3 Descreva três maneiras de navegar entre pranchetas no Illustrator.

4 Como você salva as localizações de painel e as preferências de visibilidade?

5 Descreva como a organização das janelas do Illustrator pode ser útil.

Respostas

1 Você pode selecionar comandos do menu View para ampliar ou reduzir um documento ou ajustá-lo à tela; também pode utilizar as ferramentas Zoom do painel Tools e clicar ou arrastar uma área de seleção em um documento para expandir ou reduzir a ampliação. Além disso, você pode utilizar atalhos pelo teclado para ampliar ou reduzir a exibição do trabalho. Você também pode utilizar o painel Navigator para rolar pelo trabalho ou alterar a ampliação sem utilizar a janela Document.

2 Para selecionar uma ferramenta você pode clicar na ferramenta no painel Tools ou pressionar o atalho de teclado para esta ferramenta. Por exemplo, você pode pressionar V para selecionar a ferramenta Selection no teclado. As ferramentas selecionadas permanecem ativas até você clicar em uma ferramenta diferente.

3 Você pode escolher o número da prancheta do menu Artboard Navigation no canto inferior esquerdo da janela Window. Pode também utilizar as setas Artboard Navigation no canto inferior esquerdo da janela Document para ir para a primeira prancheta, a anterior, a próxima e a última, dar um duplo clique no nome da prancheta no painel Artboards para navegar até uma prancheta, ou pode ainda utilizar o painel Navigator para navegar entre pranchetas.

4 Escolha Window > Workspace > Save Workspace para criar áreas de trabalho personalizadas e facilitar o acesso aos controles de que precisa.

5 Arranjar as janelas Document permite que você coloque grupos de documentos lado a lado ou em cascata. Esse recurso pode ser útil se você está trabalhando com diversos arquivos Illustrator e precisa comparar ou compartilhar conteúdos entre eles.

2 SELECIONANDO E ALINHANDO

Visão geral da lição

Nesta lição, você vai aprender a:

- Diferenciar entre as várias ferramentas de seleção e empregar diferentes técnicas de seleção
- Reconhecer guias inteligentes
- Clonar itens com a ferramenta Selection
- Ocultar e encaixar itens para se organizar
- Salvar seleções para uso futuro
- Agrupar e desagrupar itens
- Trabalhar no modo de isolamento
- Utilizar ferramentas e comandos para alinhar formas e pontos entre si e à prancheta
- Arranjar conteúdos
- Selecionar conteúdos levados para trás

Esta lição levará aproximadamente uma hora para ser concluída. Se necessário, remova a pasta da lição anterior de seu disco rígido e copie a pasta Lesson02.

Selecionar conteúdo no Adobe® Illustrator® CS5 é uma das coisas mais importantes que você vai fazer. Nesta lição, você vai aprender a localizar e selecionar objetos utilizando ferramentas de seleção, a proteger outros objetos agrupando-os, ocultando-os e bloqueando-os, bem como a alinhar objetos entre si e entre a prancheta.

Introdução

Ao alterar cores ou tamanho e adicionar efeitos ou atributos, você deve primeiro selecionar o objeto ao qual serão aplicadas as alterações. Nesta lição, você verá os fundamentos do uso das ferramentas de seleção. Técnicas de seleção mais avançadas, que utilizam camadas, são discutidas na Lição 8, "Trabalhando com Camadas".

1 Para que as ferramentas e os painéis funcionem exatamente como descrito, exclua ou desative (renomeando) o arquivo de preferências do Adobe Illustrator CS5. Consulte "Restaurando as preferências padrão", na página 15.

2 Inicie o Adobe Illustrator CS5.

Nota: Se você ainda não o fez, copie os arquivos desta lição para o seu disco rígido a partir da pasta Lesson02 do CD do *Adobe Illustrator CS5 Classroom in a Book*. Veja "Copiando os arquivos do Classroom in a Book", na página 14.

3 Escolha File > Open e abra o arquivo L2start_1.ai da pasta Lesson02, localizada na pasta Lessons de seu disco rígido. Escolha View > Fit Artboard In Window.

4 Escolha Window > Workspace > Essentials.

Selecione objetos

Seja para começar um trabalho da estaca zero ou para editar no Illustrator, você precisa saber como selecionar objetos. Há diversos métodos para selecionar objetos no Illustrator. Nesta seção, você vai explorar as principais ferramentas de seleção, inclusive as ferramentas Selection e Direct Selection.

Utilize a ferramenta Selection

A ferramenta Selection do painel Tools permite selecionar objetos inteiros.

1 Selecione a ferramenta Selection (↖) no painel Tools. Posicione o cursor sobre as diferentes formas sem clicar. O ícone que aparece quando você passa sobre os objetos (↖▪) indica que, sob o cursor, há um objeto que pode ser selecionado. Quando você posiciona o mouse sobre um objeto, ele é delineado em azul.

2 Selecione a ferramenta Zoom (🔍) no painel Tools e arraste um letreiro ao redor das quatro formas coloridas (a maçã e o chapéu) no centro da página, para aumentar o zoom.

3 Selecione a ferramenta Selection, então posicione o cursor sobre a borda da maçã vermelha à esquerda. Uma palavra como "path" (path ou demarcador) ou "anchor" (âncora) pode aparecer, porque as guias inteligentes são selecionadas por padrão. Guias inteligentes são guias temporárias que ajudam a alinhar, editar e transformar objetos ou pranchetas; elas são discutidas mais detalhadamente na Lição 3, "Criando e editando formas".

4 Clique na borda da maçã vermelha esquerda ou em qualquer outro ponto de seu centro para selecioná-la. Uma caixa delimitadora com oito alças aparece.

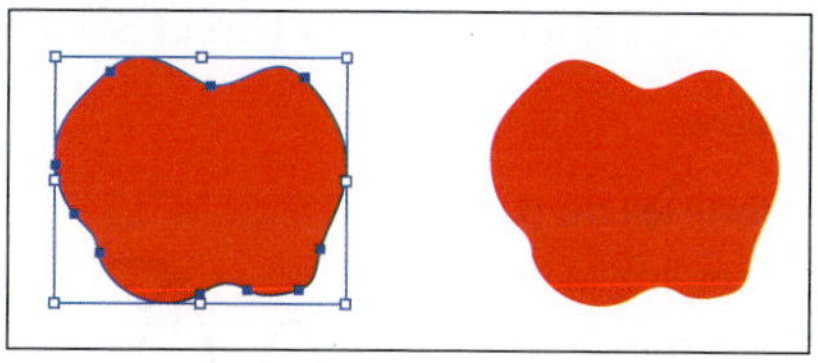

A caixa delimitadora é utilizada para executar mudanças em objetos, como redimensionamento ou rotação. A caixa delimitadora também indica que um item está selecionado e pronto para ser modificado. A cor da caixa delimitadora indica em qual camada o objeto está. Camadas são discutidas em mais detalhes na Lição 8.

5 Utilizando a ferramenta Selection, clique na maçã vermelha da direita. Observe que agora a seleção da maçã vermelha à esquerda foi removida e que apenas maçã à direita está selecionada.

Nota: Para selecionar um item sem preenchimento, clique no contorno (borda).

6 Adicione a maçã vermelha da esquerda à seleção mantendo a tecla Shift pressionada e clicando nela. Agora as duas maçãs estão selecionadas.

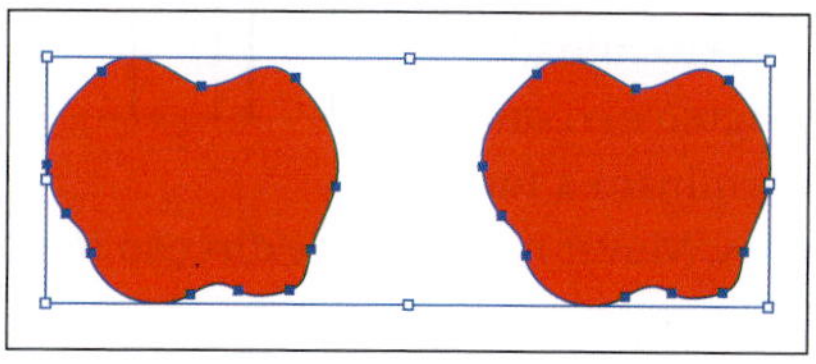

Dica: Para selecionar todos os objetos, escolha Select > All. Para selecionar todos os objetos em uma única prancheta, escolha Select > All In Active Artboard. Para aprender mais sobre pranchetas, consulte a Lição 3, "Criando e Editando Formas".

7 Reposicione as maçãs em qualquer lugar no documento clicando no centro de uma das maçãs selecionadas e arrastando-a. Como as duas estão selecionadas, elas se movem em grupo.

Enquanto você arrasta, você talvez perceba as linhas verdes exibidas. Essas linhas são chamadas guias de alinhamento e permanecem visíveis porque as guias inteligentes estão ativadas (View > Smart Guides). Quando você arrasta, os objetos são alinhados a outros objetos na prancheta. Observe também a caixa cinza, ou rótulo de medida, que mostra a distância do objeto de sua posição original. Rótulos de medida também aparecem porque as guias inteligentes estão ativadas.

Dica: Sempre que você não quiser usar as guias inteligentes, desmarque-as escolhendo View > Smart Guides.

8 Remova a seleção das maçãs clicando na prancheta onde não há nenhum objeto ou escolha Select > Deselect.

9 Volte à última versão salva do documento pressionando a tecla F12 ou escolha File > Revert. Na caixa de diálogo Revert, clique em Revert.

Utilize a ferramenta Direct Selection

A ferramenta Direct Selection seleciona pontos ou segmentos de path dentro de um objeto para que ele possa ser reformulado. A seguir, você vai selecionar pontos de ancoragem e segmentos de path utilizando a ferramenta Direct Selection.

1 Escolha View > Fit Artboard In Window.

2 Selecione a ferramenta Direct Selection () no painel Tools. Sem clicar, posicione o cursor sobre uma das estacas da cerca branca, acima das maçãs vermelhas. Quando a ferramenta Direct Selection está sobre um ponto de ancoragem de um path ou objeto, um rótulo, como de âncora ou path, aparece por padrão. Este rótulo é exibido porque as guias inteligentes estão ativadas.

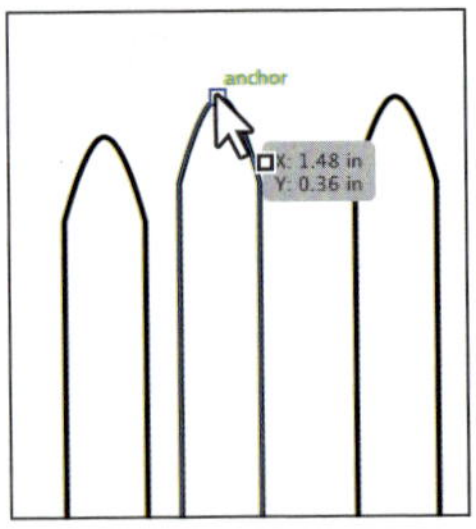

3 Clique no ponto mais alto da mesma estaca da cerca. Veja que somente o ponto que você selecionou está sólido, indicando que ele está selecionado, enquanto os outros pontos da estaca estão vazios e não selecionados.

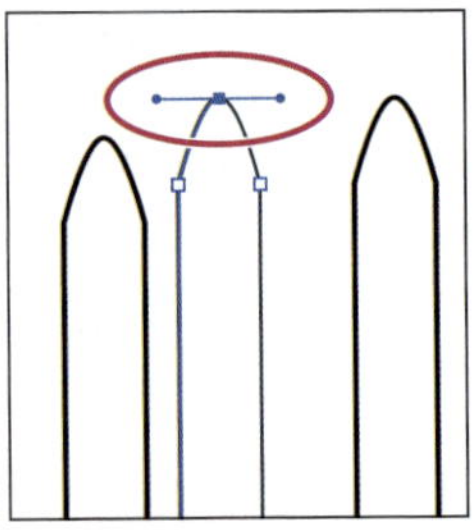

Observe as linhas azuis de direção que se estendem a partir do ponto de ancoragem. Nas extremidades das linhas há pontos de direção. O ângulo e o comprimento das linhas de direção determinam a forma e o tamanho dos segmentos curvos. Mover os pontos de direção remodela as curvas.

4 Com a ferramenta Direct Selection ainda selecionada, arraste o ponto específico para baixo a fim de editar a forma do objeto. Tente clicar em outros pontos e observe que o ponto anterior é desmarcado.

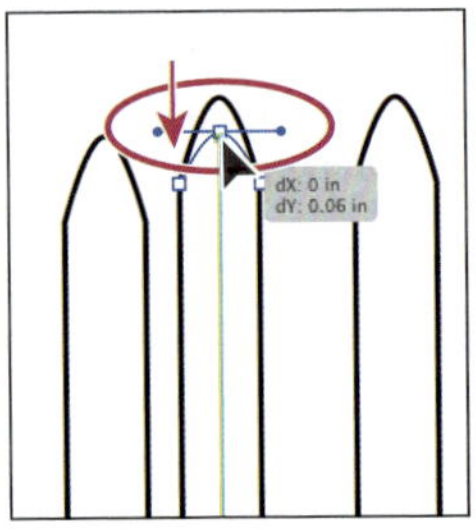

Nota: O rótulo de medida cinza que aparece à medida que você arrasta o ponto de ancoragem tem os valores dX e dY. dX indica a distância em que o cursor se moveu ao longo do eixo x (horizontal) e dY representa a distância em que ele se moveu ao longo do eixo y (vertical).

Dica: Pressionar a tecla Shift permite selecionar diversos pontos e movê-los em grupo, de uma única vez.

5 Volte à última versão salva escolhendo File > Revert. Na caixa de diálogo Revert, clique em Revert.

Preferências de seleção e de ponto de ancoragem

Você pode alterar as preferências de seleção e a maneira como os pontos de ancoragem aparecem na caixa de diálogo Preferences do Illustrator.

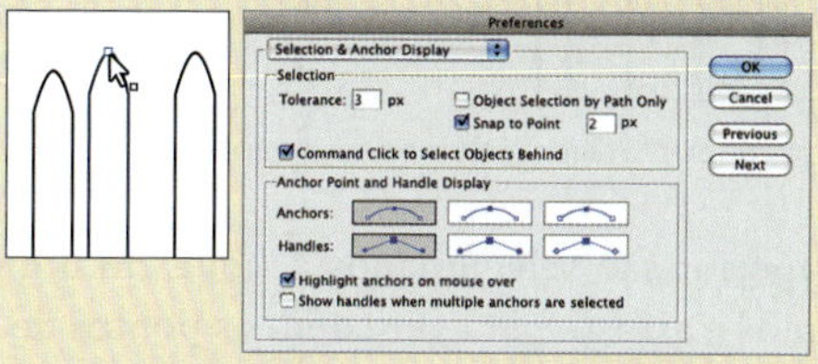

Escolha Edit > Preferences > Selection & Anchor Display (Windows) ou Illustrator > Preferences > Selection & Anchor Display (Mac OS). Você pode alterar o tamanho dos pontos de ancoragem (chamados Anchors na caixa de diálogo) ou a exibição das linhas de direção (chamadas Handles na caixa de diálogo).

Você também pode desativar o destaque dos pontos de ancoragem quando o cursor é posicionado acima deles. Ao mover o cursor sobre os pontos de ancoragem, eles são destacados. Destacar pontos de ancoragem dessa maneira facilita determinar o ponto que você está em vias de selecionar. Você aprenderá mais sobre os pontos de ancoragem e as alças de ponto de ancoragem na Lição 5, "Desenhando com as Ferramentas Pen e Pencil".

Crie seleções com um contorno de seleção

Algumas seleções podem ser mais fáceis de fazer criando-se uma área de seleção (*marquee*) em torno do objeto que você quer selecionar.

1 Escolha View > Fit Artboard In Window.

2 No mesmo arquivo, alterne para a ferramenta Selection (➧). Em vez de clicar com a tecla Shift pressionada para selecionar múltiplos objetos, posicione o cursor acima e à esquerda da maçã vermelha e então arraste o cursor para baixo e para a direita para criar uma área de seleção que sobreponha apenas as partes superiores das maçãs.

▶ **Dica:** Ao arrastar utilizando a ferramenta Tool, você precisa incluir apenas uma pequena porção do objeto para incluí-lo na seleção.

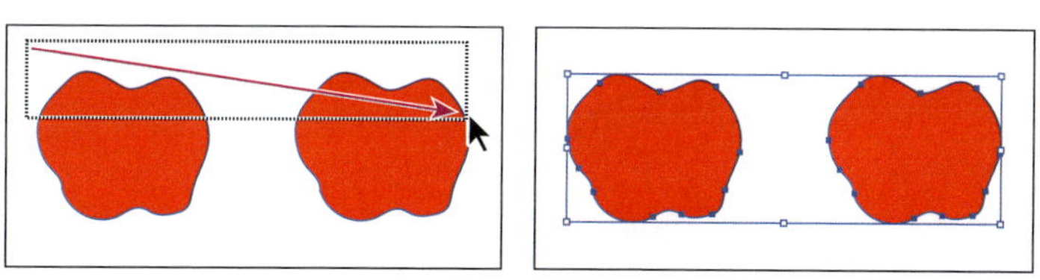

3 Escolha Select > Deselect ou clique onde não há qualquer objeto.

Agora, utilize a ferramenta Direct Selection (⇱) para selecionar múltiplos pontos em objetos.

4 Clique fora do topo de uma das estacas acima das maçãs vermelhas e arraste para selecionar as pontas das duas estacas na linha superior.

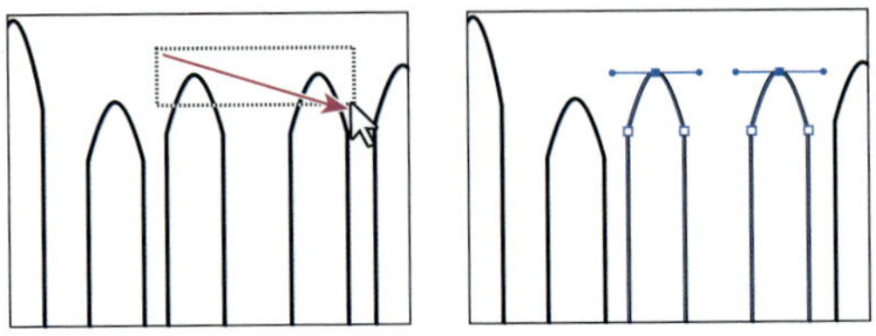

Arrastar sobre os pontos superiores com a ferramenta Direct Select seleciona apenas esses pontos.

Somente os pontos da parte superior são selecionados. Clique em um dos pontos de ancoragem selecionados e arraste para ver como os pontos de ancoragem são reposicionados conjuntamente. Utilize este método ao selecionar pontos, pois assim não é preciso clicar exatamente no ponto de ancoragem a ser editado.

● **Nota:** A seleção de pontos de acordo com este método talvez requeira um pouco de prática. Você precisará arrastar apenas os pontos que você deseja ver selecionados, do contrário outros pontos serão selecionados. Você pode clicar fora dos objetos para remover a seleção e tentar outra vez.

5 Escolha Select > Deselect.

6 Com a ferramenta Direct Selection, tente arrastar as partes superiores das maçãs vermelhas. Observe como diversos pontos são selecionados em cada maçã.

7 Escolha Select > Deselect.

Crie seleções com a ferramenta Magic Wand

Você pode utilizar a ferramenta Magic Wand (varinha mágica) para selecionar todos os objetos de um documento que têm atributos de cor ou de preenchimento iguais ou parecidos.

▶ **Dica:** Você pode personalizar a ferramenta Magic Wand para selecionar objetos com base no peso do contorno, cor do contorno, opacidade ou modo de mesclagem dando um duplo clique na ferramenta Magic Wand no painel Tools. Você também pode alterar as tolerâncias utilizadas para identificar objetos semelhantes.

1 Selecione a ferramenta Magic Wand (✱) no painel Tools. Clique na maçã laranja e observe que o chapéu laranja também é selecionado. Nenhuma caixa delimitadora (que cerca as duas formas) aparece porque a ferramenta Magic Wand continua selecionada.

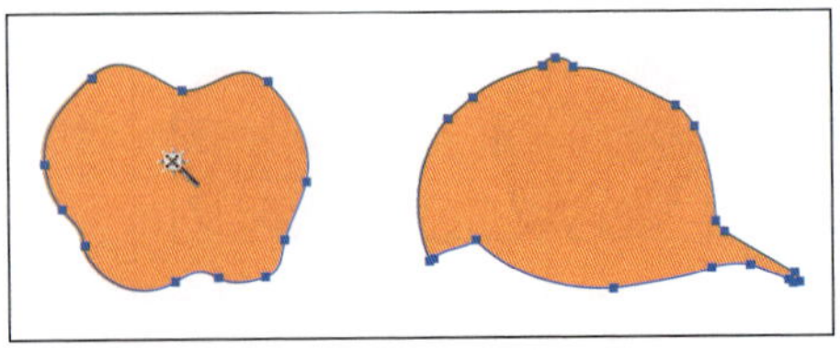

Quando selecionar com a ferramenta Magic Wand, os objetos com a mesma cor de preenchimento são selecionados também.

2 Clique em uma das maçãs vermelhas com a ferramenta Magic Wand. Observe que as duas maçãs são selecionadas e que a maçã e o chapéu laranja são desmarcados.

3 Mantendo pressionada a tecla Shift, utilize a ferramenta Magic Wand para clicar no chapéu laranja. Isso adiciona o chapéu laranja e a maçã laranja à seleção, uma vez que eles têm a mesma cor de preenchimento (laranja). Com a ferramenta Magic Wand ainda selecionada, mantenha pressionada a tecla Alt (Windows) ou Option (Mac OS) e clique novamente no chapéu laranja para desmarcar os objetos laranja. Solte a tecla.

4 Escolha Select > Deselect ou clique onde não há nenhum objeto.

Selecione objetos semelhantes

Você também pode selecionar objetos baseado na cor de preenchimento, cor do contorno, espessura do contorno, etc. O preenchimento é uma cor aplicada à área interna de um objeto, o contorno é a linha que o delimita (borda) e a espessura do contorno é a largura dessa linha.

Agora, você vai selecionar vários objetos com a mesma cor de contorno.

1 Com a ferramenta Selection (↖), clique para selecionar um dos objetos da cerca branca na parte superior da prancheta.

2 Clique na seta à direita do botão Select Similar Objects (▾) do painel Control para exibir o menu. Escolha Fill Color para selecionar todos os objetos em qualquer prancheta com a mesma cor de preenchimento (branca).

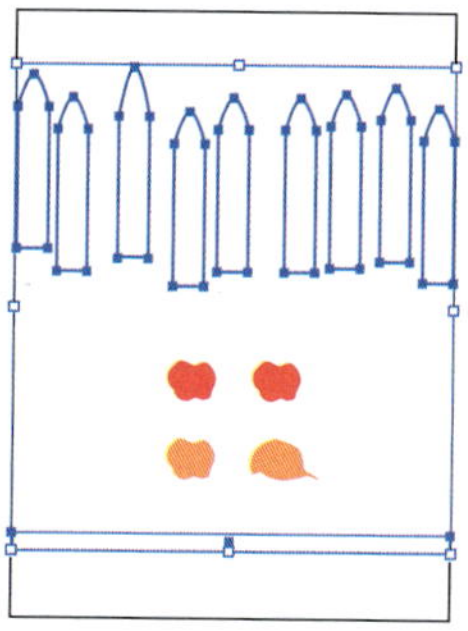

Observe que todas as estacas na parte superior são selecionadas, além do retângulo branco na base da prancheta.

● **Nota:** O item do menu Select > Same executa a mesma função que o botão Select Similar Objects que aparece no painel Control.

3 Escolha Select > Deselect.

4 Selecione uma das formas da cerca branca no topo da prancheta outra vez e então escolha Select > Same > Stroke Weight.

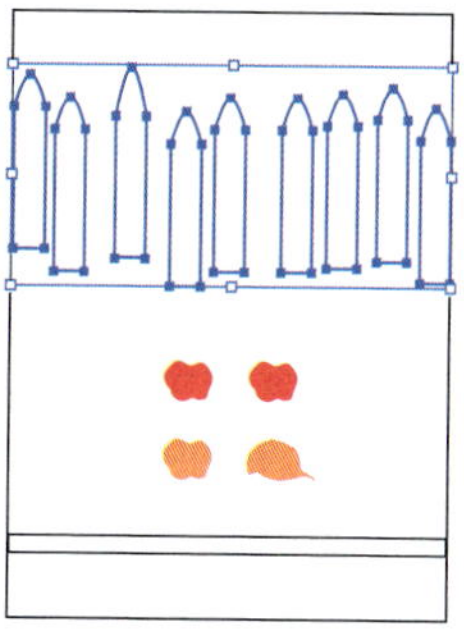

Todas as formas da cerca branca têm um contorno de um ponto e por isso todos os contornos de um ponto estão agora selecionados.

5 Com a seleção anterior ainda ativa, escolha Select > Save Selection. Nomeie a seleção Fence e clique em OK para poder escolher esta seleção futuramente.

6 Escolha Select > Deselect para remover a seleção os objetos.

▸ **Dica:** É útil nomear as seleções de acordo com o uso ou a função. No passo 5, se você nomear a seleção como 1 pt stroke, por exemplo, o nome pode confundir você se você alterar posteriormente a espessura do contorno do objeto.

Alinhe objetos

Vários objetos podem ser alinhados ou distribuídos em relação uns aos outros, em relação à prancheta ou em relação ao objeto principal. Nesta seção, você vai explorar as opções para alinhar objetos e alinhar pontos.

Alinhe objetos entre si

1 Escolha Select > Fence para selecionar a cerca branca outra vez.

2 Escolha Align to Selection no botão Align () no painel Control. Isso garante que os objetos selecionados estejam alinhados uns aos outros.

3 Clique no botão Vertical Align Bottom () no painel Control.

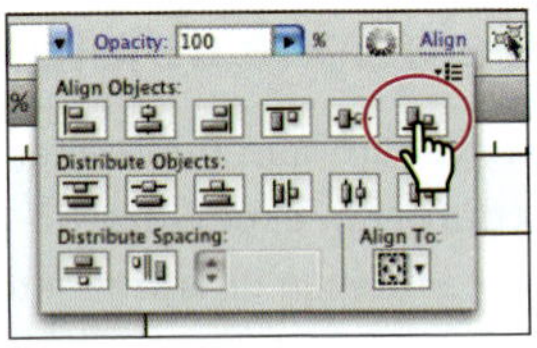

Observe que as bordas inferiores de todos os objetos da cerca branca se movem de maneira a alinharem-se com a estaca mais baixa.

Nota: As opções Align talvez não apareçam no painel Control. Se você não vir as opões Align, clique na palavra Align no painel Control para abrir o painel Align. O número de opções exibidas no painel Control depende da resolução de tela.

Nota: Se as opções Align não aparecem no painel Control, é possível que apenas um objeto esteja selecionado. Você pode abrir o painel Align escolhendo Window > Align.

4 Escolha Edit > Undo Align para retornar os objetos a suas posições originais. Deixe os objetos selecionados para a próxima seção.

Alinhe a um objeto-chave

Um objeto-chave é um objeto com o qual você quer que outros objetos se alinhem. Você especifica um objeto-chave selecionando todos os objetos que quer alinhar, incluindo o objeto-chave, e então clicando no objeto-chave novamente. Quando selecionado, o objeto-chave tem um contorno azul e o ícone Align To Key Object () aparece no painel Control e no painel Align.

Dica: No painel Align, você também pode escolher Align To Key Object na opção Align To. O objeto que está na frente torna-se o objeto-chave.

1 Com os objetos da cerca branca ainda selecionados, clique na estaca mais à esquerda com a ferramenta Selection ().

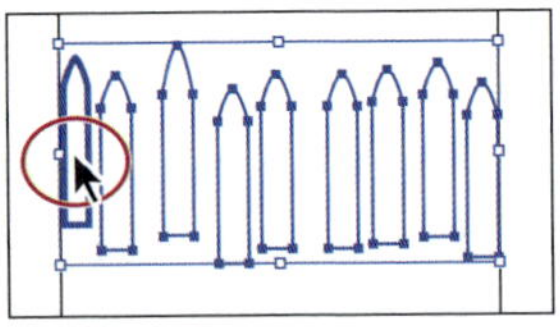

O contorno azul espesso indica que ele é o objeto-chave ao qual outros objetos se alinham.

2 Nas opções Align no painel Control ou no painel Align, clique no botão Vertical Align Bottom (). Observe que todas as estacas da cerca se movem para se alinhar à margem inferior do objeto-chave.

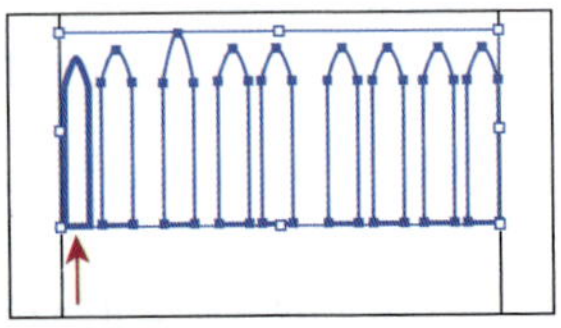

3 Escolha Select > Deselect.

Alinhe pontos

Agora, você vai alinhar dois pontos entre si, utilizando o painel Align.

1 Com a ferramenta Direct Selection, clique no ponto mais alto da estaca mais alta e, então, com a tecla Shift pressionada, clique para selecionar o ponto mais alto de qualquer outra estaca. Na figura, a estaca à direita da estaca mais alta é selecionada.

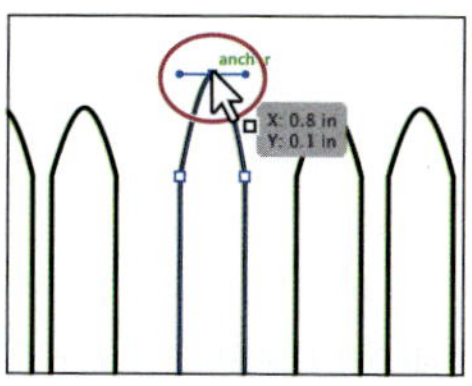

Selecione o primeiro ponto.

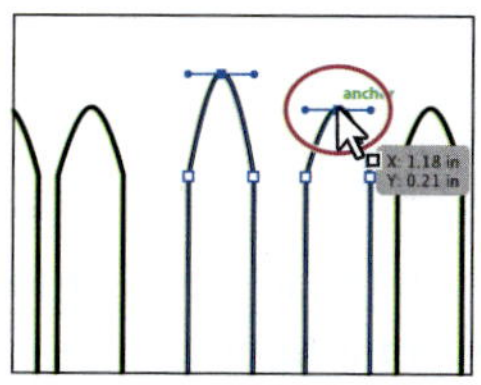

Selecione o segundo ponto.

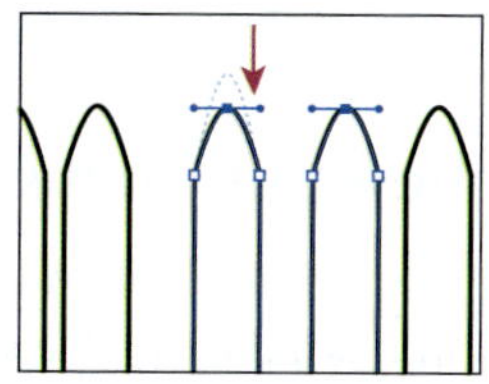
Alinhe os pontos.

2 Clique no botão Vertical Align Top ( ) no painel Control. O primeiro ponto selecionado se alinha ao segundo ponto selecionado.

Nota: Se você não vir as opções Align, clique na palavra Align do painel Control para exibir o painel Align.

3 Escolha Select > Deselect.

Distribua objetos

Distribuir objetos utilizando o painel Align permite selecionar vários objetos e distribuir o espaçamento entre eles igualmente. Agora, você uniformizará o espaço entre as estacas da cerca utilizando um método de distribuição.

1 Selecione a ferramenta Selection ( ) no painel Tools. Escolha Select > Fence para selecionar novamente todas as estacas.

2 Clique no botão Horizontal Distribute Center ( ) do painel Control. Isso move todos os objetos da cerca para que o espaçamento entre o *centro* de cada um seja igual.

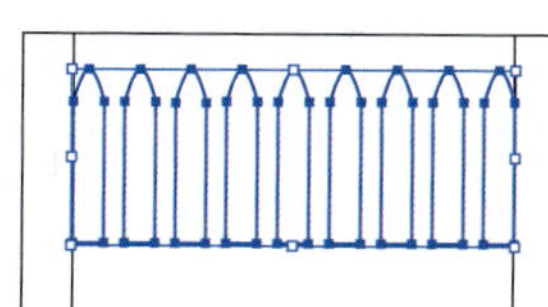

3 Escolha Select > Deselect.

4 Com a ferramenta Selection ( ) selecionada, mantenha a tecla Shift pressionada e arraste a estaca mais à direita ligeiramente para a direita para manter a estaca alinhada verticalmente com as outras estacas.

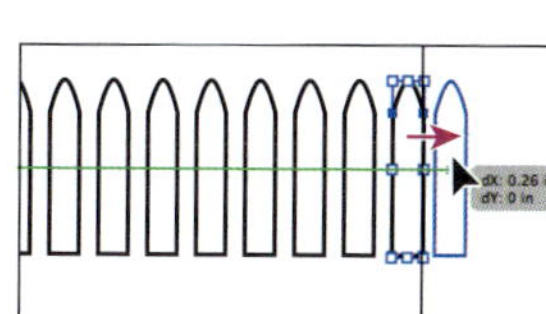

Nota: Os botões Horizontal Distribute Center e Vertical Distribute Center distribuem o espaço uniformemente entre os *centros* dos objetos. Se os objetos selecionados não tiverem o mesmo tamanho, você poderá obter resultados inesperados.

5 Escolha Select > Fence para selecionar todas as estacas novamente e então clique no botão Horizontal Distribute Center () mais uma vez. Observe que, com a estaca na extremidade direita reposicionada, os objetos se movem para redistribuir o espaçamento entre os centros dos objetos.

Nota: Quando você distribui objetos na horizontal com o painel Align, certifique-se de que os objetos mais à esquerda e mais à direita estejam onde você quer que estejam e então distribua-os uns ao lado dos outros.

6 Escolha Select > Deselect.

Alinhe à prancheta

Você também pode alinhar o conteúdo à prancheta, não somente a outros objetos ou a um objeto-chave. Com este método, cada objeto é alinhado separadamente à prancheta. Agora, você vai alinhar as formas de folhas ao centro da prancheta.

1 Clique no botão Next Artboard () no canto inferior esquerdo da janela Document para navegar até a próxima prancheta do documento, que contém a árvore.

2 Com a ferramenta Selection, clique para selecionar a forma das folhas verdes da árvore.

Nota: As opções Align talvez não sejam exibidas no painel Control, mas são indicadas pela palavra Align. O número de opções exibidas no painel Control depende da resolução da tela.

3 Clique no botão Align To Selection () e escolha Align To Artboard no menu que aparece. Configurar essa opção alinha os futuros alinhamentos à prancheta. Clique no botão Horizontal Align Center () para alinhar o grupo ao centro horizontal da prancheta.

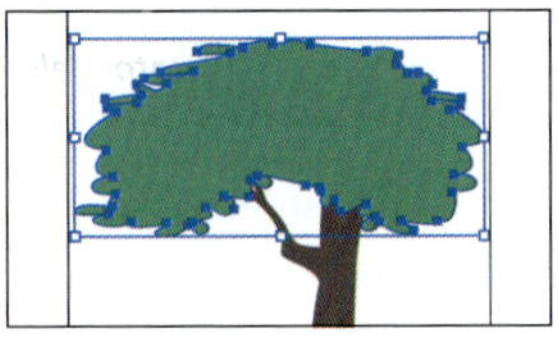

Nota: Quando você desejar alinhar todos os objetos ao redor do centro da prancheta para formar um pôster, por exemplo, agrupá-los é uma etapa importante. Este agrupamento desloca todos os objetos juntos, como se fossem um único objeto, em relação à prancheta. Se isso não ocorrer, centralizar tudo na horizontal desloca todos os objetos para o centro, de maneira independente uns dos outros.

4 Com a ferramenta Selection, clique para selecionar a forma do tronco marrom da árvore.

5 Clique no botão Horizontal Central Align () e então clique no botão Vertical Align Bottom () para alinhar a parte inferior do tronco da árvore à parte inferior da prancheta.

Mantenha o tronco selecionado para a próxima etapa.

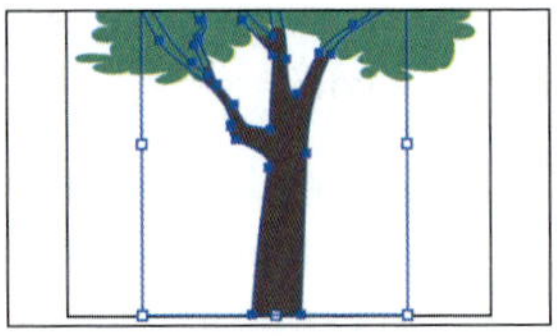

Sobre as opções de alinhamento

O painel Align tem muitos recursos muito úteis no Illustrator. Você não apenas consegue alinhar objetos como também distribuí-los. Selecione os objetos a serem alinhados ou distribuídos e no painel Align faça o seguinte:

- Para alinhar ou distribuir em relação à caixa delimitadora de todos os objetos selecionados, clique no botão referente ao tipo de alinhamento ou de distribuição que você quer.
- Para alinhar ou distribuir em relação a um dos objetos selecionados (um objeto-chave), clique nesse objeto novamente (desta vez, você não precisa manter a tecla Shift pressionada ao clicar). Clique no botão referente ao tipo de alinhamento ou de distribuição que você quer.

Nota: *Para interromper o alinhamento e a distribuição em relação a um objeto, clique novamente no objeto para remover o contorno azul ou escolha Cancel Key Object no menu do painel Align.*

- Para alinhar com a prancheta ativa, clique no botão Align To Artboard (▣) ou clique no menu Align (seta à direita do botão Align To Artboard) e escolha Align To Artboard. Então, clique no botão para o tipo de alinhamento que você quer.
- Para alinhar em relação a um ponto de ancoragem, selecione a ferramenta Direct Selection, pressione a tecla Shift e selecione os pontos de ancoragem que você deseja alinhar ou distribuir. O último ponto de ancoragem que você selecionar é convertido no ponto-chave de ancoragem.

– Extraído do Illustrator Help

Trabalhe com grupos

Você pode combinar objetos em um grupo para que estes objetos sejam tratados como uma unidade. Isso permite que você movimente ou transforme diversos objetos sem afetar seus atributos ou posições relativas.

Itens de grupo

A seguir você vai selecionar múltiplos objetos e criar um grupo com eles.

1 Com a ferramenta Selection (➘), clique nas folhas verdes da árvore mantendo a tecla Shift pressionada para selecionar todas juntamente com o tronco que você selecionou anteriormente.

2 Escolha Object > Group e escolha Select > Deselect.

3 Com a ferramenta Selection, clique no tronco marrom da árvore. Uma vez que o tronco é agrupado com as folhas, ambos estão selecionados. Observe que a palavra Group aparece no lado esquerdo do painel Control.

▶ **Dica:** Para selecionar os objetos em um grupo individualmente, selecione o grupo e então escolha Object > Ungroup. Esta ação os desagrupa permanentemente.

4 Escolha Select > Deselect.

Trabalhe no modo de isolamento

O modo de isolamento isola grupos ou subcamadas para você poder selecionar e editar objetos específicos ou partes de objetos com facilidade, sem ter de desagrupá-los. Quando você utiliza o modo de isolamento, você não precisa prestar atenção a qual camada contém o objeto nem encaixar ou ocultar manualmente objetos que você não quer que sejam alterados pelas opções de edição. Todos os objetos fora do grupo isolado são encaixados para não serem afetados pelas operações de edição que você efetuar. Um objeto isolado aparece totalmente colorido, enquanto o restante da arte é esmaecido, deixando claro quais os objetos que podem ser editados.

▶ **Dica:** Para entrar no modo de isolamento, você pode selecionar um grupo com a ferramenta Selection e então clicar no botão Isolate Selected Object (⛶) no painel Control.

1 Com a ferramenta Selection (➤), clique nas folhas verdes da árvore ou no tronco marrom para selecionar um grupo.

2 Dê um duplo clique no tronco da árvore para entrar no modo de isolamento.

3 Escolha View > Fit All In Window e observe que o restante do conteúdo do documento é esmaecido (você não pode selecionar este conteúdo).

No alto da janela Window, uma seta cinza aparece com as palavras Layer 1 e <Group>. Isto indica que você isolou um grupo de objetos que está na camada 1. Você aprenderá mais sobre camadas na Lição 8, "Trabalhando com Camadas".

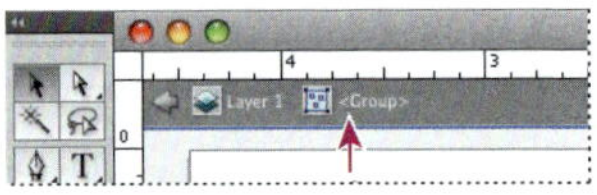

4 Pressione a tecla Shift e arraste o tronco marrom da árvore de leve para a direita. A tecla Shift impede seu movimento na horizontal.

Quando você entra no modo de isolamento, os grupos são temporariamente desagrupados. Isso permite que você edite objetos no grupo sem ter de desagrupá-lo.

▶ **Dica:** Para sair do modo de isolamento, você pode clicar na seta cinza no canto superior esquerdo da janela Document até o documento sair do modo de isolamento. Como alternativa, clique no botão Exit Isolation Mode (⛶) no painel Control.

5 Dê um duplo clique fora dos objetos para sair do modo de isolamento.

6 Clique para selecionar a forma das folhas verdes. Observe que ela está outra vez agrupada ao tronco marrom e você agora pode selecionar outros objetos.

7 Escolha Select > Deselect e então escolha View > Fit Artboard In Window.

Adicione a um grupo

Grupos também podem ser aninhados – podem ser agrupados com outros objetos ou agrupados para formar grupos ainda maiores. Nesta seção você vai explorar como adicionar objetos a um grupo existente.

1 Clique no botão Previous Artboard (◂) no canto inferior esquerdo da janela Document para navegar até a prancheta anterior no documento, que contém os objetos da cerca.

2 Com a Ferramenta Selection (), arraste um contorno de seleção ao longo das estacas da cerca no topo da prancheta para selecionar todas.

3 Escolha Object > Group.

4 No menu de botões Align To Selection (), escolha Align To Artboard, clique no botão Horizontal Align Center () para alinhar o grupo ao centro horizontal da prancheta. Escolha Select > Deselect.

5 Com a ferramenta Selection, pressione a tecla Shift, arraste o retângulo branco na base da prancheta para o topo do grupo de estacas. Não se preocupe com o alinhamento.

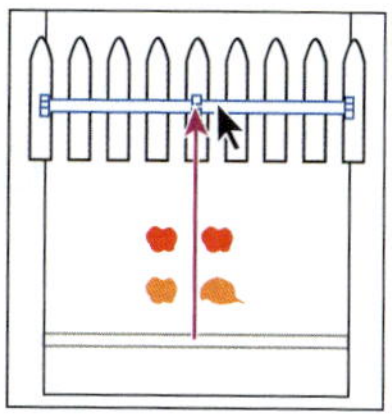

6 Com a ferramenta Selection, clique no objeto estaca mantendo a tecla Shift pressionada para selecionar também os objetos agrupados.

7 Escolha Object > Group.

Você criou um grupo aninhado – um grupo dentro de outro grupo. O aninhamento é uma técnica comum empregada quando se está desenhando arte. É uma ótima maneira de manter conteúdos semelhantes reunidos.

8 Escolha Select > Deselect.

9 Com a ferramenta Selection, clique em um dos objetos agrupados. Todos os objetos no grupo são selecionados.

10 Clique em uma área em branco na prancheta para desmarcar os objetos.

11 Mantenha pressionada a ferramenta Direct Selection () no painel Tools e arraste para a direita, para acessar a ferramenta Group Selection (). A ferramenta Group Selection adiciona o(s) grupo(s) pai(s) à seleção atual.

12 Clique na estaca mais à esquerda da cerca uma vez para selecionar o objeto. Clique mais uma vez para selecionar seu grupo pai (o grupo de estacas). A ferramenta Group Selection adiciona cada grupo à seleção na ordem em que foram agrupados.

▶ **Dica:** Se você clicar uma terceira vez, o retângulo branco também é selecionado.

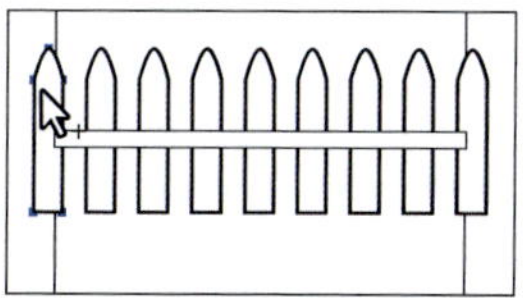

Clique uma vez para selecionar uma estaca.

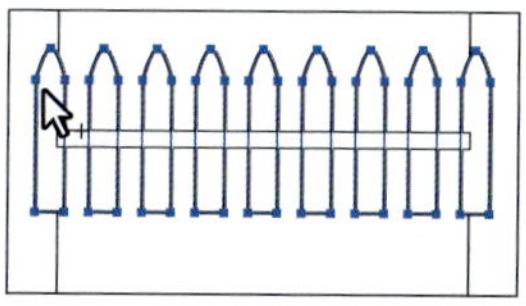

Clique duas vezes para selecionar o grupo pai.

13 Escolha Select > Deselect.

14 Com a ferramenta Tool, clique em qualquer objeto para selecionar o grupo de objetos. Escolha Object > Ungroup para desagrupar os objetos. Escolha Select > Deselect.

● **Nota:** Para desagrupar todos os objetos selecionados, até as estacas da cerca, escolha Object > Ungroup duas vezes.

15 Clique para selecionar as estacas da cerca; observe que elas permanecem agrupados.

16 Escolha Select > Deselect.

A ordem dos objetos

Quando você cria objetos, o Illustrator os ordena nas pranchetas, começando com o primeiro objeto criado. A ordem em que os objetos são empilhados (chamada ordem de empilhamento) determina como eles são exibidos quando se sobrepõem. Você pode mudar a ordem de empilhamento dos objetos em seu trabalho a qualquer momento utilizando o painel Layers ou os comandos Object > Arrange.

Organize objetos

A seguir, você vai trabalhar com os comandos Arrange para alterar o modo como objetos são empilhados.

1 Com a ferramenta Tool (↖) selecionada, posicione o cursor sobre uma maçã vermelha e clique para selecioná-la.

2 Escolha View > Fit All In Window para ver ambas as pranchetas no documento.

3 Arraste a maçã vermelha selecionada para o topo das folhas das árvores. Solte o mouse e observe que a maçã vermelha vai para trás da árvore, mas permanece selecionada.

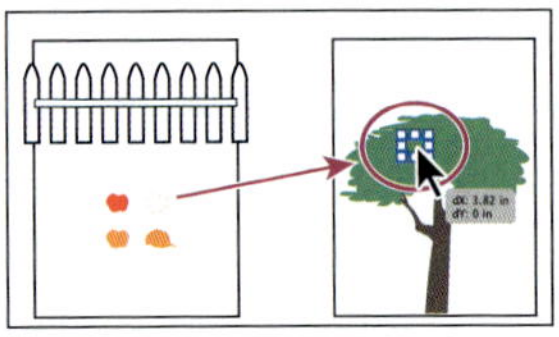

Ela está atrás da árvore porque provavelmente foi criada antes dela, o que significa que está em posição inferior no empilhamento de formas.

4 Com a maçã ainda selecionada, escolha Object > Arrange > Bring to Front. Essa operação traz a maçã à frente na pilha, e assim ela se torna o objeto no topo desta.

Sobre como ordenar objetos

À medida que você cria arte mais complexa, pode precisar enviar conteúdos para trás ou trazê-los para frente de outros conteúdos, seguindo um dos passos dados abaixo:

- Para mover um objeto para a posição mais alta ou mais baixa em seu grupo ou camada, selecione o objeto que deseja mover e escolha Object > Arrange > Bring To Front ou Object > Arrange > Send To Back.
- Para trazer um objeto à frente ou levá-lo para trás de uma pilha, selecione o objeto a ser movido e escolha Object > Arrange > Bring Forward ou Object > Arrange > Send Backward.

– Extraído do Illustrator Help

Selecione objetos que estão atrás

Quando você empilha objetos uns sobre os outros, por vezes fica difícil selecionar objetos que estão em posições mais baixas. A seguir, você aprenderá a selecionar um objeto em uma pilha de objetos.

1 Com a ferramenta Selection (), selecione a outra maçã vermelha no lado esquerdo da prancheta e arraste-a até a forma das folhas verdes à direita da prancheta. Feito isso, solte o mouse.

Observe que a maçã parece desaparecer outra vez. A maçã foi para trás das folhas da árvore, mas continua selecionada. Desta vez você vai remover a seleção da maçã e então selecioná-la outra vez, selecionando outros objetos.

2 Clique na maçã vermelha outra vez. Observe que você selecionou o objeto no topo, que é o grupo da árvore.

3 Com o cursor ainda sobre a localização da maçã, atrás da árvore, pressione a tecla Ctrl (Windows) ou Cmd (Mac OS) e clique. Observe o sinal de "menor que" exibido com o ponteiro (). Clique outra vez para selecionar a maçã por trás da árvore.

● **Nota:** Para selecionar a maçã oculta, certifique-se de ter clicado no ponto em que a maçã e a árvore se sobrepõem. Do contrário, nada acontece.

4 Escolha Object > Arrange > Bring to Front para trazer a maçã no topo da árvore.

5 Escolha Select > Deselect.

● **Nota:** Talvez você veja um sinal de adição ao lado do cursor quando selecionar um objeto levado para trás. Não se preocupe.

Oculte objetos

Quando se trabalha com arte complexa, fica mais difícil controlar as seleções. Nesta seção você combinará algumas das técnicas que já aprendeu aos recursos adicionais que facilitam a seleção de objetos.

1 Com a ferramenta Selection (), arraste uma seleção ao longo das estacas da cerca e o retângulo branco no topo deles para selecioná-los. Arraste-os até a parte inferior direita da prancheta que contém a árvore.

2 Escolha Object > Arrange > Bring to Front.

3 Escolha View > Fit Artboard In Window.

4 Clique em algum ponto para remover a seleção dos objetos e então clique para selecionar o retângulo branco no alto do grupo de estacas. Escolha Objeto > Arrange > Send Backward uma ou mais vezes, até que o retângulo branco fique atrás do grupo de estacas. Escolha Select > Deselect.

5 Utilizando a ferramenta Selection (↖), selecione o grupo de estacas e escolha Object > Hide > Selection ou pressione Ctrl+3 (Windows) ou Cmd+3 (Mac OS). O grupo de estacas é ocultado para que você selecione outros objetos com maior facilidade.

6 Clique para selecionar o retângulo branco e, mantendo pressionada a tecla Alt (Windows) ou Option (Mac OS), arraste o retângulo para baixo, criando uma cópia.

7 Escolha Object > Show All para exibir o grupo de estacas outra vez.

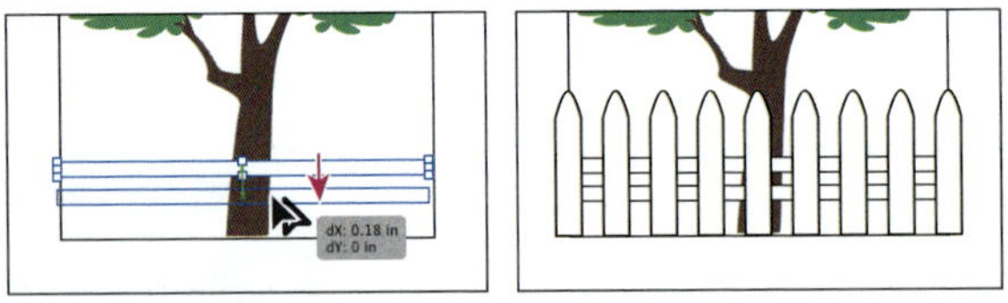

8 Escolha File > Save para salvar o arquivo e então File > Close.

Aplique técnicas de seleção

Conforme dissemos antes, selecionar objetos é parte importante do trabalho com o Illustrator. Nesta parte da lição, você vai utilizar várias das técnicas discutidas anteriormente nesta lição para praticar com elas e aprenderá técnicas novas.

1 Escolha File > Open e abra o arquivo L2start_2.ai na pasta Lesson02, localizada na pasta Lessons em seu disco rígido.

2 Escolha View > Fit All In Window. A prancheta no. 2 (a prancheta à direita) mostra a arte-final. A prancheta no. 1 (a prancheta à esquerda) exibe a arte em andamento que você precisa concluir.

3 Escolha View > Fit All In Window para ajustar a prancheta no. 1 na janela Document. Escolha View > Smart Guides para remover temporariamente a seleção das guias inteligentes.

4 Com a ferramenta Selection (↖), arraste o retângulo preto de vértices arredondados no canto superior esquerdo da prancheta no alto da dianteira do ônibus, conforme a figura.

5 Com a ferramenta Selection, selecione as formas dos faróis (os círculos) no canto direito inferior da prancheta arrastando uma seleção ao longo deles. Escolha Choose > Group.

6 Arraste o centro do grupo de faróis de maneira a deslizá-lo até sua nova posição à direita do retângulo de vértices arredondados recém-alinhado.

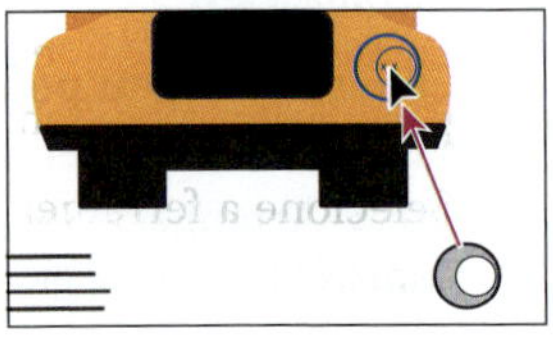

● **Nota:** Você precisa arrastar a partir do centro para evitar agarrar a alça de uma caixa delimitadora e acidentalmente redimensionar as formas.

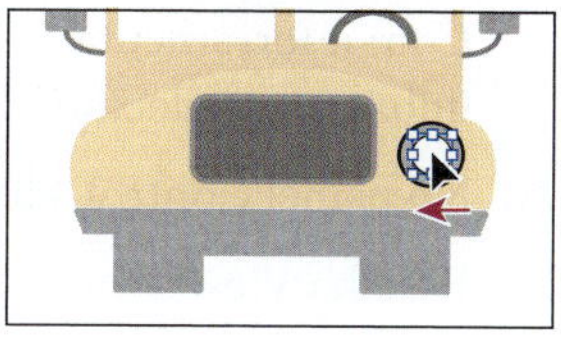

7 Dê um duplo clique no centro do grupo de faróis para entrar no modo de isolamento. Clique para selecionar a forma branca e arrastá-la para centralizá-la visualmente sobre as outras formas. Escolha Select > Deselect.

8 Pressione a tecla Escape para sair do modo de isolamento.

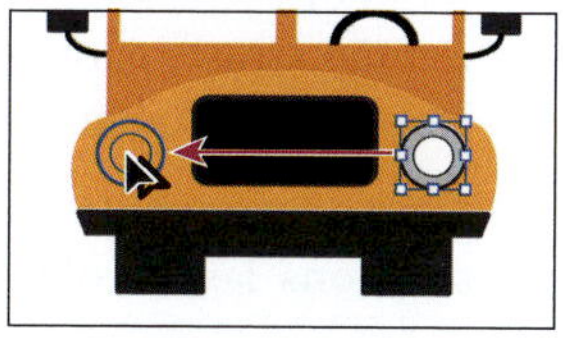

9 Com a ferramenta Selection, pressione Alt + Shift (Windows) ou Option + Shift (Mac OS) e arraste o grupo de faróis para a esquerda, duplicando-o. Solte o botão do mouse e então as teclas modificadoras.

10 Com a tecla Shift pressionada, dê um clique no retângulo de vértices arredondados e no grupo de faróis à direita para selecionar todos os três objetos.

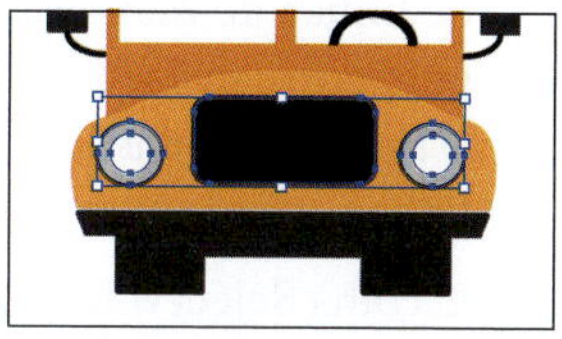

11 No painel Control, escolha Align to Selection no menu de botões Align to Selection () e então clique no botão Horizontal Distribute Center ().

12 Escolha Object > Group.

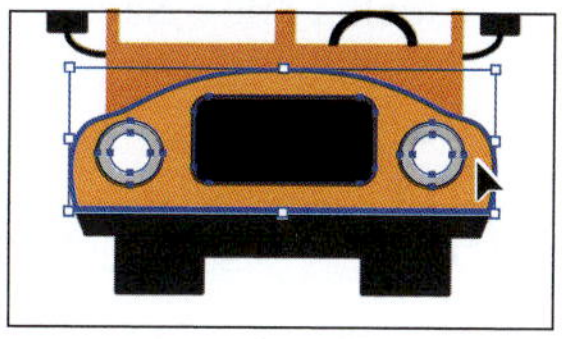

13 Com a tecla Shift pressionada, clique na forma laranja por trás do grupo selecionado. Clique na forma laranja outra vez para torná-la o objeto-chave. Clique no botão Horizontal Align Center () e então no botão Vertical Align Center () para alinhar o retângulo de vértices arredondados à forma laranja. Escolha Select > Deselect.

14 Com a ferramenta Selection, selecione o grupo de objetos que contém os faróis. Escolha Object > Lock > Selection para mantê-los nessa posição. Você não conseguirá selecionar as formas até ter escolhido Object > Unlock All. Mantenha-as selecionadas.

▶ **Dica:** Encaixar objetos é uma excelente maneira de evitar ter de selecionar ou editar conteúdos e que pode ser adotada em conjunto com objetos ocultos.

15 Selecione a ferramenta Zoom () no painel Tools e clique três vezes no domo no teto do ônibus, acima do texto SCHOOL BUS.

16 Selecione a ferramenta Direct Selection () e selecione o ponto de ancoragem superior no domo. Feito isso, arraste para cima para elevar a altura do domo.

17 Dê um duplo clique na ferramenta Hand () para ajustar a prancheta à janela Document.

18 Selecione a ferramenta Zoom () e clique três vezes nas quatro linhas no canto inferior esquerdo para aumentar o zoom.

19 Com a ferramenta Selection (), arraste uma seleção ao longo das quatro linhas para selecioná-las.

● **Nota:** Se você não vê as opções do painel Align no painel Control, clique na palavra Align no painel Control ou escolha Window > Align.

20 No painel Control, clique no botão Horizontal Align Left ().

21 Escolha View > Smart Guides para ativá-las outra vez.

22 Com a ferramenta Direct Selection (), clique na linha mais curta na extremidade superior direita para selecionar o ponto de ancoragem e então arraste para a direita até o ponto de ancoragem se alinhar com as outras linhas.

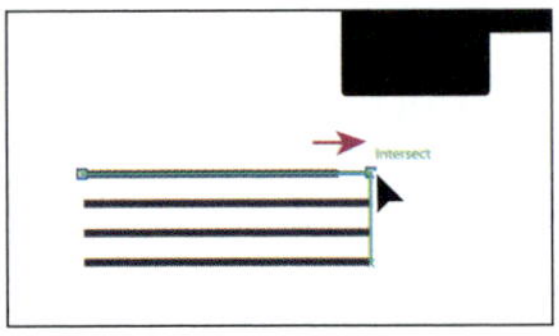

23 Com a ferramenta Selection, arraste uma seleção ao redor das linhas para selecioná-las. Escolha Object > Group para agrupá-los.

24 Dê um duplo clique na ferramenta Hand () para ajustar a prancheta à janela Document.

● **Nota:** Você talvez precise desativar as guias inteligentes (View > Smart Guides) para poder arrastar a os grupos de linhas até o ônibus com mais facilidade. Você pode então alinhar o grupo de linhas com outros conteúdos, se desejar.

25 Com a ferramenta Selection, arraste o grupo de linhas de maneira a posicioná-lo no retângulo entre os faróis. Observe que você precisa arrastar uma das linhas, não o espaço entre as linhas, para mover o grupo.

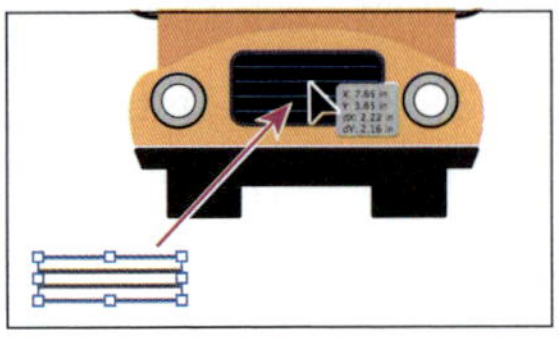

26 Escolha Select > Deselect.

27 Escolha File > Save e então File > Close.

Explore por conta própria

1 Escolha File > Open e abra o arquivo L2start_3.ai na pasta Lesson02 em seu disco rígido

2 Faça testes clonando uma estrela diversas vezes utilizando a tecla Alt (Windows) ou Option (Mac OS).

3 Aplique diferentes cores e contornos às formas e selecione-as outra vez escolhendo Select > Same ou o botão Select Similar Objects () no painel Control.

4 Selecione três estrelas e arranje-as, experimentando algumas opções de distribuição de objetos nas opções do painel Align do painel Control.

5 Selecione três estrelas e clique em uma delas para configurá-la como o objeto-chave. Alinhe as outras estrelas selecionadas ao objeto-chave utilizando as opções Align no painel Control.

6 Com as estrelas ainda selecionadas, escolha Object > Group.

7 Com a ferramenta Selection, dê um duplo clique em uma das estrelas do grupo para entrar no modo de isolamento. Redimensione as estrelas clicando e arrastando a caixa delimitadora de cada uma. Pressione Esc para sair do modo de isolamento.

8 Feche o arquivo sem salvar.

Perguntas de revisão

1 Como você pode selecionar um objeto que não possui preenchimento?

2 Identifique duas maneiras de selecionar um item em um grupo sem escolher Object > Ungroup.

3 Como você edita a forma de um objeto?

4 O que você deve fazer depois de criar uma seleção que utilizará repetidamente?

5 Se algo o impedir de visualizar uma seleção, identifique duas maneiras de selecionar o objeto que você não consegue visualizar.

6 Para alinhar objetos em relação à prancheta, o que você deve selecionar no painel Align ou no painel Control antes de escolher uma opção de alinhamento?

Respostas

1 Você pode selecionar itens que não possuem preenchimento clicando no contorno ou arrastando uma seleção sobre o objeto.

2 Utilizando a ferramenta Group Selection, você pode clicar uma vez para selecionar um item individual dentro de um grupo. Clique outra vez para adicionar os próximos itens agrupados à seleção. Leia a Lição 8 para ver como você pode utilizar camadas para criar seleções complexas. Você também pode dar um duplo clique no grupo para entrar no modo de isolamento, editar as formas conforme necessário e, então, sair do modo de isolamento pressionando a tecla Esc ou dando um duplo clique fora do grupo.

3 Utilizando a ferramenta Direct Selection, você pode selecionar um ou mais pontos de ancoragem individuais e fazer alterações na forma de um objeto.

4 Para qualquer seleção que você julgue que será usada novamente, escolha Select > Save Selection. Atribua um nome à seleção para poder selecioná-la outra vez no menu Select.

5 Se algo estiver bloqueando seu acesso a um objeto, escolha Object > Hide > Selection para ocultar o objeto que impede a visualização do primeiro. O objeto não é excluído, apenas oculto na mesma posição até você escolher Object > Show All. Você pode também utilizar a ferramenta Selection para selecionar conteúdo levado para trás pressionando a tecla Ctrl (Windows) ou Cmd (Mac OS) e então clicando nos objetos que se sobrepõem.

6 Para alinhar objetos a uma prancheta, primeiro selecione a opção Align To Artboard.

3 CRIANDO E EDITANDO FORMAS

Visão geral da lição

Nesta lição, você vai aprender a:

- Criar um documento com múltiplas pranchetas
- Utilizar ferramentas e comandos para criar formas básicas
- Trabalhar com modos de desenho
- Utilizar réguas e guias inteligentes como ajuda de desenho
- Dimensionar e duplicar objetos
- Unir e contornar objetos
- Editar contornos com a ferramenta Width
- Trabalhar com a ferramenta Shape Builder
- Trabalhar com comandos Pathfinder para criar formas
- Utilizar o Live Trace para criar formas

Esta lição levará aproximadamente uma hora e meia para ser concluída. Se necessário, remova a pasta da lição anterior de seu disco rígido e copie a pasta Lesson03.

Você pode criar documentos com múltiplas pranchetas e muitos tipos de objetos começando com uma forma básica e, então, editá-la para criar novas formas. Nesta lição, você vai adicionar e editar pranchetas e criar e editar algumas formas básicas para um manual técnico.

Introdução

Nesta lição, você vai criar várias ilustrações para um manual técnico.

1 Para que as ferramentas e os painéis funcionem como descrito, exclua ou desative (renomeando) o arquivo de preferências do Adobe® Illustrator® CS5. Consulte "Restaurando as preferências padrão", na página 15.

2 Inicie o Adobe Illustrator CS5.

● **Nota:** Se você ainda não o fez, copie os arquivos desta lição para o seu disco rígido a partir da pasta Lesson03 do CD do *Adobe Illustrator CS5 Classroom in a Book*. Veja "Copiando os arquivos do Classroom in a Book", na página 14.

3 Escolha File > Open. Localize o arquivo chamado L3end_1.ai, que está na pasta Lesson03 da pasta Lessons que você copiou para o seu disco rígido. Estas são as ilustrações finais que você criará nesta lição. Escolha View > Fit All In Window e deixe o arquivo aberto para referência, ou escolha File > Close.

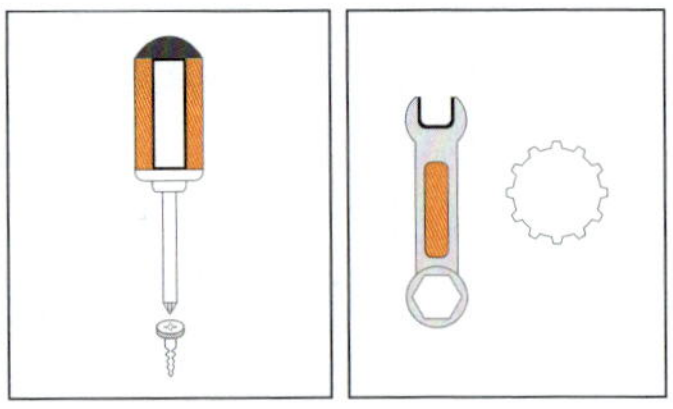

Crie um documento com várias pranchetas

Agora, você vai criar duas ilustrações para um manual técnico. O documento terá várias pranchetas.

1 Escolha File > New para criar um novo documento. Na caixa de diálogo New Document, digite **tools** em Name, escolha Print no menu New Document Profile (se ainda não estiver selecionado) e altere Units para inches. Ao alterar as unidades, New Document Profile automaticamente se converte em [Custom]. Mantenha a caixa de diálogo aberta para o próximo passo.

Utilizando perfis de documento, você pode configurar um documento para diferentes tipos de saída, como impressa, Web, vídeo, etc. Por exemplo, se estiver projetando o boneco de uma página Web, utilize um perfil de documento Web, que exibe automaticamente o tamanho da página e as unidades em pixels, altere o modo de cores para RGB e altere os efeitos de rasterização para Screen (72 ppi).

● **Nota:** O valor de espaçamento é a distância entre as pranchetas.

2 Altere a opção Number Of Artboards para **2** para criar duas pranchetas. Clique no botão Arrange By Row (▭) e certifique-se de que a seta Left To Right Layout (→) esteja visível. No campo Spacing, digite **1**. Clique na palavra Width e digite **7** no campo dela. Digite **8** no campo Height. Clique em OK.

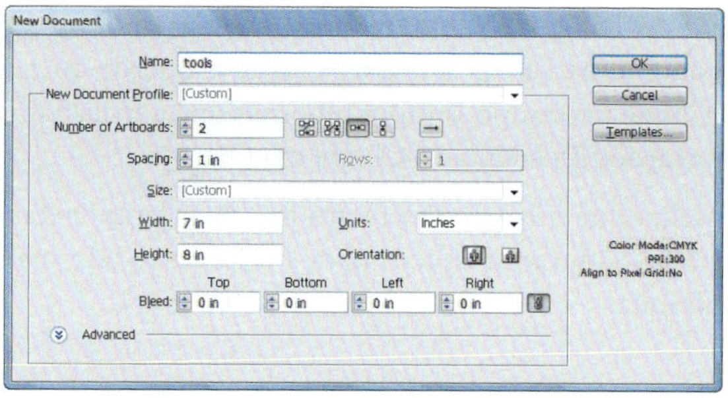

3 Escolha File > Save As. Na caixa de diálogo Save As, confira se o nome do arquivo é **tools.ai** e escolha a pasta Lesson03. Deixe a opção Save As Type configurada como Adobe Illustrator (*.AI) (Windows) ou a opção Format configurada como Adobe Illustrator (ai) (Mac OS) e clique em Save. Na caixa de diálogo Illustrator Options, deixe as opções do Illustrator em suas configurações padrão e clique em OK.

Organizando múltiplas pranchetas

O Illustrator permite criar várias pranchetas. Para configurar as pranchetas, é preciso entender as configurações iniciais de prancheta na caixa de diálogo New Document. Depois de especificar o número de pranchetas de seu documento, você pode definir a ordem em que quer organizá-las na tela. Elas são definidas desta maneira:

- **Grid By Row:** Organiza múltiplas pranchetas no número especificado de linhas. Escolha o número de linhas no menu Rows. O valor padrão cria a aparência mais quadrada possível com o número especificado de pranchetas.
- **Grid By Column:** Organiza múltiplas pranchetas no número especificado de colunas. Escolha o número de colunas no menu Columns. O valor padrão cria a aparência mais quadrada possível com o número especificado de pranchetas.
- **Arrange By Row:** Organiza pranchetas em uma linha reta.
- **Arrange By Column:** Organiza pranchetas em uma coluna reta.
- **Change To Right-To-Left Layout:** Organiza múltiplas pranchetas no formato especificado de linha ou coluna, mas exibe-as da direita para a esquerda.

– Extraído do Illustrator Help

4 Escolha Select > Deselect (se já não estiver opaco) para que nada fique selecionado em nenhuma das pranchetas. Após desmarcar a seleção, o botão Document Setup é exibido no painel Control. Clique no botão Document Setup.

Utilize este botão para alterar tamanho, unidades, sangrados e outros elementos da prancheta depois que o documento é criado.

Nota: Se o botão Document Setup não aparecer no painel Control, você pode escolher File > Document Setup.

5 Na seção Bleed da caixa de diálogo Document Setup, altere o valor no campo Top para 0.125 in clicando uma vez na seta para cima à esquerda do campo ou digitando o valor. Clique no campo Bottom ou pressione a tecla Tab para deixar todas as configurações Bleed iguais. Clique em OK.

Observe a linha vermelha que aparece em torno das duas pranchetas; ela indica a área do sangrado. Sangrados típicos para a impressão têm mais ou menos 1/8 de uma polegada.

O que é um sangrado?

O sangrado é a quantidade da arte que aparece fora da caixa delimitadora de impressão ou fora da prancheta. É possível incluir sangrados em seu trabalho como uma margem de segurança – para garantir que a tinta permaneça impressa até a borda da página depois de o material ser refilado.

– Extraído do Illustrator Help

Trabalhe com formas básicas

Na primeira parte desta lição, você criará uma chave de fenda utilizando formas básicas como retângulos, elipses, retângulos com vértices arredondados e polígonos. Você vai começar este exercício configurando a área de trabalho.

1 Escolha Window > Workspace > Essentials.

2 Escolha View > Rulers > Show Rulers ou pressione Ctrl+R (Windows) ou Command+R (Mac OS) para exibir as réguas na parte superior e na margem esquerda da janela se elas já não estiverem visíveis. As unidades das réguas são expressas em polegadas porque você especificou Units com essa unidade na caixa de diálogo Document. Você pode alterar as unidades da régua para todos os documentos ou apenas para o documento atual. A unidade da régua é aplicada para medir, mover e transformar objetos, configurar a grade e o espaçamento das guias e criar formas. Ela não afeta as unidades utilizadas nos painéis Character, Paragraph e Stroke. As unidades utilizadas nesses painéis são especificadas na categoria Units, nas preferências do programa [Edit > Preferences (Windows) ou Illustrator > Preferences (Mac OS)].

▶ **Dica:** Você pode alterar as unidades no documento atual com um clique com o botão direito do mouse ou clicando na régua horizontal ou vertical com o botão direito do mouse e escolhendo uma unidade nova no menu contextual.

Acesse as ferramentas de forma básica

As ferramentas de forma estão organizadas sob a ferramenta Rectangle. Você pode separar esse grupo do painel Tools para exibi-lo como um painel flutuante separado.

1 Clique e mantenha pressionado o botão do mouse na ferramenta Rectangle ( ) até um grupo de ferramentas aparecer. Então, arraste o pequeno triângulo na extremidade direita e solte o botão do mouse.

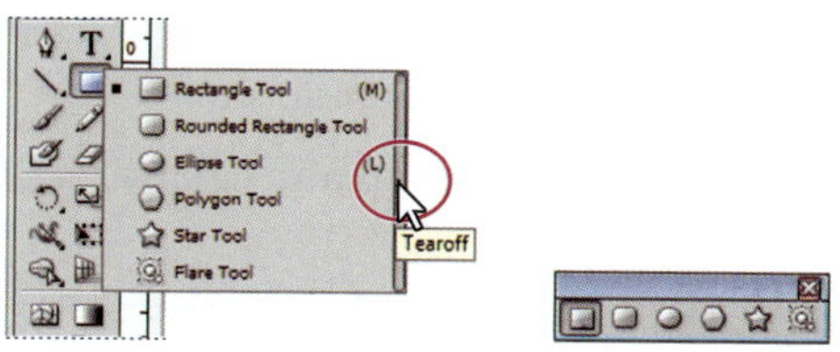

Nota: O painel Tools que você vê pode ser exibido como coluna simples ou dupla, dependendo da resolução da tela. Para alternar entre uma e duas colunas, clique na seta dupla na barra de título do painel Tools.

2 Mova o grupo de ferramentas Rectangle para fora do painel Tools.

Entenda os modos de desenho

Antes de começar a desenhar formas no Illustrator, observe os três modos de desenho presentes na parte inferior do painel Tools: Draw Normal, Draw Behind e Draw Inside.

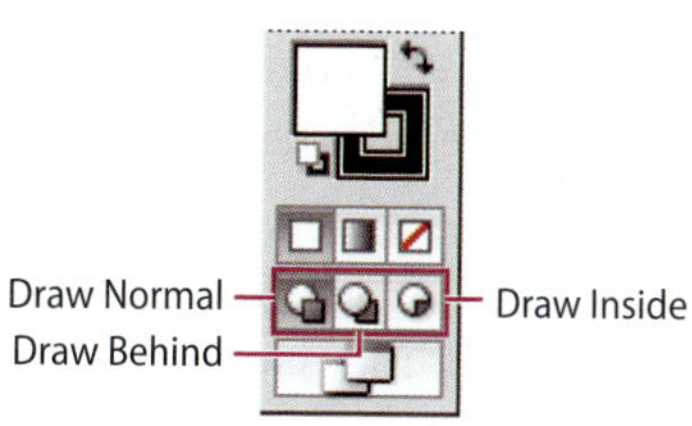

Cada modo de desenho permite desenhar formas de maneiras distintas.

- **Modo Draw Normal:** Todo documento que você cria é feito desenhando formas no modo Draw Normal, que empilha formas umas sobre as outras.
- **Modo Draw Behind:** Permite que você desenhe objetos por trás de outros objetos sem escolher camadas ou precisar prestar atenção na ordem em que são empilhados.
- **Modo Draw Inside:** Permite que você desenhe objetos ou posicione imagens no interior de outros objetos, inclusive texto vivo, automaticamente criando uma máscara de recorte do objeto selecionado.

Nota: O painel Tools que você vê pode ser exibido como uma só coluna. Para selecionar um modo de desenho, clique no botão Drawing Modes ( ) na base do painel Tools e escolha um modo de desenho no menu exibido.

Nota: Para aprender mais sobre máscaras de recorte, consulte a Lição 15 "Combinando Elementos Gráficos com Outros Aplicativos Adobe".

Quando criar formas nas seções abaixo, você vai usar os diferentes modos de desenho e aprender como eles afetam suas formas.

Crie retângulos

Primeiro, você vai desenhar uma série de retângulos. Também vai utilizar guias inteligentes para alinhar seu desenho e trabalhar com dois dos modos de desenho apresentados acima.

1 Escolha View > Fit Artboard In Window.

2 Confira se 1 está visível na área Artboard Navigation na parte inferior esquerda da janela Document, o que indica que a primeira prancheta mostra a janela Document.

3 Escolha Window > Transform para exibir o painel Transform.

   O painel Transform é útil para editar propriedades como a largura e a altura de uma forma existente.

4 Selecione a ferramenta Rectangle (▭) e comece a arrastar mais ou menos no centro superior da prancheta para baixo e para a direita. À medida que arrasta, observe a dica de ferramenta exibida como uma caixa cinza, indicando a largura e a altura da forma, enquanto a desenha. Essa dica é chamada rótulo de medida e é parte integrante das guias inteligentes, discutidas ainda nesta lição. Arraste para baixo e para a direita até o retângulo medir aproximadamente 0.75 polegadas de altura e 2.5 polegadas de altura.

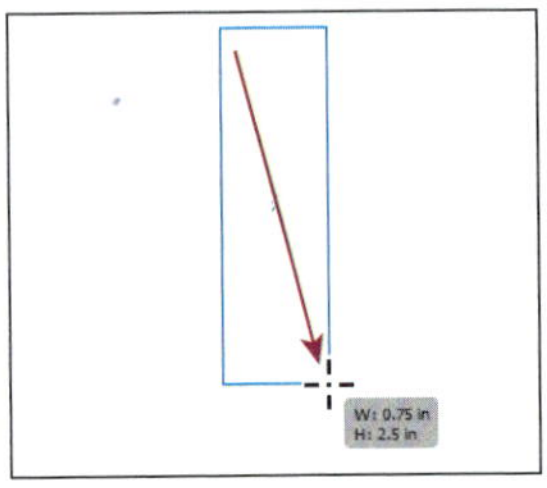

   Este será o corpo principal da chave de fenda. Quando você soltar o botão do mouse, o retângulo é selecionado automaticamente e seu ponto de centro é exibido. Todos os objetos criados com as ferramentas de forma têm um ponto de centro que você pode arrastar para alinhar o objeto a outros elementos de sua arte.

● **Nota:** Você pode tornar o ponto de centro visível ou invisível utilizando o painel Attributes, mas não é possível excluí-lo.

5 No painel Transform, observe a largura e a altura do retângulo. Se necessário, altere a largura digitando **0.75 in** para a altura e **2.5 in** para largura.

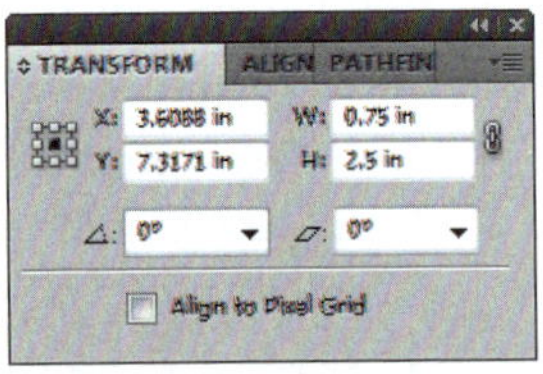

6 Feche o grupo de painéis Transform clicando no x do canto superior direito da barra de título do grupo (Windows) ou no ponto do canto superior esquerdo (Mac OS).

Agora você vai desenhar outro retângulo atrás do retângulo que acabou de desenhar de maneira que o primeiro fique centralizado dentro do segundo retângulo, para continuar a criar o corpo da chave de fenda.

● **Nota:** Se o painel Tools que você vê é mostrado como uma única coluna, você pode clicar no botão Drawing Modes (◙) na base do painel Tools e escolher um modo de desenho no menu exibido.

7 Clique no botão Draw Behind na parte inferior do painel Tools. Enquanto este modo de desenho estiver selecionado, todas as formas que você criar serão desenhadas atrás das outras formas presentes na página.

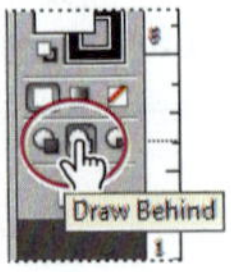

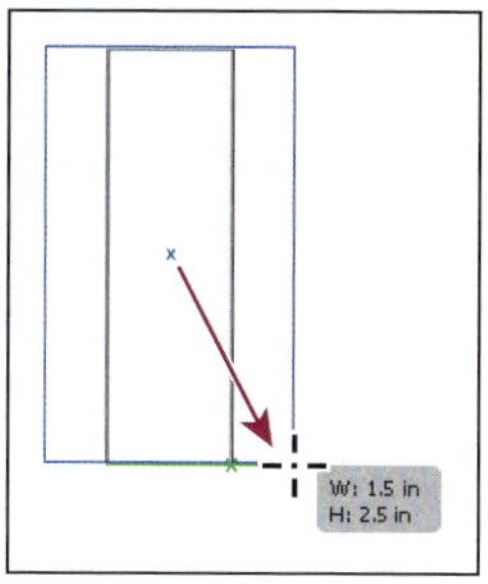

8 Com a ferramenta Rectangle, posicione o cursor sobre o ponto central do retângulo que você acabou de desenhar. Observe que a palavra "center" aparece ao lado do cursor. Pressione a tecla Alt (Windows) ou Option (Mac OS) e arraste para baixo e para a direita a partir do centro para desenhar um retângulo. Quando a dica de ferramenta exibir uma altura de 2.5 in e uma largura de aproximadamente 1.5 in e uma linha verde aparece indicando que você está aderindo à parte inferior do retângulo, solte o botão do mouse e então a tecla Alt ou Option.

Ao manter pressionada a tecla Alt ou Option enquanto arrasta a ferramenta Rectangle, você desenha o retângulo a partir do ponto central, em vez do canto superior esquerdo. À medida que você arrasta o cursor, as guias inteligentes aderem o cursor às bordas do retângulo existente e exibem a palavra "**path**". A nova forma está por trás da forma anterior porque você selecionou este modo de desenho.

Sobre guias inteligentes

Guias inteligentes são pop-ups e guias de encaixe temporários que aparecem quando você cria ou manipula objetos ou pranchetas. Elas ajudam a alinhar, editar e transformar objetos ou pranchetas em relação a outros objetos, pranchetas, ou a alinhar, encaixar e exibir valores delta ou de localização. Você pode utilizar Smart Guides assim:

- Ao criar um objeto com a caneta ou com ferramentas de forma, utilize as Smart Guides para posicionar os pontos de ancoragem de um novo objeto em relação a um objeto existente. Ou, ao criar uma nova prancheta, utilize guias inteligentes para posicioná-la em relação à outra prancheta ou a um objeto.
- Ao criar um objeto com as ferramentas Pen ou Shape, ou ao transformar um objeto, utilize as guias de construção das guias inteligentes para posicionar os pontos de ancoragem em ângulos predefinidos, como 45° ou 90°. Você configura esses ângulos nas preferências Smart Guides.
- Ao mover um objeto ou prancheta, utilize as guias inteligentes para alinhar a prancheta ou objeto selecionado a outros objetos ou pranchetas. O alinhamento baseia-se no ponto central ou na borda dos objetos ou pranchetas. As guias aparecem à medida que o objeto se aproxima da borda ou do ponto central de outro objeto.
- Ao girar ou mover um item, utilize as guias inteligentes para aderir ao último ângulo utilizado ou à opção de alinhamento mais próxima.
- Quando você transforma um objeto, as Smart Guides aparecem automaticamente para facilitar a transformação. Você pode alterar quando e como as Smart Guidestttttt aparecem configurando as preferências Smart Guide.

– Extraído do Illustrator Help

9 Com o novo retângulo ainda selecionado, clique no controle de cor de preenchimento (Fill) ( ) no painel Control e altere a cor para laranja (deslize sobre o seletor da cor laranja até a dica de ferramenta exibir C = 0 M = 0 Y = 100 K = 0) para preencher a nova forma, que está por trás do retângulo menor.

Além de desenhar uma forma arrastando o cursor com uma ferramenta, você pode selecionar determinada ferramenta e então clicar na prancheta para abrir uma caixa de diálogo com as opções para essa ferramenta. A seguir, você vai criar um retângulo utilizando este método.

● **Nota:** Como Swatches estava sendo exibido no painel Control na etapa anterior, talvez você precise clicar duas vezes na prancheta para ver a caixa de diálogo Rectangle.

10 Com a ferramenta Rectangle ainda selecionada, posicione o ponteiro à esquerda dos outros retângulos na prancheta e clique. A caixa de diálogo Rectangle é exibida.

11 Na caixa de diálogo Rectangle, altere Width para **0.3** in, pressione a tecla Tab e digite **3** no campo Height. Clique em OK.

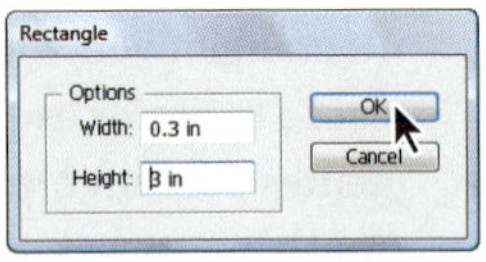

12 Com o novo retângulo ainda selecionado, clique no controle de cor Fill ( ) no painel Control e altere a cor de preenchimento para branco.

13 Selecione a ferramenta Selection ( ) do painel Tools. Arraste o novo retângulo a partir de seu centro para que a parte superior do retângulo se cole à parte inferior dos outros retângulos e seu centro se alinhe na horizontal a eles. A palavra "intersect" aparecerá.

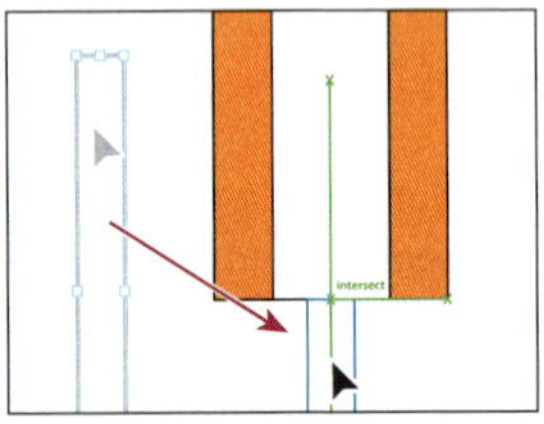

14 Escolha Select > Deselect e então File > Save.

Trabalhe com a grade do documento

A grade ajuda a trabalhar com mais precisão, criando uma grade atrás de seu trabalho na janela Document à qual objetos podem se aderir, e que não é impressa. Para ativar a grade e utilizar seus recursos, faça o seguinte:

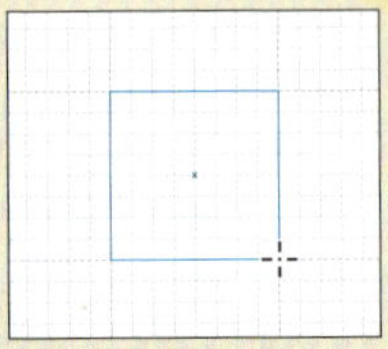

- Para utilizar a grade, escolha View > Show Grid.
- Para ocultar a grade, escolha View > Hide Grid.
- Para aderir objetos às linhas de grade, escolha View > Snap to Grid, selecione o objeto que você quer mover e arraste-o até a posição desejada. Quando os limites do objeto chegam a 2 pixels de uma linha de grade, ele adere àquele ponto.
- Para especificar o espaçamento entre as linhas de grade, o estilo (se exibidas como linhas inteiras ou pontilhadas), a cor da linha ou se as linhas aparecem na frente ou atrás da arte, escolha Edit > Preferences > Guides & Grid (Windows) ou Illustrator > Preferences > Guides & Grid (Mac OS).

Nota: Quando o comando Snap to Grid estiver acionado, você não pode utilizar as guias inteligentes (mesmo se o comando estiver selecionado no menu).

– Extraído do Illustrator Help

Crie retângulos com vértices arredondados

Você vai criar um retângulo com vértices arredondados que vai integrar outra parte da ilustração, definindo opções em uma caixa de diálogo. O modo de desenho Draw Behind permanece ativo, das etapas anteriores, o que significa que a próxima forma que você criará será inserida por trás das outras na prancheta.

1 Selecione a ferramenta Rounded Rectangle ( ) e clique uma vez na arte para abrir a caixa de diálogo Rounded Rectangle. Digite **1.5 in** no campo Field, pressione a tecla Tab e digite **0.5 in** no campo Height. Pressione a tecla Tab outra vez e digite **0.2 in** no campo Corner Radius. O raio determina a curvatura dos cantos. Clique em OK.

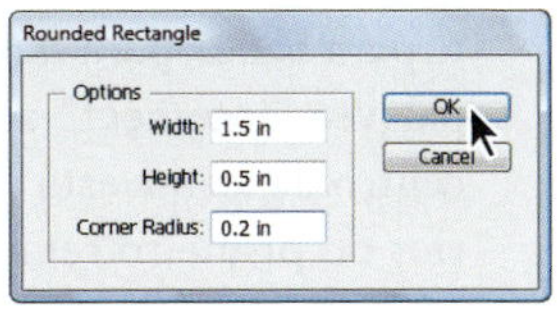

● **Nota:** Quando estiver digitando valores, se a unidade correta for exibida (como "in" para polegadas), você não precisa digitar "in". Se a unidade correta NÃO for exibida, então digite "in" e as unidades serão convertidas.

Por padrão, as formas são preenchidas em branco e têm um contorno (borda) preto. Uma forma com preenchimento pode ser selecionada e movida posicionando o cursor em qualquer ponto no interior dela. A seguir você utilizará as guias inteligentes para ajudá-lo a alinhar a forma que você criou às outras formas já criadas.

2 Selecione a ferramenta Selection ( ) no painel Tools. Clique em qualquer ponto no interior do retângulo com vértices arredondados e arraste-o para que fique centralizado na horizontal e na vertical em relação à borda inferior do retângulo maior, conforme mostra a figura. Quando a palavra "intersect" e as linhas verdes forem exibidas, solte o botão do mouse.

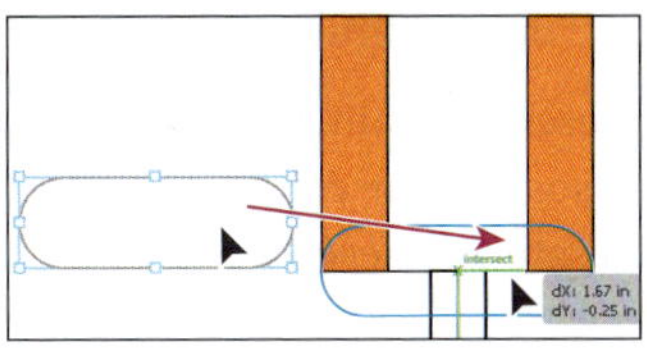

▶ **Dica:** A cor das guias inteligentes pode ser alterada em Edit > Preferences > Smart Guides (Windows) ou Illustrator > Preferences > Smart Guides (Mac OS).

3 Escolha Select > Deselect.

Observe que o retângulo com vértices arredondados está atrás de todos os outros retângulos que você criou. No modo Draw Behind, você desenha um objeto por trás de todos os outros. Mais tarde você colocará o retângulo que formará a haste atrás do retângulo com vértices arredondados.

● **Nota:** A caixa cinza que aparece enquanto você arrasta a forma indica a distância ao longo de x e de y que o cursor percorreu.

Por padrão, você está trabalhando no modo de visualização, que permite ver como os objetos estão pintados (nesse caso, com um preenchimento preto ou branco e um contorno preto). Se os atributos de pintura desviarem a sua atenção, você pode trabalhar no modo de contorno.

4 Escolha View > Outline para mudar do modo de visualização para o modo de contorno.

● **Nota:** O modo Outline remove todos os atributos de pintura, como cor de preenchimento e de contorno, para acelerar a seleção e o redesenho da arte. Você não pode selecionar ou arrastar formas clicando no meio de uma forma, porque o preenchimento desaparece temporariamente.

A seguir, você criará outra forma duplicando o retângulo arredondado com a tecla Alt (Windows) ou a Option (Mac OS).

5 Com a ferramenta Selection (▶), pressione a tecla Alt (Windows) ou Option (Mac OS) e arraste da borda inferior (não um ponto) do retângulo com vértices arredondados diretamente para baixo, para duplicá-lo. Arraste até que a palavra "intersect" apareça, indicando que o centro da forma está alinhado com a parte inferior do primeiro retângulo arredondado. Solte o botão do mouse e depois a tecla Alt (Windows) ou Option (Mac OS).

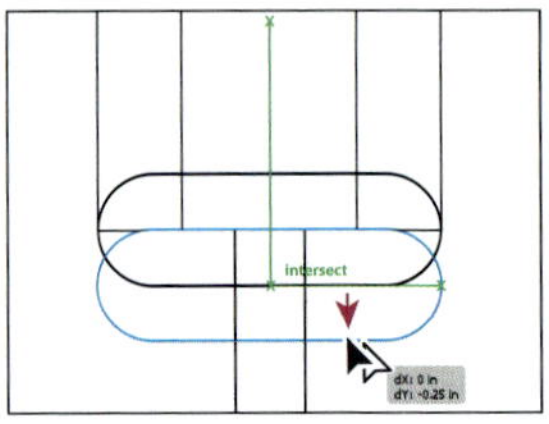

6 Clique e arraste o ponto delimitador direito do retângulo arredondado inferior para a esquerda, em direção ao centro da forma, até que a borda direita permaneça alinhada com a borda direita do primeiro retângulo que você criou. A palavra "intersect" aparece junto com uma linha verde, indicando que está aderindo à forma do retângulo.

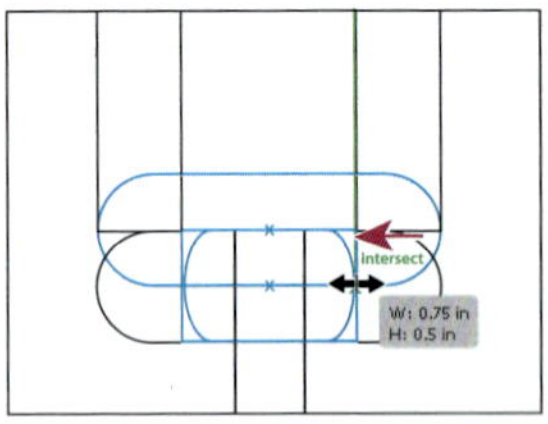

Desenhar com as guias inteligentes ativas pode ser bastante útil, sobretudo nos casos em que é necessário ter precisão. Se elas não forem úteis a você, você pode desativá-las escolhendo View > Smart Guides.

Crie elipses

Você pode controlar a forma de polígonos, estrelas e elipses pressionando algumas teclas modificadoras enquanto desenha. A seguir, você vai desenhar uma elipse que será a parte superior da chave de fenda. Como o modo de desenho Draw Behind permanece selecionado, a elipse que você desenhará ficará atrás das outras formas.

1 Selecione a ferramenta Elipse (●) no grupo de ferramentas Rectangle e posicione o cursor sobre o canto superior esquerdo do retângulo maior. Observe que a palavra "anchor" aparece. Comece a arrastar para baixo e para a direita. Não solte o botão do mouse ainda.

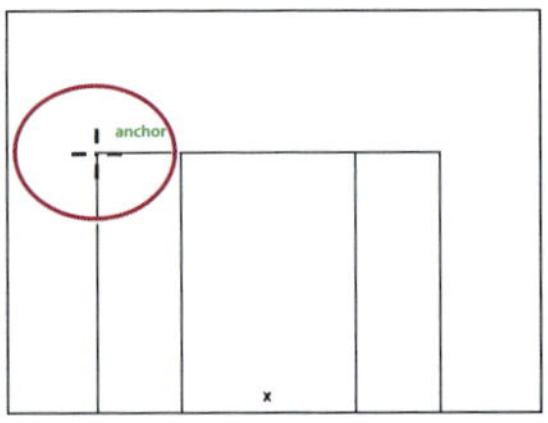

2 Arraste o cursor para baixo e para a direita até que ele toque a borda direita do retângulo maior e a palavra "path" apareça. Sem soltar o botão do mouse, arraste para cima ou para baixo até que o rótulo de medida da guia inteligente exiba uma altura de 1 in. Não solte o botão do mouse ainda.

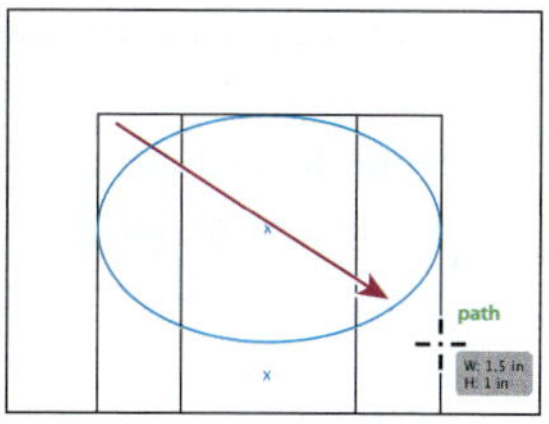

3 Mantenha pressionada a barra de espaço e arraste a elipse um pouco para cima, certificando-se de que, enquanto você arrasta para cima, ainda seja possível ver a palavra "path". Isso mantém a elipse alinhada à borda direita do retângulo maior. Solte o botão do mouse depois que a elipse estiver posicionada e dimensionada, como na figura à direita, e então solte a barra de espaço.

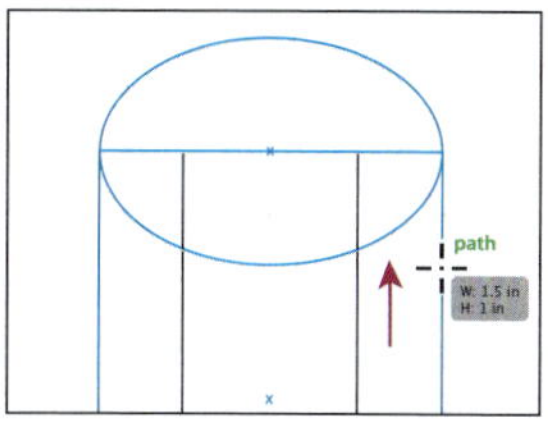

Dica: Manter pressionada a tecla Shift limita as proporções da forma enquanto ela é desenhada. No caso da elipse, isso criaria um círculo perfeito.

4 Escolha Window > Transform para abrir o painel Transform. Selecione a ferramenta Selection ( ) e então clique na borda da elipse para garantir que esteja selecionada. Observe a largura no painel Transform. A seguir, clique no retângulo maior para ver se as larguras são as mesmas no painel Transform. Se não forem, corrija a elipse digitando o mesmo valor que o do retângulo maior e pressione Enter ou Return.

Nota: Caso você precise corrigir a largura no painel Transform, a elipse talvez não fique alinhada aos retângulos. Com a ferramenta Selection, arraste a elipse na horizontal para alinhá-la outra vez.

5 Escolha Select > All On Active Artboard para selecionar as formas apenas nessa prancheta. Escolha Object > Group para agrupá-las.

6 Escolha Select > Deselect e então File > Save.

Crie polígonos

Agora, você vai criar dois triângulos para a ponta da chave de fenda utilizando a ferramenta Polygon. Por padrão, polígonos são desenhados a partir do centro, diferente das outras ferramentas com que você trabalhou até agora.

1 Selecione a ferramenta Zoom ( ) e clique três vezes na parte inferior das formas da chave de fenda para ampliar.

2 Selecione a ferramenta Polygon ( ) no grupo de ferramentas Rectangle e posicione o cursor sobre o ponto central da extremidade inferior do retângulo (a palavra "intersect" aparece, além da guia de alinhamento verde).

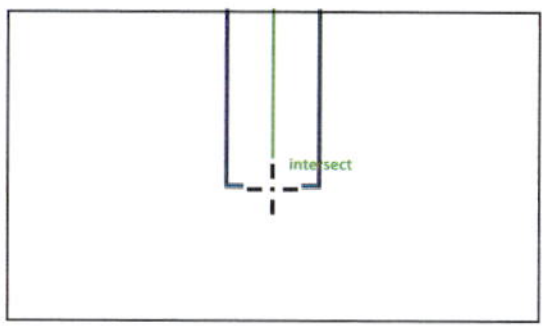

Dica: Ao desenhar com a ferramenta Polygon, pressionar as teclas de seta para cima e para baixo muda o número de lados. Se você quiser alterar o número de lados rapidamente ao desenhar um polígono, mantenha pressionada uma das teclas de seta enquanto arrasta a forma para fora.

3 Arraste para começar a desenhar um polígono, mas não solte o botão do mouse. Pressione a tecla de seta para baixo três vezes para reduzir o número de lados do polígono a três (um triângulo). Mantenha a tecla Shift pressionada para alinhar o triângulo. Sem soltar a tecla Shift, arraste para baixo e para direita até que o rótulo de medida da guia inteligente exiba a largura de **0.5 in**. Solte o botão do mouse e então a tecla modificadora.

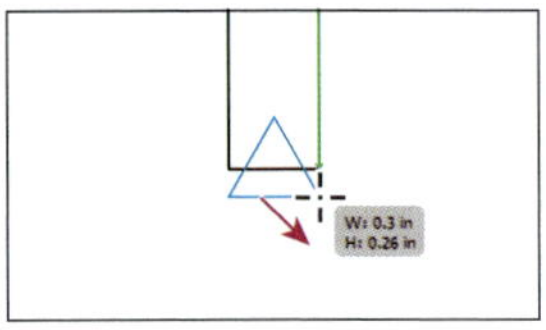

4 Com a forma ainda selecionada, dê um duplo clique na ferramenta Rotate (⟲) no painel Tools para abrir a caixa de diálogo Rotate. Altere o valor do ângulo para **180** e clique em OK. Deixe a forma selecionada.

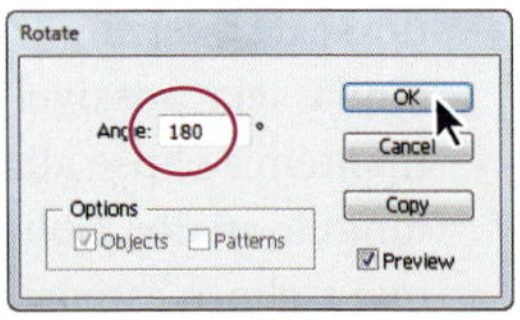

5 Selecione a ferramenta Selection (➘) no painel Tools e arraste a borda superior do triângulo, não um ponto, até ele aderir à parte inferior do retângulo. A palavra "intersect" aparece quando ele estiver aderido.

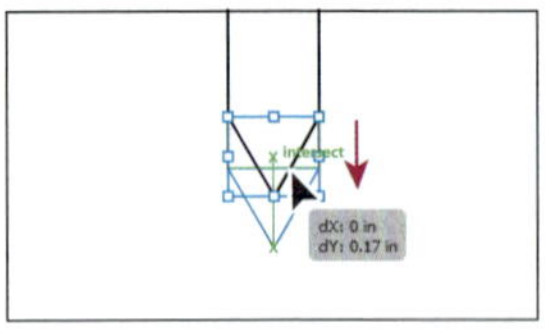

6 Com a ferramenta Selection, pressione a tecla Shift e clique na borda dos objetos agrupados para selecionar o grupo e o triângulo.

Nota: Como você ainda está no modo de contorno, talvez seja necessário arrastar o cursor ou clicar nos seus contornos para selecionar os objetos.

7 No painel Control, clique no botão Horizontal Align Center (⊥) para garantir que os objetos estejam alinhados um em relação ao outro.

Nota: Se você não vir as opções de alinhamento no painel Control, clique na palavra Align no painel Control. Ou escolha Windows > Align para abrir o painel Align.

8 Escolha Select > Deselect e então escolha View > Preview.

Nota: Se o painel Tools for exibido como uma única coluna, para acessar os modos de desenho, clique mantendo pressionado o botão Drawing Modes na base do painel Tools e escolha um modo de desenho no menu exibido.

Modo Draw Inside

Veja agora como desenhar uma forma no interior da outra utilizando o modo Draw Inside.

1 Com a ferramenta Selection, clique para selecionar a forma do triângulo outra vez. Clique no botão Draw Inside localizado próximo à extremidade inferior do painel Tools.

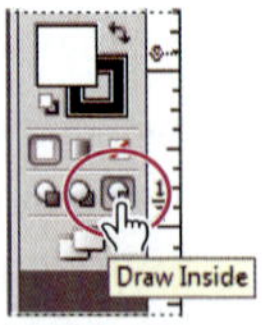

Este botão é ativado apenas quando uma forma estiver selecionada e permite que você desenhe somente no interior da forma selecionada. Toda forma que você criar será desenhada no interior da forma selecionada.

2 Selecione a ferramenta Ellipse (). Você agora desenhará uma forma dentro do triângulo.

3 Posicione o cursor sobre o ponto inferior do triângulo Mantendo pressionada a tecla Alt (Windows) ou Option (Mac OS), arraste para baixo e para a direita para criar uma elipse que tenha uma largura de cerca de 0.18 in e cujo topo toca no topo do triângulo. Não há necessidade de precisão. Solte o botão do mouse e então a tecla modificadora.

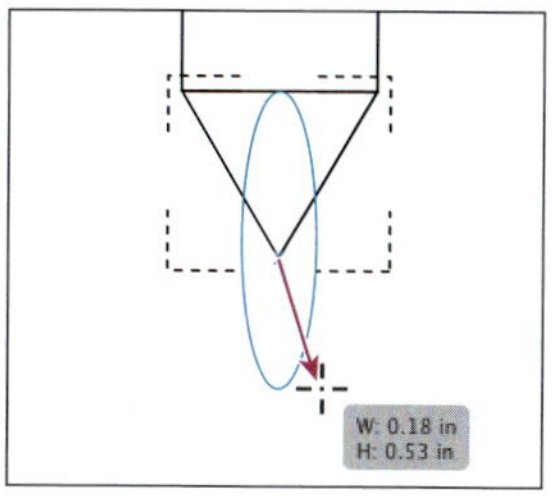

● **Nota:** Se você desenhar uma forma fora do triângulo, ela aparentemente desaparece. Isso ocorre porque o triângulo está mascarando todas as formas desenhadas dentro dele. Por essa razão, somente as formas posicionadas no interior do triângulo é que aparecem.

4 Selecione Select > Deselect

Observe que após remover a seleção da forma, apenas parte da elipse é exibida, porque ela está sendo mascarada pelo triângulo. O triângulo também tem linhas pontilhadas em redor de seus vértices, indicando que o modo Draw Inside permanece ativo e que o triângulo é o foco.

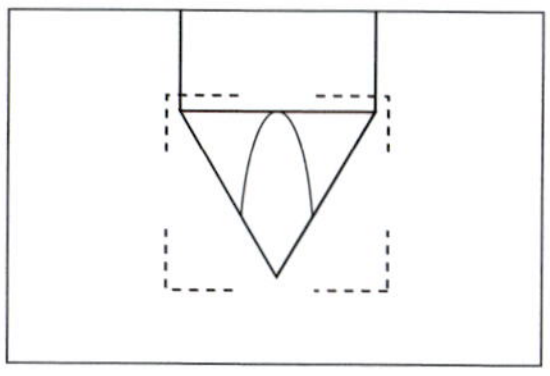

● **Note:** O triângulo que esconde parte da elipse e é chamado de máscara de recorte. Você aprenderá mais sobre máscaras de recorte na Lição 15, "Combinando Elementos Gráficos Com Outros Aplicativos Adobe".

A seguir você vai editar a elipse no interior do triângulo.

5 Selecione a ferramenta Selection () e clique para selecionar a elipse. Observe que ela seleciona o triângulo, não a elipse.

Para selecionar formas dentro de outra forma, você precisa primeiramente executar a próxima etapa.

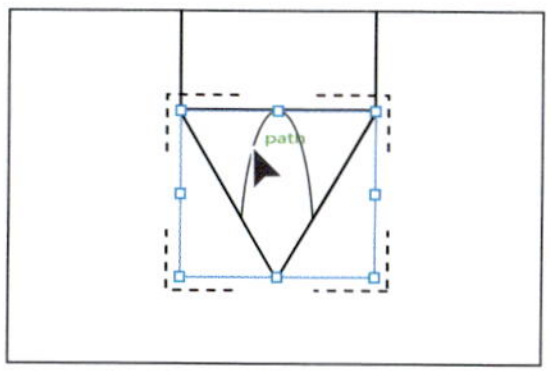

6 Com o triângulo selecionado, clique no botão Edit Contents () na extremidade esquerda do painel Control.

Isso permite editar a elipse desenhada no interior, que agora está selecionada.

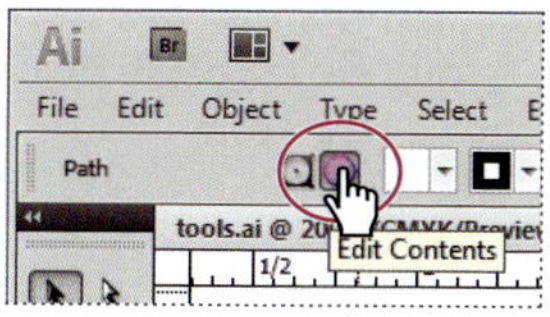

▶ **Dica:** Você pode remover a elipse de dentro do triângulo selecionando o triângulo com a ferramenta Selection e escolhendo Object > Clipping Mask > Release. Isso faz com que duas formas individuais fiquem uma sobre a outra.

7 Escolha View > Hide Bounding Box.

Quando você oculta a caixa delimitadora, você pode arrastar uma forma a partir de sua borda sem temer arrastar uma alça da caixa delimitadora e alterar a forma.

8 Com a ferramenta Selection ainda selecionada, arraste o ponto inferior da elipse para cima, até ela aderir ao ponto mais baixo do triângulo.

9 Escolha View > Show Bounding Box.

10 Mantendo pressionada a tecla Alt (Windows) ou Option (Mac OS), arraste o ponto delimitador intermediário direito da elipse para a esquerda (para o centro), para estreitá-la. Quando o rótulo de medida exibir uma largura de aproximadamente 0.1 in, solte o mouse e então a tecla modificadora.

▶ **Dica:** Você pode continuar a desenhar dentro do triângulo. Pode também editar o triângulo e a elipse com um duplo clique nele, com a ferramenta Selection, para entrar no modo de isolamento. Com isso é possível editar qualquer uma das duas formas de maneira independente. Para aprender mais sobre o modo de isolamento, consulte a Lição 2, "Selecionando e Alinhando".

11 Com a elipse ainda selecionada, clique no botão Edit Clipping Path ( ) na extremidade esquerda do painel Control. Isso remove a seleção do triângulo, o que o impede de selecionar a elipse.

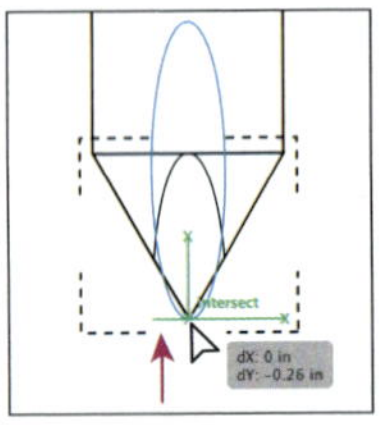
Arraste a elipse para cima.

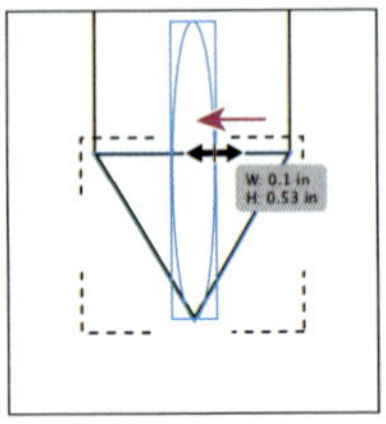
Redimensione a elipse.

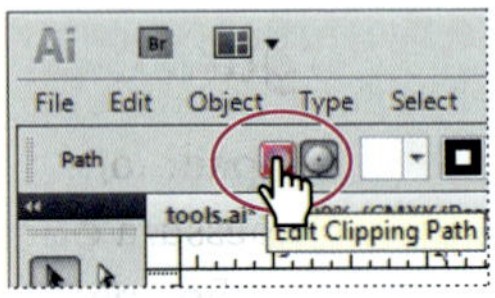

Pare de editar a elipse.

12 Escolha Select > Deselect.

13 Clique no botão Draw Normal, na parte inferior do painel Tools.

▶ **Dica:** Se um objeto estiver selecionado e o modo Draw Inside estiver ativo, você pode colocar imagens ou colar outros objetos dentro do objeto selecionado.

14 Escolha View > Fit Artboard In Window.

15 Com a ferramenta Selection, selecione o retângulo entre o grupo de alças e o triângulo na parte inferior. Observe que ele faz parte de um grupo.

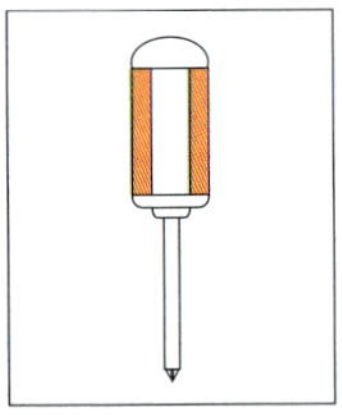

16 Escolha Object > Ungroup e então escolha Select > Deselect.

17 Clique para selecionar o retângulo entre o grupo de alças e o triângulo na parte inferior.

● **Nota:** Para aprender mais sobre como arranjar objetos, consulte a Lição 2, "Selecionando e Alinhando".

18 Escolha Object > Arrange > Send to Back.

19 Escolha File > Save.

Dicas para desenhar polígonos, espirais e estrelas

Você pode controlar as formas dos polígonos, espirais e estrelas pressionando certas teclas enquanto desenha as formas. Escolha uma das opções abaixo para controlar a forma:

- Para adicionar ou subtrair lados em um polígono, pontos em uma estrela ou segmentos em uma espiral, mantenha pressionada a tecla de seta para cima ou para baixo enquanto cria a forma. Isso só funciona se o botão do mouse for mantido pressionado. Quando o botão do mouse é solto, a ferramenta permanece configurada como o último valor especificado.
- Para girar a forma, mova o mouse em um arco.
- Para manter um lado ou um ponto na parte superior, mantenha a tecla Shift pressionada.
- Para manter o raio interno constante, comece a criar uma forma e então pressione e mantenha pressionada a tecla Ctrl (Windows) ou Command (Mac OS).

Altere a largura e o alinhamento do contorno

Toda forma, por padrão, é criada com um contorno de 1 pt de espessura. Você pode alterar a espessura do contorno de um objeto facilmente, tornando-o mais largo ou estreito. Por padrão, contornos também são alinhados ao centro da borda de um path, mas você pode alterar esse alinhamento utilizando o painel Stroke.

A seguir você vai alterar a espessura do contorno do retângulo mais largo do cabo e também seu alinhamento.

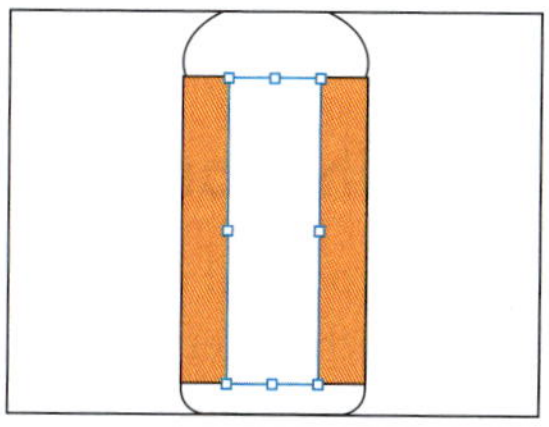

1 Com a ferramenta Selection (), clique para selecionar o triângulo branco menor no centro do cabo.

2 Selecione a ferramenta Zoom () no painel Tools e clique no topo da forma selecionada para aumentar o zoom.

3 Abra o painel Stroke clicando no ícone Stroke () no lado direito da área de trabalho ou clicando na palavra Stroke no painel Control.

4 No painel Stroke, escolha **4 pt** do menu Stroke Weight.

Observe que o contorno do retângulo branco faz com que o topo e a parte inferior dos dois retângulos deixem de estar alinhadas. Isso ocorre porque o contorno está centralizado na borda direita da forma, por padrão.

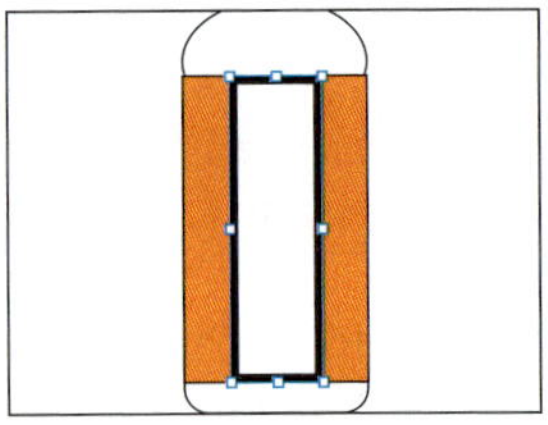

5 No painel Stroke, clique no botão Align Stroke To Inside (▣). Isso alinha o contorno à borda interna da forma.

Você define o contorno para o interior do retângulo branco para que as bordas superiores e inferiores dos retângulos laranja e branco permaneçam alinhadas visualmente.

6 Escolha View > Fit Artboard In Window.

7 Escolha Select > All On Active Board e então Object > Group.

8 Escolha File > Save.

Sobre o alinhamento de contornos

Se um objeto for um path fechado (como um quadrado), você pode selecionar uma destas opções no painel Stroke para alinhar o contorno do path ao centro (padrão), ao interior ou ao exterior da forma:

Alinhe o contorno ao centro.

Alinhe o contorno ao interior.

Alinhe o contorno ao exterior.

Nota: *Se você tentar alinhar paths que utilizam diferentes alinhamentos de contorno, os paths podem não se alinhar precisamente. Certifique-se de que as configurações de alinhamento de path são as mesmas, caso precise que as bordas tenham correspondência exata.*

Trabalhe com segmentos de linha

Agora, você vai trabalhar com linhas retas e segmentos de linha, conhecidos como paths abertos, para criar um parafuso para a chave de fenda. As formas podem ser criadas de várias maneiras no Illustrator, e a maneira mais simples normalmente é a melhor.

1 Selecione a ferramenta Zoom (🔍) no painel Tools e clique quatro vezes na ponta da chave de fenda para ampliá-la.

Nota: Você pode precisar arrastar o grupo de formas para cima utilizando a ferramenta Selection para ter mais espaço para continuar desenhando.

2 Escolha Essentials no seletor da área de trabalho na barra Application.

3 Selecione a ferramenta Ellipse (◉) no painel Tools. Desenhe uma elipse centralizada aproximadamente abaixo da ponta da chave de fenda com largura de 0.6 in e altura de 0.3 in, conforme mostrado no rótulo de medida que aparece.

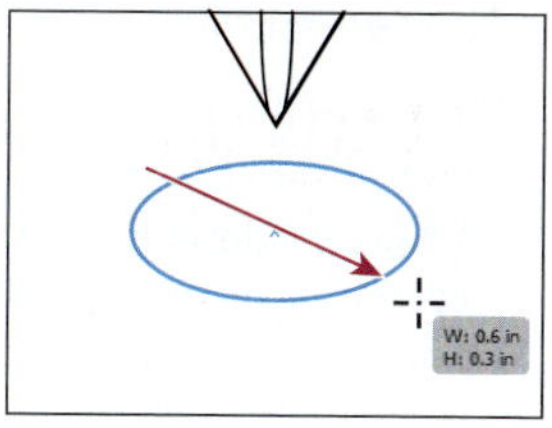

▶ **Dica:** Ampliar o trabalho dá um controle mais preciso sobre tamanho da forma enquanto você desenha.

4 Clique na cor de preenchimento (▢) no painel Control e selecione None (▢). Além disso, certifique-se de que a espessura do contorno seja **1 pt** no painel Control. Mantenha a elipse selecionada.

5 Selecione a ferramenta Direct Selection (↖) no painel Tools. Arraste o cursor sobre a parte inferior da elipse para selecionar a metade inferior.

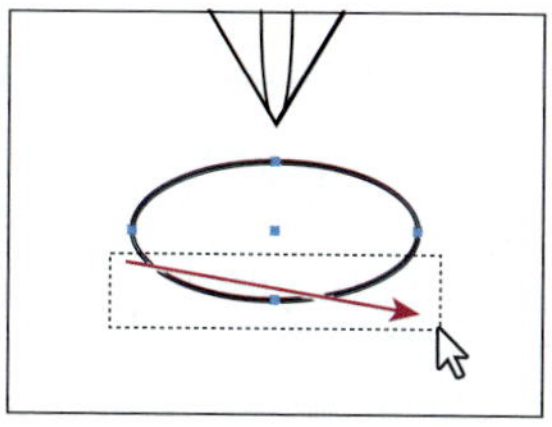

● **Nota:** Ao arrastar para selecionar, certifique-se de não arrastar ao longo dos pontos das extremidades esquerda e direita da elipse.

▶ **Dica:** Para ocultar o menu Swatches no painel Control, que você utilizou para alterar o preenchimento, pressione a tecla Esc.

6 Escolha Edit > Copy e Edit > Paste In Front para criar um novo path diretamente sobre o original

Isso copia e cola apenas a metade inferior da elipse como caminho único, porque foi isso que você selecionou com a ferramenta Direct Selection.

7 Selecione a ferramenta Selection e pressione a tecla de seta para baixo cerca de oito vezes para mover a nova linha para baixo.

Você pode também arrastar a linha para baixo, mas este método é mais fácil de controlar.

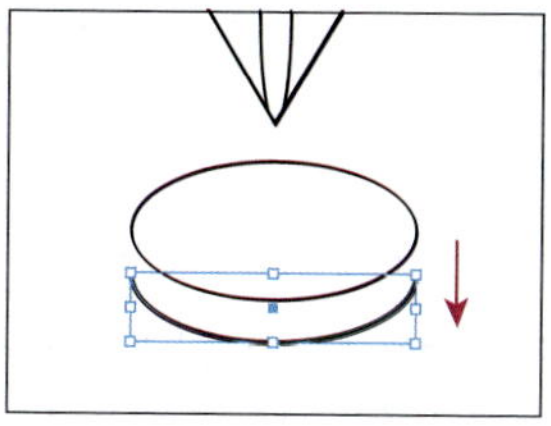

8 Selecione a ferramenta Line Segment (\) no painel Tools. Mantenha a tecla Shift pressionada enquanto desenha uma linha do ponto de ancoragem esquerdo da elipse até o ponto de ancoragem esquerdo do novo path. Os pontos de ancoragem são realçados quando a linha adere a eles. Solte o botão do mouse e então a tecla modificadora. Repita a operação no lado direito da elipse.

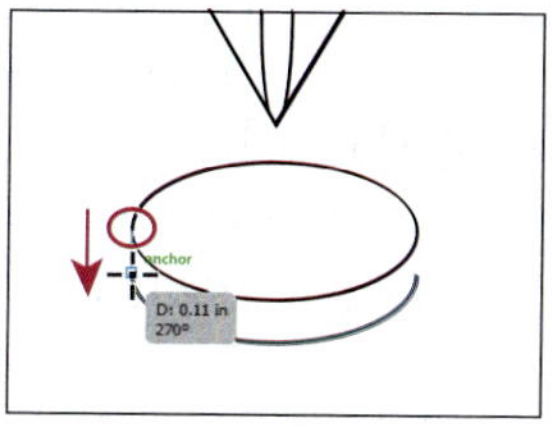

9 Escolha Select > Deselect.

10 Escolha File > Save.

O próximo passo será selecionar os três segmentos de linha que compõem a cabeça do parafuso e uni-los a um só path.

Paths abertos e paths fechados

Enquanto desenha, você pode criar uma linha chamada path. Um path é composto de um ou mais segmentos curvos ou retos. O começo e o fim de cada um desses segmentos são marcados por pontos de ancoragem, que funcionam como pregos prendendo um arame. Um path pode ser fechado (por exemplo, um círculo) ou aberto, com terminações distintas (por exemplo, uma linha ondulada).

Tanto os paths abertos quanto fechados podem ter preenchimento.

– Extraído do Illustrator Help.

Una os paths

Quando mais de um path aberto é selecionado, você pode uni-los para criar um path fechado (como um círculo). Você também pode unir as extremidades de dois paths separados. Você vai unir os três paths para criar um só path aberto.

1 Selecione a ferramenta Selection (➘) no painel Tools.

2 Mantenha a tecla Shift pressionada e clique em cada um dos três paths que você acabou de criar para selecioná-los.

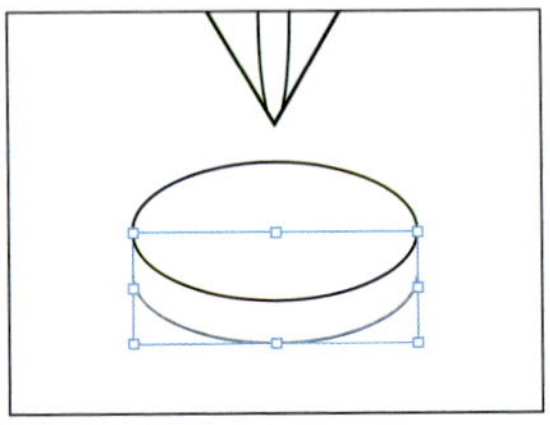

3 Escolha Object > Path > Join.

Os três paths são convertidos em um único path. O Illustrator identifica os pontos de ancoragem nas extremidades de cada path e une os pontos mais próximos. Para testar esse recurso, você pode remover a seleção da forma e selecioná-la outra vez. Feito isso, arraste ela para longe da base. Se você fizer isso, escolha Edit > Undo Move.

▶ **Dica:** Após os paths estarem selecionados, você pode também unir paths pressionando Ctrl + J (Windows) ou Cmd + J (Mac OS).

4 Com o path ainda selecionado, escolha Object > Path > Join outra vez. Isso cria um path fechado, que une as duas extremidades.

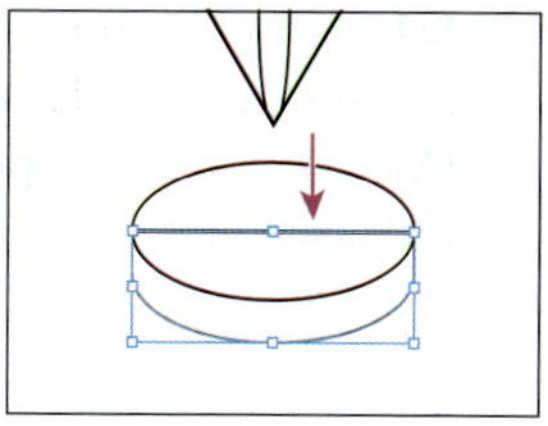

Se você selecionar um único path aberto e escolher Object > Path > Join, o Illustrator cria um segmento de path entre as extremidades do path aberto, criando um path fechado.

● **Nota:** Se você quiser apenas preencher a forma com uma cor, não é necessário unir o path para formar um path fechado. Um path aberto pode ter uma cor de preenchimento. Contudo, é preciso fazer isso se você desejar usar um contorno que apareça ao redor de toda a área de preenchimento.

5 Troque a cor de preenchimento no painel Control por um cinza-claro (nós utilizamos K = 20).

6 Escolha Object > Arrange > Send To Back.

7 Clique no contorno da elipse para selecioná-la. No painel Control, clique em na cor de preenchimento (◪) e escolha branco. Isso preenche a forma que você acabou de enviar para trás.

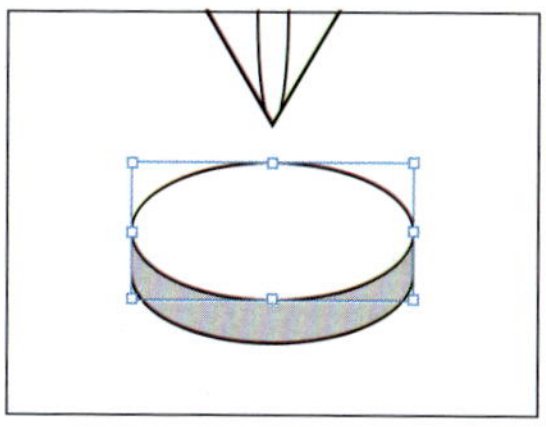

● **Nota:** Para selecionar um path sem preenchimento, clique no contorno ou arraste sobre o path.

8 Selecione a ferramenta Selection, mantenha pressionada a tecla Shift e clique na forma cinza abaixo da elipse selecionada para selecionar ambas as formas. Escolha Object > Group.

9 Com o grupo ainda selecionado, escolha Object > Lock > Selection. Isso bloqueia temporariamente o grupo para que ele não possa ser selecionado acidentalmente.

Crie estrelas

A seguir, você criará uma estrela para os chanfros da cabeça do parafuso, utilizando a ferramenta Star.

1 Selecione a ferramenta Star (☆) no mesmo grupo da ferramenta Ellipse (◯), no painel Tools. Posicione o cursor no centro da forma da elipse. Observe que a palavra "center" aparece.

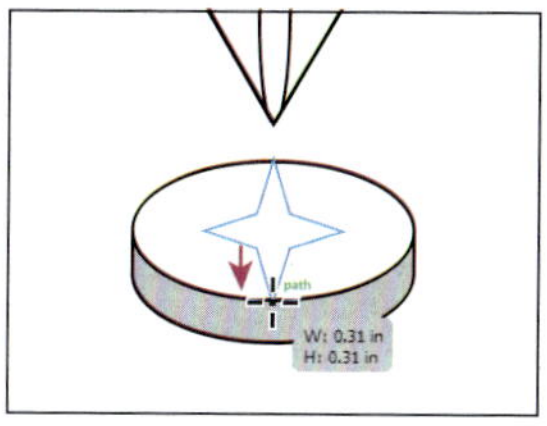

Arraste lentamente para a direita para criar a forma de estrela. Sem soltar o botão do mouse, pressione a tecla de seta para baixo uma vez para diminuir o número de pontas da estrela a quatro.

▶ **Dica:** Este passo utiliza vários comandos de teclado para trabalhar com estrelas. Você deve prestar atenção a esses comandos enquanto desenha a estrela.

Mantenha pressionado Control (Windows) ou Command (Mac OS) e continue a arrastar para a direita. Isso mantém o raio interno constante. Sem soltar o botão do mouse, libere a tecla Control ou Command. Mantenha pressionada a tecla Shift e arraste o cursor até que a estrela fique com aproximadamente 0.3 in de largura e de altura). Solte o botão do mouse e depois a tecla Shift.

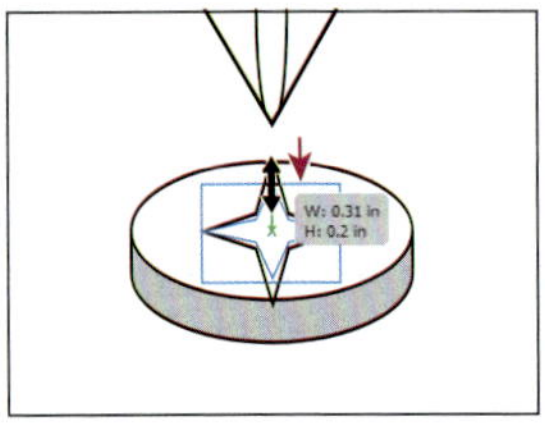

2 Selecione a ferramenta Selection. Mantendo pressionada a tecla Alt (Windows) ou Option (Mac OS), arraste o ponto de ancoragem da estrela para baixo até a altura ficar em 0.2 in. Isso redimensiona os dois lados da estrela, dando-lhe uma aparência mais realista. Solte o botão do mouse e depois a tecla modificadora.

3 Altere Stroke Weight no painel Control para **0.5 pt**. Clique na caixa Fill no painel Control e altere o preenchimento para branco.

4 Escolha Object > Unlock All.

5 Escolha File > Save.

Use a ferramenta Eraser

A ferramenta Eraser apaga qualquer área de seu trabalho, independentemente da estrutura. Você pode utilizá-la em paths, paths compostos, paths dentro dos grupos Live Paint e paths de recorte.

1 Selecione a ferramenta Zoom (🔍) no painel Tools e clique duas vezes na estrela que você acabou de criar para ampliá-la.

2 Com a ferramenta Selection (↖), clique para selecionar a estrela.

Ao selecionar a estrela, você apaga apenas a estrela e nada mais. Se você deixar todos os objetos sem seleção, você corre o risco de apagar qualquer objeto que a ferramenta tocar.

3 Selecione a ferramenta Eraser (◇) no painel Tools. Com o cursor na prancheta, pressione a tecla de abre colchete ([) várias vezes para reduzir o diâmetro da borracha.

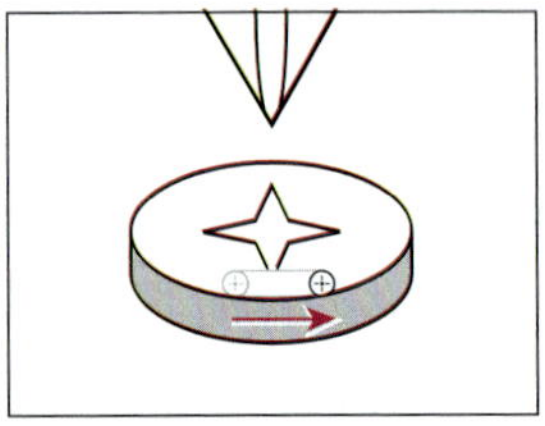

4 Posicione o cursor logo à esquerda do ponto inferior da estrela, mantenha pressionada a tecla Shift e clique e arraste sobre o ponto inferior da estrela para cortar parte dele em uma linha reta. Repita para o ponto superior da estrela. O path permanece fechado (as extremidades apagadas são unidas).

● **Nota:** Se você apagar e nada aparentemente acontecer, apague um pedaço maior da estrela nas partes superior e inferior. Ampliar também pode ser útil.

5 Escolha Select > Deselect.

6 Escolha View > Fit Artboard In Window.

7 Escolha File > Save.

Use a ferramenta Width

Você também pode alterar as larguras do contorno utilizando a ferramenta Width (✎) ou aplicando perfis ao contorno. Isso permite criar variações ao longo do contorno de um path.

Use a ferramenta Width para concluir a arte.

1. Selecione a ferramenta Zoom (🔍) no painel Tools e então clique três vezes na elipse no topo do cabo da chave de fenda para aumentar o zoom.
2. Selecione a ferramenta Selection (▶) e então clique duas vezes no grupo com o retângulo laranja, no alto da prancheta, para entrar no modo de isolamento. Clique para selecionar a elipse e pressione Delete.

   Você vai utilizar a ferramenta Width para simplificar o desenho.
3. Selecione o retângulo branco menor e escolha Object > Hide > Selection para ocultá-lo temporariamente.

Agora, você vai usar a ferramenta Width para alterar a largura do contorno superior do retângulo laranja. Isso permite criar o topo arredondado (onde a elipse costumava estar) simplesmente arrastando o contorno do retângulo.

4. Clique para selecionar o retângulo laranja.
5. Selecione a ferramenta Width (✎) no painel Tools.
6. Posicione o cursor à direita do canto superior esquerdo do retângulo laranja (na borda superior), conforme mostrado na figura. Observe que o cursor tem um sinal de adição a seu lado (▶+).
7. Arraste para cima, para longe do retângulo laranja. Veja que, à medida que arrasta, você alonga o contorno para cima e para baixo na mesma medida. Solte o mouse quando o rótulo de medida mostrar Side 1 e Side 2 com aproximadamente 0.5 in.

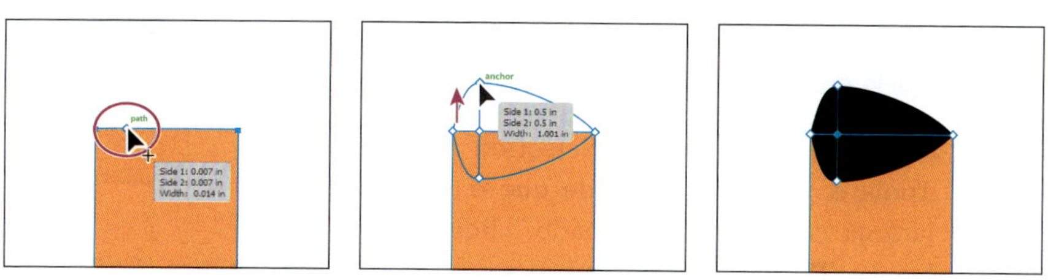

8. Escolha Edit > Undo Width Point Change para retornar a espessura do contorno a seu valor anterior.

● **Nota:** Quando edita com a ferramenta Width, você apenas edita o contorno do objeto.

9 Posicione o cursor sobre o mesmo ponto na borda superior do retângulo laranja, próximo, mas não exatamente no canto superior esquerdo. Desta vez, pressione a tecla Alt (Windows) ou Option (Mac OS) e arraste para cima, para longe da borda superior, cerca de 0.5 in. Solte o botão do mouse e então a tecla modificadora.

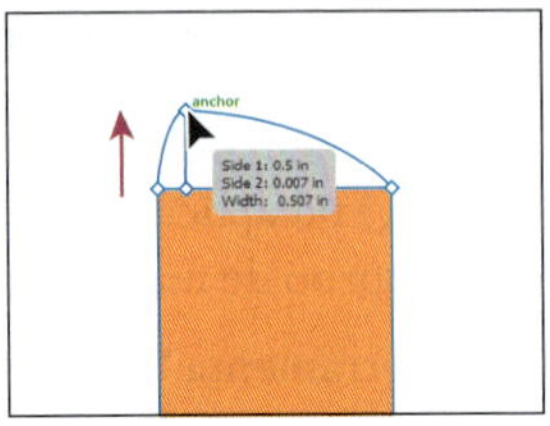

A tecla modificadora permite que você arraste um lado do contorno, não os dois lados, como você fez antes.

▶ **Dica:** Para ajustar o contorno que você afastou da borda superior do retângulo laranja, arraste o ponto superior do contorno utilizando a ferramenta Width.

10 Posicione o mouse sobre o novo ponto no topo do retângulo laranja, envolvido por um círculo na figura à direita, e arraste-o para a direita até a palavra "intersect" aparecer.

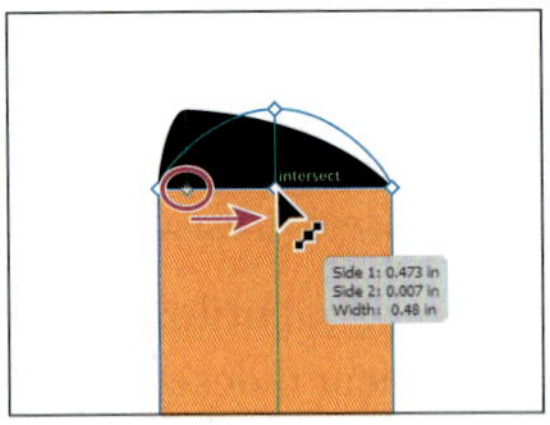

Isso alinha a ponta ao centro das formas e equilibra a espessura do contorno.

11 Escolha Select > Deselect.

12 Posicione o cursor a meio caminho entre o ponto que você acabou de arrastar e o canto superior direito do retângulo laranja. Observe que o ponteiro tem um sinal de adição a seu lado (▶+), indicando que você pode acrescentar outro ponto. Arraste até outra ponta e reformule o contorno.

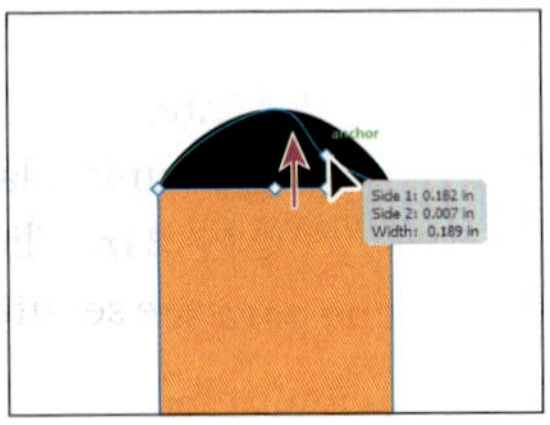

Você pode adicionar vários pontos ao contorno para remodelá-lo. Toda vez que arrastar para cima ou para baixo a partir do contorno, você adicionará um ponto que pode ser então editado. Observe que há agora um novo ponto azul na borda do retângulo laranja.

A seguir, você vai excluir esse ponto.

▶ **Dica:** Para remover todas as edições de contorno, você pode selecionar Uniform do menu Variable Width Profile no painel Control.

13 O ponto no contorno deve ainda estar selecionado. Pressione Delete para excluí-lo.

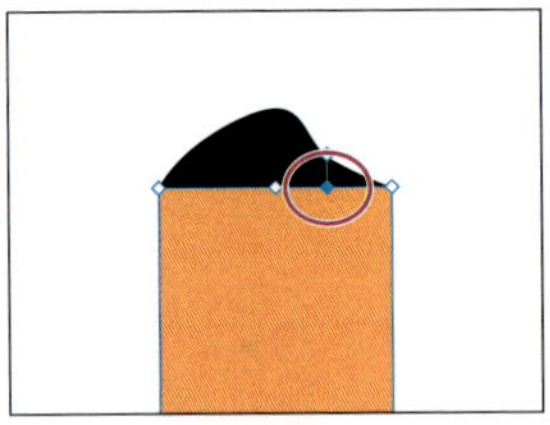

● **Nota:** Se você precisar selecionar o ponto outra vez antes de excluí-lo, clique nele usando a ferramenta Width.

14 Selecione a ferramenta Selection no painel Tools e, certificando-se de que o retângulo laranja continua selecionado, clique na cor Stroke (■) no painel Control e escolha um cinza-escuro (C=0 M=0 Y=0 K=0). Observe como o contorno ao redor da borda do retângulo laranja, inclusive o contorno que você acabou de editar, fica cinza-escuro.

15 Escolha Select > Deselect.

16 Pressione a tecla Esc para sair do modo de isolamento.

17 Escolha View > Fit Artboard In Window e então escolha Object > Show All.

A seguir você vai criar o corpo do parafuso na base da prancheta fazendo uma linha e usando a ferramenta Width.

1 Selecione a ferramenta Zoom ( ) no painel Tools e posicione o cursor na parte central inferior da cabeça do parafuso, na parte inferior da prancheta, para aumentar o zoom.

2 Selecione a ferramenta Line Segment ( ) no painel Tools e posicione o cursor na parte central inferior da cabeça do parafuso. Pressione a tecla Shift e arraste para baixo em linha reta para criar uma linha que tem aproximadamente 0.75 in de comprimento. Solte o botão do mouse e então a tecla modificadora.

3 Altere a cor do preenchimento da linha para preto no painel Control.

4 Selecione a ferramenta Width ( ) no painel Tools. Exatamente abaixo da cabeça do parafuso, posicione o cursor na linha e arraste para a direita para aumentar o contorno da linha. Arraste até o rótulo de medida mostrar uma largura de 0.25 in.

5 Dê um duplo clique no novo ponto (na linha) para abrir a caixa de diálogo Width Point Edit. Isso permite que você ajuste os lados, ao mesmo tempo ou individualmente, com mais precisão. Clique no botão Adjust Widths Proportionally ( ) para unir o lado 1 ao lado 2 (deve se parecer com isto:). Altere Total Width para **0.2 in**. Clique em OK. Observe que a seleção Adjust Adjoining Width Points pode ser utilizada para ajustar outros pontos de largura no contorno.

▶ **Dica:** Você pode utilizar a caixa de diálogo Width Point Edit para garantir que os pontos de largura sejam os mesmos.

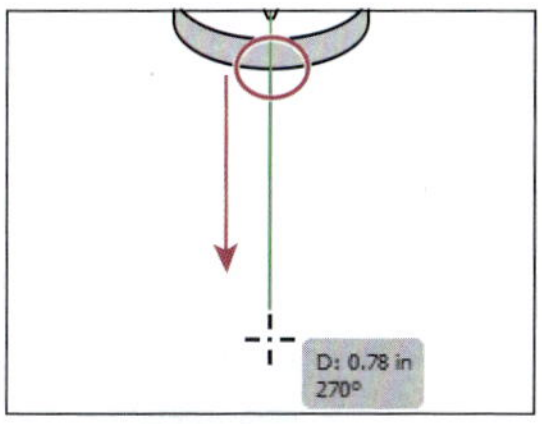

Desenhe a linha.

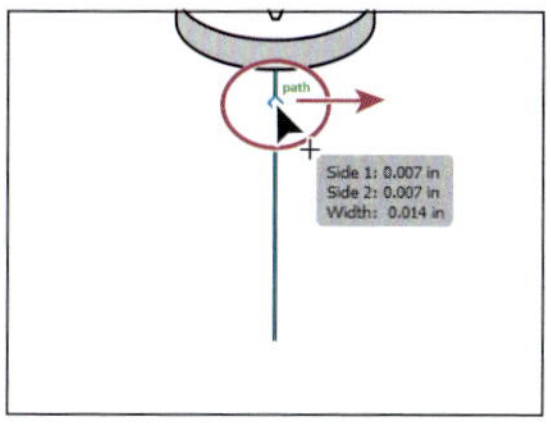

Arraste para editar o traço.

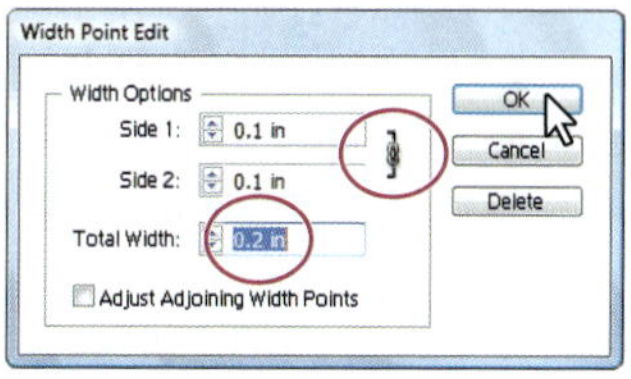

Edite o ponto de espessura.

6 Com a ferramenta Width selecionada, posicione o cursor sobre o ponto na linha que você acabou de criar. Mantendo pressionada a tecla Alt (Windows) ou Option (Mac OS), arraste o ponto para cima, até ele atingir a extremidade da linha. Solte o botão do mouse e então a tecla modificadora.

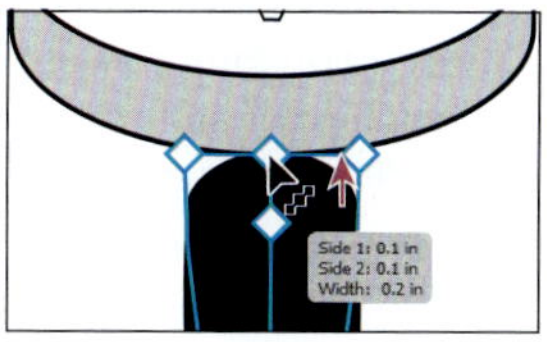

● **Nota:** Talvez seja preciso aumentar o zoom para efetuar os próximos passos.

Arrastar um ponto de largura com a tecla modificadora pressionada permite criar uma cópia e um segmento mais linear na linha.

7 Posicione o cursor abaixo do primeiro ponto que você criou, um pouco à direita do centro da linha. O cursor apresentará um sinal de adição ao lado ( ). Arraste para a esquerda ou para a direita para criar um novo ponto, até a largura ser de aproximadamente 0.06 in.

▶ **Dica:** Após criar um novo ponto, você pode arrastar para reposicioná-lo na linha utilizando a ferramenta Tool ou pressionar Delete com o ponto selecionado para excluí-lo.

▶ **Dica:** Você pode arrastar um ponto de largura sobre outro ponto de largura para criar um ponto de largura descontínuo. Se você der um clique duplo em um ponto de largura descontínuo, a caixa de diálogo Width Edit Point permitirá que você edite ambos os pontos de largura.

8 Abaixo do ponto de 0.6 in que você acabou de criar, arraste um ponto para a direita para aumentar a largura do contorno. Repita esse processo ao longo de toda a linha, alternando entre larguras maiores e menores, mas sempre se certificando de que as larguras fiquem menores à medida que você se move ao longo da linha, conforme mostra a figura.

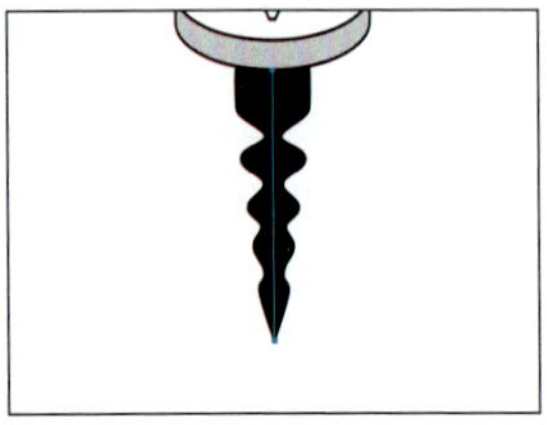

9 Com a ferramenta Width, pressione a tecla Shift e arraste o segundo ponto de largura um pouco para baixo e observe que todos os pontos da largura acompanham o movimento proporcionalmente. Solte o botão do mouse e então a tecla modificadora.

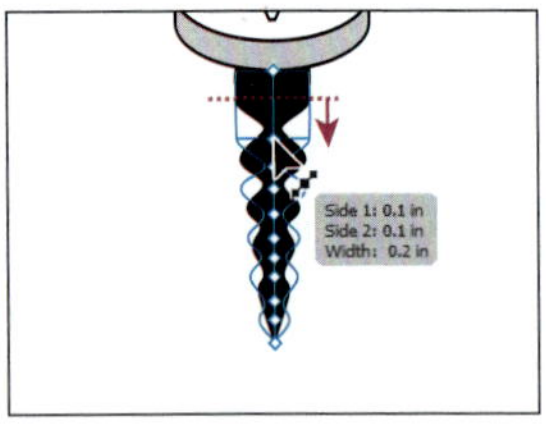

10 Selecione a ferramenta Selection no painel Tools e deixe a linha selecionada.

Esta é uma das muitas maneiras de desenhar uma forma complexa, trabalhando com uma única forma e com a ferramenta Width.

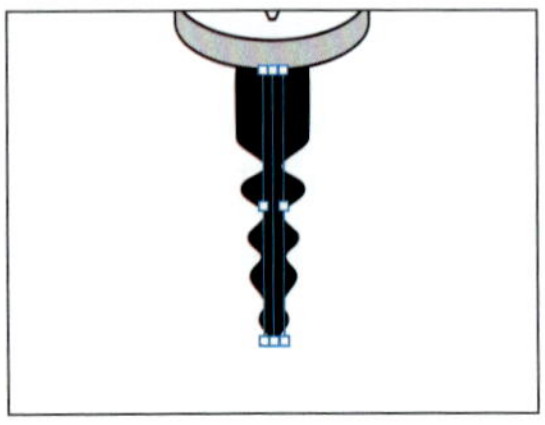

11 Escolha File > Save.

Salve perfis de largura

Após definir a largura do contorno, você pode salvar um perfil de largura variável no painel Stroke ou no painel Control.

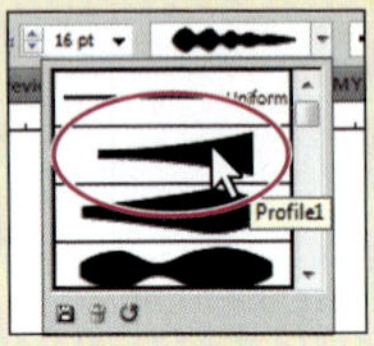

Os perfis de largura podem ser aplicados a paths selecionados a partir da lista suspensa Width Profile no painel Control ou no painel Stroke. Quando não há perfil de largura variável, a lista exibe a opção Uniform. Você pode também selecionar a opção Uniform para remover um perfil de largura variável de um objeto. Para restaurar o conjunto de atributos de perfil de largura padrão, clique no botão Reset Profiles na base da lista flutuante Profile.

Nota: *Restaurar o conjunto de atributos de perfil de largura padrão na caixa de diálogo Stroke Options remove todos os perfis salvos pelo usuário.*

Se você aplicar um perfil de largura variável a um contorno, ele será sinalizado com um asterisco(*) no painel Appearance.

– Extraído do Illustrator Help.

Delineie contornos

Por padrão, paths, como por exemplo as linhas, podem ter uma cor de contorno, mas não de preenchimento. Se você criar uma linha no Illustrator e quiser aplicar tanto um contorno quanto um preenchimento, pode delinear o contorno, que converte a linha em uma forma fechada (ou path composto).

A seguir, você vai delinear o contorno do parafuso que acabou de criar.

1 Com a linha ainda selecionada, escolha None como preenchimento de cor ( ) no painel Control, se ainda não estiver selecionado.

Nota: Se a linha inicialmente tiver uma cor de preenchimento, um grupo mais complexo é formado quando você escolhe Outline Stroke.

2 Escolha Object > Path > Outline Stroke. Isso cria uma forma preenchida que é um path fechado.

3 Com a nova forma selecionada, clique no comando de preenchimento de cor ( ) no painel Control e altere a cor para branco. Clique no comando de cor do contorno ( ) e altere a cor para preto.

4 Escolha Object > Arrange > Send to Back.

5 Pressione a seta para cima algumas vezes para mover a forma sob a cabeça do parafuso.

6 Escolha View > Fit Artboard in Window.

7 Escolha Select > Deselect e então File > Save.

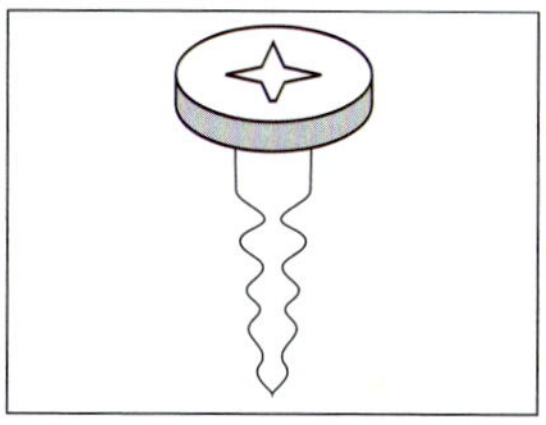

Dica: Delinear os contornos permite adicionar um degradê ao contorno ou separar contorno e preenchimento em dois objetos distintos.

Combine e edite formas

No Illustrator, você pode combinar objetos vetoriais e criar formas de diversas maneiras. Os paths ou formas resultantes podem ser diferentes, dependendo do método utilizado para combinar os paths. O primeiro método que você aprenderá para combinar formas envolve o trabalho com a ferramenta Shape Builder ( ). Essa ferramenta permite mesclar, excluir, preencher e editar formas e paths que se sobrepõem, direto na prancheta.

Trabalhe com a ferramenta Shape Builder

A seguir, você vai concluir a extremidade de uma chave de boca usando formas e a ferramenta Shape Builder.

1 Clique no botão Next ( ) na barra de status no canto inferior esquerdo da janela Document para navegar até a segunda prancheta.

2 Escolha File > Open e abra o arquivo wrench.ai na pasta Lesson03 na pasta Lessons.

3 Selecione a ferramenta Selection (▶) no painel Tools e escolha Select > All.

4 Escolha Edit > Copy. Escolha File > Close para fechar o arquivo wrench.ai.

5 No arquivo tools.ai, escolha Edit > Paste e então escolha Select > Deselect.

Quatro formas cinza são exibidas no alto da chave de boca: uma elipse, dois retângulos com vértices arredondados e um retângulo, no topo. Você vai usar essas formas para criar a extremidade da chave de boca.

6 Selecione a ferramenta Zoom (🔍) no painel Tools e clique três vezes nas formas cinza no topo da chave de boca, para aumentar o zoom.

7 Selecione a ferramenta Selection. Arraste um contorno de seleção sobre as quatro formas cinza para selecioná-las.

8 Com as formas selecionadas, selecione a ferramenta Shape Builder (◔) no painel Tools.

Com a ferramenta Shape Builder você pode combinar, excluir e pintar essas formas.

▶ **Dica:** Aumentar o zoom ajuda a ver quais as formas que você vai combinar.

9 Posicione o cursor sobre a extremidade esquerda do círculo cinza maior na base das formas selecionadas, indicado pelo "x" rosa na figura. Arraste para cima até o cursor tocar parte da forma retangular. Veja a figura à direita. Solte o botão do mouse para combinar as formas.

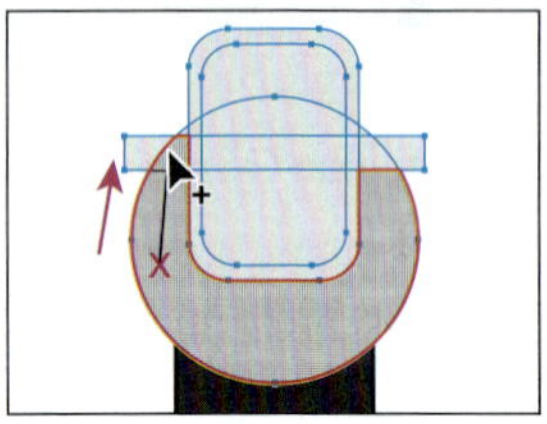

Quando as formas estiverem selecionadas e você selecionar a ferramenta Shape Builder, as formas sobrepostas são divididas em objetos individuais, temporariamente. À medida que você arrasta de uma parte para a outra, um contorno vermelho é exibido mostrando como ficará o contorno da forma final forem mescladas as formas.

10 Com a ferramenta Shape Builder selecionada, no lado direito das formas, arraste, começando no círculo e indo até o cursor tocar no lado direito do retângulo, conforme mostra a figura.

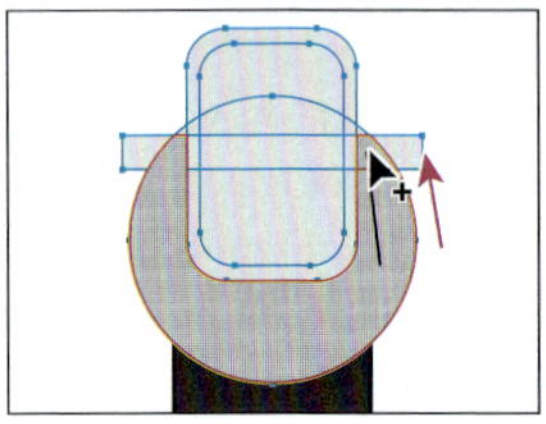

Isso combina as principais partes da extremidade da chave de boca. A seguir, você vai excluir algumas das formas que não são necessárias.

11 Com as formas ainda selecionadas, pressione a tecla Alt (Windows) ou Option (Mac OS) e clique na extremidade esquerda do retângulo para excluí-la.

Observe que, com a tecla modificadora pressionada, o cursor mostra um sinal de subtração (▶₋).

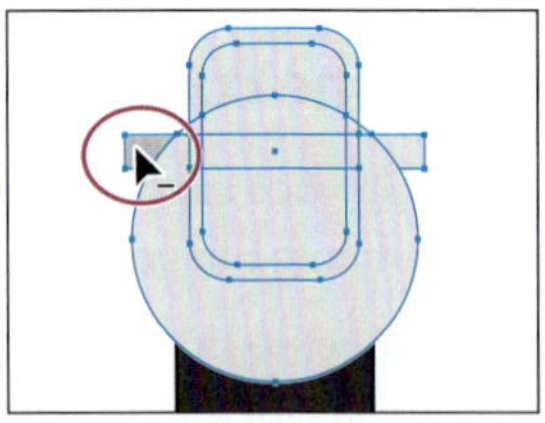

12 Repita o mesmo processo para excluir a extremidade do retângulo no lado direito.

A seguir você vai deletar uma série de formas utilizando a ferramenta Shape Builder.

13 Com a ferramenta Shape Builder ainda selecionada, posicione o cursor na porção inferior do retângulo com vértices arredondados. Pressione a tecla Alt (Windows) ou Option (Mac OS) e arraste até a forma mais alta para deletá-las. Solte o botão do mouse e a tecla modificadora.

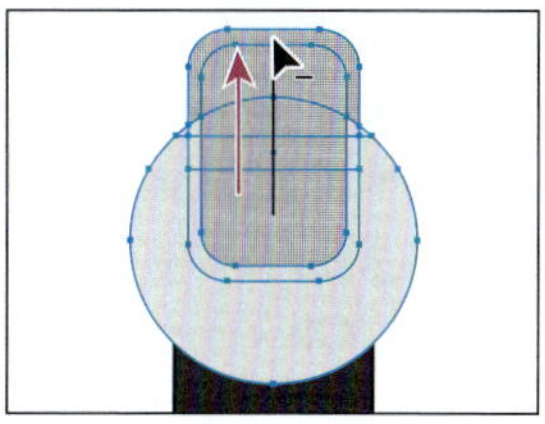

Observe que todas as formas que serão excluídas são realçadas à medida que você arrasta.

14 Com a ferramenta Shape Builder, pressione a tecla Alt (Windows) ou Option (Mac OS) e arraste uma seleção sobre as quatro formas que criam as pontas da chave de boca, para excluí-las. Solte o botão do mouse e a tecla modificadora.

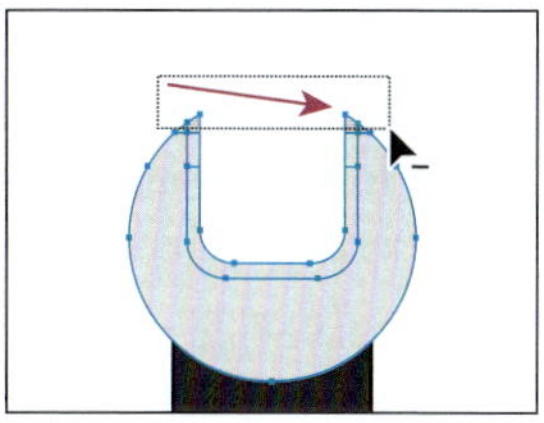

A tecla Shift permite que você arraste uma seleção ao redor das formas, em lugar de arrastar por entre elas.

15 Com as formas ainda selecionadas, altere a cor de preenchimento ( ) no painel Control para preto. Isso não altera nada na prancheta.

Na próxima etapa você clicará com a ferramenta Shape Builder para obter um preenchimento preto.

A seguir, você vai combinar as formas restantes.

16 Com a ferramenta Shape Builder, clique na forma em U e observe que ela agora tem um preenchimento preto.

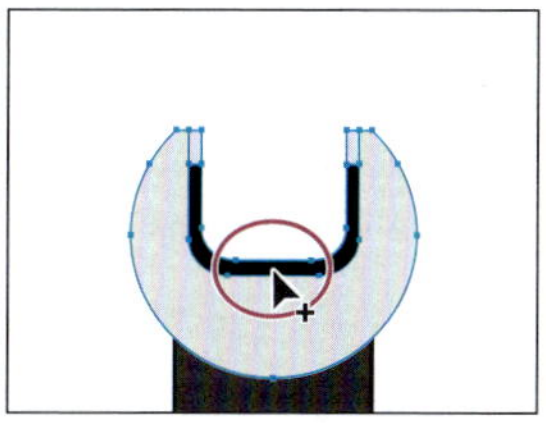

Você pode aplicar preenchimentos a qualquer uma das formas selecionando primeiro a cor de preenchimento e então clicando na forma.

17 Pressione a tecla Shift e arraste uma seleção pelo interior das formas para mesclá-las. Solte primeiro o mouse, depois a tecla modificadora.

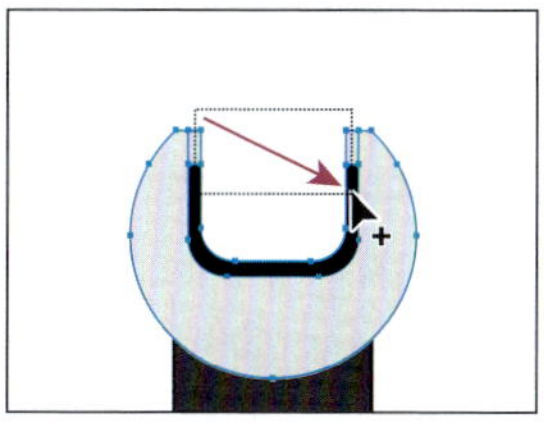

18 Dê um duplo clique na ferramenta Shape Builder no painel Tools. Isso abre a caixa de diálogo Shape Builder Tool Options.

▶ **Dica:** Essa seleção exige precisão e, por isso, talvez seja necessário aumentar o zoom. Se os resultados forem inesperados, escolha Edit > Undo Merge e tente outra vez.

▶ **Dica:** Para mais informações sobre a ferramenta Stage Builder e as opções na caixa de diálogo Shape Builder Tool Options, veja "Shape Builder" no Illustrator Help.

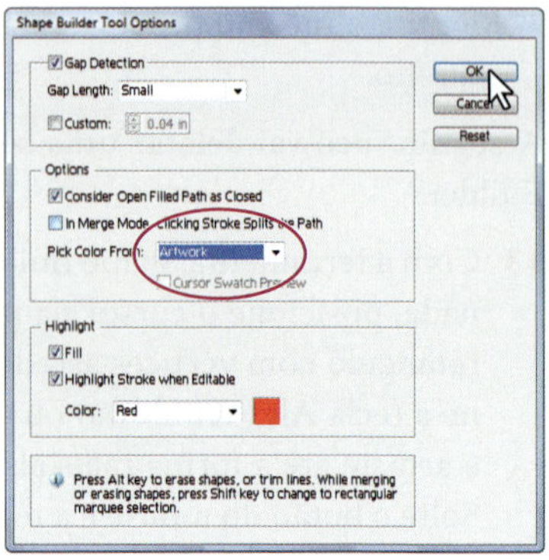

19 Na ferramenta caixa de diálogo da ferramenta Shape Buider Tool Options, escolha Artwork no menu Pick Color From. Quando estiver mesclando formas, essa configuração significa que a primeira forma que você arrasta determina a cor de preenchimento da forma final mesclada. Clique em OK.

20 Escolha Select > All On Active Artboard. Observe que a cor de preenchimento no painel Control é definida com preto.

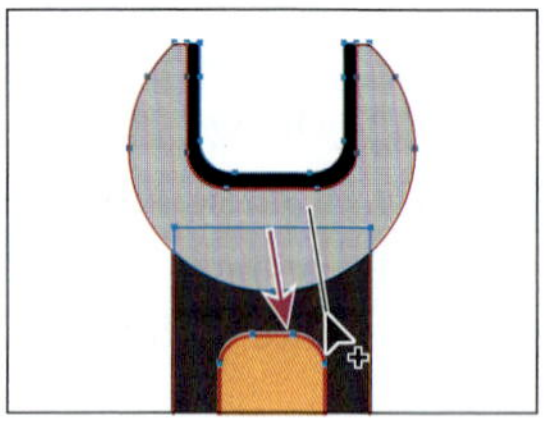

21 Com a ferramenta Shape Builder selecionada, arraste começando na forma circular cinza no topo a indo até o retângulo cinza-escuro (atrás da forma laranja). Isso mescla a extremidade e o corpo da chave de boca em uma única forma.

Observe que a forma resultante é o cinza-claro da extremidade da chave de boca. Isso ocorre porque você selecionou a configuração de Pick Color From Artwork na caixa de diálogo Shape Builder Tools Options.

22 Escolha Select > Deselect e então File > Save.

Trabalhe com efeitos Pathfinder

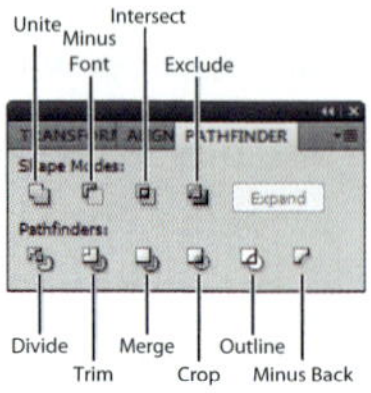

Os efeitos Pathfinder no painel Pathfinder permitem, por padrão, combinar formas de várias maneiras para criar paths ou grupos de paths. Quando um efeito Pathfinder é aplicado (como Merge), os objetos selecionados são transformados permanentemente. Se o efeito resultar em mais de uma forma, elas serão agrupadas automaticamente.

Agora, você vai criar a outra extremidade da chave de boca utilizando os efeitos Pathfinder. Mas primeiro você vai copiar algumas formas a partir de um documento existente.

1 Escolha File > Virew > Fit Artboard In Window.

2 Escolha Window > Pathfinder para abrir o grupo de painéis Pathfinder.

3 Selecione a ferramenta Polygon (⬡) no painel Tools no grupo de ferramentas Star (☆). Clique na prancheta para abrir a caixa de diálogo Polygon. Altere o raio para **0.4 in** e os lados para **6**. Clique em OK.

4 Com a ferramenta Selection (), mantenha a tecla Shift pressionada e clique no círculo da parte inferior da chave de boca. Solte a tecla Shift e então clique no círculo mais uma vez para configurá-lo como objeto-chave. No painel Control, clique no botão Horizontal Align Center () e no botão Vertical Align Center () para alinhar os dois objetos um ao outro.

5 Mantendo as formas selecionadas, no painel Pathfinder, clique no botão Minus Front (). Com a nova forma selecionada, observe as palavras Compound Path no lado esquerdo do painel Control.

Nota: Se as opções Align não aparecem no painel Control, você pode clicar na palavra Align para ver o painel Align. Pode também abrir o painel Align escolhendo Window > Align.

6 Selecione a ferramenta Zoom () no painel Tools e dê um duplo clique no conteúdo selecionado para aumentar o zoom.

7 Com a ferramenta Selection, dê um duplo clique no path composto recém-criado para entrar no modo de isolamento. O path composto é desagrupado temporariamente para que você possa selecionar suas partes individualmente. Clique no contorno (a borda) do polígono (no centro do círculo) para selecioná-lo. Mantendo pressionada as teclas Alt + Shift (Windows) ou Option + Shift (Mac OS), arraste o ponto delimitator superior para cima para redimensionar a forma a uma altura de 1 in. Solte o botão do mouse e então as teclas modificadoras.

Dica: Outra maneira de entrar no modo de isolamento consiste em selecionar o objeto e clicar no botão Isolate Selectes Object () no painel Control.

8 Pressione a tecla Esc para sair do modo de isolamento e escolha Select > All On Active Artboard.

9 Selecione a ferramenta Shape Builder () e, pressionando a tecla Alt (Windows) ou Option (Mac OS), clique na forma cinza-escura mostrada atrás da extremidade da chave de boca para excluí-la.

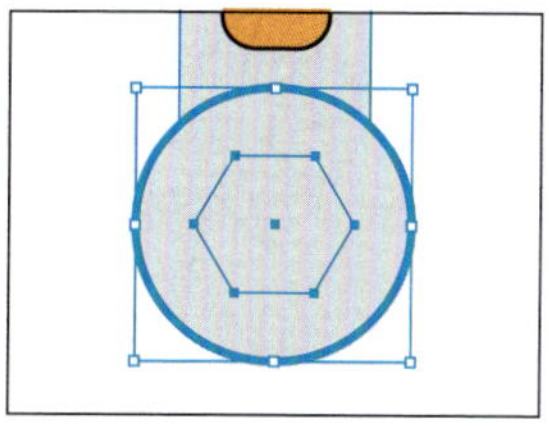

Alinhe as formas.

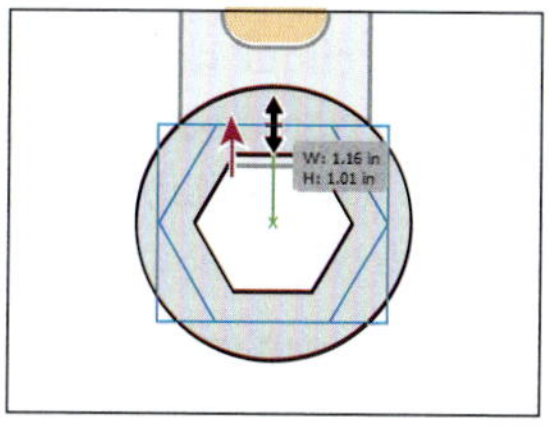

Redimensione a forma do centro.

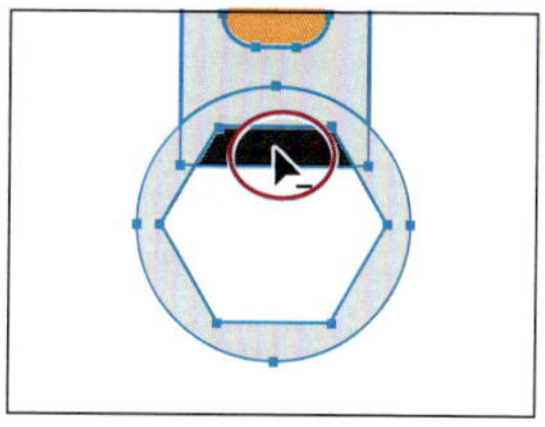

Exclua a forma cinza-escura.

10 Com as formas ainda selecionadas, escolha Object > Group.

11 Selecione a ferramenta Selection () no painel Tools e arraste o grupo de objetos para o lado esquerdo da prancheta.

12 Escolha Select > Deselect e então escolha File > Save.

Trabalhe com modos de forma

Assim como os efeitos Pathfinder, os modos de forma criam paths, mas podem também criar formas combinadas. Quando diversas formas são selecionadas, clicar em um modo de forma mantendo pressionada a tecla Alt (Windows) ou Option (Mac OS) cria uma forma combinada, não um path. Os objetos que originalmente compõem a forma são preservados. Com isso, você pode continuar selecionando cada objeto dentro de uma forma combinada.

Agora, utilize os modos de forma para criar uma engrenagem dentada.

1 Selecione a ferramenta Star (☆) no painel Tools. Clique no lado esquerdo da prancheta e arraste para criar uma estrela. Sem soltar o botão do mouse, pressione a tecla de seta para cima até que a estrela tenha 12 pontos. Mantenha pressionada a tecla Ctrl (Windows) ou Command (Mac OS) e arraste na direção do centro de uma estrela para diminuir o raio e fazer corresponder à figura. Solte a tecla modificadora, mas mantenha o botão do mouse pressionado. Pressione a Shift e arraste em direção ao centro ou para fora da estrela até que a largura e a altura tenham aproximadamente **3 in**, conforme mostra a dica de ferramenta de medida. Solte o botão do mouse e então a tecla modificadora.

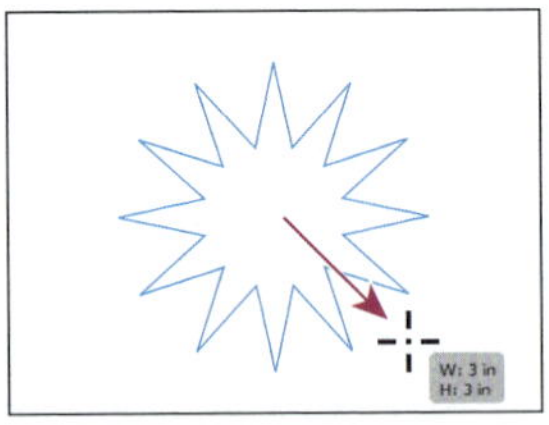

2 Clique na cor de preenchimento do painel Control e selecione branco no painel Swatches.

3 Selecione a ferramenta Ellipse (◯) no painel Tools. Mantendo pressionada a tecla Alt (Windows) ou Option (Mac OS), clique no centro da estrela que você acabou de criar (a palavra "center" aparece). Na caixa de diálogo Ellipse, altere a largura e a altura para **2 in** e clique em OK.

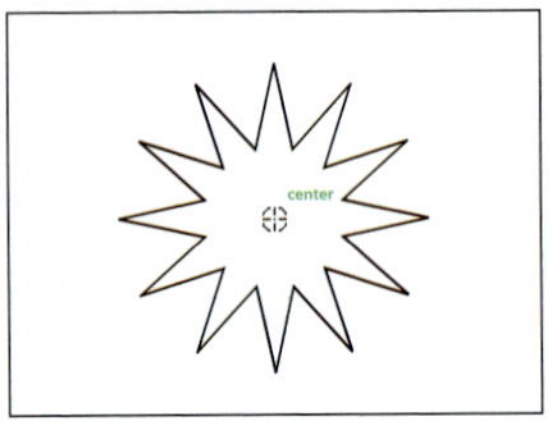

4 Com a ferramenta Selection, mantenha pressionada a tecla Shift e selecione a estrela para selecionar ambas as formas.

5 Com os objetos selecionados, clique no botão Merge (▣) do painel Pathfinder (Window > Pathfinder).

Observe que as formas são combinadas, mas o contorno desaparece. Com a forma selecionada, clique na cor de contorno no painel Control e selecione preto.

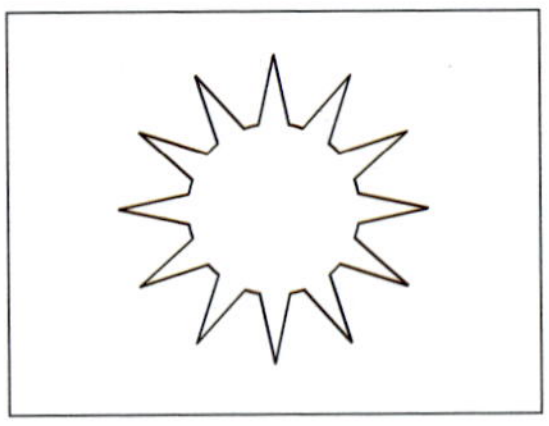

6 Escolha Select > Deselect.

7 Selecione a ferramenta Elipse () e clique no centro da forma mesclada. Na caixa de diálogo Ellipse, altere a largura e a altura para **2.5 in** e clique em OK.

8 Com a ferramenta Selection, mantenha pressionada a tecla Shift e selecione a estrela. No painel Control, clique no botão Horizontal Align Center () e no botão Vertical Align Center () para alinhar as duas formas entre si.

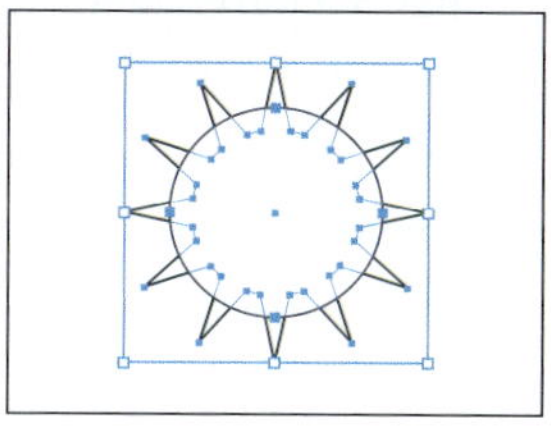

Neste momento, você tem selecionadas as duas formas que serão combinadas para formar uma engrenagem.

9 Com as duas formas selecionadas, mantenha a tecla Alt (Windows) ou Option (Mac OS) pressionada e clique no botão Intersect () do painel Pathfinder.

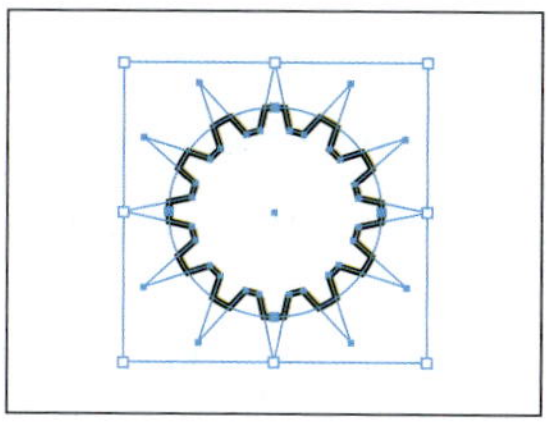

Isso cria uma forma composta que delineia o contorno da área de sobreposição de ambos os objetos. Você ainda pode editar o círculo e a forma da estrela separadamente.

● **Nota:** A espessura do contorno para a engrenagem foi exagerada na figura para que seja mais fácil de vê-lo.

10 Com a ferramenta Selection, dê um duplo clique na engrenagem para entrar no modo de isolamento.

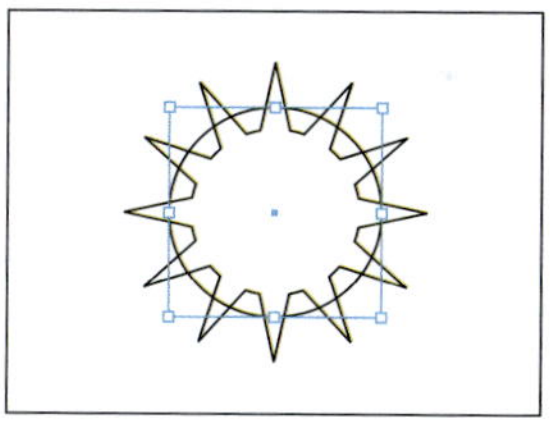

11 Escolha View > Outline para que você possa ver as duas partes (o círculo e a estrela). Clique na borda do círculo para selecioná-lo, se ainda não estiver selecionado.

12 Pressionando Shift+Alt (Windows) ou Shift+Option (Mac OS), clique e arraste um canto da caixa delimitadora do círculo em direção ao seu centro para diminuí-lo. Isso redimensiona o círculo a partir do centro. Arraste até que a largura e a altura tenham mais ou menos 2.3 in na dica da ferramenta de medida. Solte o botão do mouse e depois as teclas modificadoras.

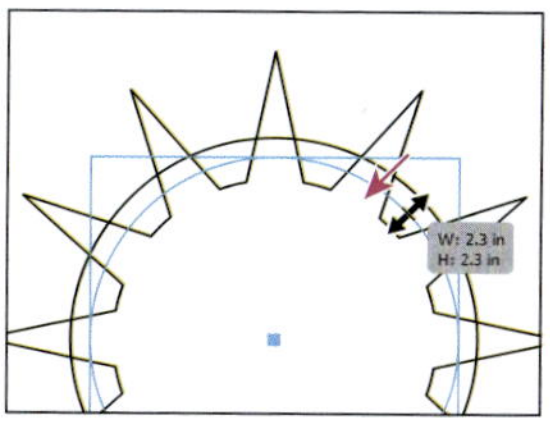

▶ **Dica:** Para editar as formas originais em uma forma composta como a engrenagem, você também pode selecioná-las individualmente com a ferramenta Direct Selection ().

● **Nota:** É mais fácil redimensionar uma forma com precisão se você a ampliar. Você pode também alterar a largura e a altura da forma selecionada no painel Transform.

13 Escolha View > Preview.

14 Com a ferramenta Selection, dê um duplo clique fora da engrenagem para sair do modo de isolamento.

Expanda a engrenagem. Expandir uma forma composta mantém a forma do objeto composto, mas você não pode mais selecionar ou editar os objetos originais.

15 Com a ferramenta Selection, clique para selecionar a engrenagem. Clique no botão Expand do painel Pathfinder. Feche o grupo do painel Pathfinder.

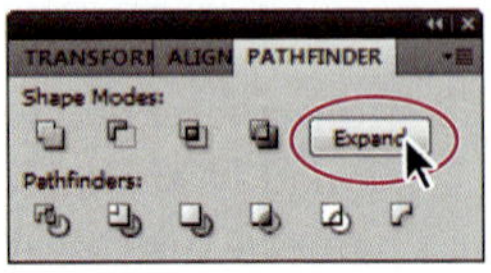

16 Escolha Select > Deselect.

17 Com a ferramenta Selection, arraste a engrenagem para que fique no lado direito da prancheta.

18 Escolha View > Fit Artboard In Window.

Posicione a chave de boca e a engrenagem para que se pareçam com a figura à direita.

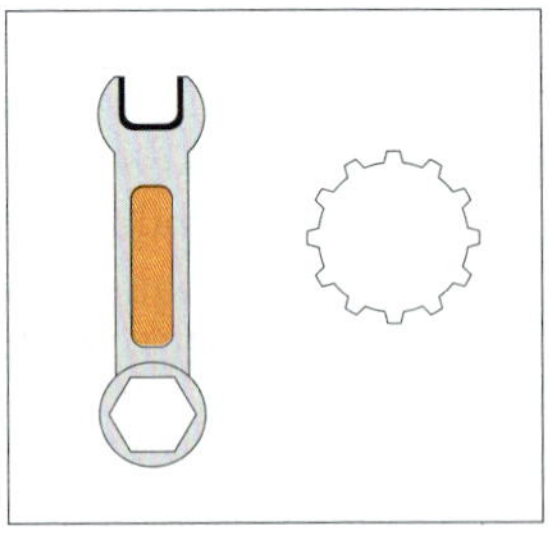

19 Escolha File > Save e então escolha File > Close.

Utilize o Live Trace para criar formas

Nesta parte da lição, você vai aprender como trabalhar com o comando Live Trace. O Live Trace delineia a arte existente, como uma imagem rasterizada do Photoshop. Você pode então converter o desenho em paths vetoriais ou em um objeto Live Paint.

1 Escolha File > Open e abra o arquivo L3start_2.ai da pasta Lesson03.

2 Escolha File > Save As, nomeie o arquivo como **snowboarding.ai** e selecione a pasta Lesson03 na caixa de diálogo Save As. Deixe a opção Save As Type configurada como Adobe o Illustrator (*.AI) (Windows) ou a opção Format configurada como Adobe Illustrator (ai) (Mac OS) e clique em Save. Na caixa de diálogo Illustrator Options, deixe as opções do Illustrator em suas configurações padrão e clique em OK.

● **Nota:** Uma caixa de diálogo Missing Profile pode aparecer. Clique em OK para prosseguir.

3 Escolha View > Fit Artboard In Window.

4 Com a ferramenta Selection (↖), selecione o esboço do snowboarder.

Observe que as opções do painel Control mudam quando a imagem digitalizada é ativada. Ele mostra Image no lado esquerdo do painel Control e você pode ver a resolução (PPI: 150).

5 Clique no botão Live Trace do painel Control para converter a imagem bitmap (rasterizada) em uma imagem vetorial.

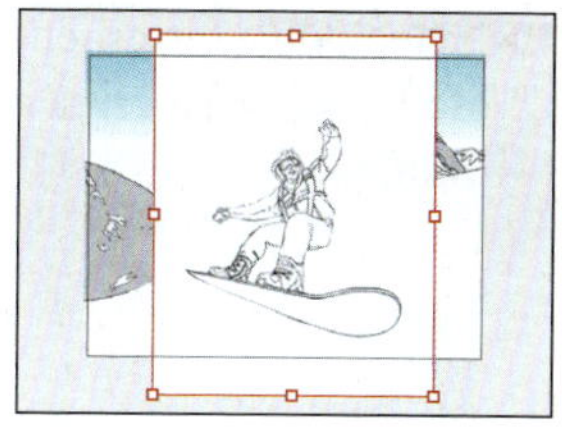

Com o Live Trace, você pode visualizar suas modificações à medida que elas são feitas. Pode alterar as configurações, ou mesmo a imagem original inserida, e então ver as atualizações imediatamente.

6 Clique no botão Tracing Options Dialog () do painel Control e escolha Comic Art no menu Preset. Selecione Preview para visualizar predefinições e opções diferentes. Deixe a caixa de diálogo Tracing Options aberta

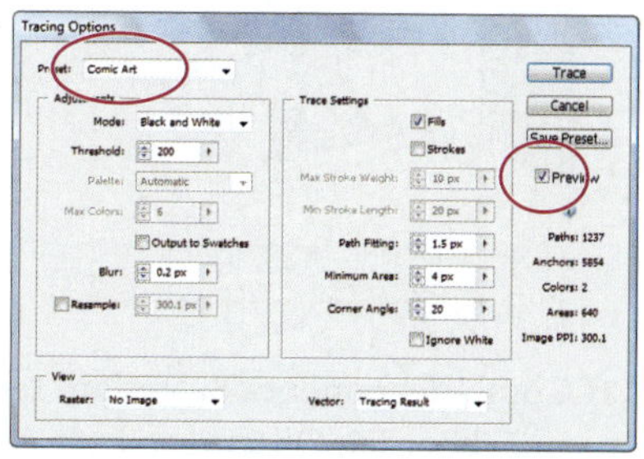

▶ **Dica:** Para mais informações sobre o Live Trace e as opções da caixa de diálogo Tracing Options, consulte "Tracing artwork" no Illustrator Help.

▶ **Dica:** Na caixa de diálogo Tracing Options, observe a opção Ignore White. Selecionar essas opções permite que as áreas brancas tornem-se transparentes, o que é bastante útil ao se delinear uma imagem com um fundo branco.

Como você pode ver, o recurso Live Trace pode interpretar desenhos em preto e branco e também imagens coloridas.

7 Na caixa de diálogo Tracing Options, altere Threshold para **220**. Depois de testar outras configurações na caixa de diálogo Tracing Options, certifique-se de que a predefinição Comic Art esteja selecionada e clique em Trace.

O snowboarder agora é um objeto vetorial, mas os pontos de ancoragem e os paths ainda não são editáveis. Para editar o conteúdo, você deve expandir o objeto contorno.

8 Com o snowboarder ainda selecionado, clique no botão Expand do painel Control.

9 Escolha Object > Ungroup e então escolha Select > Deselect.

● **Nota:** Threshold especifica um valor para gerar um contorno preto e branco que resulte da imagem original. Quaisquer pixels mais claros que o valor Threshold são convertidos em branco, e os pixels mais escuros que o valor Threshold são convertidos em preto.

Nota: Se uma área branca qualquer for excluída acidentalmente, você pode desfazer vários passos escolhendo Edit > Undo. Tente delinear novamente aumentando o valor Threshold para mais de 220 na caixa de diálogo Tracing Options.

10 Selecione a ferramenta Selection (↖) no painel Tools e então clique no fundo branco que cerca o snowboarder. Pressione Delete para remover a forma branca.

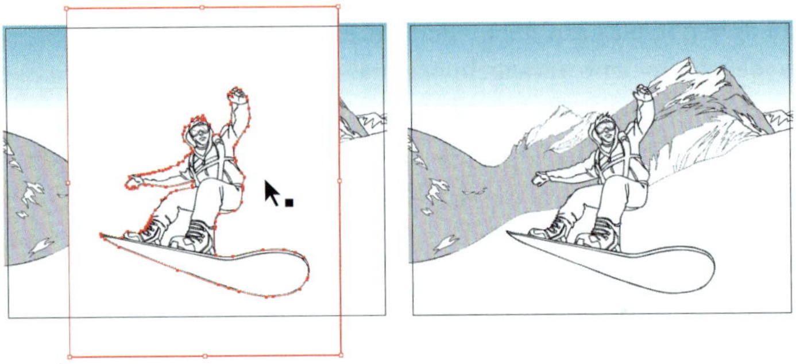

11 Com a ferramenta Selection, tente clicar para selecionar outras partes do snowboarder. Observe que ele é composto de muitas formas e paths.

12 Escolha File > Save e feche o arquivo.

Explore por conta própria

Agora você vai fazer experiências com algumas das ferramentas que você aprendeu nesta lição.

1 Abra o arquivo tools.ai. Selecione as formas da engrenagem e crie uma elipse centralizada em uma delas. Selecione a forma da engrenagem e a elipse e clique no botão Minus Front (◪) do painel Pathfinder para criar um path combinado.

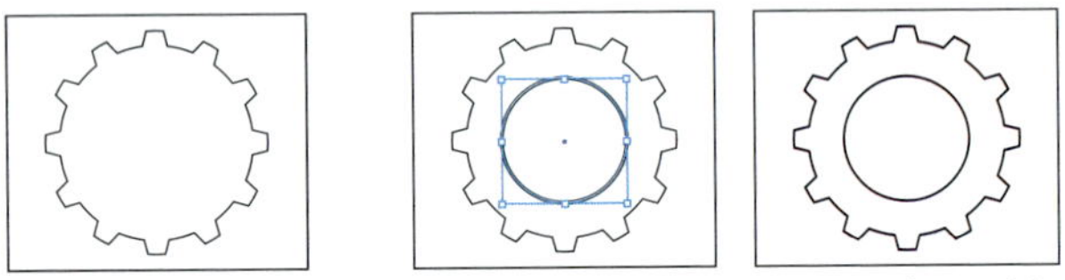

A engrenagem original. Crie a elipse. Crie o path combinado.

2 Com a ferramenta Selection, arraste a forma da engrenagem no alto da chave de boca para ver o orifício no centro da engrenagem.

3 No arquivo tools.ai, escolha File > Place e insira uma imagem rasterizada. Tente selecionar a imagem bitmap e então clique no botão Live Trace do painel Control. Escolha uma predefinição do menu Tracing Preset no painel Control.

4 Faça experiências com formas criando uma forma como um círculo, uma estrela ou um retângulo. Clone essas formas diversas vezes usando a tecla Alt (Windows) ou Option (Mac OS).

5 Escolha File > Close without saving the file.

Perguntas de revisão

1 Quais são as ferramentas básicas de forma? Descreva como separar um grupo de ferramentas de forma no painel Tools.

2 Como você seleciona uma forma sem nenhum preenchimento?

3 Como você desenha um quadrado?

4 Como você altera o número de lados de um polígono ao desenhar?

5 Cite duas maneiras de combinar várias formas em uma só?

6 Como você pode converter uma imagem bitmap em formas vetoriais editáveis?

Respostas

1 Há seis ferramentas básicas de forma: Rectangle, Rounded Rectangle, Ellipse, Polygon, Star e Flare. Para deslocar um grupo de ferramentas no painel Tools, posicione o cursor sobre a ferramenta que aparece no painel Tools e mantenha pressionado o botão do mouse até que o grupo de ferramentas apareça. Sem soltar o botão do mouse, arraste o cursor até o triângulo na parte inferior do grupo e então solte o botão do mouse para separar o grupo.

2 Itens sem um preenchimento devem ser selecionados clicando-se no seu contorno.

3 Para desenhar um quadrado, selecione a ferramenta Rectangle no painel Tools. Mantenha pressionada a tecla Shift e arraste o cursor para desenhar o quadrado ou clique na prancheta para inserir dimensões iguais para a largura e a altura na caixa de diálogo Rectangle.

4 Para alterar o número de lados de um polígono quando você desenha, selecione a ferramenta Polygon no painel Tools. Comece a arrastar para desenhar a forma e pressione a tecla de seta para baixo, a fim de reduzir o número de lados, e a tecla de seta para cima, a fim de aumentar o número de lados.

5 Utilizando a ferramenta Shape Builder, você pode mesclar, excluir, preencher e editar formas e paths sobrepostos de maneira visual e intuitiva diretamente na arte. Pode também usar os efeitos Pathfinder para criar novas formas a partir da sobreposição de objetos. Além disso, é possivel aplicar efeitos Pathfinder utilizando o menu Effects ou o painel Pathfinder.

6 Se quiser basear um novo desenho em uma parte existente do trabalho, você pode retraçá-la. Para converter a vetorização em paths, clique em Expand no painel Control ou escolha Object > Live Trace > Expand. Utilize esse método se quiser trabalhar com os componentes do trabalho vetorizados como objetos individuais. Os paths resultantes são agrupados.

4 TRANSFORMANDO OBJETOS

Visão geral da lição

Nesta lição, você vai aprender a:

- Adicionar, editar, renomear e reordenar pranchetas em um documento existente
- Navegar pelas pranchetas
- Selecionar objetos individuais, objetos em um grupo e partes de um objeto
- Mover, dimensionar e girar objetos usando métodos diferentes
- Trabalhar com guias inteligentes
- Refletir, cisalhar e distorcer objetos
- Ajustar a perspectiva de um objeto
- Aplicar um filtro de distorção
- Posicionar objetos com precisão
- Repetir transformações de maneira rápida e fácil
- Copiar para múltiplas pranchetas

Esta lição levará aproximadamente uma hora para ser concluída. Se necessário, remova a pasta da lição anterior de seu disco rígido e copie a pasta Lesson04.

Ao criar uma arte, você pode modificar objetos de várias maneiras, incluindo controle rápido e preciso de tamanho, forma e orientação. Nesta lição, você vai explorar a criação e a edição de pranchetas, os vários comandos Transform e as ferramentas e os painéis especializados enquanto cria o trabalho.

Introdução

Nesta lição, você vai criar um conteúdo e utilizá-lo em três partes do trabalho a fim de criar um papel timbrado, um envelope e um cartão de visitas. Antes de começar, restaure as preferências padrão do Adobe® Illustrator® e, então, abra o arquivo com a amostra do trabalho concluído para ver o que você criará.

1 Para que as ferramentas e os painéis funcionem como descrito, exclua ou desative (renomeando) o arquivo de preferências do Adobe Illustrator CS5. Consulte "Restaurando as preferências padrão", na página 15.

2 Inicie o Adobe Illustrator CS5.

Nota: Se você ainda não o fez, copie os arquivos desta lição para o seu disco rígido a partir da pasta Lesson04 do CD do *Adobe Illustrator CS4 Classroom in a Book*. Veja "Copiando os arquivos do Classroom in a Book", na página 14.

3 Escolha File > Open e abra o arquivo L4end_1.ai da pasta Lesson04, localizada na pasta Lessons de seu disco rígido.

Esse arquivo contém as três partes do trabalho final: um papel timbrado, um cartão de visitas (frente e verso) e um envelope.

4 Escolha View > Fit All In Window e deixe o trabalho visível na tela enquanto você trabalha. Selecione a ferramenta Hand ( ) para mover o trabalho para o local desejado na janela. Se não quiser deixar o arquivo aberto, escolha File > Close.

Para começar a trabalhar, você vai abrir as configurações de um arquivo existente para papel timbrado.

5 Escolha File > Open para abrir o arquivo L4start_1.ai da pasta Lesson04, localizada na pasta Lessons de seu disco rígido. Esse arquivo foi salvo com as réguas visíveis e guias azuis para serem usadas quando você estiver dimensionando os objetos enquanto os cria.

6 Escolha File > Save As. Na caixa de diálogo Save As, nomeie o arquivo como **green_glow.ai** e navegue até a pasta Lesson04. Deixe a opção Save As Type configurada como Adobe Illustrator (*.AI) (Windows) ou a opção Format configurada como Adobe Illustrator (ai) (Mac OS) e clique em Save. Na caixa de diálogo Illustrator Options, deixe as opções do Illustrator em suas configurações padrão e clique em OK.

7 Escolha Window > Workspace > Essentials.

Trabalhe com pranchetas

Pranchetas representam as regiões que podem conter trabalho imprimível, semelhante às páginas no Adobe InDesign. Você pode usar as pranchetas para cortar áreas para impressão ou para posicionar elementos. Utilize pranchetas múltiplas para criar arquivos PDF de várias páginas, páginas impressas com diferentes tamanhos ou diferentes elementos, elementos independentes para sites, *storyboards* de vídeo ou itens individuais para animação.

Adicione pranchetas ao documento

Você pode adicionar e remover pranchetas em um documento sempre que quiser. Pode criar pranchetas em diferentes tamanhos, redimensioná-las com a ferramenta Artboard ou o painel Artboard e posicioná-las em qualquer lugar da janela Document. Todas as pranchetas são numeradas e podem ter um nome exclusivo associado a cada uma. O número e o nome aparecem no canto superior esquerdo da prancheta quando a ferramenta Artboard é selecionada.

Este documento contém, por enquanto, uma prancheta para o papel timbrado. Você vai adicionar mais pranchetas para criar o cartão de visita (frente e verso) e o envelope.

1 Escolha View > Fit Artboard In Window. Essa é a prancheta número 1.

2 Pressione Ctrl++ (Windows) ou Cmd++ (Mac OS) para ampliar duas vezes.

3 Pressionando a barra de espaço para acessar temporariamente a ferramenta Hand (). Arraste a prancheta para a esquerda e para baixo até ver o canvas fora do canto superior direito da prancheta.

4 Selecione a ferramenta Artboard () no painel Tools e, à direita da prancheta existente, alinhe o cursor com a margem superior da mesma até que a guia de alinhamento verde apareça. Arraste o cursor para baixo e para a direita a fim de criar uma prancheta com 3.5 polegadas (largura) por 2 polegadas (altura). Um rótulo de medida indica quando a prancheta tem o tamanho correto.

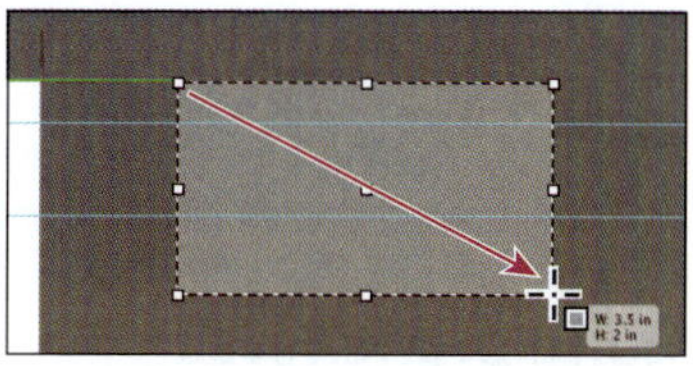

▶ **Dica:** Se você amplia com zoom uma prancheta, os rótulos de medida mostram incrementos menores.

5 Clique no botão New Artboard () no painel de controle. Isso permite que você crie uma cópia da última prancheta selecionada.

6 Posicione o cursor abaixo da nova prancheta e alinhe-o à margem esquerda da prancheta. Quando uma guia de alinhamento verde for exibida, clique para criar uma cópia da prancheta. Essa é a prancheta número 3.

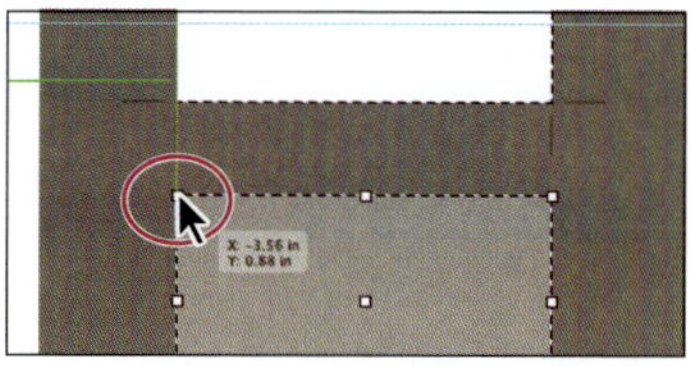

7 Selecione a ferramenta Selection (↖) no painel Tools.

8 Clique no ícone do painel Artboards (⎘) no lado direito da área da trabalho para expandir o painel Artboards.

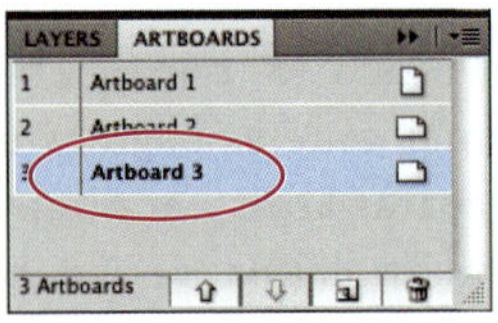

Observe que a prancheta 3 está realçada no painel. A prancheta ativa está sempre realçada neste painel.

O painel Artboards permite que você veja quantas pranchetas o documento tem atualmente. Também permite reordenar, renomear, adicionar e excluir pranchetas e escolher diversas outras opções relacionadas a pranchetas.

A seguir você vai criar uma cópia da prancheta 2 utilizando este painel.

9 Clique no botão New Artboard (⊡) no lado direito da área de trabalho para expandir o painel Artboards.

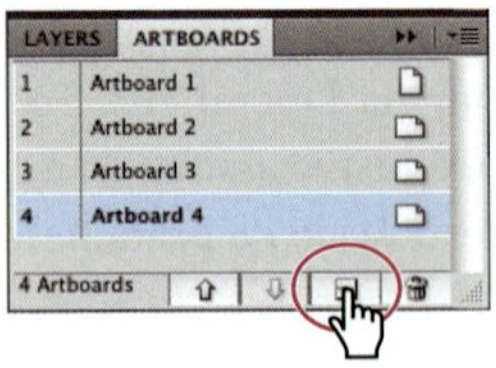

▶ **Dica:** Com a ferramenta Artboard você pode também copiar pranchetas pressionando a tecla Alt (Windows) ou Option (Mac OS) e arrastar as pranchetas até a prancheta copiada limpar a original. Quando estiver criando novas pranchetas, você pode colocá-las em qualquer lugar ou mesmo sobrepô-las.

10 Clique no ícone do painel Artboards para minimizar o painel.

11 Escolha View > Fit All In Window.

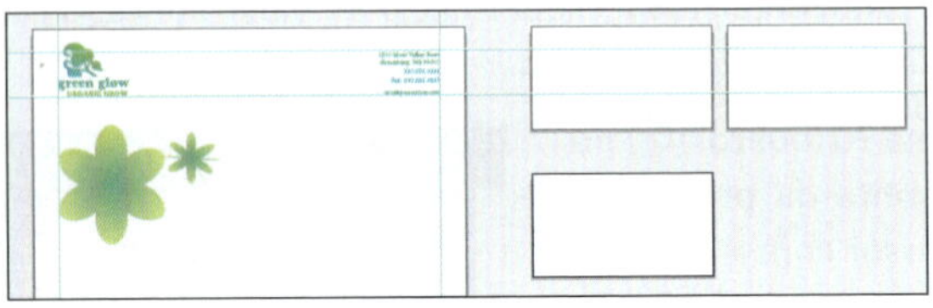

Edite pranchetas

Você pode editar ou excluir uma prancheta sempre que quiser com a ferramenta Artboard, os comandos do menu ou o painel Artboard. A seguir, você vai reposicionar e alterar os tamanhos de várias pranchetas utilizando diferentes métodos.

1 Selecione a ferramenta Artboard (⊞) no painel Tools e clique na prancheta inferior, à direita, para selecioná-la.

A seguir você vai redimensionar uma prancheta digitando valores no painel Control.

2 Selecione o ponto superior esquerdo no localizador de pontos (⁞⁞⁞) de referência no painel Control.

Isso permite que você redimensione uma prancheta a partir do canto superior esquerdo. Por padrão, pranchetas são redimensionadas a partir do centro.

3 Com a prancheta chamada "03 – Artboard 3" selecionada, observe os pontos delimitadores em torno da prancheta e a caixa pontilhada. No painel Control, altere a largura para **9.5 in** e a altura para **4 in**.

Você agora enxerga o botão Constraint Width and Height Proportions () no painel Control entre os campos Width e Height. Esse botão, quando selecionado, permite que ambos os campos sejam alterados um em proporção ao outro.

● **Nota:** Se os campos Width e Height não estiverem visíveis no painel Control, clique no botão Artboard Options () no painel Control e digite os valores na caixa de diálogo exibida.

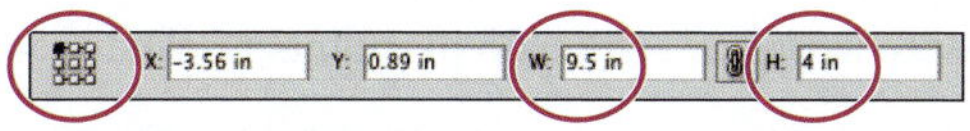

Outra maneira de redimensionar uma prancheta é arrastar as alças da prancheta ativa utilizando a ferramenta Tool, que é o que você fará a seguir.

4 Com a ferramenta Artboard e a prancheta no canto direito ainda selecionadas, arraste o ponto delimitador inferior central da prancheta para baixo até a altura de aproximadamente 4.25 in, conforme mostra o rótulo de medida.

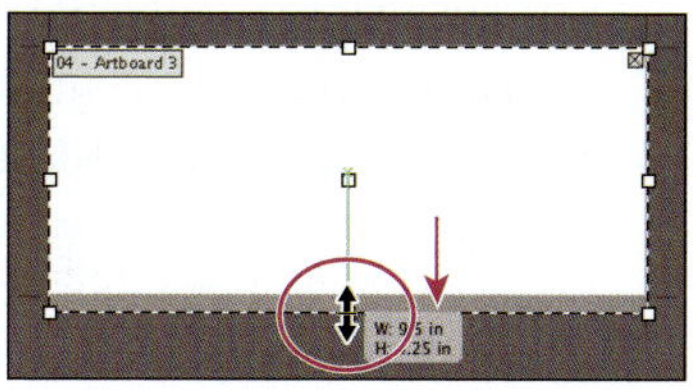

▶ **Dica:** Para excluir uma prancheta, selecione-a com a ferramenta Artboard e pressione Delete, clique em Delete no botão Artboard () no painel Control ou clique no ícone Delete () no canto superior direito da prancheta. Você pode excluir todas as pranchetas, exceto a última restante.

5 Com a ferramenta Artboard, clique na prancheta superior direita (prancheta 04 - Artboard 4). Clique no botão Show Center Mark () do painel Control para mostrar uma marca central na prancheta ativa.

6 Selecione a ferramenta Selection () no painel Tools para ver a marca de centro. Observe o contorno preto em torno da prancheta, que indica a prancheta ativa no momento.

A marca central pode ser utilizada para diferentes finalidades, inclusive trabalhar com vídeo.

● **Nota:** Clicar no botão Artboard Options no painel Control com a ferramenta Tool selecionada também exibe a marca central em uma prancheta.

7 Clique no ícone do painel Artboards () para expandir o painel Artboards. Clique no nome "Artboard 1" no painel Artboards para torná-la a prancheta ativa. Essa é a prancheta original. Observe que uma borda escura aparece em torno de Artboard 1 na janela Document. Isso indica que ela está ativa.

Só pode haver uma prancheta ativa por vez. Comandos como View > Fit Artboard In Window se aplicam à prancheta ativa.

A seguir você vai editar o tamanho da prancheta ativa escolhendo um valor predefinido.

8 Clique no botão Artboard Options ( ) à direita do nome "Artboard 1" no painel Artboards. Isso abre a caixa de diálogo Artboard Options.

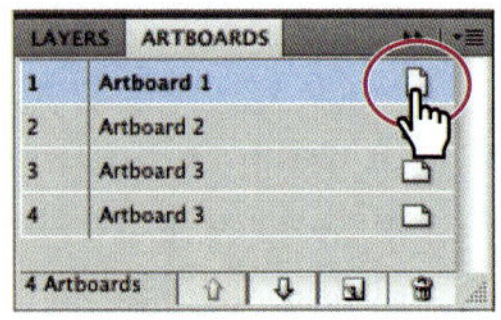

▶ **Dica:** Você talvez tenha notado que esse botão aparece à direita de toda prancheta. Ele permite acessar as opções de prancheta para cada prancheta e também mostra a orientação de cada uma.

9 Verifique o localizador de pontos de referência ( ) na categoria Position, certificando-se de que o ponto superior esquerdo permanece selecionado.

Isso garante que a prancheta seja redimensionada a partir do canto superior esquerdo.

10 Escolha Letter no menu Presets na caixa de diálogo Artboard Options.

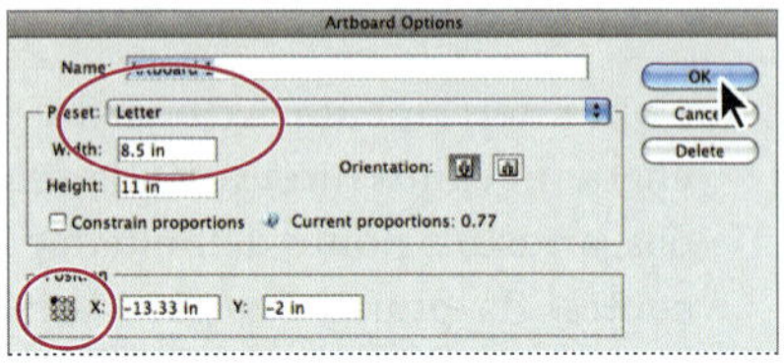

O menu Presets permite alterar uma prancheta selecionada de acordo com um tamanho específico. Observe que os tamanhos no menu Preset incluem tamanhos Web (800x600, por exemplo) e tamanhos de vídeo (NTSC DV, por exemplo). Você também pode ajustar a prancheta de acordo com os limites do trabalho ou da arte selecionada, o que é uma excelente maneira de ajustar uma prancheta para um logotipo, por exemplo. Clique em OK.

11 Clique no botão Document Setup do painel Control.

▶ **Dica:** Você também pode acessar a caixa de diálogo Document Setup escolhendo File > Document Setup.

▶ **Dica:** Para aprender mais sobre a caixa de diálogo Document Setup, pesquise "document setup" em Illustrator Help.

12 Na caixa de diálogo Document Setup, altere a opção Top Bleed para **0.125 in** clicando na seta para cima à esquerda do campo. Observe que todos os valores mudam junto, pois Make All Settings The Same ( ) está selecionado. Clique em OK.

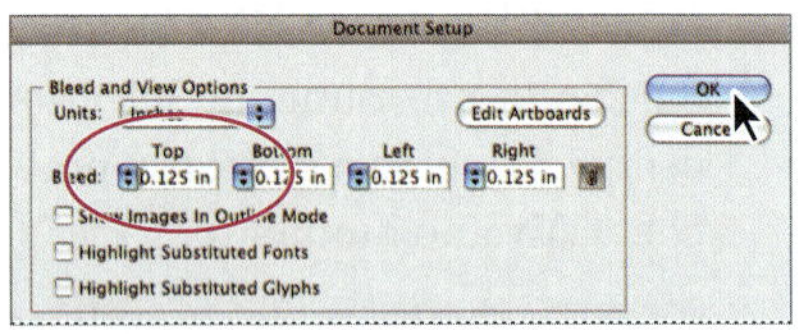

A caixa de diálogo Document Setup contém diversas opções úteis para o documento atual, inclusive unidades, opções de digitação, configurações de transparência e muito mais.

● **Nota:** Todas as modificações feitas na caixa de diálogo Document Setup aplicam-se a todas as pranchetas no documento inteiro.

13 Selecione a ferramenta Artboard ( ) no painel Tools.

14 Clique na prancheta do canto superior direito e arraste-a para a direita de maneira que as duas pranchetas menores fiquem um pouco separadas uma da outra e que as guias do sangrado tenham espaço entre si.

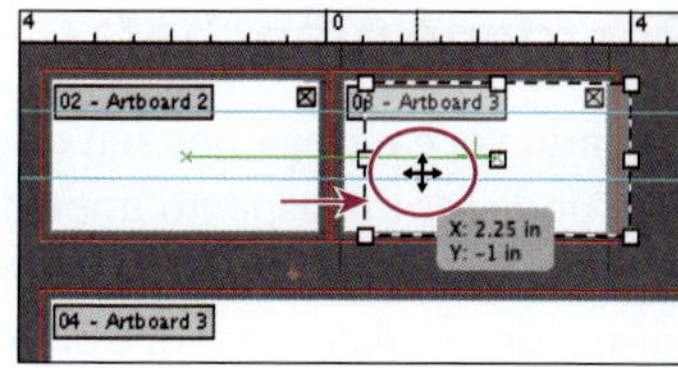

Você pode arrastar pranchetas a qualquer momento e até mesmo sobrepô-las, se necessário.

15 Selecione a ferramenta Selection (↖) no painel Tools.

16 Escolha Window > Workspace > Essentials.

17 Escolha File > Save.

● **Nota:** Quando você arrasta uma prancheta com conteúdo, por padrão a arte é deslocada junto com a prancheta. Se você deseja mover uma prancheta mas não a arte que ela contém, selecione a ferramenta Artboard e então clique para desmarcar Move/Copy Artwork With Artboard ().

Renomeie pranchetas

Por padrão, as pranchetas recebem um número e um nome. Quando você navega entre as pranchetas de um documento, nomes genéricos dificultam manter a ordem delas.

A seguir, você vai renomear as pranchetas para que fique mais prático trabalhar com elas.

1 Clique no ícone do painel Artboards () para expandir o painel Artboards.

2 Dê um duplo clique no nome Artboard 1 no painel para torná-la a prancheta ativa e ajustá-la à janela Document.

3 Clique no botão Artboard Options () à direita do nome Artboard 1 no painel para abrir a caixa de diálogo Artboard Options.

▶ **Dica:** Você pode acessar a caixa de diálogo Artboard Options dando um duplo clique na ferramenta Artboard no painel Tools. Isso abre a caixa de diálogo para a prancheta ativa. Você pode tornar uma prancheta ativa clicando na prancheta em questão com a ferramenta Selection.

4 Altere o campo Name para **Letterhead** e clique em OK.

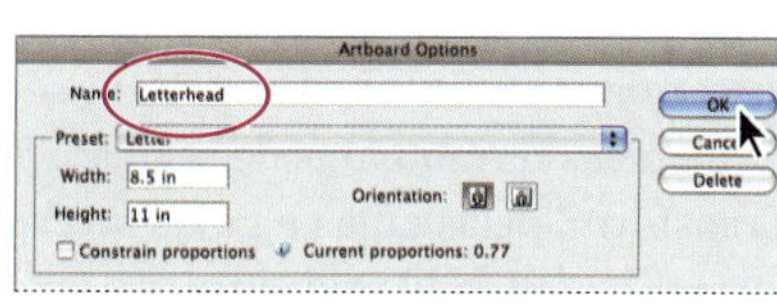

Agora, você vai renomear o restante das pranchetas.

5 Clique no nome Artboard 2 no painel e então clique no botão Artboard Options () à direita do nome no painel.

6 Altere o campo Name para **BC – Front** e clique em OK.

7 Faça o mesmo para as duas pranchetas restantes, alterando Artboard 3 para **Envelope** e Artboard 4 para **BC – Back**.

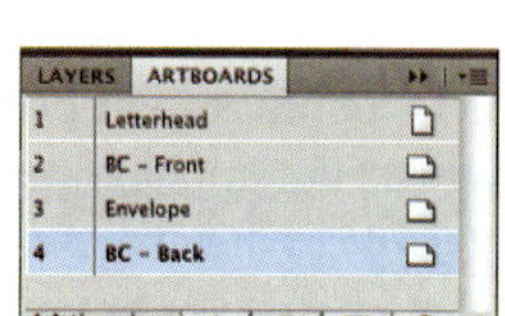

8 Escolha File > Save e mantenha o painel Artboard expandido para as próximas etapas.

Reordene pranchetas

Quando você navega por seu documento, a ordem em que as pranchetas aparecem pode ser um aspecto importante, sobretudo se estiver usando os comandos Next Artboard e Previous Artboard. Por padrão, pranchetas são ordenadas conforme são criadas, mas você pode alterar essa ordem. A seguir você vai reordenar as pranchetas de maneira que os dois lados do cartão de visitas estejam na ordem certa.

1 Com o painel Artboards ainda aberto, clique no nome Envelope no painel. Isso torna a prancheta do envelope a prancheta ativa.

2 Escolha View > Fit All In Window.

3 Clique no botão Move Down na base do painel.

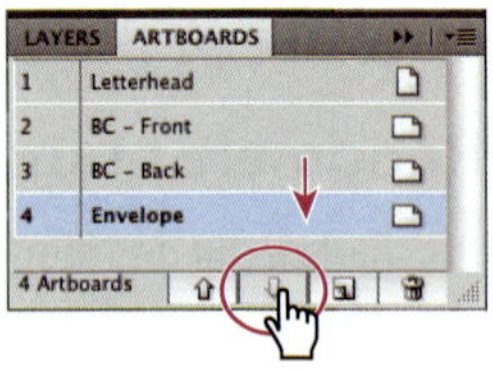

Isso move a prancheta para baixo, para que ela seja a última. Observe que isso não altera as pranchetas na janela Document.

4 Dê um duplo clique em BC – Front no painel Artboards para ajustar essa prancheta à janela Document.

5 Clique no botão Next Artboard (▸) no canto inferior esquerdo da janela Document para navegar até a próxima prancheta (BC – Back). Isso ajusta a prancheta BC – Back à janela Document.

Se você não alterou a ordem, a próxima prancheta será o envelope.

Agora que as pranchetas estão configuradas, você vai se concentrar na transformação do trabalho para criar o conteúdo das pranchetas.

Transforme o conteúdo

Transformar o conteúdo permite mover, girar, espelhar, redimensionar e distorcer objetos. Os objetos podem ser transformados por meio do painel Transform, pelas ferramentas de seleção, ferramentas especializadas, pelos comandos Transform, pelas guias e guias inteligentes. Nesta parte da lição, você vai transformar o conteúdo utilizando vários métodos.

Trabalhe com réguas e guias

Nota: Por padrão, a origem da régua aparece no canto superior esquerdo da prancheta ativa, mas você pode alterar sua localização, se necessário.

As réguas ajudam a inserir e medir objetos de maneira precisa. O ponto em que "0" aparece em cada régua é chamado origem. Algumas pessoas a chamam de zero, ponto zero. A origem da régua pode ser redefinida com base na prancheta ativa. Há também dois tipos de réguas disponíveis: réguas de documento e réguas de prancheta. As réguas da prancheta são o padrão, ou seja, quando a prancheta se torna a prancheta ativa, o zero em cada régua é definido como o canto superior esquerdo da prancheta ativa.

Guias são linhas não imprimíveis que ajudam a alinhar objetos. Você pode criar guias horizontais e verticais arrastando-as a partir das réguas.

Agora, você vai deixar as réguas visíveis, redefinir o ponto de origem e criar uma guia.

1 No painel Artboards, dê um duplo clique no nome de prancheta BC – Back para navegar até essa prancheta, se você ainda não estiver com ela aberta.

2 Clique no ícone do painel Layers (◈) no lado direito do área de trabalho. Clique para selecionar a coluna Visibility à esquerda do nome da camada Business card. Clique em Business card para selecioná-la.

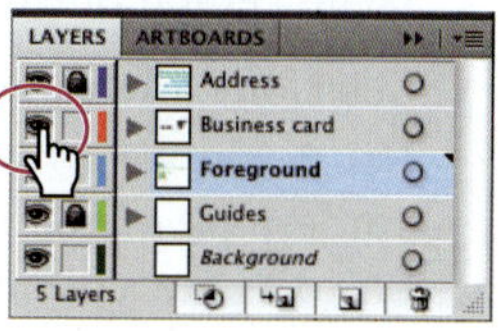

Qualquer novo conteúdo, incluindo guias, será inserido na camada selecionada.

● **Nota:** Se o ponto 0.0 não aparecer no canto superior esquerdo da prancheta, escolha View > Rulers e certifique-se de que vê Change To Global Rulers. Se você enxergar Change To Artboard Rulers, selecione esse comando.

▶ **Dica:** Para aprender mais sobre camadas, consulte a Lição 8, "Trabalhando com Camadas".

3 Arraste o cursor com a tecla Shift pressionada da régua vertical para a direita para criar uma guia vertical em 1/4 de polegada na régua horizontal. A tecla Shift adere a guia às unidades da régua enquanto você arrasta. Solte o botão do mouse e depois a tecla Shift.

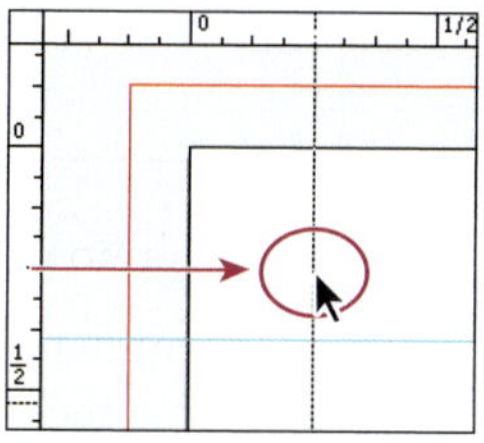

4 Escolha View > Guides > Lock Guides para impedir que elas sejam movidas acidentalmente.

5 Clique no ícone do painel Layers (◈) para fechar o painel outra vez. Escolha File > Save.

▶ **Dica:** Para alterar as unidades de um documento, escolha File > Document Setup, ou, sem nada selecionado, clique no botão Document Setup do painel Control. Você pode também clicar com o botão direito do mouse (Windows) ou clicar com Option pressionado (Mac OS) em qualquer régua para alterar as unidades.

Dimensione objetos

Os objetos são dimensionados quando você os expande ou reduz horizontalmente (ao longo do eixo x) e verticalmente (ao longo do eixo y) em relação a um ponto de referência fixo que você designar. Se você não designar uma origem, os objetos serão dimensionados a partir do ponto de centro. Utilizaremos três métodos para dimensionar os objetos que comporão partes do cartão de visitas.

Primeiro, você vai configurar a preferência para redimensionar os contornos e efeitos. Você então vai redimensionar o fundo de um logotipo arrastando sua caixa delimitadora e alinhando-o às guias fornecidas.

1 Escolha Edit > Preferences > General (Windows) ou Illustrator > Preferences > General (Mac OS) e selecione Scale Strokes & Effects. Isso dimensiona a largura do contorno de qualquer objeto dimensionado nesta lição. Clique em OK.

2 Selecione a ferramenta Rectangle (▭) no painel Tools. Posicione o cursor no canto superior esquerdo das guias sangradas vermelhas e clique quando a palavra intersect e as guias de alinhamento verdes aparecerem.

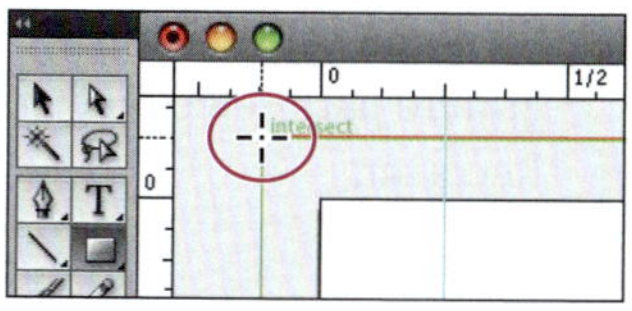

3 Na caixa de diálogo Rectangle, altere a largura para **3.75** in e a altura para **2.25** in. Clique em OK.

4 Clique na cor de preenchimento no painel Control e selecione a amostra do cartão de visitas. Uma dica de ferramenta aparece quando você passa o mouse sobre as cores no painel.

5 Com o retângulo ainda selecionado, escolha Object > Hide > Selection, o que facilita editar outros conteúdos.

6 Selecione a ferramenta Rounded Rectangle (▢) no grupo Rectangle e, então, posicione o cursor na guia vertical alinhada com a marca de centro (fios verdes) até que uma guia de alinhamento horizontal apareça. Arraste para baixo e para a direita, para que a parte inferior da forma esteja sobre a parte inferior da guia horizontal e a borda direita da forma esteja alinhada com a marca de centro. A largura no rótulo de medida é 1.5 in.

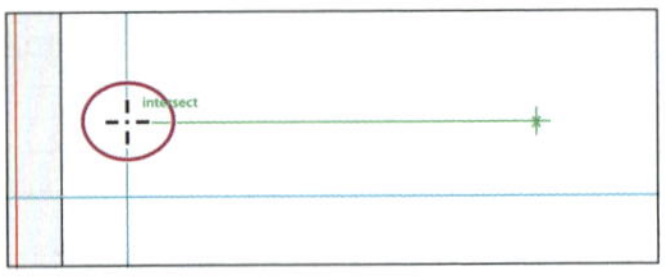

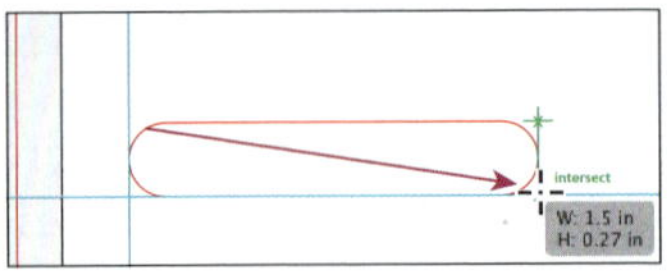

7 Selecione preto para a cor de preenchimento no painel Control.

● **Nota:** Pressionar Shift enquanto você arrasta limita o objeto proporcionalmente.

8 Com a ferramenta Selection (➤), arraste, com a tecla Shift pressionada, o canto inferior direito da caixa delimitadora do objeto para cima e para a esquerda até que a largura tenha aproximadamente 1.4 in, conforme mostrado no rótulo de medida. Solte o botão do mouse e então a tecla Shift.

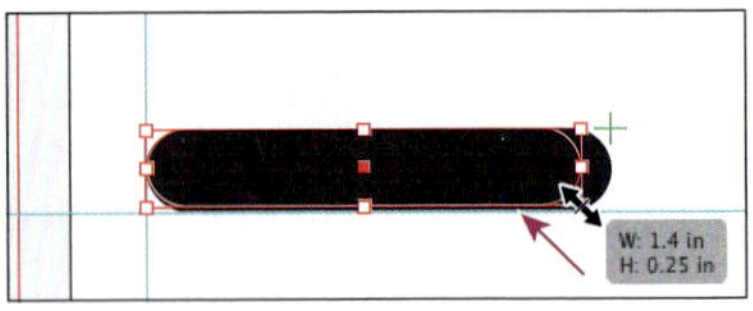

● **Nota:** Se você não conseguir ver a caixa delimitadora, escolha View > Show Bounding Box.

9 Com o objeto ainda selecionado, pressione Alt (Windows) ou Option (Mac OS) e arraste o ponto delimitador do centro inferior para baixo. Arraste somente até a guia horizontal inferior. Não precisa ser exato. Solte o botão do mouse e então a tecla modificadora.

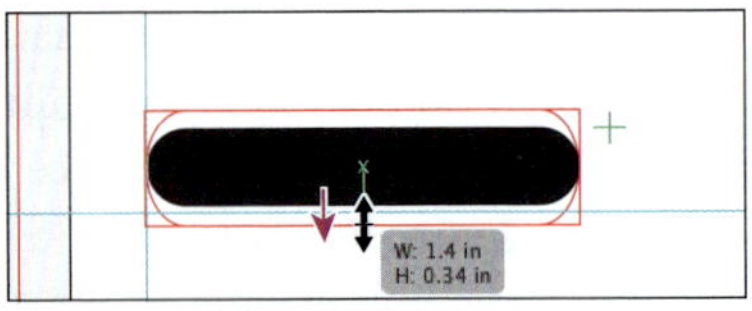

10 Escolha 1 Letterhead no menu Artboard Navigation na barra de status.

11 Escolha View > Outline.

12 Com a ferramenta Selection, arraste um contorno de seleção sobre o texto abaixo da flor grande para selecionar tudo. Escolha Editar > Recortar.

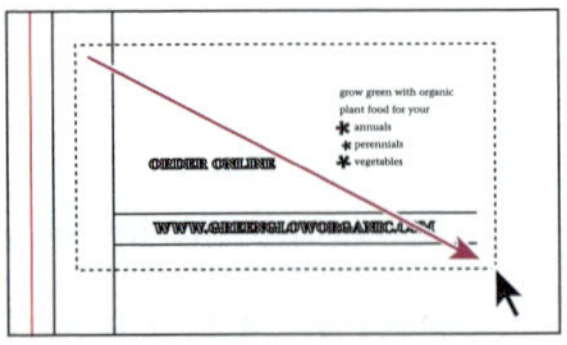

13 Escolha 3 BC - Back no menu Artboard Navigation da barra de status para retornar à prancheta do cartão.

14 Escolha Edit > Paste. Escolha Select > Deselect.

15 Com a tecla Shift pressionada, arraste uma guia vertical a partir da régua vertical até 1 ½ in na régua horizontal.

16 Com a ferramenta Selection, selecione o texto "Order Online" e arraste-o para que a borda direita se alinhe o mais próximo possível à nova guia. Alinhe verticalmente o texto no centro do retângulo arredondado. Mantenha selecionado e escolha View > Preview.

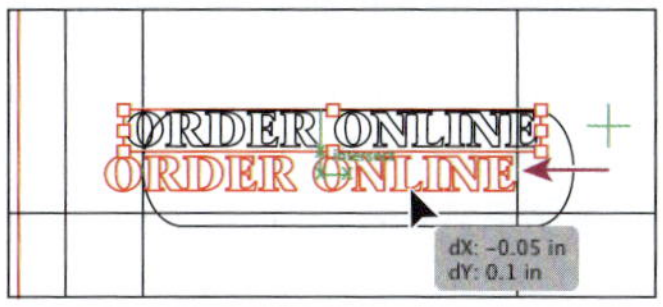

17 No painel Control, clique na palavra Transform. No painel Transform que aparece, clique no ponto de referência direito central de Reference Point Locator (▦) para configurar o ponto de referência. Clique para selecionar o ícone Constrain Width And Height Proportions (▯) entre os campos W e H no painel Transform. Altere a largura para **1.1** in e então pressione Enter ou Return para reduzir o tamanho do texto.

● **Nota:** Dependendo da resolução de tela, as opções Transform podem aparecer no painel Control. Se elas aparecerem, você pode configurar as opções diretamente no painel Control. Você pode também escolher Window > Transform para abrir o painel Transform.

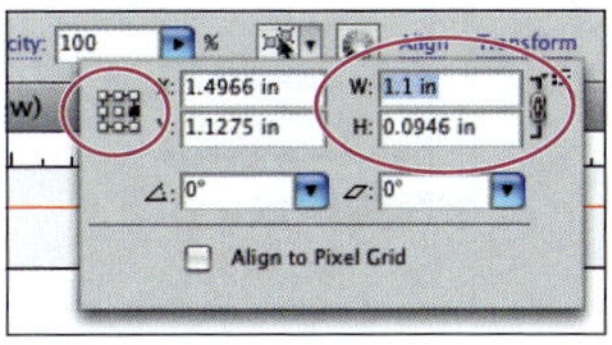

Agora, você vai utilizar a ferramenta Scale para redimensionar e copiar o retângulo com vértices arredondados.

18 Com a ferramenta Selection, clique no retângulo arredondado.

19 Dê um clique duplo na ferramenta Scale (▣) do painel Tools.

20 Na caixa de diálogo Scale, selecione a opção Preview. Mude Vertical para **80**% e clique em Copy para criar uma cópia menor sobre o outro retângulo arredondado.

21 Mude a cor de preenchimento no painel Control para branco.

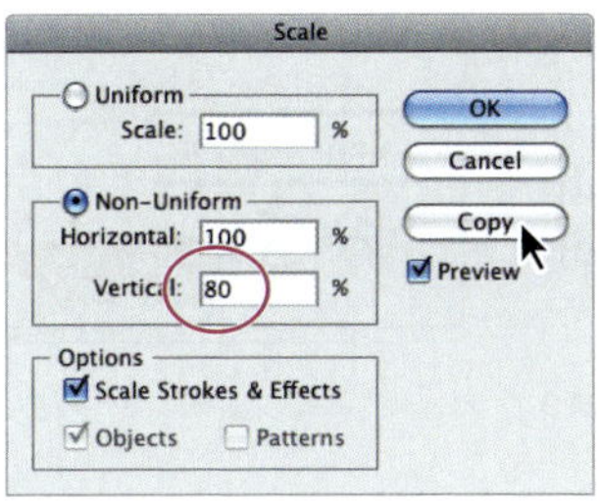

Reflita objetos

Quando você reflete ou espelha um objeto, o Illustrator cria um reflexo desse objeto em um eixo vertical ou horizontal invisível. Copiar um objeto ao refletir permite criar uma imagem espelhada desse objeto a partir de um ponto. Semelhante ao dimensionamento e à rotação, ao refletir um objeto, você ou designa o ponto de referência ou utiliza o ponto central do objeto por padrão.

Agora, você vai inserir um símbolo em uma prancheta e utilizar a ferramenta Reflect para girá-lo e copiá-lo em 90° ao longo do eixo vertical e, então, vai dimensionar e rotacionar a cópia na posição.

▶ **Dica:** Para aprender mais sobre símbolos, consulte a Lição 14, "Trabalhando com Símbolos".

1 Clique no ícone do painel Symbols (♣) no lado direito da área de trabalho. Arraste o símbolo Floral até a prancheta BC - Back.

2 Clique no ícone do painel Symbols (♣) para minimizar o painel.

3 Com o símbolo selecionado, dê um duplo clique na ferramenta Scale do painel Tools.

4 Na caixa de diálogo Scale, altere Uniform Scale para **30%** e clique em OK.

5 Escolha View > Smart Guides para desativá-las temporariamente.

6 Selecione a ferramenta Selection (➘) e arraste o símbolo para baixo de "Order Online", alinhando a borda esquerda do símbolo à guia em 1/4 in. Não precisa ser exato.

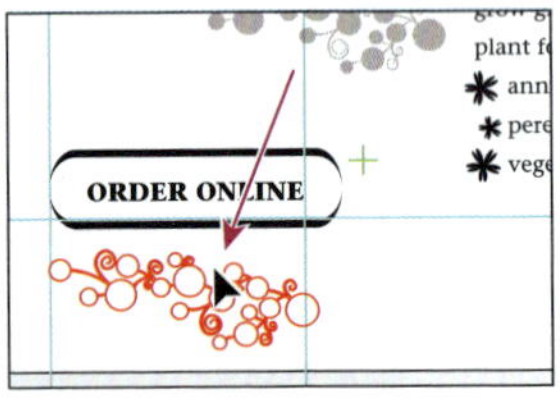

7 Escolha View > Smart Guides para selecioná-las.

8 Com o símbolo ainda selecionado, escolha Edit > Copy and Edit > Paste In Front para colocar uma cópia diretamente sobre o símbolo.

▶ **Dica:** Para refletir e copiar em uma única etapa, você pode clicar pressionando a tecla Alt (Windows) ou Option (Mac OS) com a ferramenta Reflect enquanto define a reflexão ao redor de um ponto. Selecione Vertical na caixa de diálogo Reflect e clique em Copy.

9 Selecione a ferramenta Reflect aninhada na ferramenta Rotate no painel Tools e clique com a tecla Alt (Windows) ou Option (Mac OS) pressionada na borda direita do símbolo (a palavra edge deve aparecer).

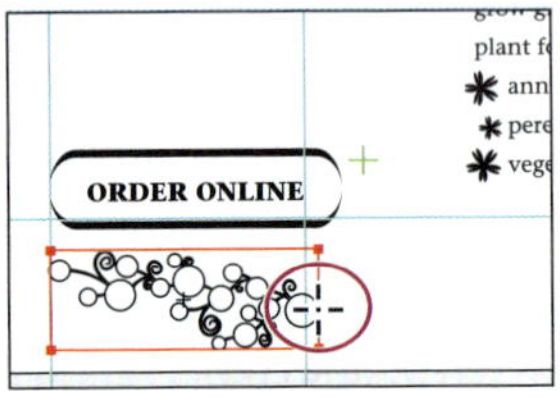

Isso irá configurar o ponto de reflexo no canto direito, e não no centro (que é o padrão).

10 Com a cópia do símbolo selecionada, posicione o cursor longe da borda direita do símbolo e arraste no sentido anti-horário. À medida que arrasta, mantenha pressionada a tecla Shift. Quando o rótulo de medida mostrar –90°, solte o mouse e então a tecla modificadora.

A tecla Shift limita a rotação a 45° enquanto está sendo refletida.

Gire objetos

Os objetos são rotacionados em torno de um ponto de referência específico. Você pode girar objetos exibindo suas caixas delimitadoras e movendo o cursor para um canto externo. Quando o cursor de rotação aparecer, clique para girar o objeto em torno do ponto central. Você também pode girar objetos utilizando o painel Transform para especificar um ponto de referência e um ângulo de rotação.

Você vai girar os dois símbolos utilizando a ferramenta Rotate.

1 Com a ferramenta Selection (↖), selecione o símbolo da esquerda. Selecione a ferramenta Rotate (⟲) aninhada na ferramenta Reflect (⟗) no painel Tools. Dê um duplo clique na ferramenta Rotate (⟲). Observe que o ponto de referência de símbolos (⊕) é seu centro.

2 Na caixa de diálogo Rotate, confira se Preview está selecionado. Altere o ângulo para **20** e clique em OK para girar o símbolo em torno do ponto de referência.

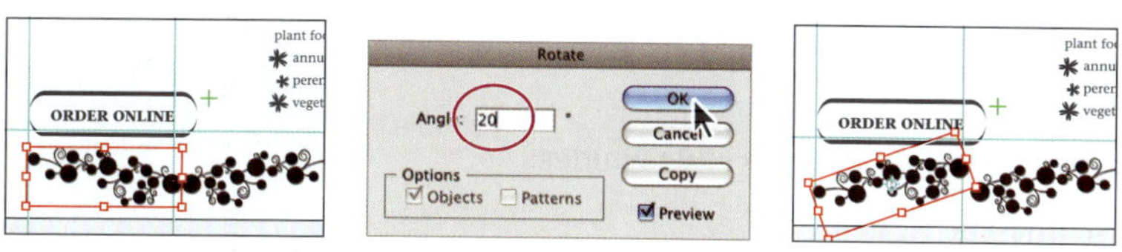

● **Nota:** Se selecionar um objeto e escolher a ferramenta Rotate, você pode pressionar Alt (Windows) ou Option (Mac OS) e clicar em qualquer lugar do objeto (ou da prancheta) para especificar um ponto de referência e abrir a caixa de diálogo Rotate.

3 Selecione a ferramenta Selection e clique no símbolo da direita. Repita os passos acima para girar esse símbolo, desta vez digitando **–20** no campo Angle.

4 Com a ferramenta Selection, clique com a tecla Shift pressionada para adicionar o símbolo da esquerda à seleção atual. Escolha Object > Group.

5 Escolha View > Zoom Out.

6 Selecione a ferramenta Rotate. Clique na parte inferior direita da borda do grupo para especificar o ponto de referência (⊕). Arraste o cursor a partir do lado esquerdo do grupo para cima e para a direita. Observe que o movimento fica restrito a um círculo que gira em torno do ponto de referência. Ao arrastar, mantenha pressionada a tecla Shift para limitar a rotação a 45°. Quando o grupo for vertical e o rótulo de medida mostrar –90°, solte o botão do mouse e então a tecla modificadora.

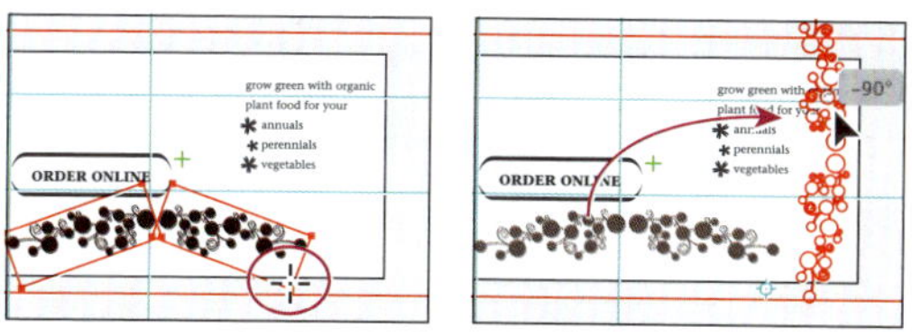

7 Com a ferramenta Selection, arraste o grupo até a borda direita da prancheta e centralize-o verticalmente na prancheta, caso já não esteja centralizado. O posicionamento não precisa ser exato.

8 Mantenha a tecla Shift pressionada e arraste o ponto delimitador na metade esquerda do grupo para a direita a fim de redimensioná-lo até que o grupo se ajuste dentro da parte superior e inferior das guias sangradas.

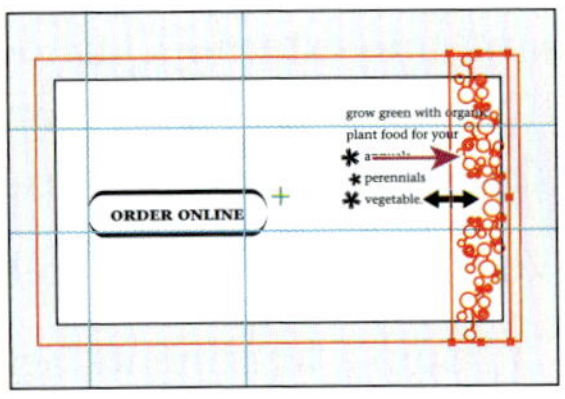

9 Com o grupo ainda selecionado, clique na palavra Opacity do painel Control para revelar o painel Transparency. No painel Transparency, clique na palavra Normal e escolha Overlay no menu.

▶ **Dica:** Para aprender mais sobre modos de mesclagem, pesquise "about blending modes" no Illustrator Help.

10 Escolha Object > Show All para ver o fundo do cartão de visitas.

11 Escolha View > Guides > Hide Guides.

13 Escolha File > Save.

Distorça objetos

Você pode distorcer as formas originais dos objetos de diferentes maneiras utilizando várias ferramentas. Agora, você vai criar uma flor utilizando o efeito Twist para torcer a forma de uma estrela e, em seguida, aplicar o filtro de distorção Pucker & Bloat para transformar seu centro.

1 Clique no botão First (⏮) da barra de status para navegar até a prancheta 1.

2 Escolha View > Guides > Show Guides.

3 Com a ferramenta Selection (↖), clique para selecionar a flor grande abaixo do logotipo Green Glow.

4 Escolha Effect > Warp > Twist. Selecione Preview na caixa de diálogo Warp Options. Altere Bend para **60** e clique em OK.

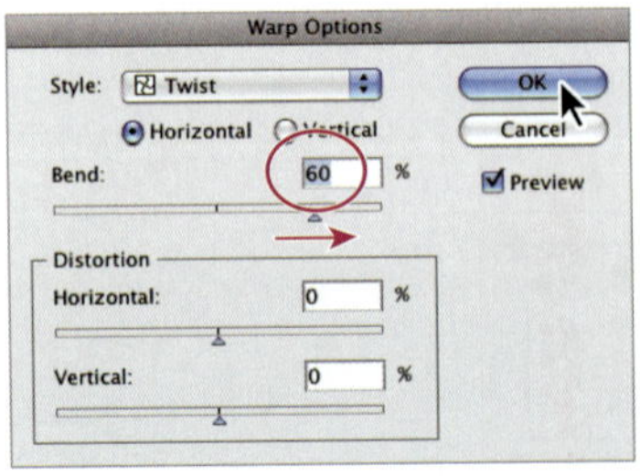

A distorção Twist é aplicada como um efeito, o que mantém a forma original e permite remover ou editar o efeito no painel Appearance. Leia mais sobre o uso de efeitos na Lição 12, "Aplicando efeitos".

Agora, você vai desenhar o miolo da flor que será centralizada na parte superior dela.

5 Com a flor ainda selecionada, escolha Window > Attributes para abrir o painel Attributes. Escolha Show All no menu de painéis (▾≡). Clique no botão Show Center (▣) para exibir o ponto central da flor.

6 Feche o grupo de painéis Attributes.

7 Selecione a ferramenta Zoom (🔍) e clique na flor duas vezes.

8 Selecione a ferramenta Star (☆), aninhada na ferramenta Rounded Rectangle, e arraste o cursor a partir do ponto central para desenhar uma estrela sobre o centro da flor. Pressione a tecla de seta para cima uma vez para adicionar uma ponta à estrela, deixando-a com seis pontas. Pressione a tecla Shift e arraste o cursor até que a estrela tenha aproximadamente 0.8 in de largura (width), conforme mostrado no rótulo de medida. Solte o botão do mouse e a tecla Shift e mantenha a estrela selecionada.

9 Clique na cor de preenchimento no painel Control e escolha a amostra verde-clara (C=12, M=0, Y=47 e K=0). Pressione a tecla Esc para fechar o painel Swatches que aparece.

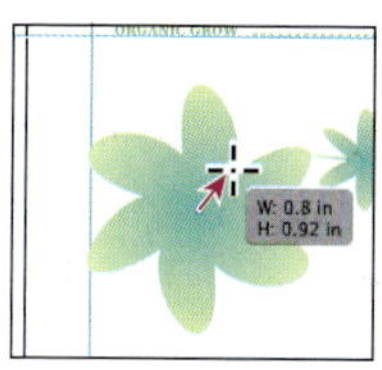

Agora, você vai distorcer a estrela utilizando o efeito Pucker & Bloat. Esse efeito distorce os objetos para dentro e para fora a partir dos seus pontos de ancoragem.

10 Com a estrela do centro selecionada, escolha Effect > Distort & Transform > Pucker & Bloat.

11 Na caixa de diálogo Pucker & Bloat, selecione Preview e arraste o controle deslizante para a esquerda para alterar o valor para mais ou menos –80%. Clique em OK.

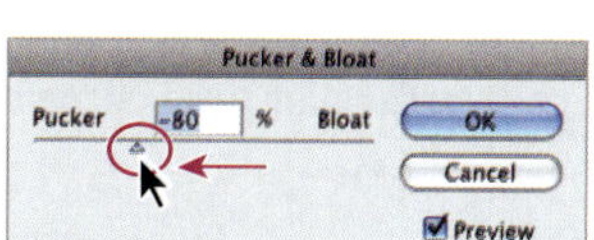

12 Escolha View > Smart Guides para desmarcar as guias inteligentes.

13 Com a ferramenta Selection, posicione o cursor fora do canto inferior direito da caixa delimitadora da estrela até que as setas de girar ( ) apareçam. Arraste o cursor para baixo e para a esquerda até que as pontas da estrela estejam aproximadamente alinhadas com as formas da flor atrás dela.

Quando você gira ou distorce objetos, a caixa delimitadora é girada ou distorcida junto. Sempre que preciso, você pode redefinir a caixa delimitadora para que ela se alinhe ao objeto novamente.

14 Com a forma ainda selecionada, escolha Object > Transform > Reset Bounding Box.

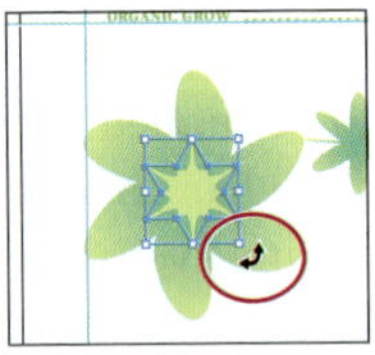
Posicione o cursor.

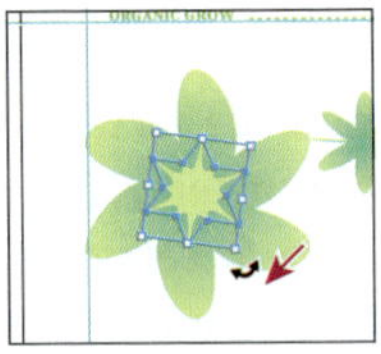
Gire o objeto.

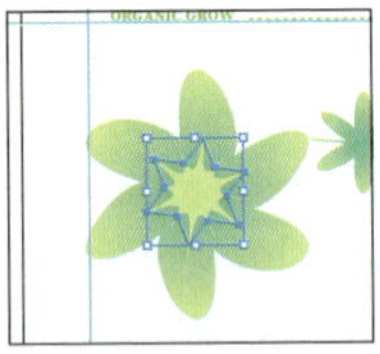
Redimensione a caixa delimitadora.

15 Com a ferramenta Selection, clique com a tecla Shift pressionada na flor atrás da estrela e na flor menor à direita para selecionar as três formas. Escolha Object > Group.

16 No painel Control, altere o valor Opacity para **20**.

17 Escolha Select > Deselect e então File > Save.

Cisalhamento de objetos

O cisalhamento de um objeto inclina, ou desloca, os lados do objeto ao longo do eixo que você especificar, mantendo os lados opostos paralelos e deixando o objeto assimétrico.

Agora, copie e distorça a forma do logotipo.

1 Escolha View > Fit Artboard In Window.

2 Escolha View > Smart Guides para selecionar as guias inteligentes.

3 Selecione a ferramenta Zoom ( ) no painel Tools e arraste um contorno de seleção em torno do logotipo "green glow" no canto superior esquerdo da prancheta.

4 Selecione a ferramenta Selection ( ). Clique para selecionar a forma da flor acima do texto "green glow".

5 Escolha Edit > Copy e depois Edit > Paste In Front para colar uma cópia diretamente sobre o original.

6 Selecione a ferramenta Shear ( ), aninhada na ferramenta Scale ( ), no painel Tools. Posicione o cursor na borda inferior da flor e clique para configurar o ponto de referência. Arraste a flor da esquerda com a tecla Shift

pressionada e pare antes que ela alcance a borda da prancheta. Solte o botão do mouse e depois a tecla Shift.

7 Altere a opacidade no painel Control para **20%**.

8 Escolha Object > Arrange > Send Backward para posicionar a cópia atrás da flor original.

▶ **Dica:** No painel Transform, você também pode distorcer, girar e alterar a escala, bem como a posição dos eixos x e y.

9 Com a ferramenta Selection, faça uma seleção em torno das duas flores, do texto "green glow" e do texto "organic grow" para selecionar todas as partes do logotipo. Cuide para não selecionar a linha pontilhada à direita do logotipo. Escolha Object > Group.

10 Escolha Edit > Copy e então Select > Deselect.

Posicione objetos com precisão

Você pode utilizar as guias inteligentes e o painel Transform para mover objetos para coordenadas exatas nos eixos X e Y da página e para controlar a posição dos objetos em relação à borda da prancheta.

Você vai adicionar conteúdo ao envelope colando uma cópia do logotipo nele e, então, vai especificar as coordenadas exatas do envelope.

1 Escolha View > Fit All In Window para ver todas as pranchetas.

2 Escolha 2 BC – Front no menu Artboard Navigation no canto inferior esquerdo da janela Document.

3 Escolha Edit > Paste In Place. Isso posiciona o grupo no mesmo local nesta prancheta em relação ao canto superior esquerdo.

4 Utilizando a ferramenta Selection, pressione a tecla Shift e arraste o grupo do logotipo para cima. Quando o rótulo de medida exibir dX: 0 in e dY: –0.18, solte o botão do mouse e depois a tecla Shift.

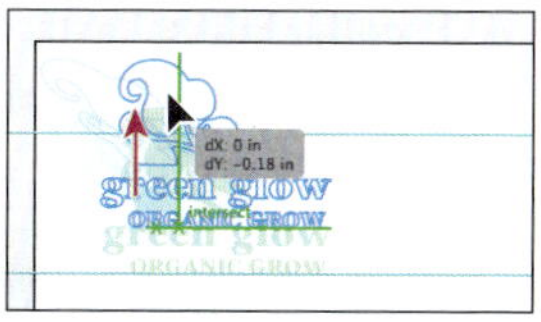

O indicador dY mostra a distância percorrida ao longo do eixo Y (vertical).

5 Com o grupo ainda selecionado, escolha Edit > Copy.

6 Escolha Select > Deselect.

● **Nota:** A distância dY: –0.18 aparece como medida negativa no rótulo de medida para a etapa 4 porque a origem da régua (0.0) está no canto superior esquerdo da prancheta. Arrastar conteúdo na prancheta confere um valor negativo por padrão.

7 Escolha 4 Envelope no menu de navegação na barra de status para visualizar o envelope. Escolha Edit > Paste In Place.

8 Escolha 3 BC - Back no menu Artboard Navigation da barra de status para visualizar a parte de trás do cartão de visitas.

9 Com a ferramenta Selection, clique com a tecla Shift pressionada no texto e nas flores pequenas no canto superior direito do cartão.

10 Escolha Object > Group e então selecione Edit > Copy.

11 Escolha 4 no menu Artboard Navigation da barra de status para retornar à prancheta do envelope. Escolha Edit > Paste.

Nota: Dependendo da resolução de tela, a palavra Transform talvez não apareça no painel Control. Em vez disso, as opções Transform podem aparecer no painel Control. Você talvez precise escolher Window > Transform.

12 No painel Control, clique na palavra Transform e clique no ponto de referência na metade esquerda ( ) do painel Transform. Altere o valor X para **0.15 in** e Y para **1.7 in**. Pressione Enter ou Return para aplicar essas configurações. Se o texto estiver muito próximo ao logotipo, pressione a tecla de seta para baixo diversas vezes, até obter uma posição melhor para ele.

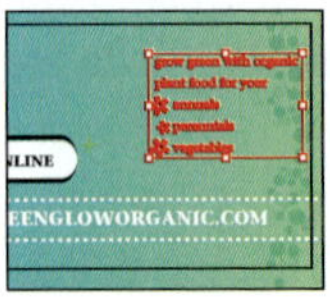

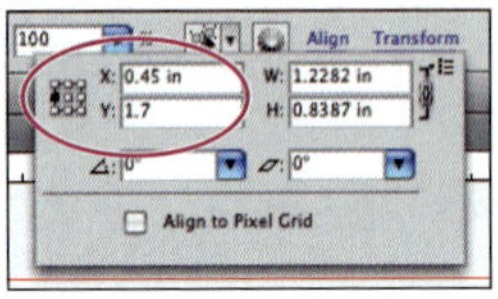

13 Clique fora do trabalho para remover a seleção dele e então escolha File > Save.

Altere a perspectiva

Utilize a ferramenta Free Transform para alterar a perspectiva de parte do texto. Free Transform é uma ferramenta com inúmeras funções que, além de alterar a perspectiva de um objeto, combina as funções de dimensionamento, cisalhamento, reflexo e rotação.

1 Com a ferramenta Selection ( ), dê um duplo clique no logotipo "green glow" do canto superior esquerdo para colocar o logotipo no modo de isolamento.

2 Selecione o texto "organic grow" e escolha Edit > Copy.

3 Dê um duplo clique em uma área em branco da prancheta para sair do modo de isolamento.

4 Escolha Edit > Paste. Arraste o texto até a parte inferior da prancheta a aproximadamente 1 polegada da borda esquerda. Mantenha o texto "organic grow" selecionado.

5 Selecione a ferramenta Scale ( ), aninhada na ferramenta Shear ( ) no painel Tools e clique com Alt (Windows) ou Option (Mac OS) pressionada no lado esquerdo do texto "organic grow" para configurar o ponto de origem. Na caixa de diálogo Scale, selecione Preview e então altere Uniform Scale para **300%**. Clique em OK.

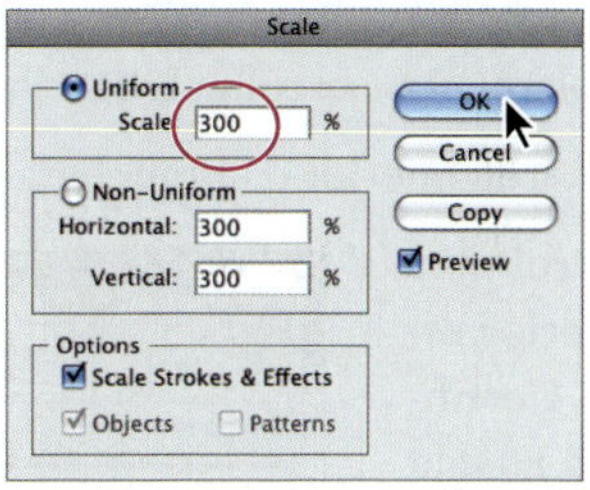

6 Com o texto selecionado, escolha a ferramenta Free Transform ( ) no painel Tools.

7 Posicione o cursor duplo ( ) sobre o canto inferior direito da caixa delimitadora das formas do texto. No restante deste passo você precisará ter muito cuidado, portanto, siga as orientações com atenção. Clique e arraste lentamente a alça do canto superior direito para cima. Ao arrastar, pressione Shift+Alt+Ctrl (Windows) ou Shift+Option+Command (Mac OS) para alterar a perspectiva do objeto. Solte o botão do mouse e depois as teclas modificadoras.

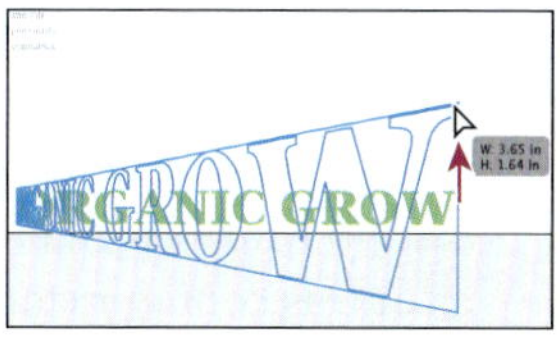

● **Nota:** Se utilizar as teclas modificadoras ao clicar para selecionar, o recurso de perspectiva não funcionará.

Pressionar a tecla Shift enquanto arrasta redimensiona um objeto proporcionalmente. Pressionar a tecla Alt (Windows) ou Option (Mac OS) redimensiona um objeto a partir do seu ponto central. Pressionar Ctrl (Windows) ou Command (Mac OS) ao arrastar distorce um objeto a partir do ponto de ancoragem ou da alça da caixa delimitadora que você está arrastando.

8 Dê um duplo clique na ferramenta Rotate ( ), selecione Preview na caixa de diálogo Rotate e então altere o ângulo para **10°**. Clique em OK.

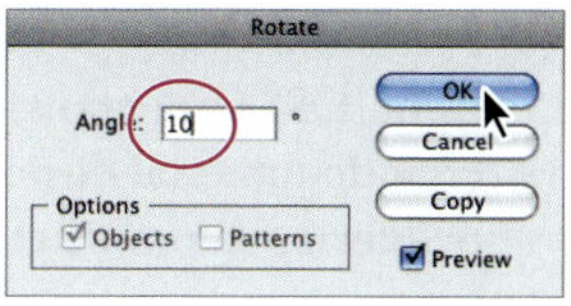

● **Nota:** Após girar, a parte inferior do texto deverá estar acima da parte inferior da prancheta. Se isso não ocorrer, tente inserir um valor diferente na caixa de diálogo Rotate.

9 Se necessário, com a ferramenta Selection, arraste o texto até que sua parte inferior esteja acima da parte inferior da prancheta.

10 Com o texto "organic grow" ainda selecionado, mude Opacity para **30%** no painel Control.

11 Escolha Select > Deselect.

12 Escolha File > Save.

Transformações múltiplas

A seguir, você vai aplicar uma transformação diversas vezes.

1 Escolha 2 BC – Front do menu Artboard Navigation na barra de status.

2 Com a ferramenta Selection, dê um duplo clique no logotipo verde-claro. Clique para selecionar a forma da flor verde e escolha Edit > Copy.

3 Pressione a tecla Esc para sair do modo de isolamento e escolha Edit > Paste.

4 Arraste a forma da flor até aderir à parte esquerda inferior da prancheta.

● **Nota:** Dependendo da resolução de tela, a palavra Transform talvez não apareça no painel Control. Em vez disso, as opções Transform podem aparecer no painel Control. Você talvez precise escolher Window > Transform.

5 Clique na palavra Transform no painel Control para ver o painel Transform. Clique no ponto inferior esquerdo no localizador Reference Point (). Certifique-se de que o botão Constraint Width and Height Proportion () esteja selecionado e altere a altura para **0.3 in**. Pressione Enter ou Return para efetivar a operação.

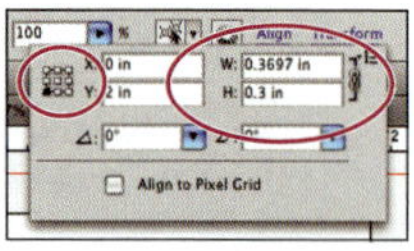

6 Escolha Object > Transform > Transform Each. Na caixa de diálogo Transform Each, selecione Preview. Selecione Reflect X para refletir a forma ao longo do eixo X. Altere o campo Move Horizontal para **0.4 in**. Deixe as outras configurações como estão e clique em Copy (não clique em OK).

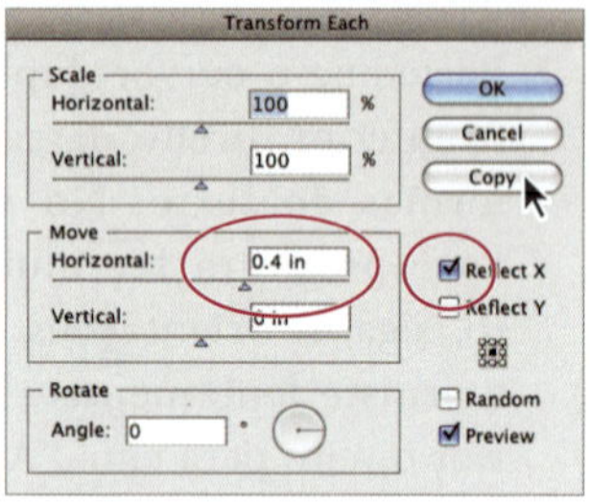

As opções na caixa de diálogo Transform Each permitem que você aplique diversos tipos de transformações aleatoriamente, se você desejar.

▶ **Dica:** Você pode aplicar múltiplas transformações também como se fossem efeitos, inclusive alterações em escala, movimento, rotação e reflexão de um objeto. Após selecionar os objetos, escolha Effect > Distort & Transform > Transform. A caixa de diálogo parece com a caixa de diálogo Transform Each. Efetuar uma transformação como se fosse um efeito tem a vantagem de permitir que você altere ou remova a transformação a qualquer momento.

7 Escolha Object > Transform > Transform Again para criar mais uma flor.

Agora você vai utilizar o atalho de teclado para repetir a transformação.

8 Pressione Ctrl + D (Windows) ou Cmd + D (Mac OS) para transformar a forma da flor, criando um total de nove flores em toda a parte inferior da prancheta.

9 Com a ferramenta Selection, arraste um contorno de seleção ao redor das formas das flores ao longo da parte inferior da prancheta.

10 Escolha Object > Group.

11 Escolha File > Save e deixe o arquivo aberto se você planeja efetuar as tarefas na seção "Explore por Conta Própria".

Utilize o efeito Free Distort

Agora, você vai explorar um modo um pouco diferente de distorcer objetos. Free Distort é um efeito que permite distorcer uma seleção movendo qualquer um dos quatro pontos de canto.

1 Escolha File > Open para abrir o arquivo L4start_2.ai da pasta Lesson04, localizada na pasta Lessons de seu disco rígido. Nesse arquivo está o conteúdo que você copiará para outro arquivo a ser criado.

2 Escolha File > New.

3 Na caixa de diálogo New Document, mude o nome para **business cards**, confira se Print está selecionado para New Document Profile, mude Units para Inches, altere Number Of Artboards para **8**, certifique-se de que o botão Grid By Row () esteja selecionado, altere Spacing para **0** in, Columns para **2**, Width para **3.25** in, Height para **2** in e Orientation para landscape (). Clique na seta para cima à esquerda do campo Top Bleed para deixar todos os valores de sangrado em 0.125 in. Clique em OK.

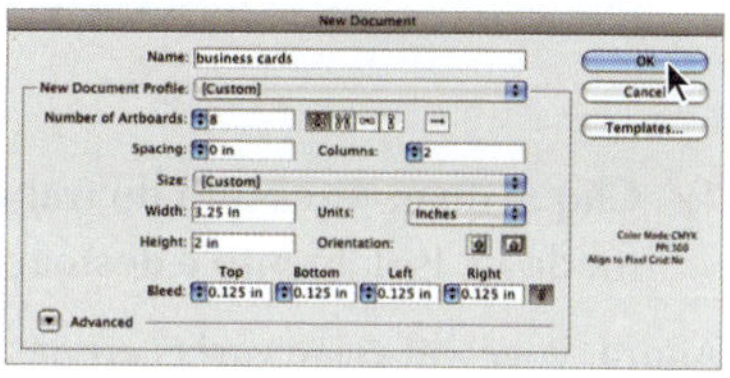

4 Com a ferramenta Selection (), clique na prancheta superior esquerda para ativá-la.

5 Escolha File > Save As. Na caixa de diálogo Save As, deixe o nome como **business cards.ai** e vá até a pasta Lesson04. Deixe a opção Save As Type configurada como Adobe Illustrator (*.AI) (Windows) ou a opção Format configurada como Adobe Illustrator (ai) (Mac OS) e clique em Save. Na caixa de diálogo Illustrator Options, deixe as opções do Illustrator em suas configurações padrão e clique em OK.

6 Clique no botão Arrange Documents (▾) na barra Application e escolha 2-Up no menu para organizar os documentos lado a lado.

7 Clique na janela business cards.ai e escolha View > Fit Artboard In Window. Clique na janela L4start_2.ai e escolha View > Fit Artboard In Window.

8 Escolha Select > All para selecionar o conteúdo da prancheta L4start_2.ai.

9 Escolha Object > Group e então Edit > Copy.

10 Feche o documento L4start_2.ai sem salvar.

11 Escolha Consolidate All no botão Arrange Documents na barra Application.

12 Escolha View > Fit Artboard In Window para ajustar a prancheta 1 à janela.

13 Escolha Edit > Paste.

14 Com a ferramenta Selection, dê um duplo clique no grupo de objetos que você acabou de colar para entrar no modo de isolamento. Clique para selecionar os chinelos.

15 Escolha Effect > Distort & Transform > Free Distort.

16 Na caixa de diálogo Free Distort, arraste uma ou várias alças para distorcer a seleção. Na figura, arrastamos os pontos de ancoragem para fora e os pontos inferiores para dentro em direção ao centro. Clique em OK.

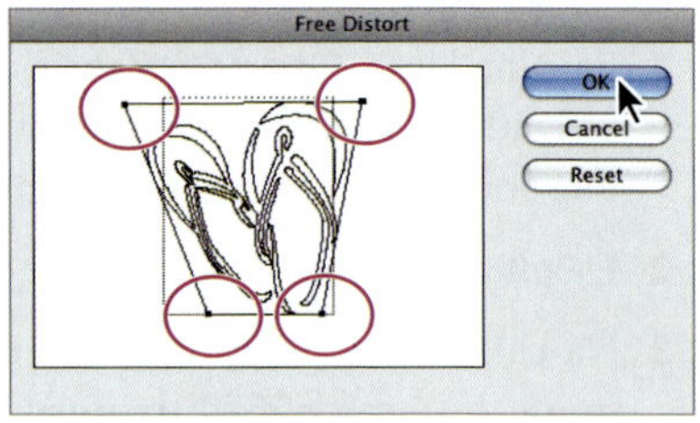

17 Clique duas vezes fora do trabalho para sair do modo de isolamento e desmarcá-lo.

Agora, você vai criar várias cópias do conteúdo do cartão de visitas.

18 Escolha Select > All On Active Board.

19 Escolha Edit > Cut.

20 Escolha View > Fit All In Window e então escolha Edit > Paste On All Artboards.

21 Escolha Select > Deselect. Em seguida, escolha View > Guides > Hide Guides para ocultar as guias vermelhas do sangrado.

22 Escolha File > Save e então escolha File > Close.

▶ **Dica:** Para imprimir os cartões de visita em uma única página, escolha File > Print e selecione Ignore Artboards para ajustar todas as pranchetas a uma única página.

Explore por conta própria

1 No projeto do papel timbrado, na prancheta 2 BC – Front, transforme o logotipo para que fique com **0.5 in** de largura e seja redimensionado a partir do canto superior esquerdo.

2 Copie outro conteúdo, incluindo o botão "order online" da prancheta 2 BC - Back para a prancheta 2 BC - Front.

3 Tente girar a flor no logotipo "green glow" dando um duplo clique no logo para entrar no modo de isolamento.

4 Selecione a flor e clique na palavra Transform do painel Control para exibir o painel Transform (ou clique em X, Y, W ou H). Selecione o ponto de referência do centro e escolha Flip Horizontal no menu do painel Transform (▾≣).

5 Renomeie algumas das pranchetas e adicione outra prancheta, para o verso do envelope.

● **Nota:** Dependendo da resolução de tela, a palavra Transform talvez não apareça no painel Control. Em vez disso, as opções Transform podem aparecer no painel Control. Você talvez precise escolher Window > Transform.

Perguntas de revisão

1 Identifique duas maneiras de alterar o tamanho de uma prancheta ativa existente.

2 Como você renomeia uma prancheta?

3 Como você pode selecionar e manipular objetos individuais em um grupo (da maneira descrita neste capítulo)?

4 Como você redimensiona um objeto? Explique como determinar o ponto a partir do qual o objeto é redimensionado. Como você redimensiona um grupo de objetos proporcionalmente?

5 Quais transformações você pode fazer utilizando o painel Transform?

6 O que o diagrama quadrado (⁙) indica no painel Transform e como ele afeta as transformações?

Respostas

1 Dê um duplo clique na ferramenta Artboard e edite as dimensões da prancheta ativa na caixa de diálogo Artboard Options. Selecione a ferramenta Artboard e posicione o cursor sobre uma borda ou canto da prancheta e arraste para redimensionar.

2 Para renomear uma prancheta, você pode selecionar a ferramenta Artboard e clicar para selecionar uma prancheta. Então, altere o nome no campo Name no painel Control. Você pode também clicar no botão Artboard Options no painel Artboards para digitar o nome na caixa de diálogo Artboard Options.

3 Você pode dar um duplo clique no grupo com a ferramenta Selection para entrar no modo de isolamento. Isso desagrupa o conteúdo temporariamente, permitindo a edição de objetos em um grupo sem desagrupá-lo.

4 Você pode redimensionar um objeto de várias maneiras: selecionando-o e arrastando as alças na caixa delimitadora, utilizando a ferramenta Scale ou o painel Transform, ou escolhendo Object > Transform > Scale para especificar dimensões exatas. Você também pode dimensionar escolhendo Effect > Distort & Transform > Transform.

5 O painel Transform serve para fazer as seguintes transformações: Mover ou posicionar com precisão objetos em sua arte (especificando as coordenadas X e Y e o ponto de referência), dimensionar, girar, cisalhar e refletir.

6 O diagrama quadrado no painel Transform indica a caixa delimitadora dos objetos selecionados. Selecione um ponto de referência no quadrado para indicar o ponto de referência a partir do qual os objetos, como um grupo, serão movidos, dimensionados, girados, cortados ou refletidos.

5 DESENHANDO COM AS FERRAMENTAS PEN E PENCIL

Visão geral da lição

Nesta lição, você vai aprender a:

- Desenhar linhas curvas
- Desenhar linhas retas
- Utilizar camadas modelo
- Finalizar paths e dividir linhas
- Selecionar e ajustar segmentos de curva
- Criar linhas pontilhadas e acrescentar setas
- Desenhar e editar com a ferramenta Pencil

Esta lição levará aproximadamente uma hora e meia para ser concluída. Se necessário, remova a pasta da lição anterior de seu disco rígido e copie a pasta Lesson05.

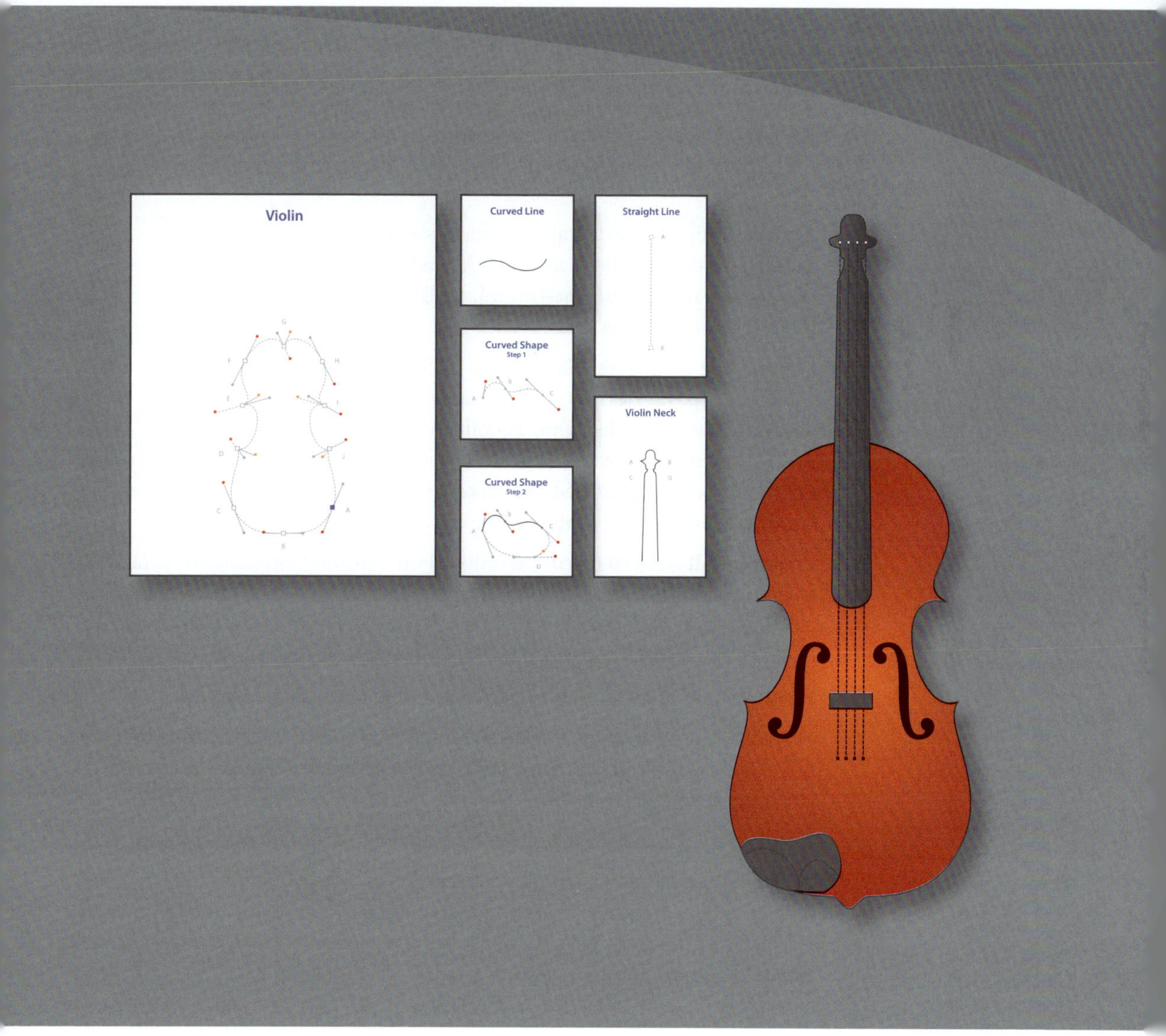

Enquanto a ferramenta Pencil é melhor usada para desenhar e editar linhas de forma livre, a ferramenta Pen é excelente para desenhar linhas retas com precisão, curvas de Bézier e formas complexas. Você vai praticar com ela em uma prancheta em branco e utilizá-la para criar a ilustração de um violino.

Introdução

Na primeira parte desta lição, você vai aprender a manipular a ferramenta Pen em uma prancheta em branco.

1 Para que as ferramentas e os painéis funcionem como descrito, exclua ou desative (renomeando) o arquivo de preferências do Adobe® Illustrator® CS5. Consulte "Restaurando as preferências padrão", na página 15.

2 Inicie o Adobe Illustrator CS5.

Nota: Se você ainda não o fez, copie os arquivos desta lição para o seu disco rígido a partir da pasta Lesson05 do CD do *Adobe Illustrator CS5 Classroom in a Book*. Veja "Copiando os arquivos do Classroom in a Book", na página 14.

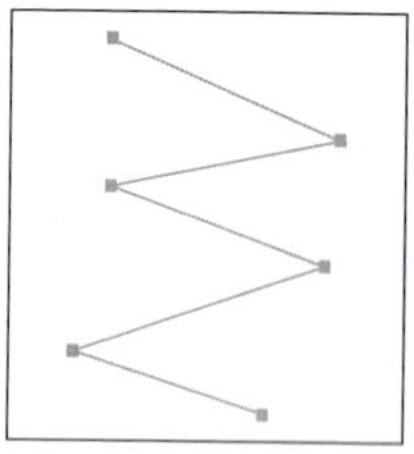

3 Abra o arquivo L5start_1.ai da pasta Lesson05, localizada na pasta Lessons no seu HD. A prancheta superior mostra o path que você criará. Utilize prancheta inferior para este exercício.

4 Escolha File > Save As. Na caixa de diálogo Save, navegue até a pasta Lesson05 e abra-a. Digite **path1.ai** no campo de texto File Name. Escolha Adobe Illustrator (.AI) no menu Save As Type (Windows) ou escolha Adobe Illustrator (ai) no menu Format (Mac OS). Na caixa de diálogo Illustrator Options, deixe as configurações padrão como estão e clique em OK.

5 Pressione Alt+Ctrl+0 (zero) (Windows) ou Option+Command+0 (Mac OS) para ajustar ambas as pranchetas à janela. Então, mantenha pressionada a tecla Shift e pressione a tecla Tab uma vez para fechar todos os painéis, exceto o painel Tools. Você não precisa dos painéis para a primeira parte desta lição.

6 Escolha View > Smart Guides para desmarcar as guias inteligentes.

7 No painel Control, clique no preenchimento de cor e escolha a amostra None (⧄). Feito isso, clique na cor de contorno e certifique-se de que a amostra da cor preta esteja selecionada.

8 Certifique-se de que a espessura do contorno seja 1 pt no painel Control.

9 Selecione a ferramenta Pen (✒) no painel Tools. Observe o x ao lado do ícone de caneta (✒x), indicando que você está iniciando um path. Clique na parte inferior da prancheta para definir o primeiro ponto e mova o cursor para a direita do ponto de ancoragem original. O "x" desaparece.

Nota: Se você vizualizar uma cruz em vez do ícone de caneta, é porque a tecla Caps Lock está ativada. Caps Lock transforma ícones de ferramenta em cursores em forma de cruz para dar maior precisão.

10 Clique à direita do ponto original para criar o próximo ponto de ancoragem no path.

Nota: O primeiro segmento desenhado não fica visível até que você clique em um segundo ponto de ancoragem. Se aparecerem alças de direção, é porque você arrastou o cursor acidentalmente com a ferramenta Pen; escolha Edit > Undo e clique novamente.

11 Clique em um terceiro ponto de ancoragem abaixo do ponto de ancoragem inicial para criar um padrão de ziguezague. Crie um ziguezague com seis pontos de ancoragem; com isso, você vai clicar na prancheta um total de seis vezes.

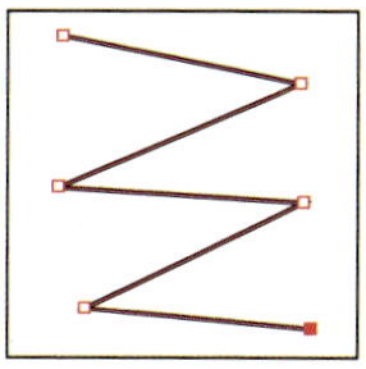

Uma das várias vantagens da ferramenta Pen é que você pode criar paths personalizados e continuar a editar os pontos de ancoragem que compõem o path.

Você vai ver como as ferramentas Selection se relacionam com a ferramenta Pen.

12 Selecione a ferramenta Selection (↖) no painel Tools e clique diretamente no path em ziguezague. Observe que todos eles tornam-se sólidos, o que significa que todos eles estão selecionados. Arraste o path para uma nova localização em qualquer lugar da prancheta. Todos os pontos de ancoragem se movem em conjunto, mantendo o path em ziguezague.

13 Desmarque o path usando uma destas maneiras:

- Com a ferramenta Selection, clique em uma área vazia da prancheta.
- Escolha Select > Deselect.
- Com a ferramenta Pen selecionada, clique com a tecla Ctrl (Windows) ou Command (Mac OS) pressionada em uma área em branco da prancheta para desmarcar esse path. Isso seleciona temporariamente a ferramenta Selection. Quando você solta a tecla Ctrl ou Command, a ferramenta Pen é selecionada outra vez.
- Clique na ferramenta Pen uma vez. Mesmo que o path pareça ainda estar ativo, ele não vai conectar-se ao próximo ponto de ancoragem criado.

14 Selecione a ferramenta Direct Selection (↖) no painel Tools e clique em qualquer ponto do ziguezague, ou arraste uma seleção em volta de um ponto de ancoragem. O ponto de ancoragem selecionado fica sólido e os pontos de ancoragem não selecionados permanecem vazios.

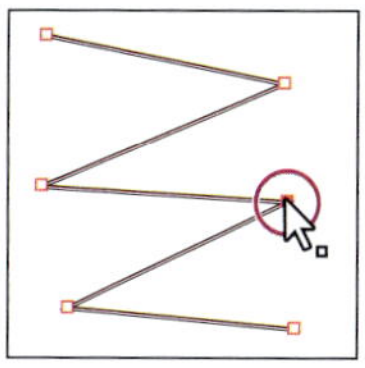

15 Com o ponto de ancoragem selecionado, arraste para reposicioná-lo. O ponto de ancoragem se move, mas os outros permanecem parados. Utilize essa técnica para editar um path.

● **Nota:** Se o path em zigue-zague desaparecer por inteiro, escolha Edit > Undo Clear e tente novamente.

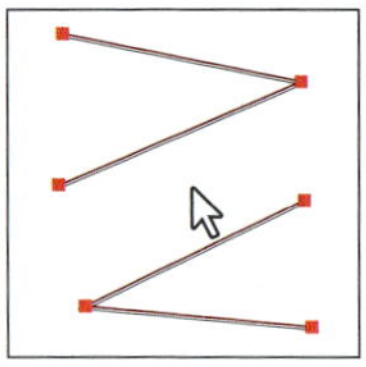

16 Escolha Select > Deselect.

17 Com a ferramenta Direct Selection, clique em qualquer segmento de linha entre dois pontos de ancoragem e escolha Edit > Cut.

Isso corta apenas o segmento selecionado do zigue--zague.

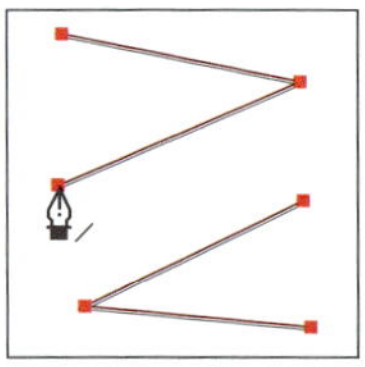

18 Com a ferramenta Pen, posicione o cursor sobre um dos pontos de ancoragem que está conectado ao segmento de linha que foi cortado. Observe que a ferramenta Pen exibe uma barra (/), indicando a continuação de um path existente. Clique no ponto. Observe que ele fica sólido. Somente os pontos ativos aparecem sólidos.

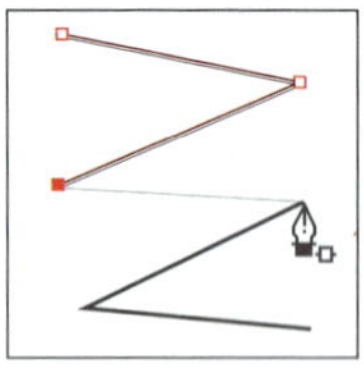

19 Posicione o cursor sobre o outro ponto que está conectado ao segmento de linha cortado. O cursor agora tem um símbolo de mesclagem ao lado dele (), indicando que você está conectando outro path. Clique no ponto para reconectar os paths.

20 Escolha File > Save e então escolha File > Close.

Crie linhas retas

Na Lição 4, "Transformando Objetos", você aprendeu que utilizar a tecla Shift e as guias inteligentes em combinação com ferramentas de forma restringe a forma dos objetos. A tecla Shift e as guias inteligentes também restringem a ferramenta Pen a criar paths de 45°.

Agora, você vai aprender a desenhar linhas retas e limitar ângulos.

1 Abra o arquivo L5start_2.ai da pasta Lesson05, localizada na pasta Lessons de seu disco rígido. A prancheta superior mostra o path que você criará. Utilize prancheta inferior para este exercício.

2 Escolha File > Save As. Na caixa de diálogo Save, navegue até a pasta Lesson05 e abra-a. Nomeie o arquivo como **path2.ai**. Escolha Adobe Illustrator (.AI) no menu Save As Type (Windows) ou escolha Adobe Illustrator (ai) no menu Format (Mac OS). Na caixa de diálogo Illustrator Options, deixe as configurações padrão como estão e clique em OK.

3 Escolha View > Smart Guides para selecionar as guias inteligentes.

4 Selecione a ferramenta Pen () no painel Tools e clique uma vez na área de trabalho da prancheta.

5 Mova o cursor 1.5 polegadas para a direita do ponto de ancoragem original, como indicado pelo rótulo de medida. Não precisa ser exato. Uma guia de construção verde aparece quando o cursor está alinhado verticalmente com o ponto de ancoragem anterior. Clique para configurar o segundo ponto de ancoragem.

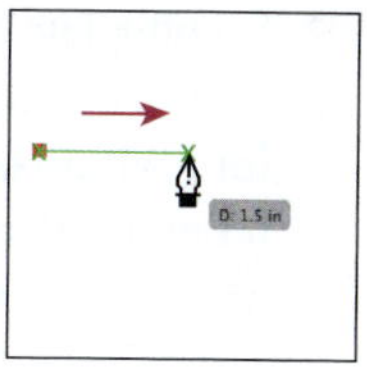

O rótulo de medida e a guia de construção são parte das guias inteligentes.

▶ **Dica:** Se as guias inteligentes estiverem desmarcadas, o rótulo de medida e a guia de construção não aparecerão. Se você não usa guias inteligentes, pressione a tecla Shift e clique para criar linhas retas.

● **Nota:** Os pontos que você configura não precisam estar exatamente na mesma posição que a do path na parte superior da prancheta.

6 Clique para configurar mais três pontos, criando a mesma forma, mostrada na metade superior da prancheta. Pressione a tecla Shift, mova o cursor para a direita e para baixo, até ficar alinhado aos dois pontos inferiores. Clique para configurar o outro ponto de ancoragem e solte a tecla modificadora.

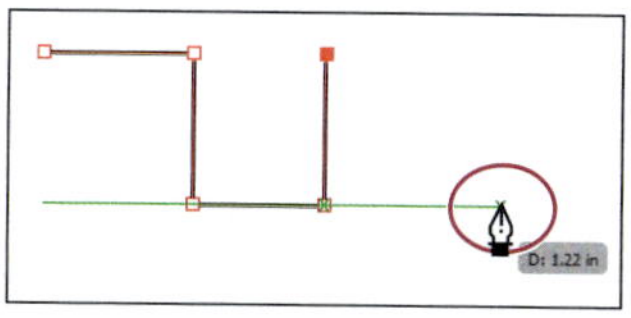

Pressionar a tecla Shift cria linhas em ângulos restringidos a 45°. As guias inteligentes mostrarão uma guia de construção verde quando o cursor estiver alinhado com os pontos existentes, o que pode ser bastante útil quando você estiver desenhando paths com linhas retas.

7 Posicione o cursor abaixo do último ponto e clique para configurar o último ponto de ancoragem da forma.

8 Escolha File > Save e feche o arquivo.

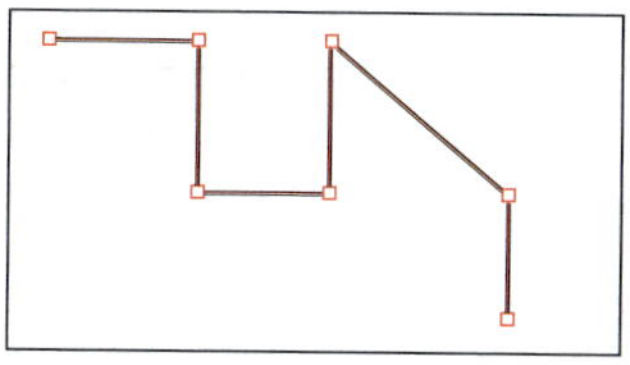

Crie paths em curva

Nesta parte da lição, você vai aprender a desenhar linhas curvas suaves com a ferramenta Pen. Em aplicativos de desenho vetorial como o Illustrator, você desenha uma curva, chamada curva de Bézier, com pontos de controle. Configurando os pontos de ancoragem e arrastando as alças de direção, você pode definir a forma da curva. Embora essa maneira de desenhar curvas seja um pouco mais difícil de aprender, ela oferece controle maior e mais flexível sobre a criação de paths.

1 Abra o arquivo L5start_3.ai na pasta Lesson05. Esse arquivo contém uma camada de modelo que você pode tracejar para praticar a utilização da ferramenta Pen (✒). (Veja a Lição 8, "Trabalhando com Camadas" para mais informações sobre a criação de camadas.) Neste exercício, você desenhará abaixo do path na prancheta inferior.

2 Escolha File > Save As. Na caixa de diálogo Save As, navegue até a pasta Lesson05. Digite **path3.ai** no campo de texto File Name. Escolha Adobe Illustrator (.AI) no menu Save As Type (Windows) ou escolha Adobe Illustrator (ai) no menu Format (Mac OS). Na caixa de diálogo Illustrator Options, mantenha as configurações padrão e clique em OK.

3 Escolha View > Fit All In Window.

4 No painel Control, clique na cor de preenchimento e selecione a amostra None (☐). Então, clique na cor do contorno e verifique se a amostra de cor preta está selecionada.

5 Certifique-se de que a espessura do contorno é 1 pt no painel Control.

6 Com a ferramenta Pen (✒), clique em qualquer lugar da prancheta para criar o ponto de ancoragem inicial. Clique em outro local e arraste o cursor para longe do ponto, a fim de criar um path em curva.

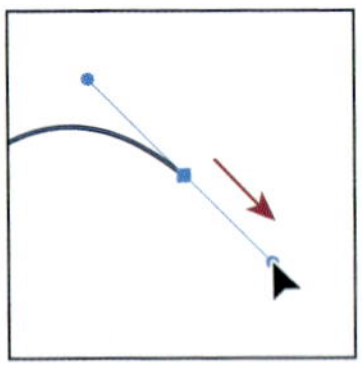

Continue clicando e arrastando em locais diferentes da página. O objetivo deste exercício não é criar nada específico, mas fazer você se acostumar ao uso da curva de Bézier.

Observe que, à medida que você arrasta, alças de direção aparecem. Alças de direção consistem em linhas de direção que terminam em pontos de direção redondos. O ângulo e o comprimento das alças de direção determinam a forma e o tamanho das curvas. As alças de direção não são impressas e não são visíveis quando a âncora está inativa.

7 Escolha Select > Deselect.

8 Selecione a ferramenta Direct Selection (↖) no painel Tools e clique em um segmento curvo para exibir as alças de direção. Se as guias inteligentes estiverem selecionadas, a palavra "path" aparecerá quando você clicar. Mover as alças de direção remodela a curva.

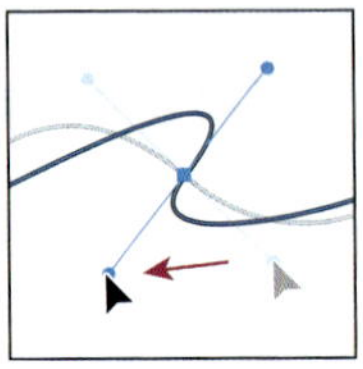

9 Mantenha o arquivo aberto para a próxima seção.

Componentes de um path

Enquanto desenha, você cria uma linha chamada path. Um path é composto de um ou mais segmentos retos ou curvos. O início e o fim de cada segmento é marcado com pontos de ancoragem, que funcionam como alfinetes que prendem um fio no lugar. Um path pode ser fechado (por exemplo, um círculo) ou aberto, com extremidades distintas (por exemplo, uma linha ondulada). Você altera a forma de um path arrastando seus pontos de ancoragem, os pontos de direção no fim das linhas de direção que aparecem nos pontos de ancoragem ou o próprio segmento do path.

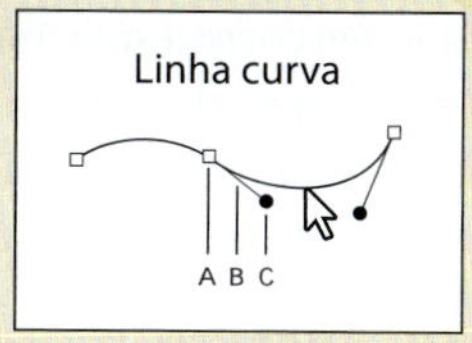

A. Ponto de ancoragem
B. Linha de direção
C. Alça de direção (ou ponto)

Paths podem ter dois tipos de pontos de ancoragem: pontos angulares e pontos suaves. Em um ponto angular, o path muda repentinamente de direção. Em um ponto suave, os segmentos do path são conectados como uma curva contínua. Você pode desenhar um path usando qualquer combinação de pontos angulares ou suaves. Se desenhar o tipo de ponto errado, você sempre poderá alterá-lo.

– Extraído do Illustrator Help

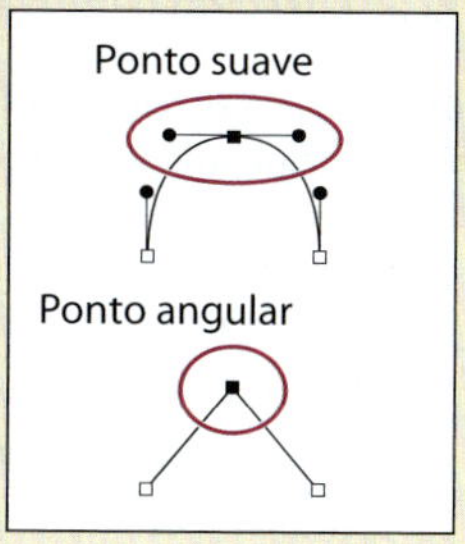

Construa uma curva

Agora, você vai aprender a controlar as alças de direção para manipular curvas. Você utilizará a prancheta superior para desenhar formas.

1 Pressione Z para alternar para a ferramenta Zoom (🔍) e arraste uma seleção em torno da curva na prancheta superior, chamada A.

2 Escolha View > Smart Guides para desmarcá-las.

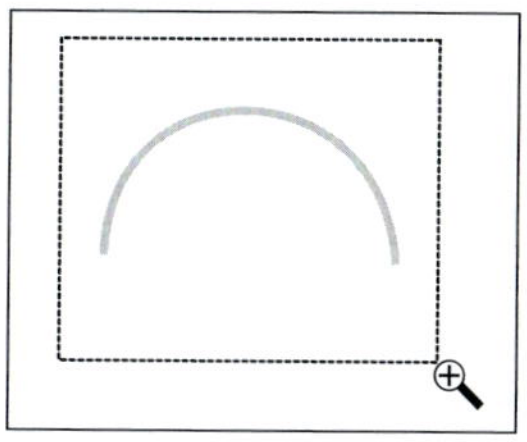

● **Nota:** A prancheta pode rolar enquanto você arrasta o cursor. Se você perder a curva de vista, escolha View > Zoom Out até ver a curva e o ponto de ancoragem novamente. Pressionar a barra de espaço permite que você utilize a ferramenta Hand para você reposicionar o trabalho.

3 Selecione a ferramenta Pen (✒) no painel Tools. Clique na base esquerda do arco e arraste o cursor para cima a fim de criar uma linha de direção que percorre a mesma direção do arco. Lembre-se sempre de seguir a direção da curva. Solte o botão do mouse quando a linha de direção estiver acima do arco cinza.

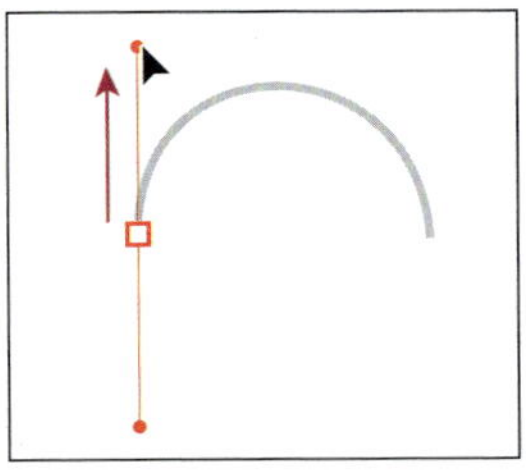

▶ **Dica:** Se você cometer algum erro enquanto desenha com a ferramenta Pen, escolha Edit > Undo Pen para desfazer os pontos que você definiu.

4 Clique na base inferior direita do path do arco e arraste o cursor para baixo. Solte o botão do mouse quando o path que você estiver criando ficar parecido com o arco.

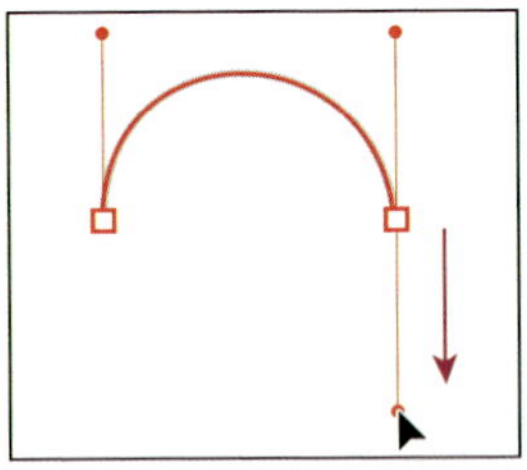

● **Nota:** Puxar a alça de direção mais longe cria uma inclinação maior; quando a alça de direção é um pouco mais curta, a inclinação é menor.

5 Se o path que você criou não estiver alinhado exatamente ao modelo, utilize a ferramenta Direct Selection (↖) para selecionar os pontos de ancoragem um de cada vez. Ajuste então as alças de direção até que seu path siga o modelo com maior exatidão.

6 Utilize a ferramenta Selection (↖) e clique na prancheta em uma área sem objetos, ou escolha Select > Deselect. Se você clicar com a ferramenta Pen enquanto o path A ainda estiver ativo, ele se liga ao próximo ponto que você desenhar. Remover a seleção do primeiro path permite criar um novo path.

▶ **Dica:** Para desmarcar objetos, você também pode pressionar a tecla Ctrl (Windows) ou Command (Mac OS) para alternar temporariamente para a ferramenta Selection ou Direct Selection, ou qualquer outra utilizada por último. Então, clique em um ponto na prancheta onde não haja nenhum objeto.

7 Escolha File > Save.

8 Reduza a ampliação para ver o path B.

9 Utilizando a ferramenta Pen, arraste a base esquerda do path B para cima, na direção do arco. Clique e arraste para baixo o próximo ponto quadrado, ajustando o arco com a alça de direção antes de soltar o botão do mouse.

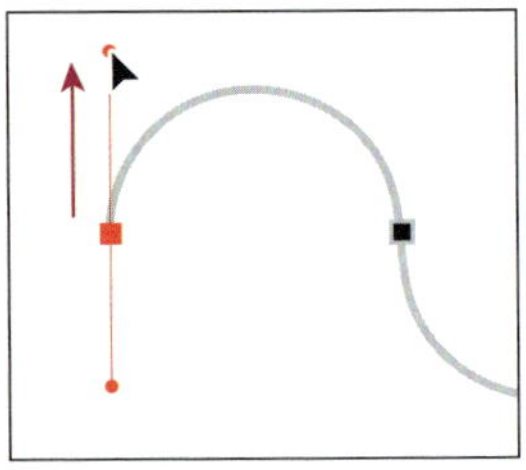

● **Nota:** Não se preocupe se o path que você desenha não for exato. Você pode corrigir a linha com a ferramenta Direct Selection quando o path estiver completo.

10 Continue ao longo do path, arrastando para cima e para baixo. Posicione os pontos de ancoragem apenas onde há caixas quadradas. Se errar alguma coisa ao desenhar, desfaça a ação escolhendo Edit > Undo Pen.

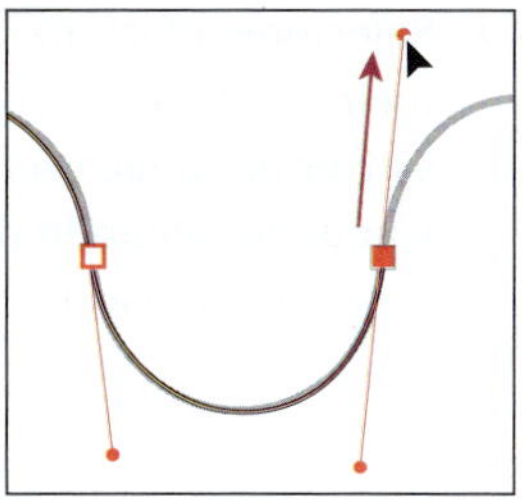

11 Quando o path estiver finalizado, utilize a ferramenta Direct Selection e selecione um ponto de ancoragem. Quando a âncora é selecionada, as alças de direção aparecem e você pode reajustar a inclinação do path.

12 Pratique repetindo a criação desses paths na área de trabalho.

13 Escolha File > Save e então escolha File > Close.

Nota: Você pode desfazer uma série de ações – o número de ações desfeitas é limitado apenas pela memória do seu computador – escolhendo Edit > Undo, ou pressionando Ctrl+Z (Windows) ou Command+Z (Mac OS).

Converta pontos curvos em pontos angulares

Ao criar curvas, as alças direcionais ajudam a determinar a inclinação do path. Retornar a um ponto angular exige um pouco mais de esforço. Nessa próxima parte da lição, você vai colocar em prática a conversão dos pontos de curva em pontos angulares.

1 Abra o arquivo L5start_4.ai da pasta Lesson05. Na prancheta superior, é possível ver os paths que você criará. Utilize a prancheta superior como modelo para o exercício. Crie seus paths diretamente sobre os paths que você vê na página. Utilize a prancheta inferior para praticar mais sozinho.

2 Escolha File > Save As. Na caixa de diálogo Save As, navegue até a pasta Lesson05. Digite **path4.ai** no campo de texto File Name. Escolha Adobe Illustrator (.AI) no menu Save As Type (Windows) ou escolha Adobe Illustrator (ai) no menu Format (Mac OS). Na caixa de diálogo Illustrator Options, deixe as configurações padrão como estão e clique em OK.

3 Escolha View > Fit All In Window.

4 Na prancheta superior, utilize a ferramenta Zoom (🔍) e arraste um contorno de seleção ao redor do path A.

5 No painel Control, clique na cor de preenchimento e escolha a amostra None (☒). Então, clique na cor de contorno e certifique-se de que a amostra da cor preta esteja selecionada.

6 Certifique-se de que a espessura do contorno seja 1 pt no painel Control.

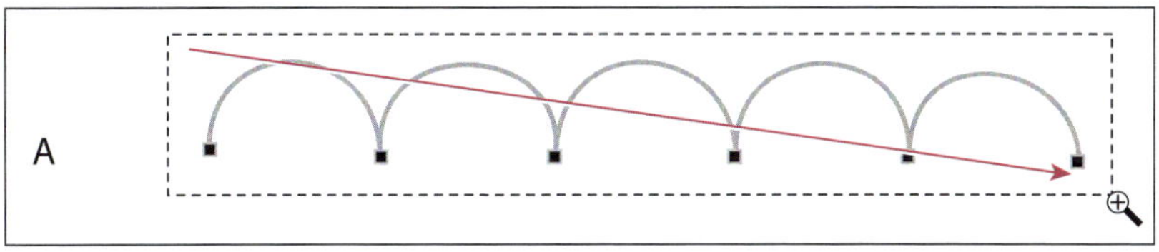

● **Nota:** Pressionar a tecla Shift ao arrastar restringe o ângulo da alça a uma linha reta.

7 Selecione a ferramenta Pen ( ) e, pressionando a tecla Shift, clique no primeiro ponto de ancoragem e arraste-o para cima. Quando a linha de direção estiver um pouco acima do arco, solte o botão do mouse e então a tecla Shift. Clique no segundo ponto de ancoragem e arraste-o para baixo sem soltar o botão do mouse. Enquanto arrasta para baixo, pressione a tecla Shift. Quando a curva parecer correta, solte o botão do mouse e então a tecla Shift.

Agora, você vai dividir as linhas de direção para converter um ponto suave em um ponto angular.

▶ **Dica:** Depois de desenhar um path, você também pode selecionar pontos de ancoragem únicos ou múltiplos e clicar no botão Convert Selected Anchor Points To Corner ( ) ou no botão Convert Selected Anchor Points To Smooth ( ) do painel Control.

8 Pressione a tecla Alt (Windows) ou Option (Mac OS) e posicione o cursor sobre o último ponto de ancoragem criado ou sobre seu ponto de direção inferior. Quando você enxergar o símbolo de circunflexo (^), clique e arraste uma linha de direção para cima. Solte o botão do mouse e então a tecla Alt ou Option. Se não conseguir ver o circunflexo (^), você criará um loop adicional.

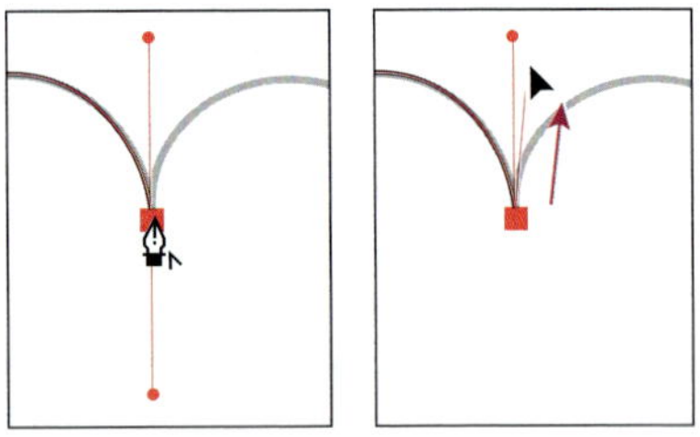

● **Nota:** Se você não clicar exatamente no ponto de ancoragem ou no ponto de direção no fim da linha de direção, uma caixa de aviso aparecerá. Clique em OK e tente novamente.

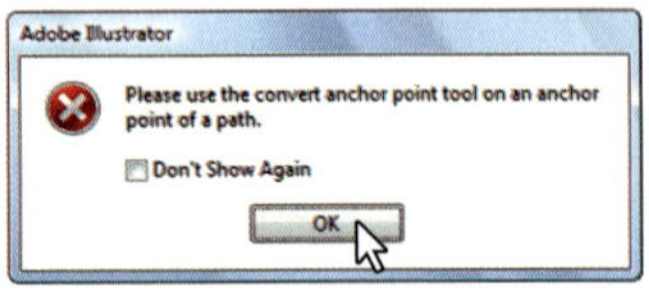

Você pode praticar o ajuste das alças de direção com a ferramenta Direct Selection depois que o path estiver finalizado.

9 Clique no próximo ponto quadrado e arraste-o para baixo. Solte o botão do mouse quando o path parecer correto.

10 Pressione Alt (Windows) ou Option (Mac OS) e, depois que o circunflexo (^) aparecer, arraste para cima o último ponto de ancoragem ou ponto de direção para a próxima curva. Solte o botão do mouse e então a tecla modificadora.

▶ **Dica:** Os passos 11 e 12 mostram como dividir linhas de direção sem soltar o botão do mouse.

11 Para o terceiro ponto de ancoragem, clique no próximo ponto quadrado no path e arraste para baixo até que o path pareça correto. Não solte o botão do mouse.

12 Pressione a tecla Alt (Windows) ou Option (Mac OS) e arraste para cima até a próxima curva. Solte o botão do mouse e depois a tecla modificadora.

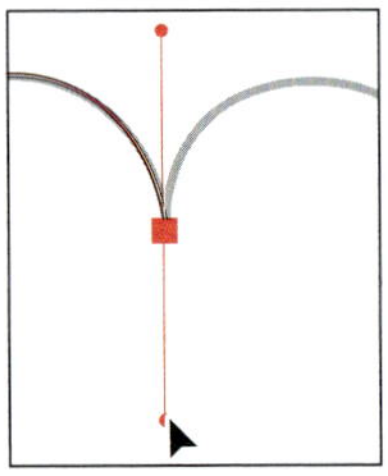
Passo #11

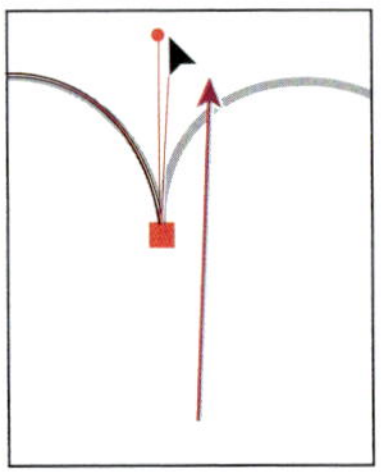
Passo #12

13 Prossiga com esse processo, utilizando a tecla Alt (Windows) ou Option (Mac OS) para criar pontos angulares, até que o path esteja completo. Utilize a ferramenta Direct Selection (↖) para fazer o ajuste fino do path e, então, remova a seleção dele.

14 Escolha File > Save.

A seguir você vai passar de uma linha curva para uma linha reta.

1 Escolha View > Fit Artboard In Window. Você também pode pressionar Ctrl+0 (zero) (Windows) ou Command+0 (Mac OS). Utilize a ferramenta Zoom para arrastar uma seleção ao redor do path B e para expandir sua visualização.

2 Com a ferramenta Pen, clique no primeiro ponto de ancoragem da esquerda e arraste para cima. Então, arraste o cursor para baixo no segundo ponto de ancoragem e solte o botão do mouse quando o arco se igualar ao modelo. Nesse ponto, você já deve estar à vontade com esse método para criar um arco. Passe, agora, da curva para uma linha reta. Pressionar a tecla Shift e clicar não produz uma linha reta, uma vez que esse último ponto é um ponto de ancoragem curvo.

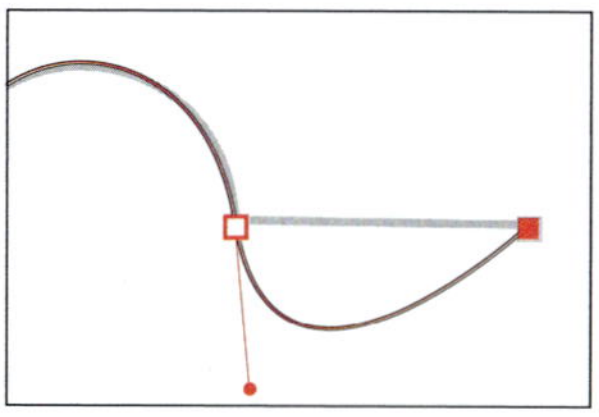

A figura neste passo mostra como o path se pareceria se você simplesmente clicasse com a ferramenta Pen no último ponto.

3 Para criar o próximo segmento como uma linha reta, clique no último ponto criado para excluir uma linha de direção do path, conforme mostra a figura. Clique com a tecla Shift pressionada para configurar o próximo ponto na direita, criando o segmento reto.

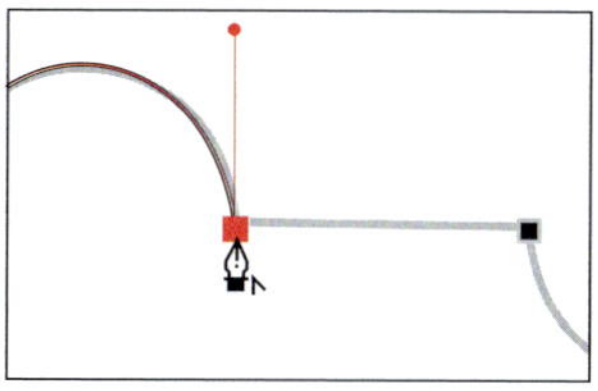

4 Para o próximo arco, posicione o cursor sobre o último ponto criado (veja que o circunflexo aparece) e arraste para baixo a partir daquele ponto. Isso cria uma nova linha de direção.

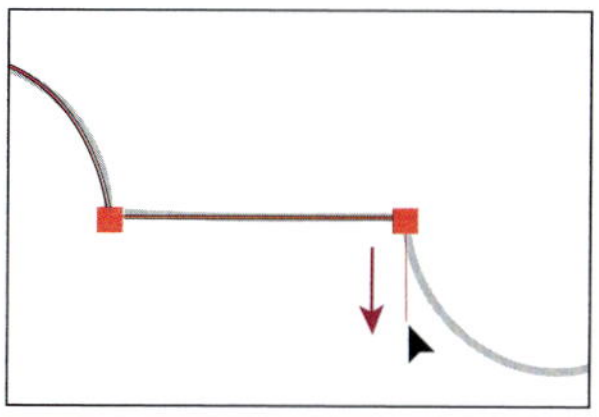

5 Clique no próximo ponto e arraste para cima para completar o arco virado para baixo. Clique no último ponto de ancoragem do arco para remover a linha de direção.

6 Clique com a tecla Shift pressionada no próximo ponto para criar o segundo segmento reto.

7 Clique e arraste o último ponto criado para cima e então clique e arraste para baixo no último ponto para criar o arco final. Pratique repetindo esses paths na parte inferior da prancheta. Utilize a ferramenta Direct Selection para ajustar seu path se necessário.

8 Escolha File > Save e então escolha File > Close.

Crie a ilustração de um violino

A seguir, você vai criar a ilustração de um violino. Você vai usar o que aprendeu nos exercícios anteriores, além de aprender algumas técnicas a mais da ferramenta Pen.

1 Escolha File > Open e abra o arquivo L5end_5.ai da pasta Lesson05, localizada na pasta Lessons.

2 Escolha View > Fit All In Window para ver os produtos acabados. (Utilize a ferramenta Hand ( ) para mover o trabalho para onde você quiser.) Se não quiser deixar a imagem aberta, escolha File > Close.

3 Escolha File > Open e abra o arquivo L5start_5.ai da pasta Lesson05.

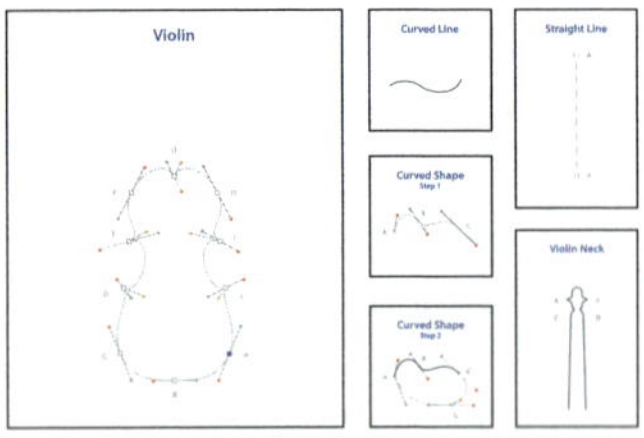

4 Escolha File > Save As, nomeie o arquivo como **violin.ai** e selecione a pasta Lesson05 na caixa de diálogo Save As. Escolha Adobe Illustrator (.AI) no menu Save As Type (Windows) ou escolha Adobe Illustrator (ai) no menu Format (Mac OS) e clique em Save. Na caixa de diálogo Illustrator Options, deixe as opções configuradas no padrão e clique em OK.

5 No painel Control, clique na cor de preenchimento e escolha None ( ) na amostra de cores. Então, clique na cor de contorno e certifique-se de que a amostra de cor preta esteja selecionada.

6 Certifique-se de que a espessura de contorno seja 1 pt no painel Control.

Desenhe curvas

Você vai revisar como criar curvas desenhando o violino, seu braço, as cordas e um path curvo. Você vai examinar uma só curva e então desenhar uma série de curvas juntas utilizando as diretrizes de modelos para ajudá-lo.

Selecione uma curva

1 Escolha Curved Line no menu Artboard Navigation no canto inferior esquerdo da janela Document.

2 Utilizando a ferramenta Direct Selection ( ), clique em um dos segmentos da linha curva para visualizar seus pontos de ancoragem e suas alças de direção, que se estendem a partir dos pontos. A ferramenta Direct Selection permite selecionar e editar segmentos individuais da linha curva.

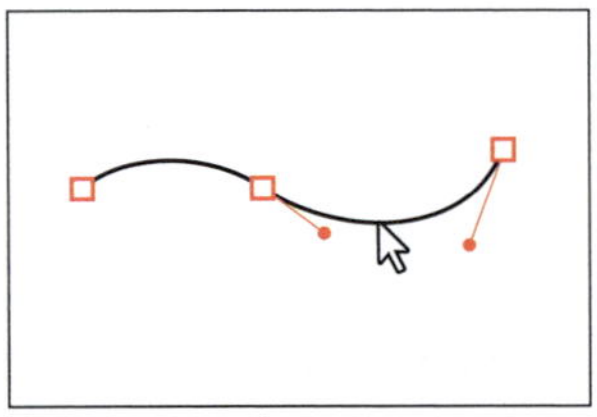

Com uma curva selecionada, você também pode selecionar o contorno e o preenchimento da curva. Ao fazer isso, a próxima linha que você desenhar terá os mesmos atributos. Para mais detalhes sobre esses atributos, consulte a Lição 6, "Cor e pintura".

Desenhe uma superfície curva

A seguir, você desenhará a primeira curva da superfície curva.

1 Escolha 3 Curved Shape step 1 no menu Artboard Navigation no canto inferior esquerdo da janela Document.

Em vez de arrastar a ferramenta Pen (✒) para desenhar uma curva, você vai arrastá-la para configurar o ponto inicial e a direção da curva da linha.

2 Selecione a ferramenta Pen e posicione-a sobre o ponto A do modelo. Arraste do ponto A para o ponto vermelho.

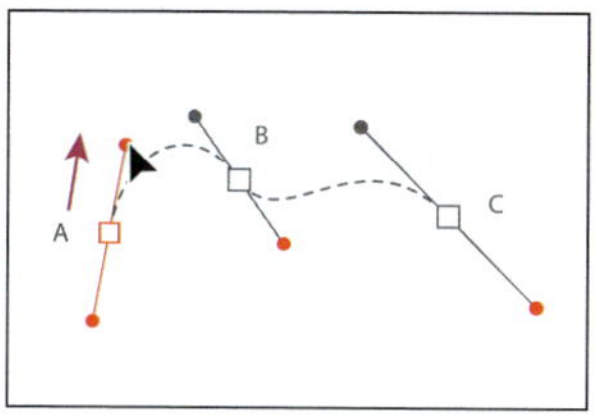

A seguir, você configurará o segundo ponto de ancoragem e suas alças de direção.

3 Arraste com a ferramenta Pen (✒) do ponto B até o próximo ponto vermelho. Os dois pontos de ancoragem são ligados por uma curva que segue as alças de direção que você criou. Observe que, se variar o ângulo ao arrastar, você modificará o grau da curva.

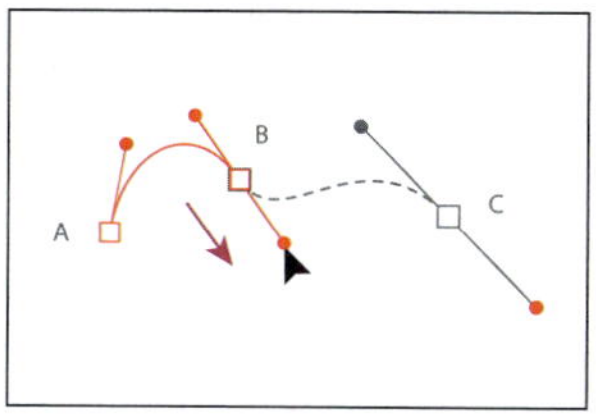

4 Para completar a linha curva, arraste com a ferramenta Pen do ponto C até o último ponto vermelho.

5 Clique pressionando a tecla Control (Windows) ou Command (Mac OS) pressionada longe da linha para terminar o path.

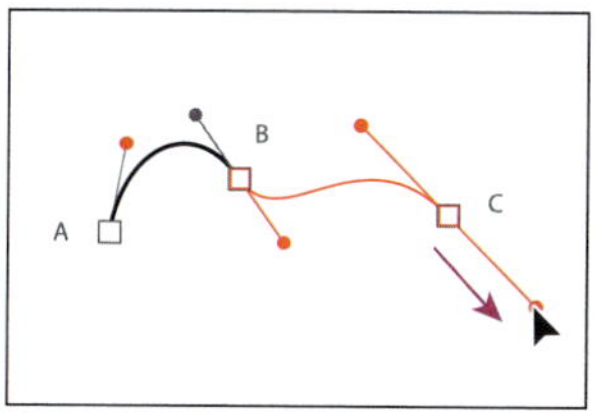

▶ **Dica:** Você também pode terminar um path clicando na ferramenta Pen, pressionando P para o atalho da ferramenta Pen ou escolhendo Select > Deselect.

Desenhe diferentes tipos de curvas

A seguir, você vai finalizar o desenho da forma curva adicionando-a a um segmento curvo existente. Mesmo depois que finalizar um path, você pode voltar à curva e modificá-la. Utilize a tecla Alt (Windows) ou Option (Mac OS) para controlar o tipo de curva que você desenha.

1 Escolha 4 Curved Shape step 2 no menu Artboard Navigation no canto esquerdo inferior da janela Document.

A seguir, você adicionará um ponto angular ao path. Um ponto angular permite alterar a direção da curva. Um ponto suave permite desenhar uma curva contínua.

2 Posicione a ferramenta Pen (✒) sobre o ponto A. A barra (/) ao lado do ícone de caneta indica que você está alinhado com uma âncora e está continuando o path da linha existente, e não iniciando uma nova linha.

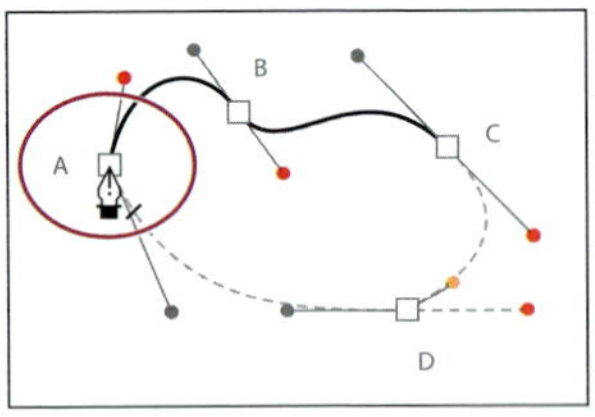

3 Pressione Alt (Windows) ou Option (Mac OS) e observe que a barra de status no canto inferior esquerdo da janela Document exibe Pen: Make Corner. Pressione a tecla Alt (Windows) ou Option (Mac OS) e arraste a ferramenta Pen do ponto de ancoragem A até o ponto cinza. Solte o botão do mouse e então a tecla Alt ou Option.

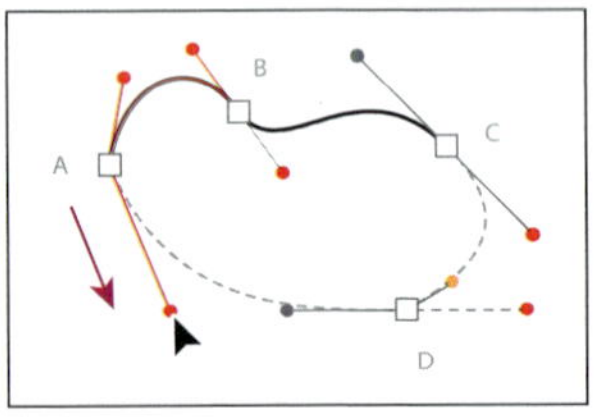

Até aqui, você desenhou curvas que são paths abertos. Agora, desenhe um path fechado em que o ponto de ancoragem final é desenhado no primeiro ponto de ancoragem do path. Exemplos de paths fechados incluem círculos e retângulos.

A seguir, você vai fechar o path utilizando um ponto suave.

4 Com a ferramenta Pen, arraste a partir do ponto D até o ponto vermelho. Pressione a tecla Alt (Windows) ou Option (Mac OS) e arraste a alça de direção partindo do ponto vermelho até o ponto dourado. Solte o botão do mouse e depois a tecla modificadora.

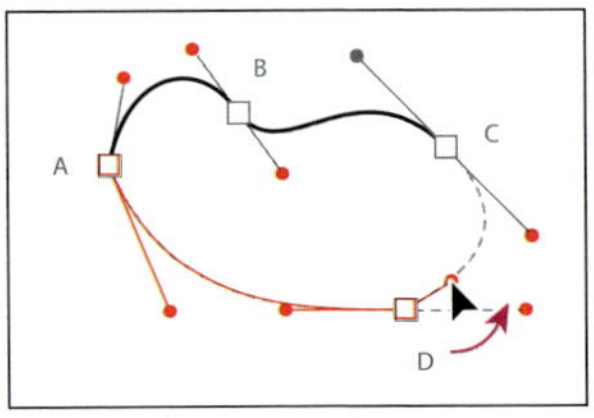

5 Posicione o cursor sobre o ponto de ancoragem C do modelo. Um círculo aberto aparece ao lado da ferramenta Pen (✒o), indicando que você pode clicar para fechar o path. Arraste a partir desse ponto até o ponto cinza no ponto C. Enquanto arrasta, preste atenção aos segmentos de linha em ambos os lados do ponto C.

Observe que as alças de direção que aparecem nos dois lados de um ponto suave onde você pode fechar o path são alinhadas ao longo do mesmo ângulo.

● **Nota:** As linhas de modelo pontilhadas são apenas guias. As formas que você cria não precisam seguir as linhas exatamente.

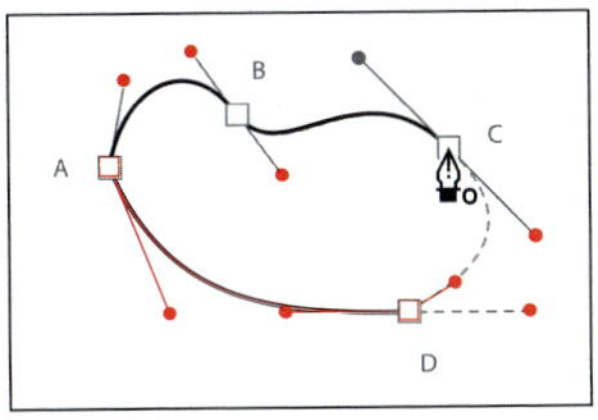

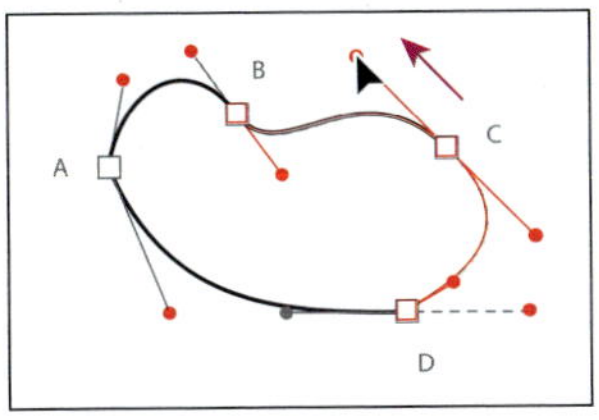

6 Clique com Control (Windows) ou Command (Mac OS) pressionada longe da linha e escolha File > Save.

Desenhe a forma do violino

A seguir, você vai desenhar um único path contínuo com pontos suaves e pontos angulares. Toda vez que quiser alterar a direção de uma curva em um ponto específico, você pressionará a tecla Alt (Windows) ou Option (Mac OS) para criar um ponto angular.

1 Escolha View > Violin para visualizar a imagem ampliada do violino.

Você vai começar desenhando a parte inferior direita do violino criando pontos suaves e pontos angulares.

2 Selecione a ferramenta Pen ( ) no painel Tools. Iniciando no quadrado azul (ponto A), arraste do ponto A até o ponto vermelho para configurar o ponto de ancoragem inicial e a direção da primeira curva.

● **Nota:** Você não precisa começar no ponto azul (ponto A) para desenhar esta forma. Você pode definir pontos de ancoragem para um path com a ferramenta Pen no sentido horário ou anti-horário.

3 Com a ferramenta Pen, comece arrastando a partir do ponto B até o ponto vermelho à esquerda. À medida que você arrasta, mantenha pressionada a tecla Shift. Solte o botão do mouse e então a tecla Shift quando você alcançar o ponto vermelho.

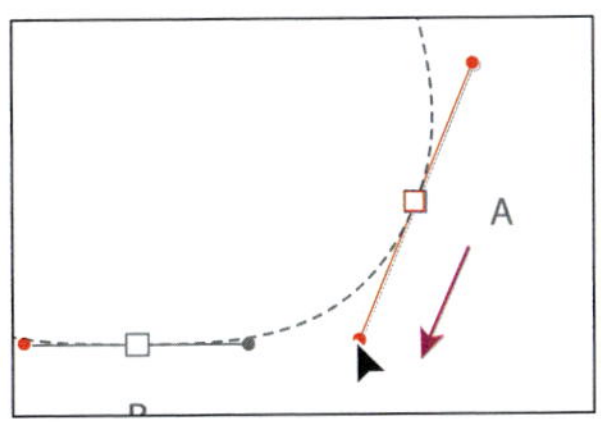

4 Arraste do ponto C até o ponto vermelho.

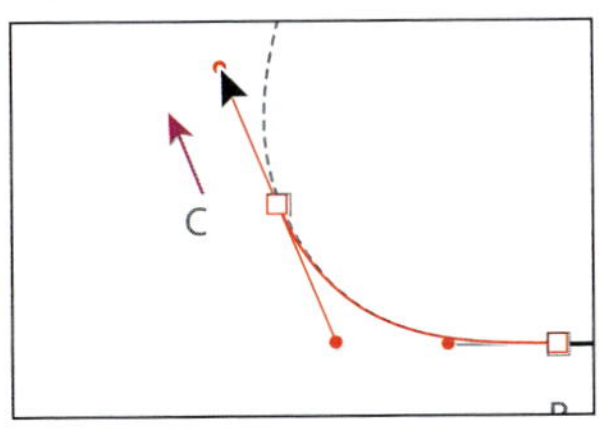

▶ **Dica:** Na etapa 5, você arrasta o cursor primeiro até o ponto vermelho. Isso define a curva anterior. Assim que a curva se igualar ao modelo, pressione Alt ou Option para dividir as linhas de direção, o que permite arrastar a próxima linha de direção para controlar a forma da linha seguinte.

5 Arraste a partir do ponto D até o ponto vermelho. Quando o cursor chegar ao ponto vermelho, pressione a tecla Alt (Windows) ou Option (Mac OS) e arraste do ponto vermelho até o ponto dourado. Solte o botão do mouse e depois a tecla modificadora. Isso divide as alças de direção.

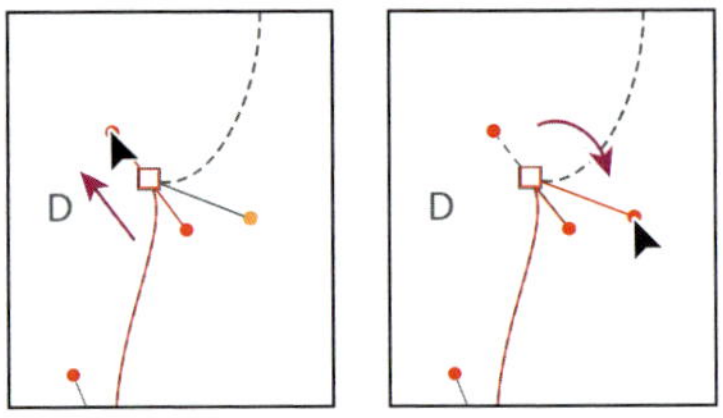

6 Com a ferramenta Pen, arraste do ponto E até o ponto vermelho. Pressione a tecla Alt (Windows) ou Option (Mac OS) e arraste a alça de direção do ponto vermelho até o ponto dourado.

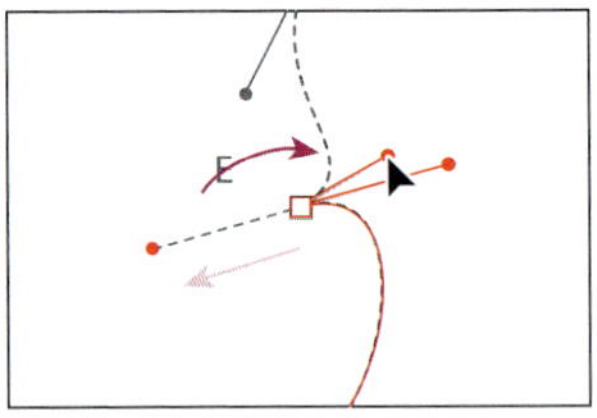

7 Arraste do ponto F até o ponto vermelho.

8 Com a ferramenta Pen, arraste do ponto G até o ponto vermelho. Mantendo o botão do mouse pressionado, pressione a tecla Alt (Windows) ou Option (Mac OS) e arraste a alça de direção partindo do ponto vermelho até o ponto dourado.

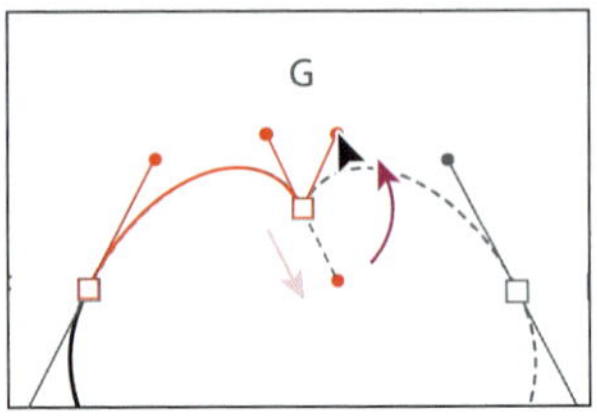

9 Arraste do ponto H até o ponto vermelho.

10 Continue desenhando os pontos I e J arrastando primeiro do ponto de ancoragem para o ponto vermelho e, então, com a tecla Alt (Windows) ou Option (Mac OS) pressionada, arraste a alça de direção do ponto vermelho para o ponto dourado.

A seguir, você vai completar o desenho do violino fechando o path.

11 Posicione a ferramenta Pen sobre o ponto A. Observe que um círculo aberto aparece ao lado do cursor de caneta, indicando que o path se fecha quando você clica.

12 Arraste para baixo e para a esquerda até o ponto vermelho abaixo do ponto A. Observe que, à medida que você arrasta, outra linha de direção aparece acima do ponto. Ao arrastar, você está remodelando o path.

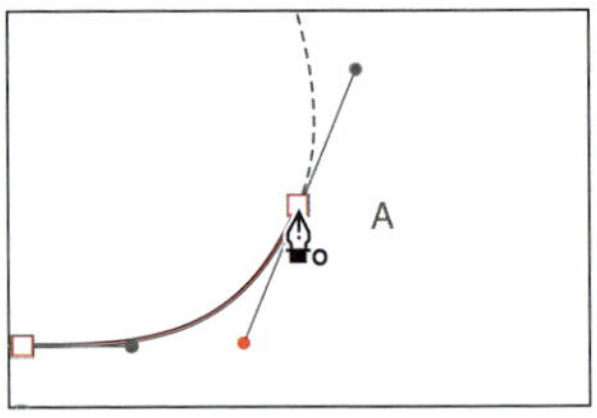

13 Com a tecla Ctrl (Windows) ou Command (Mac OS) pressionada, clique longe do path para remover a seleção dele e, então, escolha File > Save.

▶ **Dica:** A prática com a ferramenta Pen é importante e deve ser observada. Para acelerar o processo de desenho de objetos simétricos e garantir que essa simetria seja perfeita, você deve desenhar uma metade do objeto e então refletir e unir uma cópia. Para aprender mais sobre como refletir objetos, consulte a Lição 4, "Transformando Objetos".

Crie as cordas

Existem muitas maneiras de criar paths em linha reta, inclusive com a ferramenta Pen. Crie uma linha reta para as cordas utilizando a ferramenta Pen. A arte tem uma camada de modelo que permite desenhar diretamente sobre ela.

1 Escolha 5 Strings do menu Artboard Navigation no canto inferior esquerdo da janela Document.

2 Escolha Window > Workspace > Essentials.

3 No painel Control, certifique-se de que None (▨) seja a cor de preenchimento e preto seja a cor de contorno. Além disso, observe que a espessura do contorno tem de ser 1 pt.

● **Nota:** Ao desenhar com a ferramenta Pen, pode ser mais fácil desenhar paths sem nenhum preenchimento selecionado. Você também pode alterar o preenchimento e outras propriedades do path depois de começar a desenhar.

4 Escolha View > Hide Bounding Box para ocultar as caixas delimitadoras dos objetos selecionados. Selecione a ferramenta Pen (✒) e coloque-a no meio do círculo (ponto A) na prancheta. Observe que o cursor tem um x a seu lado, indicando que seu próximo clique inicia um novo contorno.

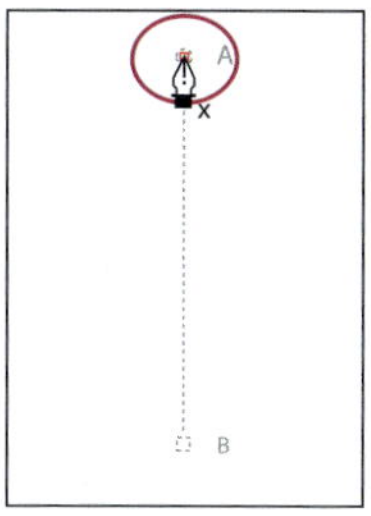

5 Clique no ponto A para criar um ponto de ancoragem inicial, indicado por um quadrado sólido pequeno.

6 Mantendo a tecla Shift pressionada, clique no ponto B para criar um ponto de ancoragem final. A tecla Shift limita a inserção de um ponto de ancoragem a 45°.

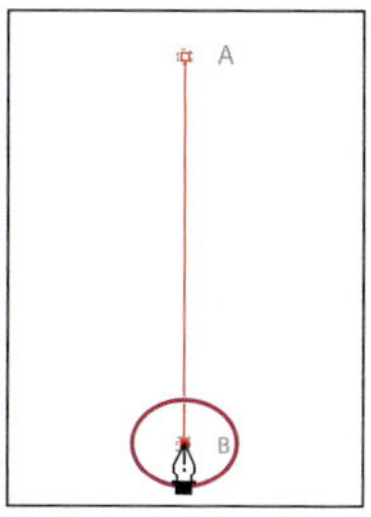

Após clicar para criar o ponto B, um acento circunflexo (^) é exibido ao lado da ferramenta Pen, quando o cursor é posicionado sobre o novo ponto, indicando que você pode criar uma linha de direção arrastando a ferramenta Pen a partir deste ponto de ancoragem. O acento circunflexo desaparece quando você afasta a ferramenta Pen do ponto de ancoragem.

7 Pressione a letra V para alternar para a ferramenta Selection (➤). A linha reta permanece selecionada. Clique em uma área em branco para remover a seleção desta linha antes de desenhar outras linhas que ainda não estejam conectadas a este path.

A seguir, você aumentará a espessura da linha alterando a espessura do contorno.

8 Com a ferramenta Selection, clique na linha que você acabou de desenhar. No painel Control, altere a espessura do contorno para **3** pt. Mantenha o segmento de linha selecionado.

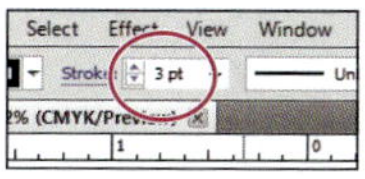

● **Nota:** Se você não conseguir enxergar a opção Stroke Weight no painel Control, clique na linha outra vez, mesmo que ainda esteja selecionada. Isso indica ao Illustrator que você não está mais desenhando. Você pode também expandir o painel Stroke clicando em seu ícone no lado direito da área de trabalho.

Divida um path

Nota: Se você clicar no contorno de uma forma fechada (um círculo, por exemplo) com a ferramenta Scissors, ela corta o path para que fique aberto (um path com duas extremidades).

Para continuar criando as cordas, você vai dividir o path da linha reta utilizando a ferramenta Scissors e então ajustar os segmentos.

1 Com a linha reta selecionada, no painel Tools, clique e mantenha pressionada a ferramenta Eraser (✐) para revelar a ferramenta Scissors (✂). Selecione a ferramenta Scissors e clique a cerca de 2/3 abaixo da linha, para efetuar em um corte.

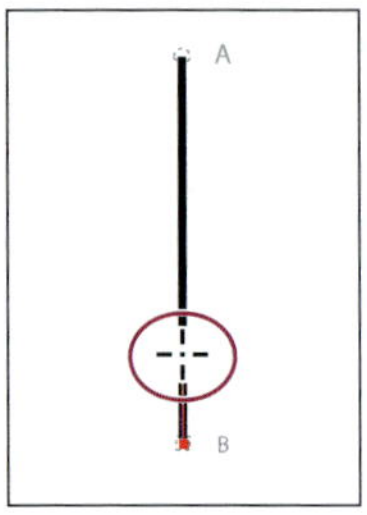

Os cortes feitos utilizando a ferramenta Scissors precisam estar em uma linha ou em uma curva, não em um ponto final.

Quando você clica com a ferramenta Scissors, um novo ponto de ancoragem é exibido, e está selecionado. A ferramenta Scissors na verdade cria dois pontos de ancoragem toda vez que você clica, mas, uma vez que eles estão um sobre o outro, você enxerga apenas um deles.

2 Selecione a ferramenta Direct Selection (↖) e clique na parte superior do path, que agora está dividido, para selecioná-lo e exibir os pontos de ancoragem. Clique para selecionar o ponto de ancoragem inferior do path selecionado. Comece arrastando esse ponto para cima e, à medida que o arrasta, mantenha pressionada a tecla Shift para alargar a lacuna entre os dois segmentos divididos. Mantenha o path superior selecionado.

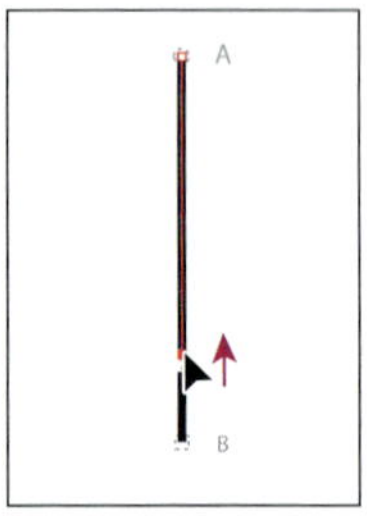

Acrescente pontas de seta

Você pode acrescentar pontas e caudas de seta a paths abertos usando o painel Stroke. Existem diversos estilos de ponta de seta no Illustrator, além de diferentes opções de edição desse elemento.

A seguir você vai acrescentar diferentes pontas de seta a segmentos de linha.

1 Com o segmento de linha ainda selecionado, abra o painel Stroke clicando no ícone do painel Stroke (☰) no lado direito da área de trabalho.

2 No painel Stroke, escolha Arrow 24 diretamente no menu, à direita de Arrowheads. Isso acrescenta uma ponta de seta ao começo (parte superior) da linha.

3 No painel Stroke, altere Scale (abaixo do começo do menu de ponta de seta de linha) para **30%** clicando na palavra Scale, digitando o valor no campo e pressionando Enter ou Return.

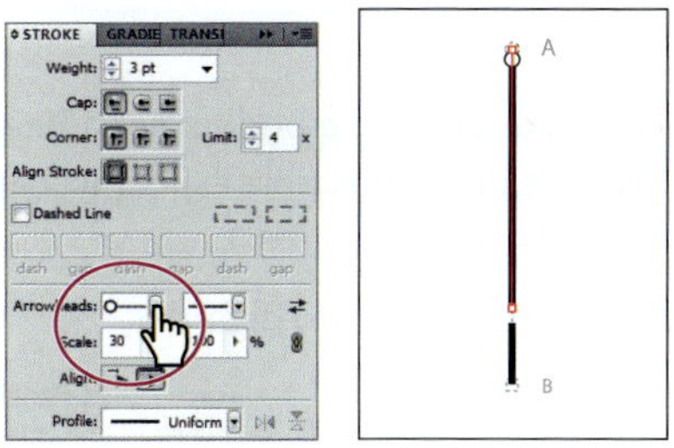

4 Com a ferramenta Selection (↖), clique para selecionar a linha inferior e menor. No painel Stroke, escolha Arrow 22 no menu Arrowheads à direita da palavra "Arrowheads", para acrescentar uma ponta de seta à extremidade da linha, conforme mostra a figura.

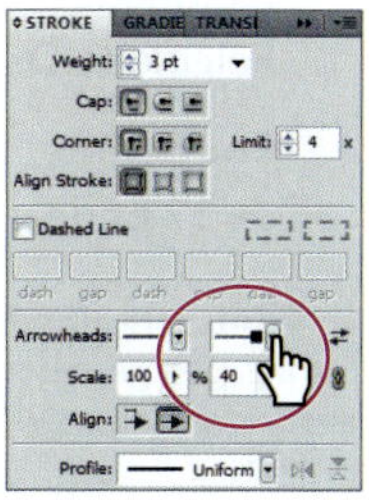

5 No painel Stroke, altere o valor de Scale (abaixo da extremidade do menu em linha das pontas de seta) para **40**% digitando o valor no campo e pressione Enter ou Return.

▶ **Dica:** Clique no botão Swap Start End Arrowheads (⇄) no painel Stroke para trocar de posição as pontas de seta de começo e de fim nas linhas selecionadas.

Observe que as pontas de seta são posicionadas nas extremidades de uma linha, por padrão. A seguir, você estenderá as pontas de seta para além das extremidades dos paths.

▶ **Dica:** O botão Link Start And End Arrowhead (🔗) à direita dos valores de Scale no painel Stroke permite a você unir valores de escala de maneira que, se um for alterado, o outro aumenta à mesma proporção.

6 Com a ferramenta Selection, clique pressionando a tecla Shift para selecionar o segmento de linha superior. Clique no botão Extend Arrow Tip Beyond End of Path (→) abaixo do valor de Scale no painel Stroke.

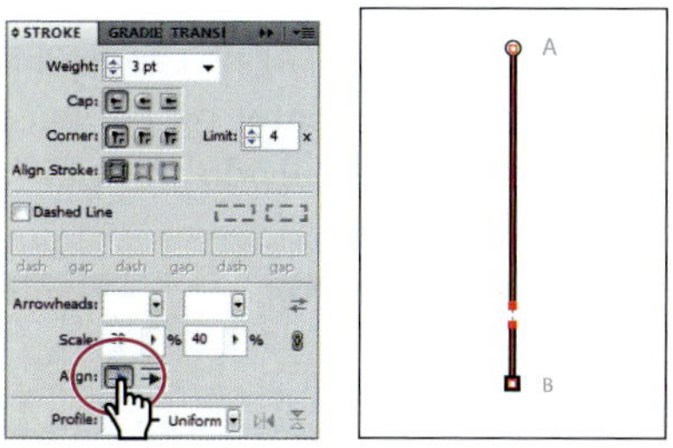

Observe que as pontas de seta em ambas as linhas movem-se ligeiramente além das extremidades das linhas. Mantenha ambas as linhas selecionadas para as próximas etapas.

Crie uma linha pontilhada

Linhas pontilhadas aplicam-se ao contorno de um objeto e podem ser adicionadas a um path fechado ou aberto. Pontilhados são criados pela especificação de uma sequência de traços e as lacunas entre estes.

A seguir você vai acrescentar um pontilhado a um segmento de linha.

▶ **Dica:** O botão Preserve Exact Dash and Gap Lengths ( ) permite conservar a aparência do pontilhado sem ter de alinhar.

1 Com ambos segmentos de linha ainda selecionados, certifique-se de que o botão Butt Cap ( ) esteja selecionado no painel Stroke à direita da palavra Cap. Selecione Dashed Line no centro do painel Stroke.

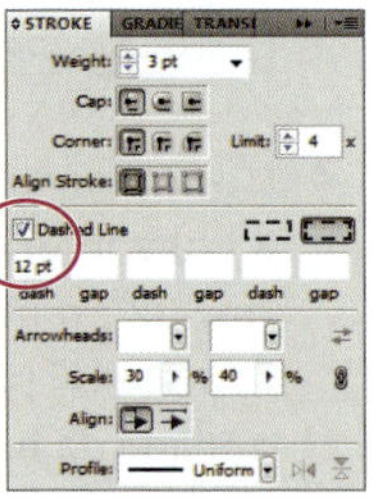

Por padrão, isso cria um padrão pontilhado repetido de 12 pt de pontilhado e 12 pt de lacuna.

▶ **Dica:** Para aprender sobre as opções Cap e Corner no painel Stroke, pesquise por "Change the caps or joins of a line" em Illustrator Help.

A seguir, você vai mudar o tamanho do pontilhado.

2 No painel Stroke, selecione o valor de 12 pt no primeiro campo Dash à esquerda, abaixo da caixa de verificação Dashed Line. Altere o valor para **3** e pressione Enter ou Return para definir o valor.

Isso cria um padrão de linha pontilhada repetido de 3 pt e uma lacuna de 3 pt. A seguir você vai ajustar a lacuna entre cada pontilhado, utilizando o painel Stroke.

3 Posicione o cursor no campo Gap à direita do primeiro valor de Dash. Digite **1** e pressione Enter ou Return para definir o valor. Isso cria um padrão de linha com pontilhado de 3 pt e lacuna de 1 pt.

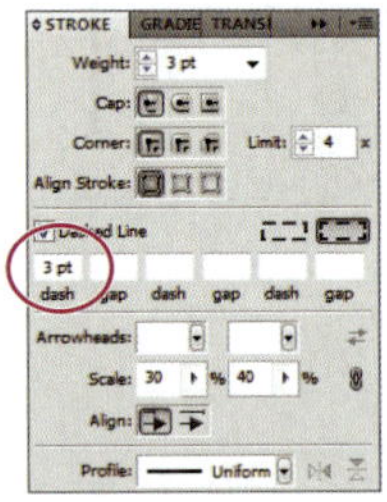
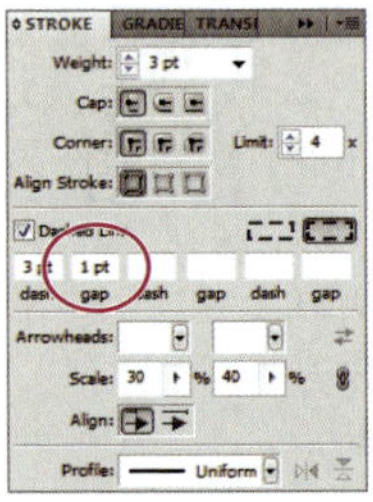
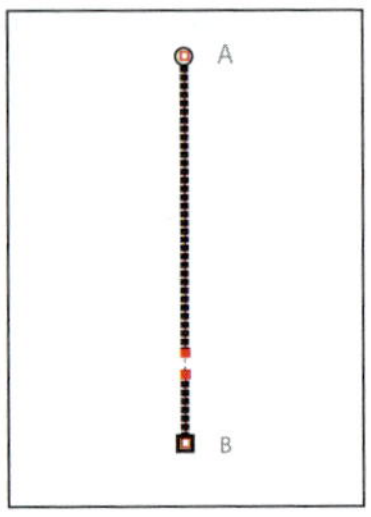

▶ **Dica:** Se você deseja criar um padrão de pontilhado personalizado que tenha diversos tamanhos de pontilhados e lacunas, continue adicionando valores nos próximos campos de pontilhado e lacuna no painel Stroke. Esse padrão será repetido no segmento de linha.

4 Com as duas linhas ainda selecionadas, escolha Object > Group.

5 Escolha Select > Deselect e então File > Save.

Edite curvas

Nesta parte da lição, você vai ajustar as curvas que desenhou, arrastando um dos pontos de ancoragem da curva ou as alças de direção. Você também pode editar uma curva movendo a linha. Também vai ocultar a camada de modelo para que possa editar o path real.

1 Escolha 4 Curved Shape step 2 no menu Artboard Navigation no canto inferior esquerdo da janela Document.

2 Escolha Window > Workspace > Essentials. Então, clique no ícone do painel Layers (◆) no lado direito da área de trabalho para expandir o painel Layers. Clique no ícone Template Layer (⊡) do painel Layers para tornar invisível a camada de modelo.

▶ **Dica:** Para aprender mais sobre camadas, veja a Lição 8, "Trabalhando Com Camadas".

3 Selecione a ferramenta Direct Selection (↖) e clique no contorno da forma curva quando a palavra path aparecer ao lado do cursor.

Clicar com a ferramenta Direct Selection exibe as alças de direção da curva e permite ajustar a forma dos segmentos curvos individuais. Clicar com a ferramenta Selection (↖) seleciona o path inteiro.

4 Clique no ponto de ancoragem que está no topo, um pouco à esquerda do centro na forma curva para selecioná-lo. Pressione a tecla de seta para baixo três vezes a fim de deslocar o ponto para baixo.

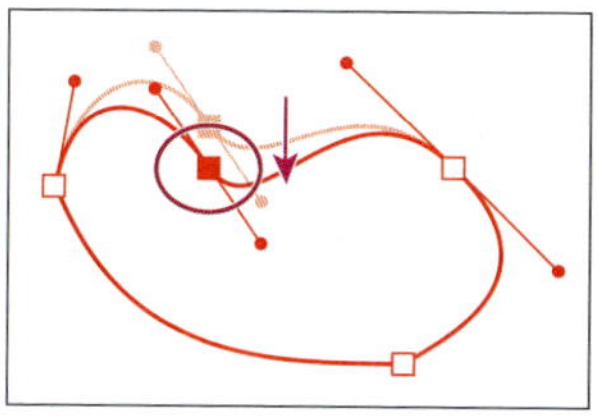

▶ **Dica:** Manter pressionada a tecla Shift e então pressionar uma tecla de seta move o ponto cinco vezes.

● **Nota:** Você também pode arrastar o ponto de ancoragem com a ferramenta Direct Selection.

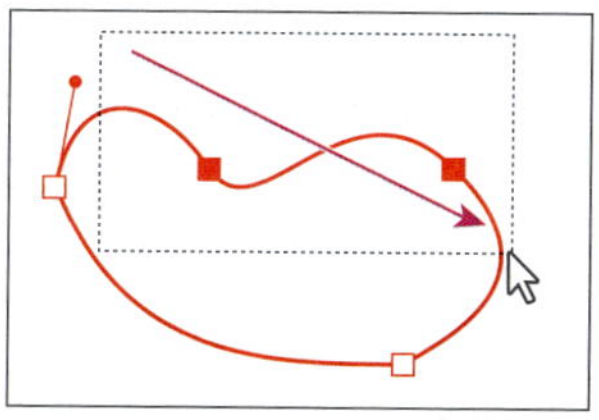

5 Com a ferramenta Direct Selection, arraste o cursor sobre a metade superior da forma para selecionar os dois pontos de ancoragem dessa parte.

Observe que, quando os três pontos estão selecionados, as alças desaparecem.

● **Nota:** Se você não selecionar ambos os pontos na primeira vez, tente arrastá-los outra vez. Se ao menos um dos pontos de ancoragem estiver selecionado, você pode também clicar com a ferramenta Direct Selection, mantendo a tecla Shift pressionada, no outro ponto de ancoragem para adicioná-lo à seleção.

6 No painel Control, clique em Show Handles For Multiple Selected Anchor Points (▪) para ver as linhas de direção dos três pontos. Isso permite editar os pontos de ancoragem em conjunto.

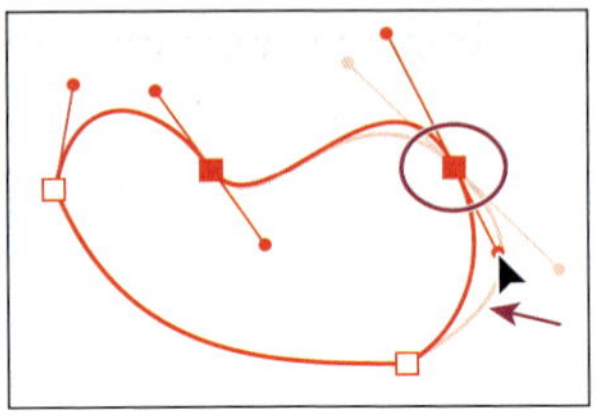

7 Para o ponto selecionado à direita, arraste a alça de controle inferior para cima e para a esquerda a fim de editar a curva.

   À medida que arrasta, observe que as duas linhas de direção se movem. Observe também que você pode controlar o comprimento de cada linha de direção de maneira independente.

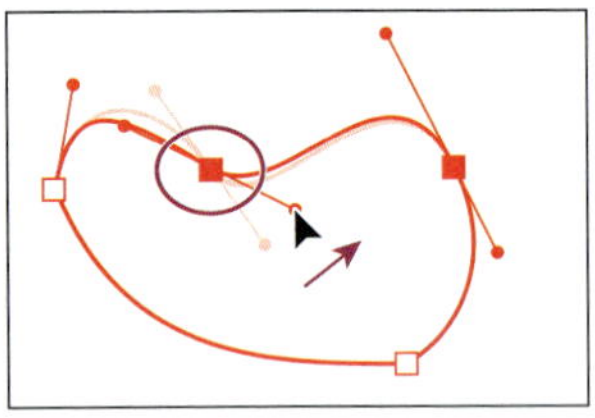

8 Para o ponto selecionado à esquerda, arraste a alça de controle inferior para cima e para a direita para refazer a forma da figura.

9 Escolha Select > Deselect.

10 Escolha File > Save.

Exclua e adicione pontos de ancoragem

É mais fácil trabalhar com paths se você não adicionar pontos de ancoragem além do necessário. Um path com menos pontos é mais fácil de editar, exibir e imprimir. Você pode reduzir a complexidade de um path ou alterar sua forma geral excluindo os pontos desnecessários. Pode também remodelar um path com a adição de pontos a ele.

1 Escolha 1 Violin no menu Artboard Navigation no canto inferior esquerdo da janela Document.

2 Selecione a ferramenta Zoom ( ) no painel Tools e clique uma vez no centro da forma do violino para aumentar o zoom. Você precisará ver o violino por inteiro para as próximas etapas.

3 Selecione a ferramenta Direct Selection ( ) no painel Tools e então clique na margem do violino.

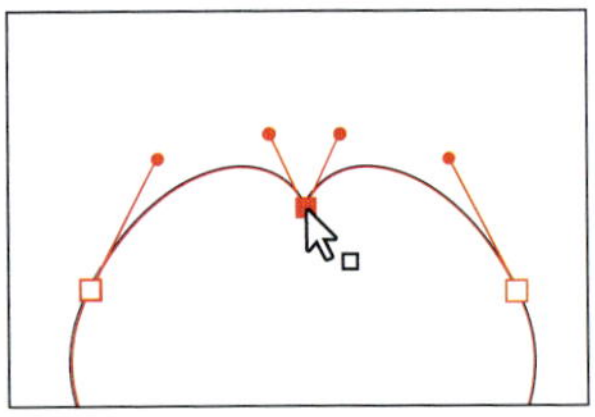

4 Posicione o cursor sobre o ponto no canto superior do violino. Clique para selecionar o ponto de ancoragem.

5 No painel Control, clique em Remove Selected Anchor Points ( ) para excluir o ponto de ancoragem.

6 Com a ferramenta Direct Selection, posicione o cursor sobre a parte superior do path. Clique e comece a arrastar o path para cima para alterar a forma da curva superior. À medida que você arrasta, mantenha pressionada a tecla Shift. Solte o botão do mouse e então a tecla modificadora quando o path estiver reformulado. Mantenha o path selecionado.

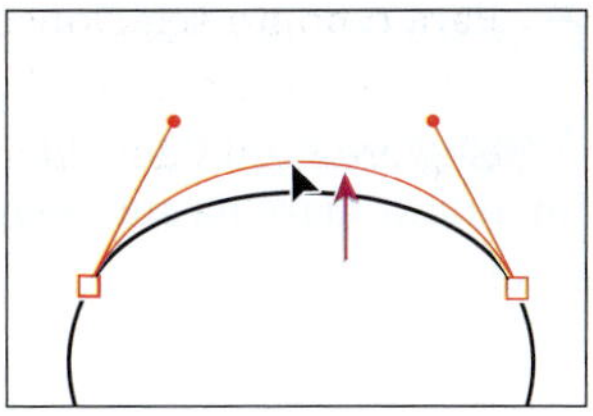

Nota: Não utilize as teclas Delete, Backspace e Clear ou o comando Edit > Cut and Edit > Clear para excluir pontos de ancoragem, porque eles excluem o ponto e os segmentos de linha que ligam esse ponto.

Dica: Você pode também excluir um ponto selecionando a ferramenta Pen e clicando em um ponto de ancoragem.

A seguir você vai adicionar pontos de ancoragem e alterar a forma da parte inferior do violino.

1 Selecione a ferramenta Zoom (🔍) no painel Tools e clique na parte inferior da forma do violino duas vezes para ampliá-lo.

Dica: Outra maneira de adicionar pontos de ancoragem é selecionar a ferramenta Add Anchor Point (✒+) no painel Tools, posicionar o cursor sobre um path e clicar para adicionar um ponto.

2 Selecione a ferramenta Pen (✒) no painel Tools e posicione o cursor sobre o path do violino à direita do ponto de ancoragem inferior. Um sinal de adição (+) aparece à direita do cursor da ferramenta Pen. Clique para adicionar outro ponto ao path.

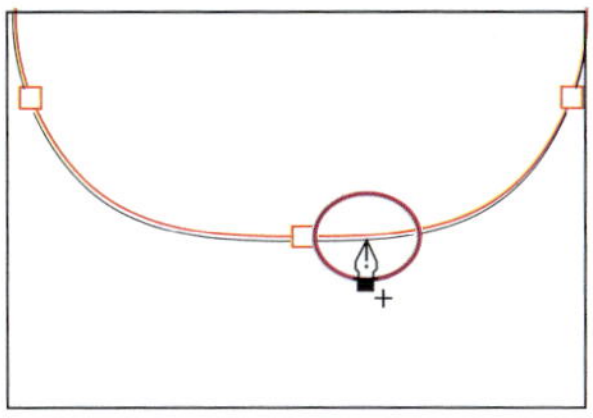

3 Posicione o cursor sobre o path à esquerda do ponto de ancoragem inferior até um sinal de adição (+) aparecer à direita do cursor. Clique para adicionar outro ponto, o que insere três pontos em linha.

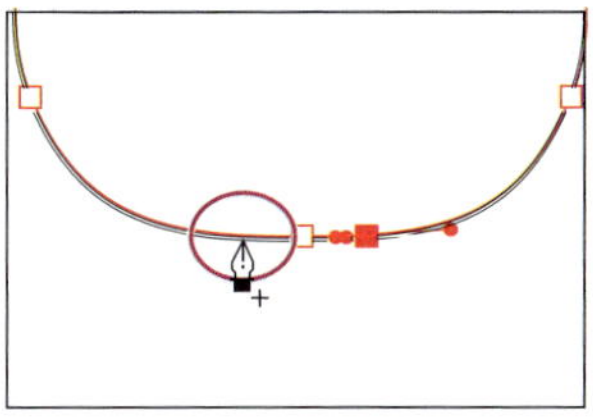

4 Com a ferramenta Direct Selection, clique para selecionar o ponto central inferior. Comece arrastando o ponto para baixo e, à medida que arrasta, mantenha pressionada a tecla Shift. Arraste o ponto apenas um pouco. Solte o botão do mouse e então a tecla modificadora.

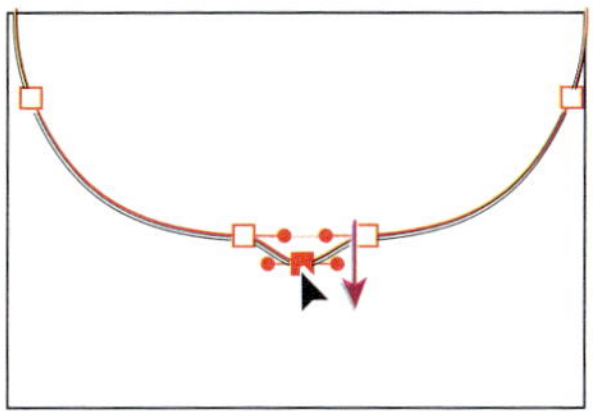

Talvez seja necessário aumentar o zoom.

Dica: Ao adicionar pontos a uma forma que seja simétrica, talvez fique difícil ter certeza de que eles estão a distâncias idênticas em relação ao ponto de centro inferior. Você pode selecionar os pontos e distribuir o espaçamento entre eles com base no ponto de centro inferior. Para aprender mais sobre como distribuir pontos, veja a Lição 2, "Selecionando e Alinhando".

5 Escolha Select > Deselect e então File > Save.

Converta pontos suaves em pontos angulares

A seguir você vai concluir o braço do violino ajustando um path. Vai converter um ponto suave na curva em um ponto angular e um ponto angular em um ponto suave.

1 Escolha 6 Violin Neck no menu Artboard Navigation no canto inferior esquerdo da janela Document.

2 No painel Layers, clique na caixa em branco à esquerda do ícone de encaixe da camada Template ( ) para ativar a visibilidade da camada de modelo outra vez.

3 Com a ferramenta Direct Selection ( ), posicione o cursor sobre o ponto A no lado esquerdo da forma. Quando um quadrado aberto aparecer ao lado do cursor, clique no ponto de ancoragem para selecioná-lo e exibir alças de direção vermelhas.

Nota: Ao arrastar uma alça de direção com a ferramenta Direct Selection, ambas alças permanecem paralelas uma à outra, mas podem ser alongadas ou encurtadas de maneira independente.

4 Com o ponto selecionado, clique no botão Convert Selected Anchor Points To Smooth ( ) no painel Control.

Nota: Você talvez tenha de aumentar a ampliação.

5 Com a ferramenta Selection, mantenha pressionada a tecla Shift, clique e arraste a alça de direção inferior para baixo para alterar a forma da metade inferior da curva. Solte o botão do mouse e então a tecla modificadora.

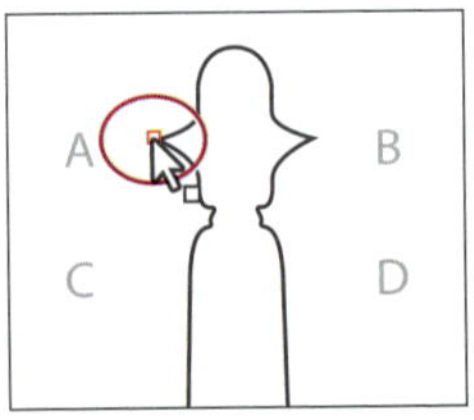

Selecione o ponto.

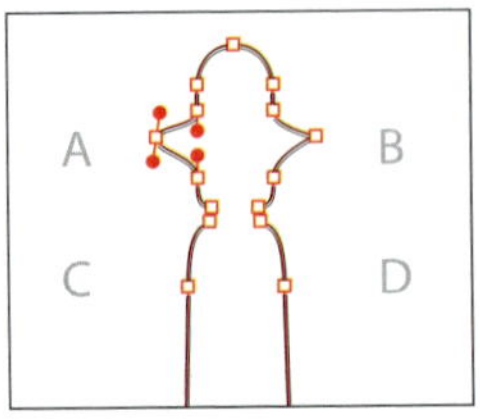

Converta o ponto de ancoragem.

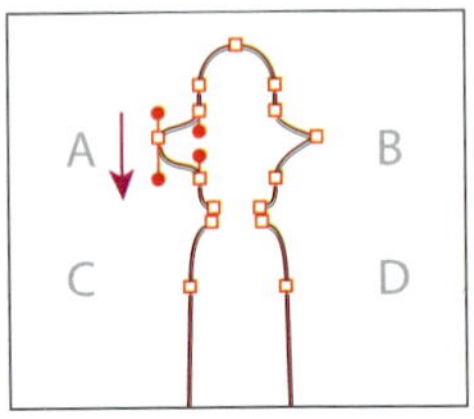

Arraste a alça de direção para baixo.

6 Execute as etapas 3 a 5 no ponto B no lado direito da forma.

7 Com a ferramenta Direct Selection, clique no ponto à direita da letra C para selecioná-lo. Com o ponto selecionado, clique no botão Convert Selected Anchor Points To Corner ( ) no painel Control.

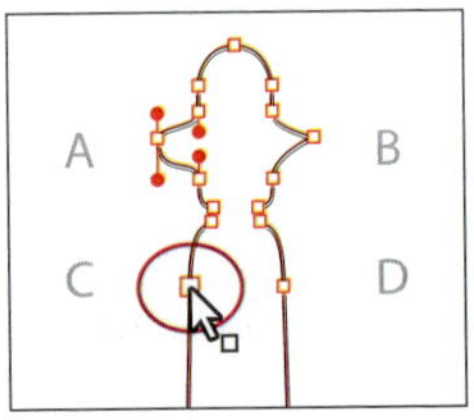

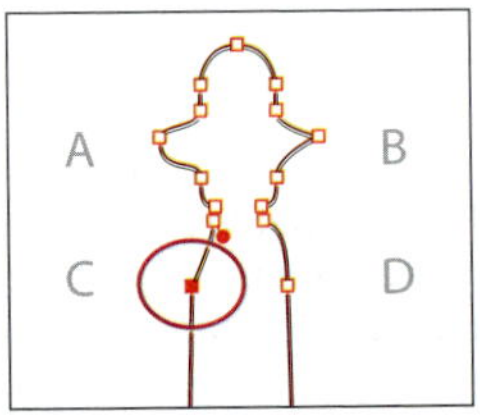

8 Repita a etapa 7 no ponto D.

9 Com a ferramenta Direct Selection (), clique para selecionar o ponto superior da mão do violino. No painel Control, clique no botão Cut Path At Selected Anchor Points (). Escolha Select > Deselct.

10 Com a ferramenta Selection (), mantenha pressionada a tecla Shift e arraste o lado direito da mão um pouco para a direita. Solte o botão do mouse e então a tecla modificadora. Isso cria uma lacuna entre os dois paths abertos.

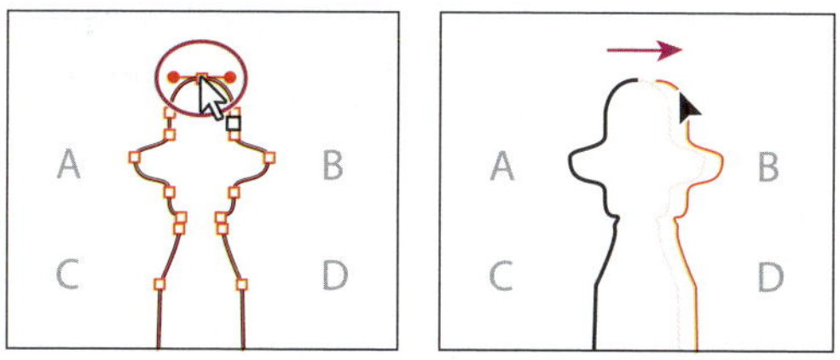

11 Com a ferramenta Direct Selection, arraste uma pequena seleção entre os dois pontos dos dois paths. Então, clique no botão Connect Selected End Points () no painel Control para criar uma linha reta ao longo da parte superior.

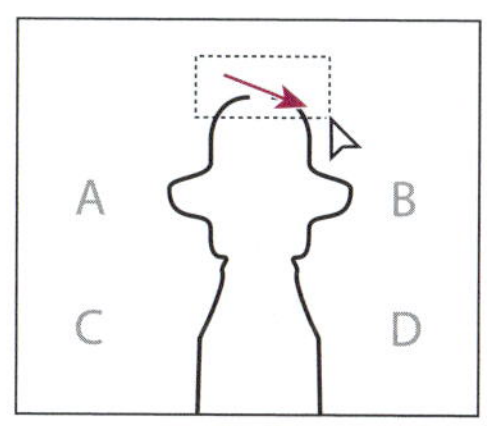

12 Selecione a ferramenta Selection no painel Tools e então clique no path para selecioná-lo (mesmo que pareça selecionado). Escolha Object > Path > Join para unir as extremidades abertas na base do braço. Mantenha a forma selecionada.

A seguir você vai arredondar a base da forma utilizando a ferramenta Convert Anchor Point.

13 Selecione a ferramenta Convert Anchor Point (), aninhada na ferramenta Pen no painel Tools.

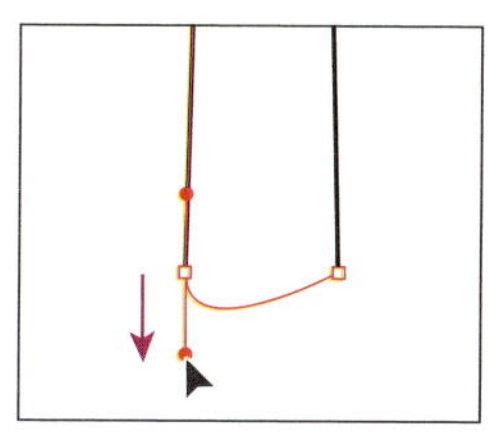

14 Arraste o ponto inferior esquerdo da forma do braço para baixo. À medida que arrasta, mantenha pressionada a tecla Shift para restringir o movimento. Solte o botão do mouse e então a tecla modificadora.

● **Nota:** Certifique-se de pressionar a tecla Shift APÓS começar a arrastar para longe do ponto.

A ferramenta Convert Anchor Point permite também converter pontos suaves em pontos angulares e vice-versa, entre outros recursos.

15 Arraste o canto inferior direito da forma do braço para cima, mantendo pressionada a tecla Shift enquanto arrasta, para formar um ponto suave. Isso faz a parte inferior da forma ficar arredondada. Solte o botão do mouse e então a tecla modificadora.

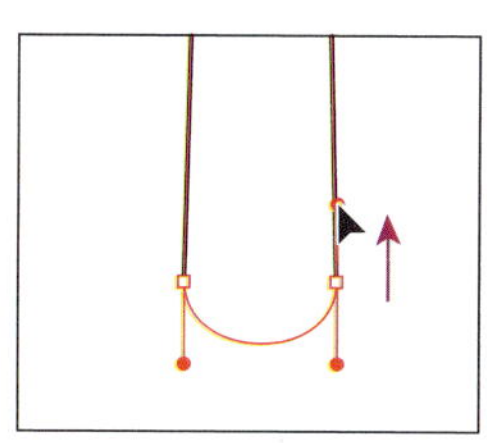

● **Nota:** Conforme mencionado anteriormente neste capítulo, se você não clicar exatamente sobre o ponto, uma caixa de diálogo de alerta pode ser exibida.

16 Choose Select > Deselect e então escolha File > Save.

Desenhe com a ferramenta Pencil

A ferramenta Pencil (✎) permite desenhar paths abertos e fechados, como se você estivesse usando lápis para desenhar no papel. Os pontos de ancoragem são criados pelo Illustrator e posicionados no path à medida que você desenha. Entretanto, você pode ajustar os pontos quando o path estiver completo. O número de pontos de ancoragem especificado é determinado pelo comprimento e pela complexidade do path e pelas configurações de tolerância na caixa de diálogo Pencil Tool Options. A ferramenta Pencil é melhor para desenhar formas livres e criar formas mais orgânicas.

A seguir, você vai desenhar algumas linhas que serão o apoio para o queixo na forma curva que você desenhou anteriormente.

1 Escolha View > 4 Curved Shape step 2 no menu Artboard Navigation no canto inferior esquerdo da janela Document.

2 No painel Layers, clique no ícone Template Layer (⧉) para ocultar a camada de modelo. Clique no ícone do painel Layers para minimizar o painel.

3 Dê um duplo clique na ferramenta Pencil (✎) do painel Tools. Na caixa de diálogo Pencil Tool Options, arraste o controle deslizante Smoothness para a direita até que o valor seja 100%. Isso reduz o número de pontos nos paths desenhados com a ferramenta Pencil e os faz parecerem mais suaves. Clique em OK.

4 Com a ferramenta Pencil selecionada, clique na cor do contorno no painel Control e selecione preto no painel Swatches. Feito isso, clique na cor de preenchimento no painel Control e escolha None (⧄).

● **Nota:** As cores talvez já estejam definidas para o contorno e o preenchimento.

5 Posicione o ponteiro no interior da forma curva, no lado esquerdo da forma. Quando você vir um x à direita do cursor, arraste para criar um arco no interior da forma curva a partir do lado esquerdo na direção do lado direito. Observe a posição e a forma da figura.

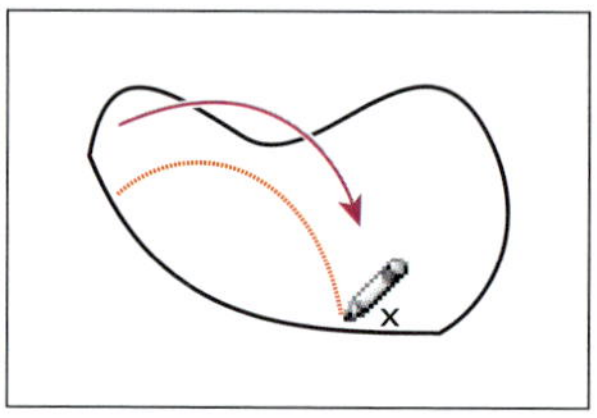

O x que aparece à direita do cursor antes de você começar a desenhar indica que você está prestes a criar um novo path. Se você não estiver enxergando esse x, isso significa que você está prestes a redesenhar uma forma próxima ao cursor. Se necessário, mova o cursor para mais além da borda da forma curva.

▶ **Dica:** Para criar um path fechado, como um círculo, selecione a ferramenta Pencil e pressione tecla Alt (Windows) ou Option (Mac OS). A ferramenta Pencil exibe um pequeno círculo para indicar que você está criando um path fechado. Quando o path estiver do tamanho e da forma desejada, solte o botão do mouse, mas não solte a tecla Alt ou Option antes de o path se fechar. Os pontos de ancoragem iniciais e finais são conectados com a linha mais curta possível.

Observe que, enquanto você desenha, o path talvez não pareça perfeitamente suave. Ao soltar o botão do mouse, o path é suavizado com base no valor Smoothness que você configura na caixa de diálogo Pencil Options.

6 Posicione o cursor sobre a extremidade direita do path recém-criado. Observe que o x não aparece mais ao lado do cursor da ferramenta Pencil, o que indica que, se arrastar para começar a desenhar, você editará o path em vez de desenhar um novo path.

Agora, configure mais opções da ferramenta Pencil e então desenhe outra curva à direita da linha curva que você acabou de desenhar.

7 Dê um duplo clique na ferramenta Pencil (✐) do painel Tools.

8 Na caixa de diálogo Pencil Tool Options, desmarque Edit Selected Paths. Altere o valor de Fidelity para **10** pixels. Clique em OK.

▶ **Dica:** Quanto maior o valor de Fidelity, maior a distância entre os pontos de ancoragem e menor o número de pontos de ancoragem criados. Um número menor de pontos de ancoragem podem tornar o path mais suave e menos complexo.

9 Com a ferramenta Pencil, clique na extremidade do path curvo anterior e arraste para a direita para desenhar outra forma de arco.

10 Escolha Select > Deselect.

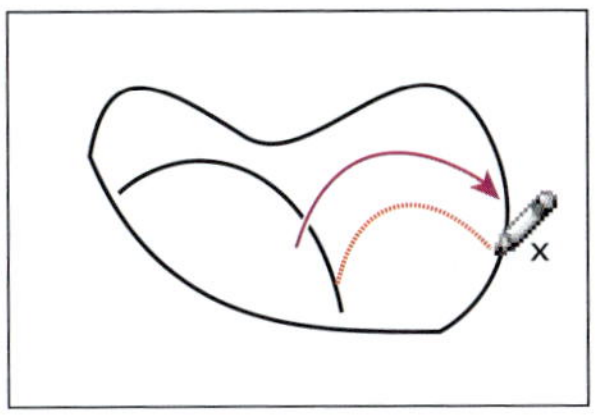

Edite com a ferramenta Pencil

Você também pode editar paths utilizando a ferramenta Pencil e adicionar livremente formas e linhas a qualquer forma.

A seguir você vai editar a forma curva utilizando a ferramenta Tool.

1 Com a ferramenta Selection (➤), selecione o path curvo fechado (não os arcos).

2 Dê um duplo clique na ferramenta Pencil. Na caixa de diálogo Pencil Tool Options, clique em Reset. Observe se a opção Edit Selected Paths está selecionada (isso é importante para os próximos passos). Mude Fidelity para **10** e Smoothness para **30%.** Clique em OK.

▶ **Dica:** Para mais informações sobre as opções Pencil Tool, pesquise "pencil tool options" em Illustrator Help.

3 Posicione a ferramenta Pencil no lado esquerdo superior do path curvo (não no ponto) e observe o x desaparecer do cursor. Isso indica que você está prestes a redesenhar o path selecionado.

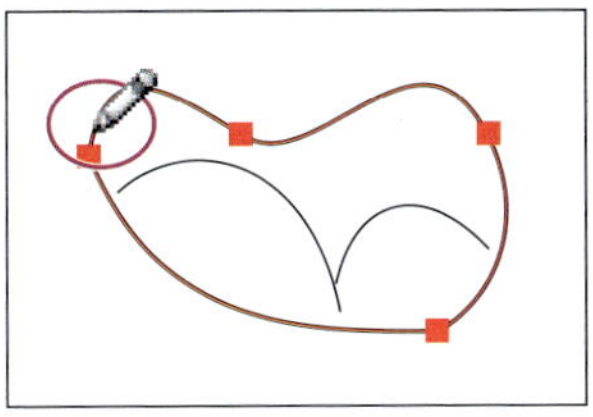

● **Nota:** Dependendo de onde você começa a redesenhar o path e em que direção você arrasta, os resultados talvez não sejam os esperados. Tente refazer o desenho, se isso acontecer.

▶ **Dica:** Se a forma não se parece com o que você quer, você pode escolher Edit > Undo com a ferramenta Tool outra vez sobre a mesma área.

4 Arraste para cima e para a direita para editar a curva do path. Quando o cursor retornar ao path, solte o botão do mouse para ver a forma.

5 Escolha Select > All On Active Artboard.

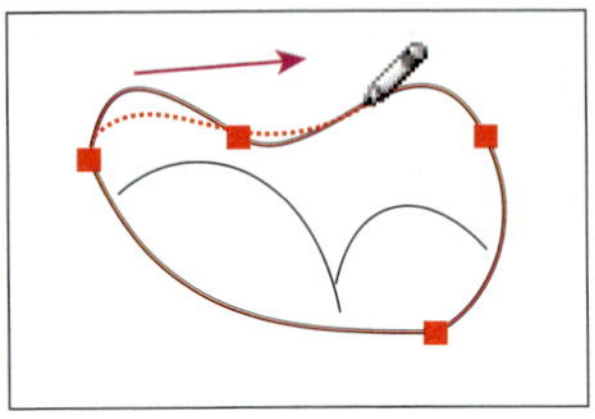

● **Nota:** Seu path curvo talvez não fique exatamente como o que você vê na figura acima. Não tem problema. Se você quiser, edite o path outra vez utilizando a ferramenta Pencil.

6 Escolha Object > Group.

7 Com o grupo selecionado, dê um duplo clique na ferramenta Scale (), no painel Tools. Na caixa de diálogo Scale exibida, altere Uniform Scale para **70%** e clique em OK.

8 Escolha Select > Deselect e então File > Save.

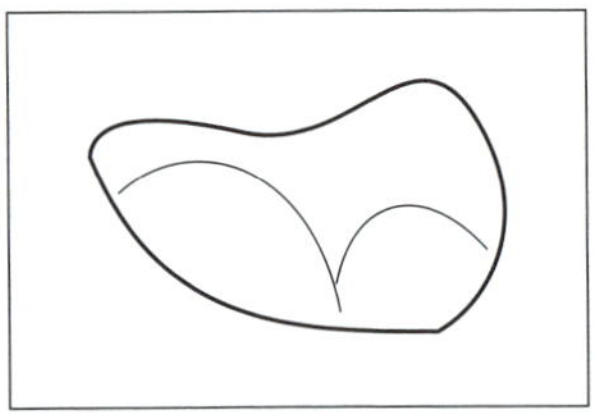

Finalize a ilustração do violino

Para completar a ilustração, você fará algumas modificações menores, vai montar e pintar os objetos.

Monte as partes

1 Escolha View > Fit All In Window. Escolha Essentials do seletor na área de trabalho na barra Applications.

2 Escolha View > Show Bounding Box para que possa ver as caixas delimitadoras dos objetos selecionados enquanto os transforma.

● **Nota:** Talvez seja mais fácil arrastar o grupo de formas curvas arrastando um path em vez de tentar arrastar a forma a partir de seu centro, uma vez que ele não tem preenchimento.

3 Selecione a ferramenta Selection () no painel Tools e mova o grupo de formas curvas que você acabou de editar para a parte esquerda inferior do violino, conforme mostra a figura.

4 Mantenha a tecla Shift pressionada e clique na borda da forma do violino para selecionar ambas as formas e então escolha Object > Group.

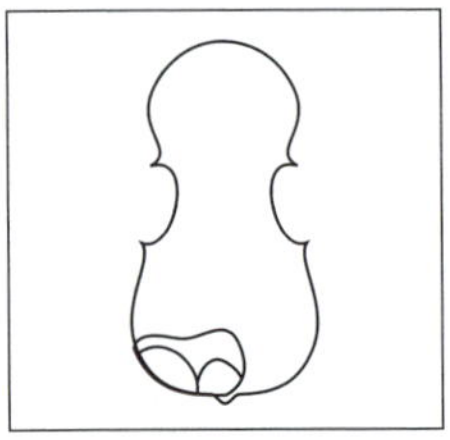

5 Escolha Object > Lock > Selection.

6 Com a ferramenta Selection, mova o braço do violino para a parte superior do corpo do violino. Utilizando as réguas como guia, posicione o braço a uma polegada da parte superior da prancheta e alinhe-a o mais próximo possível do centro do corpo do violino.

7 Com o braço do violino ainda selecionado, escolha Object > Arrange > Bring to Front.

8 Selecione a ferramenta Direct Selection () no painel Tools e arraste um contorno de seleção pela base do braço. Mantenha pressionada a tecla Shift,

arraste um dos pontos inferiores do espelho para baixo. Solte o botão do mouse e depois a tecla modificadora. Veja a figura para ter uma ideia aproximada do comprimento.

9 Escolha Object > Lock > Selection.

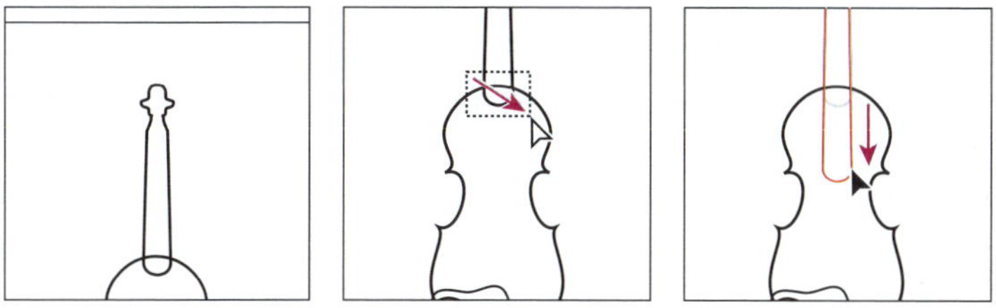

10 Com a ferramenta Selection, arraste o grupo de linhas pontilhadas (da prancheta 5 Strings) para o centro da forma do violino. Arraste de maneira que a base da linha pontilhada fique sobre a forma curva e na margem esquerda do braço do violino. Veja a figura para ter uma noção das posições.

11 Escolha Object > Arrange > Bring To Front.

12 Selecione a ferramenta Direct Selection no painel Tools. Clique para selecionar o ponto superior do grupo de linhas pontilhadas. Comece arrastando o ponto superior do grupo de linhas pontilhadas para cima. Enquanto arrasta, mantenha pressionada a tecla Shift e arraste até o ponto ficar um pouco abaixo do espelho do violino. Solte o botão do mouse e então a tecla.

13 Com a ferramenta Selection, clique para selecionar o grupo de linhas pontilhadas. Dê um duplo clique na ferramenta Selection no painel Tools para abrir a caixa de diálogo Move.

14 Na caixa de diálogo Move, altere Horizontal para **0.1** in e certifique-se de que o valor para Vertical seja **0**. Clique em Copy e mova o grupo de linhas pontilhadas para a direita.

15 Com o grupo de linhas copiadas ainda selecionado, escolha Object > Transform > Transform Again duas vezes até haver 4 grupos de linhas pontilhadas.

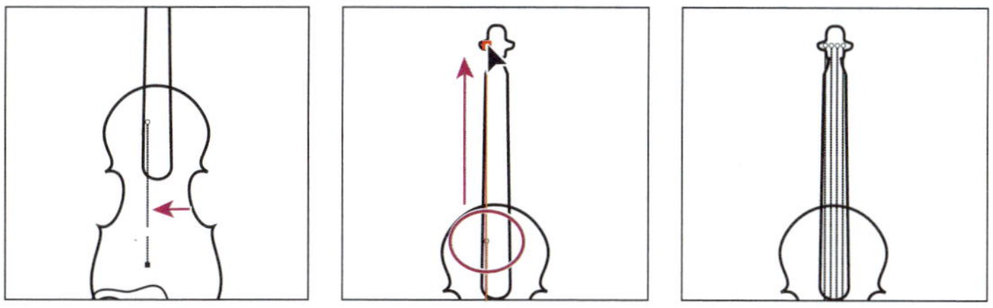

Arraste o grupo de linhas para o lugar certo. | Arraste para alterar a forma da linha. | Copie o grupo de linhas.

16 Escolha Select > All On Active Board e então Object Group.

17 No painel Control, altere a espessura do contorno para **1** pt.

18 Selecione a ferramenta Zoom (🔍) no painel Tools e clique três vezes na parte inferior dos grupos de linhas pontilhadas.

19 Selecione a ferramenta Rectangle no painel Tools. Clique em qualquer local na arte. Na caixa de diálogo Rectangle, altere Width para **0.5 in** e Height para **0.18 in**. Clique em OK.

20 Com o retângulo exibido na página e selecionado, pressione a letra D para definir a forma para o valor-padrão de contorno e preenchimento.

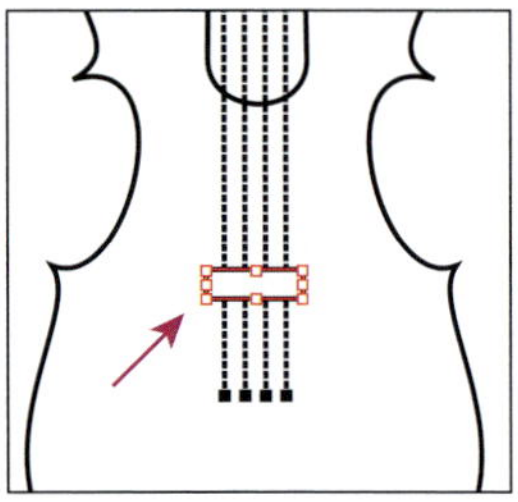

● **Nota:** Talvez seja necessário ajustar a altura do retângulo para que ele se encaixe na lacuna entre suas linhas tracejadas com mais precisão.

21 Com a ferramenta Selection, arraste o retângulo para onde você cortou as linhas pontilhadas. Veja a figura para ter uma ideia da posição.

22 Escolha View > Fit Artboard In Window.

23 Escolha Object > Unlock All e então Select > All On Active Board.

24 No painel Control, escolha Align To Artboard (▣) e então clique em Horizontal Align Center (⊥).

● **Nota:** Se você não enxergar as opções de alinhamento no painel Control, clique na palavra Align ou escolha Window > Align.

25 Escolha Select > Deselect e então File > Save.

Pinte o trabalho

Na ilustração, os preenchimentos estão pintados com cores personalizadas, chamadas Violin, Neck e Gray, fornecidos no painel Swatches. Para saber mais sobre as opções de pintura no Illustrator, consulte a Lição 6, "Cor e Pintura".

● **Nota:** Para alterar a cor da forma curva, dê um duplo clique para entrar no modo de isolamento e alterar a cor. Então pressione a tecla Esc para sair.

1 Com a ferramenta Selection (↖), selecione o objeto e então altere a cor de preenchimento no painel Control. Aplique a amostra chamada Violin à forma do violino, Gray ao retângulo e ao grupo de formas curvas e Neck à forma do braço.

2 Escolha File > Save e mantenha o arquivo aberto se você planeja explorar por conta própria.

Explore por conta própria

Para praticar mais com a ferramenta Pen, tente vetorizar imagens com ela. À medida que praticar com a ferramenta Pen, você vai ficar mais eficiente em desenhar os tipos de curvas e formas que quer.

1 Abra o arquivo practice.ai na pasta Lesson05, localizada na pasta Lessons em seu disco rígido.

2 Selecione a ferramenta Pen (✒) e comece a utilizar as técnicas que você aprendeu nesta lição a fim de recriar a forma em S utilizando a forma cinza como guia.

3 Crie duas cópias da forma e cole-as no violino. Uma delas terá de ser refletida selecionando a forma e dando um duplo clique na ferramenta Reflect (⧎) no grupo Rotate no painel Tools.

4 Escolha File > Save e então File > Close.

Perguntas de revisão

1 Descreva como desenhar linhas retas horizontais, verticais ou diagonais utilizando a ferramenta Pen.

2 Como você desenha uma linha curva com a ferramenta Pen?

3 Como você desenha um ponto angular em uma linha curva?

4 Identifique duas maneiras de converter um ponto suave de uma curva em um ponto angular.

5 Qual ferramenta você utilizaria para editar um segmento em uma linha curva?

6 Como você pode alterar o modo como a ferramenta Pencil funciona?

Respostas

1 Para desenhar uma linha reta, clique duas vezes com a ferramenta Pen. O primeiro clique configura o ponto de ancoragem inicial e o segundo clique configura o ponto de ancoragem final da linha. Para restringir o movimento à uma linha reta vertical, horizontal ou ao longo de uma diagonal de 45°, pressione a tecla Shift ao clicar com a ferramenta Pen.

2 Para desenhar uma linha curva com a ferramenta Pen, clique para criar o ponto de ancoragem inicial e configurar a direção da curva e, então, clique para finalizar a curva.

3 Para desenhar um ponto angular em uma linha curva, pressione Alt (Windows) ou Option (Mac OS) e arraste a alça de direção no ponto final da curva para alterar a direção do path e, então, continue arrastando para desenhar o próximo segmento curvo no path.

4 Utilize a ferramenta Direct Selection para selecionar o ponto de ancoragem e, então, utilize a ferramenta Convert Anchor Point para arrastar uma alça de direção a fim de alterar sua direção. Outro método é escolher um ponto ou vários pontos com a ferramenta Direct Selection e então clicar em Convert Selected Anchor Points To Corner (⊤) no painel Control.

5 Para editar um segmento em uma linha curva, selecione a ferramenta Direct Selection e arraste o segmento para movê-lo, ou arraste uma alça de direção em um ponto de ancoragem para ajustar o comprimento e a forma do segmento.

6 Clique duas vezes na ferramenta Pencil para abrir a caixa de diálogo Pencil Tool Options, onde você pode alterar suavidade, fidelidade, etc.

6 COR E PINTURA

Visão geral da lição

Nesta lição, você vai aprender a:

- Utilizar modos e controles de cor
- Criar, editar e pintar com cores utilizando o painel Control e atalhos
- Atribuir nomes e salvar cores, criar grupos de cores e construir uma paleta de cores
- Utilizar o painel Color Guide e os recursos Edit Colors/Recolor Artwork
- Copiar atributos de pintura e de aparência de um objeto para outro
- Criar e pintar com padrões
- Trabalhar com Live Paint

Esta lição levará aproximadamente uma hora e meia para ser concluída. Se necessário, remova a pasta da lição anterior de seu disco rígido e copie a pasta Lesson06.

Dê mais vida a sua ilustração usando cores e tirando proveito dos controles de cor do Adobe® Illustrator® CS5. Nesta lição repleta de informações, você descobrirá como criar e pintar preenchimentos e contornos, utilizar o painel Color Guide como inspiração, trabalhar com grupos de cor, recolorir o trabalho, criar moldes e muito mais.

Introdução

Nesta lição, você aprenderá os fundamentos das cores além de aprender a criar e editar cores utilizando os painéis Color e Swatches, entre muitas outras coisas.

1 Para que as ferramentas e os painéis funcionem como descritos nesta lição, exclua ou desative (renomeando) o arquivo de preferências do Adobe Illustrator CS5. Consulte "Restaurando as preferências padrão", na página 15.

2 Inicie o Adobe Illustrator CS5.

Nota: Se você ainda não o fez, copie os arquivos desta lição para o seu disco rígido a partir da pasta Lesson06 do CD do *Adobe Illustrator CS5 Classroom in a Book*. Veja "Copiando os arquivos do Classroom in a Book", na página 14.

3 Escolha File > Open e abra o arquivo L6end_1.ai na pasta Lesson06 para ver a versão do rótulo que você vai pintar. Deixe-o aberto para referência.

4 Escolha File > Open. Na caixa de diálogo Open, navegue até a pasta Lesson06 na pasta Lessons. Abra o arquivo L6start_1.ai.

Esse arquivo contém alguns componentes. Você vai criar e aplicar cores conforme necessário para completar o rótulo.

5 Escolha File > Save As. Na caixa de diálogo Save As, navegue até a pasta Lesson06 e nomeie o arquivo como **label.ai**. Deixe a opção Save As Type configurada como Adobe Illustrator (*.AI) (Windows) ou a opção Format configurada como Adobe Illustrator (ai) (Mac OS) e clique em Save. Na caixa de diálogo Illustrator Options, deixe as opções do em suas configurações padrão e clique em OK.

Compreenda as cores

Para trabalhar com cores no Illustrator, você primeiro precisa entender os modos de cor (também chamados modelos de cor). Ao aplicar cores a sua arte, tenha em mente a mídia final em que o trabalho será publicado (impressão ou Web, por exemplo), para que possa utilizar o modelo e as definições de cor corretos. Primeiro, você vai aprender a utilizar os modos de cor e os controles básicos de cor.

Modos de cor

Antes de iniciar uma nova ilustração, você precisa primeiramente definir qual modo de cor utilizar no trabalho – CMYK ou RGB.

- **CMYK** – Cian, magenta, yellow e black (ciano, magenta, amarelo e preto) são as cores utilizadas na impressão em quatro cores. Essas quatro cores são combinadas e sobrepostas em um padrão de tela para criar uma variedade de outras cores. Selecione esse modo para impressão.
- **RGB** – Red, green, blue (vermelho, verde e azul) são adicionados de diversas maneiras para criar uma paleta de cores. Selecione esse modo se estiver trabalhando em imagens para apresentações na tela ou para a Internet.

Quando criar um novo documento, você seleciona um modo de cor escolhendo File > New e selecionando o perfil de documento apropriado, como Print, que utiliza o modo de cores CMYK. Você pode alterar o modo de cor clicando na seta à esquerda de Advanced e selecionando um modo de cor.

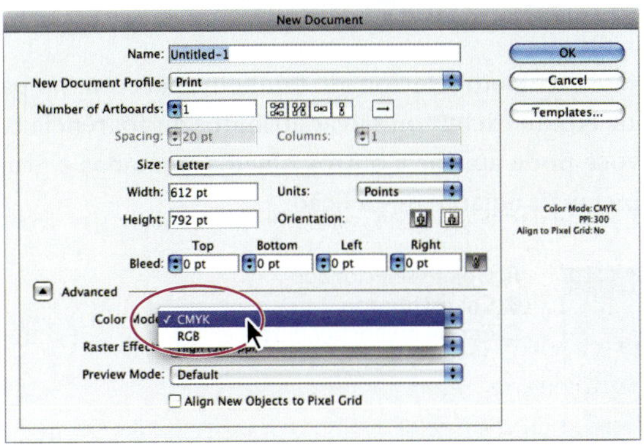

Quando um modo de cor é selecionado, os painéis aplicáveis são exibidos com cores no modo CMYK ou RGB. Você pode alterar o modo de cor de um documento depois que um arquivo é criado escolhendo File > Document Color Mode e selecionando CMYK ou RGB no menu.

Entenda os controles de cor

Nesta lição, você vai aprender sobre o método tradicional de colorir objetos no Illustrator. Isso inclui pintar objetos com cores e padrões utilizando uma combinação de painéis e ferramentas, inclusive os painéis Control, Color, Swatches, Gradient, Stroke, Color Guide, o Color Picker e os botões de pintura no painel Tools. Começaremos examinando o trabalho concluído, ao qual as cores já foram adicionadas.

1 Clique na guia do documento L6end_1.ai no alto da janela Document.

2 Escolha 1 no menu Artboard Navigation no canto inferior esquerdo da janela Document para ajustar a primeira prancheta à janela Document.

2 Selecione a ferramenta Selection (➤) e então clique na forma verde por trás do texto "Pizza Sauce".

● **Nota:** Dependendo da resolução de tela, seu painel Tools pode ser exibido como uma coluna dupla em vez de uma coluna simples.

Objetos no Illustrator podem ter um preenchimento, um contorno ou ambos. No painel Tools, observe que a caixa Fill aparece no primeiro plano, indicando que ela está selecionada. Essa é a definição padrão. A caixa Fill é verde para esse objeto. Atrás da caixa Fill, a caixa Stroke mostra um contorno amarelo.

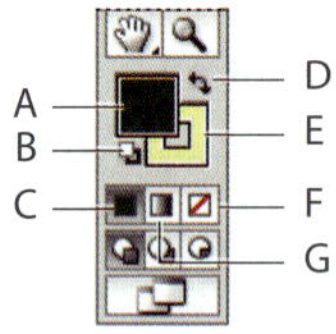

A. Caixa Fill
B. Botão Default Fill And Stroke
C. Botão Color
D. Botão Swap Fill And Stroke
E. Caixa Stroke
F. Botão None
G. Botão Gradient

4 Clique no ícone do painel Appearance (◉) no lado direito da área de trabalho.

Os atributos Fill e Stroke do objeto selecionado também aparecem no painel Appearance. Você pode editar, excluir ou salvar atributos de aparência como estilos gráficos, que você pode aplicar a outros objetos, camadas e grupos. Você vai usar esse painel mais adiante nesta lição.

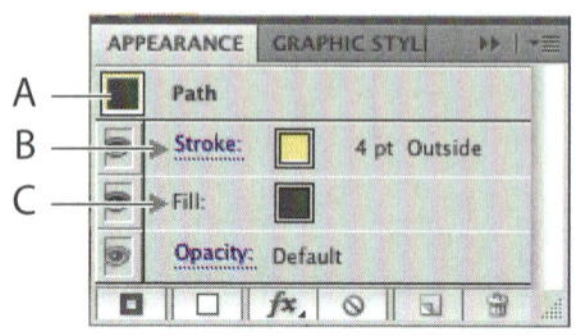

A. Objeto selecionado
B. Cor de traçado
C. Cor de preenchimento

▶ **Dica:** Pressione Shift e clique na barra do espectro de cores na parte inferior do painel Color para alternar entre diferentes modos de cor, como CMYK e RGB.

5 Clique no ícone do painel Color (🎨) no lado direito da área de trabalho. O painel Color exibe a cor atual de preenchimento e contorno. Os controles deslizantes CMYK no painel Color mostram as porcentagens de ciano, magenta, amarelo e preto. A barra de espectro de cores está na parte inferior do painel Color.

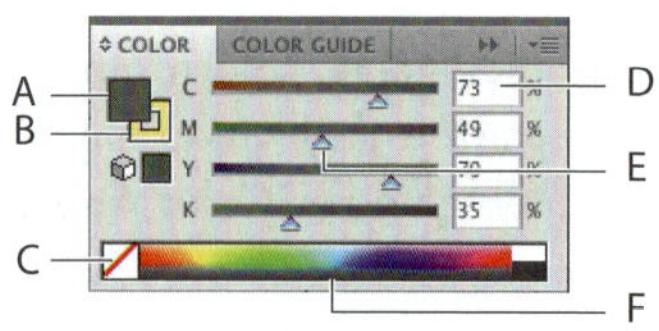

A. Caixa Fill
B. Caixa Stroke
C. Caixa None
D. Valor de cor
E. Controle deslizante de cor
F. Barra de espectro de cores

A barra do espectro de cores permite selecionar de modo rápido e visual uma cor de preenchimento ou de contorno a partir de um espectro de cores. Você também pode escolher branco ou preto clicando na caixa de cores apropriada na extremidade direita da barra.

6 Clique no ícone do painel Swatches (▦) no lado direito da área de trabalho. Você pode nomear e salvar cores, degradês e padrões de documento no painel Swatches para acesso instantâneo. Quando um objeto tem um preenchimento ou contorno que contém uma cor, degradê, padronagem ou tom aplicado no painel Swatches, a amostra aplicada é destacada no painel.

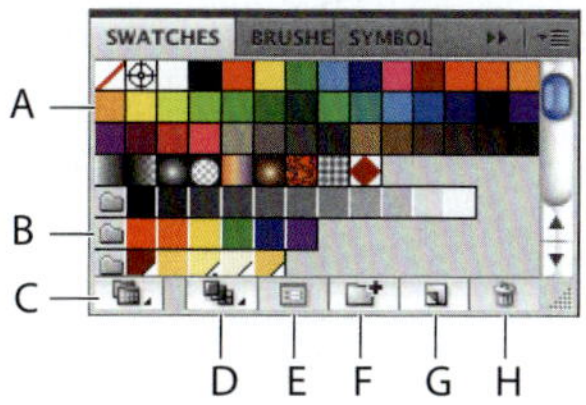

A. Amostra
B. Grupo de cores
C. Menu Swatch Libraries
D. Menu Show Swatch Kinds
E. Opções Swatch
F. New Color Group
G. New Swatch
H. Delete Swatch

7 Clique no ícone do painel Color Guide (◣) no lado direito da área de trabalho. Clique na amostra verde no canto superior esquerdo do painel para configurar a cor básica do objeto selecionado (rotulado A na figura abaixo) como o azul. Clique no menu Harmony Rules e escolha Complementary 2.

O Color Guide pode ajudar na escolha de cores enquanto você cria seu trabalho. Ele ajuda a selecionar tons de cor, cores análogas e muito mais. Por meio dele, você também pode acessar o recurso Edit or Apply Color, que permite editar e criar cores.

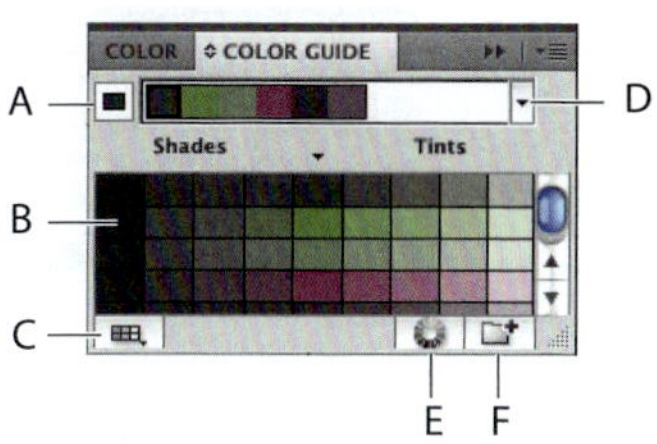

A. Configura cor de base
B. Variações na cor
C. Limita as cores à biblioteca de amostras especificada
D. Menu Harmony Rules e grupo de cores ativas
E. Edit Or Apply Colors
F. Salve um grupo de cores no painel Swatch

8 Clique no ícone do painel Color (🎨). Utilizando a ferramenta Selection (↖), clique em várias formas no arquivo L6end_1.ai para ver como os atributos de pintura aparecem no painel.

9 Deixe o arquivo aberto para referência ou escolha File > Close para fechá-lo sem salvar.

10 Clique na guia do documento label.ai no alto da janela Document se você não fechou o documento L6end_1.ai.

Crie cores

Você está trabalhando em uma arte no modo de cor CMYK, o que significa que pode criar suas próprias cores a partir de qualquer combinação de ciano, magenta, amarelo e preto. As cores podem ser criadas de várias maneiras, de acordo com o trabalho. Se quiser criar uma cor que seja própria da sua empresa, por exemplo, utilize uma biblioteca de amostras. Se precisar extrair cores de uma arte, utilize a ferramenta Eyedropper para obter uma amostra das cores ou o Color Picker para inserir valores exatos. A seguir, você vai criar cores usando diferentes métodos e então vai aplicar essas cores a objetos.

Crie e salve uma cor personalizada

Primeiro você vai criar uma cor utilizando o painel Color e salvá-la como uma amostra no painel Swatches.

● **Nota:** Se objetos estiverem selecionados quando a cor é criada, ela será aplicada ao objeto selecionado.

1 Escolha Select > Deselect para garantir que nada seja selecionado.

2 Escolha 1 no menu Artboard Navigation no canto inferior esquerdo da janela Document para ajustar a primeira prancheta à janela Document.

3 Se o painel Color não estiver visível, clique no ícone do painel Color (🎨). Se os controles deslizantes CMYK não estiverem visíveis, escolha CMYK no menu do painel Color (▾≡).

Clique na caixa Stroke e digite esses valores nos campos de texto CMYK: C=**19**, M=**88**, Y=**78**, K=**22**.

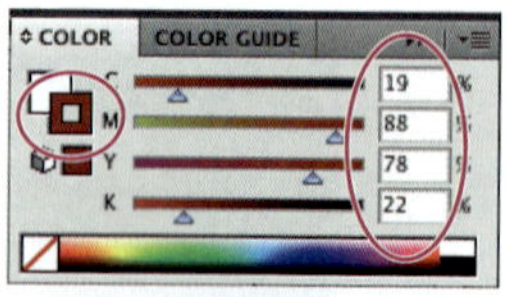

▶ **Dica:** Esses valores são expressos em porcentagem.

▶ **Dica:** Para salvar a cor que você criou no painel Color, você também pode clicar no botão New Swatch no painel Swatches para abrir a caixa de diálogo New Swatch.

4 Clique no ícone do painel Swatches (▦) e escolha New Swatch no menu do painel Swatches (▾≡).

5 Na caixa de diálogo New Swatch, nomeie a cor como **label background** e, mantendo as outras opções inalteradas, clique em OK. Observe que a amostra é destacada no painel Swatches.

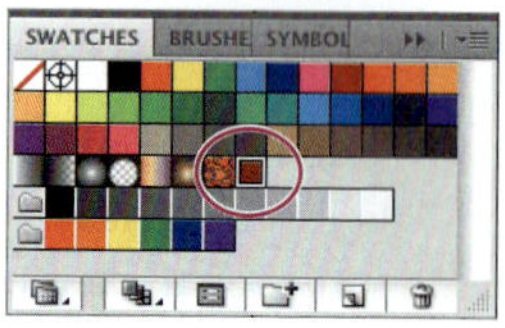

Novas cores adicionadas ao painel Swatches são salvas somente com o arquivo atual. Se você abrir um novo arquivo, ele exibirá a configuração padrão das amostras que vêm com o Adobe Illustrator CS5.

▶ **Dica:** Se quiser carregar amostras de um documento salvo para outro, clique no botão Swatch Libraries Menu (▤.) na parte inferior do painel Swatches e escolha Other Library. Feito isso, localize o documento com as amostras que você deseja importar.

● **Nota:** O painel Swatches que aparece quando você clica na cor de preenchimento no painel Control é o mesmo painel Swatches no lado direito da área de trabalho.

6 Com a ferramenta Selection (↖), clique na forma de fundo preenchida em branco para selecioná-la. Clique na caixa de preenchimento na parte inferior do painel Tools. Clique no ícone do painel Swatches (▦) se o painel não estiver sendo exibido e selecione a amostra do fundo do rótulo. Escolha Select > Deselect.

A seguir, você vai criar outra amostra utilizando um método um pouco diferente do anterior.

7 No painel Swatches, clique no botão New Swatch (▣) na parte inferior do painel. Isso cria uma cópia da amostra selecionada e abre a caixa de diálogo New Swatch.

8 Na caixa de diálogo New Swatch, altere o nome para **label background stroke** e altere os valores para C=**19**, M=**46**, Y=**60**, K=**0**. Clique em OK.

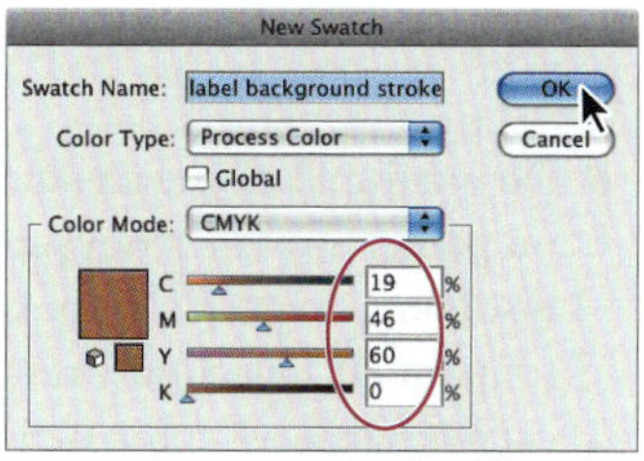

● **Nota:** Se a forma ainda estiver selecionada, ela será preenchida com a nova cor.

9 Com a ferramenta Selection (➘), clique na forma outra vez para selecioná-la. Clique na cor de preenchimento no painel Control. Quando o painel Swatches aparecer, selecione a amostra de cor label background stroke.

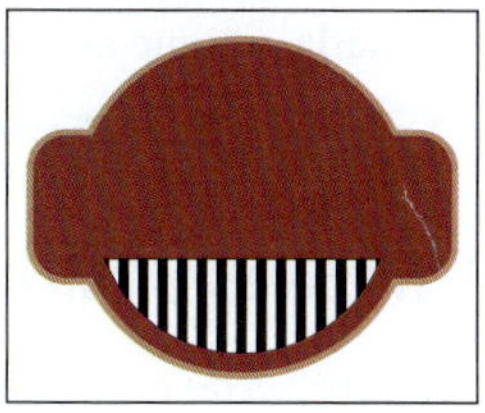

10 Altere Stroke Weight no painel Control para **7** pt. Mantenha o painel Swatches aberto.

Edite uma amostra de cor

Depois que uma cor é criada e salva no painel Swatches, você pode editá-la. Agora, você vai editar a amostra de cor label background stroke que acabou de salvar.

1 Selecione a caixa de preenchimento no painel Tools. Isso expande o painel Color. Clique no ícone do painel Swatches (▦) no lado direito da área de trabalho.

2 Com a ferramenta ainda selecionada, clique duas vezes na amostra label background stroke no painel Swatches. Na caixa de diálogo Swatch Options, altere os valores para C=**2**, M=**15**, Y=**71** e K=**20**. Selecione Preview para ver as modificações na forma do logotipo. Altere o valor de K para **0** e então clique em OK.

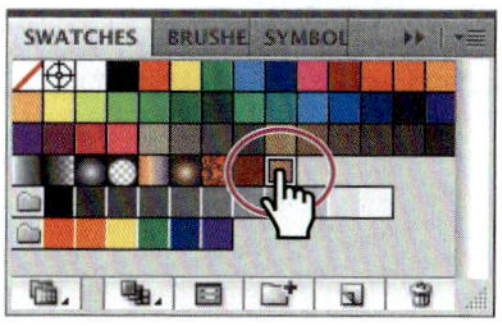

▶ **Dica:** Você pode posicionar o cursor sobre uma amostra de cor no painel Swatches para ver uma dica de ferramenta indicando o nome da amostra.

Ao criar uma amostra e editá-la, os objetos com essa cor de amostra aplicada precisam ser selecionados para exibir a modificação.

A seguir você vai alterar a amostra de cor do fundo do logotipo para uma cor global. Quando você a edita, uma cor global atualiza automaticamente todo o trabalho, mesmo que os objetos que a utilizam não estejam selecionados.

3 Com a forma ainda selecionada, clique na caixa de preenchimento no painel Tools.

4 Dê um duplo clique na amostra de cor label background no painel Swatches para abrir a caixa de diálogo Swatch Options. Selecione Global e clique em OK.

5 Escolha Select > Deselect.

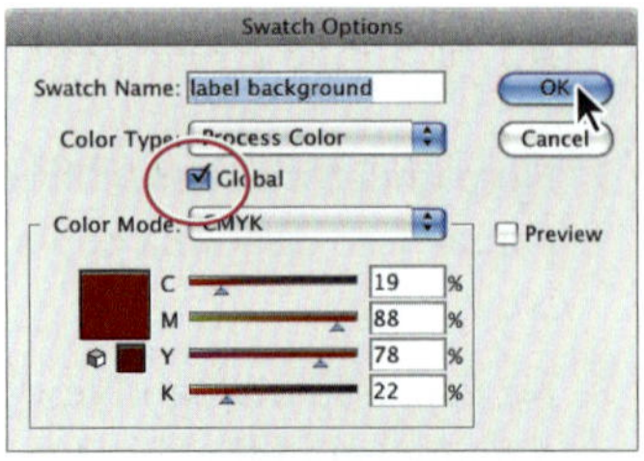

● **Nota:** O triângulo branco no canto inferior direito do ícone da amostra (◩) no painel Swatches indica uma cor global.

6 Dê um duplo clique na amostra label background no painel Swatches novamente para abrir a caixa de diálogo Swatch Options. Altere o valor K (preto) para **70**. Selecione Preview para ver as modificações. Observe como o preenchimento da forma é alterado, mesmo que a forma não esteja selecionada. Clique em Cancel para não salvar a modificação da cor.

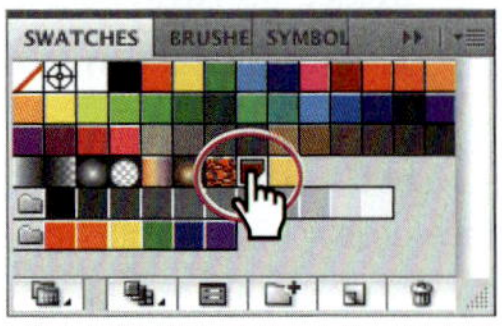

7 Escolha File > Save.

Utilize as bibliotecas de amostras do Illustrator

● **Nota:** A maioria das bibliotecas (mas não todas) que vêm com o Illustrator são de cores CMYK.

Bibliotecas de amostra de cores são conjuntos de cores predefinidas, como PANTONE® e TOYO, e bibliotecas temáticas, como Earthtone e Ice Cream. As bibliotecas aparecem como painéis separados e não podem ser editadas. Ao aplicar cores de uma biblioteca ao trabalho, as cores da biblioteca tornam-se uma amostra que é salva no painel Swatches para esse documento. Bibliotecas são um excelente ponto de partida para criar cores.

A seguir você vai criar uma cor amarelo especial utilizando a biblioteca de cores PANTONE Solid Coated. Quando essa cor é definida, ela pode ser um amarelo intenso, escuro ou claro. Essa é a razão pela qual a maioria das impressoras e dos designers conta com um sistema de correspondência de cores, como o sistema PANTONE, para ajudar a manter a homogeneidade das cores e, em alguns casos, fornecer um espectro de cores mais amplo.

Cores especiais *versus* cores de processo

Você pode designar as cores como especiais ou de processo, que correspondem aos dois principais tipos de tinta utilizados na impressão comercial.

- Uma cor de escala é impressa utilizando-se uma combinação das quatro tintas de escala padrão: ciano, magenta, amarelo e preto (CMYK).
- Uma cor especial é uma tinta pré-misturada utilizada no lugar de tintas de processo CMYK ou junto com estas. Uma cor especial requer uma chapa de impressão própria.

Crie uma cor especial

Nesta seção, veremos como carregar uma biblioteca de cores, como o sistema de cores PANTONE, e como adicionar uma cor PANTONE (PMS) ao painel Swatches.

1 No painel Swatches, clique no botão Swatch Libraries Menu (). Escolha Color Books > PANTONE Solid Coated. A biblioteca PANTONE Solid Coated aparece em um painel separado.

2 Escolha Show Find Field no menu do painel PANTONE Solid Coated (). Digite **100** no campo Find. PANTONE 100 C é destacado. Clique na amostra destacada para adicioná-la ao painel Swatches. Feche o painel PANTONE Solid Coated. A cor PANTONE aparece no painel Swatches.

● **Nota:** Quando você fecha o Illustrator e então o recarrega, o painel da biblioteca PANTONE não reabre. Para abrir o painel automaticamente quando o Illustrator se abre, escolha Persistent no menu do painel PANTONE Solid Coated.

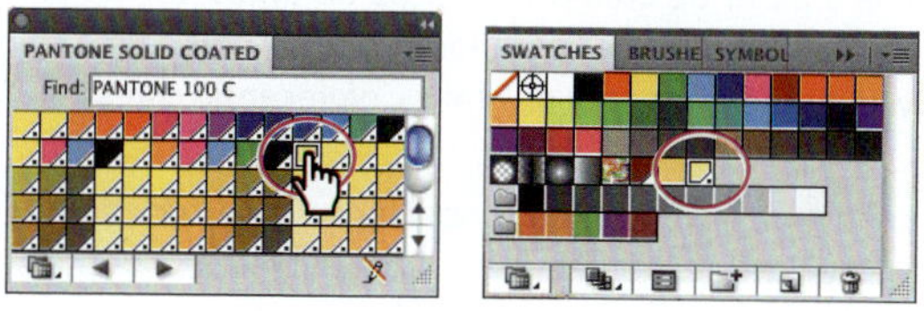

3 Posicione o ponteiro na prancheta e, mantendo a barra de espaço pressionada, arraste para a direita para poder ver a forma branca ao lado da margem esquerda e o conteúdo da primeira prancheta.

4 Com a ferramenta Selection (), clique na forma preenchida em branco ao lado da margem esquerda da prancheta 1 para selecioná-la. Na cor de preenchimento (Fill) no painel Control, escolha a cor PANTONE 100 C para preencher a forma. Mude Stroke para None ().

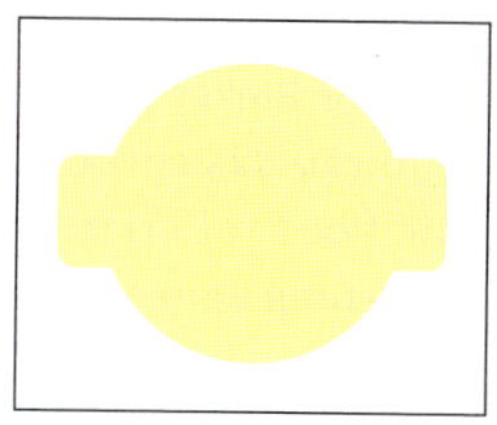

5 Com a forma ainda selecionada, clique mantendo pressionada a tecla Shift para selecionar a forma vermelha original de fundo do rótulo na primeira prancheta. Solte a tecla Shift.

6 Escolha View > Fit Artboard In Window.

7 Com a ferramenta Selection, clique na forma vermelha outra vez para transformá-la no objeto-chave.

● **Nota:** Para aprender mais sobre o que são objetos-chave e como trabalhar com eles, veja a Lição 2, "Selecionando e Alinhando".

8 No painel Control, clique no botão Horizontal Align Center () e no botão Vertical Align Center () para alinhar a forma amarela à forma vermelha do rótulo.

● **Nota:** Se você não enxergar as opções Align, clique na palavra Align no painel Control para revelar o painel Align.

9 Escolha Select > Deselect.

10 Escolha File > Save. Mantenha o arquivo aberto.

Por que minha amostra PANTONE parece diferente das outras amostras no painel Swatches?

No painel Swatches, o tipo da cor é identificado pelo ícone que aparece ao lado do nome da cor. Você pode identificar amostras de cores especiais pelo ícone de cor especial (◙) quando o painel está no modo de exibição de lista, ou pelo ponto no canto inferior (◪) quando o painel está no modo de exibição thumbnail. Cores de processo não possuem ícone de cor especial ou ponto.

Por padrão, a amostra PANTONE solid coated é definida como uma cor especial. Uma cor especial não é criada a partir de uma combinação de tintas CMYK, mas a partir de uma cor de tinta sólida própria. Um operador de gráfica utiliza uma cor PMS (PANTONE Matching System) pré-misturada na gráfica, oferecendo cores mais consistentes.

Um triângulo indica que a cor é global. Se uma cor global for editada, todas as referências das cores utilizadas na ilustração serão atualizadas. Qualquer cor pode ser global, não apenas cores PANTONE. Para aprender mais sobre cores especiais, escolha Help > Illustrator Help e procure "spot colors".

Utilize o Color Picker

O Color Picker permite selecionar cores em um campo e espectro de cores pela definição das cores numericamente ou com um clique em uma amostra. A seguir, você vai criar uma cor utilizando o Color Picker e então salvar essa cor como uma amostra no painel Swatches.

1 Com a ferramenta Selection (↖), clique em uma das barras brancas na parte inferior da forma do rótulo para selecionar a forma branca sob elas na metade inferior da prancheta 1.

2 Dê um duplo clique na caixa de preenchimento no painel Tools para abrir o Color Picker.

► **Dica:** Dê um clique duplo na caixa Fill ou Stroke no painel Tools ou no painel Color para acessar o Color Picker.

► **Dica:** Se você trabalha com o Adobe Photoshop, provavelmente já conhece o Color Picker, porque o Photoshop também tem esse recurso.

3 Na caixa de diálogo Color Picker, digite estes valores nos campos de texto CMYK: C=**0**, M=**11**, Y=**54** e K=**0**.

Observe que o controle deslizante na barra do espectro de cores e o círculo no campo de cores se movem à medida que você digita os valores CMYK. O espectro de cores mostra o tom, e o campo de cores exibe a saturação (horizontalmente) e o brilho (verticalmente).

4 Selecione S (saturação) para alterar o espectro de cores exibido no Color Picker. A barra do espectro de cores muda para a saturação da cor laranja. Arraste o controle deslizante do espectro de cores até que o valor de S seja 60% e clique em OK.

A forma branca é preenchida com a cor amarelo/laranja que você acabou de criar no Color Picker.

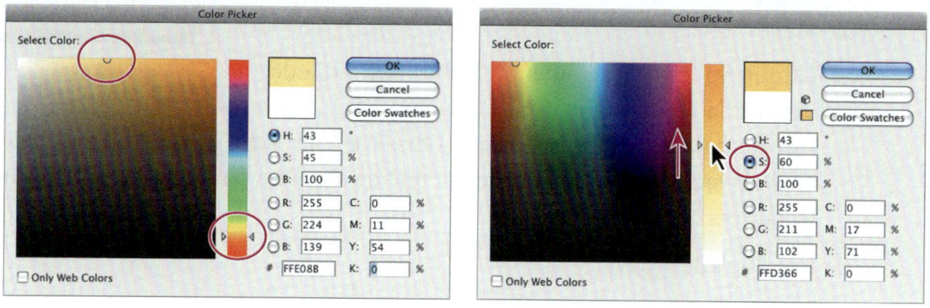

Nota: O botão Color Swatches no Color Picker exibe as amostras no painel Swatches e permite selecionar uma delas. Você então pode voltar à visualização dos modelos de cores com a qual começou clicando no botão Color Models e editando os valores da amostra.

5 Altere a cor do contorno no painel Control para None (⧄).

Agora, salve a cor no painel Swatches.

6 Selecione a caixa de preenchimento na parte inferior do painel Tools. Isso garante que, quando você cria uma nova amostra, ela seja criada com a cor da forma selecionada.

7 Expanda o painel Swatches clicando no seu ícone de painel (▦).

8 Clique no botão New Swatch (◲) na parte inferior do painel Swatches e nomeie a cor **amarelo/laranja** na caixa de diálogo New Swatch. Selecione Global e clique em OK para ver a cor aparecer como uma amostra no painel Swatches.

9 Escolha Select > Deselect e então File > Save.

Crie e salve tonalidades de uma cor

Uma tonalidade ou tom é uma gradação diferente de uma cor. Você pode criar uma tonalidade a partir de uma cor de processo global como CMYK ou de uma cor especial.

A seguir, você vai criar uma tonalidade da amostra amarelo/laranja.

1 Com ferramenta Selection, clique em uma das barras pretas na metade inferior da prancheta. Altere a cor de preenchimento no painel Control para o amarelo/laranja que você acabou de criar.

2 Clique no ícone do painel Color (🎨) para expandi-lo.

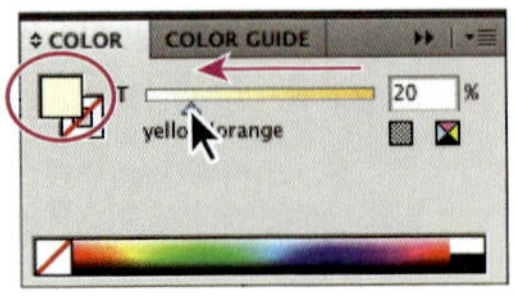

3 Verifique se a caixa Fill está selecionada no painel Color e então arraste o controle deslizante de tons para a esquerda a fim de alterar o valor para 20%.

4 Clique no ícone do painel Swatches (▦) no lado direito da área de trabalho. Clique no botão New Swatch (▣) na parte inferior do painel para salvar o tom. Observe a amostra de tons no painel Swatches. Posicione o cursor sobre o ícone da amostra para ver seu nome amarelo/laranja 20%.

5 Escolha File > Save.

Copie atributos

1 Utilizando a ferramenta Selection (↖), selecione uma das barras pretas que ainda não foram coloridas e, então, escolha Select > Same > Fill Color para selecionar os retângulos pretos restantes.

2 Utilizando a ferramenta Eyedropper (✎), clique na barra pintada; todas as barras não pintadas incorporam os atributos da barra.

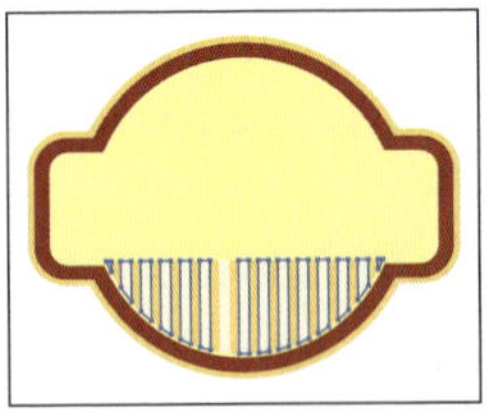

3 Com a ferramenta Selection, clique com a tecla Shift pressionada para selecionar a barra original.

4 Escolha Object > Group.

5 Escolha Select > Deselect e então File > Save.

Crie um grupo de cores

No Illustrator, você pode salvar as cores em grupos de cores, que consistem em amostras de cores relacionadas no painel Swatches. É útil organizar as cores de acordo com seu uso, como agrupar todas as cores para o logotipo. Apenas cores especiais, de processo e globais podem estar em um grupo.

A seguir, você vai criar um grupo de cores utilizando as cores do logotipo que criou.

1 No painel Swatches, clique em uma área em branco do painel para desmarcar as amostras de cores. Clique na amostra do fundo do rótulo (vermelho) e, com a tecla Shift pressionada, clique na amostra amarelo/laranja à direita para selecionar quatro amostras de cores.

▶ **Dica:** Para selecionar múltiplas cores que não estejam uma ao lado da outra no painel Swatches, clique nas amostras que você deseja selecionar mantendo a tecla Ctrl (Windows) ou Cmd (Mac OS) pressionada.

2 Clique no botão New Color Group ( ) na parte inferior do painel Swatches para abrir a caixa de diálogo New Color Group. Mude Name para **label base** e clique em OK para salvar o grupo.

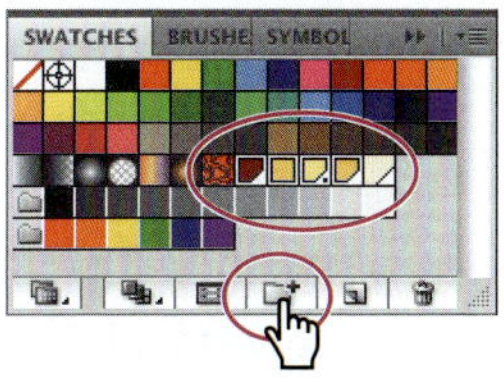

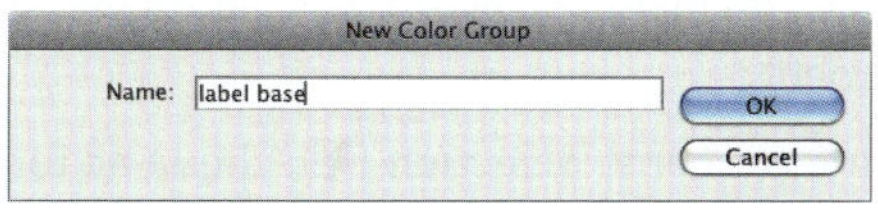

● **Nota:** Se objetos são selecionados quando você clica no botão New Color Group, uma caixa de diálogo New Color Group expandida é exibida. Nessa caixa de diálogo, você pode criar um grupo de cores a partir das cores no trabalho e converter essas cores em cores globais.

Agora, você vai editar uma cor do grupo e adicionar uma cor a ele.

3 Com a ferramenta Selection ( ), clique em uma área em branco do painel Swatches para desmarcar o grupo de cores que você acabou de criar.

4 No painel Swatches, dê um duplo clique na amostra amarelo/laranja no grupo de cores básicas do rótulo para abrir a caixa de diálogo Swatch Options. Altere os valores para C=**0**, M=**12,** Y=**54** e K=**0.** Clique em OK.

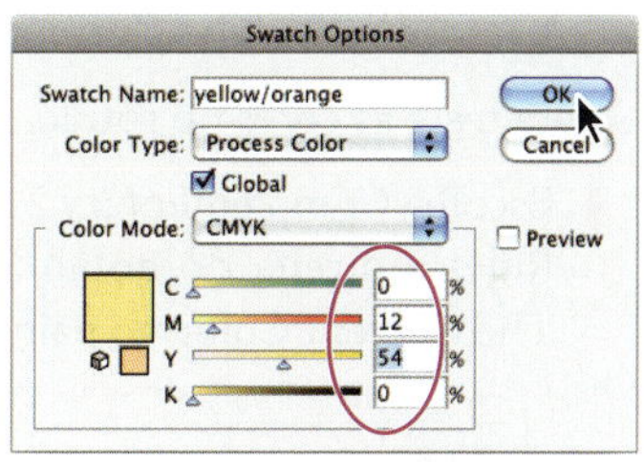

5 Clique na amostra amarelo/laranja 20% e arraste-a entre a amostra PANTONE 100C e a amostra amarelo/laranja no grupo de cores básicas do rótulo.

Você pode reordenar as amostras no grupo arrastando-as. Arraste a amostra PANTONE 100 C para a direita da amostra amarelo/laranja 20%.

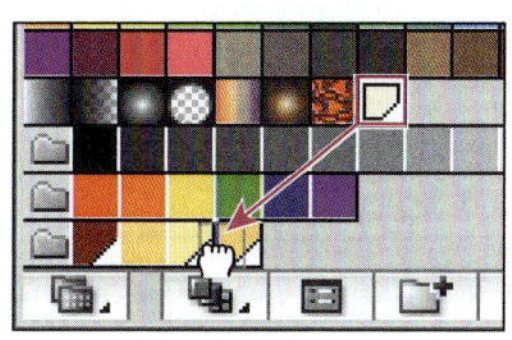

● **Nota:** Se você arrastar a amostra PANTONE 100 C excessivamente para a direita, você talvez a retire do grupo. Se isso acontecer, você pode arrastá-la de volta para o grupo.

6 Escolha File > Save.

As cores do rótulo foram salvas com esse documento como um grupo de cores. Você aprenderá como editar o grupo de cores mais adiante nesta lição.

Trabalhe com o painel Color Guide

O painel Color Guide pode servir de inspiração para a escolha de cores enquanto você cria sua arte. Utilize-o para selecionar réguas harmônicas, como tons de cores, cores análogas, entre outras. Nesse painel, você também pode acessar o recurso Edit Color/Recolor Artwork, que permite editar e criar cores.

Agora, utilize o painel Color Guide para selecionar diferentes cores para o logotipo e então salve essas cores como um grupo de cores no painel Swatches.

1 Escolha 2 no menu Artboard Navigation no canto inferior esquerdo da janela Document.

2 Com a ferramenta Selection (), clique na forma vermelha do fundo do rótulo copiado. Certifique-se de que a caixa de preenchimento está selecionada no painel Tools.

● **Nota:** As cores que você vê no painel Color Guide podem ser diferentes daquelas que você vê na figura. Não se preocupe com isso.

3 Clique no ícone do painel Color Guide () no lado direito da área de trabalho para abrir o painel. Clique no botão Set Base Color To The Current Color ().

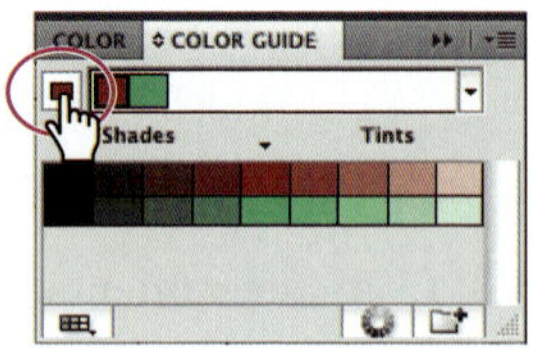

Isso permite que o painel Color Guide sugira cores com base nas cores exibidas no botão Set Base Color To The Current Color.

Agora teste as cores no rótulo.

4 Escolha Complementary 2 no menu Harmony Rules à direita do botão Set Base Color To The Current Color no painel Color Guide.

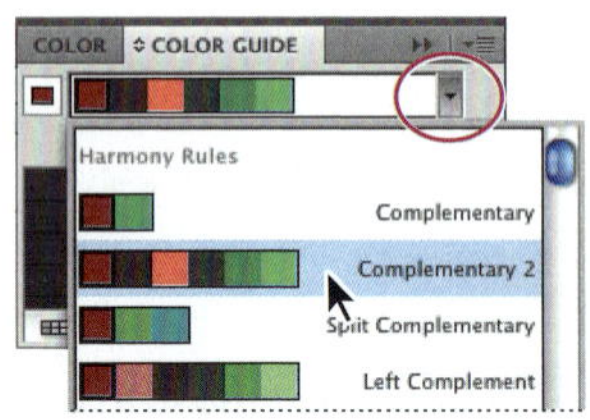

5 Clique no botão Save Color Group To Swatch Panel () para salvar as cores na régua harmônica Right Complement no painel Swatches.

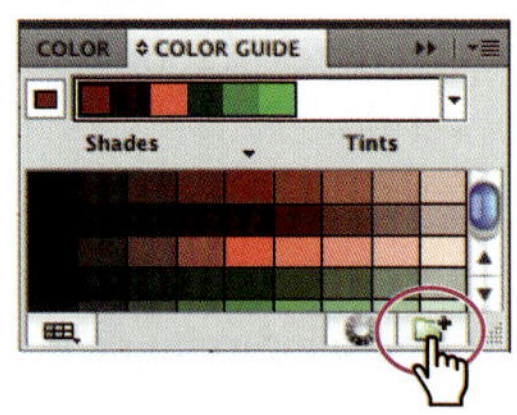

6 Clique no ícone do painel Swatches (). Role para baixo para ver o novo grupo adicionado. Você pode aplicar essas cores ao trabalho ou editá-las.

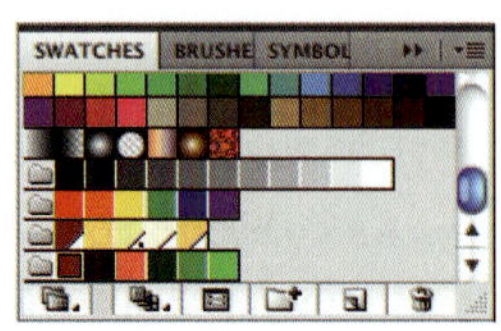

7 Clique no ícone Color Guide () para abrir o painel Color Guide.

A seguir, você testará as cores.

8 Nas variações de cores no painel Color Guide, selecione a quinta cor a partir da esquerda, na segunda coluna. Observe que o logotipo muda de cor. Clique no botão Set Base Color To The Current Color (■) para tentar um novo grupo de cores utilizando a régua harmônica Complimentary 2. Clique no botão Save Group To Swatch Panel (▭) para salvar as cores no painel Swatches.

● **Nota:** Se escolher uma variação de cores diferente da sugerida, suas cores no restante desta seção serão diferentes.

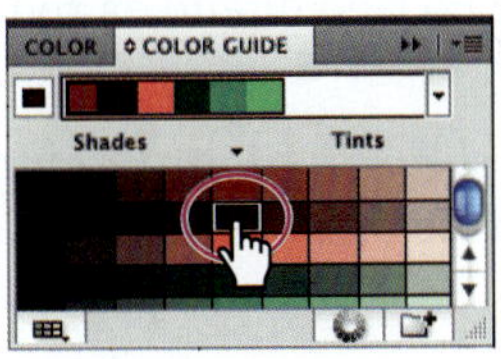

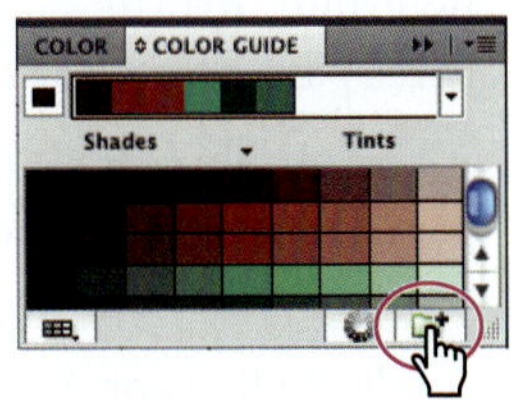

9 Escolha File > Save.

Edite um grupo de cores

O Illustrator CS5 tem várias ferramentas para trabalhar com cores. Ao criar grupos de cores no painel Swatches ou no painel Color Guide, você pode editá-las individualmente ou como um grupo na caixa de diálogo Edit Colors. Você também pode renomear o grupo de cores, reordenar as cores no grupo, adicionar ou remover cores, etc. Nesta seção, você aprenderá a editar as cores de um grupo previamente salvo utilizando a caixa de diálogo Edit Color.

1 Escolha Select > Deselect e então clique no ícone do painel Swatches (▦) no painel Swatches.

2 Clique no ícone de pasta à esquerda do último grupo de cores para selecionar o grupo (talvez seja necessário rolar para baixo no painel Swatches). Observe que o botão Swatch Options (▤) muda para o botão Edit Color Group (◉) quando o grupo (pasta) é selecionado.

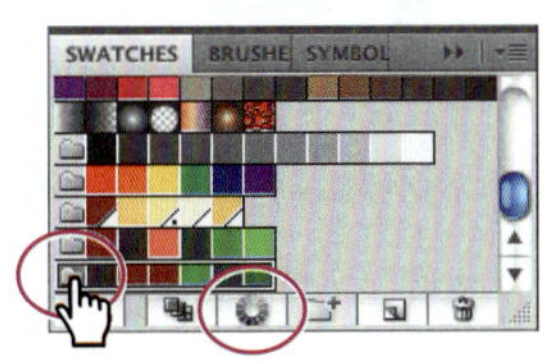

O botão Swatch Options (▤) na parte inferior do painel permite que você edite uma única cor selecionada.

▶ **Dica:** Para editar um grupo de cores, você pode também dar um duplo clique no ícone da pasta à esquerda do grupo de cores no painel Swatches.

3 Clique no botão Edit Color Group (◉) na parte inferior do painel Swatches para abrir a caixa de diálogo Edit Color.

No lado direito da caixa de diálogo Edit Color, sob Color Groups, todos os grupos de cores existentes no painel Swatches estão listados. No lado esquerdo da caixa de diálogo, você pode editar as cores de cada grupo de cores, individualmente ou em grupo.

● **Nota:** Se uma arte estiver selecionada quando você clica no botão Edit Color Group no painel Swatches, o grupo de cores é aplicado ao(s) objeto(s) selecionado(s). A caixa de diálogo Recolor Artwork é exibida, permitindo que você edite cores e as aplique ao(s) objeto(s) selecionado(s).

A seguir, você vai editar as cores do grupo de cores.

4 Na caixa de diálogo Edit Colors, o grupo de cores que você está prestes a editar é mostrado no canto superior esquerdo. Selecione o nome Color Group 2 no campo acima do botão Assign e renomeie o grupo como **label 2**. Esse será o nome de um novo grupo de cores que você salvará posteriormente nesta lição.

5 No disco de cores, você vê marcadores (círculos) que representam cada cor no grupo. Arraste o marcador vermelho grande no lado direito da roda de cores para cima e para a margem direita da roda.

6 Altere Brightness (☼) arrastando o controle deslizante Adjust Brightness para a direita para deixar todas as cores mais vivas ao mesmo tempo. Mantenha a caixa de diálogo Edit Colors aberta.

A seleção Recolor Art no fundo da caixa de diálogo Edit Colors está apagada porque nenhum trabalho está selecionado. Se houver trabalho selecionado quando você abrir essa caixa, ela é chamada de Recolor Artwork, e qualquer edição que você fizer também alterará o trabalho.

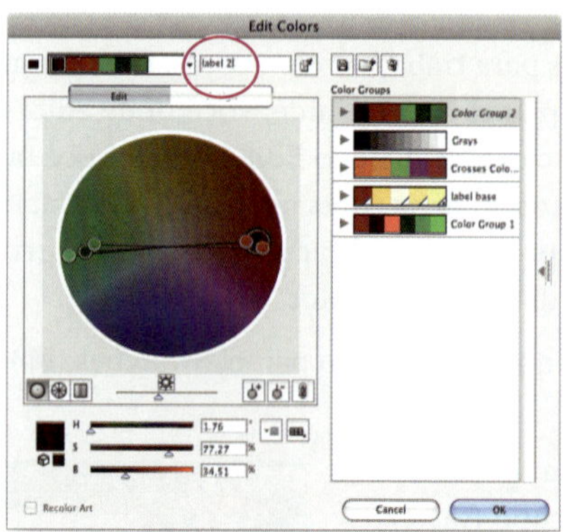

Renomeie o grupo de cores.

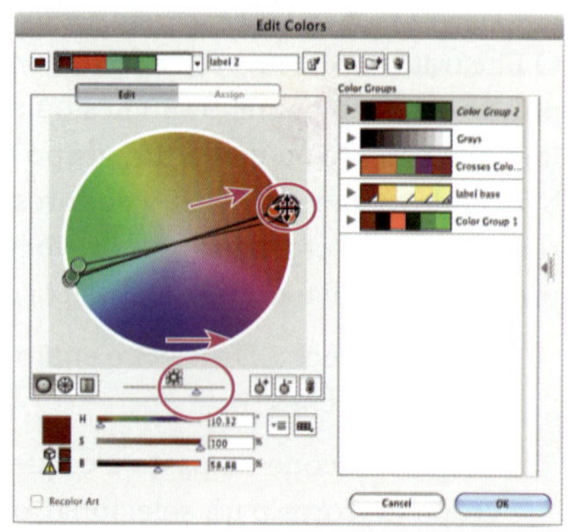

Edite a saturação e o brilho das cores.

● **Nota:** O marcador maior na roda de cores com o círculo duplo é a cor base do grupo de cores.

A seguir, você vai editar uma das cores no grupo e então salvar as cores como um novo grupo.

7 Clique no botão Unlink Harmony Colors (▮) na caixa de diálogo Edit Colors para editar as cores de modo independente. O botão se transforma no botão Link Harmony Colors (▮).

As linhas entre os marcadores das cores (círculos) e o centro do disco de cores ficam pontilhadas, indicando que as cores podem ser editadas independentemente.

8 Arraste o marcador vermelho maior para baixo e para a esquerda, na borda do disco de cores abaixo dos marcadores de cor verde para trocar o vermelho pelo azul.

Mover os marcadores de cor para longe do centro aumenta a saturação. Mover os marcadores de cor para perto do centro da roda de cores diminui a saturação. Quando um marcador de cores é selecionado, você pode editar a cor usando os controles deslizantes HSB (hue, saturation e brightness – tom, saturação e brilho) abaixo do disco de cores.

9 Clique no botão Color Mode () e escolha CMYK no menu se os controles deslizantes de CMYK já não estiverem visíveis. Clique para selecionar um dos marcadores verdes no disco de cores, como mostrado na figura abaixo. Altere os valores CMYK para C=**65**, M=**0**, Y=**80** e K=**0**. Observe o marcador da cor verde-clara se mover no disco de cores.

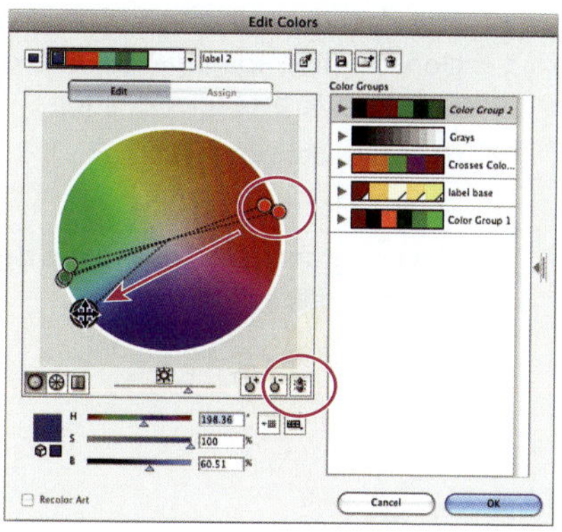

Edite uma única cor.

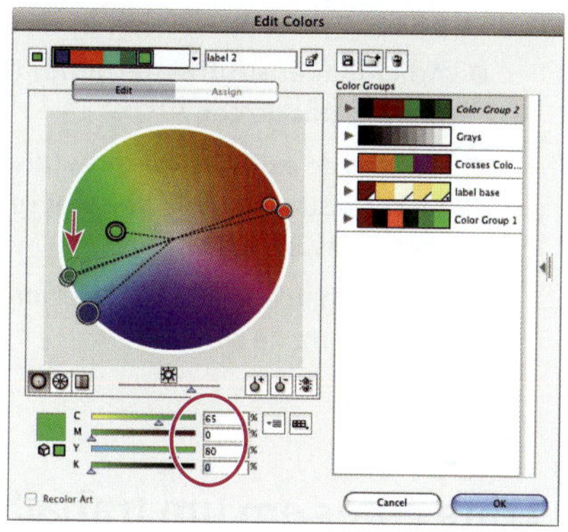

Edite outra cor.

● **Nota:** Não se preocupe se os marcadores de cores na sua caixa de diálogo Edit Colors forem diferentes da figura acima.

10 Clique no botão Color Mode () e escolha HSB no menu para que, da próxima vez que editar as cores, você utilize os controles deslizantes HSB.

11 Clique no botão New Color Group () na parte superior do painel Edit Colors para salvar as cores que você editou como um novo grupo de cores chamado label 2. Os grupos de cores que estão disponíveis no documento aparecem no lado direito da caixa de diálogo Edit Colors.

▶ **Dica:** Para editar um grupo de cores sem criar um novo grupo, clique no botão Save Changes To Color Group ().

12 Clique em OK para fechar a caixa de diálogo Edit Colors e salvar o grupo de cores label 2 no painel Swatches. Se aparecer uma caixa de diálogo, clique em Yes para salvar as alterações no grupo de cores no painel Swatches.

13 Escolha File > Save.

Edite opções de cores

Utilize as opções na parte inferior da caixa de diálogo Edit Colors para editar as cores conforme descrito na figura abaixo.

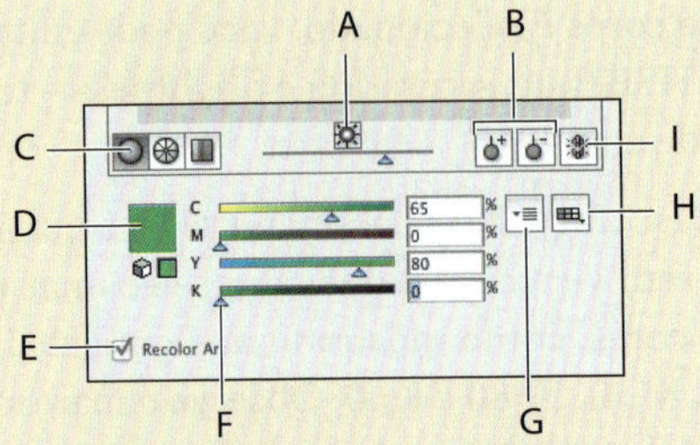

A Mostra a saturação e a tonalidade no disco de cores.

B Adiciona e subtrai ferramentas marcadoras de cor.

C Opções de exibição de cores (disco de cores suaves, disco de cores segmentadas, barras de cores).

D Cor do marcador da cor selecionada ou barra de cores.

E O trabalho selecionado é recolorido quando esta opção está selecionada (fica apagada quando o trabalho não está selecionado).

F Controles deslizantes de cor.

G Botão Color mode.

H Limita o grupo de cores às cores de uma biblioteca de amostras.

I Desvincula as cores harmônicas.

Edite cores em um trabalho

Você pode também editar as cores no trabalho selecionado utilizando o comando Recolor Artwork. Você agora vai editar as cores no segundo rótulo e salvar as cores editadas como um grupo de cores.

1 Escolha Select > All On Active Board.

2 Escolha Edit > Edit Colors > Recolor Artwork para abrir a caixa de diálogo Recolor Artwork.

Utilize a caixa de diálogo Recolor Artwork para reatribuir ou reduzir as cores em seu trabalho e criar e editar grupos de cores. Todos os grupos de cores que você criar para um documento aparecem na área de armazenamento Color Groups da caixa de diálogo Recolor Artwork e no painel Swatches. Você pode selecionar e utilizar esses grupos de cores sempre que quiser.

Dica: Você pode também acessar a caixa de diálogo Recolor Artwork selecionando a arte e então clicar no botão Recolor Artwork ( ) no painel Control.

3 Na caixa de diálogo Recolor Artwork, clique no ícone Hide Color Group Storage ( ) no lado direito da caixa de diálogo.

4 Clique na guia Edit para editar as cores no trabalho utilizando um disco de cores.

5 Clique no ícone Link Harmony Colors ( ) para editar todas as cores ao mesmo tempo. Agora, o ícone deve se parecer com isto .

6 Pressione a tecla Shift e arraste o círculo vermelho maior para baixo, para a área púrpura do disco de cores. Solte o botão do mouse e então a tecla Shift. Arrastar com a tecla Shift pressionada permite ajustar apenas a cor na roda de cores, não a saturação.

▶ **Dica:** Se você quiser voltar às cores originais do logotipo, clique no botão Get Colors From Selected Art ( ).

▶ **Dica:** Você pode salvar as cores editadas como um grupo de cores clicando no ícone Show Color Group Storage ( ), no lado direito da caixa de diálogo, e então clicando no botão New Color Group ( ).

7 Arraste o controle deslizante Adjust Brightness para a esquerda para escurecer as cores como um todo.

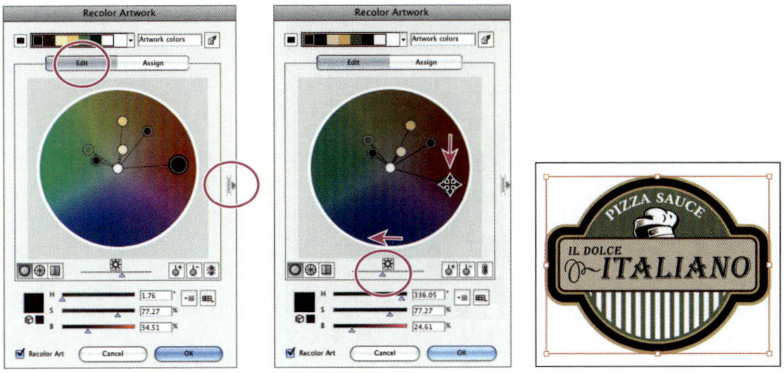

As opções de edição na caixa de diálogo Recolor Artwork são as mesmas da caixa de diálogo Edit Color. Em vez de editar as cores e criar grupos de cor para aplicar depois, você edita dinamicamente as cores no trabalho selecionado. Observe a seleção Recolor Art no canto inferior esquerdo da caixa de diálogo. Quando algum objeto está selecionado, você o está editando diretamente.

8 Clique em OK.

9 Escolha File > Save.

No próximo passo, você vai pegar um grupo de cores de uma comunidade de usuários utilizando o painel Kuler.

Trabalhe com o painel Kuler

O painel Kuler é um portal para grupos de cores tematizadas, como o ice cream, criados por uma comunidade online de designers. Você pode navegar por vários grupos e fazer o download dos temas para edição ou uso. Também pode criar grupos de cores tematizadas para compartilhar com outras pessoas.

A seguir, você vai fazer o download de um grupo de cores tematizadas para uma lata de refrigerante e aplicar as cores a ela.

1 Escolha Select > Deselect.

2 Escolha 3 Artboard no menu Artboard Navigation no canto inferior esquerdo da janela Document.

3 Escolha Window > Extensions > Kuler.

▶ **Nota:** Você precisa de uma conexão com a Internet para acessar os temas Kuler.

● **Nota:** Como os temas são atualizados constantemente e adicionados ao painel Kuler via Internet, seu painel Kuler pode exibir temas diferentes do que os mostrados nas figuras.

4 No painel Kuler, clique no menu Highest Rated e escolha Most Popular. O painel Kuler exibe os temas mais recentes, os mais bem avaliados, etc.

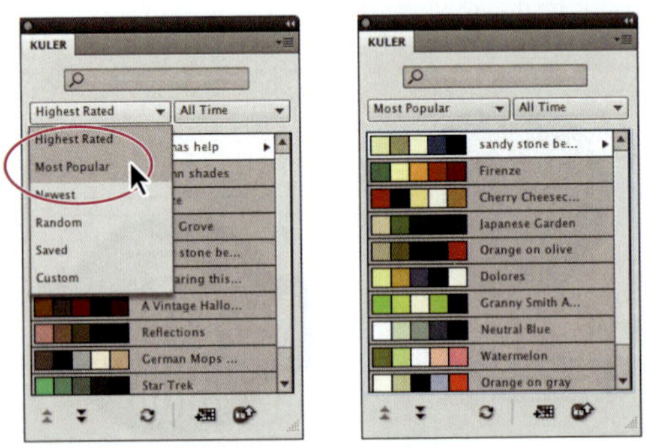

5 Para pesquisar os temas, digite **Italian restaurant** no campo no topo do painel e pressione Enter ou Return. Com isso, são exibidos os temas relacionados às palavras Italian Restaurant.

6 Clique no primeiro tema Italian restaurant no painel Browse (abaixo do campo de pesquisa). Se o tema Italian restaurant não aparecer, selecione outro. Clique no botão Add Selected Theme To Swatches (▦) para adicioná-lo ao painel Swatches do documento aberto.

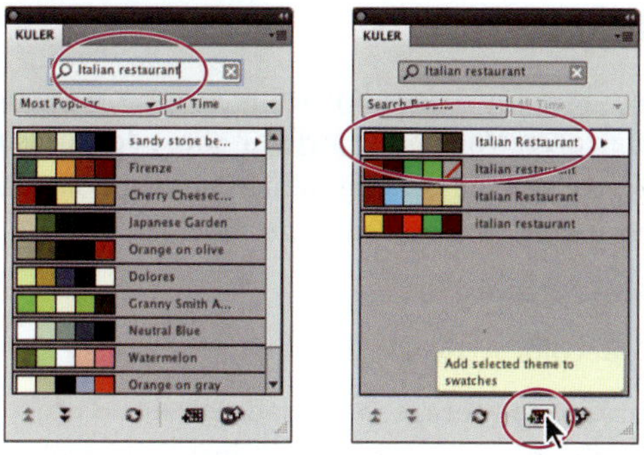

7 Feche o painel Kuler.

8 Clique no ícone do painel Swatches (▦) para abrir o painel Swatches se ele já não estiver aberto. Observe que os novos grupos de cores, Italian restaurant, aparecem na lista do painel das amostras (role para baixo, se necessário).

9 Escolha File > Save.

Opções do painel Kuler

O painel Kuler é seu portal para grupos de cores e temas criados por uma comunidade online de designers. Você pode utilizar esse painel para navegar por milhares de temas sobre Kuler e baixar alguns destes para editar ou incluir em seus projetos. Pode utilizar o painel Kuler também para salvar seus temas na comunidade Kuler, fazendo o upload deles.

O painel Kuler está disponível para o Adobe Photoshop®, Adobe Flash® Professional CS5, Adobe InDesign® CS5, Adobe Illustrator® CS5 e Adobe Firework® CS5. O painel não está disponível nas versões francesas destes produtos.

Eis algumas outras opções do painel Kuler:

Visualize um tema online no Kuler:

1 No painel Browse, selecione um tema nos resultados da pesquisa.

2 Clique no triângulo no lado direito do tema e selecione View Online in Kuler.

Salve pesquisas frequentes:

1 Selecione a opção Custom no primeiro menu pop-up do painel Browse.

2 Na caixa de diálogo que se abre, digite os termos da pesquisa e salve-os. Quando quiser executar a pesquisa, selecione-a no primeiro menu pop-up.

Para excluir uma pesquisa salva, selecione a opção Custom no menu pop-up e limpe as pesquisas que você gostaria de excluir.

– Extraído do Illustrator Help

Atribua cores a seu trabalho

A guia Assign da caixa de diálogo Recolor Artwork permite atribuir cores a seu trabalho a partir de um grupo de cores. Você pode atribuir cores de várias maneiras, incluindo o uso de um novo grupo de cores escolhido no menu Harmony Rules. Agora, atribua novas cores a uma terceira versão do modelo.

1 Escolha Select > All On Active Artboard.

2 Escolha Edit > Edit Colors > Recolor Artwork.

3 Clique no ícone Show Color Group Storage (|▸) no lado direito da caixa de diálogo para exibir os grupos de cores, se ainda não estiverem visíveis. Certifique-se de que, no canto superior esquerdo da caixa de diálogo, o botão Assign esteja selecionado.

   Na caixa de diálogo Recolor Artwork, observe que as cores do rótulo estão listadas na coluna Current Colors, na mesma ordem mostrada na roda de cores: vermelho, laranja, amarelo, verde, azul, índigo e violeta.

● **Nota:** Se as cores no grupo Kuler que você escolheu antes forem diferentes das que selecionamos, as cores nesta seção também terão uma aparência um pouco diferente. Não se preocupe com isso.

4 Em Color Groups no Painel Recolor Artwork, selecione o grupo de cores Italian restaurant salvo a partir do painel Kuler.

   Na caixa de diálogo Recolor Artwork, observe que as cores do grupo de cores Italian restaurant foram atribuídas às cores no rótulo. A coluna Current Color mostra quais cores estavam no rótulo e a coluna New mostra a cor que se tornou (ou foi "reatribuída"). Além disso, observe que as duas cores amarelas no rótulo original agora estão uma ao lado da outra e são exibidas como uma única cor. Isso ocorre porque há apenas cinco cores no grupo Italian restaurant e seis no rótulo.

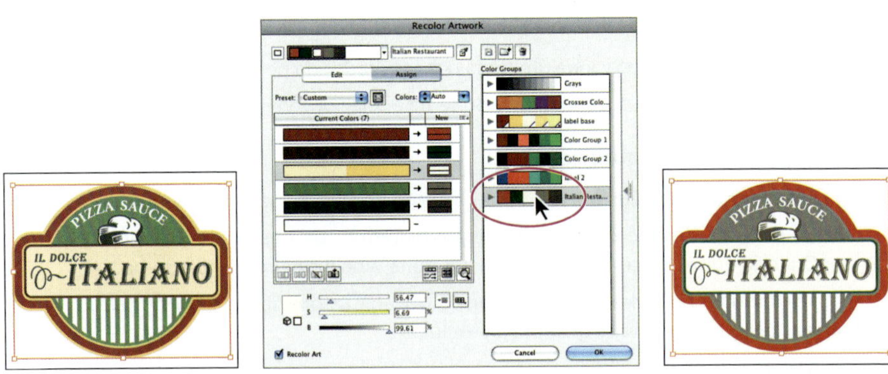

● **Nota:** Se as cores do rótulo não mudarem, verifique se Recolor Art está selecionado.

5 Clique no ícone Hide Color Group Storage (◀) para ocultar os grupos de cores.

6 Na coluna New da caixa de diálogo Recolor Artwork, arraste a cor vermelho para cima da cor verde. Isso alterna as cores vermelho e verde no trabalho.

7 Arraste as cores de volta a sua ordem original.

As cores na coluna New mostram o que você vê no trabalho. Se clicar em uma das cores, veja os controles deslizantes HSB na parte inferior da caixa de diálogo que permitem editar essa cor.

8 Dê um duplo clique na cor marrom-escura na parte inferior da coluna New.

9 Na caixa de diálogo Color Picker, clique no botão Color Swatches para ver as amostras do documento. Selecione label background na lista Color Swatches. Clique em OK para retornar à caixa de diálogo Recolor Artwork.

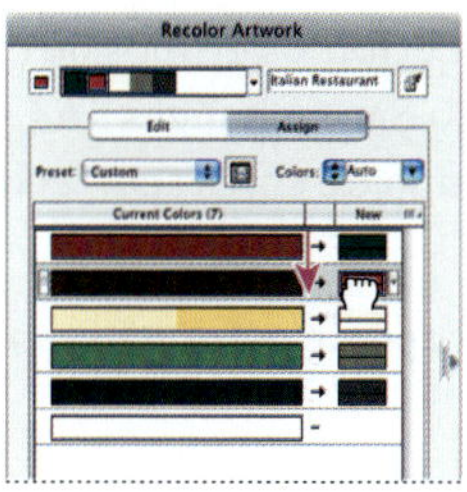

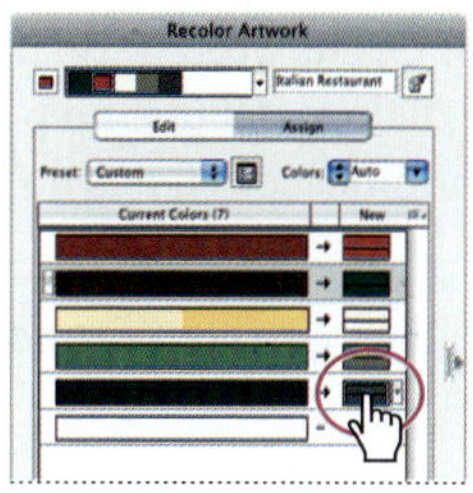

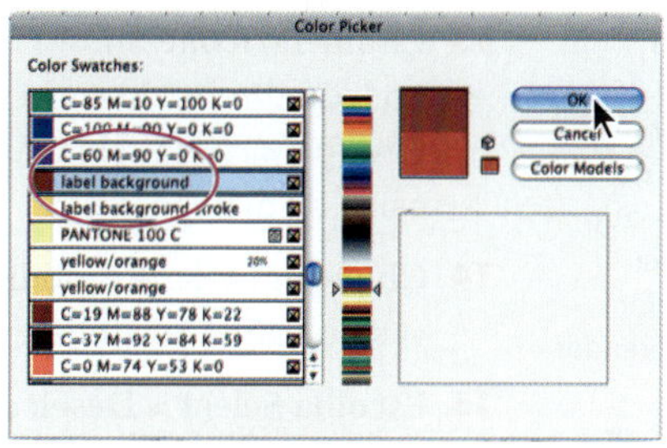

10 Arraste a caixa de diálogo Recolor Artwork até uma área livre para que você possa ver o trabalho, se quiser.

A seguir, você fará outras modificações nas cores do rótulo e então salvará as edições no grupo de cores Italian restaurant.

11 Clique na seta entre o verde-claro na coluna Current Color e o marrom-claro na coluna New. No trabalho, a cor do rótulo muda um pouco.

Clicando na seta entre uma cor atual e uma nova cor, você evita que a cor atual na linha (verde-claro) seja reatribuída à nova cor (marrom-claro).

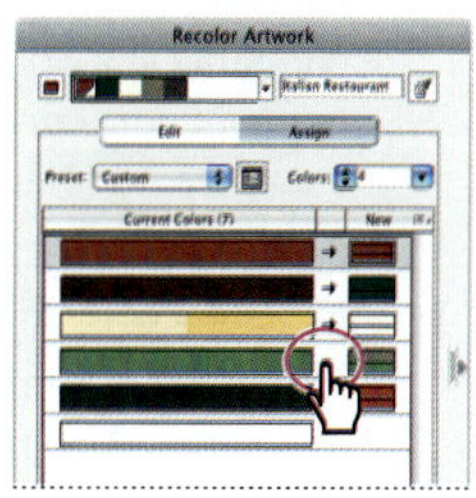

Nota: Se quiser aplicar uma única cor ao trabalho selecionado, escolha 1 no menu Colors acima da coluna New na caixa de diálogo Recolor Artwork. Certifique-se de finalizar os passos desta lição antes de tentar isso.

Nota: Muitos tipos de edições de cores podem ser implementados no trabalho selecionado por meio da caixa de diálogo Recolor Artwork. Para aprender mais, pesquise "working with color groups" no Illustrator Help.

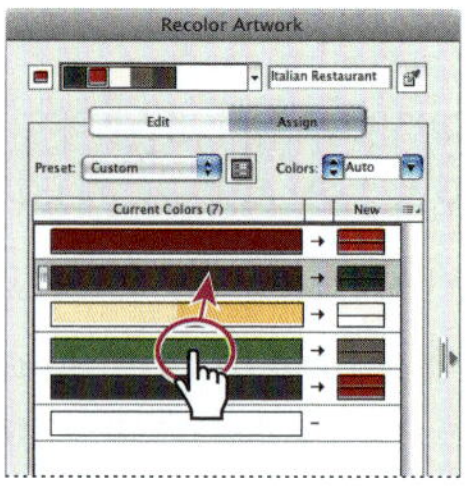
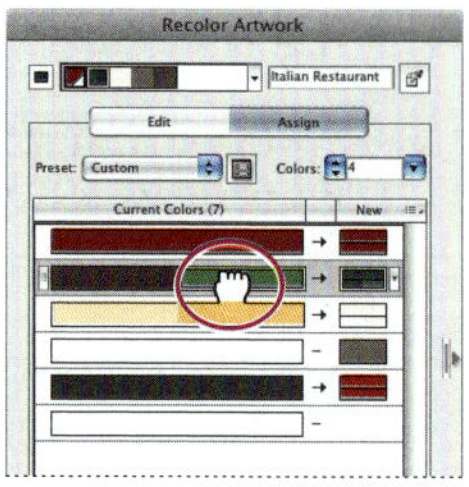

12 Arraste a barra verde--clara para cima da barra marrom-escura, na lista de cores atual. Observe que a cor muda novamente no trabalho.

Ao arrastar uma cor de uma linha para outra na mesma coluna, você diz ao Illustrator para aplicar a mesma nova cor (verde, neste caso) a ambas as cores. A cor verde na coluna New é dividida em três seções (▬). A cor mais escura na linha (o marrom-escuro) é substituída pelo verde. A cor verde mais clara é substituída por um tom proporcionalmente mais claro de verde.

13 Clique no ícone Show Color Group Storage (▸) para exibir os grupos de cores no lado direito da caixa de diálogo. Clique no botão Save Changes To Color Group (▣) para salvar as modificações feitas no grupo de cores sem fechar a caixa de diálogo.

14 Clique em OK. As modificações que você fez no grupo de cores não são salvas no painel Swatches.

15 Escolha Select > Deselect e então File > Save.

Reatribua cores ao trabalho

Siga um destes passos adicionais para reatribuir as cores ao trabalho selecionado:

- Se uma linha contiver várias cores e você quiser mover todas elas, clique na barra seletora à esquerda da linha e arraste para cima ou para baixo.
- Para atribuir uma nova cor a uma linha diferente das cores atuais, arraste a nova cor para cima ou para baixo na coluna New. (Para adicionar uma nova cor ou remover uma cor da coluna New, clique com o botão direito do mouse na lista e escolha Add New Color ou Remove Color.)
- Para alterar uma cor na coluna New, clique com o botão direito do mouse nela e escolha Color Picker para configurar uma nova cor.
- Para evitar que uma linha das cores atuais seja reatribuída, clique na seta entre as colunas. Para incluí-la mais uma vez, clique no contorno.
- Para evitar que apenas uma cor atual seja reatribuída, clique com o botão direito do mouse na cor e escolha Exclude Colors, ou clique no ícone.
- Para reatribuir cores aleatoriamente, clique no botão Randomly Change Color Order. As novas cores movem-se aleatoriamente para diferentes linhas das cores atuais.
- Para adicionar uma linha à coluna Current Colors, clique com o botão direito do mouse e escolha Add A Row, ou clique no ícone.

– Extraído do Illustrator Help

Ajuste as cores

Agora, você vai transformar o rótulo original na prancheta 1 para utilizar apenas as cores CMYK. Você vai precisar converter o amarelo PANTONE 100 C em CMYK.

1 Escolha 1 no menu Artboard Navigation no canto inferior esquerdo da janela Document.

2 Escolha Select > All On Active Artboard.

3 Escolha Edit > Edit Colors > Convert To CMYK. As cores no rótulo selecionado, incluindo PANTONE 100 C amarelo, agora estão em CMYK.

São várias as opções no menu Edit > Edit Colors para a conversão de cores, incluindo Recolor With Preset. Esse comando permite alterar a cor da arte selecionada utilizando algumas cores escolhidas, uma biblioteca de cores e um conjunto de cores harmônicas específico (como cores complementares). Para aprender mais sobre como ajustar as cores dessa maneira, pesquise "reduce colors in your artwork" no Illustrator Help.

4 Escolha Select > Deselect e então File > Save.

Nota: Utilizar esse método para converter em CMYK nao afeta as amostras de cores no painel Swatch. Isso simplesmente converte as cores no trabalho em CMYK.

Pinte com degradês e padronagens

Além de processar e aplicar cores especiais, o painel Swatches também pode conter amostras de padronagens e degradês. O Illustrator fornece amostras de cada tipo no painel-padrão Swatches e permite que você crie suas próprias padronagens e degradês.

Nota: Para aprender mais sobre o trabalho com degradês, veja a Lição 10, "Mesclando Cores e Formas".

Aplique padronagens existentes

Uma padronagem é uma arte salva no painel Swatches que pode ser aplicada ao contorno ou ao preenchimento de um objeto. Você pode personalizar padronagens existentes e criar suas próprias padronagens novas utilizando qualquer uma das ferramentas Illustrator. Toda padronagem começa com um só mostrador que é exibido (repetido) em uma forma, começando na origem da régua e continuando para a direita. A seguir você vai aplicar uma padronagem existente a uma forma.

1 Escolha Window > Workspace > Essentials.

2 Clique no ícone do painel Layers ( ) para expandir o painel Layers.

3 No painel Layers, clique para selecionar a coluna Visibility à esquerda da camada pattern.

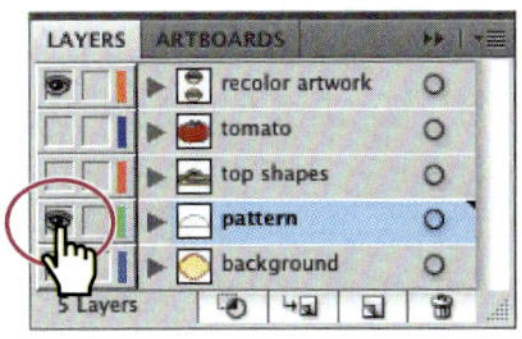

4 Clique no ícone do painel Swatches ( ). No painel Swatches, clique no botão do menu Swatch Libraries ( ) na parte inferior do painel e escolha Patterns > Decorative > Decorative Classic para abrir a biblioteca de padronagens.

5 Utilizando a ferramenta Selection (↖), selecione forma branca na direção da prancheta.

6 No painel Control, altere a cor de contorno para None (☐).

7 Verifique se a caixa de preenchimento está selecionada no painel Tools.

● **Nota:** Esta última etapa é importante. Quando você aplica uma amostra de padronagem, ela se aplica ao contorno ou ao preenchimento selecionado.

8 Selecione a amostra Plaid 3 no painel Decorative Classic para preencher o grupo de objetos com a padronagem.

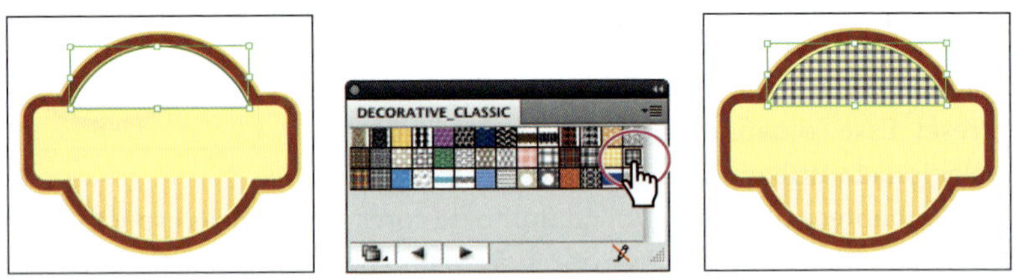

▶ **Dica:** Uma vez que os padrões fornecidos têm um fundo claro, você pode criar um segundo preenchimento para o objeto utilizando o painel Appearance. Para mais informações, veja a Lição 13, "Aplicando Atributos de Aparência e Estilos Gráficos".

9 Feche o painel Decorative Classics.

10 Com a forma ainda selecionada, dê um duplo clique na ferramenta Scale (⊡) do painel Tools para aumentar o tamanho da padronagem sem afetar sua forma. Na caixa de diálogo Scale, desmarque Scale Strokes & Effects se necessário, e Deselect Objects, que seleciona Patterns. Altere o dimensionamento uniforme para **150** e selecione Preview para visualizar a alteração. Clique em OK. Com isso, somente a padronagem é redimensionada.

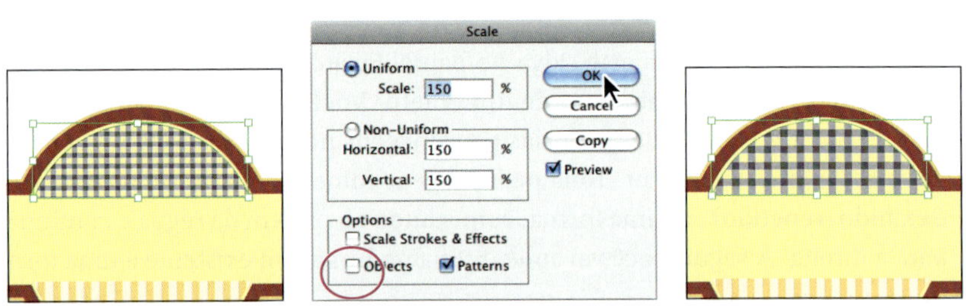

11 Clique no ícone do painel Swatches para minimizar o painel.

12 Escolha Select > Deselect e, então, File > Save.

Crie sua própria padronagem

Nesta seção, você criará sua própria padronagem e a adicionará ao painel Swatches. Depois aprenderá a editar uma padronagem existente e a atualizá-la no painel Swatches.

1 Selecione a ferramenta Rectangle ( ) no painel Tools. Clique uma vez para abrir a caixa de diálogo Rectangle. Altere Width para **28.8 pt** e Height para **.4 in** e clique em OK.

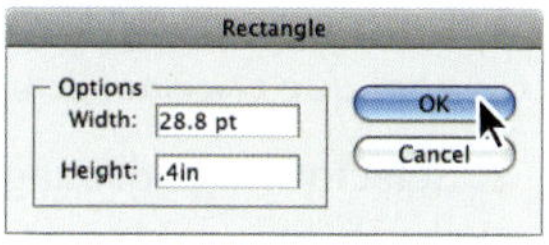

Observe que o retângulo recém-criado tem a mesma padronagem de preenchimento que a forma nas etapas anteriores.

2 Com o retângulo selecionado, pressione a letra D para definir os padrões de contorno (preto) e preenchimento (branco) na forma selecionada.

3 Com a forma ainda selecionada, dê um duplo clique na ferramenta Rotate ( ) no painel Tools. Na caixa de diálogo Rotate, altere o valor de Angle para **45**, certificando-se de que a opção Objects esteja selecionada e a opção Patterns esteja desmarcada. Clique em OK.

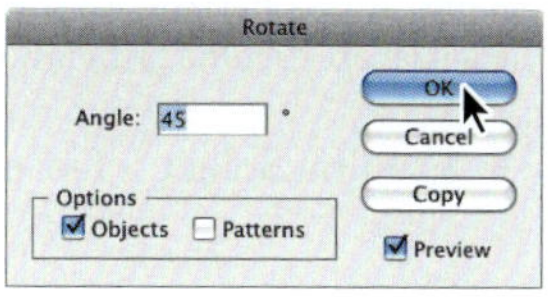

4 Selecione a ferramenta Selection ( ) e certifique-se de que a nova forma esteja ainda selecionada.

5 Clique no ícone do painel Swatches ( ) para exibi-lo e para conferir se você consegue ver a parte superior da lista de amostras. Com a ferramenta Selection, arraste a forma selecionada até o painel Swatches. Você acabou de criar uma padronagem nova.

● **Nota:** Uma amostra de padronagem pode ser composta de mais de uma forma. Por exemplo, para criar uma padronagem de flanela para uma camisa, você pode criar três retângulos ou linhas sobrepostas com cores diferentes. Selecione então as três formas e arraste-as como uma forma única para o painel Swatches.

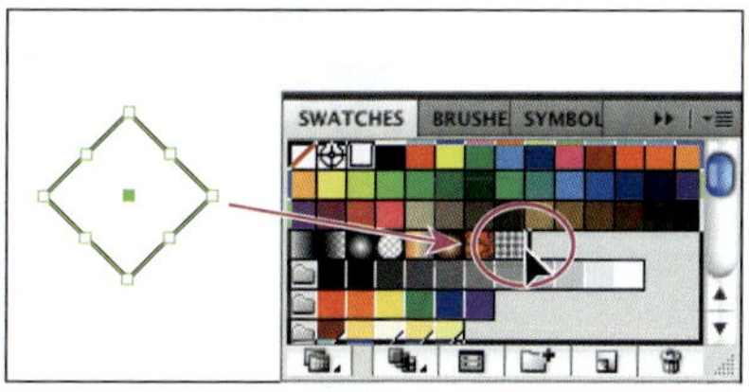

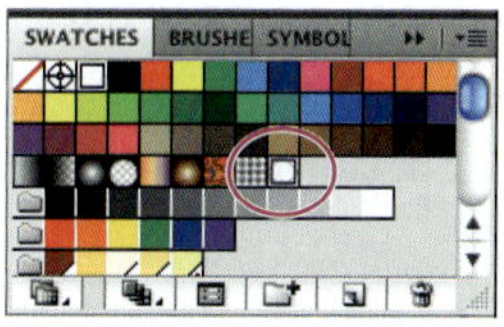

6 Dê um duplo clique na amostra de padronagem que você adicionou e atribua o nome **checker**. Clique em OK.

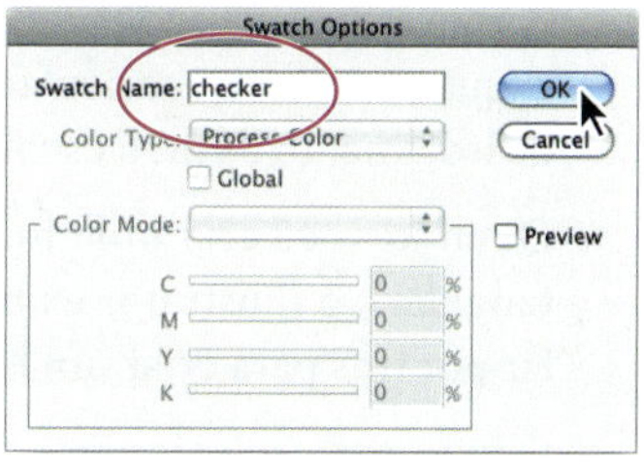

7 Com a ferramenta Selection, clique para selecionar a forma geométrica de losango reto na prancheta que você usou para criar a amostra de padrões e a exclua.

8 Escolha File > Save.

Aplique uma padronagem

Você pode atribuir uma padronagem utilizando diversos métodos. Nesta lição, você vai usar o painel Swatches para aplicar a padronagem. Você também pode aplicar a padronagem utilizando a cor de preenchimento no painel Control.

1 Com a ferramenta Selection (↖), clique na forma preenchida com a padronagem que você acabou de criar, próximo à parte superior da prancheta.

2 Selecione a padronagem quadriculada a partir da cor de preenchimento no painel Control.

Observe que a padronagem é transparente entre as formas geométricas do quadriculado.

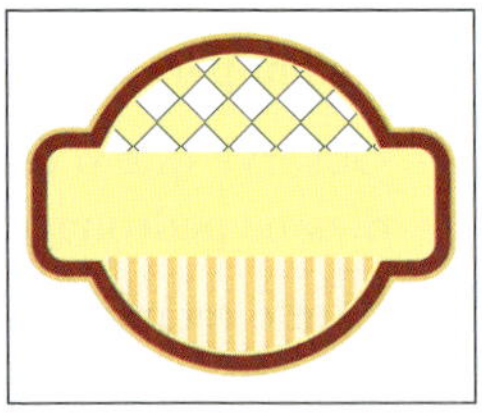

▶ **Dica:** À medida que você acrescenta mais amostras personalizadas, você talvez tenha de visualizar o painel de amostras com base nos nomes destas. Para alterar a visualização, escolha List View no menu do painel Swatches.

3 Escolha Select > Deselect e então File > Save.

Edite uma padronagem

Para editar um uma amostra de padronagem, você precisará da arte utilizada para criar a amostra. Se você a excluiu, você pode recuperá-la arrastando a amostra da padronagem até a prancheta.

A seguir você vai editar a padronagem salva e então atualizar todas as instâncias de seu trabalho.

1 Utilizando a ferramenta Selection (↖), arraste a amostra de quadriculado no painel Swatches para um local vazio no lado direito da prancheta.

Isso insere a forma que você utilizou para criar a padronagem na prancheta ou canvas.

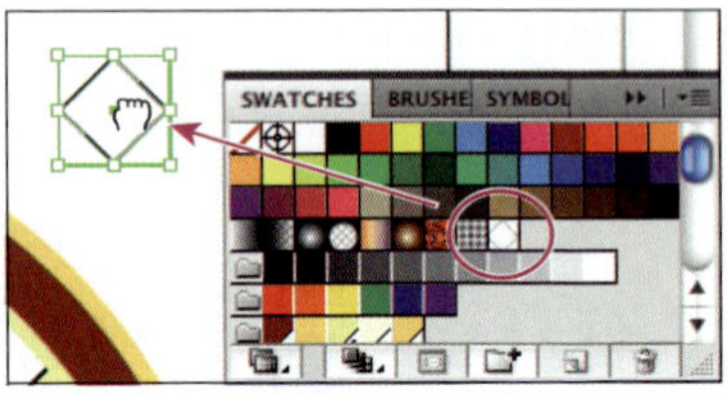

● **Nota:** Talvez seja necessário aumentar o zoom ou manter a barra de espaço pressionada e arrastar a prancheta para baixo, para poder ver melhor o grupo.

2 Com a forma selecionada, observe a palavra Group à esquerda do painel Control. Dê um duplo clique na forma quadriculada para entrar no modo de isolamento e então escolha View > Outline.

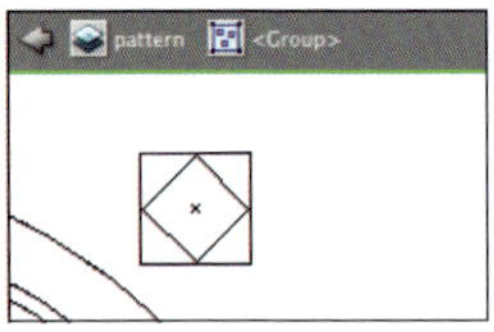

Quando você cria uma forma irregular (não retangular), o Illustrator exibe uma forma retangular por trás para criar um ladrilho retangular.

3 Clique para selecionar a forma quadrada e escolha branco como cor de preenchimento no painel Control. Isso elimina a transparência entre as formas quadriculadas na padronagem.

4 Escolha View > Select.

5 Com a ferramenta Selection, clique para selecionar a forma quadriculada. No painel Control, altere a cor de preenchimento para a amostra de vermelho (C=15, M=100, Y=90 e K=10). Altere a cor do contorno para None no painel Control. Pressione a tecla Esc para ocultar o painel Swatches.

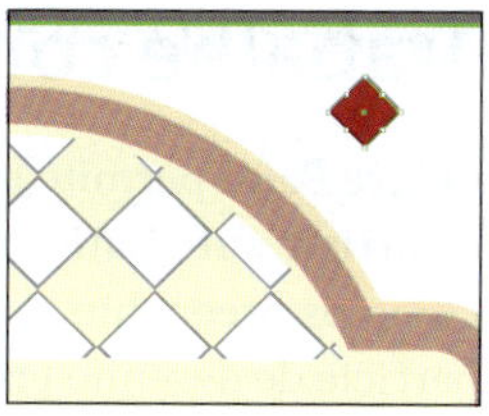

6 Pressione a tecla Esc para sair do modo de isolamento.

A seguir você vai atualizar a amostra da padronagem.

7 Escolha Select > Deselect e clique na forma quadriculada com a ferramenta Selection para selecionar o grupo.

8 Dê um duplo clique na ferramenta Scale () no painel Tools. Mude Uniform Scale para **35%**, certificando-se de que Objects seja a única opção selecionada. Clique em OK.

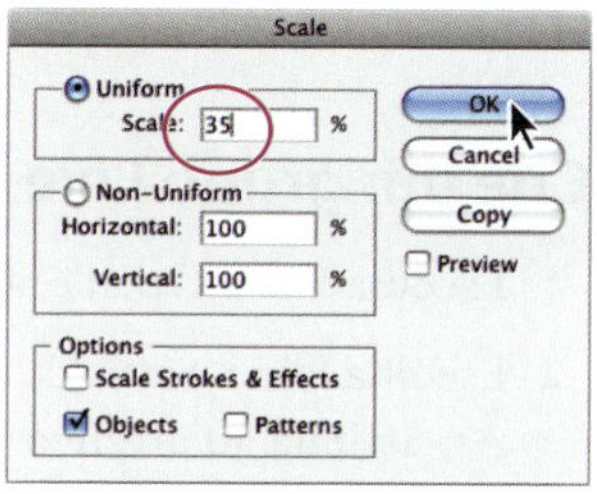

9 Utilizando a ferramenta Selection, selecione o grupo de formas quadriculadas e pressione a tecla Alt (Windows) ou Option (Mac OS) e arraste de volta para o topo da amostra da padronagem existente, chamada Checker, no painel Swatch. A amostra é atualizada e a arte também é preenchida com a amostra da padronagem.

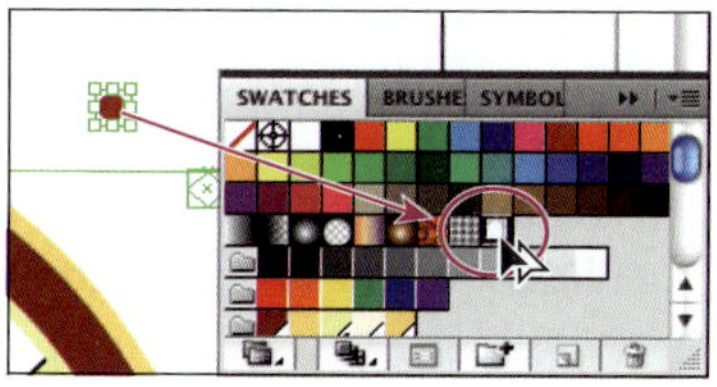

10 Na prancheta, selecione e exclua a forma de quadriculado que você editou para criar a padronagem atualizada.

11 Abra o painel Layers e deixe todas as camadas visíveis selecionando a coluna Visibility à esquerda das camadas "tomato" e "top shapes".

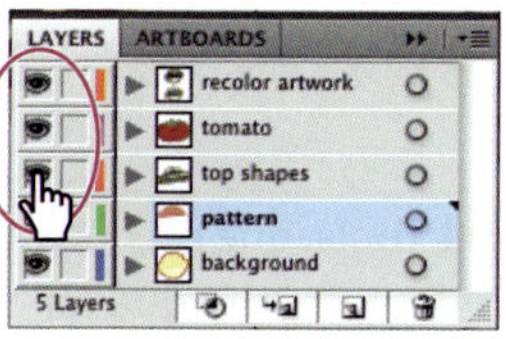

12 Escolha Select > Deselect e então File > Save. Escolha File > Close.

Trabalhe com o Live Paint

O Live Paint permite pintar elementos vetoriais de maneira intuitiva ao detectar e corrigir automaticamente lacunas que do contrário poderiam afetar o modo como os preenchimentos e os contornos são aplicados. Os paths dividem a superfície de desenho em áreas, as quais podem ser coloridas, independentemente de serem limitadas por um path único ou segmentos de múltiplos paths. Pintar objetos é como preencher formas em um livro para colorir ou utilizar aquarelas para pintar um desenho a lápis.

O Live Paint difere da ferramenta Shape Builder porque ele funciona "ao vivo". Em outras palavras, enquanto a ferramenta Shape Builder edita as formas em posição inferior, o Live paint não o faz. Para aprender mais sobre a ferramenta Shape Builder, veja a Lição 3, "Criando e Editando Formas".

Crie um grupo Live Paint

1 Escolha File > Open e abra o arquivo L6start_2.ai da pasta Lesson06.

2 Escolha File > Save As. Na caixa de diálogo Save As, atribua ao arquivo o nome **greetingcard.ai** e navegue até a pasta Lesson06. Deixe a opção Save As Type configurada como Adobe o Illustrator (*.AI) (Windows) ou a opção Format configurada como Adobe Illustrator (ai) (Mac OS) e clique em Save. Na caixa de diálogo Illustrator Options, deixe as opções do Illustrator em suas configurações padrão e clique em OK.

3 Utilize a ferramenta Selection (↖) para arrastar uma seleção sobre as três formas de flores brancas na prancheta.

4 Escolha Object > Live Paint > Make. Isso cria um grupo Live Paint que agora você pode pintar utilizando a ferramenta Live Paint Bucket ().

Assim que um grupo Live Paint é criado, todo path pode ser editado por completo. Quando você move ou ajusta a forma de um path, as cores são reaplicadas automaticamente às novas regiões formadas pelos paths editados.

▶ **Dica:** Você pode identificar um grupo Live Paint com base na caixa delimitadora especial em redor das três formas.

● **Nota:** Talvez você tenha de pressionar a tecla Esc para ocultar o painel Swatches.

5 Selecione a ferramenta Paint Bucket () no painel Tools, que está no mesmo grupo da ferramenta Shape Builder (). Antes de pintar, clique na cor de preenchimento no painel Control e selecione a amostra amarelo/laranja no painel Swatches.

6 Posicione o mouse sobre o centro do grupo Live Paint. À medida que você move o cursor sobre os objetos Live Paint, eles são destacados e três amostras de cor aparecem acima do cursor. Elas representam as três amostras adjacentes, uma ao lado da outra, no painel Swatches. A amostra central é a última cor selecionada. Clique quando a forma de flor for destacada.

7 Mova o cursor para a esquerda, para a forma que se sobrepõe. Clique na tecla de seta para esquerda a fim de realçar a cor amarelo nas três amostras acima do cursor. Clique para aplicar a cor à flor.

Você vai repetir a etapa anterior para pintar o restante das formas de flores.

▶ **Dica:** Você pode também arrastar sobre múltiplas formas para aplicar cores a elas de uma única vez.

● **Nota:** Você pode também alternar para uma cor diferente daquela selecionada no grupo clicando em uma cor no painel Swatches.

8 Pinte as três formas de flores restantes utilizando as cores que você vê na figura à direita (amarelo, rosa e rosa-escuro). Antes de clicar para aplicar uma cor, pressione as setas esquerda e direita para se deslocar entre as cores no painel Swatches.

Pintar contornos com a ferramenta Live Paint Bucket é tão fácil quanto pintar preenchimentos. Primeiro você precisa habilitar a opção de pintar contornos.

9 Dê um duplo clique na ferramenta Live Paint Bucket no painel Tools. Isso abre a caixa de diálogo Live Paint Bucket Options.

Selecione a opção Paint Strokes e clique em OK.

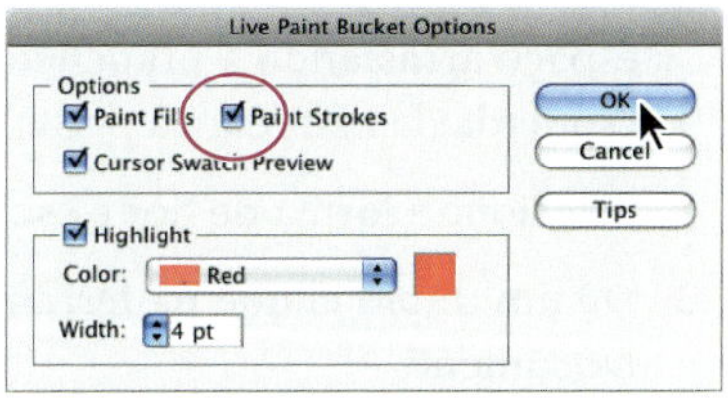

● **Nota:** Para aprender mais sobre as opções na caixa de diálogo Live Paint Bucket Options, como Cursor Swatch Preview (as três amostras que aparecem acima do cursor Live Paint Bucket) e as opções Highlight como alteração de cor e largura, pesquise "paint with the Live Paint Bucket tool" no Illustrator Help.

A seguir, você vai remover os contornos pretos internos das formas, conservando os contornos pretos externos.

10 Posicione o cursor exatamente sobre o contorno entre a forma central e a forma preenchida em amarelo, conforme mostra a figura. Quando o cursor Stroke (✎) aparecer, clique na seta para a esquerda para selecionar None e então clique no contorno para remover sua cor.

11 Posicione o cursor exatamente sobre a forma central e a forma preenchida em rosa-claro, conforme mostra a figura. Quando o cursor Stroke aparecer, clique na seta para a esquerda para selecionar None e então clique no contorno para remover sua cor.

12 Escolha Select > Deselect para ver como os contornos estão pintados. Feito isso, escolha File > Save.

Edite regiões do Live Paint

Quando você cria um grupo Live Paint, os paths permanecem editáveis. Quando você move ou ajusta um path, as cores aplicadas não ficam onde estavam, como ocorre nas pinturas em um meio natural ou em softwares de edição de imagem. Em vez disso, elas são automaticamente reaplicadas às novas regiões formadas pelos paths editados.

A seguir você vai editar os paths e acrescentar outra forma.

1 Selecione a ferramenta Selection (↖) no painel Tools e pressione a barra de espaço arrastando a prancheta para à direita para revelar a forma de flor à esquerda da margem da prancheta.

2 Selecione a forma de flor e escolha Edit > Copy.

3 Dê um duplo clique na ferramenta Hand para ajustar a prancheta à janela Document.

4 Com a ferramenta Selection, dê um duplo clique no grupo Live Paint. Isso coloca o documento no modo de isolamento e permite que você edite cada forma de maneira independente.

5 Escolha Edit > Paste. Arraste a forma de flor colada para o canto inferior esquerdo, para que fique sobre a flor central, conforme mostra a figura.

6 Selecione a ferramenta Live Paint Bucket ( ) no painel Tools e pinte as formas com as amostras de verde-escuro (metade exterior) e verde-claro (metade interior)

7 Posicione o cursor diretamente sobre os contornos entre a forma laranja central e a forma verde preenchida. Quando o cursor Stroke aparecer, clique na seta para a esquerda para realçar None e então clique no contorno para remover sua cor. Faça isso para todos os contornos no interior da forma preenchida em verde.

● **Nota:** Quando você move ou edita formas que são parte de um grupo Live Paint, podem ocorrer eventos inesperados. Por exemplo, um contorno pode aparecer onde antes não havia contorno algum. Certifique-se de que as formas tenham a aparência esperada.

8 Selecione a ferramenta Selection e arraste a forma da flor preenchida em verde um pouco para cima e para a esquerda, para reposicioná-la. Observe como a cor de preenchimento é alterada.

9 Selecione a ferramenta Selection ( ) no painel Tools e posicione o cursor sobre a flor amarela pequena no canto superior esquerdo. Clique em um dos pontos de ancoragem na borda do centro da flor (localizada no centro da pequena flor amarela) e arraste-o para reposicioná-lo.

● **Nota:** A ferramenta Selection seleciona um grupo Live Paint inteiro. A ferramenta Direct Selection seleciona os paths individuais dentro de um grupo Live Paint. Por exemplo, clicar uma vez com a ferramenta Selection seleciona o grupo Live Paint inteiro e clicar uma vez com a ferramenta Direct Selection ou com a ferramenta Group Selection seleciona os paths que compõem o grupo Live Paint.

Observe como os paths continuam totalmente editáveis e as cores são automaticamente reaplicadas às novas regiões formadas pelos paths editados.

A seguir você vai adicionar a cor branca ao centro da flor maior para poder acrescentar texto e deixá-lo legível.

10 Pressione Ctrl++ (Windows) ou Cmd++ (Mac OS) duas vezes para aumentar o zoom.

11 Pressione a tecla Esc para sair do modo de isolamento e então escolha Select > Deselect.

12 Expanda o painel Layers clicando no ícone do painel Layers ( ) no lado direito da área de trabalho. Clique na coluna Visibility da camada text (exatamente acima do ícone de olho da camada live paint).

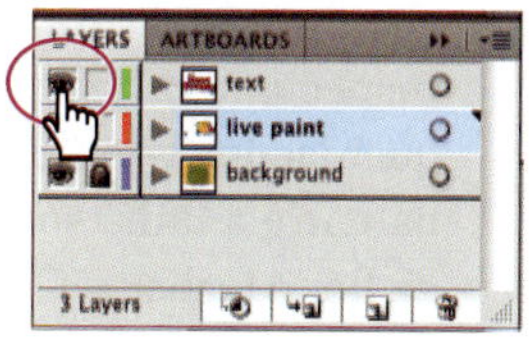

13 Selecione a ferramenta Selection e dê um duplo clique nas formas de flor para entrar no modo de isolamento.

14 Selecione a ferramenta Line Segment ( ) no painel Tools. Altere a cor do contorno para branco no painel Control.

15 Pressione a tecla Shift e clique no canto direito da flor amarela pequena. Arraste na direção da borda direita da flor central maior e desenhe uma linha. Quando você estiver próximo à borda (não na borda), solte o botão do mouse e então a tecla Shift, conforme mostra a figura abaixo, para deixar uma pequena lacuna na extremidade direita da linha.

16 Desenhe outra linha abaixo daquela pressionando a tecla Shift e clicando na borda direita da flor verde, arrastando-a então para a direita, até o ponto onde a linha adere à borda esquerda da forma rosa-clara. As guias inteligentes o ajudarão a aderir a linha às formas.

● **Nota:** Se a borda vermelha para na linha superior, tente encurtá-la utilizando a ferramenta Direct Selection.

17 Selecione a ferramenta Live Paint Bucket no painel Tools e posicione o cursor sobre o centro da flor laranja grande, entre as linhas. Observe onde aparece a borda vermelha, e que a linha inferior "fecha" a parte inferior da forma da flor. A linha superior, que não está tocando a borda da flor, pode não fechar o topo do path. Este path é um problema que você resolverá a seguir.

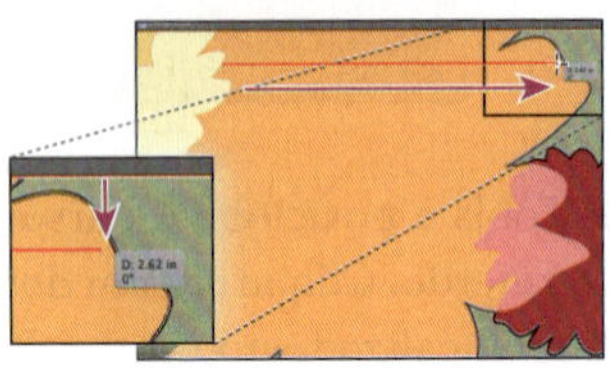
Desenhe a linha superior.

Desenhe a linha inferior.

Passe o mouse para ver a área pintada.

Trabalhe com Gap Options

A seguir, você vai trabalhar com a caixa de diálogo Gap Options

1. Escolha Select > All.
2. Escolha Object > Live Paint > Gap Options. Na caixa de diálogo Gap Options, selecione Gap Detection, se ainda não estiver selecionada. Gap Preview Color é definida de maneira a realçar em vermelho qualquer lacuna detectada.

● **Nota:** Se você não consegue fazer isso funcionar, na caixa de diálogo Gap Options, tente alterar a opção Paint Stops At para Small or Large Gaps. Além disso, é possível redimensionar a linha superior para que adira à borda direita da flor.

3. Escolha Medium Gaps no menu Paint Stops At. Isso impede que a tinta vaze por entre algumas das lacunas enquanto você pinta. Inspecione o trabalho para detectar qualquer lacuna realçada em vermelho. A lacuna entre a linha superior e a borda direita da flor é fechada. Clique em OK.

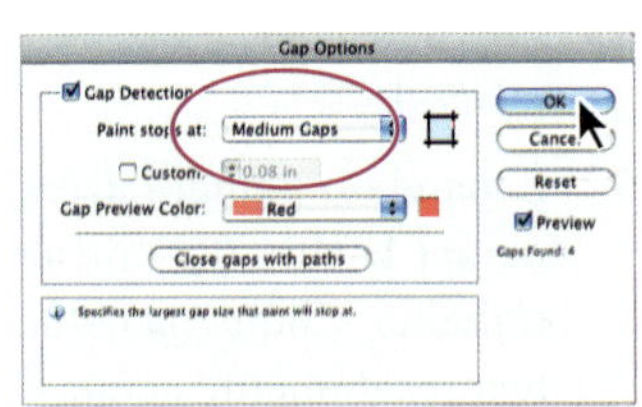

4. Selecione a ferramenta Live Paint Bucket () e percorra o espaço entre as duas linhas que você criou. Certifique-se de que a cor branca esteja exibida nas amostras acima do cursor e clique para colorir o espaço.

5 Selecione a ferramenta Live Paint Selection () no painel Tools, abaixo da ferramenta Live Paint Bucket. Clique na forma amarela no alto e então clique na forma amarela inferior mantendo a tecla Shift pressionada. Escolha o degradê de fundo nas cores de preenchimento no painel Control.

6 Selecione a ferramenta Gradient () no painel Tools. Arraste do centro da flor maior para baixo e para a direita, para criar um gradiente uniforme entre as duas formas.

7 Selecione a ferramenta Selection e pressione a tecla Esc para sair do modo de isolamento e ver o texto “Happy Birthday” na prancheta. Escolha View > Fit Artboard In Window.

▶ **Dica:** No grupo Live Paint você pode também selecionar conteúdo arrastando sobre a arte com a ferramenta Live Paint Selection.

Selecione as peças.

Arraste com a ferramenta Gradient.

O resultado final.

8 Escolha File > Save e então File > Close.

Explore por conta própria

1 Escolha File > Open. Na caixa de diálogo Open, navegue até a pasta Lesson06, na pasta Lessons. Abra o arquivo color.ai.

2 Com a ferramenta Selection, selecione as letras no centro do pôster.

3 Preencha as letras com uma cor de preenchimento no painel Control e então salve a cor como uma amostra no painel Swatches clicando com a tecla Ctrl (Windows) ou Command (Mac OS) pressionada no botão New Swatch. Nomeie a cor como **text**.

4 Com a amostra aplicada ao preenchimento de texto, crie um tom para a cor text e então salve-o no painel Swatches.

5 Aplique um contorno de 3 pt ao texto e pinte-o com o tom salvo, certificando-se de que o preenchimento do texto é apenas a cor text, não o tom.

6 Selecione a ferramenta Elipse no painel Tools e crie um círculo na prancheta. Selecione uma amostra a partir da cor de preenchimento no painel Control. Crie uma padronagem a partir do círculo que você desenhou.

7 Aplique a padronagem à forma da estrela atrás do texto.

8 Edite a padronagem e redimensione seu preenchimento nas formas da estrela dando um duplo clique na ferramenta Scale.

9 Escolha File > Close sem salvar.

Perguntas de revisão

1 Descreva pelo menos três maneiras de preencher um objeto com uma cor.

2 Como você pode salvar uma cor?

3 Como você atribui um nome a uma cor?

4 Como você atribui uma cor transparente a um objeto?

5 Como você pode escolher harmonias de cores para as cores?

6 Aponte duas coisas que a caixa de diálogo Edit Colors/Recolor Artwork permite fazer.

7 Como você adiciona amostras de padrões ao painel Swatches?

8 Explique o que Live Paint permite fazer.

Respostas

1 Para preencher um objeto com uma cor, selecione esse objeto e a caixa Fill no painel Tools. Então, siga um destes procedimentos:

- Dê um duplo clique na caixa Fill ou Stroke no painel Control para acessar o Color Picker.
- Arraste os controles deslizantes de cor ou digite os valores nas caixas de texto do painel Color.
- Clique em uma amostra de cor no painel Swatches.
- Selecione a ferramenta Eyedropper e clique em uma cor do trabalho.
- Escolha Window > Swatch Libraries para abrir outra biblioteca de cores e clique em uma amostra de cor do painel Color Library.

2 Você pode salvar uma cor para pintar outros objetos em seu trabalho adicionando-a ao painel Swatches. Selecione a cor e faça isto:

- Arraste-a da caixa Fill e solte-a sobre o painel Swatches.
- Clique no botão New Swatch na parte inferior do painel Swatches.
- Escolha New Swatch no menu do painel Swatches.

Você também pode adicionar cores a partir de outras bibliotecas de cores selecionando-as no painel Color Library e escolhendo Add To Swatches no menu desse painel.

3 Para atribuir um nome a uma cor, dê um duplo clique na amostra de cor no painel Swatches ou selecione e escolha Swatch Options no menu desse painel. Digite o nome da cor na caixa de diálogo Swatch Options.

4 Para pintar uma forma com uma cor semitransparente, selecione a forma e preencha-a com uma cor qualquer. Ajuste a porcentagem de opacidade no painel Transparency ou no painel Control para menos de 100%.

5 O painel Color Guide é uma ferramenta que pode servir de inspiração enquanto você cria seu trabalho. O painel sugere cores harmônicas com base na cor atual no painel Tools.

6 Utilize a caixa de diálogo Edit Colors/Recolor Artwork para criar e editar grupos de cores e também para reatribuir ou reduzir as cores em seu trabalho, entre outras coisas.

7 Crie uma padronagem (padronagens não podem conter outras padronagens) e arraste-a para o painel Swatches.

8 Live Paint permite pintar gráficos vetoriais de maneira intuitiva, com base na detecção e correção automáticas de lacunas que do contrário afetariam o modo como preenchimentos e contornos são aplicados. Os paths dividem a superfície de desenho em áreas que podem ser coloridas, independentemente de serem limitadas por um único path ou por segmentos de múltiplos paths. Pintar objetos com Live Paint é como pintar em um livro para colorir ou utilizar aquarela para pintar um desenho a lápis.

7 TRABALHANDO COM TEXTO

Visão geral da lição

Nesta lição, você vai aprender a:

- Importar texto
- Criar colunas de texto
- Alterar atributos de texto
- Utilizar e salvar estilos
- Obter uma amostra da formatação de texto
- Dispor o texto em torno de um elemento gráfico
- Dar nova forma ao texto com distorção
- Criar texto em paths e formas
- Criar contornos de texto

Esta lição levará aproximadamente uma hora para ser concluída. Se necessário, remova a pasta da lição anterior de seu disco rígido e copie a pasta Lesson07.

O texto, como um elemento de design, tem um papel importante nas suas ilustrações. Como ocorre com outros objetos, o texto pode ser pintado, dimensionado, girado e assim por diante. Nesta lição, você vai aprender a criar texto básico e efeitos de texto interessantes.

Introdução

Você vai trabalhar em um arquivo durante esta lição, mas antes de começar, restaure as preferências padrão do Adobe® Illustrator® CS5. Feito isso, abra o arquivo da arte final desta lição para ver a ilustração.

1 Para que as ferramentas e os painéis funcionem como descritos nesta lição, exclua ou desative (renomeando) o arquivo de preferências do Adobe Illustrator CS5. Consulte "Restaurando as preferências padrão", na página 15.

2 Inicie o Adobe Illustrator CS5.

● **Nota:** Se você ainda não o fez, copie os arquivos desta lição para o seu disco rígido a partir da pasta Lesson07 do CD do *Adobe Illustrator CS5 Classroom in a Book*. Veja "Copiando os arquivos do Classroom in a Book", na página 14.

3 Escolha File > Open. Localize o arquivo chamado L7end_1.ai na pasta Lesson07 dentro da pasta Lessons que você copiou para o seu disco rígido.

Nesta lição, você vai criar o texto deste pôster. Deixe-o aberto para referência ou escolha File > Close sem salvar.

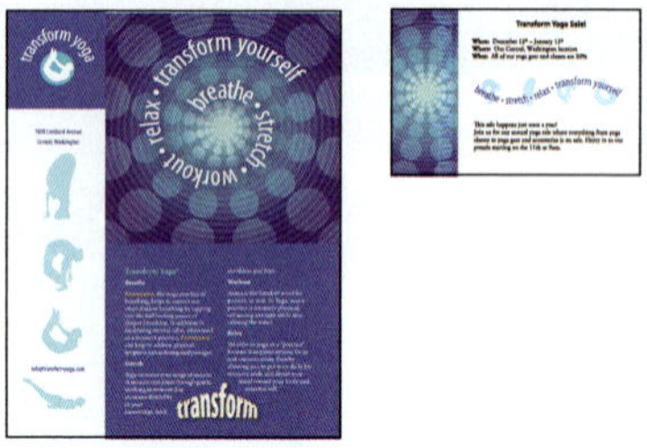

4 Escolha File > Open. Na caixa de diálogo Open, navegue até a pasta Lesson07, na pasta Lessons. Abra o arquivo L7start_1.ai.

Esse arquivo já contém outros componentes que não são texto. Você criará todos os elementos de texto para completar o pôster.

5 Escolha File > Save As. Na caixa de diálogo Save As, navegue até a pasta Lesson07 e nomeie o arquivo **yoga.ai**. Deixe a opção Save As Type configurada como Adobe Illustrator (*.AI) (Windows) ou a opção Format configurada como Adobe Illustrator (ai) (Mac OS) e clique em Save. Na caixa de diálogo Illustrator Options, deixe as opções do Illustrator em suas configurações padrão e clique em OK.

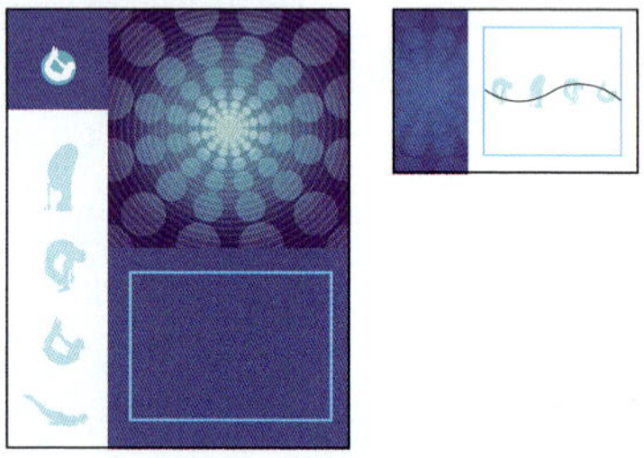

6 Escolha View > Smart Guides para desmarcar as guias inteligentes.

7 Escolha Window > Workspace > Essentials.

Trabalhe com texto

Os recursos de texto são alguns dos mais poderosos aspectos do Illustrator. Você pode adicionar uma só linha de texto ao trabalho, criar colunas e linhas de texto como no Adobe InDesign, fazer o texto fluir em uma forma ou ao longo de um path e trabalhar com formas de letra como objetos gráficos.

Você pode criar o texto de três maneiras diferentes: como texto pontual, área de texto e como texto ao longo de um path. Eis uma descrição curta de cada tipo de texto:

- **Texto pontual** é uma linha horizontal ou vertical do texto que inicia onde você clica e aumenta à medida que você insere caracteres. Cada linha do texto é independente – a linha se expande ou se comprime enquanto você o edita sem quebrar linha. Inserir texto dessa maneira é útil para adicionar um cabeçalho ou algumas palavras a seu trabalho.
- **Área de texto** utiliza os limites de um objeto para controlar o fluxo de caracteres, horizontal ou verticalmente. Quando o texto atinge um limite, ele quebra de linha automaticamente para se ajustar dentro da área definida. Inserir texto dessa maneira é útil quando você quer criar um ou vários parágrafos, como em uma brochura.
- **Texto ao longo de um path** flui próximo à borda de um path aberto ou fechado. Ao inserir texto horizontalmente, os caracteres permanecem paralelos à linha de base. Ao inserir texto verticalmente, os caracteres permanecem perpendiculares à linha de base. De uma maneira ou de outra, o texto flui na direção em que os pontos foram adicionados ao path.

A seguir, você vai criar o texto pontual e a área de texto. Mais adiante você também vai criar texto ao longo de um path.

Crie texto pontual

Ao digitar texto diretamente em um documento, selecione a ferramenta Type e clique onde deseja ver o texto. Quando o cursor aparecer, você pode começar a digitar.

A seguir, você vai inserir um subtítulo na prancheta 1 (de 2).

1 Selecione a ferramenta Zoom (🔍) no painel Tools e clique três vezes na figura da ioga na parte inferior à esquerda.

2 Selecione a ferramenta Type (T) e clique acima e à esquerda da figura da ioga na parte inferior. O cursor aparece na prancheta. Digite **info@transformyoga.com**.

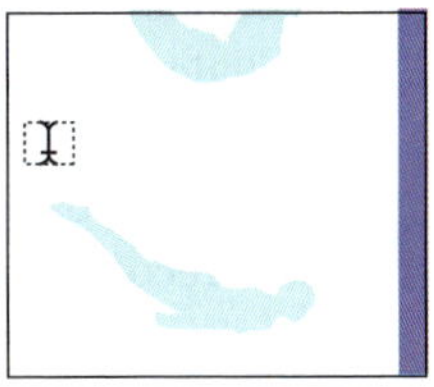

Clicar com a ferramenta Type cria o texto pontual. O texto pontual é uma linha do texto que só é interrompida quando você para de digitar ou pressiona Return ou Enter, sendo bem útil para cabeçalhos.

3 Selecione a ferramenta Selection () no painel Tools e observe a caixa delimitadora em torno do texto. Arraste o ponto delimitador da direita para a direita. Veja que o texto aumenta à medida que você arrasta.

Nota: O texto pontual redimensionado, como no passo 3, ainda é imprimível, mas o tamanho da fonte talvez não seja um número inteiro (como 12 pt).

4 Escolha Edit > Undo Scale.

Crie uma área de texto

Para criar uma área de texto, clique com a ferramenta Type na área em que você deseja o texto e arraste para criar o objeto. Quando o cursor aparecer, é só digitar. Você também pode converter uma forma ou objeto existente em um objeto de texto clicando na forma ou no interior da borda do objeto com a ferramenta Type.

Agora, você vai criar a área de texto e inserir um endereço.

1 Com a ferramenta Selection ( ), mantenha pressionada a barra de espaço e arraste a prancheta para baixo para ampliar a primeira figura de cima na área branca, no lado esquerdo da prancheta.

2 Selecione a ferramenta Type (T) e então arraste da esquerda superior para a direita inferior para criar um retângulo acima da figura. O cursor aparece no novo objeto de texto.

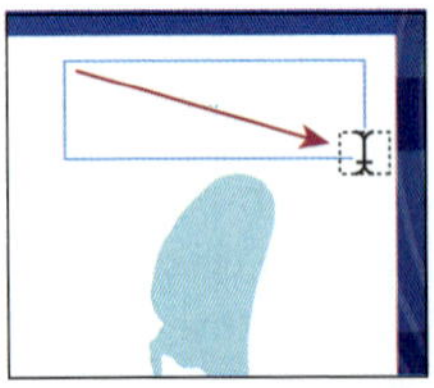

3 Digite **1000 Lombard Ave. Central, Washington**. O texto recorre (quebra de linha) dentro do objeto de texto.

Você agora vai ajustar a maneira como o texto recorre.

Nota: Por enquanto, mantenha as configurações padrão de formatação de texto.

Nota: Se o texto já tiver recorrido, tente arrastar a borda da caixa delimitadora para ver como isso afeta o texto.

4 Selecione a ferramenta Selection e observe a caixa delimitadora que aparece em torno do endereço. Arraste o ponto delimitador central da lateral direita para a direita e, após, para a esquerda, observando como o texto recorre dentro do objeto. Arraste até que apenas o texto "1000 Lombard Ave." apareça na primeira linha.

5 Escolha Select > Deselect e então escolha File > Save.

Área de texto *versus* texto pontual

O Illustrator disponibiliza indicações visuais para ajudá-lo a identificar as diferenças entre texto pontual e área de texto. Com a ferramenta Selection, clique para selecionar o texto e sua caixa delimitadora.

A área de texto tem duas caixas extras, chamadas portas. As portas são utilizadas para fazer fluir o texto entre uma área de texto e a seguinte. O trabalho com portas e encadeamento será abordado mais adiante nesta lição. Texto pontual, quando selecionado, não tem portas; em vez disso, ele tem um ponto antes da primeira letra na primeira linha.

Área de texto **Texto pontual**

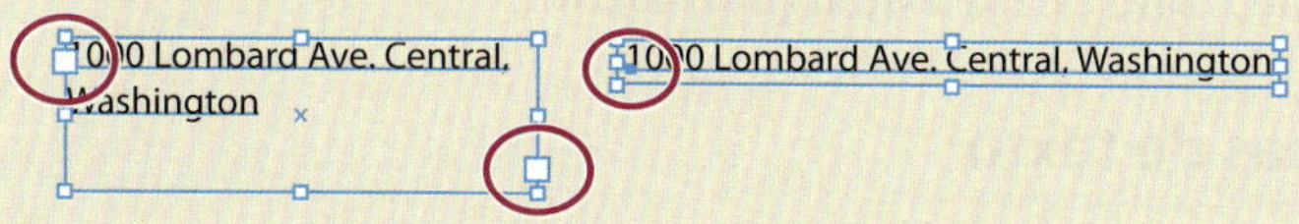

Importe um arquivo de texto simples

Você pode importar texto para o trabalho a partir de um arquivo criado em outro aplicativo. O Illustrator suporta os seguintes formatos para importação de texto:

- Microsoft Word para Windows 97, 98, 2000, 2002, 2003 e 2007
- Microsoft Word para Mac OS X, 2004 e 2008.
- RTF (Rich Text Format)
- Texto simples (ASCII) com codificação ANSI, Unicode, Shift JIS, GB2312, Chinese Big 5, Cyrillic, GB18030, Greek, Turkish, Baltic e Central European

Também é possível copiar e colar texto, mas a formatação talvez se perca quando o texto for colado. Uma das vantagens de importar texto a partir de um arquivo, em vez de copiar e colar, é que o texto importado retém a formatação de caracteres e de parágrafo. Por exemplo, o texto em um arquivo RTF retém as especificações de fonte e estilo no Illustrator.

Agora, você vai inserir o texto a partir de um arquivo de texto simples.

1 Dê um duplo clique na ferramenta Hand (✋) para ajustar a prancheta à janela. Escolha View > Smart Guides para selecionar as guias inteligentes.

2 Antes de importar o texto, crie um objeto de área de texto selecionando a ferramenta Type (T) e arrastando do canto superior esquerdo da caixa de guia fornecida para o canto inferior direito.

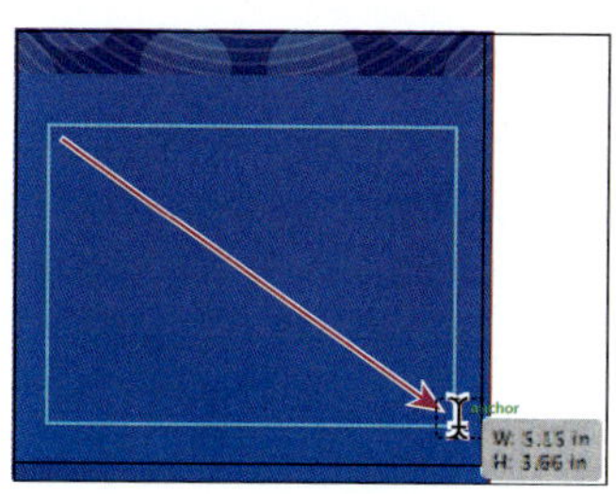

3 Escolha File > Place. Navegue até a pasta Lesson07, na pasta Lessons, selecione o arquivo L7copy.txt e clique em Place.

● **Nota:** Se você inserir o texto sem criar uma área de texto, ele será inserido em uma área de texto criada automaticamente. A área de texto abrange, por padrão, a maior parte da prancheta.

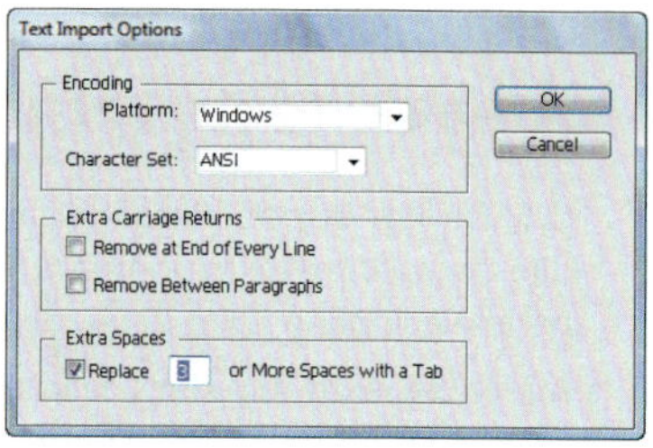

4 Na caixa de diálogo Text Import Options, você pode configurar as opções antes de importar texto. Deixe as configurações padrão inalteradas e clique em OK.

Agora o texto é inserido em um objeto de texto. Você aprenderá a aplicar atributos e a formatar texto mais adiante nesta lição. Além disso, se você vir um sinal de adição vermelho (⊞) no canto inferior direito do objeto de texto, isso indica que o texto não se ajusta ao objeto de texto. Você vai corrigir isso também mais adiante.

5 Escolha File > Save e deixe esse arquivo aberto.

Crie colunas de texto

Você pode facilmente criar colunas e linhas de texto utilizando as opções Area Type.

1 Se o objeto de texto não estiver mais selecionado, utilize a ferramenta Selection (↖) para selecioná-lo.

● **Nota:** Se o cursor ainda estiver no objeto de texto, não será necessário selecionar a área de texto com a ferramenta Selection para acessar as opções Area Type.

2 Escolha Type > Area Type Options.

3 Na caixa de diálogo Area Type Options, selecione Preview. Na seção Columns da caixa de diálogo, altere Number para 2 e clique em OK.

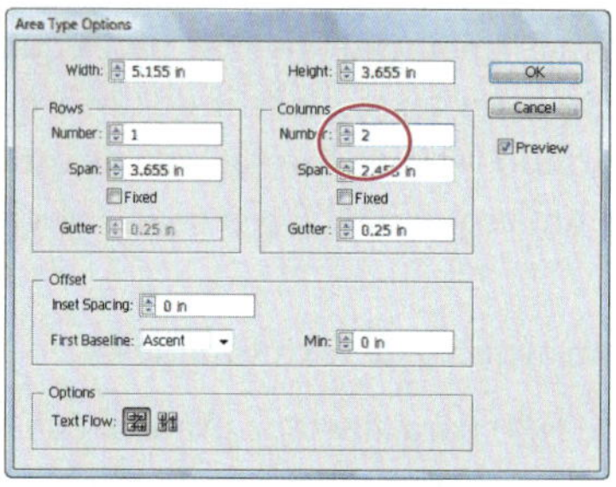

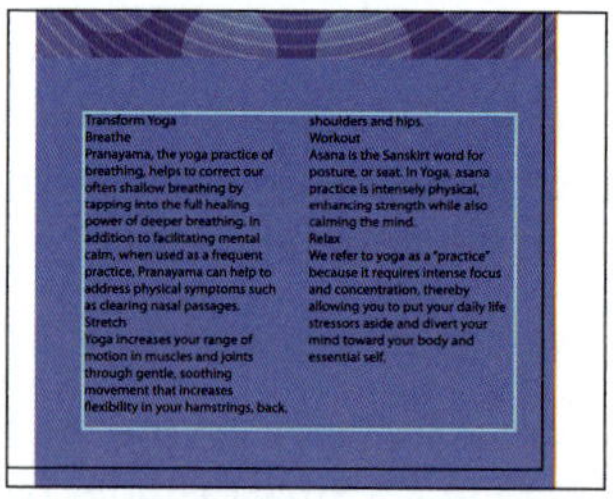

4 Escolha Select > Deselect.

5 Escolha File > Save. Deixe esse documento aberto.

Opções de área de texto

Você pode utilizar as opções Area Type para criar linhas e colunas de texto. Veja as opções adicionais:

- **Number** especifica o número de linhas e de colunas que você quer que o objeto contenha.
- **Span** especifica a altura de linhas individuais e a largura de colunas individuais.
- **Fixed** determina o que acontece à faixa de linhas e colunas se você redimensionar a área de texto. Se essa opção estiver selecionada, o redimensionamento da área poderá alterar o número de linhas e colunas, mas não sua largura. Deixe essa opção desmarcada se quiser que a largura das linhas e das colunas mude quando redimensionar a área de texto.
- **Gutter** especifica a distância entre as linhas ou colunas.
- **Inset** controla a margem entre o texto e o path delimitador. Essa margem é conhecida como margem ou espaçamento interno.
- **First Baseline** controla o alinhamento da primeira linha do texto em relação à parte superior do objeto.
- **Text Flow** determina como o texto flui entre as linhas e colunas.

– Extraído do Illustrator Help

Entenda o fluxo de texto

O próximo passo é inserir um documento do Microsoft Word (.doc) a uma forma de retângulo para criar a área de texto na segunda prancheta do arquivo atualmente aberto, yoga.ai. Desse modo, o texto será acrescentado a um cartão-postal que acompanha o pôster.

1 Clique no botão Next da barra de status na parte inferior esquerda da janela Document para acessar a segunda prancheta. Escolha View > Fit Artboard In Window se não visualizar o cartão-postal inteiro.

2 Selecione a ferramenta Rectangle (▭) no painel Tools.

3 Pressione D para configurar as cores padrão de preenchimento (branco) e contorno (preto).

4 Posicione o cursor no canto superior esquerdo da guia quadrada no centro da prancheta e arraste para baixo e para a direita a fim de criar um retângulo com aproximadamente 1 polegada de altura. A palavra path aparece quando o cursor adere à guia.

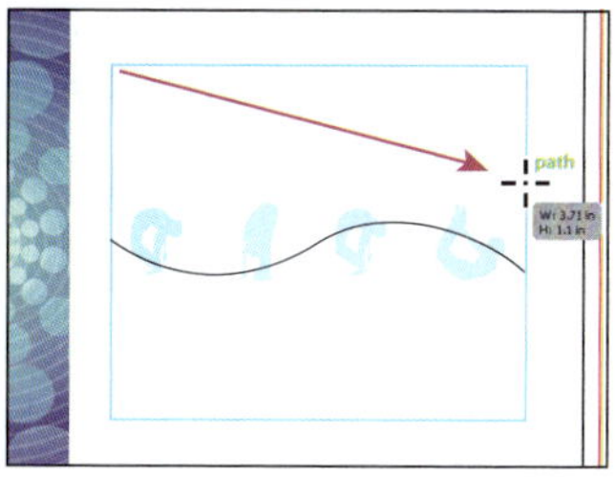

Nota: O quadrado que aparece depois de você arrastar pode ter um preenchimento e/ou contorno preto que engloba o conteúdo. Quando a forma é convertida em uma área de texto, o preenchimento e o contorno mudam para None.

● **Nota:** Ao manter pressionada a ferramenta Type no painel Tools, você vê a ferramenta Area Type. A ferramenta Area Type converte objetos em áreas de texto. Não é necessário alternar para essa ferramenta.

5 Selecione a ferramenta Type (T) e mova-a até a borda da forma do retângulo. A palavra "path" aparece quando você está suficientemente perto da borda do retângulo. O cursor de inserção de texto está entre parênteses (⁽I⁾), indicando que, quando você clicar, o cursor aparecerá dessa forma. Clique para inserir o cursor.

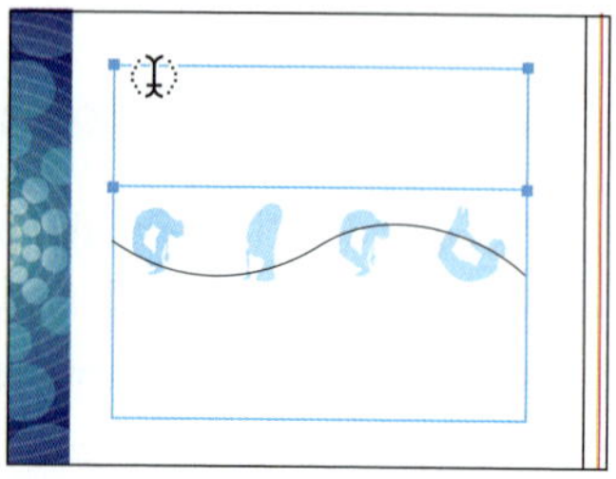

6 Com o cursor ainda ativo no retângulo, escolha File > Place e navegue até a pasta Lesson07, na pasta Lessons de seu disco rígido. Selecione o arquivo yoga_pc.doc e então clique em Place. Você está inserindo um documento nativo do Microsoft Word, portanto, há outras opções a configurar.

● **Nota:** Talvez haja mais ou menos texto aparecendo na área de texto mostrado na figura. Não se preocupe com isso, uma vez que você vai redimensionar a área de texto mais adiante.

7 Na caixa de diálogo Microsoft Word Options, verifique se Remove Text Formatting está desmarcado para manter a formatação do Word. Deixe as configurações restantes como estão. Clique em OK. O texto aparece no quadrado.

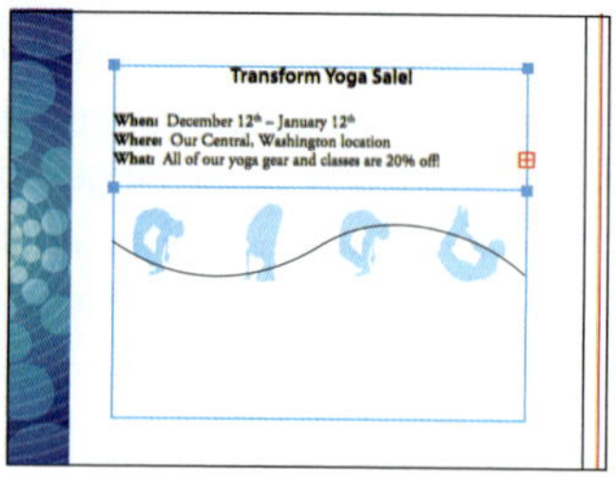

Observe o sinal de adição vermelho que aparece no canto inferior direito do objeto de texto. Isso indica que o texto não se ajusta ao objeto. Você corrigirá isso na próxima seção.

● **Nota:** Ao inserir um documento do Word sem selecionar Remove Text Formatting, os estilos de parágrafo utilizados no Word são importados para o Illustrator. Estilos de parágrafo são discutidos mais adiante.

Trabalhe com texto excedente e refluxo de texto

Cada objeto de área de texto contém uma porta de entrada e uma porta de saída. As portas permitem vincular o objeto a outros objetos e criar uma cópia vinculada do objeto de texto. Uma porta vazia indica que todo o texto está visível e que o objeto não está vinculado. Um sinal de adição vermelho (⊞) em uma porta de saída indica que o objeto contém texto adicional, chamado texto excedente.

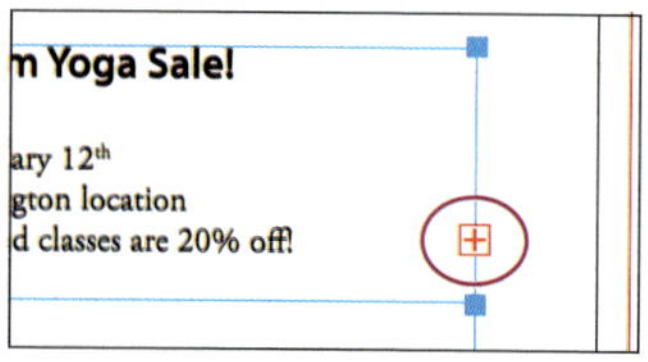

Há dois métodos principais para corrigir texto excedente:

- Encadear o texto com outro objeto de texto
- Redimensionar o objeto de texto

Encadeie texto

Para encadear, ou continuar, o texto entre um objeto e o seguinte, você precisa vincular os objetos. Objetos de texto vinculados podem ter qualquer forma, mas o texto precisa ser inserido em um objeto ou ao longo de um path, e não em um ponto.

A seguir, você vai encadear o texto excedente a outro objeto de texto.

1 Utilize a ferramenta Selection (▶) para selecionar o objeto de texto.

2 Com a ferramenta Selection, clique na porta de saída do objeto de texto selecionado. O cursor se transforma no ícone de texto carregado (▤).

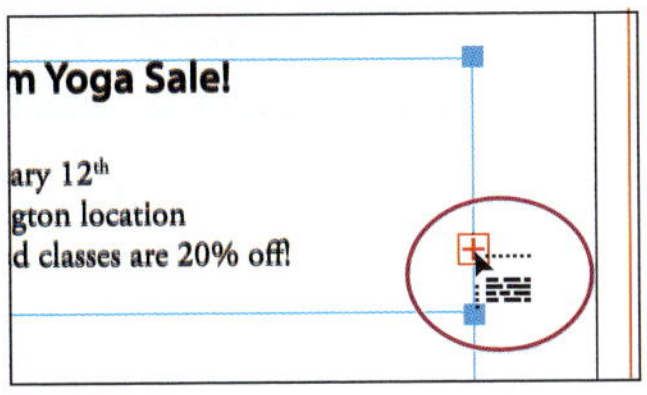

Nota: Se você der um duplo clique, um novo objeto de texto aparecerá. Se isso acontecer, arraste o novo objeto para o local correto ou escolha Edit > Undo Link Threaded Text e o ícone de texto carregado reaparecerá.

3 Clique abaixo das figuras da ioga, iniciando na borda esquerda da caixa de guia e arrastando para baixo até o canto direito da caixa.

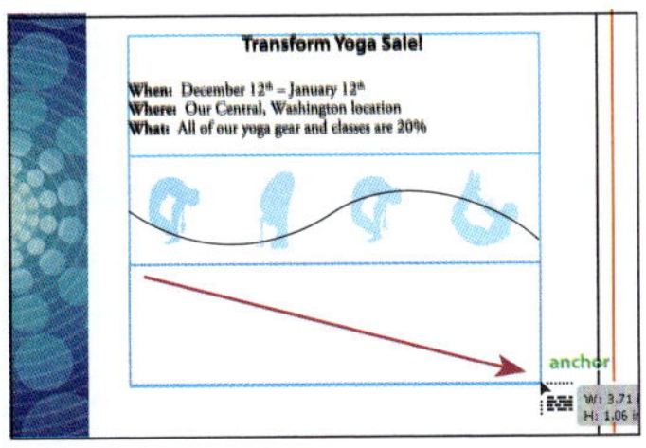

Nota: Com o ícone de texto carregado, você pode apenas clicar na prancheta em vez de arrastar para criar um novo objeto de texto. Isso cria um objeto de texto muito maior.

Dica: Outro método para encadear texto entre objetos é selecionar um objeto de área de texto, selecionar o objeto (ou objetos) ao qual você quer vinculá-lo e, então, escolher Type > Threaded Text > Create.

4 Escolha File > Save.

Com o objeto de texto na parte inferior ainda selecionado, observe a linha entre os dois objetos, que é o encadeamento, informando que os dois objetos estão conectados. Observe a porta de saída (▶) do objeto texto na parte superior e a porta de entrada (▶) do objeto texto na parte inferior (ambos circulados, na figura à direita). A seta indica que o objeto está vinculado a outro objeto.

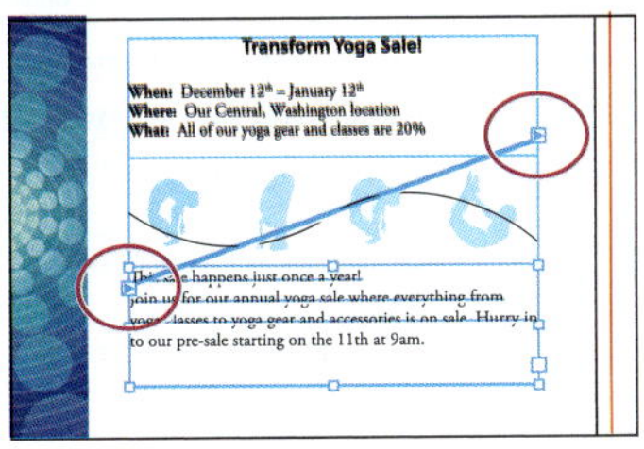

Nota: Seu texto talvez não se pareça exatamente com a figura. Não tem problema. Na próxima parte da lição, você redimensionará os objetos texto.

Nota: Se você excluir o segundo objeto de texto (criado no passo 3), o texto será conectado novamente ao objeto original como texto excedente. Embora não fique visível, o texto excedente não é excluído.

Redimensione objetos de texto

Agora você verá como redimensionar objetos de texto para dar espaço ao texto adicional.

1 Selecione a ferramenta Selection (↖) e clique no texto do objeto da área de texto de cima.

2 Dê um duplo clique na porta de saída (▶) no canto inferior direito do objeto de texto.

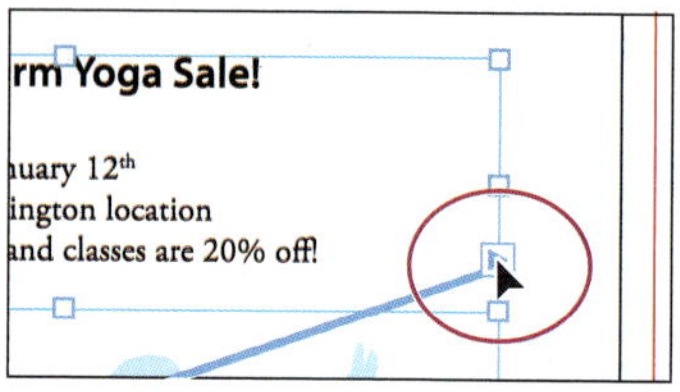

Como os objetos de texto estão encadeados, um duplo clique na porta de saída ou na porta de entrada quebra a conexão entre eles. Qualquer texto encadeado entre os dois objetos de texto flui de volta ao primeiro objeto. O objeto na parte inferior continua lá, mas não tem qualquer contorno ou preenchimento.

3 Escolha View > Smart Guides para desmarcar as guias inteligentes.

4 Utilizando a ferramenta Selection, clique e arraste a alça central inferior da caixa delimitadora para baixo até logo acima das figuras. O tamanho do objeto de texto muda verticalmente. Observe que, quanto mais para baixo você arrasta, mais texto é exibido.

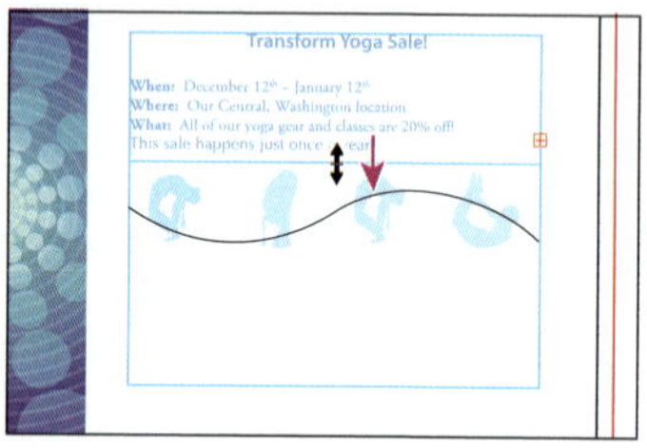

5 Com a ferramenta Selection, clique na porta de saída (⊞) no canto inferior direito do objeto de texto de cima. O cursor se transforma no ícone de texto carregado (⬚).

6 Escolha View > Outline para exibir o objeto de texto na parte inferior.

7 Posicione o cursor sobre o ícone de texto carregado (⬚), sobre a borda inferior do objeto de texto até ele assumir a aparência de (⬚). Clique para encadear os dois objetos em conjunto.

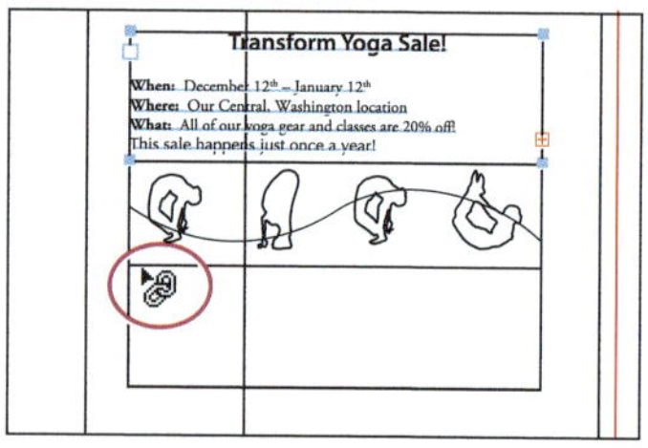

8 Escolha View > Preview.

9 Escolha Select > Deselect.

10 Com a ferramenta Selection, clique para selecionar o objeto de texto na parte superior. Arraste a alça inferior central para cima até que o texto "This sale happens just once a year!" não mais esteja destacado em azul. Isso indica que ele será movido para o próximo objeto de texto quando o botão do mouse for solto. Libere o botão do mouse para ver o texto.

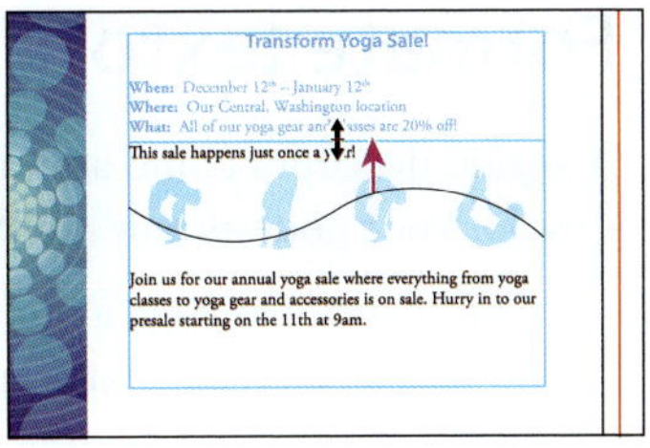

Quando os objetos de texto são encadeados, você pode movê-los para qualquer lugar, sem perder a conexão entre eles. Você pode até mesmo encadear entre pranchetas. Quando os objetos de texto são redimensionados, especialmente aqueles no início do encadeamento, o texto pode refluir.

11 Escolha File > Save.

▶ **Dica:** Você pode criar formas únicas do objeto de texto desmarcando o objeto e escolhendo a ferramenta Direct Selection (↖). Arraste a borda ou o canto do objeto de texto para ajustar a forma do path. Esse método é mais fácil de utilizar quando View > Hide Bounding Box está selecionado. Ajustar o path de texto com a ferramenta Direct Selection é fácil quando você está na visualização Outline (View > Outline).

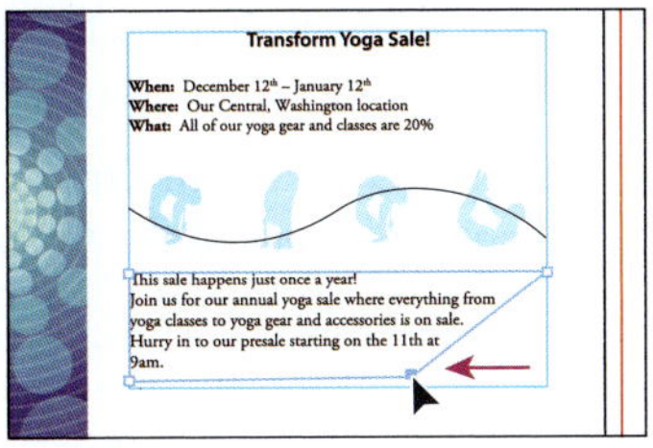

● **Nota:** Se você editar o objeto de texto seguindo a dica anterior, escolha Edit > Undo antes de prosseguir.

Formate texto

A seguir, descubra como alterar atributos de texto, por exemplo, tamanho, fonte e estilo. Você pode alterar rapidamente a maioria dos atributos no painel Control.

1 Com o arquivo yoga.ai ainda aberto, clique no botão Previous ( ) da barra de status para retornar à prancheta 1 (o pôster).

2 Escolha View > Fit Artboard In Window se o pôster não estiver totalmente visível na janela.

▶ **Dica:** Se você der um duplo clique no texto com a ferramenta Selection ou Direct Selection, a ferramenta Type será selecionada.

3 Selecione a ferramenta Type (T) no painel Tools e insira o cursor em qualquer lugar da área de texto de duas colunas que você criou antes.

4 Escolha Select > All, ou pressione Ctrl+A (Windows) ou Command+A (Mac OS) para selecionar todo o texto do objeto de texto.

Nesta seção, você vai aprender dois métodos diferentes de selecionar uma fonte.

Primeiro, você vai alterar a fonte do texto selecionado utilizando o menu Font do painel Control.

5 Clique na seta à direita do menu Font e role para encontrar e selecionar Adobe Garamond Pro.

● **Nota:** A fonte Adobe Garamond Pro está na seção G do menu (não a seção A). Além disso, você talvez veja a palavra Character em vez do menu Font exibida no painel Control. Clique na palavra Character para abrir o painel Character.

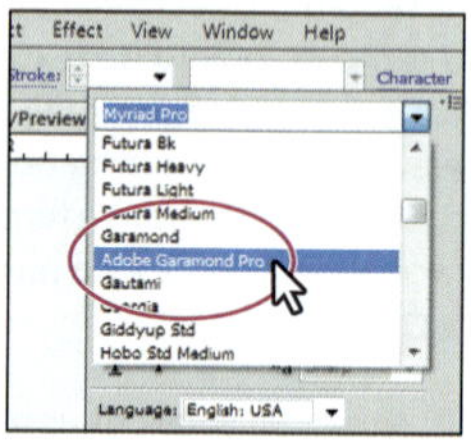

● **Nota:** Talvez seja necessário clicar na seta na parte inferior da lista de fontes para continuar rolando pela lista.

6 Com o texto ainda selecionado, escolha Type > Font para ver uma lista das fontes disponíveis. Role para baixo e selecione Myriad Pro> Regular. Se sua lista de fontes for longa, você talvez tenha de rolar para baixo até localizar essa fonte.

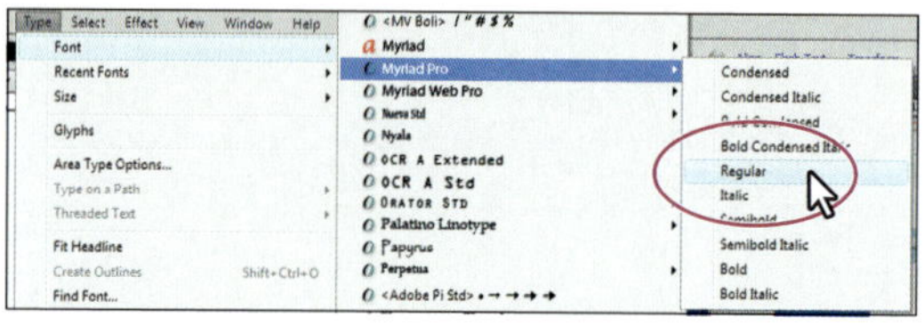

7 Certifique-se de que o texto ainda está selecionado e então siga as próximas instruções. O próximo é o método mais dinâmico para selecionar uma fonte.

- Clique na palavra Character no painel Control para mostrar o painel Character.
- Com a fonte selecionada no painel Character, comece a digitar o nome Minion Pro. O Illustrator filtra a lista e exibe o nome no campo.
- Pressione Enter ou Return para configurar a fonte.

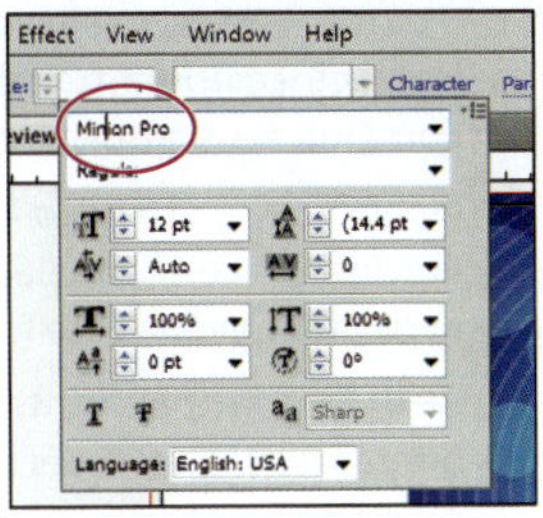

▶ **Dica:** Para manter o painel Character aberto, escolha Window > Type > Character.

8 Clique na seta do menu Font Style, abaixo do menu Font, para ver os estilos disponíveis para a fonte Minion Pro e para se certificar de que Regular está selecionado.

Estilos de fonte são específicos a cada família de fontes. Mesmo tendo a família de fontes Myriad Pro em seu sistema, talvez você não tenha os estilos negrito e itálico dessa família.

Fontes instaladas pelo Illustrator CS5

As fontes abaixo e a documentação que as acompanha estão instaladas e incluídas na pasta Documentation do DVD do Illustrator CS5 ou no arquivo de download, se você fez o download do Illustrator CS5 na Adobe Store. Para clientes que utilizam a versão trial, as fontes só estarão disponíveis após a compra.

Adobe® Caslon® Pro
Adobe® Garamond® Pro
Adobe Gothic Std
Birch Std
Cooper Black Std
Giddyup Std
Letter Gothic Std
MESQUITE STD
Minion Pro
OCRA Std
Prestige Elite Std
ROSEWOOD STD
Tekton Pro
Kozzuka Gothic Pro
Kozuka Mincho Pro
Adobe Arabic
Adobe Myungjo Std
Adobe Heiti Std

Blackoak Std
Brush Script Std
Chaparral Pro
CHARLEMAGNE STD
Adobe Fangsong Std
Hobo Std
LITHOS PRO
Myriad Pro
Nueva Std
ORATOR STD
Poplar Std
STENCIL STD
TRAJAN PRO
Adobe Hebrew
Adobe Kaiti Std
Adobe Ming Std
Adobe Song Std
Adobe Fan Heiti Std

O que é OpenType?

Se você costuma transferir arquivos entre diferentes plataformas, deve construir seus arquivos de texto utilizando o formato OpenType.

OpenType® é um novo formato de arquivo-fonte para várias plataformas desenvolvido em conjunto pela Adobe e a Microsoft. A Adobe converteu toda a Adobe Type Library para esse formato e agora oferece milhares de fontes OpenType.

As duas principais vantagens do formato OpenType são a compatibilidade entre diferentes plataformas (o mesmo arquivo de fonte funciona nos computadores Macintosh e Windows) e a capacidade de suportar conjuntos de caracteres expandidos e recursos de layout, que fornecem suporte linguístico mais rico e controle tipográfico avançado.

O formato Open Type é uma extensão do formato True Type SFNT que também pode suportar dados de fonte e novos recursos tipográficos do Adobe® PostScript®. As fontes Open Types têm a extensão de arquivo .otf, enquanto as fontes Open Type baseadas em True Type tem a extensão .ttf.

Fontes OpenType podem incluir um conjunto de caracteres expandidos e recursos de layout, fornecendo um suporte linguístico ainda mais amplo e um controle tipográfico mais preciso. Podemos distinguir as fontes Adobe OpenType com mais recursos pela palavra "Pro", que é parte do nome da fonte e aparece nos menus de fontes dos aplicativos. Fontes OpenType podem ser instaladas e utilizadas junto com fontes Postscript Type 1 e TrueType.

– Do documento Adobe.com/type/opentype

Altere o tamanho da fonte

1 Se o texto de duas colunas não estiver ativo, utilize a ferramenta Type (T) para posicionar o cursor no objeto de área de texto e escolha Select > All.

2 Digite **13** pt no campo Font Size no painel Control e pressione Enter ou Return. Observe o texto mudar. Selecione 12 pt no menu Font Size. Deixe o texto selecionado.

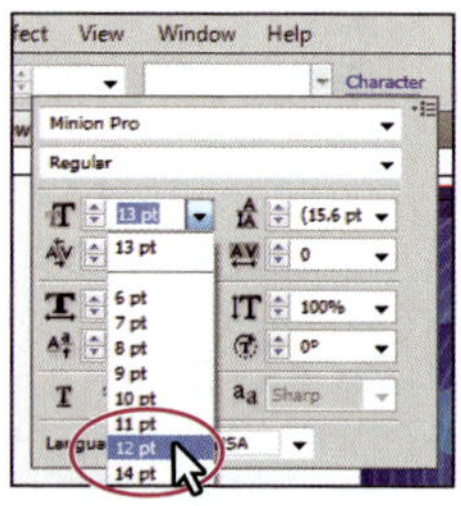

● **Nota:** Você talvez veja a palavra Character em vez do campo Font Size no painel Control. Clique na palavra Character para abrir o painel Character.

O menu Font Size tem tamanhos predefinidos. Se quiser um tamanho personalizado, selecione o valor no campo Font Size, insira um valor em pontos e pressione Enter ou Return.

▶ **Dica:** Você pode alterar o tamanho da fonte do texto selecionado dinamicamente utilizando atalhos pelo teclado. Para aumentar o tamanho da fonte em incrementos de 2 pt, pressione Ctrl+Shift +> (Windows), ou Command+Shift +> (Mac OS). Para reduzir o tamanho da fonte, pressione Ctrl+Shift + <(Windows) ou Command+Shift + <(Mac OS).

Altere a cor da fonte

Você pode alterar a cor do preenchimento e do contorno do texto selecionado. Neste exemplo, você mudará somente o preenchimento.

1 Com o texto ainda selecionado, clique na cor de preenchimento no painel Control. Quando o painel Swatches aparecer, selecione White. O preenchimento do texto muda para branco.

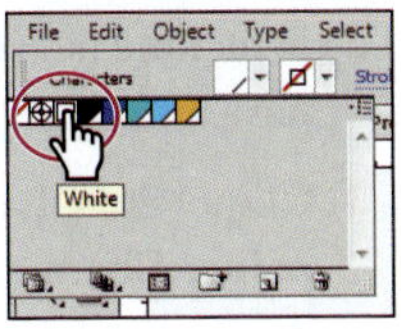

2 Com a ferramenta Type, arraste para selecionar a primeira linha do texto, “Transform Yoga”, no objeto da área de texto, ou dê um clique triplo no texto.

▶ **Dica:** Dê um duplo clique para selecionar uma palavra; um clique triplo para selecionar um parágrafo inteiro. O fim de um parágrafo é definido como o local em que um retorno incondicional é inserido.

3 Mude a cor de preenchimento no painel Control para Aqua.

4 Mantenha a primeira linha do texto selecionada. Selecione o texto no campo Font Size do painel Control e altere o tamanho da fonte digitando 13. Pressione Enter ou Return.

5 Escolha Bold no menu Font Style do painel Control para alterar o estilo da fonte do texto selecionado.

6 Escolha Select > Deselect.

7 Escolha File > Save.

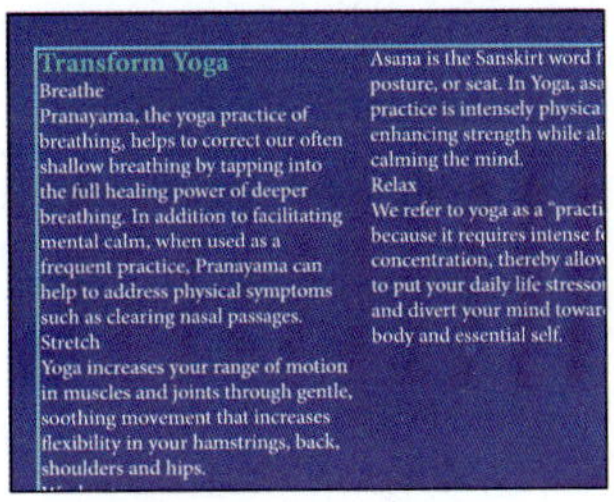

Altere atributos de texto adicionais

É possível alterar muitos atributos de texto adicionais no painel Character, que você pode acessar clicando na palavra Character sublinhada em azul no painel Control. Nesta lição, você vai aplicar alguns dos diversos atributos possíveis, para aprender as diferentes maneiras de formatar o texto.

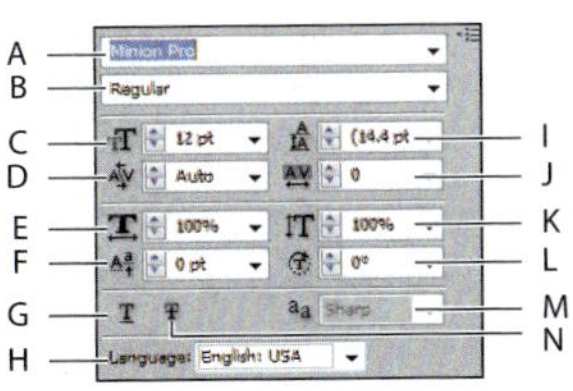

A. Fonte
B. Estilo de fonte
C. Tamanho de fonte
D. Kerning
E. Escala Horizontal
F. Deslocamento em relação à linha de base
G. Sublinhado
H. Idioma
I. Entrelinha
J. Tracking
K. Escala vertical
L. Rotação de caractere
M. Suavização de caractere
N. Tachado

1 Com a ferramenta Type, clique no endereço acima da figura superior no lado esquerdo da prancheta. Com o cursor no texto, dê um clique triplo para selecionar o parágrafo inteiro.

2 Selecione a ferramenta Zoom (🔍) e clique no texto selecionado várias vezes para ampliar.

▶ **Dica:** Para restaurar o valor-padrão de entrelinha, escolha Auto no menu Leading.

3 Clique em Character no painel Control para mostrar o painel Character. Clique na seta para cima à esquerda do campo Leading algumas vezes para aumentar a entrelinha para 16 pt. O Leading (entrelinha) é o espaço vertical entre as linhas. Mantenha o painel Character aberto.

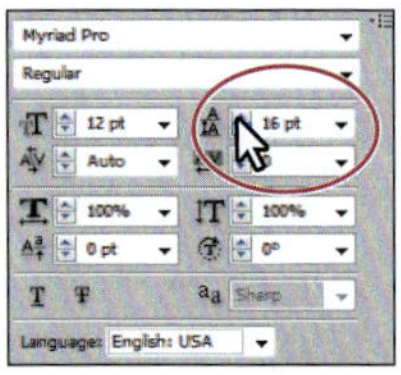

Observe que a alteração na distância vertical entre as linhas muda. Ajustar o Leading é útil para encaixar o texto em uma área de texto.

Agora, você vai alterar o espaçamento entre as letras.

4 Com o texto ainda selecionado, clique no ícone Tracking do painel Character para selecionar o campo Tracking. Digite 60 e pressione Enter ou Return.

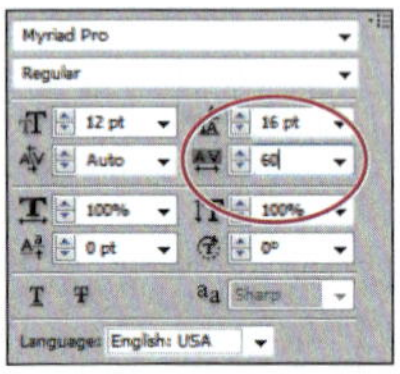

● **Nota:** Se o texto tornar-se texto excedente, como indicado pelo sinal de adição vermelho, você pode ajustá-lo à área do objeto texto reduzindo o valor de Tracking ou alterando o tamanho do objeto dá área de texto com a ferramenta Selection.

O tracking altera o espaçamento entre os caracteres. Um valor positivo separa as letras horizontalmente; um valor negativo agrupa as letras.

5 Dê um duplo clique na ferramenta Hand (✋) do painel Tools para ajustar a prancheta na janela.

6 Selecione a ferramenta Zoom no painel Tools e arraste um contorno de seleção ao redor do título "Transform Yoga", na parte superior da primeira coluna do objeto de texto.

7 Selecione a ferramenta Type (**T**) no painel Tools e clique para posicionar o cursor no final do título "Transform Yoga".

8 Escolha Type > Glyphs para abrir o painel Glyphs.

O painel Glyphs é utilizado para inserir caracteres de texto, como símbolos de marca comercial (™) ou pontos de marcador (•). Ele mostra todos os caracteres (glifos) disponíveis para uma fonte.

Agora, você vai inserir um símbolo de direitos autorais.

9 No painel Glyphs, role para baixo até ver um símbolo de direitos autorais (©). Dê um duplo clique no símbolo para inseri-lo no cursor de inserção de texto. Feche o painel Glyphs.

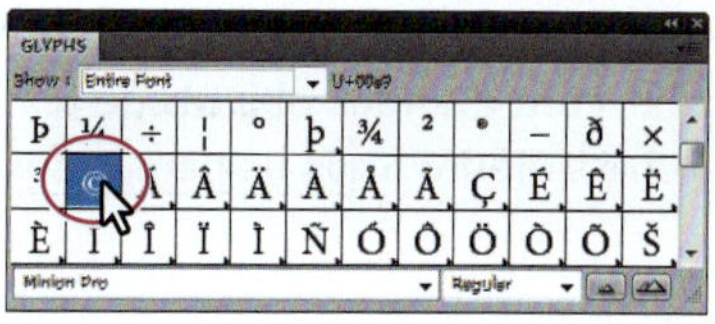

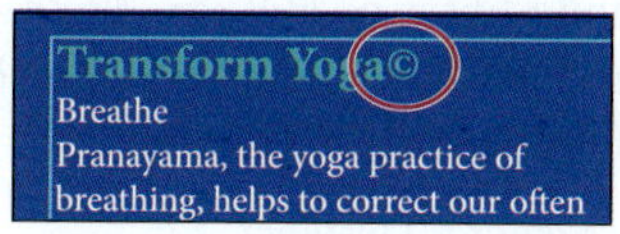

Dica: O painel Glyphs permite selecionar outras fontes no campo em sua parte inferior. Você também pode aumentar o tamanho dos ícones de glifo clicando na montanha maior (), no canto inferior direito, ou reduzir o tamanho deles clicando na montanha menor ().

10 Com a ferramenta Type, arraste para selecionar o símbolo de direitos autorais (©) que você acabou de inserir.

11 Escolha Window > Type > Character para abrir o painel Character.

12 Escolha Superscript no menu do painel Character ().

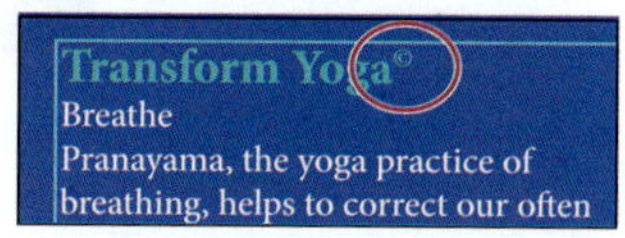

13 Clique com a ferramenta Type entre a palavra "Ioga" e o símbolo de direitos autorais para inserir o cursor.

14 Escolha **75** no menu Kerning do painel Character. Feche o grupo de painéis Character e escolha File > Save.

Dica: Para remover as modificações de kerning, insira o cursor no texto e escolha Auto no menu Kerning.

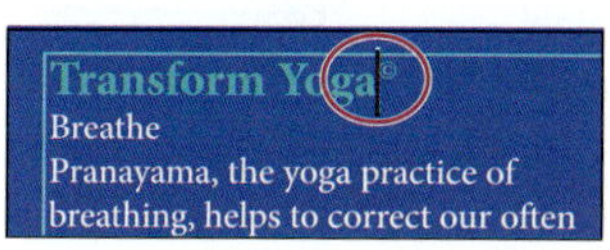

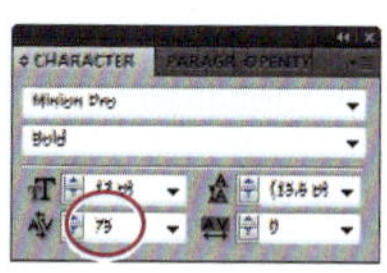

O kerning é semelhante ao tracking, mas ele adiciona ou subtrai espaço entre um par de caracteres. Ele é útil para situações como essa, quando você está trabalhando com um glifo.

Altere atributos de parágrafo

Assim como ocorre com os atributos de caractere, você pode configurar atributos de parágrafo, como alinhamento ou recuo, antes de inserir um novo texto, ou pode redefinir esses atributos para alterar a aparência do texto existente. Se selecionar vários paths e contêineres de texto, poderá configurar os atributos deles de uma só vez.

Agora, você vai adicionar mais espaço antes de todos os parágrafos no texto da coluna.

1 Escolha View > Fit Artboard In Window.

2 Utilizando a ferramenta Type (T), posicione o cursor em qualquer coluna do texto e escolha Select > All.

3 Clique na palavra Paragraph no painel Control para abrir o painel Paragraph.

4 Digite **5** no campo de texto Space After Paragraph (no canto inferior direito) e pressione Enter ou Return. Ao trabalhar com grandes objetos de texto, é recomendável configurar um valor de espaçamento após os parágrafos em vez de pressionar a tecla Return.

5 Escolha Select > Deselect.

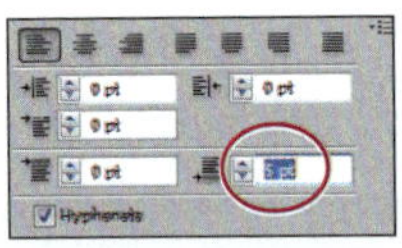

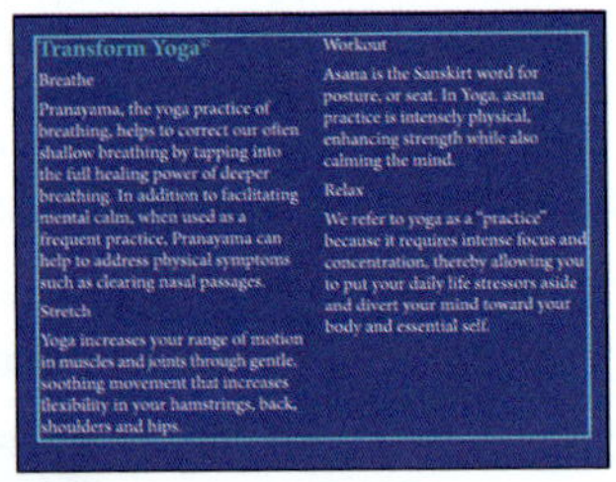

● **Nota:** Seu texto talvez não apareça exatamente como na figura acima. Não se preocupe.

6 Com a ferramenta Type, clique no endereço acima da figura do yoga superior no lado esquerdo da prancheta para inserir o cursor.

7 Clique no botão Align Center (≡) no painel Control.

● **Nota:** Se você não vir as opções de alinhamento no painel Control, clique na palavra Paragraph sublinhada em azul para abrir o painel Paragraph.

8 Escolha Select > Deselect.

9 Escolha File > Save.

Opções de configuração de documento

Escolhendo File > Document Setup, você pode acessar a caixa de diálogo Document Setup. Nessa caixa de diálogo, há muitas opções de texto, incluindo as opções Highlight Substituted Fonts e Highlight Substituted Glyphs, que estão na seção Bleed And View Options.

Na seção Type Options, na parte inferior da caixa de diálogo, você pode configurar o idioma do documento, modificar aspas simples e duplas, editar Superscript, Subscript, Small Caps, etc.

Salve e utilize estilos

Estilos possibilitam que você formate o texto de maneira uniforme e são úteis quando os atributos de texto têm de ser atualizados globalmente. Depois que um estilo é criado, você só precisa editar o estilo salvo. Então, todo o texto formatado com esse estilo é atualizado.

O Illustrator disponibiliza dois tipos de estilo:

- **Paragraph** – Retém os atributos de texto e de parágrafo e os aplica a um parágrafo inteiro.
- **Character** – Mantém os atributos de texto e os aplica ao texto selecionado.

Crie e utilize um estilo de parágrafo

1 Utilizando a ferramenta Type (T), selecione o subtítulo “Breathe”. Escolha Bold no menu Font Style do painel Control.

● **Nota:** Você talvez veja a palavra Character em vez do campo Font Size no painel Control. Clique na palavra Character para abrir o painel Character.

2 Com a ferramenta Type, posicione o cursor em qualquer lugar no texto “Breathe”. Você não precisa selecionar o texto para criar um estilo de parágrafo, mas tem de posicionar o ponto de inserção de texto na linha de texto com os atributos que você vai salvar.

3 Escolha Window > Type > Paragraph Styles e escolha New Paragraph Style no menu do painel(▾≣).

4 Na caixa de diálogo New Paragraph Style, digite o nome **Subhead** e clique em OK. Os atributos de texto utilizados no parágrafo foram salvos em um estilo de parágrafo chamado Subhead.

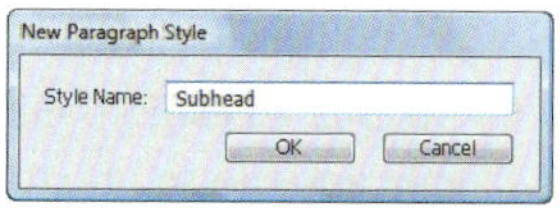

5 Aplique o novo estilo de parágrafo selecionando o texto “Breathe” e então selecionando o estilo Subhead no painel Paragraph Styles. Os atributos de texto são aplicados ao texto selecionado.

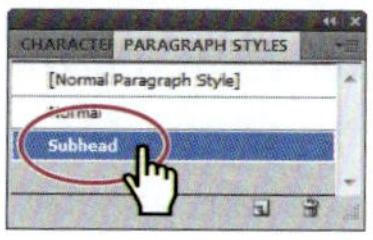

● **Nota:** Se você vir um sinal de adição (+) à direita do nome do estilo, o estilo contém uma substituição. Uma substituição é qualquer formatação que não corresponde aos atributos definidos pelo estilo, por exemplo, se você alterou o tamanho da fonte para o parágrafo selecionado. Se você vir esse sinal de adição (+), pressione a tecla Alt (Windows) ou Option (Mac OS) ao selecionar o nome do estilo para substituir os atributos existentes.

Observe o estilo Normal no painel Paragraph Styles. Quando você inseriu o documento do Word anteriormente nesta lição, o estilo Normal do Word foi importado para o documento do Illustrator.

6 Selecione o texto “Stretch” e, com Alt (Windows) ou Option (Mac OS) pressionada, clique no estilo Subhead do painel Paragraph Styles. Repita esse passo para aplicar o estilo ao texto “Workout” e “Relax”.

Crie e utilize um estilo de caractere

Enquanto os estilos de parágrafo aplicam atributos a um parágrafo inteiro, estilos de caractere só podem ser aplicados ao texto selecionado.

1 Utilizando a ferramenta Type (T), selecione a primeira ocorrência do texto “Pranayama” na primeira coluna do texto do parágrafo.

2 Escolha Bold no menu Font Style do painel Control.

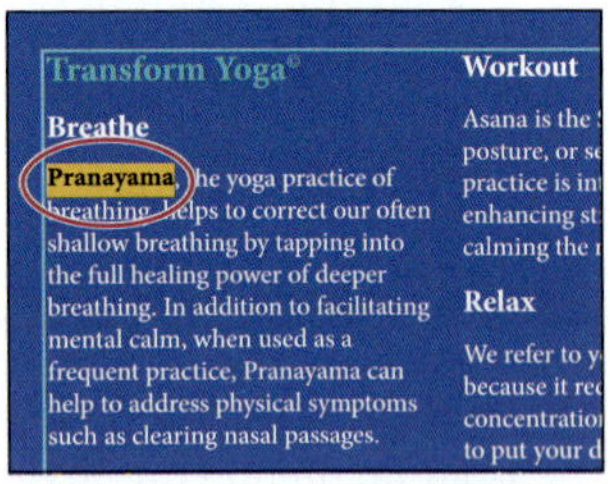

● **Nota:** Você talvez veja a palavra Character em vez do campo Font Size no painel Control. Clique na palavra Character para abrir o painel Character.

Agora, você vai salvar esses atributos como um estilo de caractere e os aplicar a outras ocorrências no texto.

3 No grupo de painéis Paragraph Styles, clique na guia do painel Character Styles.

4 No painel Character Styles, pressione Alt (Windows) ou Option (Mac OS) e clique no botão Create New Style ( ). Pressionar a tecla Alt ou Option e clicar no botão New Style permite nomear o estilo com o mesmo nome que ele é adicionado ao painel. Você também pode dar um duplo clique em um estilo para nomeá-lo e editá-lo.

5 Atribua ao estilo o nome **Bold** e clique em OK. O estilo registra os atributos aplicados ao seu texto selecionado.

Agora, você vai aplicar esse estilo de caractere a outro texto.

6 Com o texto “Pranayama” ainda selecionado, pressione Alt (Windows) ou Option (Mac OS) e clique no estilo chamado Bold no painel Character Styles para atribuir o estilo a esse texto. Isso remove todos os atributos existentes do texto que não são parte do estilo de caractere.

7 Selecione a próxima ocorrência de “Pranayama” e aplique o estilo Bold novamente.

● **Nota:** Você precisa selecionar a palavra inteira, e não apenas posicionar o cursor no texto.

8 Escolha Select > Deselect.

▶ **Dica:** Talvez você decida alterar as cores de todo o texto formatado com o estilo de caractere Bold. Utilizando estilos (de caractere ou parágrafo), você pode alterar os atributos de texto do estilo original e todas as instâncias serão atualizadas.

A seguir, você vai alterar a cor do estilo de caractere Bold.

9 Clique duas vezes no estilo Bold no painel Character Styles. Na caixa de diálogo Character Style Options, clique na categoria Character Color e confira se a caixa Fill está selecionada. Clique na amostra Mustard no painel Swatches que aparece.

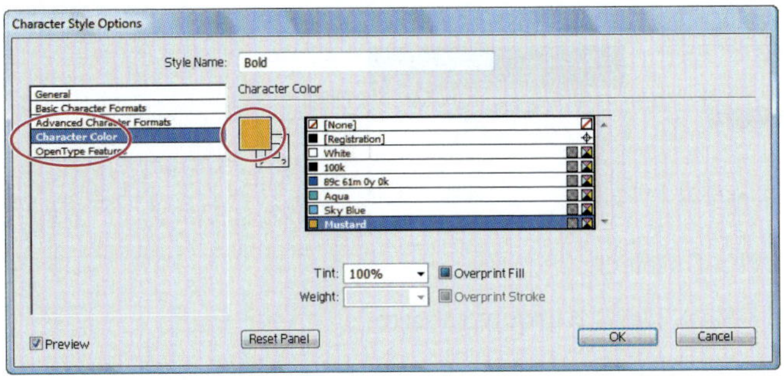

10 Marque a caixa de seleção Preview, no canto inferior esquerdo da caixa de diálogo Character Style Options, se já não estiver marcada. À medida que você altera a formatação do estilo, o texto que utiliza o estilo Bold muda automaticamente.

11 Clique em OK e feche o grupo de painéis Character Style.

12 Escolha File > Save. Deixe o arquivo aberto.

Obtenha uma amostra da formatação de texto

Utilizando a ferramenta Eyedropper, você pode obter rapidamente uma amostra dos atributos de texto e aplicá-los ao texto sem criar um estilo.

1 Escolha View > Fit Artboard In Window.

2 Com a ferramenta Zoom (🔍), arraste uma seleção sobre o texto "1000 Lombard Ave. Central, Washington", acima da figura superior na esquerda.

3 Utilizando a ferramenta Type (T), dê um clique triplo para selecionar o parágrafo.

4 No painel Control, altere a cor de Fill para azul (C=89, M=61, Y=0, K=0), Font para Myriad Pro (se ainda não estiver selecionada) e Font Style para Condensed ou algo semelhante.

● **Nota:** Se a palavra "Central" for incluída na primeira linha do texto, utilize a ferramenta Type para inserir o cursor antes de "Central" e pressione Shift+Enter ou Shift+Return para adicionar uma quebra de linha condicional, posicionando o texto na próxima linha.

5 Dê um duplo clique na ferramenta Hand (✋) para ajustar a prancheta à janela.

6 Escolha View > Smart Guides para ativar as guias inteligentes.

7 Com a ferramenta Type, selecione o texto "info@transformyoga.com" acima da figura inferior na parte esquerda da prancheta.

● **Nota:** Se você posicionar o cursor Eyedropper sobre o texto quando as guias inteligentes estiverem ativas, uma linha aparecerá abaixo desse texto, confirmando que você está clicando no lugar correto para obter uma amostra da formatação.

8 Selecione a ferramenta Eyedropper (✐) no painel Tools e clique em qualquer lugar da linha do texto "1000 Lombard Ave. Central, Washington". Uma letra "T" aparece acima do cursor de conta-gotas. Os atributos são imediatamente aplicados ao texto selecionado. Se o endereço de email mudar para a esquerda, mova-o para sua posição original com a ferramenta Selection.

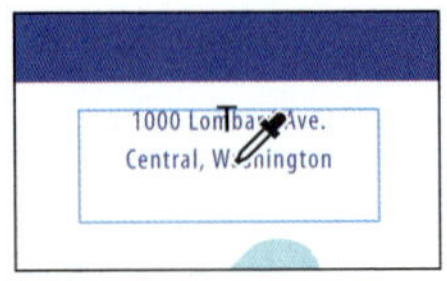

9 Escolha Select > Deselect.

10 Escolha File > Save. Deixe o arquivo aberto.

Remodele texto com uma distorção de envelope

É legal distorcer o texto, pois isso permite dar a ele uma forma mais interessante. Uma distorção de envelope permite ajustar o texto a uma forma que você cria ou que é criada para você. Um envelope é um objeto que distorce ou remodela os objetos selecionados. Você pode utilizar uma forma de distorção predefinida ou uma grade de malha como um envelope, ou pode criar e editar a sua própria forma utilizando objetos da prancheta.

1 Selecione a ferramenta Type (T) no painel Tools. Antes de digitar, no painel Control, altere a família de fontes para Myriad Pro (se ainda não estiver selecionada), o estilo de fonte para Bold Condensed e o tamanho de fonte para 48 pt.

● **Nota:** Talvez seja necessário ampliar.

2 Com a ferramenta Type, clique uma vez no pôster abaixo das duas colunas de texto. O posicionamento exato não é importante. Um cursor aparece.

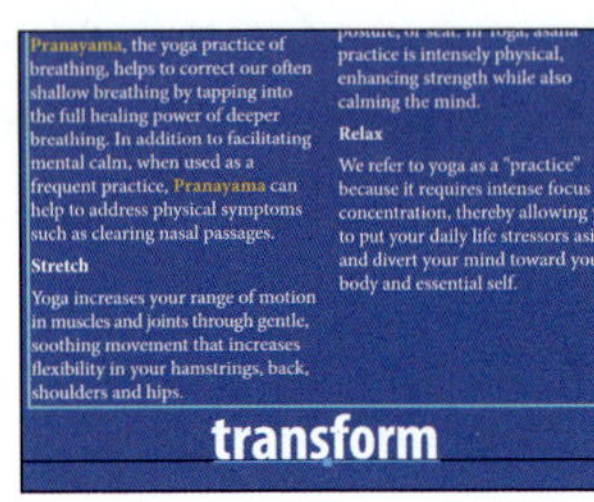

3 Digite a palavra transform.

4 Selecione a ferramenta Selection (↖). Se o texto no pôster sobrepor o texto nas duas colunas acima, arraste-o até que ele não mais se sobreponha. Mude a cor de preenchimento no painel Control para branco.

▶ **Dica:** Com a ferramenta Type selecionada, você pode alternar temporariamente para a ferramenta Selection pressionando a tecla Ctrl (Windows) ou Command (Mac OS).

5 Selecione o texto com a ferramenta Selection e então clique no botão Make Envelope (◙) no painel Control. Na caixa de diálogo Warp Options, selecione Preview. O texto aparece como um arco.

6 Escolha Arc Upper no menu Style. Arraste o controle deslizante Bend para a direita para vê-lo curvar-se para cima ainda mais. Você pode testar várias combinações. Arraste os controles deslizantes Horizontal e Vertical Distor-

tion para ver o efeito sobre o texto. Depois de concluir essa experiência, arraste os controles deslizantes Distortion até 0% e clique em OK.

● **Nota:** O botão Make Envelope (![]) não aplica um efeito. Ele só converte o texto em um objeto de envelope. O mesmo resultado visual é alcançado escolhendo Effect > Warp > Arc Upper. Para informações adicionais sobre envelopes, consulte "Reshape using envelopes" no Illustrator Help.

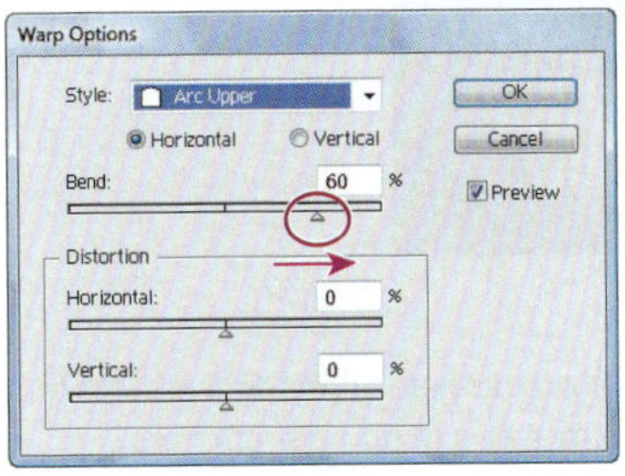

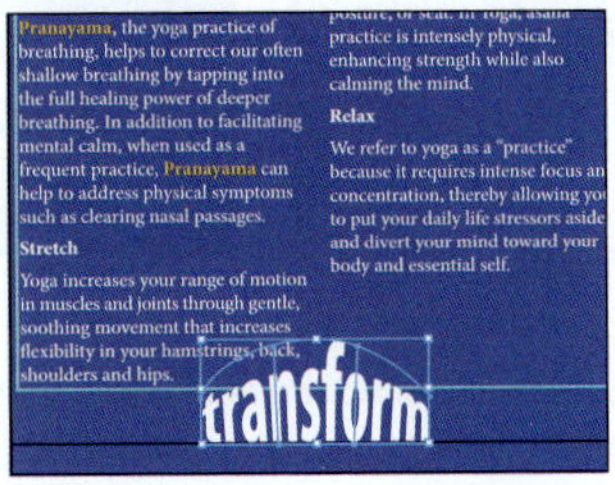

7 Utilize a ferramenta Selection para mover o objeto de envelope (texto distorcido) até que sua parte inferior esteja alinhada mais ou menos com a parte inferior das duas colunas do texto.

Se quiser fazer alguma modificação, edite o texto e a forma separadamente. A seguir, você vai editar o texto "transform" e então a forma de distorção.

8 Com o texto distorcido ainda selecionado, clique no botão Edit Contents (![]) do painel Control. Essa é maneira como você edita o texto na forma distorcida.

9 Utilizando a ferramenta Type, posicione o cursor sobre o texto distorcido. Observe que o texto "transform" está em azul e sublinhado. As guias inteligentes mostram o texto original. Clique em "the text transform" para inserir o cursor e, então, dê um duplo clique para selecioná-lo.

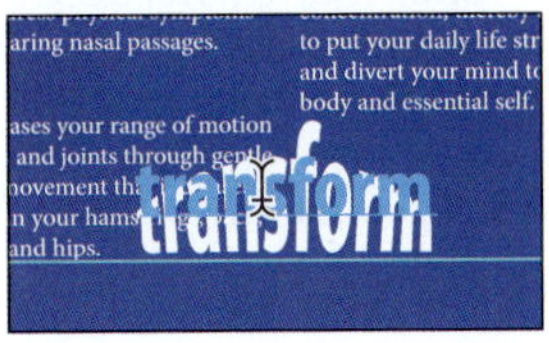

● **Nota:** Se der um duplo clique com a ferramenta Selection, e não com a ferramenta Type, você entrará no modo de isolamento. Pressione Esc para sair do modo de isolamento.

10 Digite workout e veja que o texto se distorce automaticamente na forma do arco para cima. Escolha Edit > Undo Typing para voltar ao texto original.

● **Nota:** Observe que o texto que você está editando parerce oscilar na forma distorcida, o que indica que o texto está sendo forçado na forma. Ele continua editável como texto.

11 No painel Control, altere Stroke Weight para **0,75** pt e a cor de contorno para **Mustard**. Pressione Escape para fechar o painel Swatches.

Observe que os atributos são aplicados ao texto distorcido. Agora, você vai editar a forma de distorção.

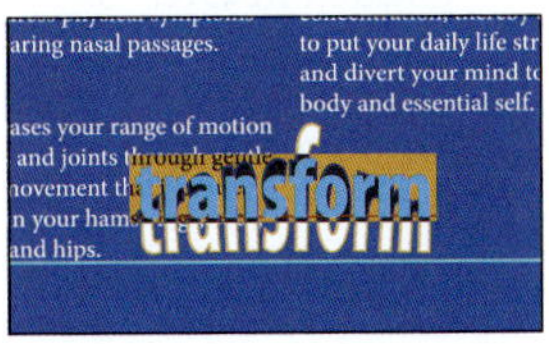

12 Com a ferramenta Selection, certifique-se de que o texto distorcido ainda está selecionado. Clique no botão Edit Envelope (▦) do painel Control.

13 Selecione Bulge no menu Select Warp Style do painel Control. Observe as outras opções do painel Control, como Horizontal, Vertical e Bend. Escolha Arc Upper para retornar à forma do arco superior.

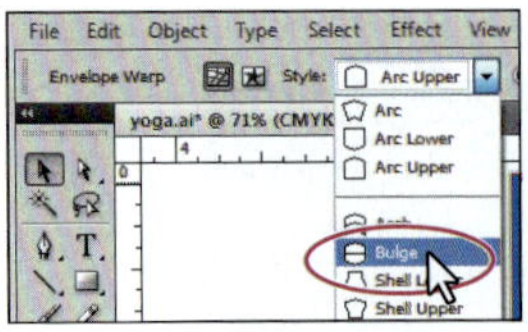

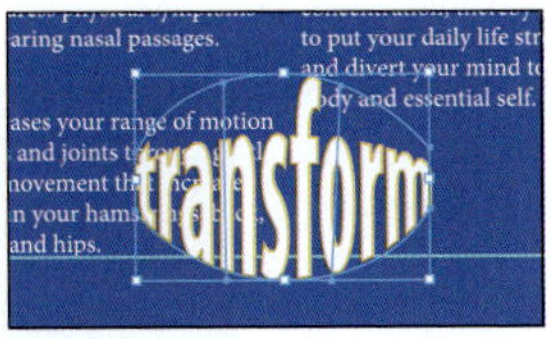

● **Nota:** Talvez seja necessário reposicionar o texto distorcido para alinhá-lo à parte inferior das colunas do texto. Alterar o estilo de distorção pode mover o texto na prancheta.

14 Escolha a ferramenta Direct Selection (↖) no painel Tools. Observe os pontos de ancoragem em torno da forma distorcida. Primeiro, clique para selecionar o ponto de ancoragem acima da letra "n" em "transform". Após, arraste o ponto selecionado para cima a fim de mudar a forma da distorção.

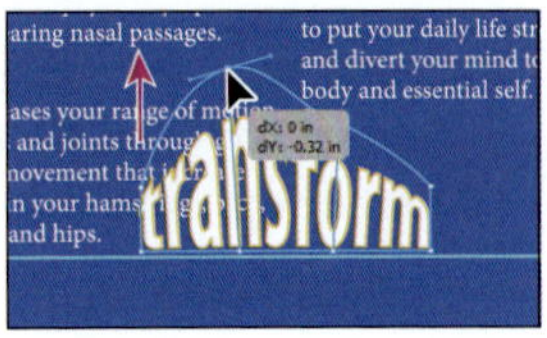

▶ **Dica:** Para remover o texto da forma distorcida, selecione o texto com a ferramenta Selection e escolha Object > Envelope Distort > Release. Isso fornece dois objetos: o texto e a forma do arco para cima.

15 Escolha Edit > Undo Move para restaurar a forma do arco para cima.

Agora, você vai adicionar um efeito de sombra projetada ao texto distorcido.

16 Alterne para a ferramenta Selection e clique em "transform".

17 Escolha Effect > Stylize > Drop Shadow nos efeitos do Illustrator. Na caixa de diálogo Drop Shadow Options, altere Opacity para **30%**, X Offset para **3** pt, Y Offset para **3** pt, Blur para **3** pt e clique em OK.

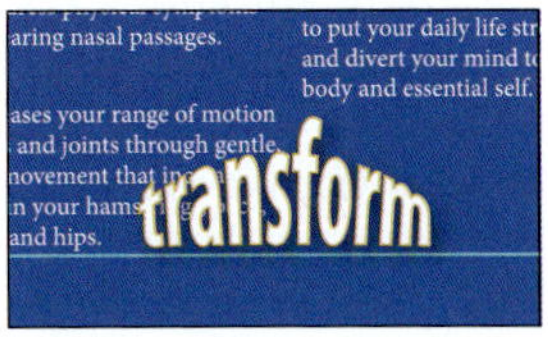

18 Escolha Select > Deselect e File > Save. Deixe o arquivo aberto.

Faça o texto contornar um objeto

Você pode criar efeitos interessantes e criativos contornando o texto ao redor de um objeto. A seguir, você vai contornar texto ao redor do texto distorcido.

1 Com a ferramenta Selection, clique para selecionar o texto distorcido, "transform".

2 Escolha Object > Text Wrap > Make. O texto das duas colunas contorna o texto distorcido.

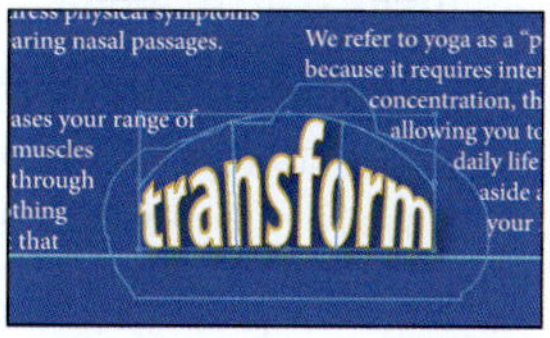

● **Nota:** Para contornar o texto ao redor de um objeto, o objeto de contorno deve estar na mesma camada que o texto e estar posicionado logo acima do texto na hierarquia da camada.

3 Com a ferramenta Selection, arraste o texto "transform" para ver o efeito sobre o texto das duas colunas.

4 Se o texto estiver atingindo áreas aonde você não quer que ele flua, escolha Object > Text Wrap > Text Wrap Options. Na caixa de diálogo Text Wrap Options, altere Offset para **4** e selecione Preview para ver a modificação. Clique em OK.

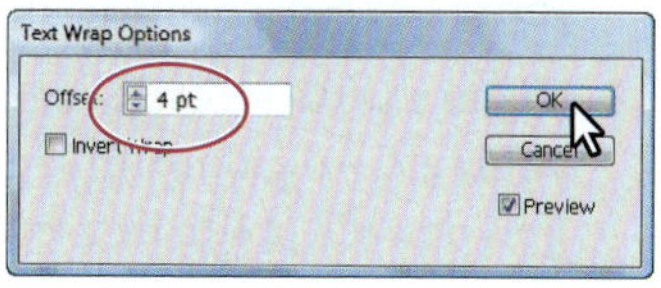

5 Utilizando a ferramenta Selection, reposicione o texto "transform" para criar um fluxo de texto mais apropriado. Para este exemplo, não há problemas se parte de seu texto exceder a área de texto.

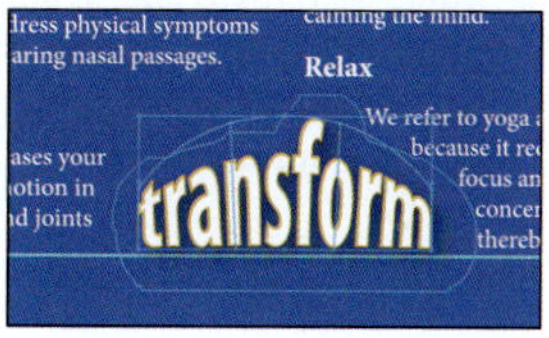

6 Escolha Select > Deselect.

7 Escolha File > Save. Mantenha o arquivo aberto.

Crie texto em paths abertos

Utilizando as ferramentas Type, você pode digitar em paths e formas para fazer o texto fluir ao longo de um path aberto ou fechado.

1 Clique no botão Next (▸) da barra de status da janela Document para acessar a segunda prancheta.

2 Escolha View > Fit Artboard In Window se o cartão-postal não estiver visível por inteiro.

3 Com a ferramenta Selection (↖), selecione o path ondulado que cruza as figuras de yoga.

▶ **Dica:** Para alternar rapidamente entre as ferramentas Selection e Type, pressione a tecla Ctrl (Windows) ou Command (Mac OS).

4 Com a ferramenta Type (T), posicione o cursor no lado esquerdo do path para ver um ponto de inserção com uma linha ondulada (⌶). Clique quando esse cursor aparecer. Os atributos de contorno mudam para None e um cursor aparece. Não digite o texto ainda.

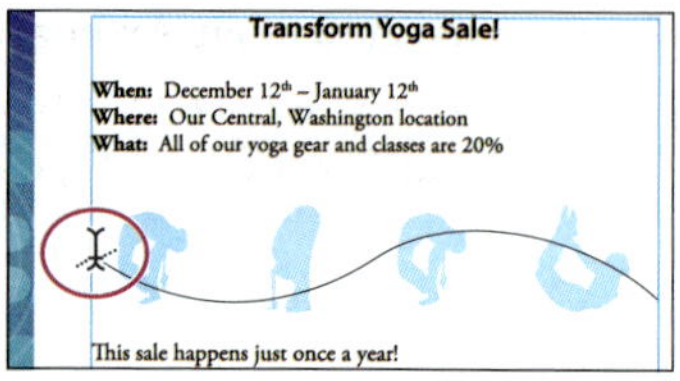

5 Altere o tamanho da fonte para **20** pt no painel Control. Altere a cor de Fill para azul (C=89, M=61, Y=0, K=0). Certifique-se de que a fonte é Myriad Pro e altere o estilo da fonte para Condensed.

6 Digite a palavra breathe e pressione a barra de espaço para adicionar um espaço. Observe que o texto recém-digitado segue o path.

7 Escolha Type > Glyphs e localize um ponto de marcador no painel Glyphs. Dê um duplo clique para inserir o ponto. Mantenha o painel Glyphs aberto. Insira um espaço após o marcador.

8 Digite o texto **stretch • relax • transform yourself**. Adicione um espaço antes e depois de cada ponto de marcador.

9 Feche o painel Glyphs.

● **Nota:** Se o texto não se ajustar ao path, uma pequena caixa com um sinal de adição (+) aparecerá na parte inferior da caixa delimitadora. Você pode diminuir o tamanho da fonte ou aumentar a linha, entre outras opções.

10 Escolha Select > Deselect.

● **Nota:** Clique na palavra Paragraph se as opções de alinhamento não estiverem visíveis.

11 Clique no texto que você acabou de digitar com a ferramenta Type. No painel Control, certifique-se de que o botão Align Center (≡) está selecionado para centralizar o texto no path.

● **Nota:** Você pode aplicar qualquer formatação de caractere e parágrafo que desejar ao texto no path.

12 Com a ferramenta Selection, verifique se o marcador de texto ainda está selecionado. No painel Control, altere Opacity para **60%** para deixar o texto semitransparente.

● **Nota:** Se você não vir as configurações de opacidade no painel Control, abra o painel Transparency escolhendo Window > Transparency.

13 Escolha Select > Deselect e então File > Save.

Crie texto em paths fechados

Agora, você vai colocar o texto em um path fechado.

1 Clique no botão Previous na barra de status da janela Document para acessar a primeira prancheta.

2 Escolha View > Fit Artboard In Window se o pôster não estiver visível por inteiro. Selecione a ferramenta Zoom ( ) no painel Tools e clique três vezes no círculo azul com a figura de yoga no canto superior esquerdo do pôster para ampliar.

3 Com a ferramenta Selection ( ), selecione o círculo azul esverdeado atrás da figura de yoga.

A seguir, você vai copiar o círculo azul para que possa adicionar texto a ele. Isso é necessário porque adicionar mais texto ao círculo existente removeria o contorno e o preenchimento dele. Lembre-se: adicionar texto a um path remove o contorno e o preenchimento do path.

4 Dê um duplo clique na ferramenta Scale ( ) do painel Tools para abrir a caixa de diálogo Scale. Na caixa de diálogo Scale, altere Uniform Scale para **130** e clique em Copy para criar uma cópia do círculo. Isso torna uma cópia 130% maior do que o círculo original.

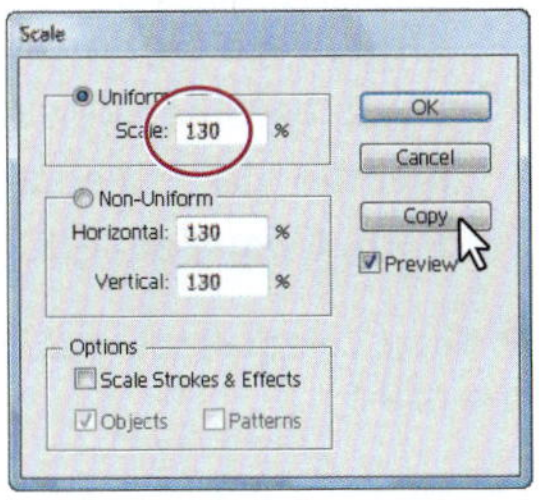

● **Nota:** Leia mais sobre a transformação de objetos na Lição 4.

5 Mude para a ferramenta Type. Enquanto pressiona Alt (Windows) ou Option (Mac OS), cruze o lado esquerdo do círculo. O ponto de inserção com uma linha ondulada ( ) aparece. Clique, mas não digite. O path agora está sem contorno e preenchimento, mas o texto terá um preenchimento preto, e um cursor está sobre o path.

6 No painel Control, altere o tamanho da fonte para **30** pt, a fonte para Myriad Pro (se ainda não estiver selecionada), o estilo da fonte para Condensed ou algo semelhante e a cor de preenchimento para branco.

● **Nota:** Em vez de utilizar a tecla Alt (Windows) ou Option (Mac OS), você pode selecionar a ferramenta Type On A Path mantendo pressionada a ferramenta Type no painel Tools

7 Clique no botão Align Left ( ) do painel Control.

8 Digite **transform yoga**. O texto flui no path circular.

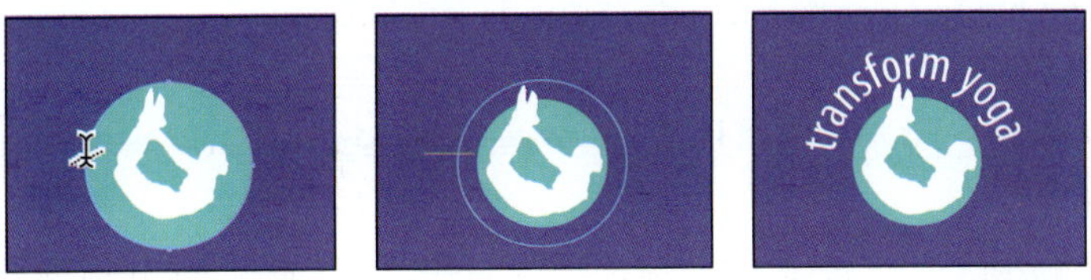

9 Para ajustar o posicionamento no path, mude para a ferramenta Selection. O objeto de texto é selecionado. Colchetes aparecem no começo do texto, no fim do path e no ponto intermediário entre os colchetes inicial e final.

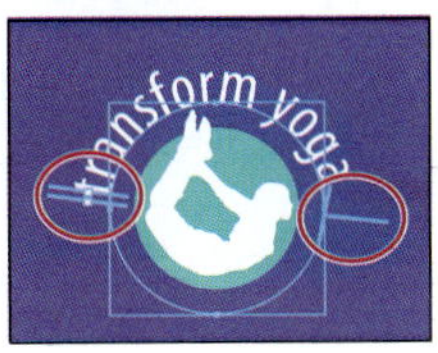

● **Nota:** Talvez pareça haver apenas dois colchetes. Isso ocorre porque os colchetes de abertura e fechamento estão um ao lado do outro no lado esquerdo do círculo.

10 Posicione o cursor sobre o colchete do centro até que um pequeno ícone (▸⊥) apareça ao lado do cursor. Arraste o colchete central ao longo do lado externo do path. Pressione a tecla Ctrl (Windows) ou Command (Mac OS) para evitar que o texto gire para o outro lado do path. Posicione o texto de modo que ele fique relativamente centralizado na parte superior do círculo.

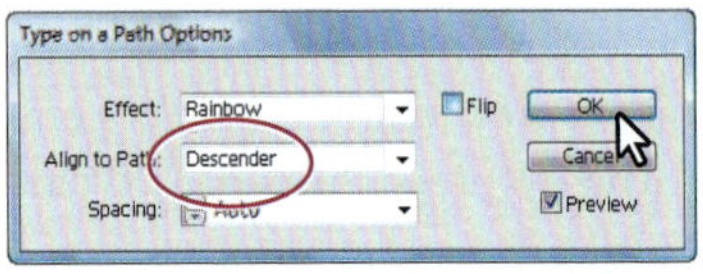

11 Com o objeto de texto do path selecionado com a ferramenta Selection, escolha Type > Type On A Path > Type On A Path Options. Na caixa de diálogo Type On A Path Options, selecione Preview e então escolha Skew no menu Effect. Selecione outras opções no menu Effect e então altere o efeito para Rainbow. Escolha Descender no menu Align To Path. Clique em OK.

● **Nota:** Leia mais sobre as opções Type On A Path no Illustrator Help. Pesquise "Creating type on a path".

12 Escolha Select > Deselect.

13 Escolha File > Save e deixe o arquivo aberto.

Crie textos em curva

Ao criar trabalhos para propósitos diversos, é uma boa ideia criar textos em curvas para que o destinatário final do arquivo não precise ter suas fontes instaladas para abrir e utilizar o arquivo corretamente. Mantenha sempre um original de seu trabalho, pois você não pode alterar o texto em curvas de volta para texto editável.

1. Clique no botão Next na barra de status da janela Document para acessar a segunda prancheta.
2. Escolha View > Fit Artboard In Window se o cartão-postal não estiver visível por inteiro.
3. Selecione a ferramenta Type (T) no painel Tools e clique fora da borda esquerda da prancheta do postal.
4. Altere a cor de preenchimento no painel Control para azul (C=89, M=61, Y=0, K=0).

5 Digite **transform yourself.**

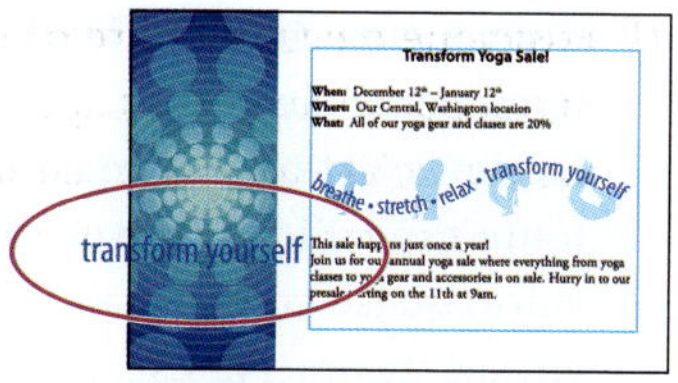

6 Dê um duplo clique na ferramenta Rotate (↻) do painel Tools. Na caixa de diálogo Rotate, digite 90 no campo Angle. Clique em OK. O texto é girado 90° no sentido anti-horário.

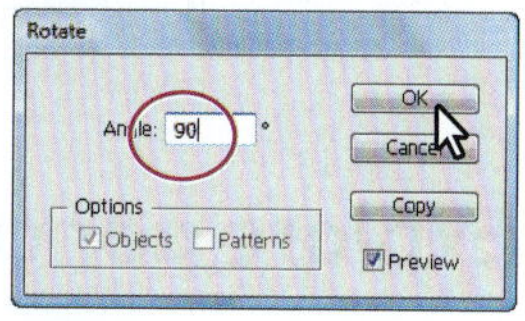

7 Com a ferramenta Selection (↖), posicione o texto no canto inferior direito da imagem com fundo azul, na esquerda.

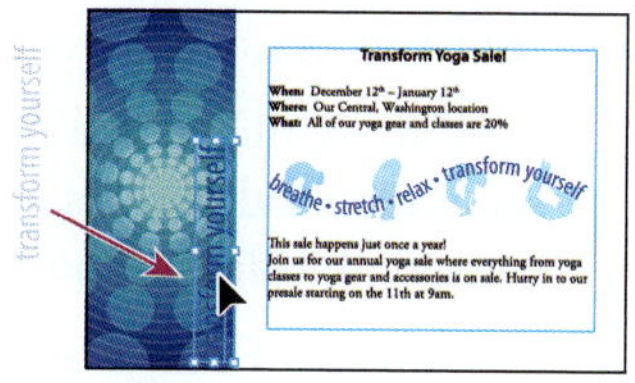

8 Utilizando a ferramenta Selection, clique com a tecla Shift pressionada na alça direita superior da caixa delimitadora e arraste para ampliar proporcionalmente o texto de acordo com a altura do cartão-postal.

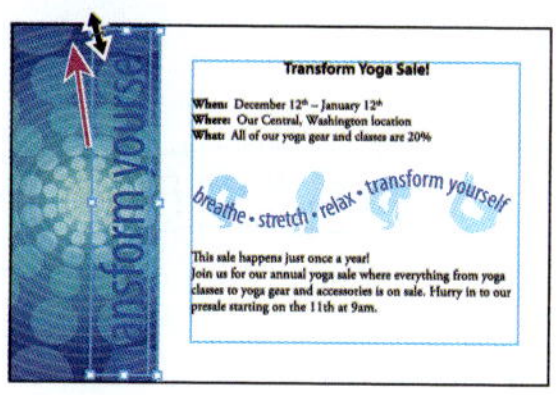

● **Nota:** Se o descendente das letras não aparecer na área branca à direita, arraste o texto para a esquerda.

9 Clique na palavra Opacity no painel Control para abrir o painel Transparency. Escolha Screen no menu Blending Mode.

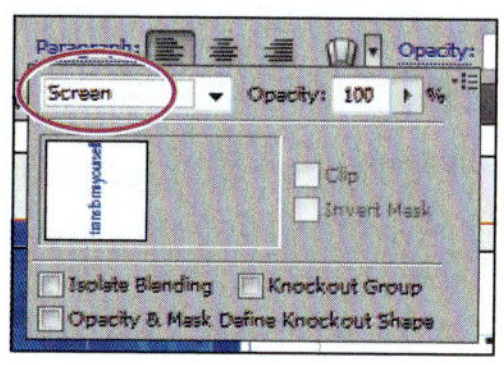

▶ **Dica:** Uma vantagem de criar texto em curvas é que eles permitem preencher o texto com um degradê. Se você quiser um preenchimento degradê e também quiser manter o controle sobre a edição do texto, selecione o texto com a ferramenta Selection e escolha Effect > Path > Outline Object.

10 Com a área de texto ainda selecionada com a ferramenta Selection, escolha Type > Create Outlines. O texto não mais está vinculado a uma fonte específica. Em vez disso, ele agora é um vetor, quase como qualquer outra arte vetorial em sua ilustração. Escolha Select > Deselect.

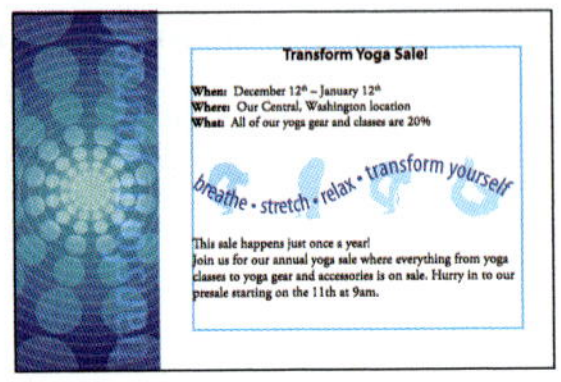

11 Escolha File > Save.

Explore por conta própria

Teste os recursos de texto integrando paths a ilustrações. Utilize clip-arts fornecido na pasta Lesson07 e tente algumas destas técnicas de texto:

- coffe.ai – Utilizando a ferramenta Pen, crie paths representando o calor que sai da xícara de café. Crie texto em paths ondulados e aplique níveis variados de opacidade.
- airplane.ai – Finalize a faixa que segue o avião incluindo seu próprio texto.

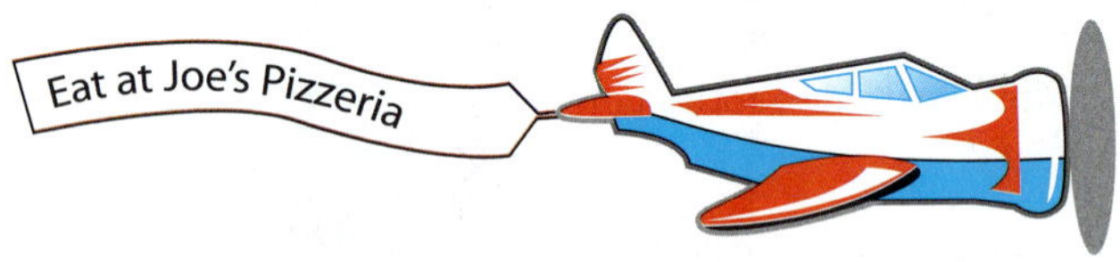

Vá mais adiante com o projeto utilizando essa arte para criar um anúncio de uma página com os seguintes elementos de texto:

- Utilizando o arquivo placeholder.txt da pasta Lesson07, crie uma área de texto de três colunas.
- Utilize o elemento gráfico da xícara de café ou do avião para fazer o texto contornar um objeto.
- Crie um título na parte superior da sua página com um texto que faz uma curva.
- Crie um estilo de parágrafo.
- No pôster de yoga, escolha View > Outline para ver todos os paths na página. Observe uma forma em espiral no topo da página. Tente adicionar texto a esse path em espiral e escolha Type > Type On A Path > Type On A Path Options para alterar os atributos.

Perguntas de revisão

1 Identifique dois métodos para criar uma área de texto no Adobe Illustrator CS5.

2 Quais são as duas vantagens de utilizar uma fonte OpenType?

3 Qual é a diferença entre um estilo de caractere e um estilo de parágrafo?

4 Quais são as vantagens e desvantagens de converter texto em curvas?

Respostas

1 Os três métodos apresentados abaixo podem ser usados para criar áreas de texto:

- Com a ferramenta Type, clique na prancheta e comece a digitar quando o cursor aparecer. Uma área de texto é criada para acomodar o texto.
- Com a ferramenta Type, arraste para criar uma área de texto. Digite quando um cursor aparecer.
- Com a ferramenta Type, clique em um path ou forma fechada para convertê-lo em texto sobre path ou área de texto. Pressionar Alt (Windows) ou Option (Mac OS) e clicar ao intersecionar o contorno de um path fechado cria texto em torno da forma.

2 As duas principais vantagens das fontes OpenType são a compatibilidade entre diferentes plataformas (elas funcionam da mesma maneira no Windows e no Mac OS) e o suporte a conjuntos de caracteres amplamente expandidos e a recursos de layout, o que fornece suporte linguístico mais rico e controle tipográfico avançado.

3 Um estilo de caractere só pode ser aplicado ao texto selecionado. Um estilo de parágrafo é aplicado a um parágrafo inteiro. Estilos de parágrafo são mais apropriados para recuos, margens e entrelinhas.

4 Converter texto em curvas elimina a necessidade de enviar as fontes junto com o arquivo ao compartilhá-lo com outras pessoas. Você também pode preencher o texto com um degradê e criar efeitos interessantes nas letras. Entretanto, ao criar textos em curvas, você deve levar em consideração o seguinte:

- O texto deixa de ser editável. O conteúdo e a fonte não podem ser alterados em texto em curvas. É melhor salvar uma camada com o texto original ou utilizar o efeito Outline Object.
- Fontes bitmaps e fontes protegidas não podem ser convertidas em curvas.
- Transformar texto em curvas com um tamanho de fonte menor que 10 pontos não é recomendável. Quando o texto é convertido em curvas, ele perde suas dicas – instruções incorporadas a fontes geométricas para ajustar suas formas para que possam ser exibidas ou impressas de forma otimizada em vários tamanhos. Ao redimensionar texto, ajuste o corpo antes de convertê-lo em curvas.
- Você deve converter todo o texto em uma seleção para curvas; você não pode converter uma letra individual dentro de uma string de texto. Para converter uma letra individual em curva, crie uma área de texto separada contendo apenas essa letra.

8 TRABALHANDO COM CAMADAS

Visão geral da lição

Nesta lição, você vai aprender a:

- Trabalhar com o painel Layers
- Criar, reorganizar e bloquear camadas, camadas aninhadas e grupos
- Mover objetos entre camadas
- Colar camadas de objetos de um arquivo para outro
- Mesclar camadas em uma só camada
- Aplicar uma sombra projetada a uma camada
- Criar uma máscara de recorte de camada
- Aplicar um atributo de aparência a objetos e a camadas
- Isolar o conteúdo em uma camada

Esta lição levará aproximadamente 45 minutos para ser concluída. Se necessário, remova a pasta da lição anterior de seu disco rígido e copie a pasta Lesson08.

Camadas permitem organizar seu trabalho de acordo com níveis distintos que podem ser editados e visualizados individualmente ou em conjunto. Todo documento do Adobe® Illustrator® tem pelo menos uma camada. Criar várias camadas em seu trabalho permite controlar a maneira como o trabalho será impresso, exibido e editado.

Introdução

Nesta lição, você vai completar a arte de um relógio de parede enquanto explora as várias possibilidades do uso do painel Layers.

1 Para que as ferramentas e os painéis funcionem como descritos nesta lição, exclua ou desative (renomeando) o arquivo de preferências do Adobe Illustrator CS5. Consulte "Restaurando as preferências padrão", na página 15.

2 Inicie o Adobe Illustrator CS5.

Nota: Se você ainda não o fez, copie os arquivos desta lição para o seu disco rígido a partir da pasta Lesson08 do CD do *Adobe Illustrator CS5 Classroom in a Book*. Veja "Copiando os arquivos do Classroom in a Book", na página 14.

3 Escolha File > Open e abra o arquivo L8end_1.ai da pasta Lesson08, localizado na pasta Lessons de seu disco rígido.

Nota: Não se preocupe se o painel Layers de sua área de trabalho não se parecer exatamente com a figura abaixo. Agora, você só precisa ficar a vontade com o painel.

Camadas separadas são utilizadas para os objetos que compõem a moldura, o mostrador, os ponteiros e os números do relógio, como indicado pelos nomes das camadas listadas no painel Layers. Abaixo, você pode ver o painel Layers (Window > Layers) e as descrições dos ícones.

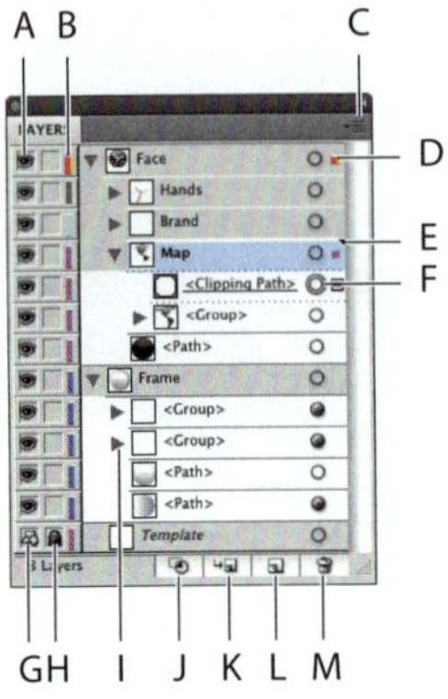

A. Coluna Visibility
B. Cor da camada
C. Menu do painel Layers
D. Coluna Selection
E. Indicador da camada atual
F. Coluna Target
G. Ícone Template Layer
H. Coluna Edit (lock/unlock)
I. Seta Expand/Collapse
J. Make/Release Clipping Mask
K. Create New Sublayer (criar nova subcamada)
L. Create New Layer (criar nova camada)
M. Excluir seleção

4 Escolha View > Fit Artboard In Window. Se preferir, você pode deixar o arquivo aberto para referência visual. Caso contrário, escolha File > Close.

Para começar o trabalho, você vai abrir um arquivo existente que está incompleto.

5 Escolha File > Open e abra o arquivo L8start_1.ai da pasta Lesson08, localizada na pasta Lessons de seu disco rígido.

6 Escolha File > Save As, nomeie o arquivo como **clock.ai** e selecione a pasta Lesson08. Deixe a opção Save As Type configurada como Adobe Illustrator (*.AI) (Windows) ou a opção Format configurada como Adobe Illustrator (ai) (Mac OS) e clique em Save. Na caixa de diálogo Illustrator Options, deixe as opções do Illustrator em suas configurações padrão e clique em OK.

Sobre camadas

Ao criar uma arte complexa, é difícil monitorar todos os itens na sua janela de documento. Os itens pequenos ficam ocultos sob os itens maiores e torna-se difícil selecionar o trabalho. Camadas são um meio de gerenciar todos os itens que compõem sua arte. Pense nas camadas como pastas que contêm os elementos do trabalho. Se reorganizar as pastas, você alterará a ordem de empilhamento dos itens no trabalho. Você pode mover itens entre pastas e criar subpastas dentro das pastas.

A estrutura das camadas no seu documento pode ser tão simples ou complexa quanto você quiser. Por padrão, todos os itens são organizados em uma só camada pai, mas você pode criar novas camadas e mover itens dentro delas, ou mover elementos entre uma camada e outra sempre que quiser. O painel Layers oferece um jeito fácil de selecionar, ocultar, bloquear e alterar os atributos de aparência do trabalho. Você pode até mesmo criar camadas padrão, que você pode utilizar para vetorizar o trabalho feito e trocar camadas com o Photoshop.

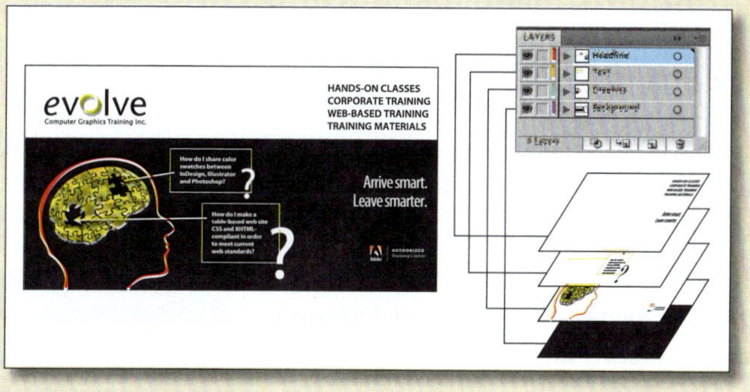

Exemplo de arte composta e do modo como as camadas são divididas individualmente.

– Extraído do Illustrator Help

Crie camadas

Por padrão, todo documento começa com uma camada. Quando você cria um trabalho, você pode renomear e adicionar camadas. Posicionar objetos em camadas separadas permite selecioná-las e editá-las facilmente. Por exemplo, inserindo texto em uma camada separada, é possível alterar todo o texto de uma vez sem afetar o restante do trabalho.

Você vai agora mudar o nome da camada padrão e criar uma camada e uma subcamada, e vai aprender qual a diferença entre elas.

1 Se o painel Layers não estiver visível, clique no ícone do painel Layers ( ) no lado direito da área de trabalho ou escolha Window > Layers.

   Layer 1 (o nome-padrão para a primeira camada) é destacado, indicando que ela está ativa. A camada também possui um triângulo ( ) no canto superior direito, indicando que os objetos na camada podem ser editados.

2 No painel Layers, dê um duplo clique no nome da camada para abrir a caixa de diálogo Layer Options. Digite **Clock** no campo de texto Name e então clique em OK.

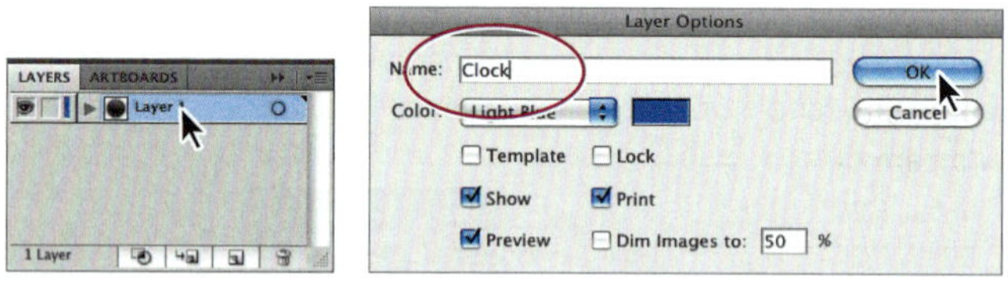

Agora, você vai criar uma camada para os elementos do mostrador do relógio e uma subcamada para os números do relógio. Subcamadas ajudam a organizar o conteúdo dentro de uma camada.

3 Clique no botão Create New Layer ( ) na parte inferior do painel Layers ou escolha New Layer no menu do painel Layers ( ).

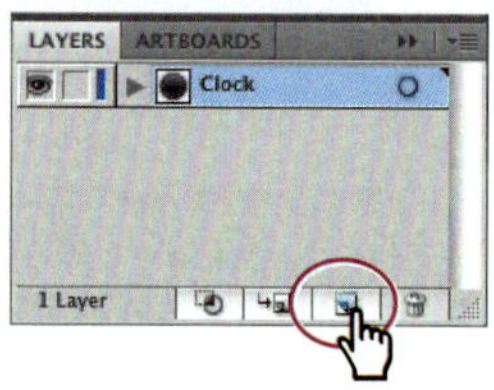

4 Dê um duplo clique em Layer 2. Na caixa de diálogo Layer Options, mude o nome para **Face**, verifique se a cor vermelha está selecionada no menu Color e clique em OK.

   A nova camada Face é adicionada acima da camada Clock e torna-se ativa.

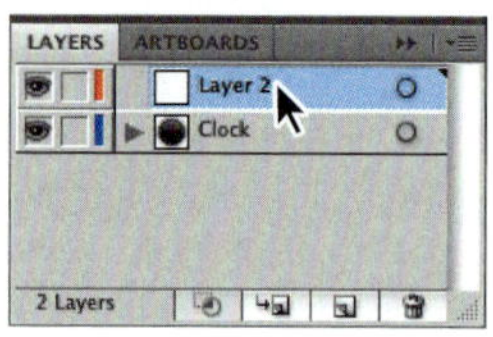

5 Clique na camada Clock uma vez e, então, com Alt (Windows) ou Option (Mac OS) pressionadas, clique no botão Create New Sublayer (↳) na parte inferior do painel Layers para criar uma nova subcamada. A caixa de diálogo Layer Options aparece. Quando você cria uma nova subcamada, a camada é aberta para mostrar as subcamadas existentes.

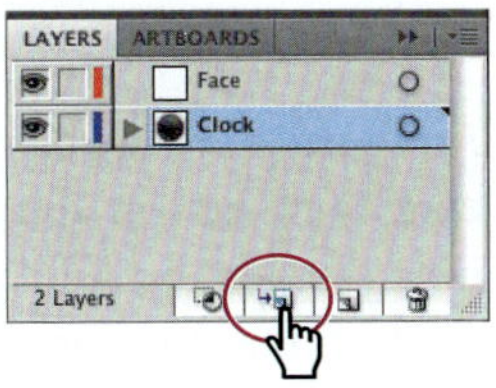

Uma subcamada é uma camada dentro de outra camada. Subcamadas são utilizadas para organizar o conteúdo dentro de uma camada sem agrupá-lo ou desagrupá-lo.

6 Na caixa de diálogo Layer Options, altere o nome para Numbers e clique em OK. A nova subcamada aparece logo abaixo do nome de sua camada, Clock, e é selecionada.

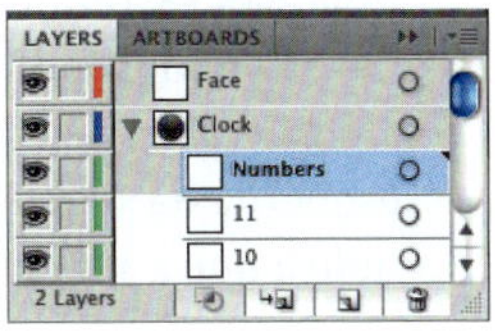

● **Nota:** Para criar uma nova subcamada sem configurar opções ou nomear a subcamada, clique no botão Create New Sublayer sem pressionar a tecla Alt (Windows) ou Option (Mac OS). Camadas e subcamadas que não estão nomeadas são numeradas em sequência, por exemplo, a segunda camada é chamada Layer 2.

Camadas e cores

Por padrão, o Illustrator atribui uma cor (até nove cores) para cada camada no painel Layers. As cores são exibidas ao lado do nome da camada. As mesmas cores são exibidas na janela da ilustração na caixa delimitadora, no path, nos pontos de ancoragem e no ponto de centro de um objeto selecionado.

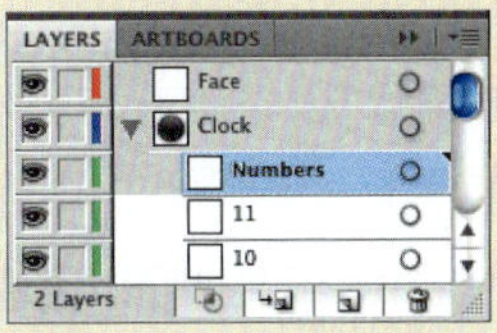

Cada camada e subcamada pode ter uma cor exclusiva.

Você pode utilizar essa cor para localizar rapidamente uma camada correspondente do objeto no painel Layers, e pode alterar a cor da camada de acordo com suas necessidades.

– Extraído do Illustrator Help

Mova objetos e camadas

Ao reorganizar as camadas no painel Layers, você pode reordenar os objetos com camadas em seu trabalho. Também pode mover objetos selecionados de uma camada, ou subcamada, para outra. Em uma prancheta, os objetos nas camadas mais ao topo da lista do painel Layers estão na frente dos objetos nas camadas mais abaixo na lista.

Comece movendo os números do relógio para uma subcamada própria.

1 No painel Layers, clique a linha para o objeto 11 e arraste-o até a subcamada Numbers. Solte o botão do mouse quando vir os triângulos pretos em uma das extremidades da subcamada Numbers. Os triângulos indicam que você está adicionando algo a essa camada. Observe a seta que aparece à esquerda da subcamada Numbers quando você solta o botão do mouse. Isso indica que a subcamada tem conteúdo.

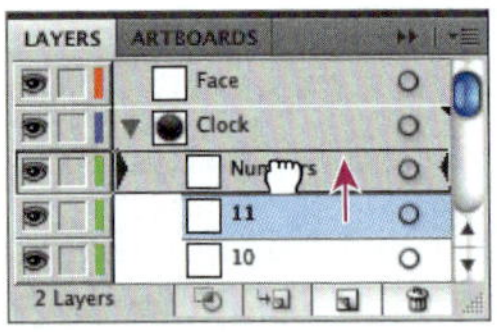

▶ **Dica:** Manter as camadas e subcamadas fechadas pode facilitar a navegação pelo conteúdo no painel Layers.

2 Clique no triângulo à esquerda da miniatura da subcamada Numbers para abrir a subcamada e ver seu conteúdo.

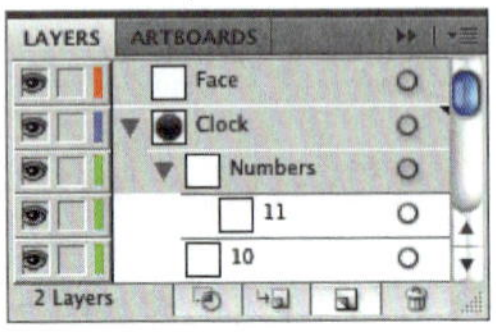

3 Repita o passo 1 para todas as camadas de números restantes no painel Layers, organizando melhor o painel e facilitando a localização do conteúdo mais tarde.

▶ **Dica:** Você pode utilizar a tecla Shift para selecionar diversas subcamadas e arrastá-las todas de uma vez.

4 Clique no triângulo à esquerda da subcamada Numbers para ocultar seu conteúdo. Ocultar o conteúdo da subcamada e/ou camada facilita o trabalho com o painel Layers.

5 Escolha File > Save.

Agora, você vai mover a arte do mostrador do relógio para a camada Face, à qual, mais tarde, vai adicionar o mapa, os ponteiros e a marca do relógio. Você também renomeará a camada Clock para que ela reflita a nova organização do trabalho.

6 Na prancheta, usando a ferramenta Selection (↖), clique atrás dos números para selecionar o mostrador do relógio. No painel Layers, um objeto nomeado <Path> torna-se ativo, como mostrado pelo indicador de arte selecionada (■) à direita da camada superior <Path>.

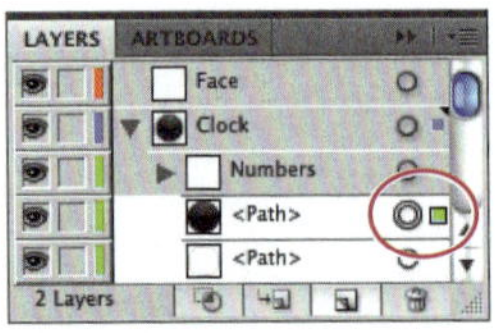

▶ **Dica:** Para selecionar objetos por trás de outros objetos, você pode também pressionar a tecla Ctrl (Windows) ou Cmd (Mac OS) e clicar diversas vezes onde os objetos se sobrepõem. Para aprender mais sobre selecionar atrás, veja a Lição 2, "Selecionando e Alinhando".

7 Arraste o indicador de arte selecionada (■) na subcamada <Path> do painel Layers para cima à direita do ícone de alvo (○) na camada Face.

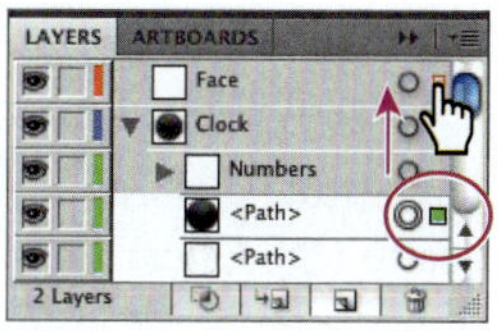

Essa ação move o objeto <Path> para a camada Face. A cor das linhas de seleção no trabalho muda para a da camada Face, que, neste caso, é vermelha.

Como a camada Face está na parte superior da camada Clock e da subcamada Numbers, os números do relógio estão encobertos. A seguir, você vai mover a subcamada Numbers para uma camada diferente e renomear a camada Clock.

8 Escolha Select > Deselect.

9 No painel Layers, arraste a subcamada Numbers sobre a camada Face. Solte o botão do mouse quando vir a barra indicadora com triângulos pretos em uma das extremidades da camada Face no painel Layers.

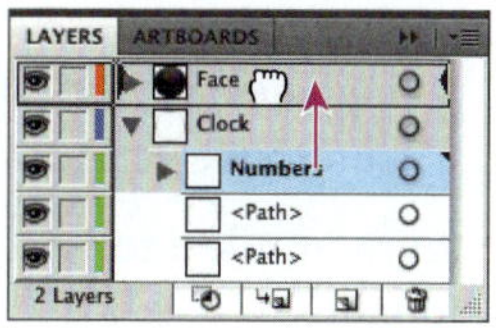

Agora você pode ver os números novamente, porque eles estão no topo da camada (Face).

10 Dê um duplo clique na camada Clock para exibir a caixa de diálogo Layer Options. Mude o nome da camada para **Frame** e clique em OK.

11 Escolha File > Save.

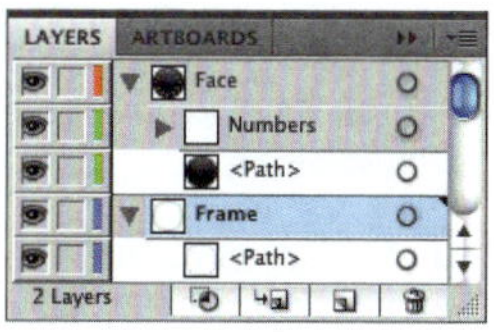

Bloqueie camadas

Ao editar objetos em uma camada, utilize o painel Layers para bloquear outras camadas e evitar que selecione ou altere o restante do trabalho.

Agora, bloqueie todas as camadas, menos a subcamada Numbers, para que possa editar facilmente os números do relógio sem afetar os objetos de outras camadas. Camadas bloqueadas não podem ser selecionadas nem editadas de maneira alguma.

1 Clique no triângulo à esquerda da camada Frame para ocultar a exibição da camada.

2 Selecione a coluna de edição à direita do ícone de olho na camada Frame para bloquear a camada. O ícone de cadeado (🔒) indica que a camada e todo o seu conteúdo estão bloqueados.

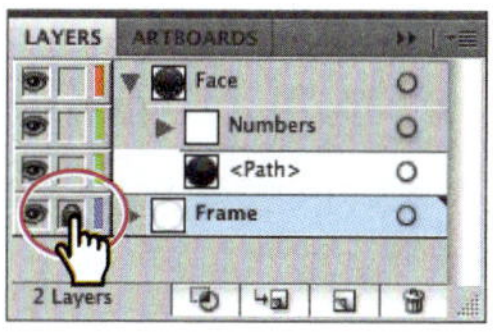

3 Repita o passo anterior para a subcamada <Path>, abaixo da subcamada Numbers.

Você pode desbloquear camadas individualmente desmarcando o ícone de cadeado (🔒). Clicar mais uma vez na coluna de edição bloqueará a camada. Pressionar a tecla Alt (Windows) ou Option (Mac OS) enquanto clica na coluna de edição bloqueia e desbloqueia alternadamente todas as outras camadas.

Altere o tamanho do texto (corpo) e da fonte dos números.

4 Clique na coluna Selection à direita da subcamada Numbers no painel Layers para selecionar todo o conteúdo dessa camada.

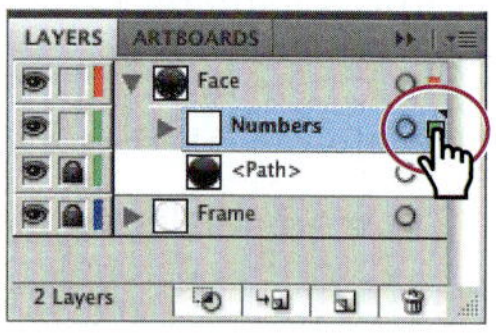

A subcamada Numbers agora mostra um quadrado verde maior, indicando que tudo nessa subcamada está selecionado. Na prancheta, você também pode ver que os números estão selecionados.

Agora, mude a fonte, o estilo da fonte e o tamanho da fonte dos números selecionados.

5 No painel Control, escolha Myriad Pro no menu Font, Semibold no menu Font Style e digite **28** no campo Font Size.

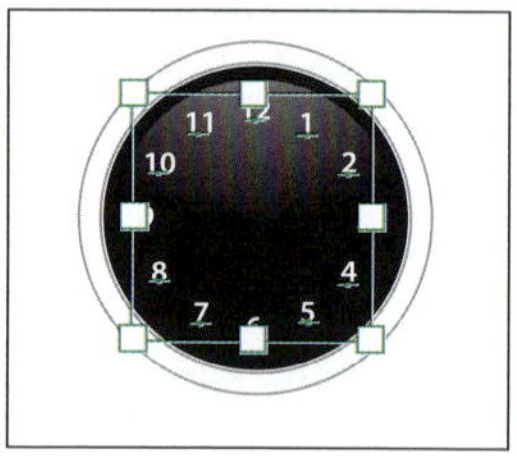

● **Nota:** Myriad Pro é uma fonte OpenType que está incluída no Illustrator CS5.

6 Utilize o painel Color (🎨) se quiser alterar a cor dos números selecionados.

7 No painel Layers, remova a seleção dos ícones de cadeado (🔒) ao lado das camadas <Path> e Frame para desbloqueá-las.

8 Escolha Select > Deselect.

9 Escolha File > Save.

Visualize as camadas

O painel Layers permite ocultar camadas, subcamadas ou objetos individuais da visualização. Quando uma camada está oculta, seu conteúdo também é bloqueado e não pode ser selecionado nem impresso. Você também pode utilizar o painel Layers para exibir camadas ou objetos individualmente no modo de visualização ou no modo de contorno.

▶ **Dica:** Pressionar Alt (Windows) ou Option (Mac OS) e clicar no ícone de olho da camada oculta ou exibe uma camada. Ocultar camadas evita que elas sejam alteradas.

A seguir, você vai editar a moldura do relógio utilizando uma técnica de pintura para criar um efeito tridimensional na moldura.

1 No painel Layers, clique na camada Frame para selecioná-la e, então, com Alt (Windows) ou Option (Mac OS) pressionadas, clique no ícone de olho (👁) à esquerda do nome da camada Frame para ocultar as outras camadas.

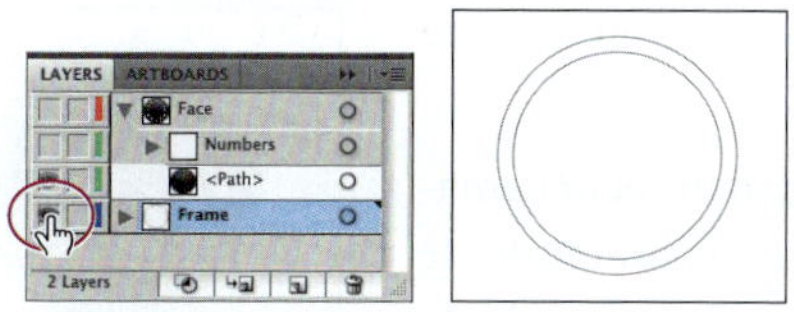

Clique com Alt ou Option pressionadas no ícone de olho para ocultar todas as outras camadas.

2 Utilizando a ferramenta Selection (↖), na prancheta, clique no círculo interior da moldura para selecioná--lo. Clique com Shift pressionada no círculo externo para adicioná-lo à seleção.

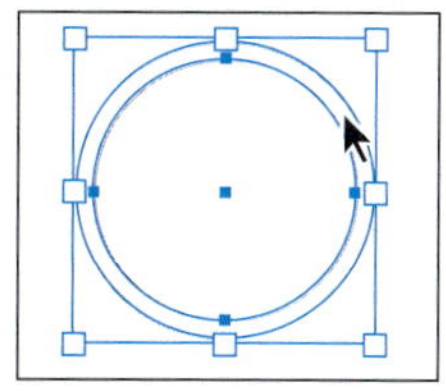

3 Com os dois círculos selecionados, clique na cor de preenchimento no painel Control e, então, selecione a amostra clock.frame no painel Swatches para colorir os círculos com um degradê personalizado.

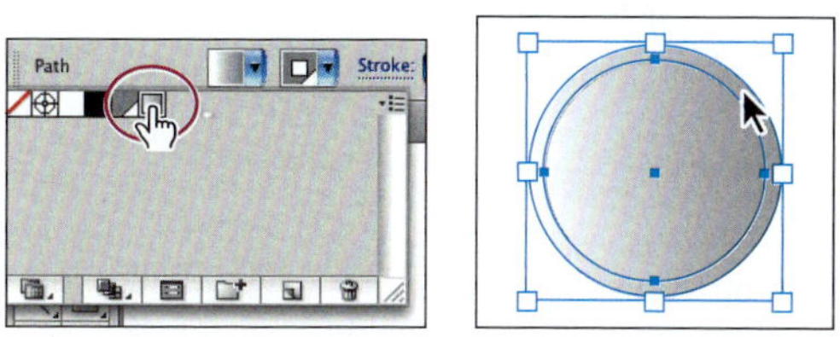

4 Clique com a tecla Shift pressionada no círculo externo para desmarcá-lo. O círculo interno permanece selecionado.

5 Selecione a ferramenta Gradient (■) no painel Tools. Posicione o cursor sobre o círculo interno um pouco abaixo da parte superior do círculo, para exibir uma linha horizontal. Clique no ponto em que está o cursor e arraste na vertical para baixo, para alterar a direção do degradê. Solte o botão do mouse.

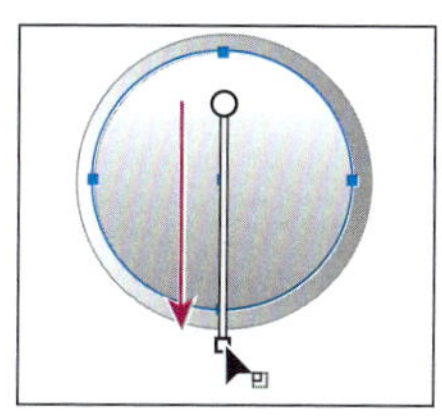

A ferramenta Gradient só funciona nos objetos selecionados preenchidos com degradês. Para aprender mais sobre a ferramenta Gradient, veja a Lição 10, "Mesclando cores e formas".

Nota: Ao selecionar a ferramenta Gradient pela primeira vez, uma linha horizontal aparece no círculo selecionado. Essa é a direção padrão do preenchimento de degradê.

6 Escolha Select > Deselect e então File > Save. Tente selecionar o círculo externo e mudar a direção do degradê com a ferramenta Gradient.

7 No painel Layers, escolha Show All Layers no menu do painel (▾≡).

À medida que edita os objetos do trabalho em camadas, você pode exibir algumas camadas no modo de contorno, mantendo as outras camadas no modo de exibição.

8 Com a tecla Ctrl (Windows) ou Command (Mac OS) pressionadas, clique no ícone de olho (👁) ao lado da camada Face para mudar para o modo de contorno nessa camada.

Isso permite que você veja o círculo preenchido com degradê atrás do mostrador do relógio. Exibir uma camada no modo de contorno também é útil para visualizar os pontos de ancoragem ou pontos de centro dos objetos sem selecioná-los.

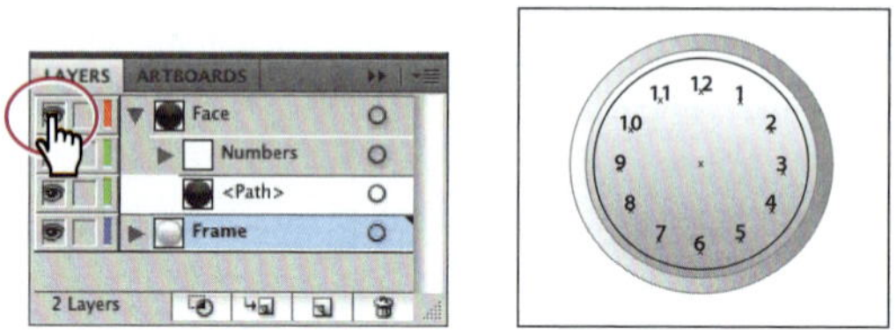

Clique com a tecla Ctrl (Windows) ou Command (Mac OS) pressionadas no ícone de olho para entrar no modo de contornc

9 Com Control (Windows) ou Command (Mac OS) pressionadas, clique no ícone de olho (👁) ao lado da camada Face para retornar ao modo de exibição dessa camada. Escolha Select > Deselect.

Cole camadas

Para completar o relógio, você vai copiar e colar as partes restantes do trabalho a partir de outro arquivo. Você pode colar um arquivo em camadas em outro arquivo e manter as camadas intactas.

1 Escolha File > Open e abra o arquivo Details.ai, localizado na pasta Lesson08, dentro da pasta Lessons de seu disco rígido.

2 Para ver como os objetos em cada camada estão organizados, clique com Alt (Windows) ou Option (Mac OS) pressionadas nos ícones de olho para cada camada do painel Layers para exibir uma e ocultar as outras. Você também pode clicar nos triângulos (▶) à esquerda dos nomes das camadas para expandi-las e recolhê-las para uma inspeção mais detalhada. Quando terminar, certifique-se de que todas as camadas estejam visíveis e recolhidas.

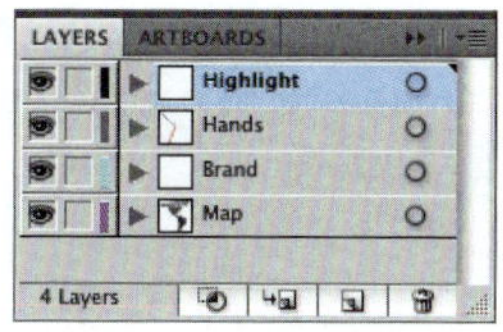

3 Escolha Select > All e então Edit > Copy para selecionar e copiar os detalhes do relógio para a área de transferência.

4 Escolha File > Close para fechar o arquivo Details.ai sem salvar qualquer alteração. Se uma caixa de diálogo de aviso aparecer, clique em No (Windows) ou Don't Save (Mac OS).

5 No arquivo clock.ai, escolha Paste Remembers Layers no menu do painel Layers (▾☰). Uma marca de seleção ao lado da opção indica que ela está selecionada.

Marcar a opção Paste Remembers Layers indica que, quando várias camadas de outro arquivo são coladas no trabalho, elas são adicionadas como camadas individuais no painel Layers. Se a opção não estiver marcada, todos os objetos são colados na camada ativa.

6 Escolha Edit > Paste in Front para colar os detalhes no relógio. Escolha Select > Deselect.

O comando Paste In Front cola os objetos da área de transferência em uma posição igual a do arquivo original Details.ai. A opção Paste Remembers Layers cola as camadas original Details.ai como quatro camadas separadas na parte superior do painel Layers (Highlight, Hands, Brand, Map).

Agora, você vai reposicionar algumas das camadas.

7 Feche todas as camadas abertas clicando sobre a seta à esquerda dos nomes de camada. Mova a camada Frame até que fique acima da camada Highlight e, então, a camada Face até que fique acima da camada Frame. Se necessário, arraste a parte inferior do painel Layers para baixo para revelar todas as camadas.

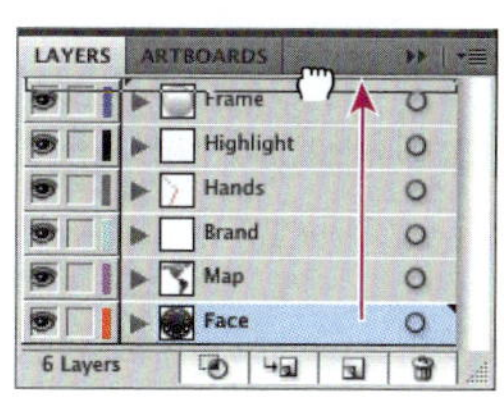

▶ **Dica:** Quando você arrasta as camadas no painel Layers, o painel rola para cima ou para baixo automaticamente. Você pode também arrastar o canto inferior direito do painel Layers para aumentar sua altura.

Solte o botão do mouse quando a barra indicadora com triângulos pretos se estender por toda a largura de coluna acima das camadas Highlight e Frame para criar uma camada separada, não uma subcamada. Se houver conteúdo ainda selecionado na prancheta, escolha Select > Deselect.

Agora, você vai mover as camadas Hands e Brand para a camada Face, e a camada Highlight para frente da camada Frame.

8 No painel Layers, selecione a camada Highlight e arraste-a para cima entre as camadas Face e Frame.

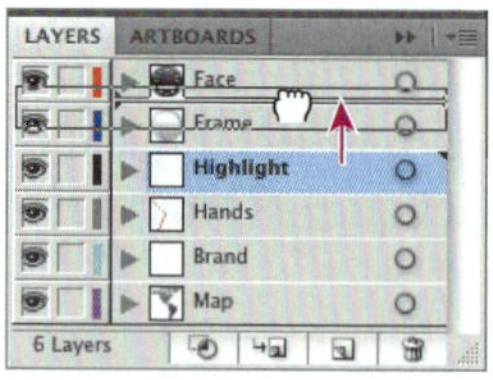

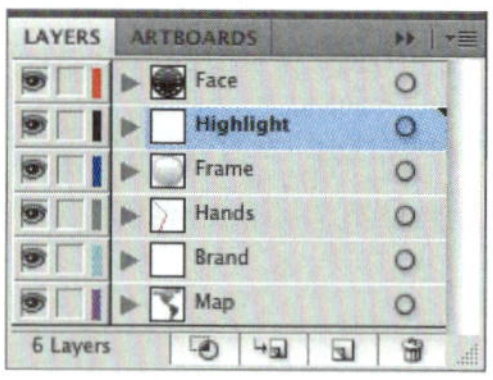

9 Clique na seta à esquerda da camada Face para exibir as subcamadas.

10 Clique na camada Hands e, com a tecla Shift pressionada, clique na camada Brand para selecionar ambas.

11 Arraste as camadas selecionadas para cima entre as subcamadas Numbers e <Path>. Quando a barra de inserção aparecer entre subcamadas, solte o botão do mouse para transformar as camadas Hands e Brand em subcamadas da camada Face.

● **Nota:** Você talvez precise redimensionar o painel Layers arrastando a parte inferior dele para baixo a fim de ver melhor a camada.

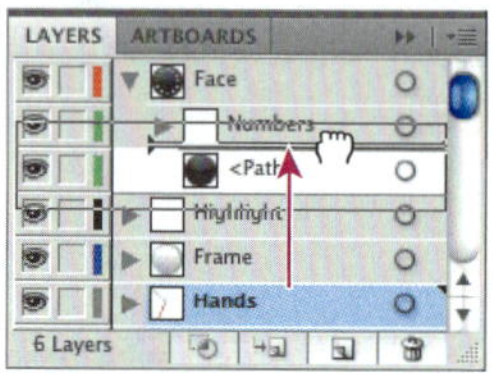

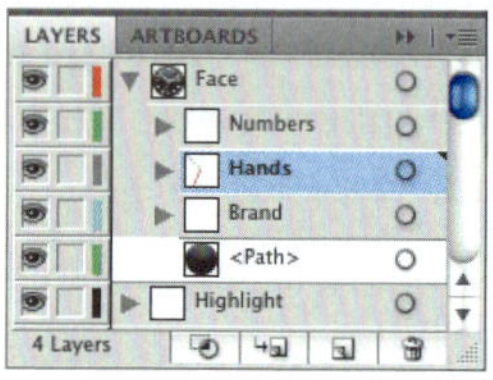

12 Escolha File > Save.

Crie máscaras de recorte

O painel Layers permite criar máscaras de recorte para controlar a maneira como o trabalho em uma camada (ou em um grupo) é ocultado ou revelado. Uma *máscara de recorte* é um objeto ou grupo de objetos cuja forma mascara o trabalho abaixo dela, de modo que apenas o trabalho dentro da forma permaneça visível.

A seguir, você vai criar uma máscara de recorte com uma forma de círculo na camada Face. Você vai agrupá-la com a subcamada Map para que apenas o mapa apareça através do círculo.

1 Arraste a parte inferior do painel Layers para baixo para revelar todas as camadas.

2 No painel Layers, arraste a camada Map para cima até que as linhas duplas da barra de inserção sejam destacadas acima da subcamada <Path>, dentro da camada Face. Solte o botão do mouse.

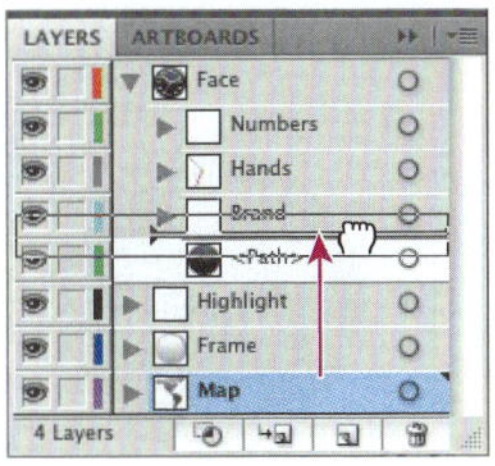

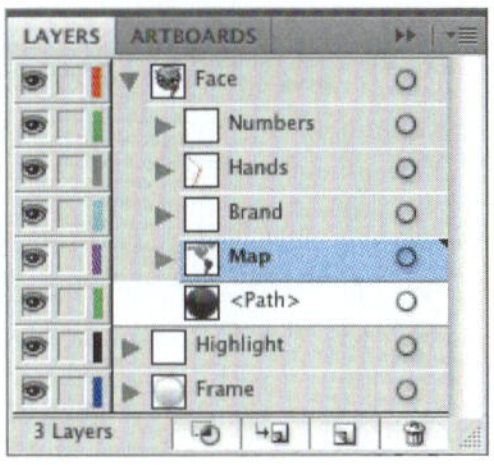

No painel Layers, um objeto que mascara deve estar acima dos objetos que está mascarando. Como você quer mascarar apenas o mapa, copie o objeto circular <Path> para que fique acima da subcamada Map antes de criar a máscara de recorte.

3 Clique na coluna de seleção do painel Layers à direita da subcamada <Path>. Observe que o path é selecionado na prancheta.

4 Mantenha pressionadas Alt (Windows) ou Option (Mac OS), clique e arraste o indicador de arte selecionada (■) na subcamada <Path> para a direita do ícone de alvo (○) na subcamada Map.

5 Escolha Select > Deselect.

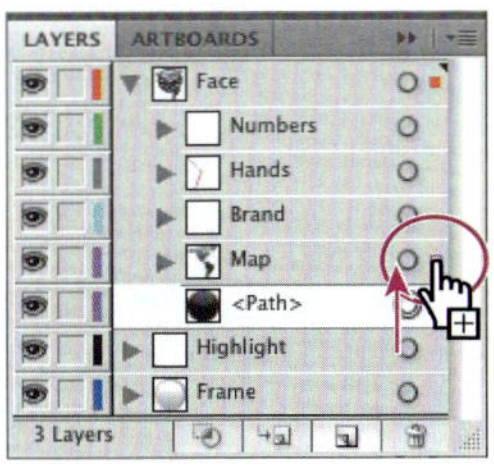

6 Clique no triângulo (▶) à esquerda da subcamada Map no painel Layers para expandir a visualização da camada.

7 Certifique-se de que a subcamada <Path> está acima da subcamada Map (acima da subcamada <Group>), movendo-a se necessário. (Máscaras de recorte devem ser o primeiro objeto em uma camada ou grupo.)

● **Nota:** Não é necessário desmarcar a arte na prancheta para completar os próximos passos, mas pode ser útil para visualizar o trabalho.

8 Selecione a subcamada Map para destacá-la no painel Layers.

● **Nota:** Talvez você não consiga ver o nome inteiro <Clipping Path> no painel Layers.

9 Clique no botão Make/Release Clipping Mask (◙) na parte inferior do painel Layers. Observe que todas as linhas de divisão da subcamada agora estão pontilhadas e que o primeiro nome do path mudou para <Clipping Path>. O nome do path também está sublinhado para indicar que ele é uma máscara. Na prancheta, a subcamada <Path> recortou as partes do mapa que se estendiam para fora do mostrador do relógio.

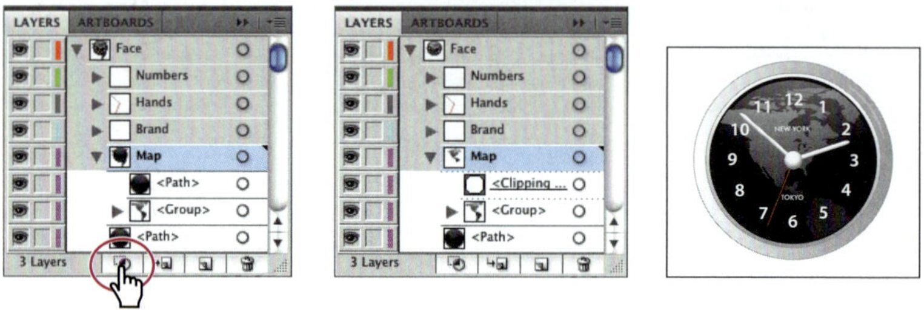

10 No painel Layers, clique no triângulo ao lado da subcamada Map para ocultá-lo.

11 Escolha File > Save.

Mescle camadas

● **Nota:** As camadas só podem ser mescladas com outras camadas do mesmo nível hierárquico no painel Layers. Da mesma forma, as subcamadas só podem ser mescladas com outras subcamadas na mesma camada e no mesmo nível hierárquico. Os objetos não podem ser mesclados com outros objetos.

Para simplificar o trabalho, você pode mesclar camadas. A mesclagem de camadas combina o conteúdo de todas as camadas selecionadas em uma só camada.

1 Clique na subcamada Numbers do painel Layers para destacá-la e, então, clique com Shift pressionada para destacar a subcamada Hands.

Observe que o indicador de camada (◥) mostra a última camada destacada como a camada ativa. A última camada que você seleciona determina o nome e a cor da camada mesclada.

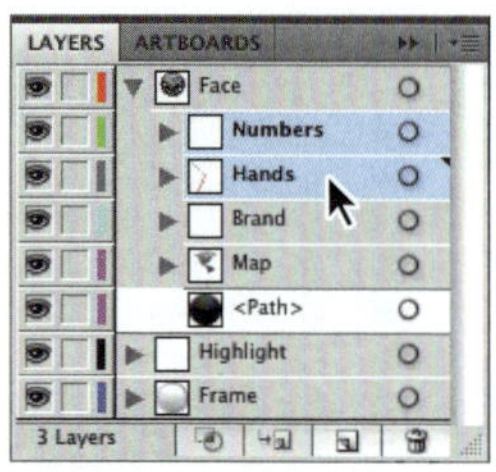

2 Escolha Merge Selected no menu do painel Layers (▼≡) para mesclar a camada Numbers com a subcamada Hands.

Os objetos nas camadas mescladas retêm a ordem de empilhamento original e são adicionados acima dos objetos na camada de destino.

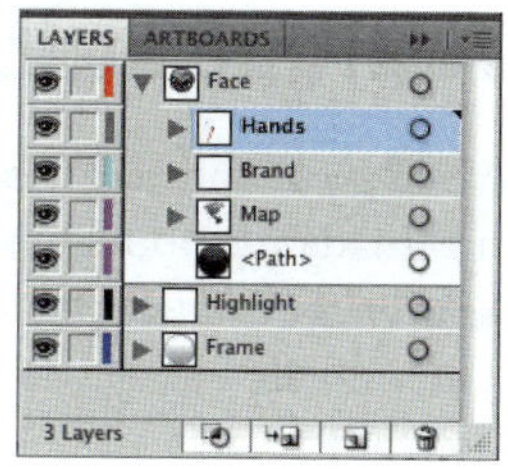

3 Clique na camada Highlight para selecioná-la e, então, clique com a tecla Shift pressionada na camada Frame.

4 Escolha Merge Selected no menu do painel Layers (▼≡) para mesclar os objetos da camada Highlight com a camada Frame.

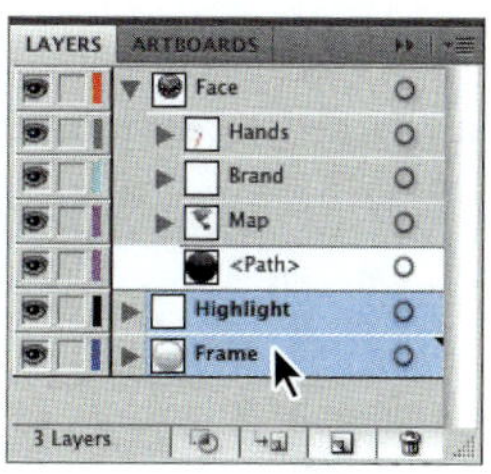

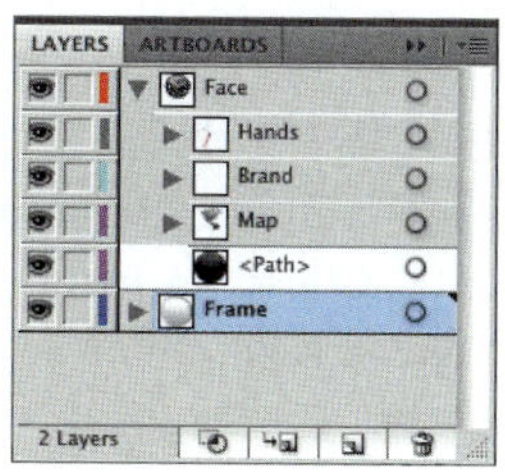

5 Escolha File > Save.

Para consolidar camadas e grupos

A mesclagem e o achatamento de camadas são semelhantes pelo fato de que ambos permitem consolidar objetos, grupos e subcamadas em uma só camada ou grupo. Com a mesclagem, você pode selecionar os itens que quer consolidar; com o achatamento, todos os itens visíveis no trabalho são consolidados em uma só camada. Com qualquer uma dessas opções, a ordem de empilhamento do trabalho permanece a mesma, mas outros atributos no nível da camada, como máscaras de recorte, não são preservados.

- Para achatar camadas, clique no nome da camada em que você quer consolidar no trabalho. Então, selecione Flatten Artwork no menu do painel Layers.

– Extraído do Illustrator Help

Aplique atributos de aparência a camadas

Você pode aplicar atributos de aparência, como estilos, efeitos e transparência, a camadas, grupos e objetos utilizando o painel Layers. Quando um atributo de aparência é aplicado a uma camada, qualquer objeto nela recebe esse atributo. Quando ele é aplicado a um objeto específico em uma camada, afetará apenas esse objeto, não a camada inteira. Para aprender mais sobre como trabalhar com atributos de aparência, consulte a Lição 13, "Aplicando atributos de aparência e estilos gráficos".

Você vai aplicar um efeito a um objeto de uma camada. Depois, vai copiar esse efeito para outra camada a fim de alterar os objetos dela.

1 No painel Layers, recolha a camada Face e expanda a camada Frame para revelar todo o seu conteúdo.

2 Clique para selecionar a parte inferior da subcamada <Path> na camada Frame.

Nota: Clicar no ícone de alvo também seleciona o(s) objeto(s) na prancheta.

3 Clique no ícone de alvo (○) à direita da última subcamada <Path> da lista. Clicar no ícone de alvo indica que você quer aplicar uma alteração de efeito, estilo ou transparência.

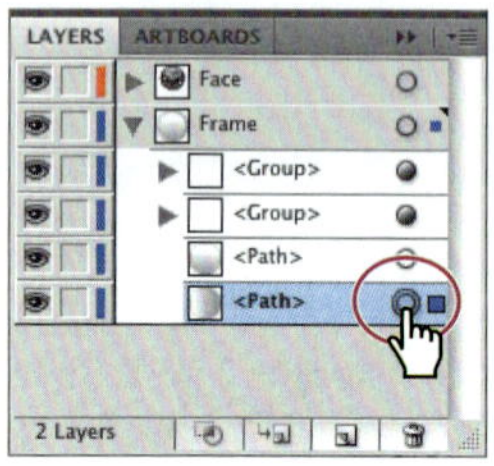

4 Escolha Effect > Stylize > Drop Shadow em Illustrator Effects. Na caixa de diálogo Drop Shadow, deixe as configurações em seus valores-padrão e clique em OK. Uma sombra projetada aparece na borda externa do relógio.

Nota: Há dois comandos Stylize no menu Effect. Escolha o superior, que está em Illustrator Effects.

Observe que o ícone de alvo (◉) agora está sombreado na parte inferior da subcamada <Path>, indicando que foram aplicados atributos de aparência ao objeto.

5 Clique no ícone do painel Appearance (◉) no lado direito da área de trabalho para revelar o painel Appearance. Se o painel Appearance não estiver visível, escolha Window > Appearance. Observe que Drop Shadow foi adicionada à lista dos atributos de aparência do objeto selecionado.

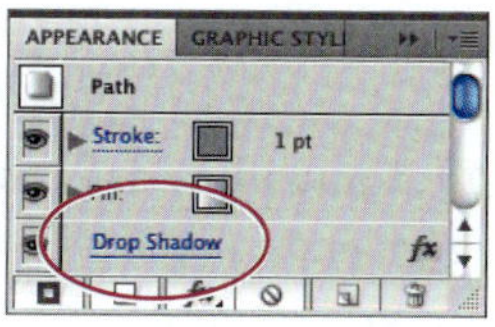

6 Altere Stroke Weight para **0** pt no painel Control.

7 Escolha Select > Deselect.

Você agora vai usar o painel Layers para copiar um atributo de aparência para uma camada e depois editá-lo.

8 Clique no ícone do painel Layers no lado direito da área de trabalho para abrir o painel Layers. Clique na seta à esquerda da camada Face para revelar o seu conteúdo. Se necessário, arraste a parte inferior do painel para baixo para exibir a lista inteira. Certifique-se de que os triângulos à esquerda das subcamadas Hands, Brand e Map estão fechados.

9 Com a ferramenta Selection (➤), clique nos ponteiros do relógio para selecioná-los.

10 Escolha Locate Object no menu do painel Layers (▾≡). Isso seleciona e rola até o grupo (<Group> aparece no painel Layers) que contém os ponteiros do relógio no painel Layers. Talvez você precise rolar pelo painel Layers para o próximo passo.

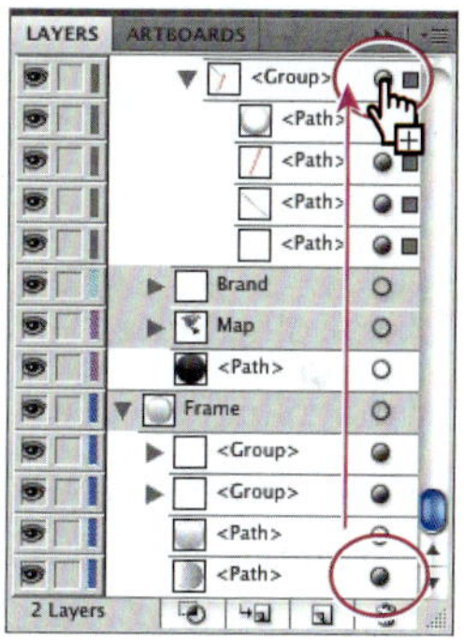

11 Pressione a tecla Alt (Windows) ou Option (Mac OS) e arraste o ícone de alvo sombreado da última subcamada <Path> na camada Frame para o ícone de alvo da subcamada dos ponteiros do relógio <Group>, sem soltar o botão do mouse. O cursor de mão com um sinal de adição indica que a aparência está sendo copiada.

● **Nota:** Você pode arrastar e copiar o ícone de alvo sombreado para qualquer camada ou subcamada a fim de aplicar as propriedades localizadas no painel Appearance.

12 Quando o ícone de alvo da subcamada <Group> ficar cinza, solte o botão do mouse e então a tecla Alt ou Option. A sombra projetada agora é aplicada à subcamada <Group> inteira, como indicado pelo ícone de alvo sombreado.

Agora, edite o atributo de sombra projetada para o texto e os ponteiros do relógio, para suavizar o efeito.

13 Clique no triângulo à esquerda da subcamada <Group>, abaixo da camada Hands, para fechá-la.

14 No painel Layers, clique no ícone de alvo (◉) da subcamada <Group> que contém os ponteiros do relógio. Isso seleciona automaticamente os objetos na subcamada <Group> e remove a seleção do objeto na camada Frame.

15 Clique no icone do painel Appeareance (◉) no lado direito da área de trabalho para exibir o painel Appearance. No painel Appearance, clique nas palavras Drop Shadow (role para baixo se necessário).

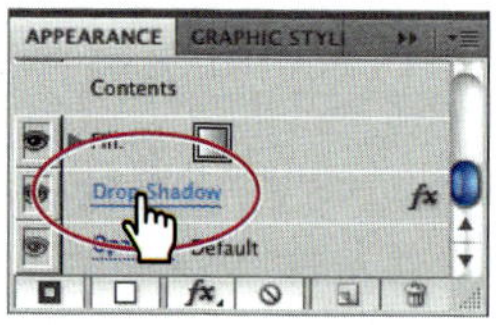

16 Na caixa de diálogo Drop Shadow, altere X Offset, Y Offset e Blur para **3 pt**. Clique em OK.

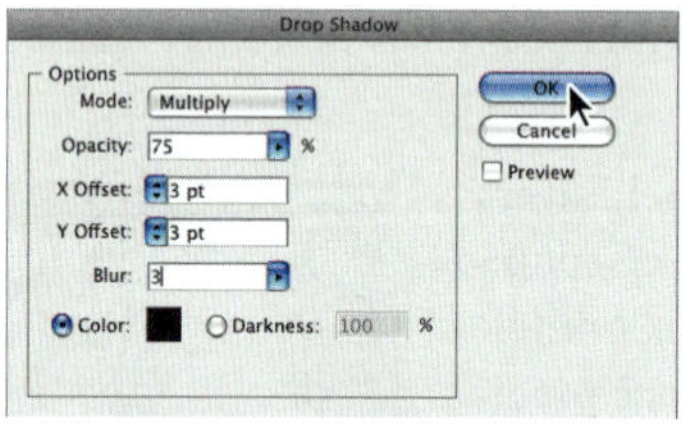

17 Escolha Select > Deselect.

18 Escolha File > Save.

Para mais informações sobre como abrir arquivos Photoshop em camadas no Illustrator e trabalhar com arquivos Illustrator em camadas no Photoshop, consulte a Lição 15, "Combinando Elementos Gráficos com Outros Aplicativos Adobe".

Isole camadas

Quando uma camada está no modo de isolamento, os objetos dessa camada permanecem isolados para que você possa editá-los sem afetar outras camadas. A seguir, você vai entrar no modo de isolamento de uma camada e fazer algumas edições simples.

1 Abra o painel Layers clicando no ícone do painel Layers.

2 Clique nos triângulos à esquerda das subcamadas para fechar todas elas. Certifique-se de que as subcamadas da camada Face estão visíveis.

3 Clique para selecionar a subcamada Map no painel Layers.

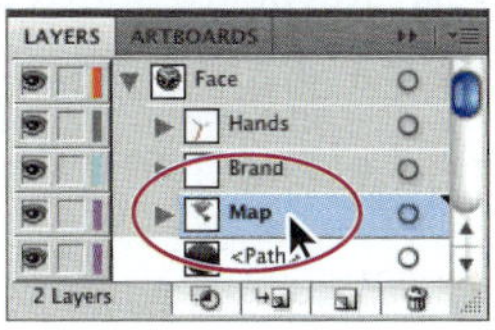

4 Escolha Enter Isolation Mode no menu do painel Layers (▾≡).

No modo de isolamento, o conteúdo da subcamada Map aparece sobre todos os objetos na prancheta. O restante do conteúdo na prancheta permanece opaco e bloqueado.

O painel Layers agora exibe uma camada chamada Isolation Mode e uma subcamada que contém o conteúdo do mapa.

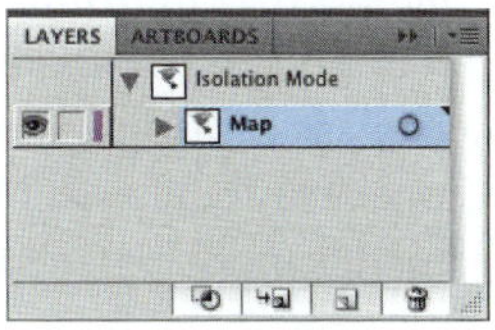

5 Selecione a ferramenta Selection (↖) e clique no mapa na prancheta para selecioná-lo.

6 Escolha View > Smart Guides para remover temporariamente sua exibição.

7 Arraste o mapa para cima para posicioná-lo no topo do círculo escuro interno.

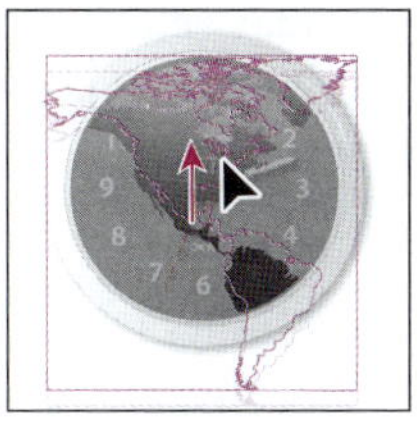

8 Pressione Escape (Esc) para sair do modo de isolamento. Observe que agora o conteúdo está desbloqueado e que o painel Layers exibe todas as camadas e subcamadas novamente.

9 Escolha Select > Deselect.

Agora que o trabalho está completo, talvez você queira unir todas as camadas em uma só e excluir as camadas vazias. Chamamos isso de achatamento. Disponibilizar o trabalho em um arquivo com uma só camada pode evitar acidentes, como a ocultação de camadas e a omissão de partes do trabalho durante a impressão.

▶ **Dica:** Para achatar camadas específicas sem excluir as camadas ocultas, selecione as camadas que você quer achatar e então escolha Merge Selected no menu do painel Layers.

Para uma lista completa de atalhos que você pode utilizar com o painel Layers, veja "Keyboard Shortcuts" no Illustrator Help.

10 Escolha File > Save.

11 Escolha File > Close.

Explore por conta própria

Quando você imprimir um arquivo em camadas, somente as camadas visíveis serão impressas, e na mesma ordem em que aparecem no painel Layers – com exceção das camadas modelo que não serão impressas mesmo se estiverem visíveis. Camadas modelo são bloqueadas, desativadas e não imprimíveis. Os objetos nas camadas modelo não são impressos nem exportados.

Agora que você sabe como trabalhar com camadas, tente criar um trabalho em camadas vetorizando uma imagem em uma camada modelo. Para praticar, você pode usar a imagem bitmap de um peixe dourado, o seu próprio trabalho ou fotografias.

1 Escolha File > New para criar um novo arquivo para seu trabalho.

2 Escolha File > Place. Na caixa de diálogo, selecione o arquivo goldfish.eps, localizado na pasta Lesson08, dentro da pasta Lessons de seu disco rígido; como alternativa, localize o arquivo contendo seu trabalho ou a imagem que você quer utilizar como modelo. Clique em Place para adicionar o arquivo importado à Layer 1.

3 Crie a camada modelo escolhendo Template no menu do painel Layers ou escolhendo Options para Layer 1 e selecionando Template na caixa de diálogo Layer Options.

4 Clique no botão Create New Layer para criar uma nova camada para desenhar.

5 Com Layer 2 ativa, utilize qualquer ferramenta de desenho para traçar sobre o modelo, criando um novo trabalho.

6 Crie camadas adicionais para separar e editar vários componentes do novo trabalho.

7 Se quiser, exclua a camada modelo depois de terminar a fim de reduzir o tamanho do arquivo.

▶ **Dica:** Para informações sobre visualizações personalizadas, pesquise "To use multiple windows and views" no Illustrator Help.

Perguntas de revisão

1 Identifique duas vantagens do uso de camadas.

2 Como você oculta camadas? Como exibe camadas individuais?

3 Descreva como reordenar camadas em um arquivo.

4 Como você pode bloquear camadas?

5 Qual é o propósito da alteração da cor de seleção de uma camada?

6 O que acontece se você colar um arquivo com camadas em um outro arquivo? Por que a opção Paste Remembers Layers é útil?

7 Como você move objetos de uma camada para outra?

8 Como você cria uma máscara de recorte de camada?

9 Como você aplica um efeito a uma camada? Como pode editar esse efeito?

10 Qual é o objetivo de entrar no modo de isolamento?

Respostas

1 As vantagens do uso de camadas ao se criar um trabalho incluem: proteger a arte que não se quer alterar, ocultar a arte que não está sendo usada para não atrapalhar o trabalho e controlar o que é impresso.

2 Para ocultar uma camada, clique para desmarcar o ícone de olho à esquerda do nome da camada. Selecione a coluna em branco da extremidade esquerda (a coluna Visibility) para exibir uma camada.

3 Você reordena camadas selecionando o nome de uma camada no painel Layers e arrastando a camada para a nova localização. A ordem das camadas no painel Layers controla a ordem da camada no documento – quanto mais acima no painel, mais à frente no trabalho.

4 Você pode bloquear camadas de várias maneiras diferentes:

- Clicando na coluna de edição à esquerda do nome da camada. Um ícone de cadeado aparece, indicando que a camada está bloqueada.
- Escolhendo Lock Others no menu do painel Layers para bloquear todas as camadas, exceto a camada ativa.
- Ocultando uma camada para protegê-la.

5 A cor de seleção controla a maneira como os pontos de ancoragem e linhas de direção selecionados são exibidos em uma camada, e facilita a identificação das diferentes camadas em seu documento.

6 Os comandos "paste" colam, por padrão, arquivos ou objetos com camadas diretamente na camada ativa. A opção Paste Remembers Layers mantém as camadas originais intactas quando os objetos são colados.

7 Selecione os objetos que você quer mover e arraste o indicador de arte selecionada (à direita do ícone de alvo) para outra camada no painel Layers.

8 Crie uma máscara de recorte em uma camada selecionando a camada e clicando no botão Make/Release Clipping Mask. O primeiro objeto na lista da camada torna-se a máscara de recorte.

9 Clique no ícone de alvo da camada à qual você quer aplicar um efeito. Escolha um efeito no menu Effect. Para editar o efeito, certifique-se de que a camada está selecionada e, então, dê um duplo clique no efeito no painel Appearance. A caixa de diálogo do efeito se abre e você pode alterar seus valores.

10 O modo de isolamento isola os objetos para que você possa selecionar e editar facilmente o conteúdo em uma camada ou subcamada.

9 TRABALHANDO COM DESENHO EM PERSPECTIVA

Visão geral da lição

Nesta lição, você vai aprender a:

- Entender o desenho em perspectiva
- Utilizar e editar predefinições de grade
- Desenhar e editar desenhos em perspectiva
- Editar planos e conteúdos de grade
- Criar e editar texto em perspectiva
- Anexar símbolos à perspectiva

Esta lição levará aproximadamente 45 minutos para ser concluída. Se necessário, remova a pasta da lição anterior de seu disco rígido e copie a pasta Lesson09.

No Adobe® Illustrator® CS5 você pode desenhar ou renderizar arte em perspectiva com facilidade, utilizando o Perspective Grid. O Perspective Grid permite representar de maneira bastante fiel uma cena em uma superfície plana, tal como percebida naturalmente pelo olho humano. Por exemplo, você pode renderizar uma estrada ou os trilhos de um trem que parecem se unir ou desaparecer na linha do horizonte.

Introdução

Você vai explorar o trabalho com o Perspective Grid, adicionando conteúdo a ela e editando no Perspective Grid.

Antes de começar, você vai restaurar as preferências padrão no Adobe Illustrator. Feito isso, você vai abrir o arquivo final desta lição e ver o que vai criar.

1 Para garantir que as ferramentas e painéis funcionem conforme descrito nesta lição, exclua ou renomeie o arquivo de preferências Adobe Illustrator CS5. Veja "Restaurando as preferências padrão" na página 15.

2 Inicie o Adobe Illustrator CS5.

● **Nota:** Se você ainda não o fez, copie os arquivos desta lição para o seu disco rígido a partir da pasta Lesson09 do CD do *Adobe Illustrator CS5 Classroom in a Book*. Veja "Copiando os arquivos do Classroom in a Book", na página 14.

3 Escolha File > Open e abra o arquivo L9end_1.ai na pasta Lesson09, localizada na pasta Lessons em seu disco rígido.

4 Escolha View > Zoom Out para diminuir o zoom caso você queira manter essa imagem em sua tela enquanto trabalha. (Utilize a ferramenta Hand (✋) para mover a imagem até onde você a quer na janela.) Mantenha o arquivo aberto para referência ou escolha File > Close.

5 Escolha File > Open e abra o arquivo L9start_1ai na pasta Lesson09, localizada na pasta Lessons em seu disco rígido.

6 Escolha File > Save As, nomeie o arquivo como **city.ai** na pasta Lesson09. Mantenha a opção Save As Type configurada para o Adobe Illustrator (*.AI) (Windows) ou o opção Format configurada para Adobe Illustrator (ai) (Mac OS) e clique em Save. Na caixa de diálogo Illustrator Options, mantenha as opções Illustrator em suas configurações padrão e clique em OK.

Entenda perspectivas

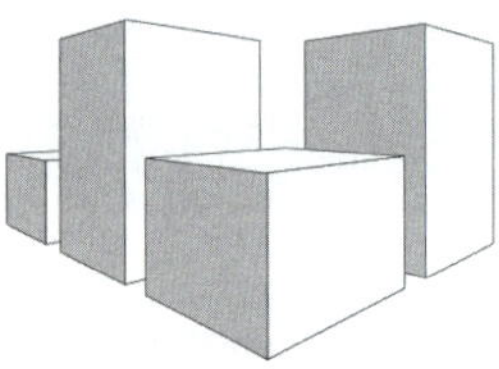

No Illustrator CS5, você pode desenhar ou renderizar uma arte com facilidade utilizando um conjunto de recursos que operam com base nas leis consagradas do desenho em perspectiva. No desenho, a perspectiva é uma representação aproximada, em uma superfície plana, de uma imagem tal como vista pelo olho humano. Os objetos desenhados em perspectiva são caracterizados principalmente pelos atributos apresentados a seguir:

- São desenhados em tamanho menor à proporção que aumenta a distância em relação ao observador.
- Objetos representados em perspectiva são encurtados, ou seja, um objeto ou uma distância parecem menores do que são, por estarem em ângulo em relação ao observador.

Entenda o Perspective Grid

O Perspective Grid permite representar uma cena sobre uma superfície plana com relativa fidelidade, tal qual percebida naturalmente pelo olho humano. Por exemplo, você pode renderizar uma estrada ou um trilho de trem que parecem se encontrar ou desaparecer na linha do horizonte. O Perspective Grid permite que você crie e renderize trabalho em perspectiva.

Nota: Talvez seja útil consultar as opções do Perspective Grid exibidas nesta figura enquanto você estuda a lição.

1 Escolha Essentials no seletor da área de trabalho na barra Application.
2 Escolha View > Fit Artboard In Window.
3 Selecione a ferramenta Perspective Grid () no painel Tools. Isso mostra o Perspective Grid com valores padrão, que tem dois pontos de fuga, na prancheta.

A figura abaixo mostra o Perspective Grid e suas partes componentes. À medida que avança nesta lição, você aprenderá sobre cada uma delas.

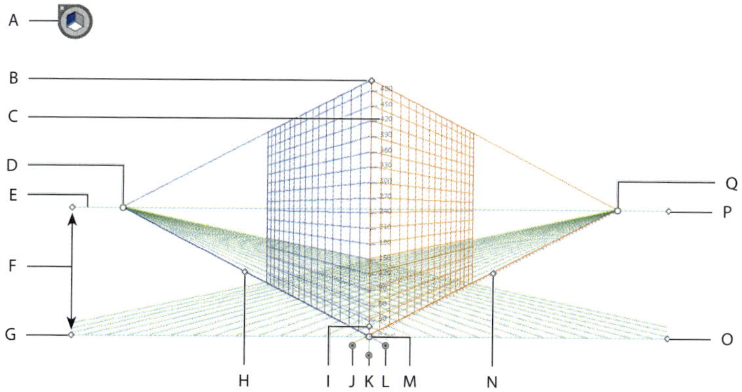

A. Plane Switching Widget
B. Extensão da grade vertical
C. Régua do Perspective Grid
D. Ponto de fuga esquerdo
E. Linha do horizonte
F. Altura do horizonte
G. Nível do solo
H. Extensão da grade
I. Tamanho da célula da grade
J. Controle do plano da grade direita
K. Controle do plano da grade horizontal
L. Controle do plano da grade esquerda
M. Origem
N. Extensão da grade
O. Nível do solo
P. Nível do horizonte
Q. Ponto de fuga direito

Trabalhe com o Perspective Grid

Para começar a trabalhar com conteúdos em perspectiva, é útil visualizar e configurar o Perspective Grid de acordo com suas preferências.

Use uma grade predefinida

Para começar esta lição, você vai aprender a trabalhar com o Perspective Grid, iniciando algumas predefinições do Illustrator.

Por padrão, o Perspective Grid é definido como perspectiva com dois pontos de fuga. Você pode alterá-lo facilmente utilizando predefinições. A ferramenta Perspective Grid é utilizada para editar e mover a grade. Você usa o Perspective Grid para desenhar e aderir conteúdos em perspectiva, embora a grade não seja imprimível. O Illustrator permite ter até três pontos de fuga na perspectiva.

▶ **Dica:** Você pode exibir o Perspective Grid sem selecionar a ferramenta Perspective Grid, escolhendo View > Perspective Grid > Show Grid.

1 Escolha View > Perspective Grid > One Point Perspective > [1P-Normal View]. Observe que a grade muda para uma perspectiva com um ponto de fuga.

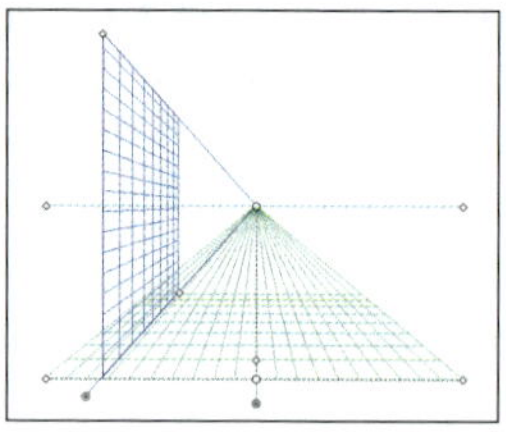

Uma perspectiva com um ponto de fuga pode ser bastante útil no desenho de estradas, linhas de trem ou construções observadas diretamente de frente pelo observador.

2 Escolha View > Perspective Grid > Three Point Perspective > [3P-Normal View]. Observe que a grade é alterada para uma perspectiva com três pontos de fuga.

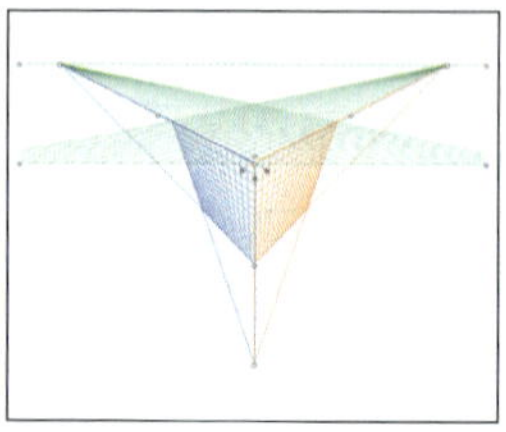

As perspectivas com três pontos de fuga são comumente usadas para construções vistas de cima ou por baixo. Além de mostrar os pontos de fuga para cada parede, essa perspectiva inclui um ponto que mostra essas paredes recuando no nível de solo ou para o alto.

3 Para fazer com que a grade seja uma perspectiva com dois pontos de fuga outra vez, escolha View > Perspective Grid > Two Point Perspective [2P-Normal View].

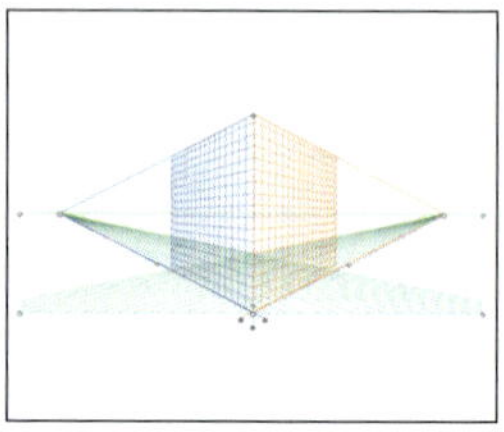

Edite o Perspective Grid

A seguir você vai aprender a editar o Perspective Grid. Para editar a grade, você pode selecionar a ferramenta Perspective Grid ou utilizar o item de menu Define Grid. Você pode efetuar mudanças na grade se houver conteúdo nela, embora talvez seja mais fácil estabelecer as configurações de grade antes de adicionar conteúdo. É possível ainda criar uma grade exclusiva para cada documento do Illustrator.

Nota: Ao longo desta seção, o X rosa nas figuras mostra o ponto em que você começa a arrastar.

Nota: As linhas cinza em algumas dessas figuras indicam a posição inicial do Perspective Grid antes de ser ajustado.

1 Com o Perspective Grid exibindo uma perspectiva com dois pontos e a ferramenta Perspective Grid ( ) selecionada, arraste o ponto da linha do horizonte abaixo da parte inferior do céu azul, para mover o horizonte para baixo, conforme mostra a figura. O rótulo de medida deve mostrar aproximadamente 147 pt.

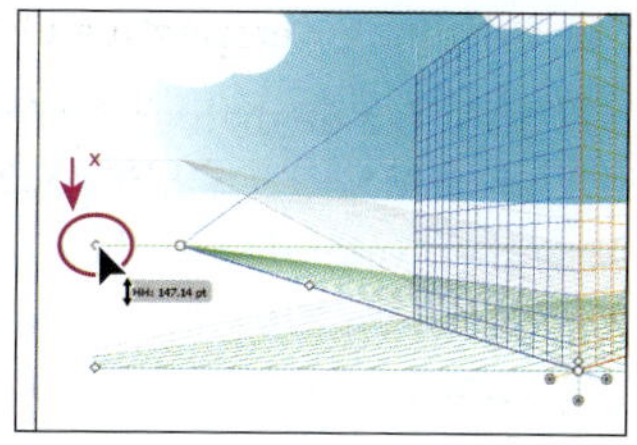

A localização da linha do horizonte indica o nível da visão do observador.

2 Com a ferramenta Perspective Grid, arraste o ponto de nível de solo esquerdo para mover todo o Perspective Grid. Arraste até que a linha do horizonte ajustada na etapa anterior esteja alinhada com a parte inferior do céu azul.

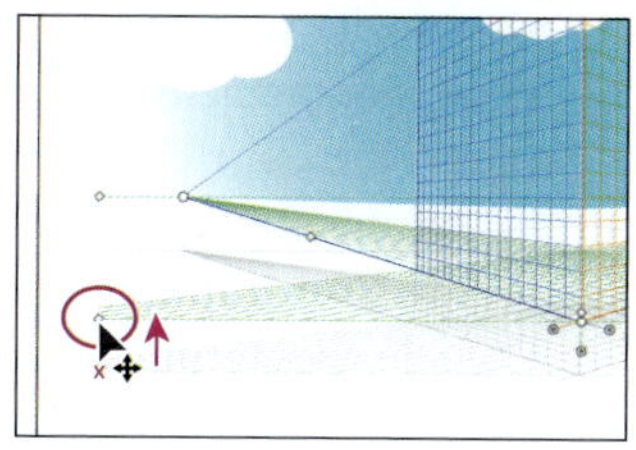

O ponto de nível de solo permite arrastar o Perspective Grid a diferentes partes da prancheta de uma única vez.

Nota: À medida que arrasta o Perspective Grid usando o ponto de nível de solo, observe que você pode movê-lo em qualquer direção. Certifique-se de que ele esteja relativamente centralizado na horizontal na prancheta.

3 Com a ferramenta Perspective Grid, arraste o ponto de controle do plano de grade horizontal cerca de 68 pt, para que fique mais próximo à linha do horizonte.

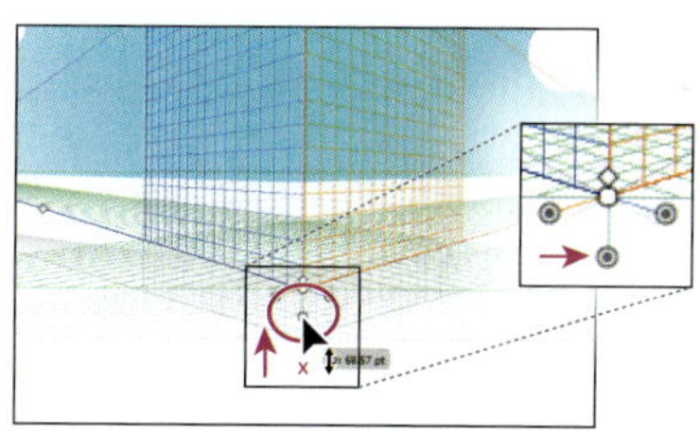

Nota: A localização do nível de solo em relação à linha do horizonte determinará a distância vertical, para cima ou para baixo, em que o objeto será observado com base no nível da visão do observador.

4 Com a ferramenta Perspective Grid, clique e arraste o ponto Vertical Grid Extent para baixo, a fim de reduzir a distância vertical.

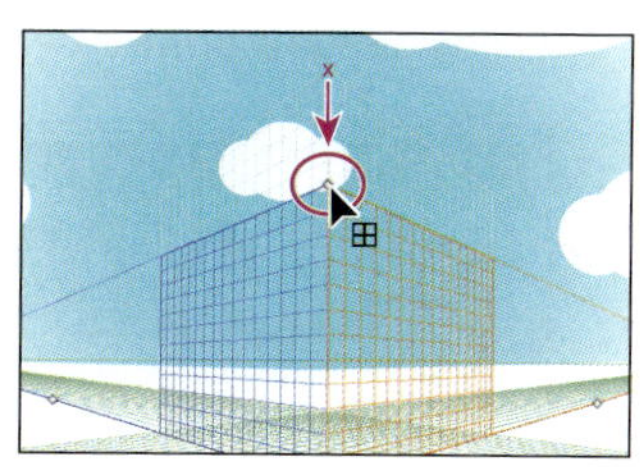

Reduzir a extensão vertical é uma maneira de minimizar a grade, caso você esteja desenhando objetos que são menos precisos, conforme você verá ainda nesta lição.

5 Escolha File > Save. As alterações que você fez no Perspective Grid são salvas apenas neste documento.

Definir a grade para seu desenho é uma etapa importante. A seguir você vai acessar essas alterações usando o menu Define Grid.

▶ **Dica:** Após definir as configurações Define Perspective Grid, você pode salvá-las como predefinições para usá-las mais tarde. Na caixa de diálogo Define Perspective Grid, altere as configurações e clique no botão Save Preset.

▶ **Dica:** Para aprender mais sobre a caixa de diálogo Define Perspective Grid, pesquise por "Define Grid Presets" em Illustrator Help.

6 Escolha View > Perspective Grid > Define Grid.

7 Na caixa de diálogo Define Perspective Grid, altere Units para Inches e altere o valor de Gridline Every para **0.3** in. Altere Viewing Distance para 7 in. Viewing Distance é a distância entre o observador e a cena.

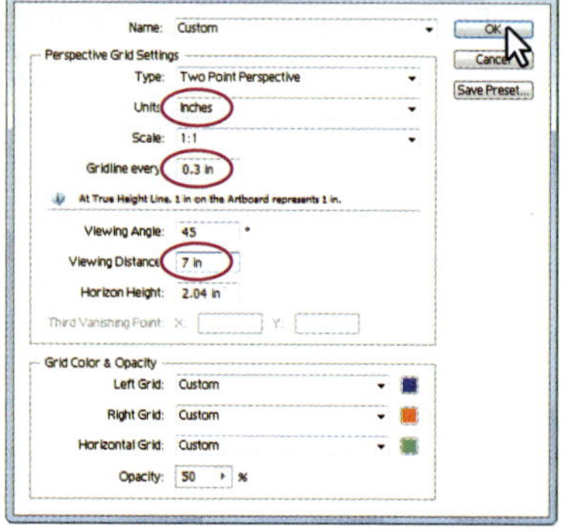

Observe que você pode alterar a escala da grade, o que pode ser necessário quando há medidas reais envolvidas. Você pode também editar configurações como Horizon Height e Viewing Angle na prancheta, usando a ferramenta Perspective Grid. Conserve as configurações padrão de Grid Color & Opacity. Quando você terminar suas alterações, clique em OK.

8 Com a ferramenta Perspective Grid, arraste o ponto de fuga esquerdo para cerca de –0.75 in para a esquerda, até ele atingir o ponto da linha do horizonte esquerdo. Observe que isso altera apenas a grade esquerda (azul) no Perspective Grid de dois pontos de fuga.

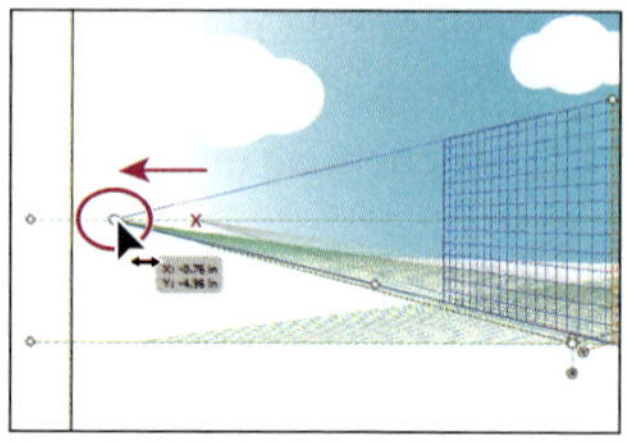

9 Escolha Edit > Undo Perspective Grid Edit.
Você tem a possibilidade de desfazer a maior parte das alterações feitas na Perspective Grid.

10 Escolha View > Perspective Grid > Lock Station Point. Isso fixa os pontos de fuga direito e esquerdo de maneira a permitir que sejam movidos em conjunto.

11 Com a ferramenta Perspective Grid, arraste o ponto de fuga esquerdo por cerca de –0.75 in para a esquerda outra vez, até ele tocar o ponto Horizion Line esquerdo. Observe que essa ação altera ambas as grades no Perspective Grid com dois pontos de fuga.

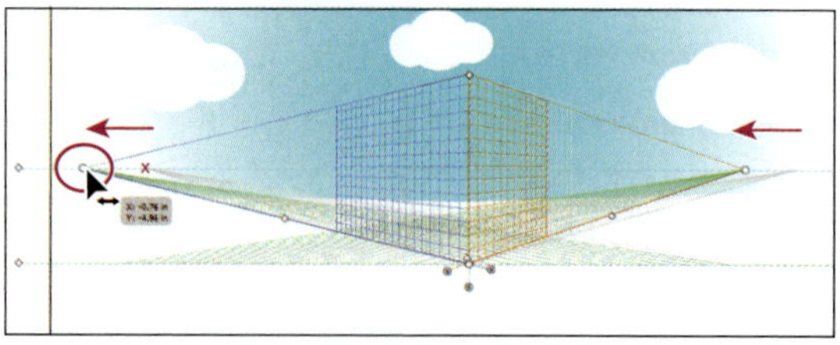

12 Escolha File > Save.

13 Escolha View > Perspective Grid > Lock grid. Essa opção restringe o movimento da grade e de outros recursos de edição da grade que utilizam a ferramenta Perspective Grid. É possível alterar apenas a visibilidade e a posição do plano da grade, o que você aprenderá a fazer ainda nesta lição.

● **Nota:** Quando você seleciona uma ferramenta diferente, com exceção da ferramenta Gradient Perspective, você não consegue editar o Perspective Grid. Além disso, se o Perspective Grid estiver encaixado, você poderá editá-lo escolhendo View > Perspective Grid > Define Grid.

Agora que sua grade está encaixada na posição correta, você começará a criar sua própria paisagem urbana, adicionando conteúdo à grade.

Desenhando objetos em perspectiva

Para desenhar objetos em perspectiva, utilize as ferramentas de grupos de linha ou as ferramenta de grupos de retângulos (exceto a ferramenta Flare), enquanto a grade estiver visível. Antes de começar a desenhar utilizando qualquer dessas ferramentas, você precisará selecionar um plano de grade ao qual você anexará conteúdos, utilizando Plane Switching Widget ou os atalhos de teclado.

O Plane Switching Widget

Quando você seleciona Perspective Grid, o Plane Switching Widget é também exibido no canto superior esquerdo da janela Document, por padrão. Você pode utilizar esse widget para selecionar o plano da grade ativa.

No Perspective Grid, um plano ativo é o plano em que você desenha um objeto para projetar a visão do observador daquela parte da cena.

– Extraído de Illustrator Help.

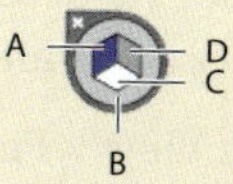

A Grade esquerda (1)
B Nenhuma grade ativa (4)
C Grade horizontal (2)
D Grade esquerda (3)

▶ **Dica:** Os números entre parênteses [Left Grid (1), por exemplo] referem-se aos atalhos de teclado atribuídos à grade em questão.

A seguir você vai desenhar diversos objetos em perspectiva no Perspective Grid.

1. Clique no ícone do painel Layers (◈) para expandir o painel Layers. Clique no ícone de olho (◉) à esquerda da camada Background para ocultar seus conteúdos na prancheta. Clique para selecionar a camada do lado esquerdo, para que o novo conteúdo que você criar fique nessa camada.
2. Clique no ícone do painel Layers (◈) para minimizar o painel.
3. Selecione a ferramenta Rectangle (▭) no painel Tools.
4. Clique em Left Grid no Plane Switching Widget.

O plano de grade selecionado no widget é o plano de grade no Perspective Grid em que você adicionará conteúdo.

● **Nota:** Com um pouco de prática, você desenvolverá o hábito de verificar qual plano de grade é ativo antes de desenhar ou adicionar conteúdo a ele.

▶ **Dica:** Ao desenhar objetos em perspectiva você pode usar os atalhos de teclado comuns, como arrastar com a tecla Shift ou com a tecla Alt pressionadas.

5 Posicione o cursor na parte superior do Perspective Grid onde os dois planos se encontram. Observe que o cursor (↤) tem uma seta apontando para a esquerda, indicando que você está prestes a desenhar no plano de grade esquerdo. Arraste para baixo e para a esquerda, até a linha ortogonal inferior, conforme a figura. Se suas medidas diferirem um pouco das medidas mostradas, não se preocupe.

Ao desenhar no plano de grade, por padrão os objetos não aderem às linhas de grade. Contudo, as guias inteligentes ajudam a aderir a cantos e a margens.

6 Com o retângulo selecionado, altere a cor de preenchimento no painel Control para cinza médio (C=0, M=0, Y=0 e K=40).

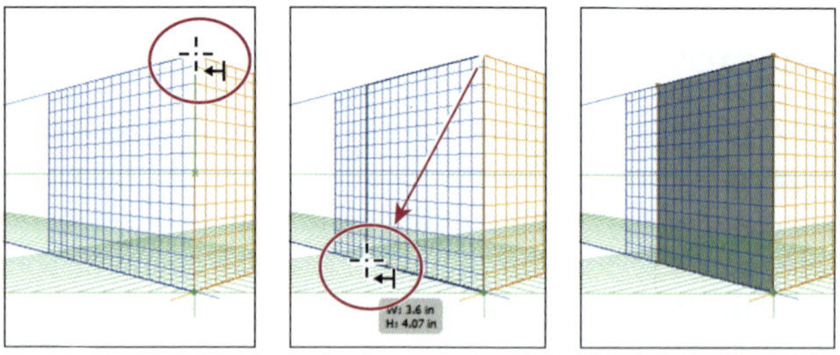

Comece a desenhar. Crie o retângulo. Altere a cor de preenchimento.

A seguir, você vai desenhar outro retângulo, para criar o outro lado de um edifício, desta vez aderindo este novo retângulo ao Perspective Grid.

7 Escolha View > Perspective Grid > Snap To Grid.

8 Pressione Ctrl++ (Windows) ou Cmd++ (Mac OS) duas vezes para aumentar o zoom no Perspective Grid. Aderir à grade não funcionará se seu trabalho estiver com nível de ampliação muito baixo.

● **Nota:** Para aprender mais sobre camadas, consulte a Lição 8, "Trabalhando com Camadas".

9 Clique no ícone do painel Layers (◈) para expandir o painel. Clique para selecionar a camada Right face para que o novo conteúdo seja adicionado a esta camada.

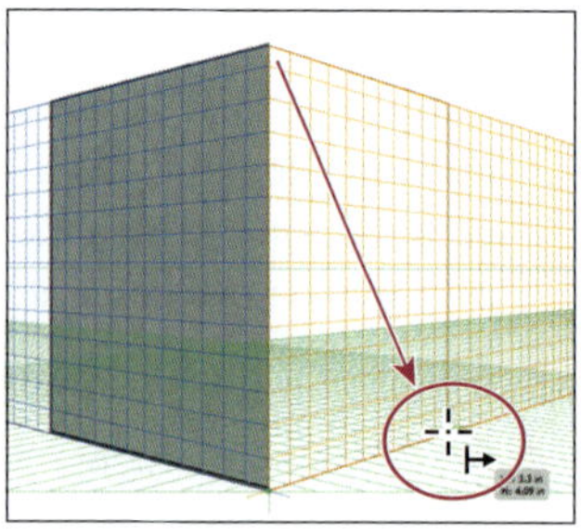

10 Com a ferramenta Rectangle ainda selecionada, clique em Right Grid(3) no Plane Switching Widget, para desenhar em perspectiva no plano de grade direito. Observe que o cursor (↦) tem uma seta apontando para a direita, indicando que você está prestes a desenhar no plano de grade direito. Arraste para baixo e para a direita, começando no mesmo ponto superior usado no último retângulo que você desenhou. Quando o rótulo de medida exibir uma largura de aproximadamente 3.3 in e o cursor chegar à parte inferior do plano de grade direito, solte o botão do mouse.

11 Com o retângulo selecionado, altere a cor de preenchimento no painel Control para cinza-claro (C=0, M=0, Y=0 e K=10).

12 Clique no X no canto superior esquerdo do Plane Switching Widget para ocultar o Perspective Grid e visualizar seu trabalho de ilustração.

▶ **Dica:** Você pode também escolher View > Perspective Grid > Hide para ocultar a grade.

13 Escolha View > Fit Artboard In Window.

A seguir você vai desenhar um retângulo que servirá como porta para o edifício. Porém, antes disso você precisa exibir a grade outra vez, para continuar desenhando em perspectiva.

14 Pressione Shift+Ctrl+I (Windows) ou Shift+Cmd+I (Mac OS) para exibir a grade.

▶ **Dica:** Outra maneira de exibir o Perspective Grid é selecionar a ferramenta Perspective Grid, ou escolher View > Perspective Grid > Show Grid.

15 Selecione a ferramenta Rounded Rectangle (▢) no painel Tools pressionando a ferramenta Rectangle (▢) e posicionando o cursor sobre o centro do retângulo que você acabou de criar. Clique uma vez para abrir a caixa de diálogo Rectangle. Altere o valor de Width para **1.5** in e o valor de Height para **0.9** in. Altere o valor de Corner Radius para **0.1** in e clique em OK. A forma criada será uma janela no edifício.

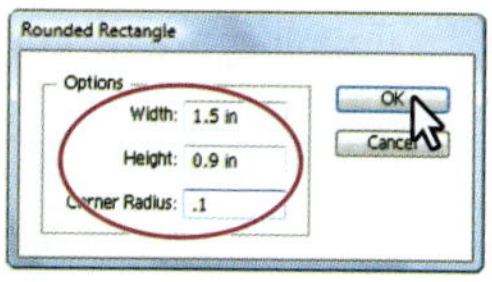

16 Pressione Ctrl++ (Windows) ou Cmd++ (Mac OS) três vezes, para aumentar o zoom.

17 Selecione a ferramenta Selection (↖) e arraste o retângulo para baixo e para a esquerda, para posicioná-lo na parte inferior esquerda do retângulo cinza-claro.

Se você utiliza a ferramenta Selection para arrastar um objeto que foi desenhado em perspectiva, ele manterá sua perspectiva original, mas ele não é alterado para acompanhar o Perspective Grid.

18 Escolha Edit > Undo Move para retornar o retângulo à sua posição original.

Selecione e transforme objetos em perspectiva

Você pode selecionar objetos em perspectiva utilizando a ferramenta Perspective Selection (↖). A ferramenta Perspective Selection utiliza as configurações do plano ativo para selecionar objetos.

A seguir você vai mover e redimensionar o retângulo que você acabou de criar.

1 Selecione a ferramenta Perspective Selection (↖) no mesmo grupo de ferramentas da ferramenta Perspective Selection no painel Tools. Arraste o retângulo com vértices arredondados para baixo e para a esquerda, no canto inferior esquerdo do retângulo cinza-claro.

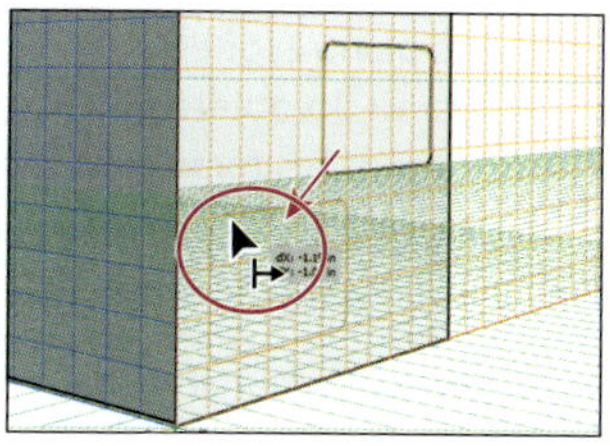

Observe que ele adere à grade, quando você o arrasta.

2 Com o retângulo ainda selecionado, altere a cor de preenchimento no painel Control para o degradê na janela.

3 Com a ferramenta Perspective Selection ainda selecionada, clique no retângulo cinza-escuro no plano de grade esquerdo para selecioná-lo. Observe que o plano de grade esquerdo agora está selecionado no Plane Switching Widget.

4 Selecione a ferramenta Zoom (🔍) no painel Tools e arraste um contorno de seleção até o canto inferior esquerdo do retângulo cinza médio, no plano de grade esquerdo.

▶ **Dica:** Você pode abrir o painel Transform (Window > Transform) e igualar a altura dos dois retângulos no painel Transform.

5 Selecione a ferramenta Perspective Selection e arraste o canto inferior esquerdo para cima e para a esquerda, acompanhando a linha do plano de grade inferior que leva ao ponto de fuga esquerdo. Veja a figura abaixo para ter uma ideia de como ficará ilustração. Quando o rótulo de medida mostrar uma largura de cerca de 4.5 in, solte o botão do mouse.

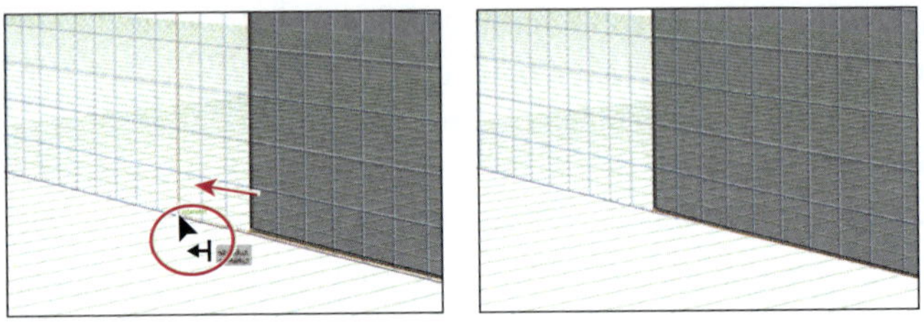

● **Nota:** O tamanho não precisa ser exatamente o mesmo, desde que a forma esteja aderida ao Perspective Grid. A altura de seus retângulos pode ser diferente daquela que você vê na figura.

Altere a dimensão de objetos em perspectiva

Você também pode alterar a dimensão de objetos em perspectiva utilizando a ferramenta Perspective Selection. Enquanto altera a dimensão de objetos em perspectiva, as regras abaixo são válidas:

- A alteração da dimensão é feita no plano do objeto. Quando você altera a dimensão de um objeto, a altura ou a distância são alteradas com base no plano do objeto, não no plano ativo atual.
- Para múltiplos objetos, a alteração de dimensão é feita para os objetos que estão em um mesmo plano. Por exemplo, se você selecionar múltiplos objetos no plano esquerdo e no direito, todos os objetos que estiverem em um mesmo plano do objeto cuja caixa delimitadora está sendo usada para alteração de dimensões terão suas dimensões alteradas.
- Objetos que tenham sido movidos na perpendicular têm suas dimensões alteradas em seus respectivos planos, não no plano atual ou ativo.

– Extraído de Illustrator Help

A seguir, você vai duplicar um objeto em perspectiva e mover um objeto perpendicular a um objeto existente.

6 Escolha View > Fit Artboard In Window.

7 Com a ferramenta Perspective Selection selecionada e pressionando as teclas Alt+Shift (Windows) ou Option+Shift (Mac OS), arraste para a direita o retângulo cinza-claro no plano de grade direito. Quando o rótulo de medida indicar uma distância (dX) de aproximadamente 4.75 in, solte o botão do mouse e então as teclas modificadoras.

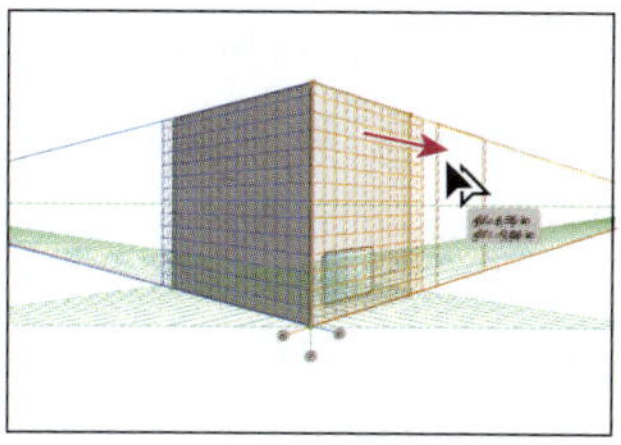

Você usará essa cópia como fachada de outro edifício. Tal qual outros tipos de desenho, as teclas Alt ou Option duplicam o objeto e a tecla Shift restringe o movimento.

Com a cópia do retângulo no lugar e em perspectiva, você agora vai ajustar a Perspective Grid para que o padrão de grade se estenda à nova forma. Você fará isso editando a extensão de grade.

8 Selecione a ferramenta Perspective Grid ( ) no painel Tools.

9 Pressione Ctrl++ (Windows) ou Cmd++ (Mac OS) duas vezes para aumentar o zoom.

Observe que o padrão de grade no Perspective Grid começa a se expandir, para a direita e para a esquerda.

10 Escolha View > Perspective Grid > Unlock Grid, o que permite editar a grade.

11 Com a ferramenta Perspective Grid, posicione o cursor sobre o widget de extensão de grade direito e arraste para a esquerda, até ele atingir a margem direita do retângulo copiado, conforme mostra a figura abaixo. O "x" rosa nessa figura indica a localização inicial aproximada do widget de extensão de grade direito.

A seguir você vai ajustar o tamanho da célula na grade.

12 Arraste o widget da célula de grade um pouco, até a célula de grade diminuir.

Observe que se você arrastar demais para baixo, as extensões esquerda e direita da grade se afastam de seus pontos de fuga. Arrastar para cima faz com que a célula de grade aumente.

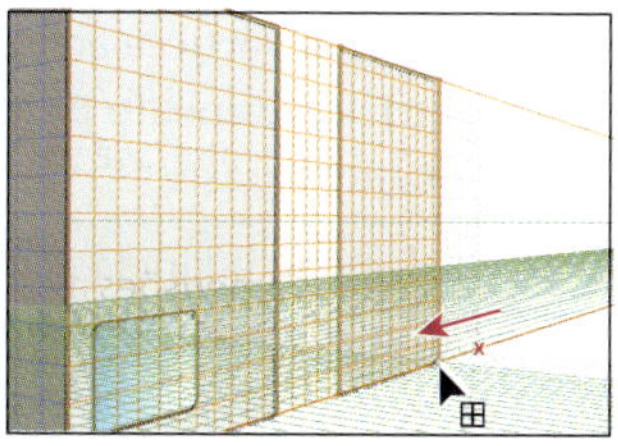

Arraste o widget de extensão de grade.

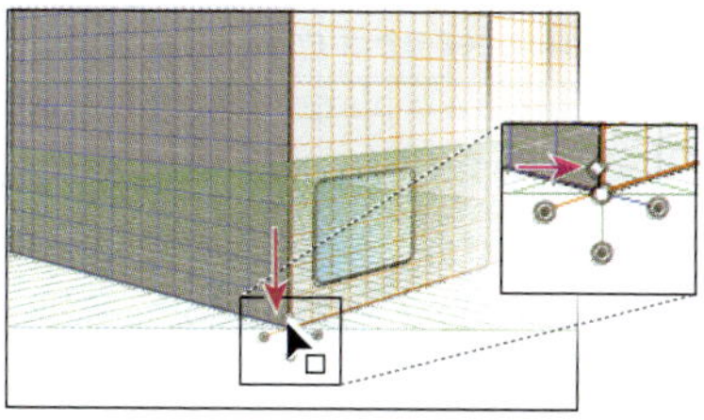

Edite o tamanho da célula de grade.

Nota: As linhas de grade são definidas de maneira a serem exibidas na tela quando tiverem uma lacuna de 1 pixel. Aumentar o zoom progressivamente faz com que mais linhas de grade mais próximas ao ponto de fuga sejam exibidas.

13 Selecione a ferramenta Selection e clique para selecionar o retângulo cinza médio no plano de grade esquerdo. Altere a cor de preenchimento no painel Control para a cor building face 1. Clique para selecionar o segundo retângulo que você criou (a outra fachada do mesmo prédio) e altere a cor no painel Control para building face 2.

14 Escolha File > Save.

Agora que o retângulo copiado está em seu lugar e que as células de grade estão exibidas corretamente, você vai copiar o retângulo no plano de grade esquerdo para que ele seja a fachada esquerda do retângulo recém-copiado. A seguir, você vai ver como mover um objeto paralelamente a sua localização atual.

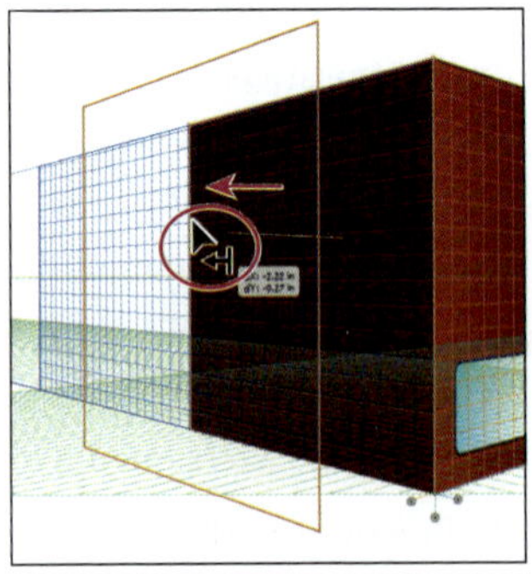

1 Selecione a ferramenta Perspective Tool () no painel Tools. Clique para selecionar o retângulo vermelho no plano de grade esquerdo. Pressione a tecla número 5, arraste o retângulo um pouco para a esquerda. Solte o mouse e, em seguida, a tecla número 5.

   Essa ação move o objeto paralelamente a sua posição atual.

2 Escolha Edit > Undo Perspective Move.

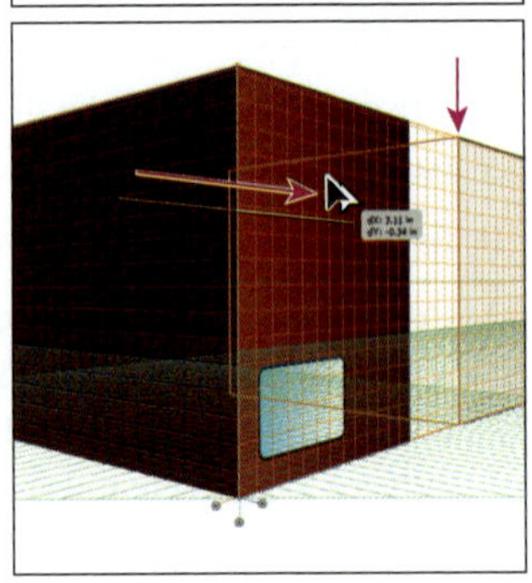

3 Com a ferramenta Perspective Tool selecionada, pressione a tecla Alt (Windows) ou Option (Mac OS) e a tecla número 5. Arraste o mesmo retângulo para a direita. Arraste para posicioná-lo de maneira a formar a fachada esquerda do segundo prédio. Quando ele estiver posicionado, solte o mouse e, em seguida, a tecla modificadora.

   Essa ação duplica o objeto e o coloca em sua nova posição, sem alterá-lo. No modo Draw Behind, essa ação cria o objeto por trás do objeto original.

4 Com a nova cópia ainda selecionada, escolha Object > Arrange > Send To Back. Altere a cor de preenchimento do novo objeto no painel Control para cinza médio.

A seguir você vai fazer uma cópia da "janela", o retângulo com vértices arredondados, e movê-lo para o plano de grade esquerdo do edifício vermelho pressionando um atalho de teclado para alternar os planos enquanto arrasta.

5 Com a ferramenta Perspective Tool selecionada, selecione a janela azul na fachada direita do edifício. Escolha Edit > Copy e então Edit > Paste In Front.

6 Arraste uma cópia da janela feita com o retângulo com vértices arredondados usando a ferramenta Perspective Selection. Enquanto arrasta, pressione e então solte a tecla número 1 para alternar a janela desenhada para o plano de grade esquerdo. Arraste a janela para o canto inferior esquerdo do retângulo vermelho à esquerda (que é o lado esquerdo do edifício vermelho).

● **Nota:** Enquanto arrasta, você talvez precise pressionar o número 1 algumas vezes.

7 Escolha Edit > Cut.

8 Clique no ícone do painel Layers (◈) para expandir o painel Layers. No painel Layers, certifique-se de que camada da fachada esquerda esteja selecionada. Clique no ícone do painel Layers para minimizar o painel outra vez.

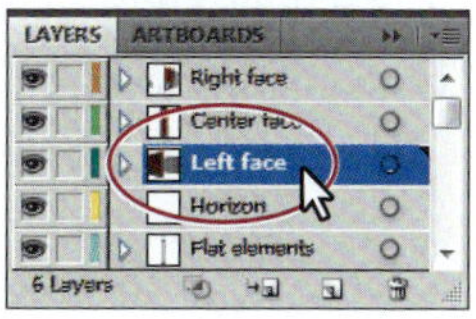

9 Escolha Edit > Paste In Front.

● **Nota:** Se o retângulo com vértices arredondados não aparecer sobre todos os outros objetos, escolha Object > Arrange > Bring To Front.

10 Com o retângulo com vértices arredondados ainda selecionado, pressione a tecla seta para a direita e após a tecla seta para cima. Observe que pressionar as teclas de seta adere o retângulo com vértices arredondados ao Perspective Grid. Utilizando as teclas de seta, posicione a janela no canto inferior esquerdo do retângulo vermelho, conforme mostra a figura.

● **Nota:** O tamanho de grade determina a distância que um objeto se move usando as teclas de seta.

11 Clique para selecionar o retângulo com vértices arredondados no plano de grade direito para que seja o único objeto selecionado. Posicione-o nas mesmas linhas de grade (relativamente) em que está a cópia, utilizando as teclas de seta para aderi-lo à grade, conforme mostra a figura.

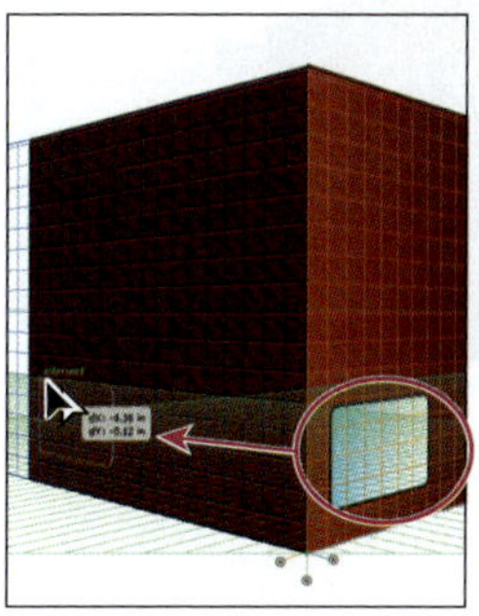
Copie e posicione o retângulo.

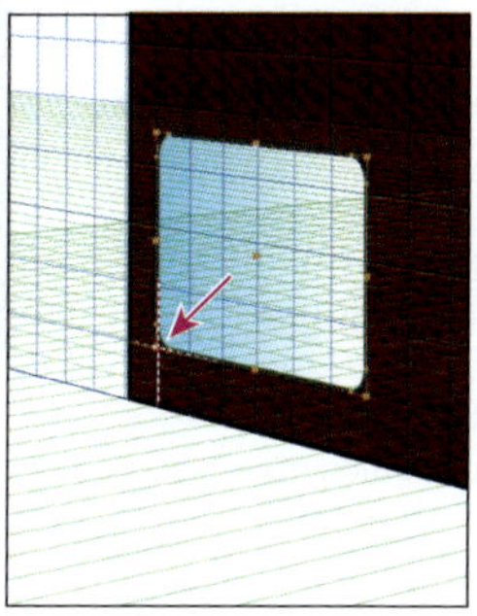
Utilize as teclas de seta para posicionar o retângulo da grade esquerda.

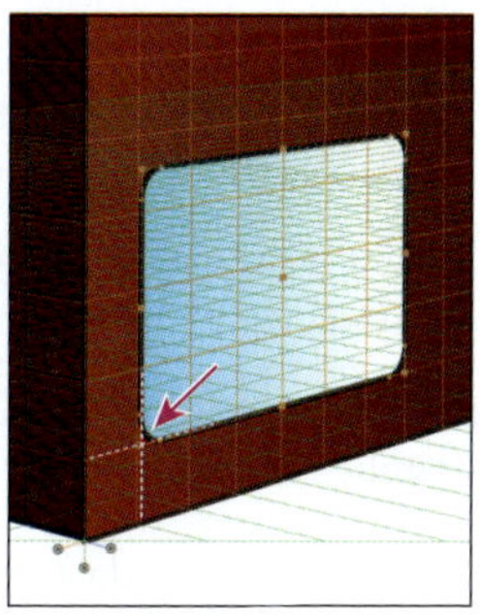
Utilize as teclas de seta para posicionar o retângulo da grade direita.

12 Pressione Ctrl+Shift+I (Windows) ou Cmd+Shift+I (Mac OS) para ocultar o Perspective Grid temporariamente.

13 Escolha Select > Deselect e depois File > Save.

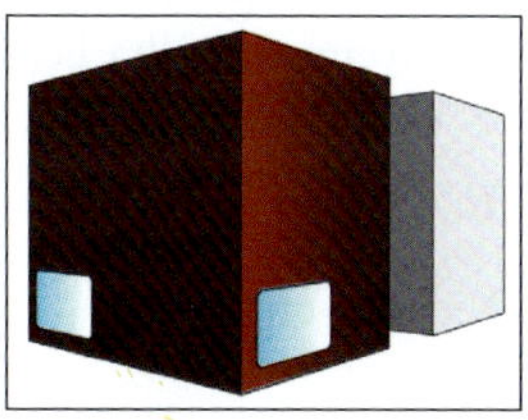

Anexe objetos à perspectiva

Se você já criou objetos, o Illustrator disponibiliza uma opção para anexar esses objetos a um plano ativo no Perspective Grid. A seguir, você vai anexar uma placa criada anteriormente, para uma cafeteria, em um dos lados do edifício.

1 Escolha View > Perspective Grid > Show Grid para exibir a grade.

2 Escolha View > Fit All In Window para ver as duas pranchetas.

3 Selecione a ferramenta Selection (↖) e clique para selecionar o sinal "Coffee" na prancheta, à direita. Arraste o sinal junto ao lado direito do edifício cinza que você criou em perspectiva. Após inserir a placa, clique uma vez em algum lugar na área branca da prancheta principal com a grade. Isso coloca o foco na prancheta com o Perspective Grid.

4 Escolha View > Fit All In Window.

5 Pressione Ctrl++ (Windows) ou Cmd++ (Mac OS) duas vezes para aumentar o zoom no Perspective Grid e no trabalho.

A seguir, você vai adicionar a placa escolhida ao lado direito do edifício vermelho e colocá-la em perspectiva com o restante do tralbalho na prancheta principal.

▶ **Dica:** Selecione o plano ativo pressionando os atalhos de teclado: 1 = grade esquerda, 2 = grade horizontal, 3 = grade direita e 4 = sem grade ativa.

6 Selecione a ferramenta Perspective Selection (↖) no painel Tools. Clique em Left Grid(1) no Plane Switching Widget para se certificar de que a placa será adicionada no plano de grade esquerdo.

● **Nota:** Essa etapa é importante e pode ser facilmente esquecida!

7 Com a ferramenta Perspective Selection, arraste a placa para que a parte superior dela fique alinhada com a parte superior da extensão vertical da grade.

A arte é acrescentada à grade que está selecionada no Plane Switching Widget.

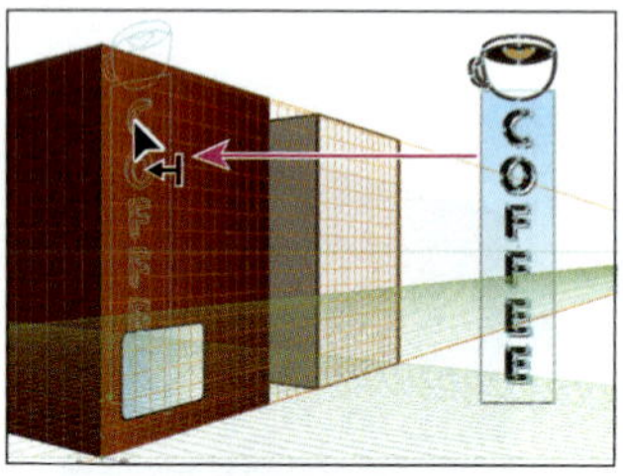

● **Nota:** A placa "Coffee" é um grupo de objetos. Você pode também anexar facilmente um único objeto ao Perspective Grid.

▶ **Dica:** Em vez de arrastar um objeto até o plano usando a ferramenta Selection, selecione o objeto com a ferramenta Perspective Grid. Escolha o plano usando o Plane Switching Widget e então escolha Object > Perspective > Attach to Active Plane.

8 Com a placa ainda selecionada, escolha Edit > Cut.

9 Clique no ícone do painel Layers (◈) no lado direito da área de trabalho para expandir o painel Layers. Clique para selecionar a camada da fachada direita. Escolha Edit > Paste > Paste In Place. Isso cola a placa na camada da fachada direita.

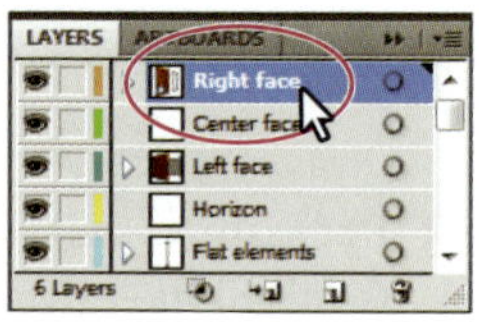

10 Clique no ícone do painel Layers para minimizar o painel.

Com a placa da cafeteria anexada ao plano de grade esquerdo, você agora pode movê-la perpendicularmente à sua posição atual, para que ela fique no lado direito do edifício.

11 Com a ferramenta Perspective Selection, pressione a tecla número 5 e arraste a placa da cafeteria para a direita, até o lado direito do retângulo vermelho, conforme mostra a figura. Solte o botão do mouse e então a tecla modificadora.

12 Com a ferramenta Perspective Selection, pressione a tecla Shift e arraste o ponto central inferior da placa para reduzir seu tamanho. Quando o rótulo de medida indicar um valor de Height de cerca de 2.4 ou 2.5 polegadas, pare de arrastar. Solte o botão do mouse e então a tecla modificadora.

13 Escolha Select > Deselect e depois File > Save.

Arraste a placa até sua posição.

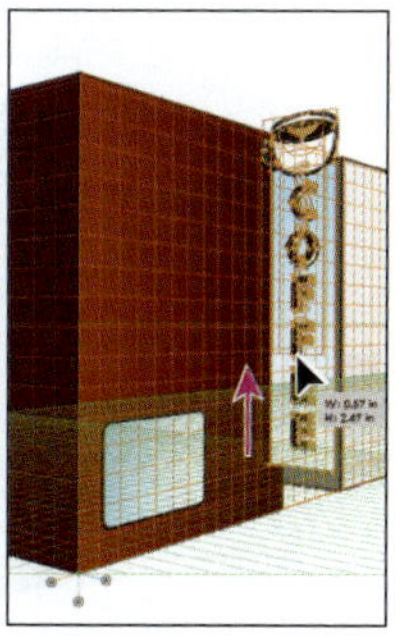
Altere as dimensões da placa.

● **Nota:** Se depois de redimensionar a placa ela ficar muito longe ou muito perto do edifício, é melhor arrastá-la para a posição certa usando a ferramenta Perspective Tool.

Edite planos e objetos conjuntamente

Você pode editar os planos de grade em perspectiva antes ou mesmo depois de conterem uma arte em perspectiva. Você pode deslocar objetos na perpendicular, arrastando-os ou movendo um plano de grade usando controles do plano de grade para mover objetos.

A seguir você vai editar os planos de grade e, em seguida, o trabalho.

1 Com a ferramenta Perspective Selection (▸) ainda selecionada, arraste o controle do plano de grade direito para a direita, até aproximadamente D:1 in aparecer no rótulo de medida, conforme a figura. Isso move o plano de grade direito, mas não os objetos nele.

● **Nota:** Ao longo desta seção, o X rosa nas figuras mostra o ponto em que você começa a arrastar.

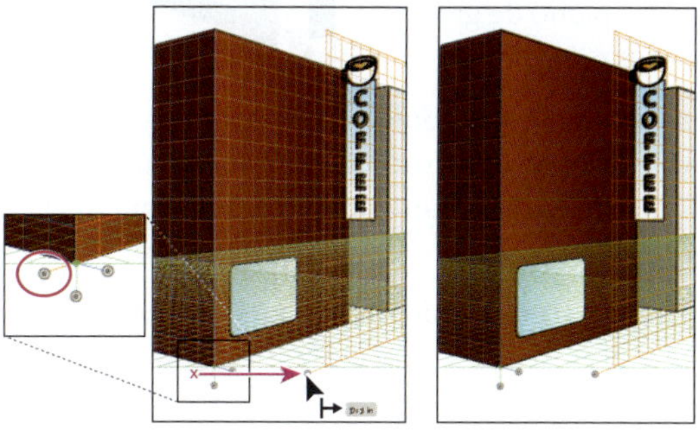

2 Escolha Edit > Undo Perspective Grid Edit para retornar o plano de grade a sua posição original.

3 Com a ferramenta Selection ainda selecionada, pressione a tecla Shift e arraste o controle do plano de grade direito até o rótulo de medida mostrar cerca de 1 in. Solte o botão do mouse e então a tecla Shift.

A tecla Shift move o plano de grade e a arte na grade perpendicularmente em relação a suas posições originais.

▶ **Dica:** Se você selecionar um objeto ou objetos no plano de grade ativo e então arrastar o controle do plano enquanto mantém a tecla Shift pressionada, apenas os objetos selecionados se movem com o plano de grade.

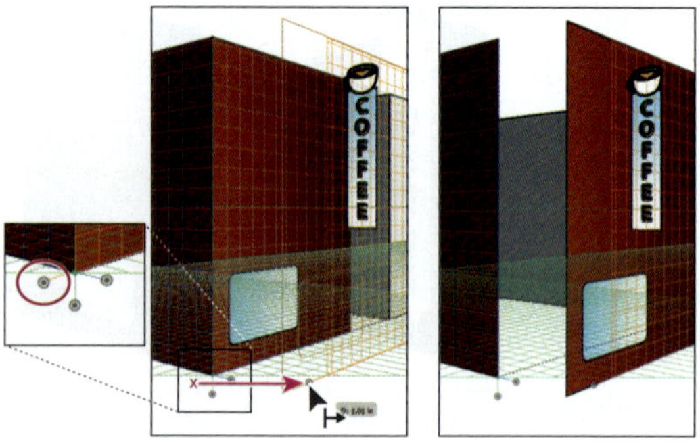

▶ **Dica:** Arrastar um controle de plano de grade com as teclas Shift+Alt (Windows) ou Shift+Option (Mac OS) arrasta uma cópia dos objetos com o plano de grade.

Arrastar um controle de plano de grade não é uma ação muito precisa. Para obter mais precisão, você pode mover o controle do plano de grade de acordo com valores que você digitar, o que você fará a seguir.

4 Dê um duplo clique no mesmo plano de grade direito que você acabou de arrastar. Altere a localização para **0.5 in** e selecione Move All Objects. Clique em OK.

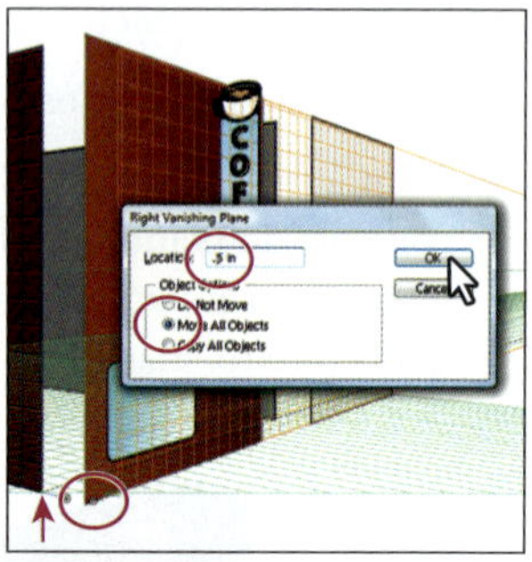

Na caixa de diálogo Right Vanishing Plane, a opção Do Not Move permite que você mova o plano de grade, mas não os objetos nele. Copy All Objects permite mover o plano de grade e trazer uma cópia dos objetos com ele.

A localização começa em zero, que é o ponto de referência. O ponto de referência é indicado pelo pequeno losango quadriculado verde acima do controle de grade horizontal (uma seta aponta para ele na figura).

A seguir você vai mover o plano de grade esquerdo utilizando o mesmo método.

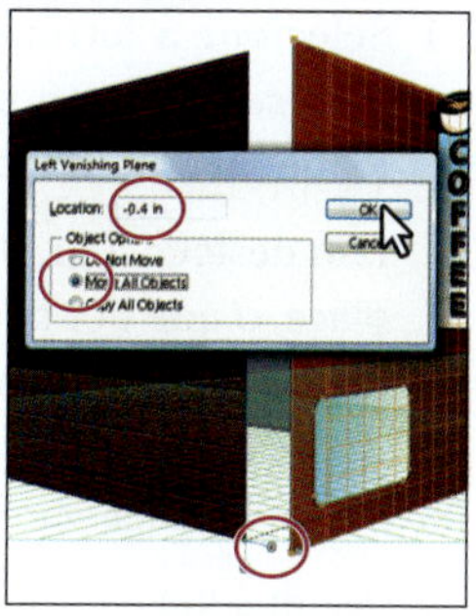

5 Clique duas vezes no plano de grade esquerdo. Altere Location para **-0.4 in** e selecione Move All Objects. Clique em OK.

   Os planos de grade se movem para a direita quando você digita um valor positivo e para a esquerda quando você digita um valor negativo.

Agora os planos de grade e objetos estão onde precisam estar, exceto pela placa da cafeteria e o lado esquerdo do segundo edifício (cinza), que você vai mover mais tarde. Agora, você vai adicionar um retângulo plano ao edifício vermelho.

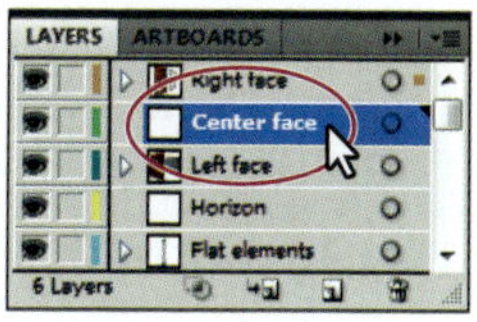

6 Clique no ícone do painel Layers (◆) no lado direito da área de trabalho para expandir o painel Layers. Clique para selecionar a camada Center face.

7 Clique no ícone do painel Layers para minimizar o painel.

8 Selecione a ferramenta Rectangle (■) no mesmo grupo da ferramenta Rounded Rectangle, no painel Tools. Clique em No Active Grid no Plane Switching Widget. Isso permite que você desenhe sem perspectiva.

9 Começando no canto superior direito do retângulo vermelho no plano de grade esquerdo, arraste para baixo e para a direita, até o canto inferior esquerdo do retângulo vermelho no plano de grade direito, conforme mostra a figura abaixo.

● **Nota:** Os cantos dos retângulos talvez não se alinhem perfeitamente. Se você deseja garantir que se alinhem, você pode selecionar a ferramenta Perspective Selection e selecionar cada retângulo. Então, com as guias inteligentes ativadas, os pontos de canto unem-se uns aos outros.

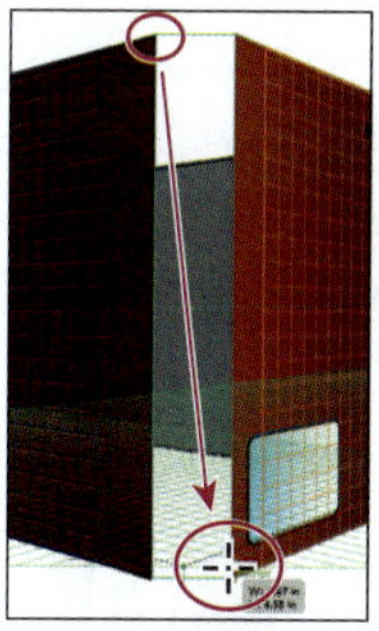

10 Com o retângulo ainda selecionado, altere a cor de preenchimento para building corner no painel Control.

11 Escolha Select > Deselect e, após, File > Save.

Agora que o edifício vermelho ganha forma, você pode reposicionar a placa da cafeteria e arrastar alguns retângulos para anexar a placa na fachada do edifício. Isso vai exigir que você mova um plano de grade para corresponder à placa da cafeteria.

1 Selecione a ferramenta Perspective Selection (▸) no painel Tools. Clique para selecionar a placa da cafeteria. Escolha Object > Perspective > Move Plane To Match Object.

Isso desloca a grade de plano esquerdo para corresponder à perspectiva da placa, o que por sua vez permite que você desenhe ou adicione mais conteúdos ao mesmo plano da placa.

● **Nota:** Se você desejar simplesmente mover a placa da cafeteria com a ferramenta Perspective Selection, você não precisa mover o plano de grade para corresponder a ela.

2 Escolha Select > Deselect. Selecione a ferramenta Zoom (🔍) no painel Tools e arraste um contorno de seleção ao redor da placa da cafeteria, para aumentar a ampliação.

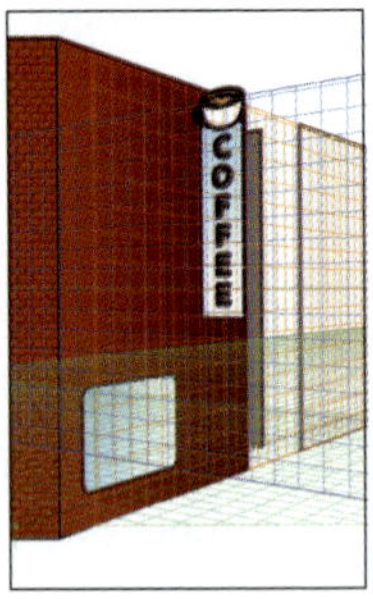

▸ **Dica:** Você pode ocultar ou reposicionar o Plane Switching Widget com um duplo clique na ferramenta Perspective Grid (▦) ou na ferramenta Perspective Selection (▸) e então alterar as opções na caixa de diálogo Perspective Grid Options.

3 Certifique-se de que a grade esquerda está selecionada no Plane Switching Widget e selecione a ferramenta Rectangle no painel Tools.

A seguir, você vai desenhar alguns retângulos entre a placa e o edifício, para fixar a placa a ele.

4 Começando na borda esquerda da placa da cafeteria, arraste para baixo e para a esquerda para criar um retângulo pequeno, conforme mostra a figura abaixo. Isso atua como um ponto de fixação para a placa.

5 Com o retângulo ainda selecionado, altere a cor de preenchimento no painel Control para azul-claro.

6 Selecione a ferramenta Perspective Selection (▸) no painel Tools. Mantendo pressionadas as teclas Alt+Shift (Windows) ou Shift+Option (Mac OS), arraste o novo retângulo para baixo, para criar uma cópia na parte inferior da placa. Solte o botão do mouse e então as teclas modificadoras. Talvez seja preciso aumentar o zoom um pouco.

7 Com a cópia do novo retângulo ainda selecionada e pressionando a tecla Shift, clique no primeiro retângulo que você criou e na placa da cafeteria. Feito isso, escolha Object > Group.

▸ **Dica:** É possível aplicar efeitos a objetos em perspectiva. Por exemplo, aplique um efeito de extrusão em 3D (Effect > 3D > Extrude & Bevel) ao grupo da placa da cafeteria.

8 Mantendo a tecla Shift pressionada, arraste o grupo da placa para a direita, para que dê a impressão de estar fixado ao edifício. A posição da placa não precisa corresponder com exatidão à posição ilustrada na figura.

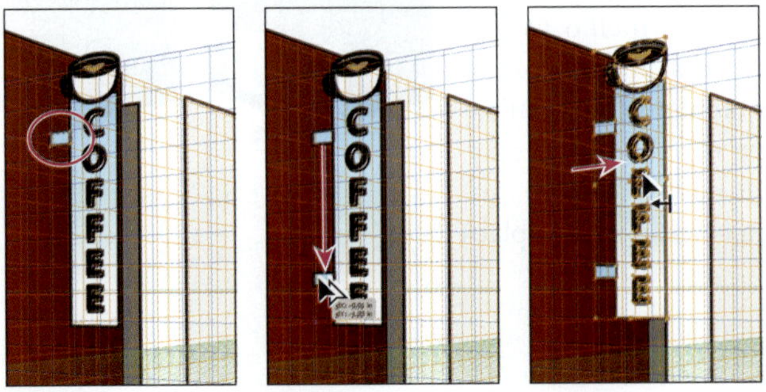

9 Escolha View > Fit All In Window.

10 Com a ferramenta Perspective Selection, clique para selecionar o retângulo vermelho que representa o lado esquerdo do edifício. Escolha Object > Perspective > Move Plane To Match Object.

▶ **Dica:** Para retornar o plano de grade esquerdo à fachada do edifício, clique duas vezes e altere a localização para -0.4 in, selecione Location como -0.4 in, selecione Do Not Move e então clique em OK.

11 Escolha Select > Deselect.

A seguir, você vai mover o retângulo cinza médio que representa a parte esquerda do segundo edifício até sua posição correta. Para ver um plano de grade enquanto você arrasta o retângulo até sua posição, você pode temporariamente alinhar o plano de grade esquerdo ao objeto.

12 Pressione Ctrl++ (Windows) ou Cmd ++ (Mac OS) duas vezes para aumentar o zoom no Perspective Grid e no trabalho.

13 Com a ferramenta Perspective Selection, clique para selecionar um retângulo cinza médio por trás da placa da cafeteria, conforme mostra a figura abaixo.

● **Nota:** Se for difícil selecionar o retângulo cinza médio por trás da placa da cafeteria, você talvez precise escolher View > Outline para selecioná-lo pela borda e então escolha View > Preview.

14 Mantendo pressionada a tecla Shift, posicione o cursor sobre o ponto do canto inferior direito no retângulo cinza médio. Solte a tecla Shift.

O plano de grade esquerdo é temporariamente alinhado ao retângulo cinza médio, isso significa que você pode desenhar ou adicionar conteúdo à grade naquele plano. É possível também posicionar o cursor sobre qualquer um dos pontos de canto enquanto mantém a tecla Shift pressionada para fazer a mesma coisa.

● **Nota:** As guias inteligentes precisam estar ativadas (View > Smart Guides) para você poder posicionar o plano automaticamente usando a tecla Shift.

15 Arraste o ponto central direito no retângulo cinza médio para a direita, para que ele se alinhe com a borda do retângulo cinza médio.

● **Nota:** Você não precisa posicionar o plano de grade para redimensionar ou reposicionar um objeto em perspectiva, se estiver usando a ferramenta Perspective Grid.

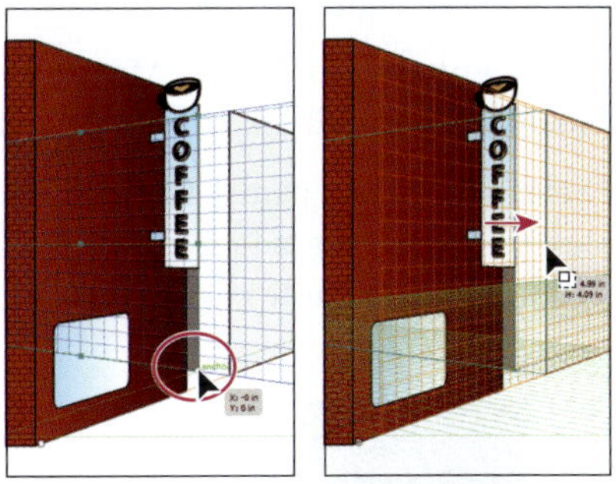

Após arrastar o retângulo, observe que o plano de grade esquerdo retorna a sua posição original. Essa é a maneira de reposicionar um plano de grade temporariamente.

16 Escolha Select > Deselect e, em seguida, File > Save.

O posicionamento automático de planos

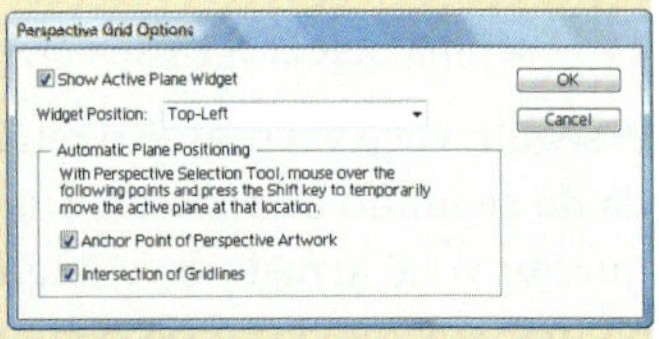

As opções de posicionamento automático de planos permitem que você mova o plano ativo por tempo limitado, quando você passa o mouse sobre o ponto de ancoragem ou o ponto de intersecção das linhas de grade, pressionando a tecla Shift.

As opções de posicionamento automático de planos estão disponíveis na caixa de diálogo Perspective Options. Para exibir essa caixa de diálogo, dê um duplo clique na ferramenta Perspective Grid (icon) ou na ferramenta Perspective Selection (icon) no painel Tools.

– Extraído de Illustrator Help.

Adicione e edite texto em perspectiva

Você não consegue adicionar texto diretamente a um plano de perspectiva quando a grade está visível. Contudo, você pode colocar o texto em perspectiva após criá-lo no modo normal. A seguir você vai adicionar uma placa acima de uma das janelas do edifício.

Nota: Você talvez precise aumentar o zoom no trabalho pressionando Ctrl++ (Windows) ou Cmd++ (Mac OS) duas vezes.

1 Clique no ícone do painel Layers (icon) para expandir o painel Layers. No painel Layers, certifique-se de que a camada da fachada esquerda esteja selecionada. Clique no ícone do painel Layers para minimizar o painel outra vez.

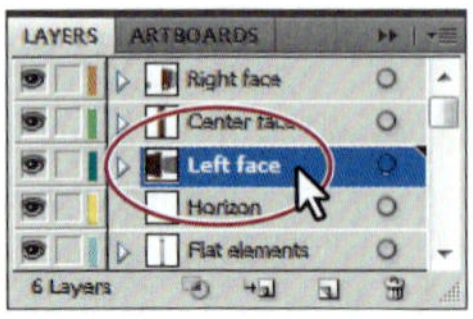

2 Selecione a ferramenta Type (T) no painel Tools.

3 Clique em uma área em branco na prancheta e digite **Coffee**.

Nota: Se você não vir as opções de formatação de fonte no painel Control, clique na palavra Character no painel Control para exibir o painel Character.

4 Selecione o texto com a ferramenta Type e altere a fonte para Myriad Pro, o tamanho de fonte para **48** pt e o estilo de fonte para Bold, no painel Control.

5 Selecione a ferramenta Perspective Selection (icon) no painel Tools. Pressione a tecla número 1 em seu teclado para selecionar a grade esquerda e então arraste o texto sobre a janela em retângulo com cantos arredondados, na parede esquerda.

Crie o texto "Coffee".

Arraste o texto em perspectiva.

A seguir você vai editar o texto enquanto ele está em perspectiva.

6 Com o objeto texto ainda selecionado, dê um duplo clique no texto com a ferramenta Perspective Selection. Essa ação faz entrar no modo de isolamento, permitindo que você edite o texto em vez do objeto em perspectiva.

▶ **Dica:** Você pode também entrar no modo de isolamento para editar texto clicando no botão Edit Text (■) no painel Control.

7 No modo de isolamento, a ferramenta Type (T) é selecionada automaticamente. Posicione o cursor após o texto "Coffee", pressione a barra de espaços e digite **Shop**. Pressione a tecla Esc duas vezes para sair do modo de isolamento e retornar ao objeto em perspectiva.

▶ **Dica:** Para sair do modo de isolamento você pode também clicar duas vezes na tecla cinza que aparece abaixo da guia do documento na parte superior da janela documento.

8 Utilizando a ferramenta Perspective Selection, mantenha pressionada a tecla Shift e arraste o canto superior direito do objeto texto para cima e para a direita, para aumentar seu tamanho um pouco. Nós adotamos o valor aproximado de 3.8 in para a largura. Solte o botão do mouse e então a tecla modificadora.

Edite o texto "Coffee".

Redimensione o texto.

9 Clique no ícone do painel Graphic Styles (■) no lado direito do área de trabalho. Com o objeto texto selecionado, clique no estilo de gráfico chamado "Text" no painel Graphic Styles. Clique no ícone do painel Graphic Styles para minimizar o painel.

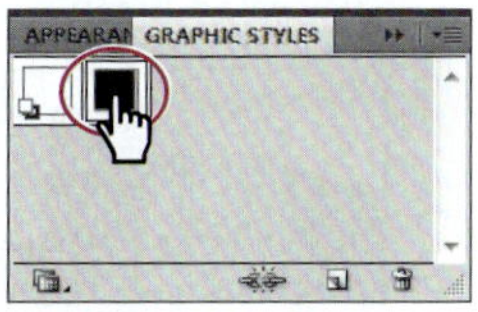

● **Nota:** Para aprender mais sobre o trabalho com estilos gráficos, veja a Lição 13, "Aplicando Atributos de Aparência e Estilos Gráficos".

Isso aplica um efeito 3D Extrude, além de contornos, preenchimentos e sombreamentos ao objeto texto. Você pode aplicar diversos tipos de efeitos, contornos, preenchimentos, entre outros, a qualquer texto em perspectiva.

10 Escolha View > Fit Artboard In Window.

11 Pressione Ctrl+Shift+I (Windows) ou Cmd+Shift+I (Mac OS) para ocultar o Perspective Grid temporariamente.

12 Escolha Select > Deselect e então File > Save.

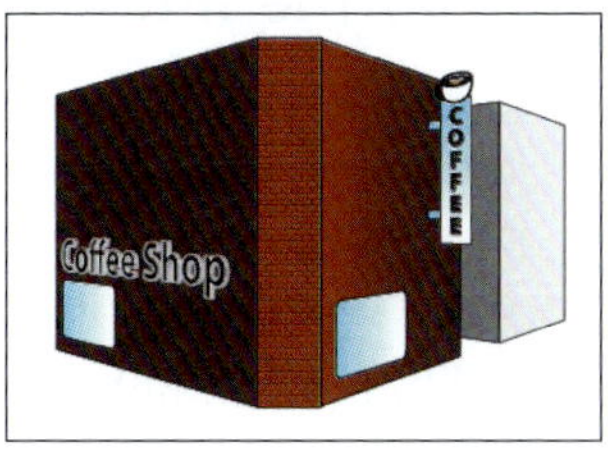

Trabalhe com símbolos em perspectiva

Nota: Para aprender mais sobre símbolos, veja a Lição 14, "Trabalhando com Símbolos".

Adicionar símbolos a um plano de perspectiva quando a grade estiver visível é uma excelente maneira de adicionar itens repetidos, como janelas. Tal qual com textos, você pode colocar símbolos em perspectiva após criá-los no modo normal. A seguir você vai adicionar algumas janelas ao edifício vermelho com base em um símbolo de janela existente.

Adicione símbolos ao Perspective Grid

1 Pressione Ctrl+Shift+I (Windows) ou Cmd+Shift+I (Mac OS) para exibir o Perspective Grid e então pressione Ctrl++ (Windows) ou Cmd++ (Mac OS) duas vezes para aumentar o zoom no Perspective Grid e no trabalho.

Nota: Clique no lado esquerdo do edifício para fazer duas coisas: alternar planos no Plane Switching Widget para o plano de grade esquerdo e selecionar a camada da fachada esquerda no painel Layers (porque essa é a camada em que está o retângulo vermelho).

2 Selecione a ferramenta Perspective Selection ( ) e então clique no lado esquerdo do edifício vermelho no plano de grade esquerdo.

A seguir você vai anexar uma janela ao plano de grade esquerdo e colocá-la na camada da fachada esquerda.

3 Clique no ícone do painel Symbols ( ) no lado direito do área de trabalho para expandir o painel. Arraste o símbolo window1 do painel Symbols para a fachada esquerda do prédio vermelho. Observe que ele não está em perspectiva.

4 Arraste a janela com a ferramenta Perspective Selection para acima do texto Coffee Shop para fixá-la ao plano de grade esquerdo. Feito isso, arraste a janela para o canto superior esquerdo do lado esquerdo do edifício vermelho. Adira-o à grade.

Nota: Certifique-se de que a janela esteja próxima ao topo do edifício, uma vez que você vai adicionar outra fileira de janelas abaixo desta. Veja a figura para ter uma ideia dessa posição.

Arraste o símbolo sobre a prancheta.

Arraste-o em perspectiva.

Transforme símbolos em perspectiva

1 Com a ferramenta Perspective Selection ( ), dê um duplo clique na janela à esquerda do plano de grade. Uma caixa de diálogo é exibida, avisando que você está prestes a editar a definição do símbolo. Isso significa que se você editar o conteúdo, ele alterará todos os símbolos da janela na prancheta, chamados instâncias. Clique em OK.

2 Selecione a ferramenta Selection ( ) no painel Tools. Escolha Select > All On Active Artboard. Mantendo pressionada a tecla Shift, arraste o canto inferior direito da janela para cima e para a esquerda, para diminuir seu tamanho. Quando o rótulo de medida indicar uma largura de cerca de 0.6 in, solte o botão do mouse e então a tecla Shift.

3 Pressione a tecla Esc para sair do modo de isolamento. Observe que a janela agora tem tamanho menor.

A janela na grade precisa estar alinhada com a janela formada pelo retângulo com vértices arredondados na parte inferior da fachada do edifício. Para isso, você vai reposicionar a origem da grade. Se você alterar a origem, as coordenadas x e y do plano horizontal e a coordenada x dos planos verticais são afetadas. Quando você seleciona um objeto em perspectiva enquanto a grade está visível, as coordenadas x e y exibidas nos painéis Tools e Info se alteram com a alteração na origem.

4 Selecione a ferramenta Perspective Selection no painel Tools. Clique para selecionar a janela feita com o retângulo com vértices arredondados no lado esquerdo do edifício vermelho, abaixo do texto "Coffee Shop". Escolha Window > Transform para abrir o painel Transform. Observe as medidas de X e Y.

5 Selecione a ferramenta Perspective Grid (▦) no painel Tools. Posicione o cursor(↖○) sobre o ponto de origem na parte inferior da fachada de tijolos central do edifício vermelho. Arraste o ponto de origem para o canto inferior esquerdo do retângulo vermelho no plano de grade esquerdo.

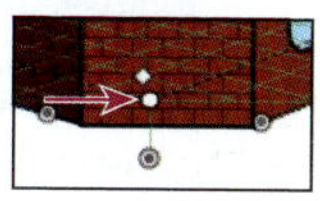

Isso define o ponto 0.0 (origem) para as coordenadas x e y do plano horizontal e a coordenada x dos planos verticais para o novo ponto de origem.

▶ **Dica:** Você pode exibir réguas no Perspective Grid escolhendo View > Perspective Grid > Show Rulers. Isso exibe uma régua em cada plano de grade com as unidades definidas na caixa de diálogo Define Grid.

6 Selecione a ferramenta Perspective Selection no painel Tools. Clique para selecionar a janela feita com o retângulo com vértices arredondados e então clique no ponto de referência inferior esquerdo no painel Transform (▦). Altere o valor de X para **0.3** in.

7 Selecione a janela acima do retângulo com vértices arredondados e altere o valor de X para **0.3** in. Isso alinhará a borda esquerda dos dois objetos uma à outra, a uma distância que você especificou na origem.

● **Nota:** Para redefinir o ponto de origem, você pode selecionar a ferramenta Perspective Grid no painel Tools e dar um duplo clique no ponto de origem.

Arraste o ponto de origem.

Reposicione a janela.

Reposicione a outra janela.

8 Feche o painel Transform.

9 Mantendo pressionadas as teclas Shift+Alt (Windows) ou Shift+Option (Mac OS), arraste a janela para a direita, até o rótulo de medida exibir aproximadamente 1 polegada para a distância dX. Solte o botão do mouse e então as teclas. Isso cria uma cópia da janela em perspectiva.

10 Escolha Object > Transform > Transform Again para repetir a transformação. Pressione Ctrl+D (Windows) ou Cmd+D (Mac OS) uma vez para repetir a transformação. Observe que as cópias estão em perspectiva.

● **Nota:** Quando você clica na(s) janela(s) com a tecla Shift pressionada, você talvez a(s) mova sem querer. Se isso acontecer, escolha Edit > Undo Perspective Move e tente outra vez.

11 Com a ferramenta Selection, clique mantendo a tecla Shift pressionada em uma linha para relecionar todas.

12 Mantendo pressionadas as teclas Shift+Alt (Windows) ou Shift+Option (Mac OS), arraste as janelas selecionadas para baixo, um pouco acima do texto "Coffee Shop". Solte o botão do mouse e, em seguida, as teclas modificadoras. Isso cria uma cópia das janelas em perspectiva, perfazendo um total de oito janelas.

Arraste uma cópia da janela.

Repita a transformação

Arraste uma cópia das janelas.

13 Escolha Select > Deselect.

14 Com a ferramenta Perspective, começando acima da fachada esquerda do edifício vermelho, arraste um contorno de seleção sobre as quatro janelas à direita, sobre a palavra "Shop". Clique mantendo a tecla Shift pressionada sobre o retângulo vermelho no plano de grade esquerdo, para remover a seleção.

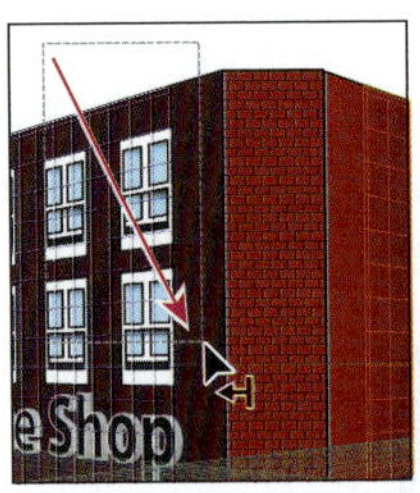
Arraste para selecionar as janelas.

Clique com a tecla Shift para remover a seleção.

O próximo passo vai exigir que diversos comandos importantes sejam executados na ordem certa. Portanto, leia com atenção.

15 Com as quatro janelas selecionadas, arraste-as para a direita. Não solte o botão do mouse. Pressione a tecla número 3 para alternar para o plano de grade direito. Pressione a tecla Alt (Windows) ou Option (Mac OS) e continue arrastando as janelas até ficarem próximas ao canto superior esquerdo do lado direito do edifício vermelho. Tente alinhar as margens esquerdas das janelas ao retângulo com vértices arredondados no plano de grade direito. Quando estiverem na posição correta, solte o botão do mouse e então a tecla modificadora. Mantenha as janelas selecionadas.

As janelas copiadas estão em outra camada, abaixo do retângulo no lado direito do edifício. Você precisará mover as janelas copiadas para a mesma camada.

Arraste e alterne os painéis.

Arraste uma cópia das janelas.

16 Escolha Edit > Cut.

17 Clique no ícone do painel Layers (◆) no lado direito da área de trabalho para expandir o painel. Clique na camada da fachada direita para selecioná-la.

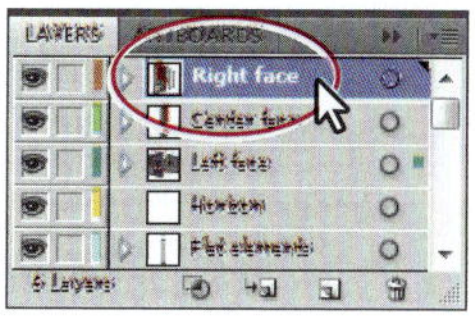

18 Escolha Edit > Paste In Place.

19 Escolha Select > Deselect.

20 Escolha View > Fit Artboard In Window e então escolha File > Save.

Remova conteúdo de sua perspectiva

Às vezes, você precisa usar objetos que no momento estão em perspectiva ou deseja remover um objeto de seu plano de grade. O Illustrator permite que você remova um objeto de seu plano de perspectiva associado, tornando-o disponível como trabalho de ilustração normal. É isso que você fará a seguir.

1 Com a ferramenta Perspective Selection (▶), clique para selecionar o texto "Coffee Shop" no lado esquerdo do edifício vermelho.

2 Escolha Object > Perspective > Release With Perspective.

3 Escolha Select > Deselect.

4 Com a ferramenta Perspective Selection, mantenha a tecla Shift pressionada e arraste o controle do plano de grade esquerdo para a esquerda, até o rótulo de medida exibir uma distância de aproximadamente -1 in. Solte o botão do mouse e então a tecla modificadora. Isso faz o texto "Coffee Shop" não se mover com a grade, já que ele foi removido dela.

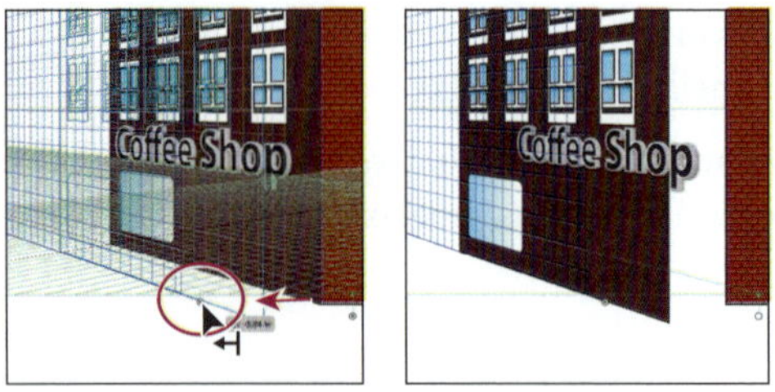

5 Escolha Edit > Undo Perspective Grid Edit e depois escolha Edit > Undo Release With Perspective.

6 No ícone do painel Layers, clique na coluna Visibility à esquerda da camada Background para exibi-la.

7 Escolha Select > Deselect e, depois, File > Save.

Explore por conta própria

Para explorar mais, você vai criar uma calçada e portas.

1 Clique no ícone do painel Layers () para expandir o painel. Clique na camada Horizon para selecioná-la.

2 Selecione a ferramenta Rectangle e pressione a tecla número 2 para selecionar Horizontal Grid. Posicione o cursor a cerca de uma polegada abaixo da borda inferior da fachada do edifício de tijolos e arraste para cima, até a linha do horizonte. Isso formará a calçada. Selecione a ferramenta Perspective Selection () e arraste os pontos de canto do retângulo para que ele fique parecido com a forma cinza abaixo dos edifícios na figura a seguir.

3 Altere a cor de preenchimento da calçada para um tom de cinza, no painel Control.

4 Clique para selecionar a camada da fachada esquerda no painel Layers.

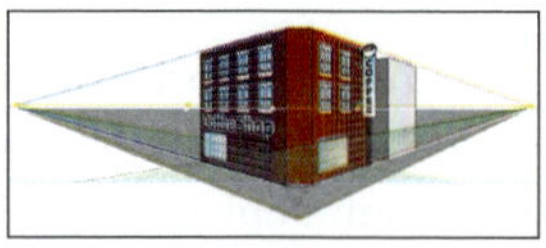

5 Com a ferramenta Rectangle (), crie uma porta para o edifício vermelho no plano de grade esquerdo.

6 Escolha File > Save e depois escolha File > Close.

Perguntas de revisão

1 Existem três grades predefinidas. Descreva brevemente a utilidade de cada uma delas.

2 Como você pode exibir ou ocultar o Perspective Grid?

3 Antes de desenhar conteúdo em um plano de grade, o que precisa ser feito para garantir que o objeto esteja no plano de grade correto?

4 Descreva as etapas necessárias para mover conteúdo de um plano de grade a outro.

5 O que um duplo clique em um plano de grade permite fazer?

6 Como você move um objeto perpendicularmente a sua grade?

Respostas

1 Uma perspectiva com um ponto de fuga pode ser útil para estradas e trilhos de trem ou construções vistos de maneira que a parte frontal esteja diretamente em frente ao observador. A perspectiva com dois pontos de fuga é útil para desenhar cubos, como um edifício ou duas estradas que se afastam do observador e que têm via de regra dois pontos de fuga. A perspectiva com três pontos de fuga é em geral usada para representar edifícios vistos de cima ou de baixo. Além dos pontos de fuga para cada parede, esse tipo de perspectiva tem um ponto de fuga mostrando estas paredes recuando no solo ou no espaço.

2 Você pode ocultar ou exibir o Perspective Grid selecionando a ferramenta Perspective Grid (▦) no painel Tools e escolhendo View > Perspective Grid > Show Grid/Hide Grid, ou pressionando Ctrl+Shift+I (Windows) ou Cmd+Shift+I (Mac OS).

3 O plano de grade correto precisa ser selecionado escolhendo-o no Plane Switching Widget, usando os comandos de teclado: grade esquerda (1), grade horizontal (2), grade direita (3) e sem grade ativa (4), ou ainda selecionando conteúdo na grade que você deseja escolher com a ferramenta Perspective Selection (▸).

4 Com o(s) objeto(s) selecionado(s), comece arrastando-o(s) sem soltar o botão do mouse. Pressione as teclas dos números 1, 2, 3 ou 4 [dependendo da grade a que quer anexar o(s) objeto(s)] e assim alternar para o plano de grade de sua escolha.

5 Um duplo clique em um controle de um plano de grade permite que você mova o plano. Você pode especificar se vai mover o conteúdo associado ao plano ou se vai copiar o conteúdo enquanto o plano é movido.

6 Com a ferramenta Perspective Selection, pressione a tecla número 5 e arraste o objeto perpendicularmente ao plano.

10 MESCLANDO CORES E FORMAS

Visão geral da lição

Nesta lição, você vai aprender a:

- Criar e salvar degradês
- Adicionar cores a um degradê
- Ajustar a direção de uma mesclagem de degradê
- Ajustar a opacidade da cor em uma mesclagem de degradê
- Criar mesclagens de cores suaves entre objetos
- Mesclar as formas dos objetos em passos intermediários
- Modificar uma mesclagem, seu path, forma e cores

Esta lição levará aproximadamente uma hora para ser concluída. Se necessário, remova a pasta da lição anterior de seu disco rígido e copie a pasta Lesson10.

Preenchimentos de degradê são mesclagens graduais de duas ou mais cores. Utilizando a ferramenta Gradient e o painel Gradient, você pode criar ou modificar um preenchimento de degradê. Com a ferramenta Blend, você pode mesclar as formas e as cores dos objetos em um novo objeto mesclado ou em uma série de formas intermediárias.

Introdução

Você vai explorar várias maneiras de criar seus próprios degradês e de mesclar cores e formas utilizando o painel Gradient e a ferramenta Blend.

Antes de começar, restaure as preferências padrão do Adobe® Illustrator® CS5. Abra o arquivo de trabalho desta lição para ver o que você vai fazer.

1 Para que as ferramentas e os painéis funcionem como descritos nesta lição, exclua ou desative (renomeando) o arquivo de preferências do Adobe Illustrator CS5. Consulte "Restaurando as preferências padrão", na página 15.

2 Inicie o Adobe Illustrator CS5.

Nota: Se você ainda não o fez, copie os arquivos desta lição para o seu disco rígido a partir da pasta Lesson10 do CD do Adobe Illustrator CS5 Classroom in a Book. Veja "Copiando os arquivos do Classroom in a Book", na página 14.

3 Escolha File > Open e abra o arquivo L10end_1.ai da pasta Lesson10, localizada na pasta Lessons de seu disco rígido.

O texto, o fundo, o vapor e o café líquido são preenchidos com degradês. Os objetos que compõem os grãos coloridos na xícara de café e os grãos de café à esquerda da xícara foram mesclados para criar novos objetos.

4 Escolha View > Zoom Out para diminuir o tamanho do trabalho se quiser deixá-lo na tela enquanto trabalha. (Utilize a ferramenta Hand (✋) para mover o trabalho para onde você quiser na janela.) Se não quiser deixar a imagem aberta, escolha File > Close.

Para começar a trabalhar, você vai abrir um arquivo já existente.

5 Escolha File > Open e abra o arquivo L10start_1.ai da pasta Lesson10, localizada na pasta Lessons de seu disco rígido.

6 Escolha File > Save As, atribua ao arquivo o nome **coffee.ai** e selecione a pasta Lesson10 no menu Save In. Deixe a opção Save As Type configurada como Adobe Illustrator (*.AI) (Windows) ou a opção Format configurada como Adobe Illustrator (ai) (Mac OS) e clique em Save. Na caixa de diálogo Illustrator Options, deixe as opções do Illustrator em suas configurações padrão e clique em OK.

Trabalhe com degradês

Um preenchimento em degradê é uma mesclagem gradual de duas ou mais cores. Você pode criar seus próprios degradês ou utilizar os degradês fornecidos com o Adobe Illustrator e então editá-los e salvá-los como amostras para uso posterior.

Você pode utilizar o painel Gradient (Window > Gradient) ou a ferramenta Gradient (■) para aplicar, criar e modificar os degradês. No painel Gradient, a caixa Gradient Fill exibe as cores atuais do degradê e o tipo de degradê. Ao clicar nela, o objeto selecionado é preenchido com o degradê. O menu Degradê (▾) lista os degradês padrão e os salvos.

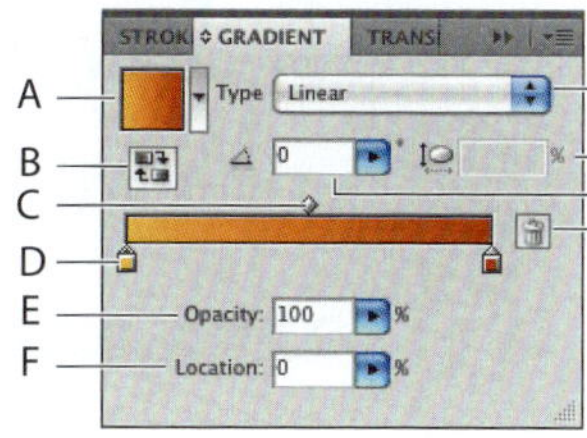

A. Caixa Gradient Fill
B. Gradientes reversos
C. Controle deslizante de degradê
D. Interrupção de cor
E. Opacity
F. Location
G. Tipo de degradê
H. Aspect ratio
I. Ângulo
J. Excluir interrupção

Por padrão, o painel inclui uma interrupção de cor inicial e final. Você pode adicionar mais interrupções de cor clicando abaixo do controle deslizante de degradê. Dar um duplo clique em uma interrupção de cor abre um painel onde você pode escolher uma cor a partir das amostras, dos controles deslizantes de cor ou com o conta-gotas.

No painel Gradient, o limite do degradê da esquerda no controle deslizante de degradê marca a cor inicial; o limite da direita marca a cor final. Um limite de degradê é o ponto em que uma cor muda para a outra.

Crie e aplique um degradê linear

Para começar a lição, você vai criar um preenchimento degradê para o fundo.

1 Escolha Essentials no seletor da área de trabalho na barra Application.

2 Escolha View > Fit Artboard In Window.

3 Utilizando a ferramenta Selection (↖), clique para selecionar o retângulo superior maior com vértices arredondados no plano de fundo da prancheta.

   O fundo é pintado com uma cor de preenchimento marrom e um contorno vermelho, como mostrado nas caixas Fill e Stroke na parte inferior do painel Tools. A caixa Gradient, abaixo das caixas Fill e Stroke, exibe o último degradê utilizado. O preenchimento padrão de degradê é um degradê preto e branco. Se você selecionar um objeto preenchido por um degradê ou uma amostra de degradês no painel Swatches, o preenchimento no painel Tools muda para o da amostra ou objeto selecionado.

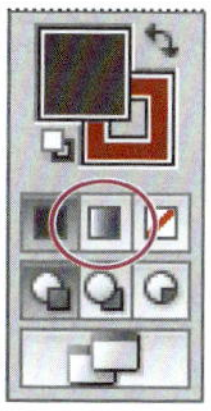

4 Clique na caixa Gradient (■) na parte inferior do painel Tools.

O degradê padrão preto e branco aparece na caixa Fill e é aplicado ao preenchimento do fundo selecionado.

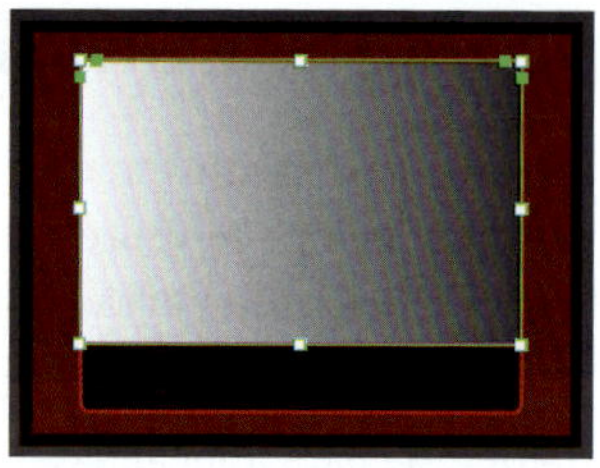

5 Escolha Window > Gradient se o painel Gradient não estiver visível no lado direito da área de trabalho.

6 No painel Gradient, dê um duplo clique na interrupção branca de degradê na extremidade à esquerda para selecionar a cor inicial do degradê. A ponta do limite de degradê aparece mais escura, indicando que ela está selecionada.

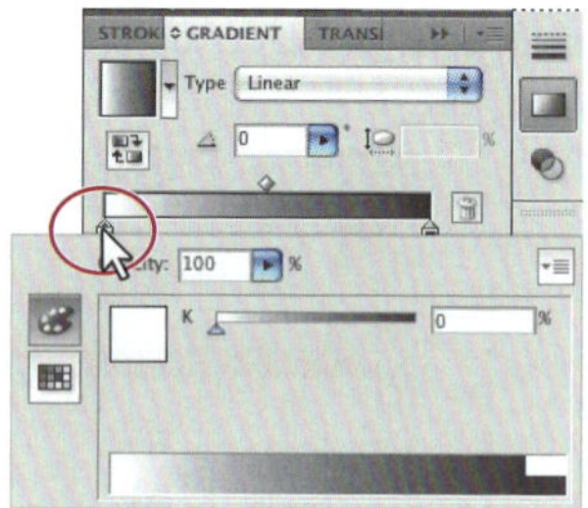

Um novo painel aparece quando você dá um duplo clique em uma interrupção de cor. Nesse painel, você pode alterar a cor da interrupção utilizando amostras ou o painel Color.

7 No painel que aparece abaixo do painel Gradient, clique no botão Swatches (▦). Clique para selecionar a amostra chamada Light Brown. Observe a modificação do degradê na prancheta. Pressione Esc ou clique em uma área vazia no painel Gradient para retornar ao painel Gradient.

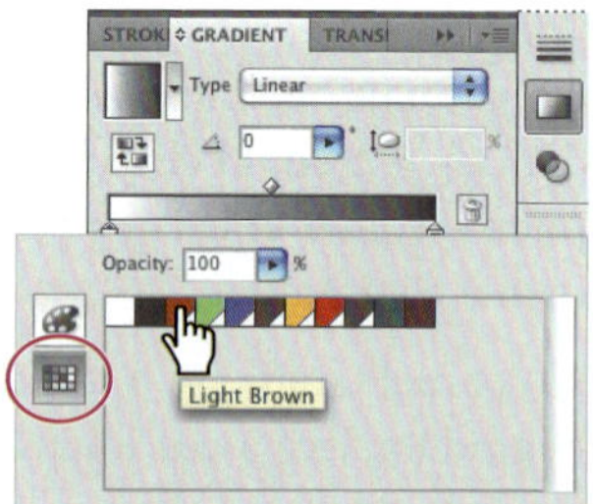

8 Dê um duplo clique na interrupção da cor preta no painel Gradient para editar a cor.

▶ **Dica:** Para mover entre campos de texto, pressione Tab. Pressione Enter ou Return para aplicar o último valor digitado.

9 No painel que aparece abaixo do painel Gradient, clique no botão Color (🎨) para abrir o painel Color. Escolha CMYK no menu do painel (▾≡) se já não estiver visível. Altere os valores para C=**45**, M=**62**, Y=**82** e K=**44**. Pressione Esc ou clique em uma área em branco do painel Gradient para voltar ao painel Gradient.

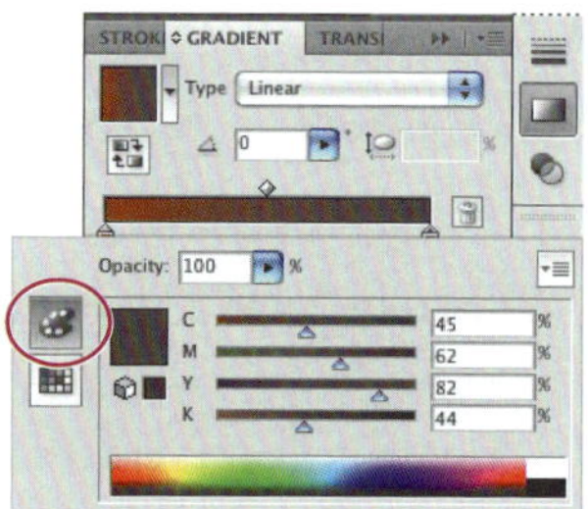

A seguir, você vai salvar o degradê no painel Swatches.

10 Para salvar o degradê, clique no botão do menu Degradê ( ) e então clique no botão Add To Swatches ( ), na parte inferior do painel que aparece.

O menu Gradient lista todos os degradês padrão e pré-salvos que você pode escolher.

Agora, você vai renomear a amostra de degradês no painel Swatches.

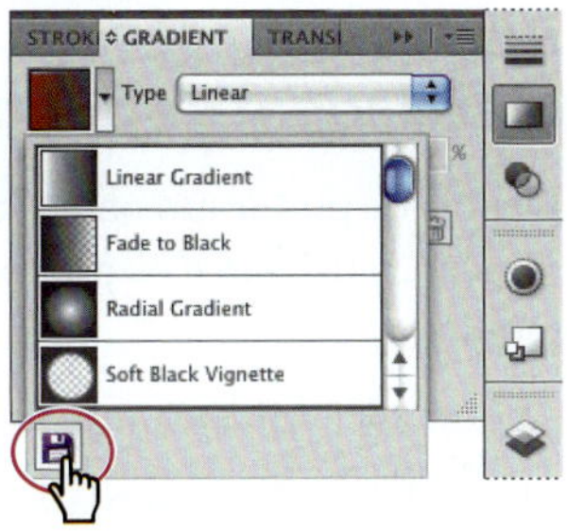

11 Clique no ícone do painel Swatches no lado direito da área de trabalho para abrir o painel Swatches. Lá, dê um duplo clique em New Gradient Swatch 1 para abrir a caixa de diálogo Swatch Options. Digite Background no campo Swatch Name e clique em OK.

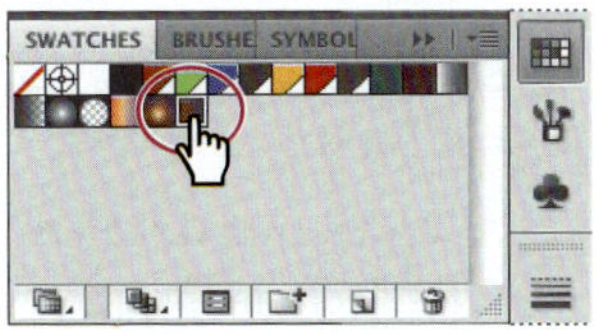

12 Para exibir apenas as amostras de degradês no painel Swatches, clique no botão Show Swatch Kinds Menu ( ) e escolha Show Gradient Swatches.

13 Com o retângulo ainda selecionado na prancheta, experimente alguns degradês diferentes clicando neles no painel Swatches. Clique no degradê Background que você acabou de salvar para conferir se ele foi aplicado antes de passar para o próximo passo.

Observe que alguns degradês têm várias cores. Você vai aprender a criar um degradê com várias cores mais adiante nesta lição.

14 Clique no botão Show Swatch Kinds Menu ( ) na parte inferior do painel Swatches e escolha Show All Swatches no menu.

15 Escolha Select > Deselect.

16 Escolha File > Save.

▶ **Dica:** Você pode salvar um degradê selecionando um objeto com um preenchimento de degradê, clicando na caixa Fill do painel Tools e então clicando no botão New Swatch ( ) na parte inferior do painel Swatches.

Ajuste a direção e o ângulo de uma mesclagem de degradê

Depois de pintar um objeto com um preenchimento degradê, você pode ajustar a direção, a origem e os pontos iniciais e finais do degradê utilizando a ferramenta Gradient.

Agora, você vai ajustar o preenchimento do degradê do fundo.

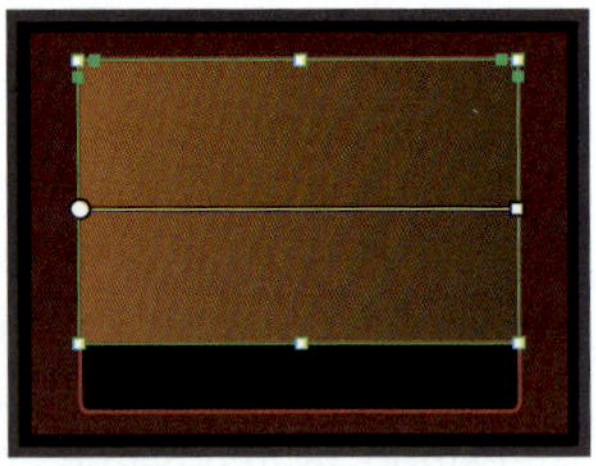

1 Utilize a ferramenta Selection (↖) para selecionar o mesmo retângulo no fundo.

2 Selecione a ferramenta Gradient (■) no painel Tools.

A ferramenta Gradient só funciona nos objetos selecionados que estão preenchidos com um degradê. Observe o indicador horizontal de degradê (barra) que aparece no meio do retângulo. A barra indica a direção do degradê, o círculo maior mostra o ponto inicial do degradê e o quadrado menor é o ponto final.

▶ **Dica:** Você pode ocultar o indicador (barra) escolhendo View > Hide Gradient Annotator. Para exibi-lo novamente, escolha View > Show Gradient Annotator.

● **Nota:** Se você mover o cursor para áreas diferentes do controle deslizante do degradê, a aparência do cursor talvez mude. Isso indica que uma funcionalidade diferente foi ativada.

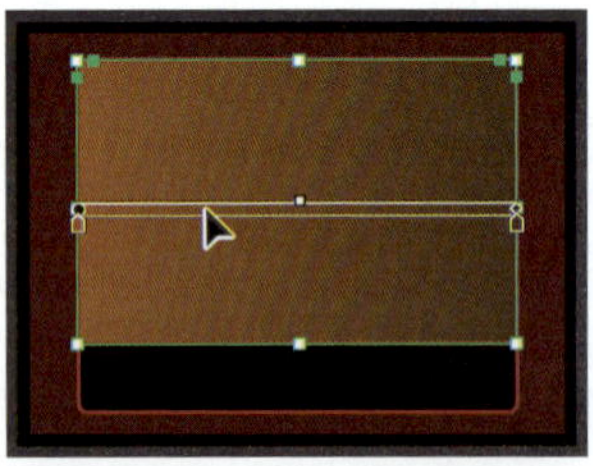

3 Posicione o cursor sobre o indicador de degradê. Ele se transforma no controle deslizante de degradê, parecido com o do painel Gradient. Você pode utilizar o controle deslizante de degradê para editar cores e outras características do degradê sem abrir o painel Gradient.

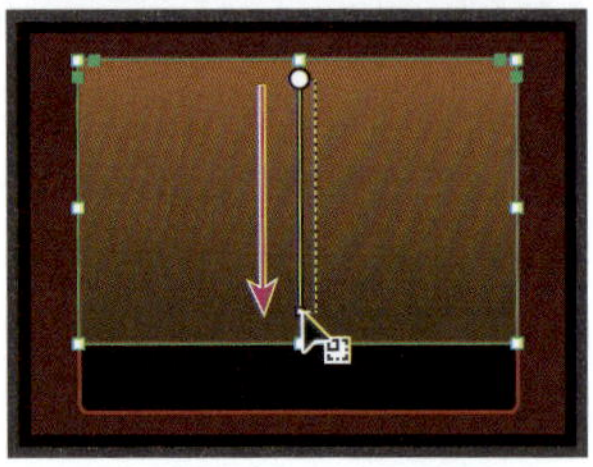

4 Com a ferramenta Gradient, clique com a tecla Shift pressionada na parte superior do retângulo e arraste para baixo para alterar a posição e a direção das cores iniciais e finais do degradê. Manter pressionada a tecla Shift força o degradê em ângulos de 45 graus.

Pratique a alteração do degradê no retângulo. Por exemplo, arraste o cursor sobre o retângulo para criar um degradê curto com mesclagens de cores distintas; arraste por um trecho mais longo por fora do retângulo para criar um degradê mais longo com mesclagens de cores mais sutis. Você também pode arrastar para cima para trocar as cores e inverter a direção da mesclagem.

A seguir, você vai girar e reposicionar o degradê.

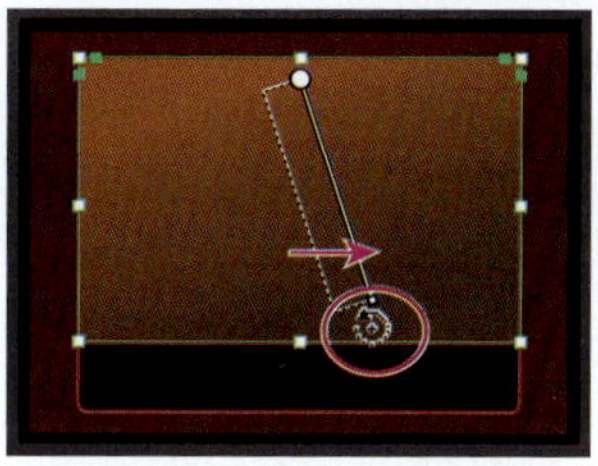

5 Com a ferramenta Gradient, posicione o cursor fora do pequeno quadrado branco na parte inferior do indicador de degradê. Um ícone de rotação () aparece. Arraste para a direita para girar o degradê no retângulo.

O indicador de degradê e o degradê giram, mas a barra permanece no centro do retângulo quando você solta o botão do mouse.

Agora, altere a rotação no painel Gradient.

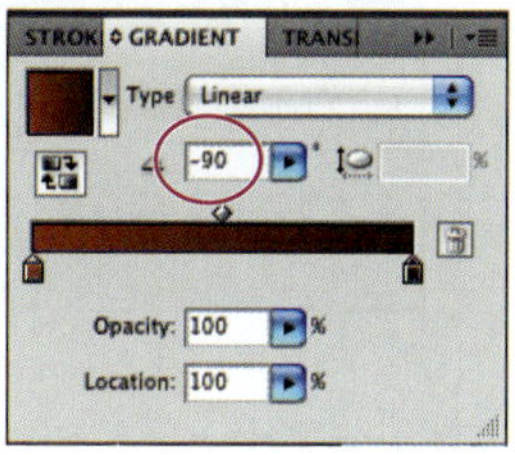

6 Clique no ícone Gradient () no lado direito da área de trabalho para mostrar o painel Gradient, se ainda não estiver visível. Altere o ângulo de rotação para –90, para retornar o degradê à vertical. Pressione Enter ou Return para definir o valor.

7 Com o retângulo de fundo ainda selecionado, escolha Object > Lock > Selection.

8 Escolha File > Save.

Nota: Inserir a rotação de degradê no painel Gradient, em vez de ajustá-la diretamente na prancheta, é útil quando você quer ter grande precisão.

Crie um degradê radial

Você pode criar degradês lineares ou radiais. Os dois tipos de degradês têm uma cor inicial e final. Com um degradê radial, a cor inicial (limite de cor da extremidade esquerda da barra de degradê) define o ponto de centro do preenchimento, que se irradia do centro para fora até a cor final (limite de cor na extremidade direita). Você agora vai criar e editar um degradê radial.

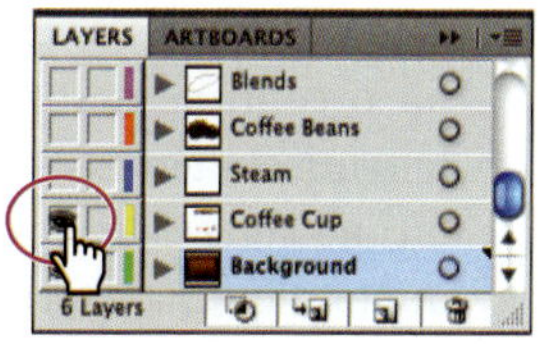

1 Abra o painel Layers clicando no ícone do painel Layers(). Clique para selecionar a coluna Visibility à esquerda da camada Coffee Cup (talvez seja necessário rolar pelo painel Layers).

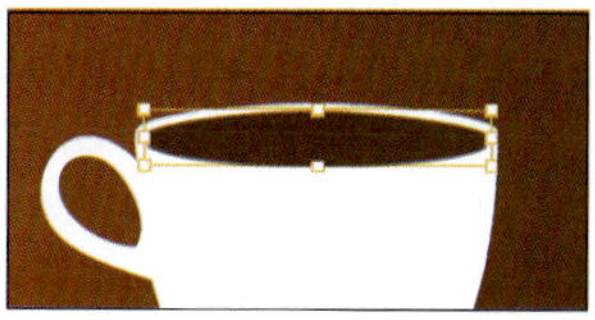

2 Utilize a ferramenta Selection () para selecionar a elipse marrom na parte de cima da xícara de café. Esse é o café na xícara.

3 Selecione a ferramenta Zoom () no painel Tools e clique várias vezes na xícara para ampliá-la.

4 Com a elipse selecionada, clique na caixa Gradient (■) na parte inferior do painel Tools para aplicar o último degradê selecionado (o degradê Background). O painel Gradient aparece no lado direito da área de trabalho.

O degradê linear que você criou e salvou anteriormente preenche a elipse. Em seguida, você vai transformar o degradê linear em um degradê radial e então editá-lo.

5 No painel Gradient, escolha Radial no menu Type para converter o degradê em um degradê radial. Mantenha a elipse selecionada.

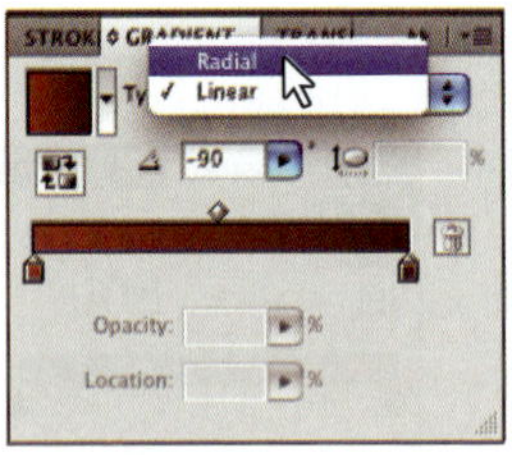

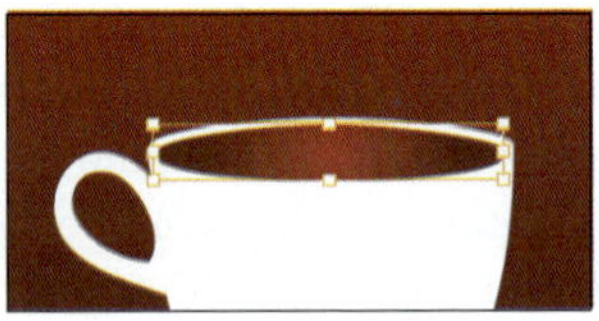

Altere cores e ajuste o degradê

Depois de preencher um objeto com um degradê, você pode utilizar a ferramenta Gradient para adicionar ou editar degradês, incluindo alterar a direção, as cores e a origem, além de poder mover os pontos iniciais e finais de um degradê.

A seguir, você vai usar a ferramenta Gradient para ajustar a cor das interrupções de cor.

1 Com a ferramenta Zoom (🔍) selecionada, clique uma vez para ampliar a elipse na parte superior da xícara de café.

2 Com a ferramenta Gradient (■), posicione o cursor sobre a barra de degradê para exibir o controle deslizante de degradê, que tem um círculo tracejado em torno dele, indicando que ele é um degradê radial. Dê um duplo clique na interrupção de cor da extremidade direita para editar a cor. No painel que aparece, clique no botão Color (🎨), se já não estiver selecionado.

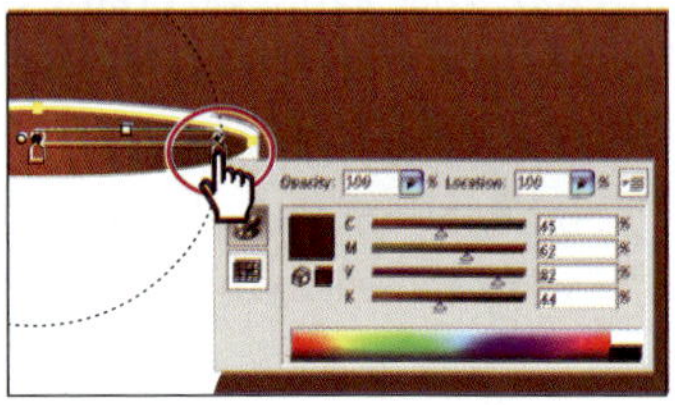

3 Clique com a tecla Shift pressionada no controle deslizante Cyan e arraste um pouco para a direita para escurecer as cores gerais. Pressione Esc para fechar o painel.

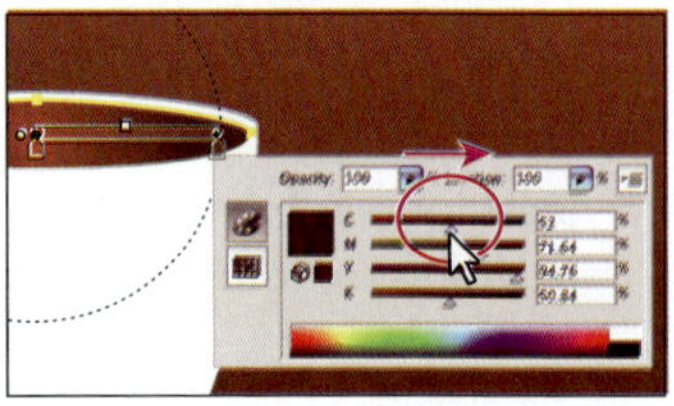

4 No controle deslizante de degradê, dê um duplo clique na interrupção de cor da extremidade esquerda. No painel que aparece, clique no botão Color () e altere o tom para 50% arrastando o controle deslizante de tom para a esquerda (ou digitando **50** no campo Tint). Pressione Esc para fechar o painel.

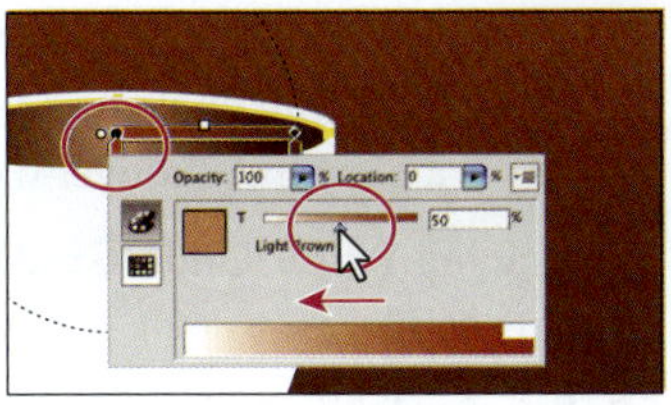

Agora, você vai alterar o Aspect Ratio, a origem e o raio do degradê.

5 No painel Gradient, altere Aspect Ratio para 20 e pressione Enter ou Return para definir a proporção entre largura e altura.

● **Nota:** A proporção entre largura/altura é um valor entre 0.5 e 32767%. À medida que a proporção entre largura/altura fica menor, a elipse se achata e se alarga.

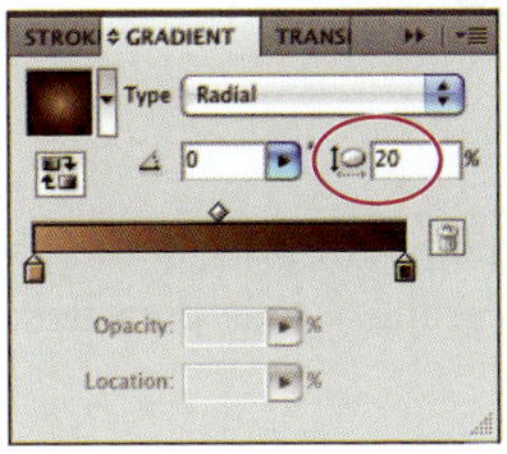

A proporção entre largura e altura muda um degradê radial para um degradê elíptico. Isso faz o café parecer mais realista.

Edite o Aspect Ratio utilizando a ferramenta Gradient.

6 Com a ferramenta Gradient, clique no círculo preto na parte de cima do path pontilhado e arraste para cima para modificar o Aspect Ratio.

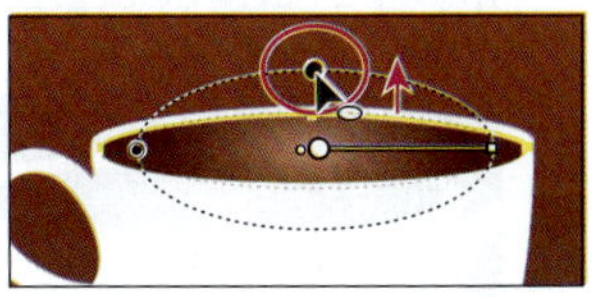

Ao soltar o botão do mouse, observe o degradê na elipse. Se o painel Gradient não estiver visível, clique no ícone do painel. O Aspect Ratio agora é maior do que os 20 configurados anteriormente.

7 Arraste o círculo preto para baixo para que o Aspect Ratio tenha mais ou menos 14% no painel Gradient.

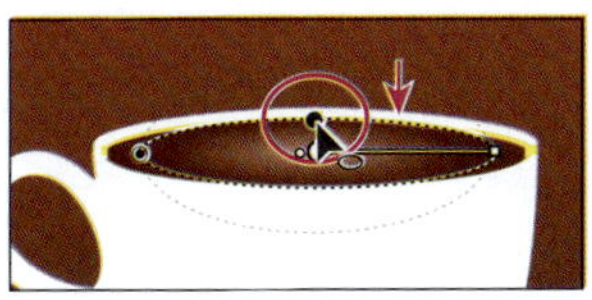

A seguir, você vai arrastar o controle deslizante de degradê para reposicionar o degradê na elipse.

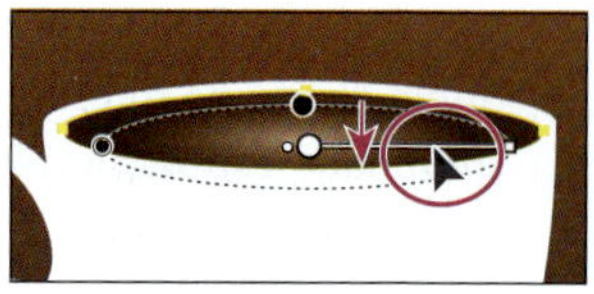

8 Com a ferramenta Gradient, clique no controle deslizante de degradê e arraste um pouco para baixo para mover o degradê na elipse.

9 Escolha Edit > Undo Gradient para movê-lo para trás.

10 Escolha File > Save.

Você agora vai alterar o raio e a origem do degradê.

▶ **Dica:** Para alterar o raio, você também pode arrastar a segunda interrupção de cor para a direita ou para a esquerda.

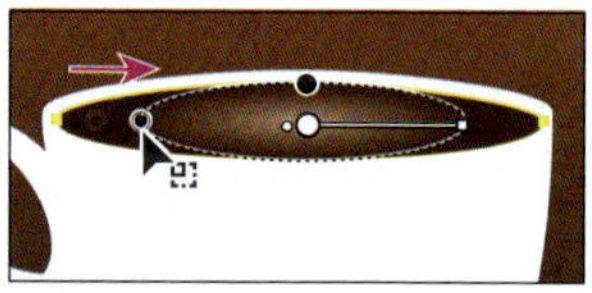

11 Com a ferramenta Gradient, posicione o cursor sobre a elipse para exibir o controle deslizante de degradê. Clique no círculo preto no lado esquerdo do path pontilhado e arraste para a direita para diminuir o raio. Isso encurta a transição entre as interrupções de cor nas extremidades esquerda e direita.

Tente arrastar o círculo preto no lado esquerdo do path pontilhado para a esquerda e a direita para ver o efeito sobre o degradê. Cuide para deixá-lo adequado à figura depois de terminar de testar.

Agora, você vai mudar a origem do degradê.

12 Com a ferramenta Gradient, clique no pequeno ponto branco à esquerda da interrupção de cor esquerda e arraste para a esquerda. Esse ponto reposiciona o centro do degradê (a interrupção de cor na extremidade esquerda) sem mover a barra de degradê inteira e altera o raio do degradê.

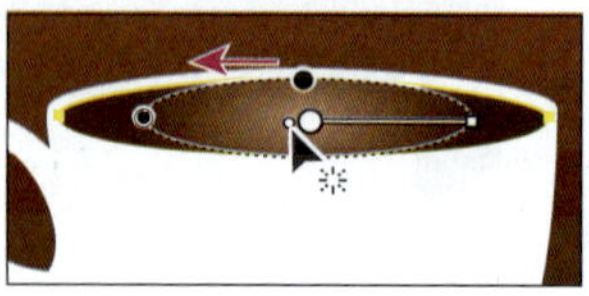

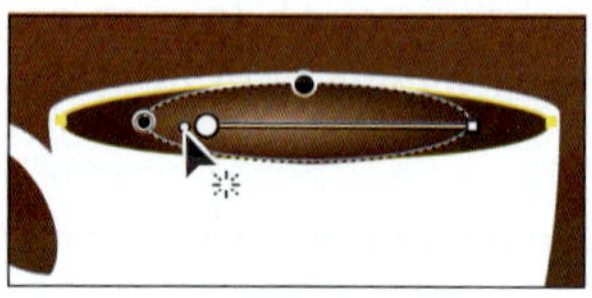

Cada degradê tem pelo menos duas interrupções de cor. Editando a combinação de cores de cada limite e adicionando interrupções de cor no painel Gradient, ou utilizando a ferramenta Gradient, você pode criar degradês personalizados.

Agora, você vai adicionar uma terceira cor à elipse do café e então vai editá-la.

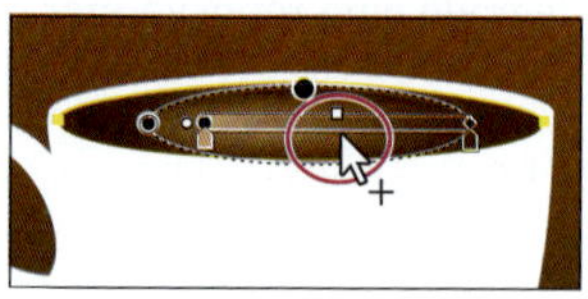

13 Com a ferramenta Gradient, posicione o cursor um pouco abaixo da borda inferior do controle deslizante de degradê. O cursor muda para uma seta branca com um sinal de adição (↖+). Clique um pouco abaixo do centro do controle para adicionar outra interrupção de cor.

14 Dê um duplo clique na nova interrupção de cor para editá-la. No painel que aparece, clique no botão Swatches ( ) e selecione a amostra marrom. Pressione Esc para fechar o painel.

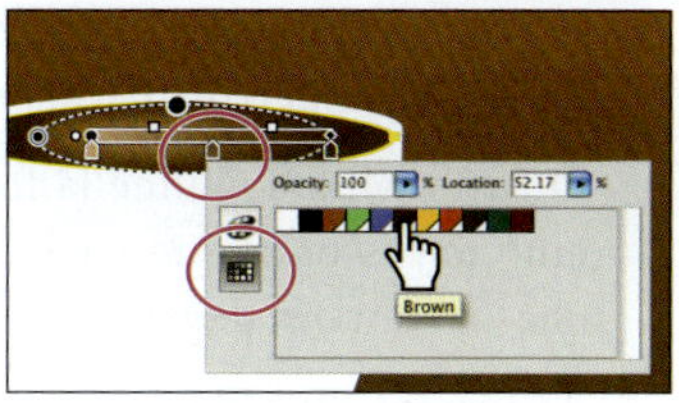

Agora que há três interrupções de cor, você ajustará as cores reordenando-as.

15 Com a ferramenta Gradient, clique na interrupção de cor e arraste da esquerda para a direita, parando antes da interrupção de cor do meio.

16 Arraste a interrupção de cor no meio para a esquerda do controle deslizante para trocar as duas cores.

Arraste a interrupção de cor mais à esquerda para a direita, e a interrupção de cor do meio para a esquerda.

17 Escolha Select > Deselect e então File > Save.

Aplique degradês a vários objetos

Você pode aplicar um degradê a vários objetos primeiramente selecionando todos eles e então aplicando uma cor de degradê e então arrastando sobre os objetos com a ferramenta Gradient.

Agora, você vai pintar texto que foi convertido em curvas com um preenchimento degradê linear e, então, editar as suas cores.

1 Escolha View > Fit Artboard In Window.

2 Clique no ícone do painel Layers( ) para abrir o painel Layers. Clique para selecionar a coluna Visibility à esquerda da camada Logo (talvez seja necessário rolar para cima no painel Layers). Clique no ícone de olho ( ) à esquerda da camada Background para desmarcar a visibilidade dessa camada.

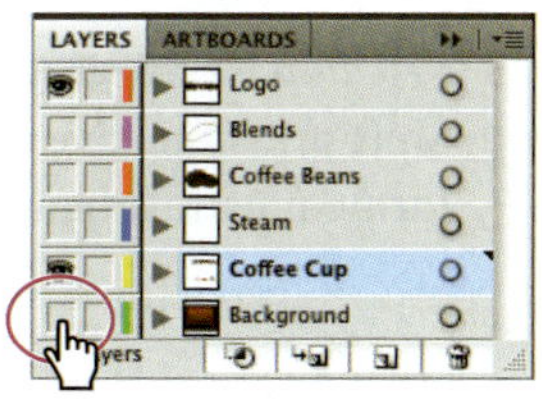

Nota: O texto, os grãos de café e a elipse continuam visíveis.

Nota: Para converter texto em curvas, selecione-o com a ferramenta Selection e escolha Type > Create Outlines. Veja a Lição 7, "Trabalhando com texto", para informações adicionais.

Nota: Observe que todas letras são preenchidas com o degradê de maneira independente. Você pode ajustar isso com a ferramenta Gradient.

3 Utilize a ferramenta Selection ( ) e clique para selecionar o texto Mike's Coffee.

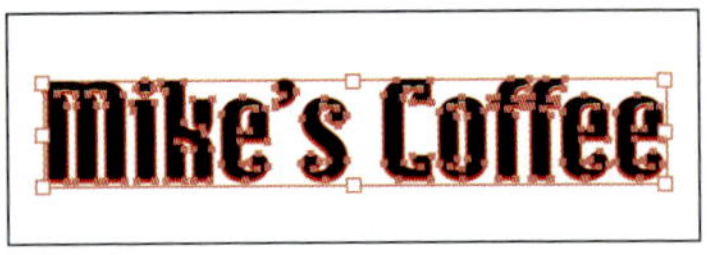

O texto Mike's Coffee já foi convertido em curvas para que você possa preenchê-lo com um degradê.

As formas do Mike's Coffee são agrupadas. Agrupando as letras, você pode preencher de uma vez só todas elas com o mesmo degradê. Agrupá-las permite editar o preenchimento do degradê de uma maneira global.

4 Clique no ícone do painel Gradient ( ) para abrir o painel Gradient. Clique no botão do menu Gradient ( ) e então selecione Linear Gradient para aplicar um degradê preto e branco.

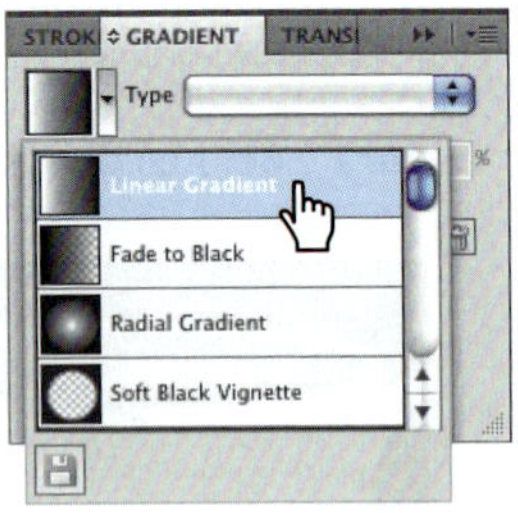

5 No painel Gradient, dê um duplo clique na interrupção de cor da esquerda para selecioná-la e ajustar a cor inicial do degradê. Clique no botão Swatches ( ) e selecione a amostra Light Red. Pressione Esc para fechar o painel.

Agora, você vai ajustar o degradê das letras para que ele se mescle ao longo de todas as letras e então adicionar cores intermediárias ao degradê para criar um preenchimento com múltiplas mesclagens entre as cores.

6 Selecione a ferramenta Gradient ( ) no painel Tools. Clique com a tecla Shift pressionada e arraste o cursor sobre as letras de cima para baixo, conforme mostra a figura, para aplicar o degradê a todas elas.

A seguir, você vai adicionar uma cor ao degradê acrescentando uma interrupção de cor. Quando você adiciona um limite de cor, um novo losango aparece acima do controle deslizante de degradê para marcar o novo ponto intermediário de cor.

7 No painel Gradient, clique na barra de cor abaixo do controle deslizante de degradê para adicionar um limite entre os outros limites de degradê.

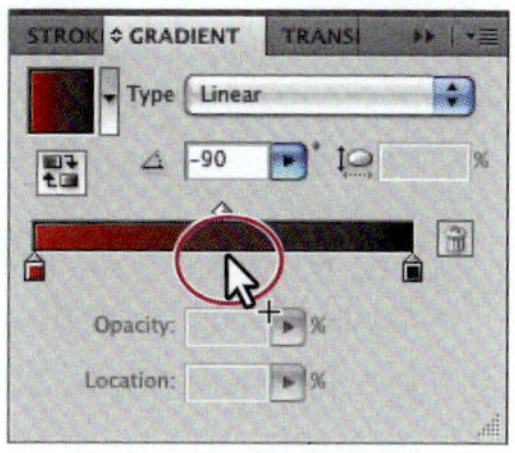

8 Dê um duplo clique na nova interrupção de cor para editar a cor. No painel que aparece, clique no botão Swatches e selecione a amostra Dark Red. Pressione Esc para fechar o painel.

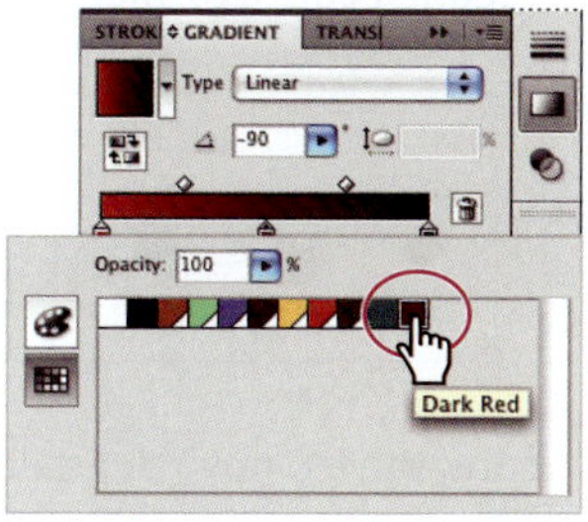

9 Para ajustar o ponto intermediário entre as cores, arraste o ícone de losango entre as interrupções das cores vermelho-escura e preta para a direita. Isso fornece ao degradê mais vermelho e menos preto.

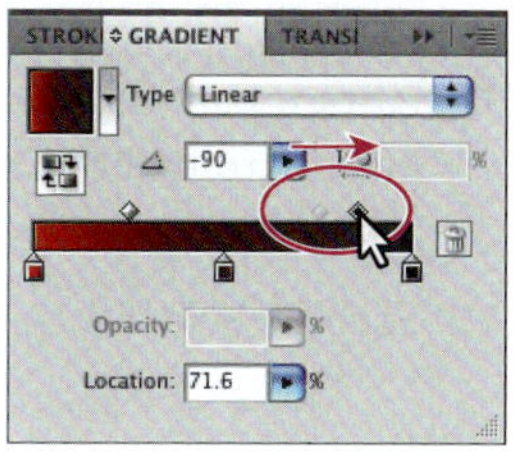

Nota: Você pode excluir uma cor em um degradê arrastando o limite do degradê para baixo e para fora do painel Gradient.

Agora você vai inverter as cores do degradê.

10 Com o texto ainda selecionado, clique no botão Reverse Gradient () no painel Gradient. As interrupções de cor das extremidades esquerda e direita mudam de posição. Você também pode inverter as cores em um degradê desenhando no sentido contrário com a ferramenta Gradient.

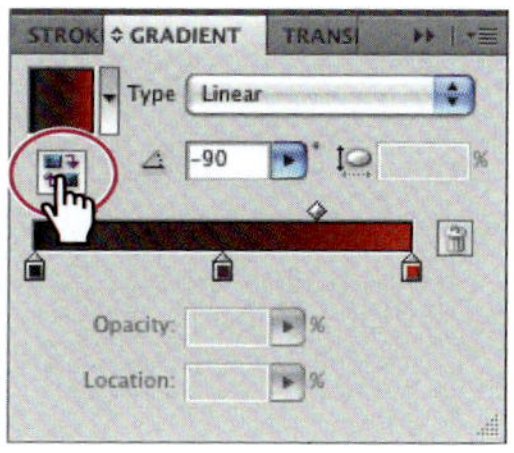

Outra maneira de aplicar uma cor ao degradê é obtendo uma amostra da cor do trabalho utilizando a ferramenta Eyedropper ou arrastando uma amostra de cor sobre um limite de cor.

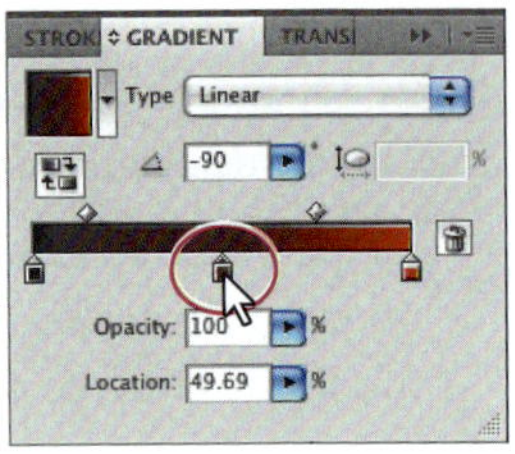

11 Selecione o limite do degradê central no painel Gradient.

12 Selecione a ferramenta Eyedropper (✐) no painel Tools. No trabalho, clique com a tecla Shift pressionada no grão de café na margem direita da xícara.

Clicar com a tecla Shift pressionada na ferramenta Eyedropper aplica a amostra de cor à caixa de degradê selecionada no degradê, em vez de substituir todo o degradê pela nova cor no trabalho selecionado. Tente obter uma amostra das outras áreas do trabalho, terminando com a cor roxo-marrom do grão de café mais à direita.

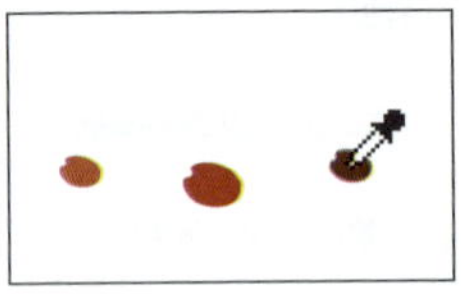

Agora, salve o novo degradê.

13 Clique no botão do menu Gradient (▯) e clique no botão Save To Swatches Library (💾) na parte inferior do painel que aparece.

14 Abra o painel Layers clicando no ícone do painel Layers no lado direito da área de trabalho. Clique para selecionar a coluna Visibility à esquerda da camada Background.

15 Escolha Select > Deselect e então File > Save.

Adicione transparência a degradês

Você pode definir a opacidade das cores utilizadas nos degradês. Ao especificar diferentes valores de opacidade para as diferentes interrupções de cor de seu degradê, você pode criar degradês que aparecem ou desaparecem gradualmente e exibem ou ocultam imagens subjacentes. A seguir, você vai criar um reflexo espelhado da xícara de café e aplicar um degradê que fica gradualmente transparente.

1 Utilizando a ferramenta Selection (↖), clique para selecionar a xícara de café.

2 Escolha Object > Transform > Transform Each. Na caixa de diálogo Transform Each, clique no ponto central inferior do localizador de ponto de referência (⁙). Escolha Reflect X e mude Rotate Angle para **180**. Selecione Preview para ver as modificações. Clique em Copy para refletir, girar e copiar a xícara de café.

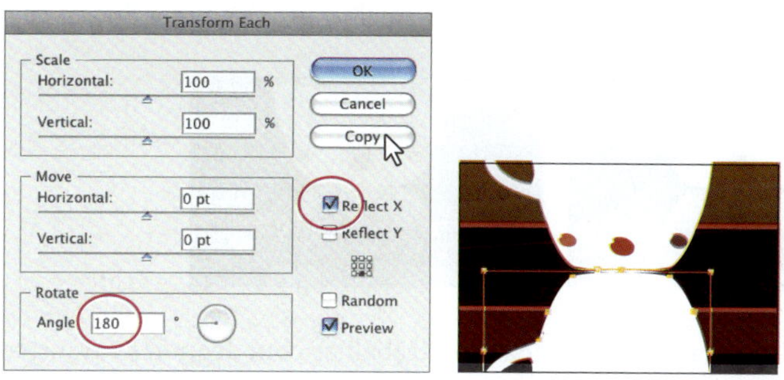

3 Com a cópia da xícara de café ainda selecionada, abra o painel Gradient clicando no ícone do painel Gradient. Clique no botão do menu Gradient (▾) e então selecione Linear Gradient. Isso preenche a xícara com um degradê preto e branco.

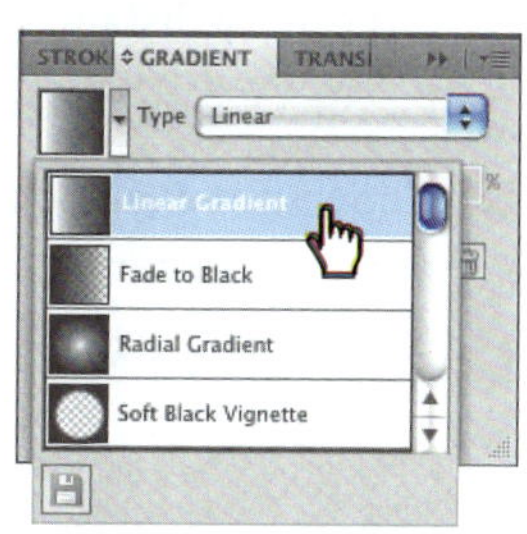

4 No campo Angle, altere o valor para **–90**. Dê um duplo clique na interrupção de cor da direita (preta). No painel que aparece, clique no botão Swatches (▦) e selecione a amostra de cor branca.

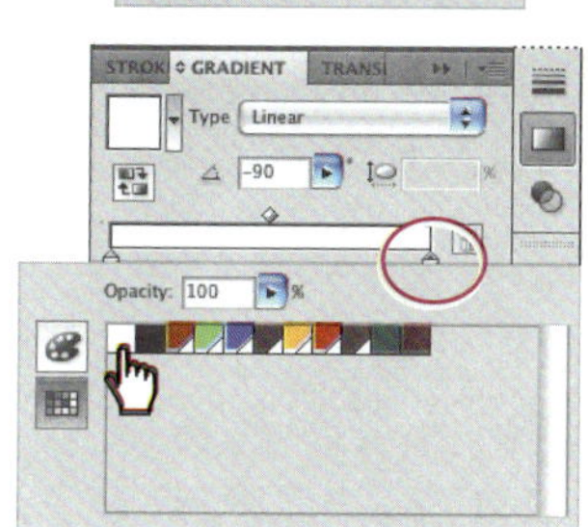

5 Pressione Esc ou clique em uma área em vazia do painel Gradient para retornar a ele.

6 Clique na interrupção de cor mais à direita. Digite **0** no campo Opacity ou clique na seta

▶ **Dica:** Há dois degradês com transparência, Fade to Black e Soft Black Vignette, nesse documento. Esses degradês podem ser excelentes pontos de partida para mudar gradualmente para transparente.

● **Nota:** Você conhecerá a finalidade do degradê branco para branco no próximo passo, quando você alterar a transparência da interrupção de cor mais à direita para 0%, para que a xícara de café dê a impressão de estar desaparecendo.

à direita do campo e arraste o controle deslizante para a esquerda. Pressione Enter ou Return.

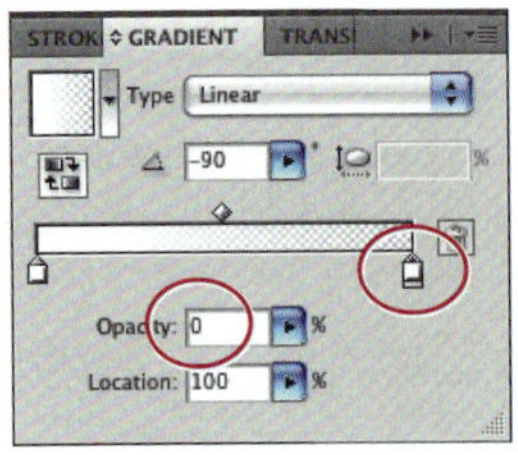

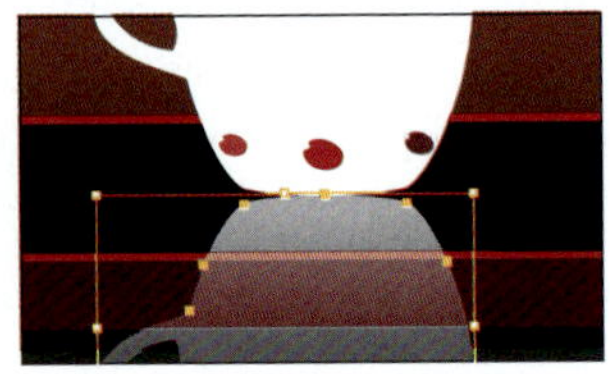

7 Clique na interrupção de cor da esquerda no painel Gradient e altere Opacity para **70**.

8 Selecione a ferramenta Gradient ( ) no painel Tools. Com a tecla Shift pressionada, arraste de cima para baixo sobre o reflexo selecionado até um pouco acima da borda externa do retângulo vermelho-escuro do fundo.

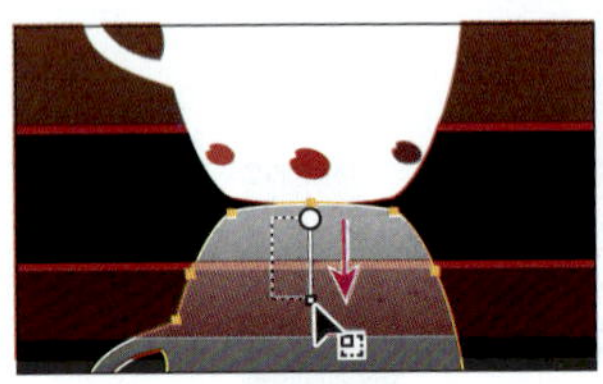

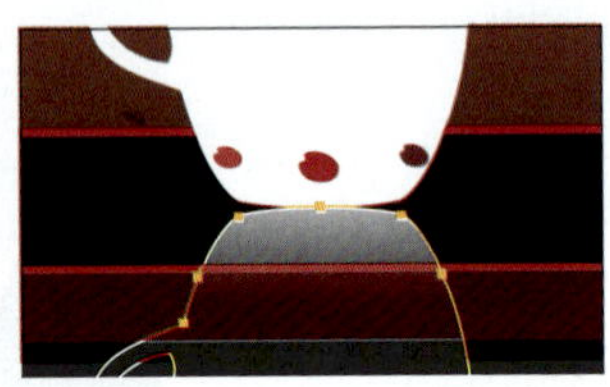

Você pode praticar sua criatividade ao trabalhar com degradês e transparência. Tente alterar a opacidade das interrupções de cor na xícara e mudar a direção e a distância com a ferramenta Gradient.

9 Escolha Select > Deselect.

10 Clique no ícone do painel Gradient ( ) no lado direito da área de trabalho para minimizar o painel Gradient.

11 Escolha File > Save.

Trabalhe com objetos mesclados

Você pode mesclar dois objetos distintos para criar e distribuir formas entre dois objetos uniformemente. As duas formas mescladas podem ser idênticas ou diferentes. Você também pode mesclar dois paths abertos para criar uma transição suave das cores entre os objetos ou combinar mesclagens de cores e objetos para criar transições coloridas na forma de um determinado objeto.

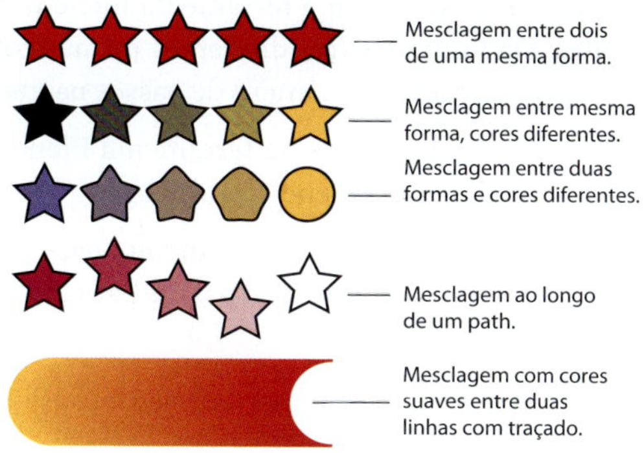

Ao criar uma mesclagem, os objetos mesclados são tratados como um único objeto, chamado objeto de mesclagem. Se você mover um dos objetos originais, ou editar os pontos de ancoragem do objeto original, a mesclagem também muda. Você também pode expandir a mesclagem para dividi-la em objetos distintos.

Opções de mesclagem para a ferramenta Blend

Há três tipos de opções de espaçamento para uma mesclagem: Smooth Color, Specified Steps e Specified Distance. Elas são explicadas abaixo:

- **Smooth Color:** Deixa o Illustrator calcular o número de passos para as mesclagens. Se os objetos estiverem preenchidos ou tiverem contornos com diferentes cores, os passos serão calculados para fornecer o número ótimo de passos para uma transição de cores suave. Se os objetos tiverem cores idênticas, ou se tiverem degradês ou padrões, o número de passos vai se basear na maior distância entre as bordas da caixa delimitadora dos dois objetos.
- **Specified Steps:** Controla o número de passos entre o início e o fim da mesclagem.
- **Specified Distance:** Controla a distância entre os passos na mesclagem. A distância especificada é medida entre a borda de um objeto e a borda correspondente do próximo objeto (por exemplo, da borda direita de um objeto à borda direita do seguinte). As opções Orientation determinam a orientação dos objetos mesclados.
- **Align to Page:** Orienta a mesclagem perpendicularmente de acordo com o eixo x da página.
- **Align to Path:** Orienta a mesclagem perpendicularmente de acordo com o path.

– Extraído do Illustrator Help

Crie uma mesclagem com passos especificados

Agora, você vai utilizar a ferramenta Blend para criar uma série de formas mescladas. Serão usadas três diferentes formas coloridas na base da xícara de café, com especificação do número de passos na mesclagem.

1 Dê um duplo clique na ferramenta Blend ( ) do painel Tools para abrir a caixa de diálogo Blend Options.

2 Escolha Specified Steps no menu Spacing e altere o número de passos para **2**. Clique em OK.

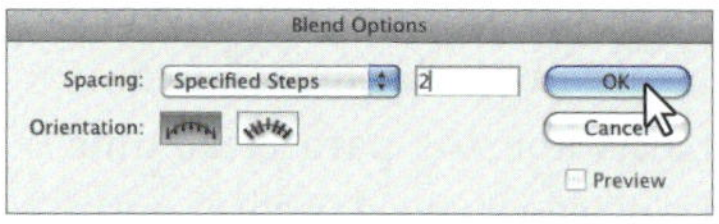

▶ **Dica:** Você também pode criar uma mesclagem selecionando objetos e escolhendo Object > Blend > Make.

3 Utilizando a ferramenta Blend, posicione o cursor sobre o grão de café da esquerda. Clique quando o cursor exibir um X ( ). Posicione o cursor sobre o grão de café no centro até que o cursor exiba um sinal de adição ( ),indicando que você pode adicionar um objeto à mesclagem. Clique no grão para adicioná-lo. Você tem agora uma mesclagem entre esses dois objetos.

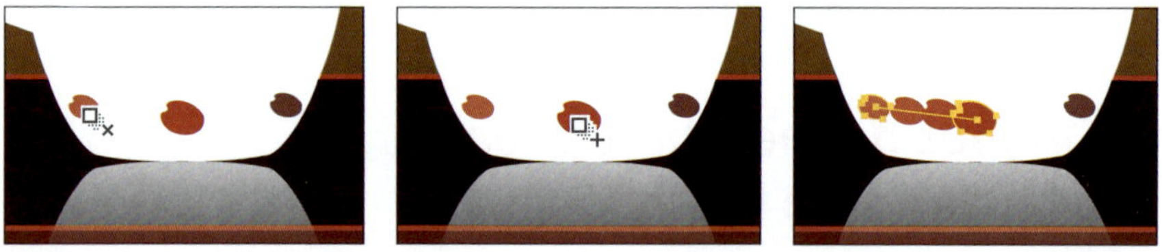

4 Clique no grão de café da direita com o cursor da ferramenta Blend (exibindo o sinal de adição) para adicioná-lo à mesclagem e completar o path mesclado.

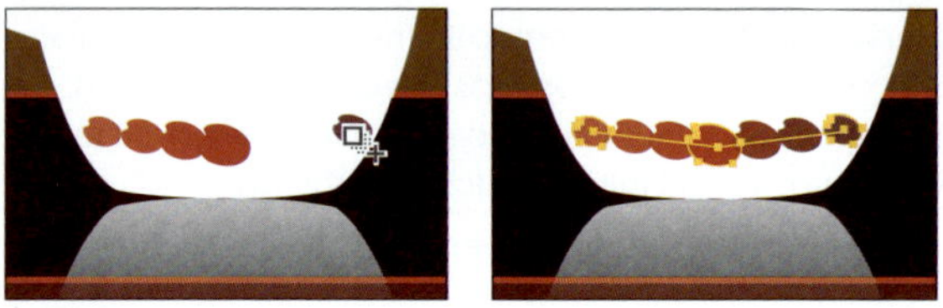

● **Nota:** Para finalizar o path atual e continuar a mesclar outros objetos em um path separado, primeiro clique na ferramenta Blend do painel Tools e então clique nos outros objetos.

Modifique a mesclagem

A seguir, você vai modificar o objeto de mesclagem utilizando a caixa de diálogo Blend Options. Você também vai usar a ferramenta Anchor Point para editar a forma do path, chamada linha mestra, em que os grãos se mesclam.

1 Com os grãos mesclados ainda selecionados, escolha Object > Blend > Blend Options. Na caixa de diálogo Blend Options, altere Specified Steps para 1 e clique em OK.

▶ **Dica:** Para editar as opções de mesclagem dos objetos, você também pode selecionar a mesclagem e então dar um duplo clique na ferramenta Blend.

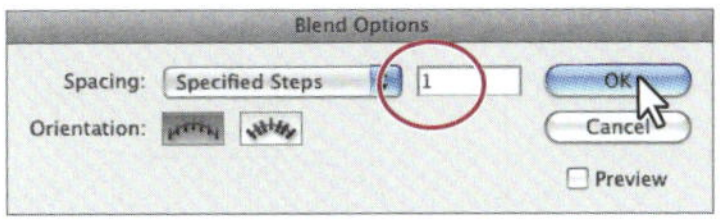

2 Escolha Select > Deselect.

3 Escolha a ferramenta Direct Selection (↖) no painel Tools. Clique no centro do grão de café vermelho para selecionar esse ponto de ancoragem. No painel Control, clique no botão Convert Selected Anchor Points To Smooth ( ) para suavizar a curva. Com a ferramenta Direct Selection, arraste o ponto de ancoragem.

● **Nota:** Você está editando a linha mestra. Não importa a maneira como você a edita, os objetos mesclados acompanham esse processo.

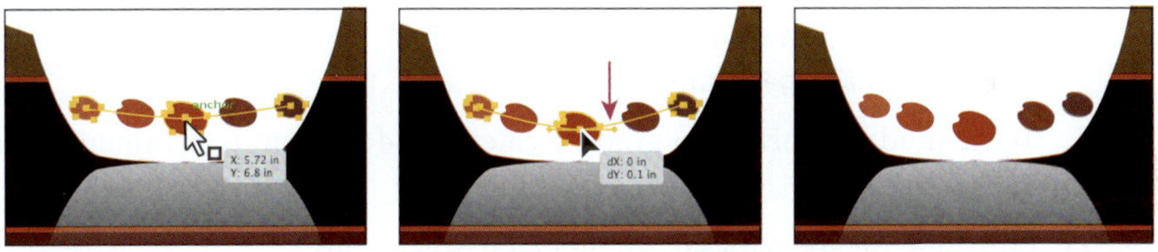

Para editar a linha mestra de uma mesclagem, selecione o ponto de ancoragem, converta-o em um ponto suave e arraste-o.

4 Escolha Select > Deselect.

▶ **Dica:** Uma maneira rápida de remodelar o path de uma mesclagem é fazê-lo contornar outro path ou objeto. Selecione a mesclagem, selecione o outro objeto ou path e então escolha Object > Blend > Replace Spine.

Você pode modificar a mesclagem instantaneamente alterando a forma, a cor ou a posição dos objetos originais. Agora, você vai editar as cores e a posição do grão de café vermelho e ver o efeito sobre a mesclagem.

▶ **Dica:** Quando você converteu o ponto de ancoragem da parte inferior em um ponto suave, o espaçamento entre os grãos de café mudou. Para igualar o espaçamento, converta os pontos de ancoragem da esquerda e da direita na linha mestra em pontos suaves e, então, ajuste as linhas de direção com a ferramenta Direct Selection.

5 Selecione a ferramenta Zoom (🔍) no painel Tools e arraste uma seleção sobre os grãos para ampliá-los.

6 Com a ferramenta Selection (↖), clique nos objetos mesclados para selecioná-los.

7 Dê um duplo clique no grão de café vermelho do centro da mesclagem para entrar no modo de isolamento. Isso desagrupa temporariamente os objetos mesclados e permite editar individualmente os grãos originais (não os grãos criados pela mesclagem) e a linha mestra. Clique para selecionar o grão vermelho.

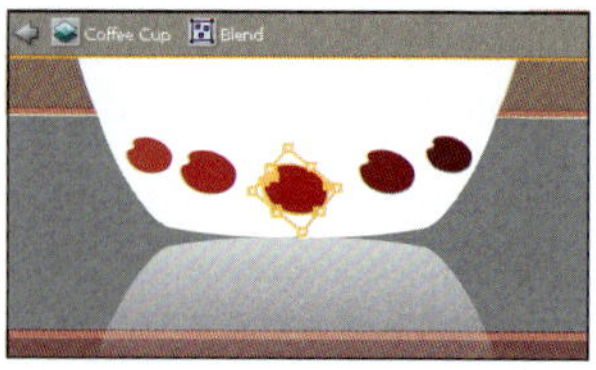

8 Escolha View > Outline para ver as partes da mesclagem. Escolha View > Preview para ver os objetos preenchidos novamente.

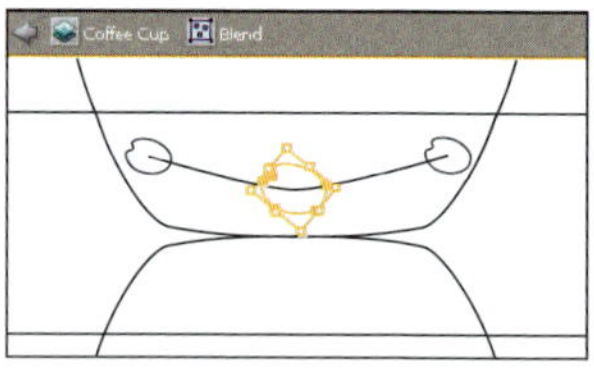

9 Altere a cor de preenchimento do grão selecionado para a amostra chamada Light Green no painel Control. Observe que o restante da mesclagem muda.

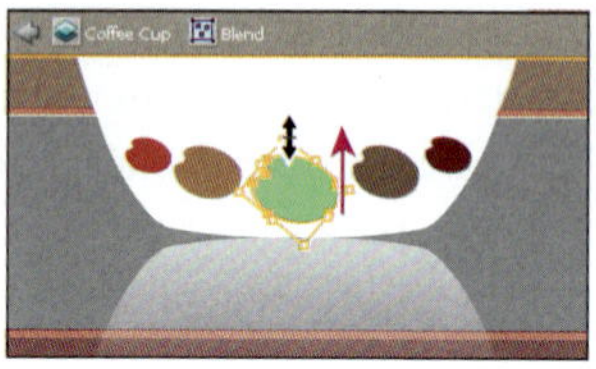

10 Com a ferramenta Selection, pressione Shift+Alt (Windows) ou Shift+Option (Mac OS) e arraste um ponto angular do grão de café selecionado para aumentar o grão.

Tente mudar a forma do grão de café girando-o com a ferramenta Direct Selection (↖).

11 Pressione Escape para sair do modo de isolamento.

12 Com a ferramenta Selection, clique para selecionar os objetos mesclados novamente. Escolha Object > Blend > Reverse Spine. Isso inverte a ordem dos grãos. Mantenha os objetos mesclados selecionados.

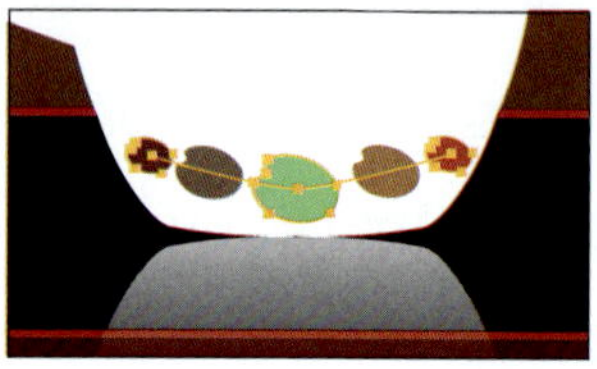

Os objetos mesclados são considerados um só objeto de mesclagem. Se você precisar editar todos os grãos de café (incluindo os grãos que a mesclagem criou), expanda a mesclagem. Expandir a mesclagem converte-a em objetos específicos. Você não pode mais editar a mesclagem como um objeto único porque ela se tornou um grupo de grãos.

A seguir, você vai expandir os grãos.

13 Escolha Object > Blend > Expand. Com os grãos ainda selecionados, observe a palavra Group no lado esquerdo do painel Control.

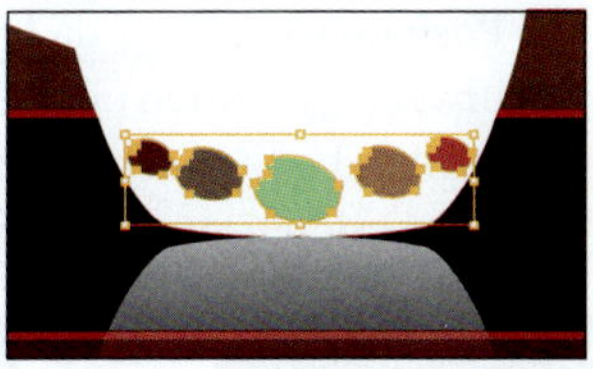

A mesclagem é agora um grupo de formas individuais que você pode editar de modo independente.

14 Escolha Select > Deselect.

15 Escolha File > Save.

Crie mesclagens de cores suaves

Você pode escolher várias opções para mesclar as formas e as cores dos objetos a fim de criar um novo objeto. Quando você escolhe a opção de mesclagem Smooth Color, o Illustrator combina as formas e as cores dos objetos em vários passos intermediários, criando uma mesclagem gradual suave entre os objetos originais.

Você vai combinar duas formas para um grão de café em uma mesclagem colorida suave.

1 Escolha View > Fit Artboard In Window.

2 Expanda o painel Layers e clique para selecionar a coluna Visibility à esquerda da camada Blends e a camada Coffee Beans.

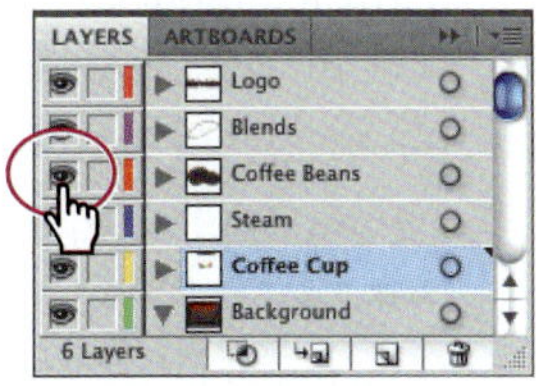

Você vai mesclar as cores para deixar o grão de café mais realista.

3 Clique no ícone de olho ( ) para desmarcar a exibição da camada Coffee Beans e facilitar a visualização dos dois objetos que você mesclará em seguida. Mantenha o painel Layers expandido, a menos que ele atrapalhe.

4 Selecione a ferramenta Zoom ( ) no painel Tools e arraste um contorno de seleção em volta das linhas curvas à esquerda da xícara de café.

5 Dê um duplo clique na ferramenta Blend ( ) do painel Tools para abrir a caixa de diálogo Blend Options.

6 Escolha Smooth Color no menu Spacing para configurar as opções de mesclagem, que permanecem configuradas até você mudá-las. Clique em OK.

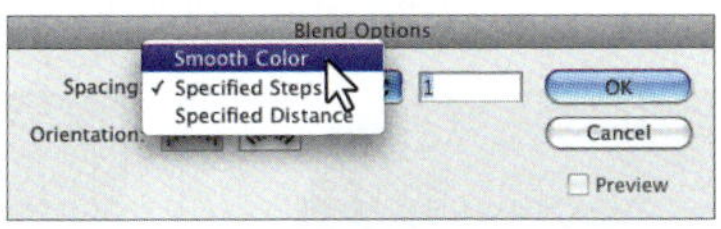

▶ **Dica:** Para liberar ou remover uma mesclagem dos objetos originais, selecione a mesclagem e escolha Object > Blend > Release.

A seguir, você vai criar uma mesclagem colorida suave das duas linhas à esquerda da xícara de café. Os dois objetos contêm um contorno e nenhum preenchimento. Os objetos que contêm contornos são mesclados de modo diferente daqueles sem qualquer contorno.

7 Posicione o cursor da ferramenta Blend sobre a linha superior até ele exibir um X (⧉ₓ) e então clique. Clique na linha de baixo com o cursor da ferramenta Blend que mostra um sinal de adição (⧉₊) para adicioná-lo à mesclagem. Você criou uma mesclagem suave entre as linhas.

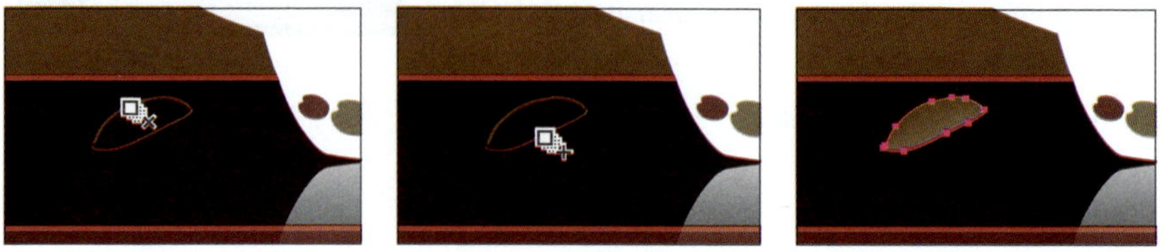

8 Escolha Select > Deselect.

▶ **Dica:** A criação de mesclagens de cores suaves entre paths pode ser difícil em algumas situações. Por exemplo, se as linhas se interceptam ou são excessivamente curvas, os resultados podem ser inesperados.

Quando você cria uma mesclagem de cor suave entre os objetos, o Illustrator calcula automaticamente o número de passos intermediários necessário para criar uma transição entre os objetos. Assim que você aplicar uma mesclagem colorida suave a objetos, você poderá editá-la. Agora, você vai editar os paths que compõem a mesclagem.

9 Utilizando a ferramenta Selection (↖), dê um duplo clique na mesclagem colorida para entrar no modo de isolamento. Clique para selecionar um dos paths e alterar a cor de contorno no painel Control para qualquer cor que você quiser. Observe como as cores são mescladas. Escolha Edit > Undo Apply Swatch para voltar à cor de contorno original.

10 Dê um duplo clique longe dos paths de mesclagem para sair do modo de isolamento.

11 No painel Layers, clique para selecionar a exibição da camada Coffee Beans e da camada Steam para deixar esses objetos visíveis na prancheta.

12 Para completar o grão, selecione os paths mesclados com a ferramenta Selection e escolha Edit > Copy e então Edit > Paste para colar uma cópia da mesclagem.

13 Mova a mesclagem para baixo do mesmo grão, à esquerda da xícara de café.

14 Selecione a ferramenta Rotate (↻) no painel Tools. Arraste para girar a mesclagem para que ela se ajuste à parte inferior do grão. Você precisará alternar para a ferramenta Selection para mover a mesclagem para a posição.

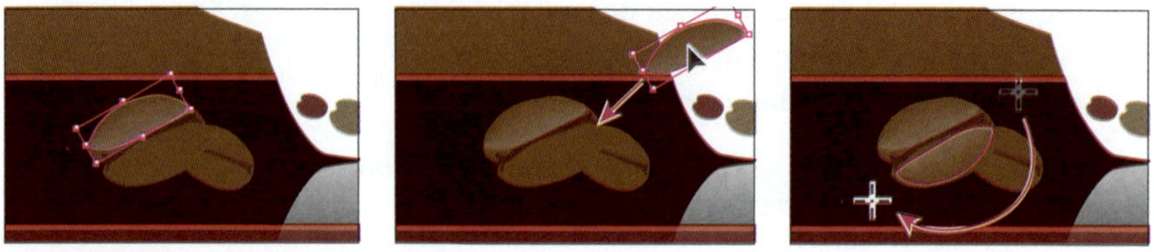

Copie a mesclagem. Cole e mova para a posição. Gire e posicione a mesclagem.

15 Escolha View > Fit Artboard In Window.

16 Escolha Select > Deselect e então File > Save.

Explore por conta própria

Há várias maneiras de ser criativo usando degradês e mesclagens. Para explorar mais o tema, você vai criar uma mesclagem para o vapor do café. Feito isso, você vai criar um novo documento para um path mais complexo, que você mesclará.

1 Com a camada Steam visível, selecione o vapor na prancheta com a ferramenta Selection (↖).

2 Escolha Essentials no seletor da àrea de trabalho na barra Application.

3 Expanda o painel Gradient e selecione Fade To Black no menu Gradient

4 Selecione a ferramenta Gradient (■) no painel Tools e posicione o cursor sobre o vapor. Arraste de cima para baixo sobre o vapor para alterar a direção do degradê.

5 Adicione uma interrupção de cor para que apareçam três no controle deslizante de degradê.

6 Altere a cor de cada interrupção para branco dando um duplo clique em cada uma, usando a ferramenta Gradient. Altere Opacity para **10** na interrupção de cor de cima e **5** na interrupção de baixo.

Tente alterar a cor e a opacidade de cada interrupção de cor.

7 Escolha File > Save e então File > Close.

Agora, crie uma mesclagem mais complexa.

1 Escolha File > New para criar um novo documento. Desenhe uma linha reta utilizando a ferramenta Line Segment.

2 Selecione a linha, remova o preenchimento, pinte o contorno com uma cor e aumente a espessura do contorno para **20** pt.

3 Se o painel Stroke não estiver visível, escolha Window > Stroke. Com a linha selecionada, escolha a opção Dashed Line. Digite **25** no campo do primeiro traço e pressione Enter ou Return.

4 Escolha Object > Path > Outline Stroke.

Observe que os valores de cor do contorno e do preenchimento foram alternados; agora, você pode preencher o objeto com um degradê.

5 Preencha o objeto com um degradê da sua preferência.

6 Copie e cole os objetos, movendo-os separadamente com a ferramenta Selection. Dê um duplo clique na ferramenta Blend (⧉) do painel Tools. Escolha Smooth Color na caixa de diálogo Blend Options e clique em OK. Clique nos dois objetos com a ferramenta Blend para criar a mesclagem. Pratique a edição de objetos individuais na mesclagem.

Perguntas de revisão

1 O que é um preenchimento degradê?

2 Identifique duas maneiras de preencher um objeto com um degradê.

3 Qual é a diferença entre um preenchimento degradê e uma mesclagem?

4 Como você ajusta a mesclagem entre as cores em um degradê?

5 Identifique duas maneiras de adicionar cores a um degradê.

6 Como você ajusta a direção de um degradê?

7 Descreva duas maneiras de mesclar as formas e as cores dos objetos.

8 Qual é a diferença entre selecionar uma mesclagem de cor suave e especificar o número de passos em uma mesclagem?

9 Como você ajusta as formas ou as cores na mesclagem? Como você ajusta o path da mesclagem?

Respostas

1 Um degradê é uma mesclagem gradual entre duas ou mais cores ou entre tons da mesma cor.

2 Selecione um objeto e siga uma destas opções:

- Clique na caixa Gradient do painel Tools para preencher um objeto com o degradê branco e preto padrão ou com o último degradê selecionado.
- Clique em uma amostra de degradê no painel Swatches.
- Crie um novo degradê clicando em uma amostra de degradê no painel Swatches e misturando seu próprio degradê no painel Gradient.
- Utilize a ferramenta Eyedropper para obter uma amostra de um degradê a partir de um objeto em seu trabalho e então a aplique ao objeto selecionado.

3 A diferença entre um preenchimento degradê e uma mesclagem é a maneira como as cores se combinam – elas se mesclam entre si dentro de um preenchimento degradê e entre objetos em uma mesclagem.

4 Você arrasta os ícones de losango ou as interrupções de cor do degradê no painel Gradient.

5 No painel Gradient, clique abaixo da barra de degradê para adicionar um limite de degradê ao degradê. Utilize o painel Color para misturar uma nova cor ou, no painel Swatches, clique com Alt (Windows) ou Option (Mac OS) pressionadas em uma amostra de cores. Você pode selecionar a ferramenta

Gradient no painel Tools e posicionar o cursor sobre o objeto preenchido pelo degradê. Pode também clicar abaixo do controle deslizante de degradê que aparece no painel Gradient ou então na arte com a ferramenta Gradient selecionada, para adicionar uma interrupção de cor.

6 Arraste com a ferramenta Gradient para ajustar a direção de um degradê. Arrastar por uma longa distância muda as cores gradual e suavemente; arrastar por uma distância curta torna a alteração das cores mais brusca. Você também pode girar o degradê utilizando a ferramenta Gradient e alterar o raio, o Aspect Ratio e o ponto inicial.

7 Você pode mesclar as formas e as cores dos objetos fazendo isto:

- Clicar em cada objeto com a ferramenta Blend para criar uma mesclagem dos passos intermediários entre os objetos de acordo com opções predefinidas de mesclagem.
- Selecionar os objetos e escolher Object > Blend > Blend Options para configurar o número de passos intermediários e, então, escolher Object > Blend > Make para criar a mesclagem.

Objetos com contornos pintados se mesclam de maneira diferente dos sem contorno.

8 Quando você escolhe a mesclagem Smooth Color, o Illustrator calcula automaticamente o número de passos intermediários necessário para criar uma mesclagem transparentemente suave entre os objetos selecionados. Especificar o número de passos permite determinar quantos passos intermediários estarão visíveis na mesclagem. Você também pode especificar a distância entre os passos intermediários na mesclagem.

9 Utilize a ferramenta Direct Selection para selecionar e ajustar a forma de um objeto original, alterando assim a forma da mesclagem. Você pode alterar as cores dos objetos originais para ajustar as cores intermediárias na mesclagem. Utilize a ferramenta Convert Anchor Point para alterar a forma da linha mestra, ou spine, da mesclagem arrastando os pontos de ancoragem ou as alças de direção na linha mestra.

11 TRABALHANDO COM PINCÉIS

Visão geral da lição

Nesta lição, você vai aprender a:

- Utilizar os quatro tipos de pincel: Art, Calligraphic, Pattern e Bristle
- Aplicar pincéis a paths criados com ferramentas de desenho
- Pintar e editar paths com a ferramenta Paintbrush
- Alterar a cor de pincel e ajustar as configurações de pincel
- Criar novos pincéis no Adobe® Illustrator®
- Trabalhar com as ferramentas Blob Brush e Eraser

Esta lição levará aproximadamente uma hora para ser concluída. Se necessário, remova a pasta da lição anterior de seu disco rígido e copie a pasta Lesson11.

A variedade de tipos de pincel no Adobe Illustrator CS5 permite criar uma miríade de efeitos simplesmente pintando ou desenhando com a ferramenta Paintbrush ou as ferramentas de desenho. Você também pode trabalhar com a ferramenta Blob Brush e escolher os pincéis Art, Calligraphic, Pattern, Bristle e Scatter, ou criar novos pincéis de acordo com seu trabalho.

Introdução

Nesta lição, você vai aprender a trabalhar com a ferramenta Blob Brush e com a ferramenta Eraser. Também vai aprender a utilizar os quatro tipos de pincéis do painel Brushes, a alterar as opções de pincel e a criar seus próprios pincéis. Antes de começar, você vai restaurar as preferências padrão do Adobe Illustrator CS5. Então, você vai abrir o arquivo de trabalho da primeira parte desta lição para ver o trabalho final.

1 Para que as ferramentas e os painéis funcionem como descritos nesta lição, exclua ou desative (renomeando) o arquivo de preferências do Adobe Illustrator CS5. Consulte "Restaurando as preferências padrão", na página 15.

2 Inicie o Adobe Illustrator CS5.

● **Nota:** Se você ainda não o fez, copie os arquivos desta lição para o seu disco rígido a partir da pasta Lesson11 do CD do *Adobe Illustrator CS5 Classroom in a Book*. Veja "Copiando os arquivos do Classroom in a Book", na página 14.

3 Escolha File > Open e abra o arquivo L11end_1.ai da pasta Lesson11, localizada na pasta Lessons de seu disco rígido.

4 Se preferir, escolha View > Zoom Out para diminuir a visualização do trabalho e, então, ajuste o tamanho da janela e deixe o trabalho aberto enquanto trabalha. (Utilize a ferramenta Hand (✋) para mover o trabalho para onde quiser na janela Document.) Se não quiser deixar o trabalho final aberto, escolha File > Close.

Para começar a trabalhar, você vai abrir um arquivo existente.

5 Escolha File > Open para abrir o arquivo L11start_1.ai da pasta Lesson11, dentro da pasta Lessons de seu disco rígido.

6 Escolha File > Save As. Na caixa de diálogo Save As, atribua ao arquivo o nome **bookcover.ai** e escolha a pasta Lesson11. Deixe a opção Save As Type configurada como Adobe Illustrator (*.AI) (Windows) ou a opção Format configurada como Adobe Illustrator (ai) (Mac OS) e clique em Save. Na caixa de diálogo Illustrator Options, deixe as opções do Illustrator em suas configurações padrão e clique em OK.

Trabalhe com pincéis

Usando os pincéis, você pode decorar paths com padrões, figuras, pinceladas, texturas ou traços inclinados. Você pode modificar os pincéis fornecidos no Illustrator e criar seus próprios pincéis.

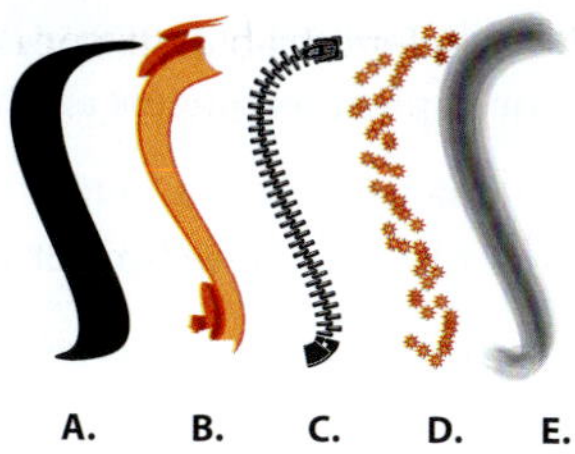

A. Pincel Calligraphic
B. Pincel Art
C. Pincel Pattern
D. Pincel Scatter
E. Pincel Bristle

Você pode aplicar pinceladas a paths existentes ou utilizar a ferramenta Paintbrush para desenhar um path e aplicar uma pincelada, simultaneamente. Pode alterar a cor, o tamanho e outros recursos de um pincel. Também pode editar paths depois que os pincéis forem aplicados.

Há cinco tipos de pincéis que aparecem no painel Brushes (Window > Brushes): Calligraphic, Art, Pattern, Scatter and Bristle. Nesta lição você vai descobrir como trabalhar com todos estes, exceto o pincel Scatter.

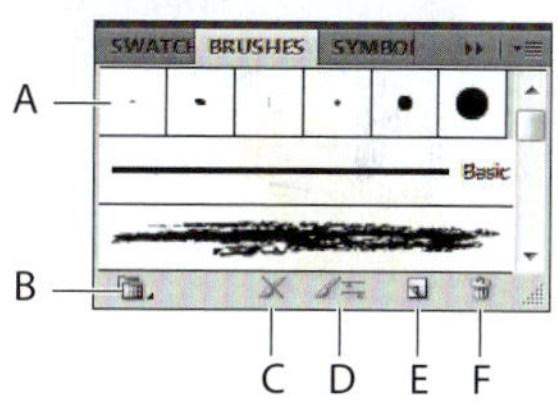

A. Pincéis
B. Menu Brush Libraries
C. Remover pincelada
D. Opções do objeto selecionado
E. Novo pincel
F. Excluir pincel

Use pincéis Calligraphic

Os pincéis Calligraphic lembram contornos desenhados com a ponta inclinada de uma caneta de caligrafia. Os pincéis Calligraphic são caracterizados por uma forma elíptica cujo centro acompanha um path. Você pode utilizar esses pincéis para gerar a aparência de contornos escritos à mão livre com uma caneta de ponta plana e inclinada.

Exemplos de pincéis Calligraphic

A seguir, você vai usar uma caneta caligráfica para criar as bandeirolas no vagão de trem.

1. Escolha View > Fit Artboard In Window.
2. Clique no ícone do painel Brushes ( ) no lado direito da área de trabalho para expandir o painel Brushes.
3. No painel Brushes, escolha List View no menu do painel ( ).
4. Abra o menu do painel Brushes ( ) e desmarque Show Art Brushes, Show Bristle Brushes e Show Pattern Brushes, deixando apenas os pincéis Calligraphic visíveis no painel.

● **Nota:** Uma marca de seleção ao lado do tipo de pincel no menu do painel Brushes indica que o tipo de pincel está visível no painel.

5 No painel Control, clique na cor de contorno e escolha a amostra laranja--clara. Altere a espessura do contorno para **2** pt e certifique-se de que a cor do preenchimento seja None. Os pincéis Calligraphic usam a cor de contorno atual quando você aplica os pincéis ao trabalho.

6 Dê um duplo clique na ferramenta Pencil (✎) no painel Tools. Na caixa de diálogo Pencil Tool Options, altere Smoothness para **100%** e clique em OK.

7 Posicione o cursor no canto superior esquerdo da forma de vagão de trem vermelho e desenhe dois "U" no vagão, da esquerda para a direita, em um movimento contínuo. Essa ação formará as bandeiras decorativas no vagão.

8 Com a forma que você desenhou, clique no pincel Oval de 5 pt no painel Brushes para aplicá-lo à linha. Observe que a espessura do contorno é alterada no painel Control.

Desenhe as bandeirolas.

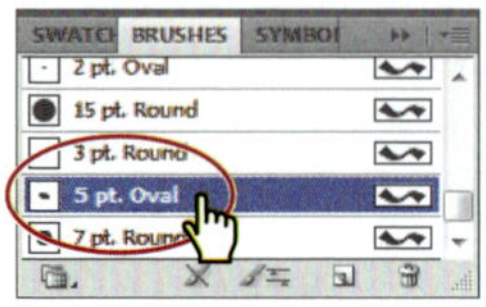

Aplique o pincel.

O resultado.

Edite um pincel

Para alterar as opções de um pincel, você pode dar um duplo clique no pincel no painel Brushes. Edições são aplicáveis apenas ao documento atual, e podem alterar a arte a que o pincel foi aplicado, você escolhe. Agora você vai alterar a aparência do pincel Oval de 5 pt.

● **Nota:** As edições que você fizer vão alterar o pincel apenas para este documento.

1 No painel Brushes, dê um duplo clique no pincel Oval de 5 pt para exibir a caixa de diálogo Calligraphic Brush Options.

Você pode alterar as seguintes opções: o ângulo do pincel em relação à linha horizontal, a circularidade (de linha reta a círculo) e o diâmetro (de 0 a 1296 pt), para alterar a forma que define a ponta do pincel. Além disso, é possível também alterar a aparência do contorno que o pincel traça.

▶ **Dica:** A janela de visualização na caixa de diálogo (abaixo do campo Name) mostra as alterações que você fez no pincel.

2 No campo de texto Name, digite **30 pt. Oval**. Digite **135** para ângulo, **10%** para circularidade e **30** pt para diâmetro. Selecione Preview e observe que os contornos do pincel Calligraphic se alteram no trabalho. Clique em OK.

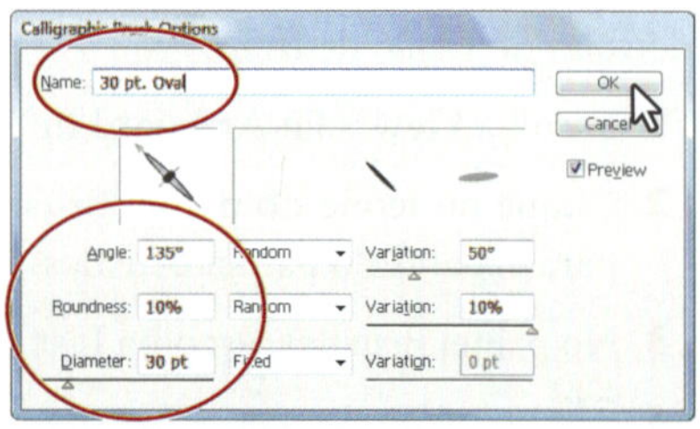

3 Na caixa de diálogo de alerta, clique em Apply to Strokes para aplicar as mudanças à arte criado com o pincel.

Uma vez que você está editando o pincel no painel Brushes, Apply To Strokes permite que você atualize os contornos na prancheta em que esse pincel foi aplicado.

4 Escolha Select > Deselect e depois escolha File > Save.

Use uma cor de preenchimento com pincéis

Quando você aplica um pincel ao contorno de um objeto, você pode também aplicar uma cor de preenchimento para pintar o interior do objeto. Quando você usa uma cor de preenchimento com um pincel, os objetos de pincel aparecem no alto da cor de preenchimento nos locais onde os objetos e de pincel se sobrepõem. A seguir, você vai preencher a forma das bandeirolas que você criou com uma cor de preenchimento.

O path com uma cor de preenchimento e um pincel aplicado ao traço.

1 Com a ferramenta Selection (↖), selecione a forma de bandeirola que você desenhou.

2 Clique na cor de preenchimento no painel Control e selecione a amostra CMYK Cyan.

3 Clique fora do trabalho para remover a seleção.

Remova um traço de pincel

Você pode remover facilmente um traço de pincel aplicado à arte se ele estiver em um local indesejado. Agora você vai remover o traço de pincel no path acima do pato, na locomotiva. Esse path tem o path 5 pt. Oval que você editou.

1 Com a ferramenta Selection (↖), clique no path cinza-escuro acima do pato.

2 Clique no botão Remove Brush Stroke (✕) na parte inferior do painel Brushes.

3 Altere a espessura do traço para **10** pt no painel Control.

4 Escolha File > Save.

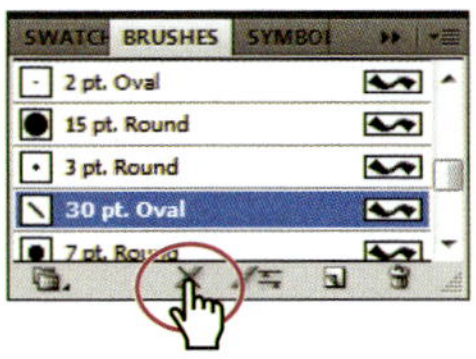

Use pincéis Art

Os pincéis Art, que incluem pincéis flecha, pincéis decorativos, artísticos, entre outros, alongam uma forma de pincel (como Rough Charcoal) ou forma de objeto de maneira uniforme ao longo do comprimento do path. Os pincéis Art incluem traços que lembram diversos elementos gráficos, como o pincel Charcoal-Feather.

Exemplos de pincel Art.

Desenhe com a ferramenta Paintbrush

Agora você vai utilizar a ferramenta Paintbrush para aplicar um pincel artístico ao urso e assim conferir uma aparência peluda a ele. Conforme dissemos antes, a ferramenta Paintbrush permite que você aplique um pincel enquanto desenha.

1 Escolha Essentials no seletor da área de trabalho na barra Application.

2 Selecione a ferramenta Zoom (🔍) no painel Tools e arraste um contorno de seleção sobre o urso de pelúcia para aumentar o zoom.

3 Selecione a ferramenta Selection (↖) no painel Tools e clique para selecionar o urso. Isso seleciona a camada em que o urso está. Com isso, qualquer arte que você pintar ficará nessa camada. Escolha Select > Deselect.

4 Altere a cor de contorno para bear brown e a cor de preenchimento para None no painel Control.

● **Nota:** Um sinal de verificação ao lado do tipo de pincel no menu do painel Brushes indica que o tipo de pincel ainda está visível no painel.

5 Clique no ícone do painel Brushes (🖌) no lado direito do área de trabalho. Abra o menu do painel Brushes (▾≡) e remova a seleção Show Calligraphic Brushes. Então selecione Show Art Brushes para tornar os pincéis visíveis no painel Brushes.

6 Clique no botão Brush Libraries Menu (📚) na parte inferior do painel Brushes e escolha Artistic > Artistic_ChalkCharcoalPencil.

7 No painel Artistic_ChalkCharcoalPencil, escolha List View no menu do painel. Clique Charcoal – Thick na lista para adicionar o pincel ao painel Brushes para esse documento. Feche o painel Artistic_ChalkCharcoalPencil.

Você vai pintar ao redor do exterior do urso para dar um contorno grosseiro (peludo) às bordas.

8 Selecione a ferramenta Paintbrush (🖌) no painel Tools e então clique no pincel Charcoal – Thick no painel Brushes. Altere a espessura do traço para **0.5** pt no painel Control. Desenhe um traço ascendente longo para criar o lado esquerdo do rosto do urso, começando no ombro e terminando na orelha. Não se preocupe se seu traço não acompanhar as bordas com precisão. Arraste até o alto da cabeça a partir da orelha esquerda e indo até a direita. Conclua arrastando um traço descendente longo para criar o lado direito do rosto do urso, começando na parte inferior da orelha direita e indo até o ombro direito.

9 Selecione a ferramenta Selection (↖) no painel Tools. Dê um duplo clique na orelha esquerda duas vezes para entrar no modo de isolamento. Clique para selecionar a parte marrom-clara da orelha.

10 Clique no pincel Charcoal – Thick no painel Brushes para aplicá-lo. Altere a espessura do contorno para **0.5** pt e a cor de preenchimento para bear brown no painel Control.

11 Pressione a tecla Esc para sair do modo de isolamento. Repita esses passos para a outra orelha.

12 Escolha Select > Deselect e depois File > Save.

Edite paths com a ferramenta Paintbrush

Agora você vai usar a ferramenta Paintbrush para editar um path selecionado.

1 Clique para selecionar o último path que você desenhou no lado direito do rosto do urso com a ferramenta Selection.

2 Selecione a ferramenta Paintbrush (🖌) no painel Tools. Posicione o cursor próximo à parte inferior do path selecionado e arraste para baixo e para a esquerda, para estender o path até ficar um pouco abaixo do queixo do urso. Certifique-se de que o cursor esteja sobre o path selecionado antes de prosseguir.

O path selecionado é editado a partir do ponto em que você começou a desenhar.

3 Mantenha pressionada a tecla Ctrl (Windows) ou Command (Mac OS) para alternar para a ferramenta Selection e selecione o primeiro path que você desenhou com a ferramenta Paintbrush (no lado esquerdo do rosto do urso).

4 Com a ferramenta Paintbrush ainda selecionada, mova o cursor para próximo da parte inferior do path selecionado e arraste para baixo e para a direita, para estender o path um pouco para baixo, sob o queixo do urso. Veja a figura abaixo para ter uma noção da posição.

▶ **Dica:** Você pode também editar paths desenhados com a ferramenta Paintbrush usando a ferramenta Smooth (✎) e a ferramenta Path Eraser (✎), localizadas abaixo da ferramenta Pencil (✎) no painel Tools.

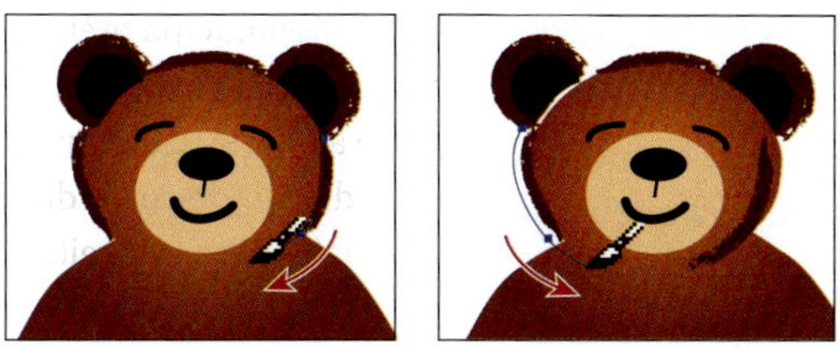

5 Escolha Select > Deselect e então escolha File > Save.

A seguir você vai editar as opções da ferramenta Paintbrush.

▶ **Dica:** Aumente o valor da opção Smoothness na caixa de diálogo Paintbrush Tool Options para suavizar o path por meio do uso de um número menor de pontos enquanto desenha.

6 Dê um duplo clique na ferramenta Paintbrush (🖌) para exibir a caixa de diálogo Paintbrush Tool Options. Selecione Keep Selected e então clique em OK.

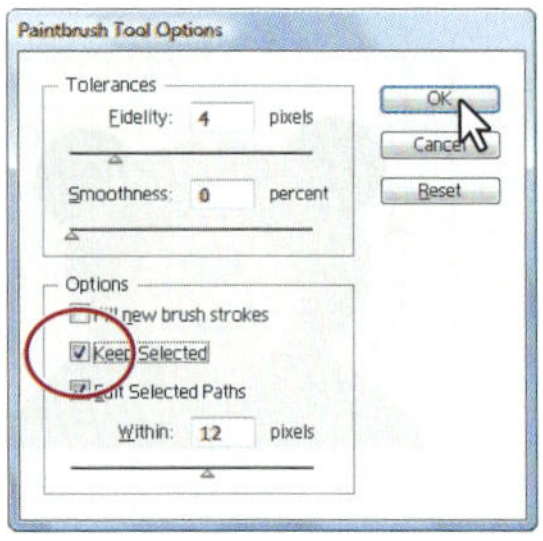

A caixa de diálogo Paintbrush Tool Options muda a maneira como a ferramenta Paintbrush funciona. Uma vez que você selecionou Keep Selected, os paths permanecerão selecionados após você terminar de desenhá-los.

7 Com a ferramenta Paintbrush selecionada, posicione o cursor sobre ombro esquerdo e arraste para baixo e para a esquerda, para vetorizar em torno do braço à esquerda. Pinte todo o trecho em torno do braço e a lateral do corpo do urso.

● **Nota:** Você pode soltar o botão do mouse em certos pontos e então continuar pintando o path. O path permanece selecionado porque você definiu a opção Keep Selected na caixa de diálogo Paintbrush Tool Options.

8 Com a ferramenta Paintbrush selecionada, posicione o cursor sobre o ombro direito e arraste para baixo e para a direita, para vetorizar em torno do braço à direita. Pinte todo o trecho em torno do braço e a lateral do corpo do urso.

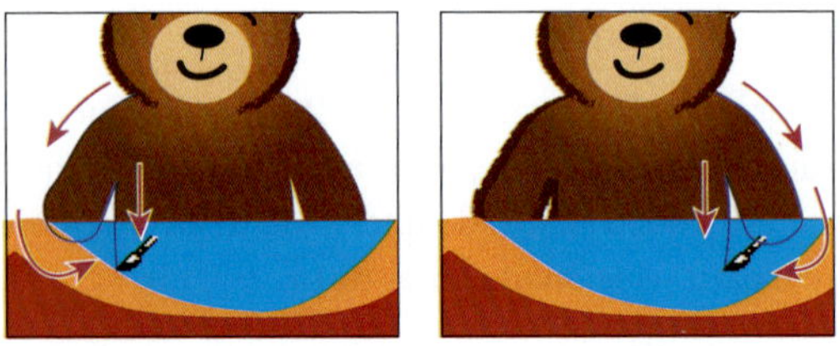

● **Nota:** Quando a opção Keep Selected estiver desmarcada, você pode editar um path selecionando-o com a ferramenta Selection (↖) ou selecionando um segmento ou ponto no path com a ferramenta Direct Selection (↖) e redesenhando sobre o path com a ferramenta Paintbrush.

9 Dê um duplo clique na ferramenta Paintbrush no painel Tools. Na caixa de diálogo Paintbrush Tool Options, desmarque a seleção da opção Keep Selected e clique em OK.

Agora os paths não permanecerão selecionados após você terminar de desenhá-los e você poderá desenhar paths que se sobrepõem, sem alterar paths desenhados previamente.

10 Escolha Select > Deselect. Escolha Select > Object > Brush Strokes. Isso vai selecionar todos os objetos com uma pincelada em todas as pranchetas.

11 Selecione a ferramenta Selection no painel Tools. Pressione Shift e clique nas bandeirolas, para remover a seleção.

12 Clique em diversos outros pincéis no painel Brushes para ver os efeitos. Quando você tiver terminado, clique no pincel Charcoal – Thick outra vez para reaplicar esse pincel. Certifique-se de que a espessura do contorno (Stroke Weight) seja 0.5 pt no painel Control.

Os paths selecionados.

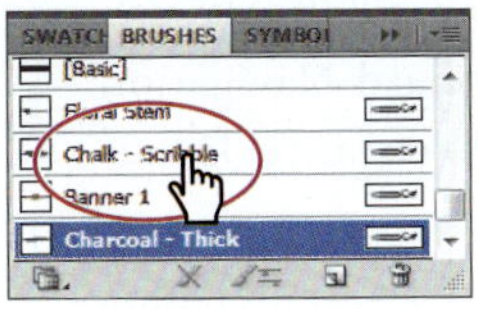

Experimente com outro pincel.

O resultado.

▶ **Dica:** Não esqueça que o Illustrator disponibiliza um grande número de pincéis. Para acessá-los, clique no botão Brush Libraries Menu (icon) no canto inferior esquerdo do painel Brushes.

13 Clique fora do trabalho para desmarcá-lo.

14 Escolha File > Save.

Crie um pincel Art

Você pode criar novos pincéis Calligraphic, Scatter, Art, Pattern e Bristle com base em suas próprias configurações. Para os pincéis Scatter, Art e Pattern, você precisa primeiro criar o trabalho que você deseja usar. Nesta seção, você vai utilizar o trabalho disponibilizado na Lição para criar um novo pincel Art. O pincel Art será usado para criar um logotipo para a locomotiva.

● **Nota:** Para aprender mais sobre a criação de pincéis, pesquise "Create or modify brushes" no Illustrator Help.

1 Escolha View > Fit Artboard In Window.

2 Escolha 2 no menu Artboard Navigation no canto inferior esquerdo da janela Document. Isso ajustará a segunda prancheta à janela Document.

3 Usando a ferramenta Selection (icon), clique para selecionar o grupo de estrelas.

A seguir você vai criar um pincel Art a partir da arte selecionada. Você pode criar um pincel Art a partir de arte vetorizada, mas essa arte não pode conter degradês, mesclagens ou traços de outros pincéis, objetos editáveis do tipo mesh, imagens de bitmap, gráficos, arquivos inseridos, máscaras ou texto que não foi convertido em curvas.

4 Clique no botão New Brush (icon) na parte inferior do painel Brushes. Isso cria um novo pincel a partir da arte selecionada.

5 Na caixa de diálogo New Brush, selecione Art Brush e então clique em OK.

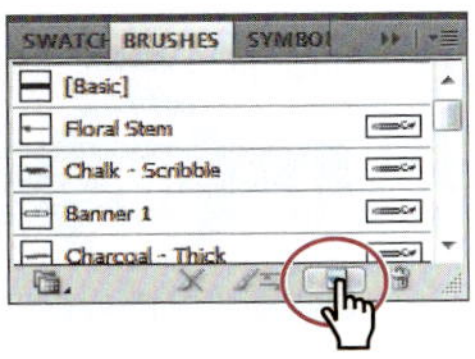

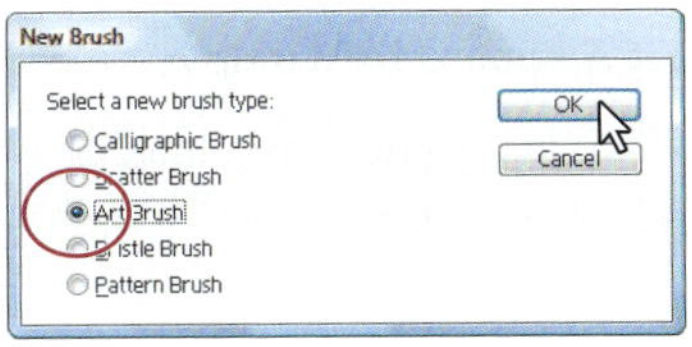

6 Na caixa de diálogo Art Brush Options, altere o nome para **train logo**. Clique em OK.

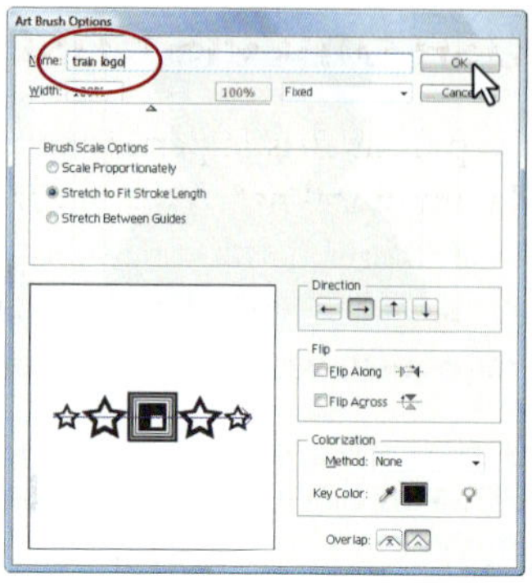

7 Escolha 1 no menu Artboard Navigation no canto inferior esquerdo da janela Document.

8 Selecione a ferramenta Selection no painel Tools e clique para selecionar o círculo ao redor do "RR" na locomotiva.

9 Selecione a ferramenta Zoom (🔍) no painel Tools e arraste uma seleção sobre o círculo e o texto RR no centro da locomotiva para aumentar a ampliação.

10 Clique no pincel do logotipo do trem no painel Brushes para aplicá-lo.

Observe que a arte original é estendida em torno de toda a forma. Esse é o comportamento padrão do pincel Art.

Edite um pincel Art

A seguir você vai editar o logotipo do pincel Art.

▶ **Dica:** Para aprender mais sobre a caixa de diálogo Art Brush Options, pesquise "Art brush options" no Illustrator Help.

1 Com o círculo ainda selecionado, dê um duplo clique no pincel do logotipo do trem no painel Brushes para abrir a caixa de diálogo Art Brush Options. Selecione Preview para ver as alterações enquanto as executa. Altere o valor de Width para **120%**. Isso aumentará o tamanho da arte em relação a sua largura original. Selecione Stretch Between Guides e então altere Start para **17** pt e End para **18** pt. Selecione Flip Along e então clique em OK.

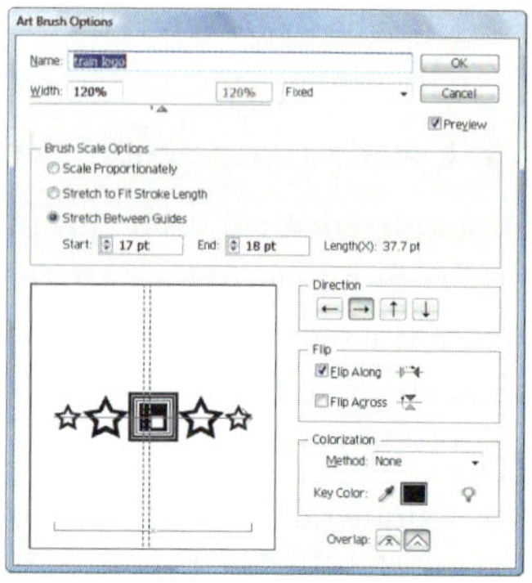

● **Nota:** Se as estrelas em seu círculo não estiverem na parte inferior dele, você pode girá-lo com a ferramenta Rotate (◌) no painel Tools, para corresponder à posição mostrada na figura.

2 Na caixa de diálogo de alerta, clique em Apply To Strokes para aplicar a alteração à arte em que o pincel foi usado.

3 Escolha View > Fit Artboard In Window.

4 Escolha Select > Deselect e então escolha File > Save.

Use pincéis Bristle

Os pincéis Bristle permitem criar traços com a aparência de um pincel natural com cerdas. Você vai começar ajustando as opções de pincel para alterar o modo como ele se manifesta no trabalho e então vai pintar com a ferramenta Paintbrush para criar um efeito de fogo.

Exemplos de pincéis Bristle.

Altere as opções do pincel Bristle

Conforme mostrado anteriormente, você pode alterar a aparência de um pincel ajustando suas configurações na caixa de diálogo Brush Options, antes ou depois de os pincéis serem aplicados ao trabalho. Quando você pinta com um pincel Bristle, ele cria paths vetorizados. Na maioria dos casos esta é a melhor maneira de ajustar as configurações do pincel Bristle antes de começar a pintar, já que a atualização de pinceladas pode ser um processo demorado.

1 No painel Brushes, escolha Show Bristle Brushes no menu do painel (▾☰) e remova a seleção de Show Art Brushes.

2 Dê um duplo clique no pincel Filbert para abrir a caixa de diálogo Brush Options para esse pincel. Mantenha a caixa de diálogo aberta para o próximo passo.

▶ **Dica:** O Illustrator vem com uma série de pincéis Bristle padrão. Clique no botão Brush Libraries Menu (📚) na parte inferior do painel Brushes e escolha Bristle > Bristle Brush Library.

3 Na caixa de diálogo Bristle Brush Options, mantenha Shape configurado em Flat Curve e pressione a tecla Tab para passar para o próximo campo de texto. Defina os seguintes valores:

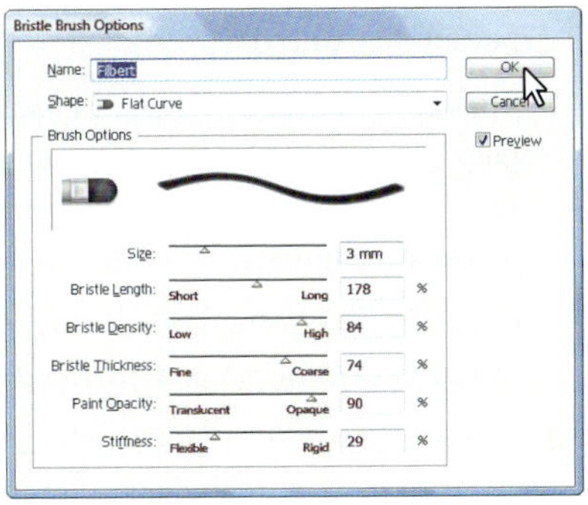

- Certifique-se de que Size (tamanho) esteja em **3** mm. O tamanho do pincel define seu diâmetro.
- Altere Bristle Length (comprimento da cerda) para **178**. O comprimento das cerdas é a distância entre a extremidade do cabo do pincel e ponta da cerda.
- Altere Bristle Density (densidade de cerdas) para **84**. A densidade da cerda é o número de cerdas por tufo.
- Para Bristle Thickness (espessura da cerda), defina o valor em **74**. A espessura da cerda varia de fina a grossa (entre 1 e 100%).
- Para Paint Opacity (opacidade da tinta), altere o valor para **90**. Essa opção permite definir a opacidade da tinta sendo usada.
- Para Stiffness (rigidez), altere o valor para **29**. A rigidez implica o grau de flexibilidade da cerda.

4 Clique em OK.

● **Nota:** Para aprender mais sobre a caixa de diálogo Bristle Brush Options e suas configurações, pesquise "Using the Bristle Brush" no Illustrator Help.

Pinte com um pincel Bristle

Agora você vai usar o pincel Filbert para desenhar fogo. Pintar com um pincel Bristle cria um traço bastante orgânico. Para restringir a pintura, você vai pintar o interior de uma forma. Isso vai mascarar a pintura no sentido de dar a ela a forma de uma chama.

1 Selecione a ferramenta Selection ( ) no painel Tools e arraste uma seleção sobre a forma de chama, ao lado do dinossauro, para aumentar a ampliação.

2 Selecione a ferramenta Selection ( ) no painel Tools e clique para selecionar a forma da chama. Isso seleciona a camada em que a forma está inserida. Assim, qualquer arte que você pintar ficará na mesma camada.

● **Nota:** Para aprender mais sobre modos de desenho, consulte a Lição 3, "Criando e Editando Formas".

3 Clique no botão Draw Inside ( ) na parte inferior do painel Tools.

● **Nota:** Se o painel Tools for exibido como uma coluna, clique e mantenha pressionado o botão Drawing Modes na parte inferior do painel Tools e escolha um modo de desenho no menu exibido.

4 Escolha Select > Deselect para remover a seleção da forma da chama. Você poderá continuar desenhando no interior da chama, conforme indicado pelas linhas pontilhadas nos cantos da forma.

5 Selecione a ferramenta Paintbrush ( ) no painel Tools. Escolha o pincel Filbert no menu Brush Definition no painel Control.

6 Altere a cor de preenchimento para None e a cor do traço para flame red no painel de Controle.

▶ **Dica:** Se você quiser editar paths à medida que desenha, você pode selecionar a opção Keep Selected em Paintbrush Tool Options para a ferramenta Paintbrush ou selecionar paths com a ferramenta Selection. Você não precisa preencher a forma completamente.

7 Posicione o cursor na ponta esquerda superior da forma da chama. Arraste para baixo e para a direita, acompanhando a borda superior da forma da chama. Solte o botão do mouse quando você passar da ponta inferior direita da forma da chama.

Quando você solta o botão do mouse, observe que o path que você acabou de pintar está coberto pela forma da chama.

8 Use a ferramenta Paintbrush ( ) para conferir um pouco de textura, desenhando mais pinceladas no interior da chama, usando o pincel Filbert.

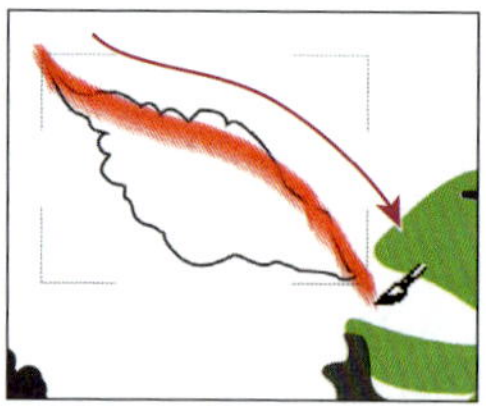

Pinte com o pincel Bristle.

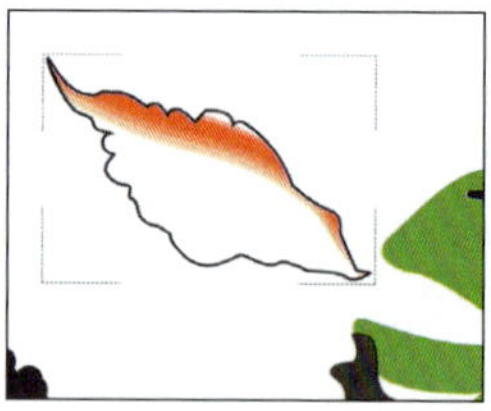

O path com máscara.

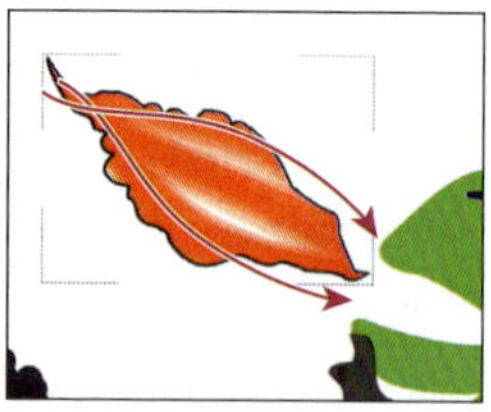

O resultado.

▶ **Dica:** Se você não gostar do que você acabou de pintar, você pode escolhe Edit > Undo Bristle Stroke.

A seguir você vai editar o pincel e pintar com outra cor para gerar a chama com a inserção de paths em camadas, uns sobre os outros.

9 Altere a cor do traço para flame orange no painel Control.

10 Dê um duplo clique no pincel Filbert no painel Brushes. Na caixa de diálogo Bristle Brush Options, altere Paint Opacity para **30** e clique em OK.

11 Clique em Leave Strokes na caixa de diálogo exibida. Isso altera as configurações de pincel sem alterar a chama vermelha que você já pintou.

12 Desenhe alguns outros paths no alto das chamas vermelhas usando a ferramenta Paintbrush. Insira os paths laranja que você desenhou próximo à boca do dinossauro.

13 Altere a cor do traço para amarelo-chama no painel Control.

14 Dê um duplo clique no pincel Filbert no painel Brushes. Na caixa de diálogo Bristle Brush Options, altere o valor de Bristle Density para **18** e de Stiffness para **60**. Clique em OK.

15 Clique em Leave Srokes na caixa de diálogo exibida.

16 Desenhe alguns outros paths sobre as chamas laranja usando a ferramenta Paintbrush. Insira os paths amarelos que você desenhou próximo à boca do dinossauro.

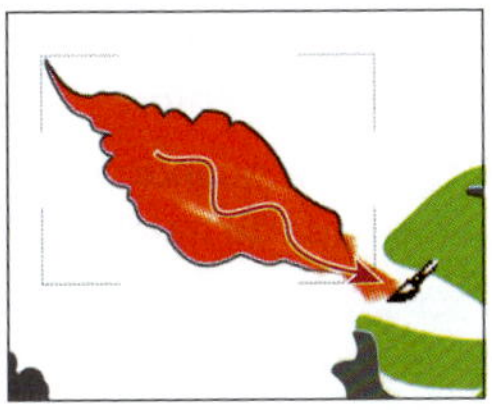

Aplique uma chama laranja.

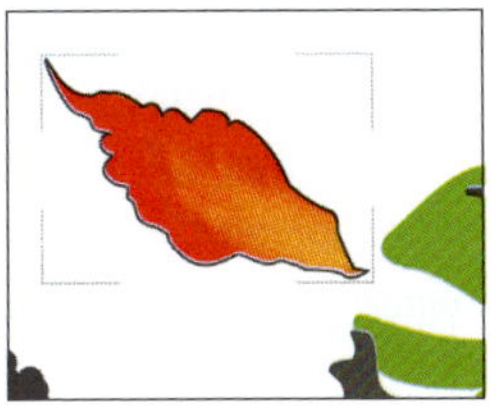

Finalize a chama com amarelo.

17 Escolha View > Outline.

18 Escolha Select > Object > Bristle Brush Strokes para selecionar todos os paths criados com a ferramenta Paintbrush usando o pincel Filbert.

19 Escolha Object > Group e então View > Preview.

20 Clique no botão Draw Normal na parte inferior do painel Tools.

21 Selecione a ferramenta Selection no painel Tools. Clique na borda da chama para que ela seja o único objeto selecionado.

22 Clique no botão Edit Clipping Path (◘) no painel Control. Altere a cor do traço para None no painel Control.

23 Escolha Select > Deselect e depois File > Save.

O pincel Bristle e os tablets gráficos

Quando você usa o pincel Bristle com um tablet gráfico, o Illustrator rastreia os movimentos da caneta sobre o tablet de maneira interativa. Ele interpreta todos os aspectos de dados de orientação e pressão em qualquer ponto ao longo de um path de desenho. O Illustrator gera uma ilustração com base na posição da caneta nos eixos x, y, na pressão, na inclinação, na força aplicada e na rotação.

Um indicador de cursor que simula a ponta do pincel real é exibido quando você estiver usando um tablet e uma caneta com suporte à rotação. Esse indicador não aparece quando outros dispositivos de entrada são usados, como um mouse. O indicador também é desabilitado enquanto os cursores de precisão são usados.

Nota: *Use o tablet Wacom Intuos 3 ou versão posterior com a caneta Art (6D) para explorar todos os recursos do pincel Bristle. O Illustrator interpreta todos os seis graus de liberdade que esta combinação de dispositivos oferece. Contudo, outros dispositivos, inclusive a caneta Wacom Grip e a caneta Art Brush talvez não sejam capazes de interpretar alguns atributos, como a rotação. Estes atributos não interpretados são tratados como constantes nas pinceladas resultantes.*

Enquanto o mouse estiver sendo usado, apenas os movimentos nos eixos x e y são registrados. Outros dados de entrada, como inclinação, força, rotação e pressão permanecem fixos, resultando em traços uniformes e consistentes.

Para os traços feitos com o pincel Bristle, um feedback é exibido quando você arrasta a ferramenta. Esse feedback oferece uma visão aproximada do traço final.

Nota: *Os traços feitos com o pincel Bristle são compostos por diversos paths transparentes e preenchidos, que se sobrepõem. Esses paths, como qualquer outro path preenchido no Illustrator, interagem com a tinta de outros objetos, inclusive outros paths feitos com o pincel Bristle. Porém, o preenchimento dos traços não interage consigo mesmo. Portanto, traços individuais e em camadas do pincel Bristle sobrepõem-se e interagem uns com os outros, mas um único traço trazido para frente ou levado para trás não interage consigo mesmo e nem se sobrepõe.*

– Extraído de Illustrator Help.

Use pincéis Pattern

Pincéis Pattern pintam uma padronagem composta de seções separadas, ou ladrilhos. Ao aplicar um pincel Pattern ao trabalho, diferentes ladrilhos do padrão são aplicados a diferentes seções do path, dependendo de onde a seção entra no path – fim, centro ou canto. Há centenas de pincéis de padronagem interessantes que você pode escolher – desde pegadas de cachorro até paisagens urbanas. A seguir, você vai abrir uma biblioteca Pattern Brush existente e escolher um padrão de trilho de trem para representar uma via férrea.

Exemplos de pincéis Pattern.

1 Escolha View > Fit Artboard In Window.

2 No painel Brushes, escolha Show Pattern Brushes no menu do painel (▾≡) e desmarque Show Bristle Brushes.

3 Clique no botão Brush Libraries Menu (▣.) e escolha Borders > Borders_Novelty. Um painel de biblioteca de pincéis com várias bordas aparece.

4 Role até a parte inferior do painel Brushes e clique no pincel Train Tracks para adicioná-lo ao painel. Feche o painel da biblioteca de pincéis Borders_Novelty.

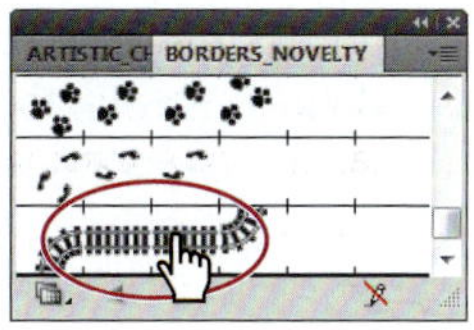

A seguir, você vai aplicar o pincel e então editar suas propriedades.

5 Clique no ícone do painel Layers (◈) no lado direito da área de trabalho para expandir o painel.

6 Clique na coluna Visibility no lado esquerdo da camada Railroad tracks para exibir o path dos trilhos de trem na prancheta. Clique no ícone do painel Layers para minimizar o painel.

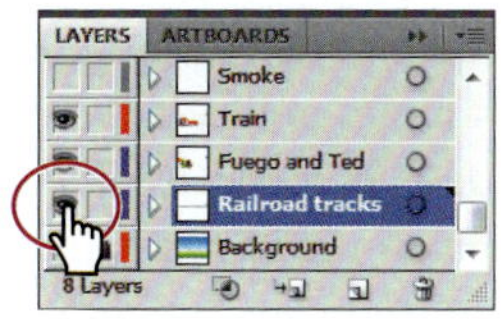

7 Selecione a ferramenta Selection (↖) no painel Tools. Clique no path exibido abaixo do trem, para selecioná-lo.

8 Escolha o pincel de padronagem Train Tracks no menu Brush Definition no painel Control para aplicá-lo.

9 Altere a espessura do traço para **4** pt no painel Control.

Observe que os trilhos de trem acompanham a curva com precisão. Um pincel de padronagem tem ladrilhos, conforme descrito anteriormente, que correspondem às partes do path.

A seguir você vai editar as propriedades do pincel para os trilhos de trem selecionados.

10 Clique no ícone do painel Brushes (♜) no lado direito da área de trabalho para expandir o painel. Clique no botão Options Of Selected Object(✎≡) na parte inferior do painel Brushes para editar as opções de pincel apenas para os trilhos de trem selecionados na prancheta. Isso abre a caixa de diálogo Stroke Option (Pattern Brush).

▶ **Dica:** Para alterar o tamanho dos trilhos do trem, você pode alterar o contorno da linha na prancheta, com o pincel aplicado.

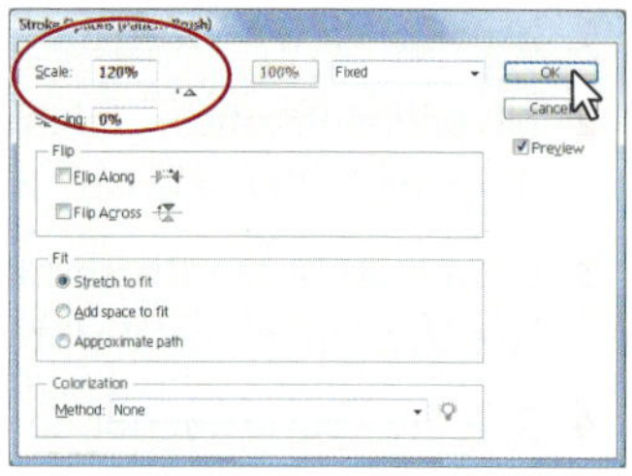

11 Altere a escala para **120%**, arrastando o controle deslizante abaixo do campo para a direita ou digitando este valor. Clique em OK.

Quando você editar as opções de pincel do objeto selecionado, você vê apenas algumas das opções de pincel. A caixa de diálogo Stroke Options (Pattern Brush) é usada para editar as propriedades do path pincelado sem atualizar o pincel correspondente.

12 Escolha Select > Deselect e então File > Save.

Crie um pincel Pattern

Você pode criar um pincel Pattern de diversas maneiras. Para uma padronagem simples aplicada a uma linha reta, por exemplo, você pode selecionar o objeto que você está usando para a padronagem e clicar no botão New Brush (▣) na parte inferior do painel Brushes. Para criar uma padronagem mais complexa para aplicar a objetos com curvas e cantos, você precisa antes criar amostras no painel Swatches tendo como base a arte que você está usando para os ladrilhos do pincel Pattern e então criar o novo pincel. Por exemplo, para criar um pincel Pattern que será usado em uma linha reta com cantos, você talvez precise criar três amostras, uma para a linha reta, uma para o canto interno e outra para o canto externo. A seguir você vai criar amostras que serão usadas no pincel Pattern.

1 Clique no ícone do painel Layers (◈) no lado direito da área de trabalho para abrir o painel.

2 Clique na coluna Visibility à esquerda da camada Frame para exibir seus conteúdos.

3 Clique no ícone do painel Swatches (▦) para expandir o painel ou escolha Window > Swatches.

Agora você vai criar uma amostra com padronagem.

4 Escolha 2 no menu Artboard Navigation no canto inferior esquerdo da janela Document.

5 Com a ferramenta Selection (↖), arraste a flor para o painel Swatches. A nova amostra com padronagem aparece no painel Swatches.

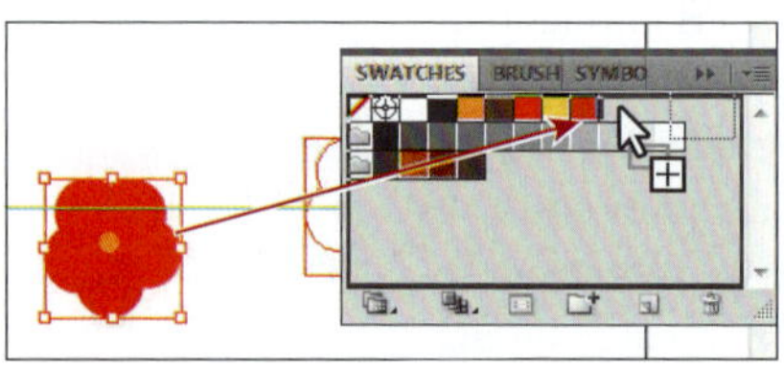

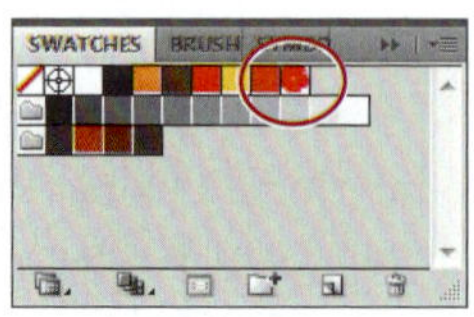

6 Escolha Select > Deselect.

7 No painel Swatches, dê um duplo clique na amostra com padronagem que você acabou de criar. Na caixa de diálogo Swatch Options, atribua à amostra o nome **Corner** e clique em OK.

8 Repita os passos 5 a 7 para criar uma amostra com padronagem para o círculo laranja localizado à esquerda da flor, na prancheta. Atribua à amostra o nome **Side**.

▶ **Dica:** Para informações adicionais sobre como criar amostras com padronagem, consulte "About patterns" no Illustrator Help.

Para criar um novo pincel Pattern, você vai aplicar amostras do painel Swatches aos ladrilhos na caixa de diálogo Brush Options. Agora, você vai aplicar as amostras com padronagem que você acabou de criar aos ladrilhos, criando um novo pincel Pattern.

9 Clique no ícone do painel Brushes ( ) para expandir o painel.

10 Escolha Select > Deselect se há conteúdo selecionado.

Esta etapa é importante! Qualquer conteúdo selecionado fará parte do pincel.

11 No painel Brush, clique no botão New Brush ( ).

12 Na caixa de diálogo New Brush, selecione Pattern Brush.

Observe que você não consegue selecionar Art Brush nem Scatter Brush. Isso ocorre porque a arte precisa estar selecionada no documento antes de iniciar. Clique em OK.

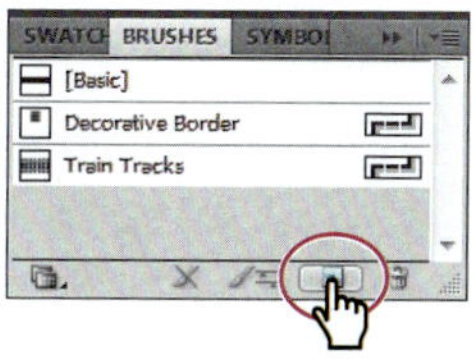

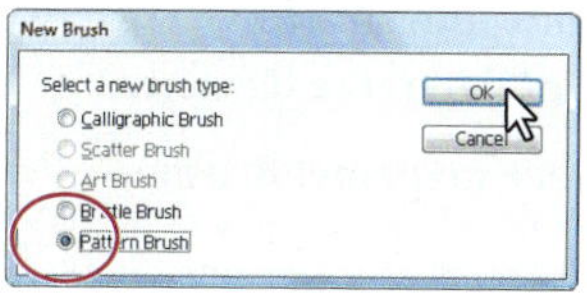

Agora você vai aplicar as amostras aos ladrilhos para o novo pincel Pattern.

13 Na caixa de diálogo Pattern Brush Options, atribua ao pincel o nome **Border**.

14 Certifique-se de que, na lista de amostras com padronagem, localizada abaixo de Spacing, a caixa Side Tile está selecionada. Abaixo das caixas de ladrilhos, selecione Side. A amostra Side aparece na caixa de ladrilhos Side.

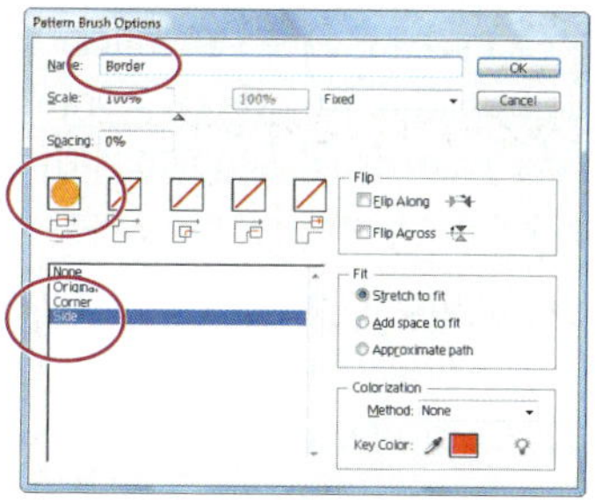

▶ **Dica:** Posicione o cursor sobre os ladrilhos na caixa de diálogo Pattern Brush Options para ver uma dica de ferramenta indicando o ladrilho.

A caixa de diálogo Pattern Brush Options mostra os ladrilhos no novo pincel que você está fazendo. O primeiro ladrilho no lado esquerdo é o lateral, que é utilizado para pintar as seções intermediárias de um path. O segundo ladrilho é o do canto externo. O terceiro ladrilho é o do canto interno.

Os pincéis Pattern podem ter até cinco ladrilhos – os ladrilhos lateral, inicial e final, mais um ladrilho do canto externo e um do canto interno para pintar cantos de ângulo agudo em um path. Alguns pincéis não têm ladrilhos de canto porque o pincel é projetado para paths curvos.

Na próxima parte desta lição, você criará seu próprio pincel Pattern que tem ladrilhos de canto. A seguir, você vai mudar a escala do pincel Pattern de modo que o pincel esteja na mesma escala do resto do trabalho quando você aplicá-lo.

Agora, você vai aplicar a amostra Corner aos ladrilhos do canto externo e do canto interno do novo pincel Pattern.

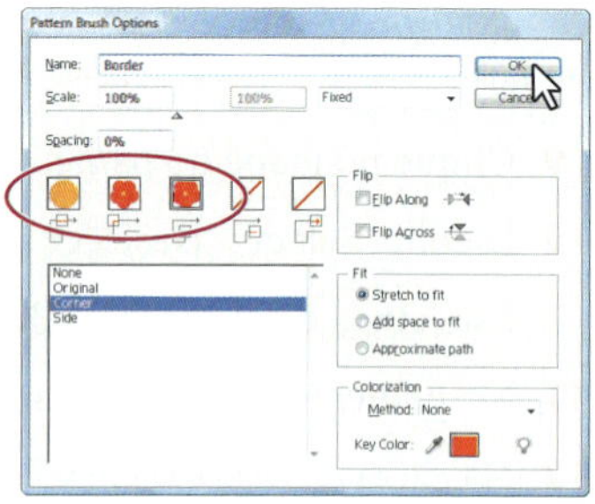

15 Selecione a caixa Outer Corner Tile (a segunda caixa de ladrilho da esquerda). Na lista de amostras com padronagem, selecione Corner. Ela aparece na caixa Outer Corner Tile.

16 Selecione a caixa Inner Corner Tile (a caixa de ladrilho do meio). Na lista de amostras com padronagens, selecione a amostra Corner; ela aparece na caixa de ladrilho Inner Corner. Clique em OK.

● **Nota:** Quando você cria um novo pincel, o pincel só aparece no painel Brushes do documento atual.

Você não vai criar um ladrilho inicial ou final para o novo pincel porque vai aplicar o novo pincel a um path a seguir. Quando quiser criar um pincel Pattern que inclua ladrilhos inicial e final, você os adiciona da mesma maneira que fez com os ladrilhos laterais e de canto.

O pincel Border aparece no painel Brushes.

▶ **Dica:** Para salvar um pincel e reutilizá-lo em outro arquivo, você pode criar uma biblioteca com os pincéis que deseja usar. Para informações adicionais, consulte "Work with brush libraries" no Illustrator Help.

Aplique um pincel Pattern

Nesta seção, você vai aplicar o pincel Border a uma borda retangular em torno do trabalho. Ao utilizar ferramentas de desenho para aplicar pincéis ao trabalho, você primeiro desenha o path com a ferramenta de desenho e, então, seleciona o pincel no painel Brushes para aplicá-lo ao path.

1 Clique no botão First artboard (⏮) no canto inferior esquerdo da janela Document para retornar à primeira prancheta e ajustá-la à janela Document.

2 Com a ferramenta Selection (↖), clique no traço branco do retângulo na borda.

3 No painel Tools, clique na caixa Fill e certifique-se de que None (⧄) esteja selecionado. Então clique na caixa Stroke e selecione None (⧄).

4 Escolha Thumbnail View no menu do painel Brushes (▾≡).

Observe que os pincéis Pattern, na visualização Thumbnail, estão segmentados no painel Brushes. Cada segmento corresponde a um ladrilho de padronagem. O ladrilho lateral é repetido na visualização em miniatura, no painel Brushes.

5 Com retângulo ainda selecionado, clique no pincel Border no painel Brushes.

O retângulo é pintado com o pincel Border, com o ladrilho Side nas laterais e com o ladrilho Corner nos cantos.

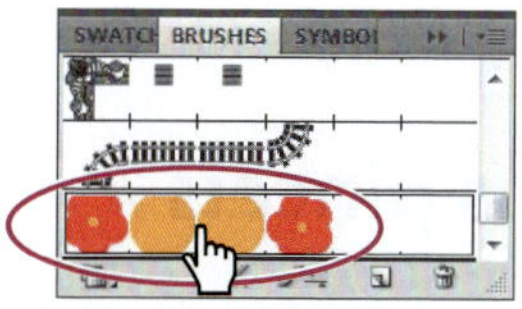

Agora, você vai editar o pincel Border.

6 No painel Brushes, dê um duplo clique no pincel de padronagem Border para abrir a caixa de diálogo Pattern Brush Options.

7 Na caixa de diálogo Pattern Brush Options, altere o valor de Scale para **70%** e de Spacing para **120%**, e selecione Add Space to Fit. Clique em OK.

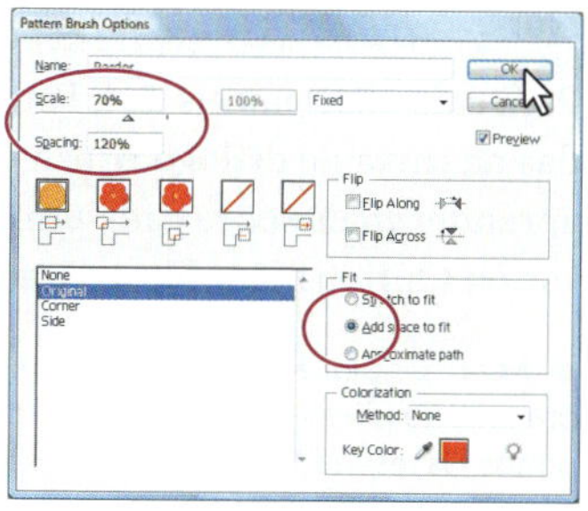

8 Na caixa de diálogo de alerta Brush Change, clique em Apply To Strokes para atualizar a borda na prancheta.

9 Com a ferramenta Selection selecionada, clique para selecionar o arco direito acima da cabeça do pato. Clique no pincel Border no painel Brushes para aplicá-lo.

Observe que as flores não são aplicadas ao path. O path é pintado com a amostra Side do pincel Border, para o qual o ladrilho Side é aplicado. Como o path não tem cantos estreitos agudos, os ladrilhos de canto externo e canto interno não são aplicados a ele.

10 Escolha Edit > Undo Apply Pattern Brush para remover o pincel do arco.

● **Nota:** Anteriormente, nesta lição, você aprendeu a remover um pincel de um objeto clicando no botão Remove Brush Stroke (✗) no painel Brushes. Agora, porém, você escolheu Edit > Undo Apply Pattern Brush, porque clicar no botão Remove Brush Stroke removeria a formatação anterior do arco, deixando-o com preenchimento e traço padrão.

Edite os ladrilhos do pincel Pattern

Você pode editar os ladrilhos em um pincel Pattern criando (ou atualizando) amostras e aplicando as novas amostras aos ladrilhos na caixa de diálogo Pattern Brush Options.

Você também pode alterar os ladrilhos de padronagem em pincel Pattern pressionando a tecla Alt (Windows) ou Option (Mac OS) e arrastando a nova arte da prancheta para o ladrilho que você deseja alterar no painel Brushes.

Altere os atributos de cor dos pincéis

As cores que um pincel Scatter, Art ou Pattern pintam dependem da cor do traço atual e do método de colorização do pincel. Se você não definiu um método de colorização, a cor padrão para o pincel em questão será usada. Por exemplo, o pincel Art no logotipo do trem foi aplicado com sua cor padrão (não o traço atual, preto), porque o método de colorização do pincel foi definido como None.

Para colorizar pincéis Art, Pattern e Scatter, você pode usar três opções, mostradas na caixa de diálogo Brush Options: Tints, Tints and Shades e Hue Shift. Para aprender mais sobre cada um desses métodos de colorização, pesquise "Colorization Options" em Illustrator Help.

● **Nota:** Os pincéis colorizados com branco como cor de traço talvez sejam exibidos totalmente brancos. Os pincéis colorizados com preto como cor de traço podem ser exibidos completamente pretos. Os resultados obtidos dependem das cores de pincel originalmente escolhidas.

Altere a cor do pincel usando a colorização Tints

A seguir você vai alterar a cor do pincel Art usado no logotipo do trem usando o método de colorização Tints.

1 No painel Brushes, escolha Show Art Brushes no menu de painel (▾≡) e remova a seleção de Show Pattern Brushes.

2 Com a ferramenta Selection (↖), clique para selecionar o logotipo do trem (o círculo com o logotipo do trem feito com pincel Art) abaixo do pato.

3 Pressione a tecla Shift e clique na cor de preenchimento no painel Control para abrir o painel Color.

4 Clique na barra do espectro de cores para selecionar uma cor. Nós escolhemos um tom vermelho-alaranjado.

5 No painel Brushed, dê um duplo clique no pincel do logotipo do trem para visualizar a caixa de diálogo Art Brush Options. Selecione Preview para ver

as alterações que você fará e então mova a caixa de diálogo para o lado, para que você possa ver sua arte enquanto trabalha.

Você precisa escolher um método de colorização antes de poder alterar a cor do pincel. Os pincéis definidos para os métodos de colorização Tints, Tints And Shades ou Hue Shift aplicam a cor atual de traço automaticamente ao pincel quando você o utiliza no trabalho de ilustração.

6 Na seção Colorization da caixa de diálogo Art Brush Options, escolha Tints no menu Method.

O path selecionado com o pincel aplicado no logotipo do trem é colorizado e exibe o traço do pincel nos tons da cor do traço. As porções da arte que estão em preto se tornam a cor de contorno, as porções que não estão em preto se tornam os tons da cor do contorno, e o branco permanece branco.

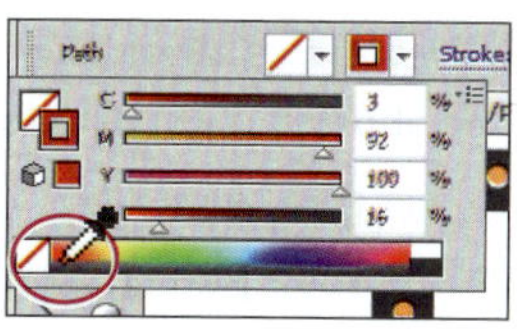

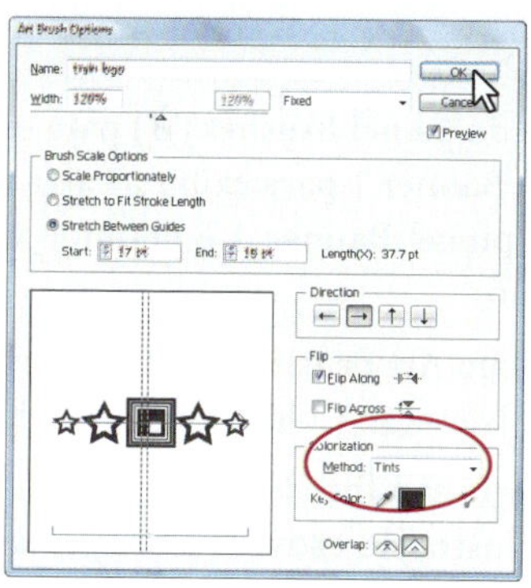

Nota: O método de colorização Tints And Shades exibe o traço de pincel em tons e nuances da cor do traço. Tints and Shades mantém o preto e branco, e todas as outras cores são convertidas em uma mescla de preto e branco por meio da cor do traço.

7 Se desejar, escolha o método de colorização Tints And Shades no menu da caixa de diálogo Art Brush Options para visualizar a mudança. Escolha o método Tints e clique em OK. Na caixa de diálogo de alerta, clique em Apply To Strokes para aplicar a alteração na colorização aos traços no trabalho.

Você pode também mudar apenas os traços subsequentes do pincel, mantendo inalterados os traços existentes. Quando você seleciona um método de colorização para um pincel, a nova cor de traço é aplicada aos traços do pincel selecionado e a novos paths criados com o pincel.

8 Clique no ícone do painel color (🎨) no lado direito da área de trabalho para expandir o painel. Clique na caixa do traço para trazê-la para frente e então clique na barra do espectro de cores em diversos locais diferentes para tentar aplicar outras cores de traço à arte selecionada.

9 Quando você estiver satisfeito com a cor do logotipo do trem, clique fora da arte para remover a seleção.

10 Escolha File > Save.

Altere a cor do pincel usando a colorização Hue Shift

A seguir você vai aplicar uma nova cor ao pincel Banner 1 no painel Brushes.

1 Clique no ícone do painel Layers (◆) no lado direito da área de trabalho para expandir o painel. Clique na coluna Visibility à esquerda da camada Text para exibir seus conteúdos.

2 Selecione a ferramenta Zoom (🔍) no painel Tools e arraste um contorno de seleção sobre o selo Golden Book Award, para aumentar sua ampliação.

3 Com a ferramenta Selection (↖), clique para selecionar o círculo no selo com o pincel aplicado.

4 Clique no ícone do painel Brushes (🖌) para expandir o painel. Dê um duplo clique no pincel Banner 1 para exibir a caixa de diálogo Art Brush Options. Observe que o pincel Banner 1 é definido com o método de colorização None, por padrão.

▶ **Dica:** Para aprender mais sobre como os diferentes métodos de colorização afetam o trabalho, clique no ícone da lâmpada (💡) na caixa de diálogo Art Brush Options.

5 Na caixa de diálogo Art Brush Options, selecione Preview, se ainda não estiver selecionado. Na seção Colorization, escolha Hue Shift no menu Methods.

Você normalmente escolhe Hue Shift para pincéis que usam múltiplas cores. Tudo o que na ilustração estiver na cor principal é alterado para a nova cor de contorno do pincel quando essa cor for alterada.

6 Na seção Colorization, na caixa de diálogo Art Brush Options, clique no conta-gotas da cor principal (✒) e posicione o cursor sobre uma cor laranja na área de visualização (à esquerda das configurações de colorização) e clique, conforme mostra a figura abaixo.

A amostra de cor principal que você acabou de capturar (laranja) será usada da próxima vez que você aplicar uma cor de traço do pincel ao trabalho, antes de você fechar a caixa de diálogo.

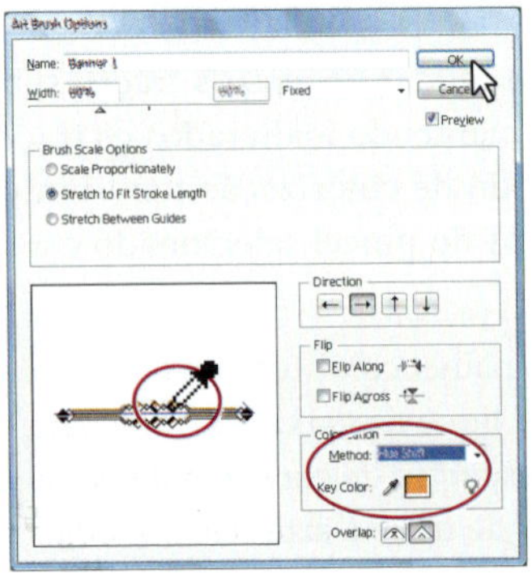

As partes em laranja do path em que o pincel foi aplicado agora estão colorizadas com a cor de traço atual. Essa cor aparece quando você aplicar o método de colorização Hue Shift.

7 Clique em OK. Na caixa de diálogo de alerta, clique em Apply To Strokes para aplicar a mudança de colorização aos traços do pincel na arte. Você pode também escolher alterar apenas os traços subsequentes de pincel, mantendo inalterados os traços existentes.

   Quando você seleciona um método de colorização para um pincel, a nova cor de traço é aplicada aos traços de pincel selecionados e aos novos paths pintados com o pincel.

8 Altere a cor do traço do pincel para flame red no painel Control. Experimente usar outras cores de traço para os traços do pincel selecionado antes de decidir usar o flame yellow, conforme mostra a figura à direita.

9 Escolha Select > Deselect e então escolha File > Save.

Trabalhe com a ferramenta Blob Brush

Você pode usar a ferramenta Blob Brush para pintar formas preenchidas que interceptam e se mesclam com outras formas com a mesma cor. A ferramenta Blob Brush permite desenhar usando os elementos artísticos da ferramenta Paintbrush. Diferente da ferramenta Paintbrush, que permite criar paths abertos, a ferramenta Blob Brush possibilita criar uma forma fechada, com apenas preenchimento (sem contorno) que você pode então editar com a ferramenta Eraser ou com a ferramenta Blob Brush. As formas que têm um contorno não podem ser editadas com a ferramenta Blob Brush.

Path criado com a ferramenta Paintbrush.

Forma criada com a ferramenta Blob Brush.

A seguir você vai usar a ferramenta Blob Brush para criar parte da fumaça que sai da locomotiva.

Desenhe com a ferramenta Blob Brush

A ferramenta Blob Brush usa as mesmas opções de pincel padrão que os pincéis Calligraphic.

1 Escolha Essentials no seletor da área de trabalho na barra Application.

2 Escolha View > Fit Artboard In Window.

3 Clique no ícone do painel Layer (◈) no lado direito da área de trabalho para expandir o painel Layers. Clique no ícone de olho à esquerda da camada Text para ocultar seus conteúdos e então clique na coluna Visibility à esquerda de ambas as camadas Background e Smoke. Clique na camada Smoke para selecioná-la.

● **Nota:** Quando desenhar com a ferramenta Blob Brush, se um preenchimento e um contorno forem configurados antes do desenho, o contorno se torna o preenchimento da forma feita pela ferramenta Blob Brush. Se apenas um preenchimento for configurado antes do desenho, ele se torna o preenchimento da forma criada.

4 Altere a cor de preenchimento para branco e a cor de contorno para None (☒) no painel Control.

5 Dê um duplo clique na ferramenta Blob Brush (✎) no painel Tools. Na caixa de diálogo Blob Brush Tool Options, selecione a opção Keep Selected e altere o valor de Size para **30** pt na área Default Brush Options. Clique em OK.

6 Posicione o cursor um pouco acima da nuvem de fumaça preta à esquerda do pato. Arraste em zigue-zague para cima e para a direita, para criar um pouco de fumaça.

● **Nota:** Quando você desenha com a ferramenta Blob Brush, você cria formas preenchidas, fechadas. Essas formas podem conter qualquer tipo de preenchimento, inclusive degradês, cores sólidas, padrões, etc.

7 Escolha Select > Deselect. A seguir você vai editar a fumaça que você criou, para aperfeiçoar sua aparência.

Mescle paths com a ferramenta Blob brush

Além de desenhar formas novas com a ferramenta Blob Brush, você pode usá-la para interceptar e mesclar formas de uma mesma cor. A seguir você vai mesclar a fumaça que acabou de criar a uma elipse branca à direita dela, para criar uma grande forma representando fumaça.

1 Clique no ícone do painel Appearance (◉) no lado direito da área de trabalho para expandir o painel. No menu do painel Appearance (▾≡), remova a seleção de New Art Has Basic Appearance. Quando essa opção estiver desmarcada, a ferramenta Blob Brushes utiliza os atributos da arte selecionada.

2 Com a ferramenta Selection (↖), clique na fumaça que você acabou de desenhar e clique na elipse branca, pressionando a tecla Shift, à direita da forma da fumaça.

3 No painel Appearance, clique na palavra Path no alto do painel, para que o sombreado que você aplicar a seguir não caia apenas no preenchimento ou contorno.

4 Escolha Effect > Stylize > Drop Shadow. Na caixa de diálogo Drop Shadow, altere o valor de Opacity para **35%**, de X Offset para **3** pt, de Y Offset para **3** pt e de Blur para **2** pt. Clique em OK.

5 Clique em Select > Deselect.

6 Com a ferramenta Blob Brush selecionada no painel Tools, certifique-se de ver os mesmos atributos vistos para as formas de fumaça (um preenchimento branco, sem contorno e sombreado) no painel Appearance. Arraste a partir do interior da fumaça que você criou para o interior da elipse à direita, conectando as duas formas.

● **Nota:** Observe que o sombreamento é aplicado a toda a forma, à medida que você desenha e edita.

7 Continue desenhando com a ferramenta Blob Brush para fazer com que a fumaça se pareça mais com uma nuvem. Quando você soltar o botão do mouse, o sombreado é aplicado.

8 Com a ferramenta Blob Brush, adicione mais forma à parte elíptica da fumaça, no lado direito, para que ela se pareça mais com uma nuvem.

● **Nota:** Os objetos mesclados com a ferramenta Blob Brush precisam ter atributos de aparência idênticos, não ter contorno, estar na mesma camada ou grupo e estar um ao lado do outro na ordem de empilhamento.

9 Escolha Select > Deselect e depois File > Save.

Edite com a ferramenta Eraser

Ao desenhar e mesclar com a ferramenta Blob Brush, você talvez desenhe mais do que o desejado e queira editar o trabalho. Utilize a ferramenta Eraser para moldar a forma e fazer as alterações que você desejar.

▶ **Dica:** Enquanto desenha com as ferramentas Blob Brush e Eraser, é recomendável que você use contornos mais curtos e solte o botão do mouse com frequência. Você pode desfazer as edições que realizou, mas se desenhar sem soltar o botão do mouse, a ação de desfazer apaga todo o contorno.

● **Nota:** Selecionar a forma antes de selecionar a ferramenta Eraser limita a ferramenta Eraser, fazendo ela apagar apenas a forma selecionada.

1 Com a ferramenta Selection (↖), clique para selecionar a forma da fumaça.

2 Selecione a ferramenta Eraser (◇) no painel Tools. Proceda com os próximos passos lentamente, lembrando que você sempre pode parar e desfazer.

3 Com a ferramenta Eraser, arraste sobre a parte inferior da forma de fumaça para remover parte dela.

As ferramentas Blob Brush e Eraser têm cursores que incluem um círculo, indicando o diâmetro do pincel. A seguir você vai alterar o tamanho do pincel para ajudar a editar a forma da fumaça.

4 Pressione a tecla fecha colchete (]) várias vezes, para aumentar o tamanho do pincel.

5 Tente alternar entre a ferramenta Blob Brush e a ferramenta Eraser, para editar a fumaça.

6 Clique no ícone do painel Layers (◆) no lado direito da área de trabalho para expandir o painel Layers. Clique na coluna Visibility à esquerda da camada Text.

7 Escolha File > Save. Mantenha o arquivo aberto para a seção "Explore por Conta Própria".

● **Nota:** Você talvez tenha de selecionar a ferramenta Selection e reposicionar o texto "Ted and Fuego Take a Train" para centralizar o texto na fumaça.

Orientações para o uso da ferramenta Blob Brush

Quando utilizar a ferramenta Blob Brush, observe as seguintes orientações:

- Para mesclar paths, eles precisam estar adjacentes na ordem de empilhamento.
- A ferramenta Blob Brush cria paths com preenchimento, mas sem contorno. Se você deseja que seus paths se mesclem com alguma arte existente, certifique-se de que a arte tenha cor idêntica de preenchimento e não tenha contorno.
- Quando desenhar paths com a ferramenta Blob Brush, os paths novos se mesclam com o path na posição mais elevada. Se o novo path toca mais de um path equivalente dentro de um mesmo grupo ou camada, todos os paths que o interceptam são mesclados.
- Para aplicar atributos de pintura (como efeitos ou transparências) à ferramenta Blob Brush, selecione o pincel e defina os atributos no painel Appearances antes de começar a desenhar.
- Você pode selecionar a ferramenta Blob Brush para mesclar paths criados usando outras ferramentas. Para isso, certifique-se de que a arte existente não tenha um contorno; então, defina a ferramenta Blob Brush de maneira que tenha a mesma cor de preenchimento e desenhe um novo path que intercepte todos os paths que você quer que sejam mesclados.

– Extraído de Illustrator Help.

Explore por conta própria

Existem diversas maneiras de praticar a sua criatividade com pincéis. A seguir, experimente praticando com o pincel Bristle.

1 Selecione a forma de fumaça com a ferramenta Selection (↖).

2 Clique no botão Draw Inside na parte inferior do painel Tools.

● **Nota:** Se você não conseguir selecionar Draw Inside, talvez seja porque a nuvem agora é um grupo. Escolha Object > Ungroup e então escolha Select > Deselect. Clique na forma para selecioná-la.

3 Escolha Select > Deselect.

4 Clique no ícone do painel Brushes ( ) para expandir esse painel. Clique no menu Brush Libraries ( ) e escolha Bristle Brush > Bristle Brush Library no menu.

5 Clique em um pincel Bristle no painel Bristle Brush Library.

6 Selecione a ferramenta Paintbrush ( ) no painel Tools. Altere a cor do contorno para um cinza-claro no painel Control. Pratique adicionando texturas no interior da forma da fumaça.

Experimente variar as configurações dos pincéis Bristle.

7 Escolha File Save e então File > Close.

● **Nota:** Uma caixa de diálogo de alerta talvez seja exibida avisando que o documento contém múltiplos paths de pincéis Bristle com transparência. Para os objetivos dessa lição, clique em OK.

Pratique a aplicação de pincéis aos paths criados com ferramentas de desenho, exatamente como você aplicou o pincel Pattern a um retângulo anteriormente nesta lição.

1 Escolha File > New e crie um documento para treinar.

2 Clique no botão Brushes Libraries Menu ( ) do painel Brushes e escolha Decorative > Decorative_Scatter.

3 Utilize as ferramentas de desenho (a ferramenta Pen ou Pencil e qualquer uma das ferramentas de forma básica) para desenhar objetos. Utilize as cores padrão de contorno e preenchimento ao desenhar.

4 Com um dos objetos selecionados, clique em um pincel no painel Decorative Scatter para aplicar o pincel ao path do objeto.

Quando você seleciona um pincel Scatter, ele é automaticamente adicionado ao painel Brushes.

5 Repita o passo 4 para cada objeto desenhado.

6 No painel Brushes, dê um duplo clique em um dos pincéis Scatter que você utilizou no Passo 4 para exibir a caixa de diálogo Scatter Brush Options. Altere cor, tamanho ou outras características do pincel. Depois de fechar a caixa de diálogo, clique em Apply To Strokes para aplicar suas alterações ao pincel no trabalho.

Perguntas de revisão

1 Descreva os cinco tipos de pincel: Art, Calligraphic, Pattern, Bristle e Scatter.

2 Qual a diferença entre aplicar um pincel ao trabalho utilizando a ferramenta Paintbrush e uma das ferramentas de desenho?

3 Descreva como editar paths com a ferramenta Paintbrush enquanto você desenha. Como a opção Keep Selected afeta a ferramenta Paintbrush?

4 Como você altera o método de colorização de um pincel Art, Pattern ou Scatter? (Lembre-se, não se usam os métodos de colorização com os pincéis Calligraphic ou Bristle.)

5 Quais os tipos de pincéis para os quais você precisa selecionar a arte na prancheta antes de poder criar um pincel?

6 O que a ferramenta Blob Brush permite criar?

Respostas

1 Eis os cinco tipos de pincel:

- Os pincéis Art pintam uniformemente ao longo de um path. Eles incluem traços que se assemelham a instrumentos gráficos – como o pincel Charcoal-Feather utilizado para desenhar o rosto do urso. Os pincéis Art também incluem objetos, como o pincel Arrow.
- Os pincéis Calligraphic são definidos por uma forma elíptica cujo centro segue o path. Eles criam traços que se assemelham a linhas desenhadas à mão feitas com uma caneta caligráfica de ponta achatada e angular.
- Os pincéis Pattern pintam uma padronagem composta de seções separadas, ou ladrilhos, para as laterais, extremidades e cantos do path. Quando você aplica um pincel Pattern ao trabalho, ele aplica diferentes ladrilhos da padronagem a diferentes seções do path, dependendo de onde a seção entra no path.
- Os pincéis Bristle permitem criar traços com a aparência de um pincel real feito com cerdas.
- Os pincéis Scatter espalham um objeto, como uma folha, ao longo de um path. Você pode ajustar as opções de tamanho, espaçamento, dispersão e rotação para alterar a aparência do pincel.

2 Para aplicar pincéis utilizando a ferramenta Paintbrush, selecione a ferramenta, escolha um pincel no painel Brushes e desenhe na prancheta. O pincel é aplicado diretamente aos paths enquanto você desenha. Para aplicar pincéis utilizando uma ferramenta de desenho, selecione a ferramenta

e desenhe. Selecione então o path e escolha um pincel no painel Brushes. O pincel é aplicado ao path selecionado.

3 Para editar um path com a ferramenta Paintbrush, arraste sobre um path selecionado para redesenhá-lo. A opção Keep Selected mantém o último path selecionado enquanto você usa a ferramenta Paintbrush. Deixe a opção Keep Selected selecionada (a configuração padrão) quando quiser editar o path anterior enquanto desenha. Desmarque a opção Keep Selected quando quiser desenhar paths em camadas com o Paintbrush sem alterar paths anteriores. Quando Keep Selected está desmarcado, você pode usar a ferramenta Selection para selecionar um path e então editá-lo.

4 Para alterar o método de colorização de um pincel, dê um duplo clique no pincel no painel Brushes para abrir a caixa de diálogo Brush Options. Utilize o menu Method na seção Colorization para selecionar outro método. Se escolher Hue Shift, você pode usar a cor padrão exibida na visualização da caixa de diálogo, ou pode alterar a cor-chave clicando em Key Color Eyedropper e clicando em uma cor na visualização. Clique em OK para aceitar as configurações e feche a caixa de diálogo Brush Options. Clique em Apply To Strokes na caixa de diálogo de aviso se quiser aplicar as alterações aos traços existentes no trabalho.

Os traços dos pincéis existentes são coloridos com a cor de traço selecionada quando foram aplicados ao trabalho. Novos contornos de pincel serão coloridos com a cor de traço atual. Para mudar a cor de traços existentes depois de aplicar uma colorização diferente, selecione os traços e uma nova cor de traço.

5 Para os pincéis Art e Scatter, você precisa ter a arte selecionada para poder criar um pincel usando o botão New Brush no painel Brushes.

6 Use a ferramenta Blob Brush para editar as formas preenchidas que você pode interceptar e mesclar com outras formas de uma mesma cor, ou para criar arte do zero.

12 APLICANDO EFEITOS

Visão geral da lição

Nesta lição, você vai aprender a:

- Utilizar vários efeitos, como Pathfinder e Distort & Transform, Offset Path e Drop Shadow
- Utilizar efeitos Warp para criar o logotipo de um banner
- Utilizar os efeitos do Photoshop para adicionar textura a objetos
- Criar objetos 3D em um trabalho 2D
- Mapear a arte para as superfícies dos objetos de 3D

Esta lição levará aproximadamente uma hora para ser concluída. Se necessário, remova a pasta da lição anterior de seu disco rígido e copie a pasta Lesson12.

Efeitos mudam a aparência de um objeto. Eles são aplicados em tempo real, ou seja, você pode aplicar um efeito a um objeto e então modificá-lo ou removê-lo quando quiser usando o painel Appearance. Com os efeitos, é fácil aplicar sombras, transformar arte bidimensional em formas tridimensionais e muito mais.

Introdução

Nesta lição, você vai criar objetos usando vários efeitos. Antes de começar, é preciso restaurar as preferências padrão do Adobe® Illustrator®. Depois, abra um arquivo contendo o trabalho pronto para ver o que você vai criar.

1 Para que as ferramentas e os painéis funcionem exatamente como descritos nesta lição, exclua ou desative (renomeando) o arquivo de preferências do Adobe Illustrator CS5. Consulte "Restaurando as preferências padrão", na página 15.

2 Inicie o Adobe Illustrator CS5.

Nota: Se você ainda não o fez, copie os arquivos desta lição para o seu disco rígido a partir da pasta Lesson12 do CD do *Adobe Illustrator CS5 Classroom in a Book*. Veja "Copiando os arquivos do Classroom in a Book", na página 14.

3 Escolha File > Open e abra o arquivo L12end_1.ai da pasta Lesson12, localizada na pasta Lessons de seu disco rígido.

Esse arquivo mostra a ilustração de uma lata de refrigerante.

4 Escolha View > Zoom Out para diminuir o tamanho do trabalho. Ajuste o tamanho da janela e deixe-a na tela enquanto trabalha. (Utilize a ferramenta Hand (✋) para mover o trabalho para onde quiser na janela.) Se não quiser deixar a imagem aberta, escolha File > Close.

Para começar a trabalhar, você vai abrir um arquivo de arte existente.

5 Escolha File > Open e abra o arquivo L12start.ai da pasta Lesson12, localizada na pasta Lessons de seu disco rígido.

6 Escolha File > Save As, atribua ao arquivo o nome **sodacan.ai** e selecione a pasta Lesson12 no menu Save In. Deixe a opção Save As Type configurada como Adobe Illustrator (*.AI) (Windows) ou a opção Format configurada como Adobe Illustrator (ai) (Mac OS) e clique em Save. Na caixa de diálogo Illustrator Options, deixe as opções do Illustrator em suas configurações padrão e clique em OK.

Utilize efeitos dinâmicos

Os comandos do menu Effect alteram a aparência de um objeto sem alterar o objeto base. Aplicar um efeito adiciona automaticamente o efeito ao atributo de aparência do objeto. Você pode aplicar mais de um efeito a um objeto e editar, mover, excluir ou duplicar um efeito a qualquer momento no painel Appearance. Para editar os pontos que o efeito cria, primeiro expanda o objeto.

Objeto com um efeito de sombreamento.

Há dois tipos de efeitos no Illustrator: efeitos vetoriais e efeitos de rasterização. No Illustrator, clique no item do menu Effect.

- **Efeitos do Illustrator (vetoriais)**: A metade superior do menu Effects contém efeitos vetoriais. Você só pode aplicar esses efeitos a objetos vetoriais ou ao preenchimento ou contorno de um objeto de bitmap no painel Appearance. Alguns efeitos vetoriais podem ser aplicados tanto a objetos vetoriais quanto a bitmaps: efeitos 3D, filtros SVG, efeitos Warp, efeitos Transform, Drop Shadow, Feather, Inner Glow e Outer Glow.
- **Efeitos do Photoshop (rasterização)**: Os efeitos na metade inferior do menu Effects são de rasterização. Você pode aplicá-los a objetos vetoriais ou de bitmaps.

Nota: Ao aplicar um efeito de rasterização, os dados vetoriais originais são rasterizados utilizando as configurações dos efeitos de rasterização do documento, o que determina a resolução da imagem resultante. Para aprender como configurar os efeitos de rasterização de documento, pesquise "Document raster effects settings" no Illustrator Help.

Aplique um efeito

Efeitos são aplicados usando o menu Effects ou o painel Appearance e podem ser aplicados a objetos ou grupos. Nesta parte da lição, você vai primeiramente aprender como aplicar um efeito a uma lata de refrigerante e então vai aplicar um efeito usando o painel Appearance.

1 Escolha Essentials no seletor da área de trabalho na barra Application para redefinir a área de trabalho.

2 Escolha View > Smart Guides para ocultar as guias inteligentes

3 Com a ferramenta Selection (↖) clique nas formas de texto Sparkling Soda na prancheta.

4 Com o grupo selecionado, escolha Effect > Stylize > Drop Shadow.

5 Na caixa de diálogo Drop Shadow, altere X Offset, Y Offset e Blur para **3** pt. Selecione Preview para ver o sombreado aplicado às formas de texto. Clique em OK.

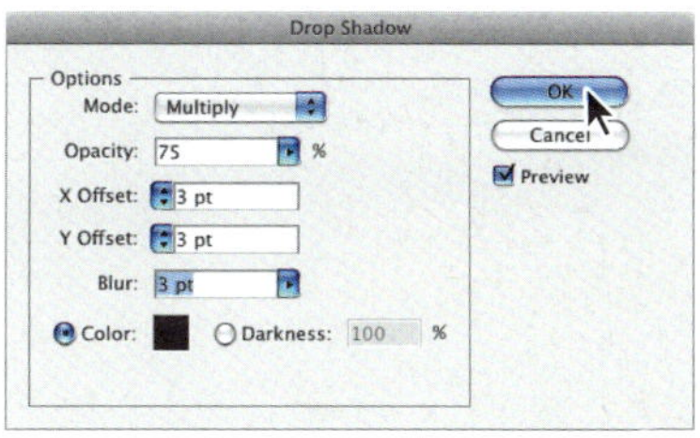

6 Com a ferramenta Selection, clique nas cerejas para selecionar o grupo.

7 Com o grupo selecionado, clique no ícone do painel Appearance (◉) no lado direito da área de trabalho para expandir o painel Appearance.

No painel Appearance, você vai ver a palavra Group na parte superior do painel, indicando que um grupo está selecionado. Os efeitos podem ser aplicados a objetos agrupados.

8 Clique no botão Add New Effect (*fx*) na parte inferior do painel Appearance. Você vai ver as mesmas opções exibidas no menu Effect.

9 Escolha Stylize > Drop Shadow na seção Illustrator Effects do menu exibido.

10 Na caixa de diálogo Drop Shadow, altere o valor de Opacity para **40** e mantenha os valores de X Offset, Y Offset e Blur em **3** pt. Selecione Preview para ver o sombreamento aplicado a suas formas de texto. Clique em OK.

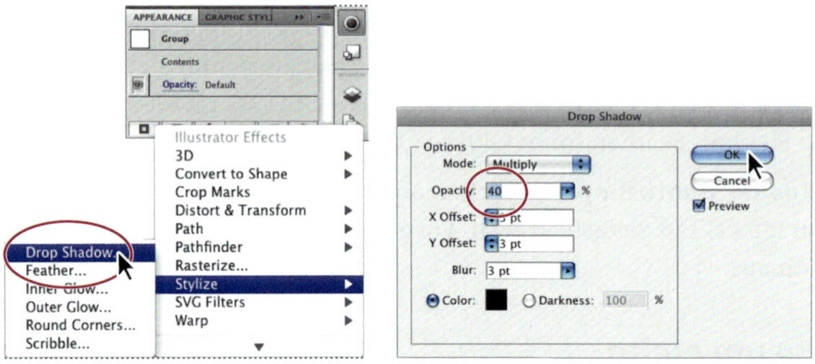

No painel Appearance, observe que Drop Shadow agora está listado abaixo de Group.

11 Escolha Select > Deselect.

12 Escolha File > Save.

A seguir você vai editar os dois efeitos de sombreamento.

Edite um efeito

Os efeitos são dinâmicos, portanto, podem ser editados depois de aplicados a um objeto. Você pode editar o efeito no painel Appearance selecionando o objeto com o efeito aplicado e então clicando no nome do efeito ou dando um duplo clique na linha de atributo no painel Appearance. Isso exibe a caixa de diálogo do efeito. As modificações feitas no efeito serão atualizadas no trabalho. Nesta seção, você vai editar o efeito de sombreamento aplicado às cerejas.

1 Com a ferramenta Selection (↖), clique nas formas de cereja agrupadas e confira se o painel Appearance está visível. Se não estiver, escolha Window > Appearance ou clique no ícone do painel (◉).

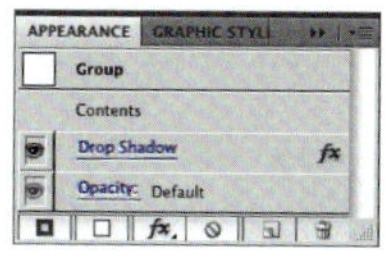

Observe o efeito de sombreamento listado no painel Appearance.

2 Clique no Drop Shadow azul sublinhado no painel Appearance. Na caixa de diálogo Drop Shadow, altere Opacity para **60**% e selecione Preview para ver a modificação. Experimente diferentes configurações para ver seus efeitos (nós definimos Blur como 5) e então clique em OK.

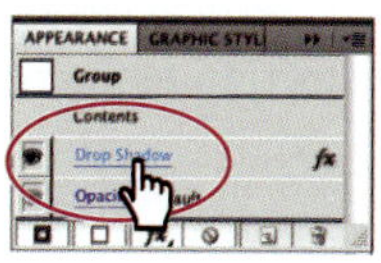

Clique em Drop Shadow.

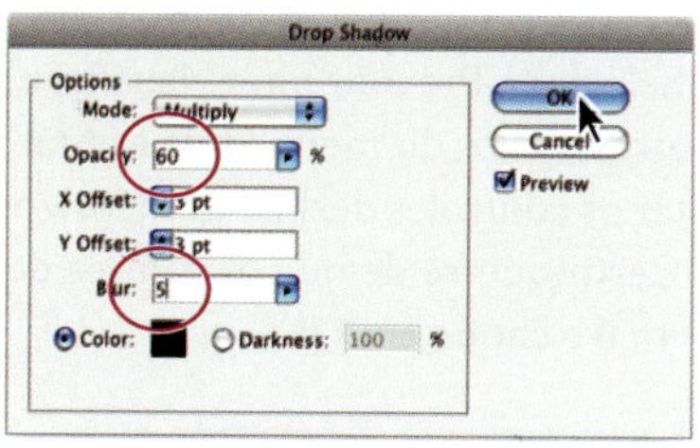

Edite as configurações de Drop Shadow.

O resultado.

A seguir você vai remover um efeito das formas de texto "Sparkling Soda".

3 Com a ferramenta Selection, clique nas formas de texto "Sparkling Soda".

4 No painel Appearance, clique à direita ou à esquerda do nome Drop Shadow sublinhado e em azul para destacar a linha de atributo do efeito Drop Shadow, se ainda não estiver realçado. Depois de destacar a linha de atributo, clique no botão Delete Selected Item (🗑) na parte inferior do painel.

● **Nota:** Tenha cuidado para não clicar no nome Drop Shadow sublinhado e em azul. Isso abre a caixa de diálogo Drop Shadow.

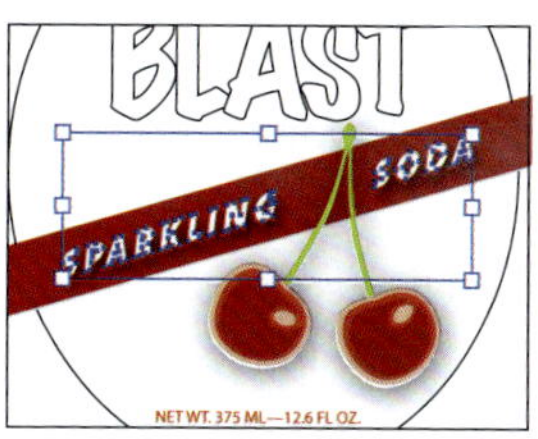

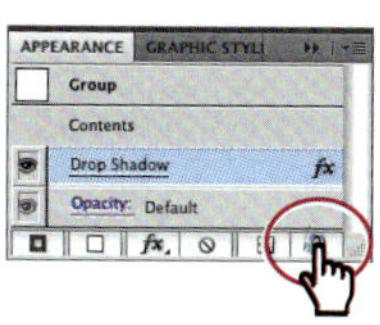

5 Com a ferramenta Selection, clique para selecionar o grupo de cerejas outra vez.

6 Escolha Group > Ungroup.

Observe que o efeito de sombreamento desapareceu das cerejas. Quando um efeito é aplicado a um grupo, ele afeta o grupo como um todo. Se os objetos não mais estiverem agrupados, então o efeito não mais se aplica.

● **Nota:** Quando você desagrupa as cerejas, continua vendo a palavra Group no alto do painel Appearance. Isso ocorre porque cada uma das cerejas é seu próprio grupo.

7 Escolha Edit > Undo Ungroup e o sombreamento reaparece.

8 Escolha Select > Deselect e, depois, File > Save.

Aplique estilos a textos usando efeitos

Você pode aplicar uma distorção a objetos de seu trabalho, utilizar uma forma de distorção predefinida ou um objeto de malha como um envelope. A seguir você vai usar um efeito de distorção no texto na parte inferior do rótulo.

1 Selecione a ferramenta Selection (↖) no painel Tools e então selecione o texto "NET WT..." na parte inferior do rótulo.

2 Escolha Effect > Warp > Arc Lower.

3 Na caixa de diálogo Warp Options, para criar um efeito de arco, configure Bend como **35%**. Selecione Preview para visualizar as modificações. Experimente escolher outros estilos do menu Style e então retorne para Arc Lower. Experimente ajustar os controles deslizantes Horizontal e Vertical Distortion para ver o efeito. Certifique-se de que os valores de Distortion tenham sido reconfigurados para **0** e clique em OK.

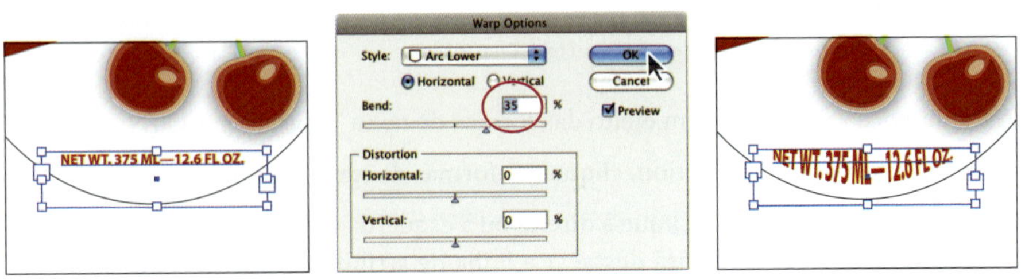

4 Com o texto distorcido ainda selecionado, clique no ícone de visibilidade (👁) à esquerda da fileira Warp: Arc Lower no painel Appearance para desativar a visibilidade do efeito. Observe como o texto já não está distorcido na prancheta.

● **Nota:** Para aprender mais sobre o painel Appearance, veja a lição 13, "Aplicando Atributos de Aparência e Estilos Gráficos".

5 Selecione a ferramenta Type (T) no painel Tools e selecione e altere o texto "375" na página para **380**.

6 Selecione a ferramenta Selection e então clique no ícone de visibilidade (👁) à esquerda da fileira Warp: Arc Lower no painel Appearance para ativar a visibilidade do efeito. Observe como o texto está distorcido outra vez.

● **Nota:** Você selecionou a ferramenta Selection outra vez nesta etapa porque você originalmente aplicou o efeito ao objeto texto com esta ferramenta.

7 Escolha Select > Deselect.

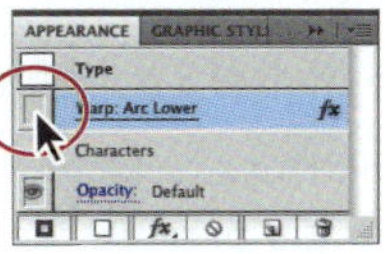

Desative o efeito Warp.

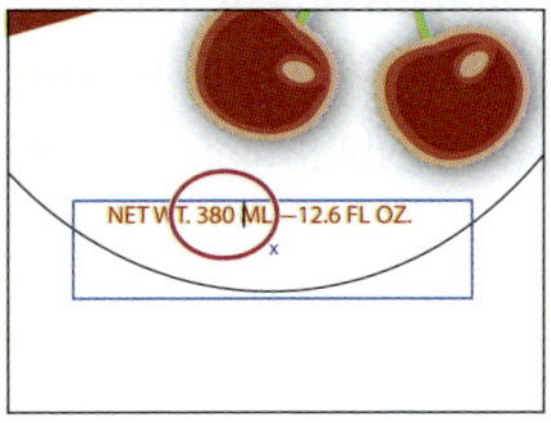

Edite o texto na prancheta.

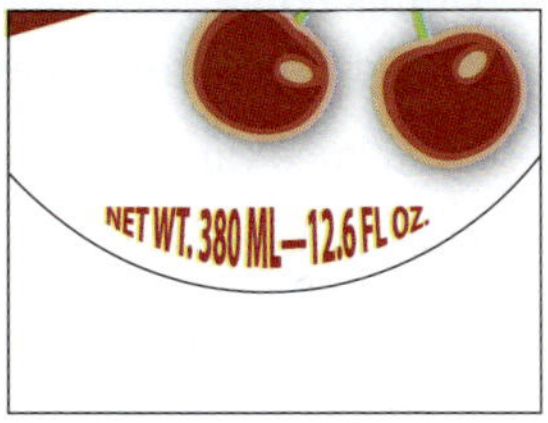

O resultado, com o efeito aplicado.

▶ **Dica:** Não é preciso desativar a visibilidade para o efeito Warp antes de editar o texto na prancheta, mas se você fizer isso, essa edição fica mais fácil.

A seguir você vai aplicar efeitos às formas de texto "CHERRY BLAST" na parte superior do rótulo do refrigerante.

8 Com a ferramenta Selection (↖), clique nas formas do texto CHERRY BLAST para selecionar o grupo.

9 Escolha Effect > Warp > Rise.

10 Na caixa de diálogo Warp Options, mantenha a opção Horizontal selecionada e altere o valor de Bend para **20**%. Clique em OK.

Observe como as formas do texto selecionado (em azul) conservam a aparência das formas originais, mas estão distorcidas. Isso mostra como um efeito dinâmico permite que você imprima formas de texto com o efeito Rise aplicado, mas não altera o objeto base.

11 Se o painel Appearance não estiver visível, escolha Window > Appearance.

Observe que o painel Appearance lista o efeito Warp: Rise que foi aplicado às formas de texto.

A seguir, você vai ocultar os pontos de ancoragem da seleção para poder se concentrar no resultado.

12 Com as formas do texto CHERRY BLAST ainda selecionadas, escolha View > Hide Edges.

13 No painel Control, altere o preenchimento para a cor do banner e mantenha o contorno como preto, 1 pt.

14 Escolha Edit > Copy.

15 Com as formas de texto ainda selecionadas, escolha Object > Hide > Selection.

16 Escolha Edit > Paste In Front.

17 Com a cópia selecionada, altere o preenchimento para a amostra de rabisco e a cor do contorno para None, no painel Control.

A seguir, você vai aplicar o efeito Scribble às formas de texto.

18 Com as formas de texto selecionadas, escolha Effect > Stylize > Scribble.

19 Na caixa de diálogo Scribble, escolha Tight no menu Settings. Selecione Preview para visualizar a alteração. Altere o valor de Angle para **10**, de Path Overlap para **–3** pt e mantenha as configurações restantes em seus valores padrão. Clique em OK.

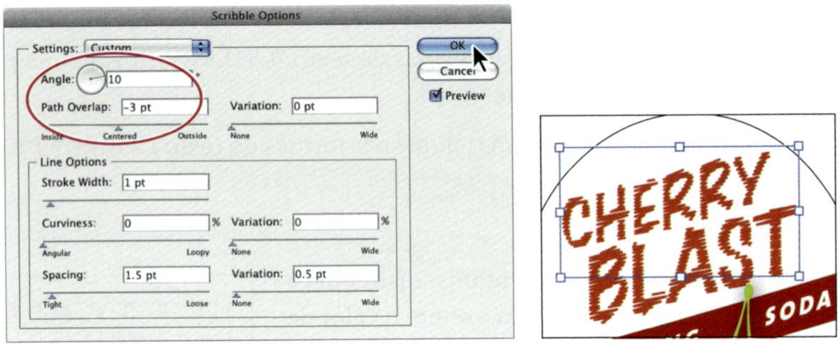

20 Escolha Object > Show All.

21 Escolha Select > Deselect e, depois, File > Save.

Edite formas com o efeito Pathfinder

Os efeitos Pathfinder são semelhantes ao trabalho com os comandos Pathfinder no painel Pathfinder, exceto pelo fato de serem aplicados como efeitos e por não alterarem o conteúdo de base.

A seguir, você vai aplicar um efeito Pathfinder a diversas formas.

1 Com a ferramenta Selection (↖), pressione a tecla Shift e selecione a forma do banner vermelho abaixo das formas de texto SPARKLING SODA e a forma oval no fundo.

2 Escolha Object > Group.

Você agrupou os objetos porque os efeitos Pathfinder são aplicados somente a grupos, camadas ou objetos de texto.

3 Escolha Effect > Pathfinder > Intersect para criar uma forma que mostre onde as duas formas se cruzam.

● **Nota:** Se você enxergar uma caixa de diálogo de alerta quando escolher Effect > Pathfinder > Intersect, é porque você não agrupou os objetos.

4 Observe que o efeito Intersect aparece no painel Appearance. Clicar em Intersect permite que você altere o efeito Pathfinder e edite o efeito Intersect.

● **Nota:** Você vai aprender mais sobre o painel Appearance na Lição 13, "Aplicando Atributos de Aparência e Estilos Gráficos".

5 Com o grupo ainda selecionado, escolha View > Outline.

As duas formas ainda estão lá e continuam completamente editáveis, já que o efeito é dinâmico.

● **Nota:** Para remover o efeito Intersect de um grupo que você acabou de editar, clique no efeito Intersect do painel Appearance e então clique no botão Delete Selected Item (🗑) na parte inferior do painel.

● **Nota:** Para cruzar formas, você pode também usar o painel Pathfinder, que vai expandir as formas imediatamente por padrão. Usar o menu Effects permite editar formas de maneira independente.

Agrupe os objetos.

Aplique o efeito Pathfinder.

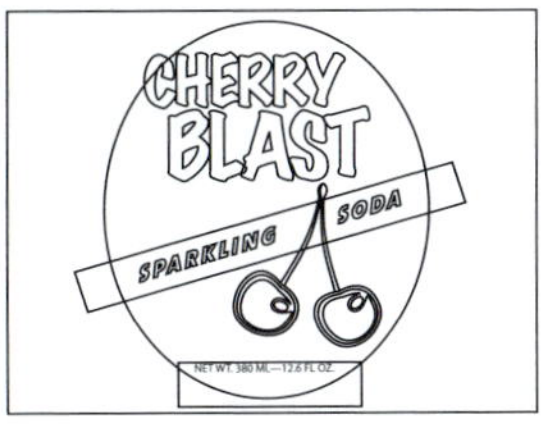

Escolha View > Outline.

A seguir, você vai copiar a forma oval do grupo de formas com o efeito Pathfinder aplicado.

6 Com a ferramenta Selection, dê um duplo clique na borda da forma oval para entrar no modo de isolamento. Isso permite que você edite apenas as formas que fazem parte do grupo.

● **Nota:** Você está dando um duplo clique na borda porque as formas no modo de isolamento não têm preenchimento e por isso não podem ser selecionadas clicando no centro.

7 Clique na borda da forma oval para selecioná-la. Escolha Edit > Copy.

8 Pressione Escape para sair do modo de isolamento. Escolha Select > Deselect.

9 Escolha Edit > Paste In Front para colar uma cópia sobre os outros objetos.

10 Escolha View > Preview e mantenha a forma oval selecionada.

11 Escolha File > Save.

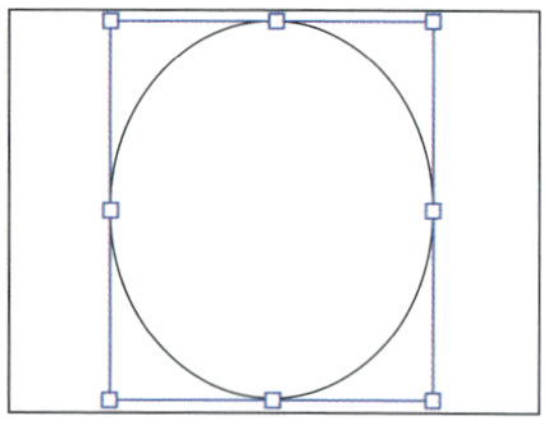

Desloque paths

Agora você vai editar a forma oval adicionando diversos contornos a ela. Você vai então editar esses vários contornos deslocando-os em relação à forma oval. Esse processo permite que você crie a aparência de diversas formas empilhadas.

1 Com a forma oval selecionada, altere a cor do contorno para verde, a cor do preenchimento para um degradê verde denominado center e a espessura do contorno para **5** pt no painel Control.

2 Clique no ícone do painel Layers (◈) no lado direito do área de trabalho para expandir o painel Layers. Clique na coluna de visibilidade à esquerda da camada Background para exibir a forma de fundo.

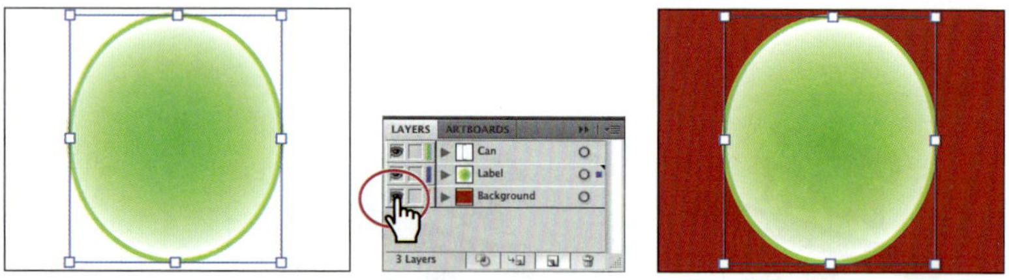

A seguir, você vai adicionar um contorno à forma e, em seguida, vai editar o preenchimento em degradê.

3 Clique no ícone do painel Appearance (●) para expandir o painel. Com a forma verde ainda selecionada e a fileira de contornos selecionada no painel Appearance, clique no botão Add New Stroke (■) na parte inferior do painel Appearance. Um novo contorno aparece no painel, mas a forma permanece inalterada.

A forma agora tem dois contornos que têm a mesma cor e a mesma espessura, exatamente um sobre o outro.

4 No painel Appearance, altere a espessura do contorno selecionado (realçado) para **9** pt.

5 Clique na cor de contorno no painel Appearance e selecione a amostra branca no painel Swatches. Pressione Enter ou Return para fechar o painel e voltar ao painel Appearance.

Você pode adicionar diversos contornos a um objeto e aplicar diferentes efeitos a cada um, dando a oportunidade de criar trabalhos de ilustração exclusivos e interessantes.

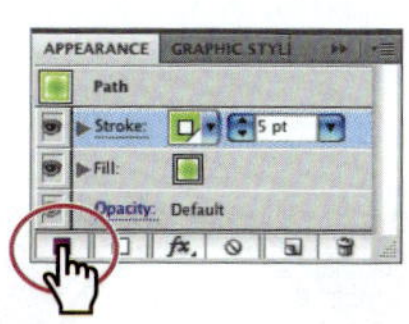

Adicione um novo traço.

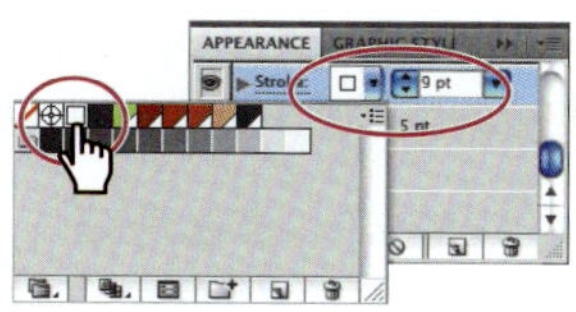

Altere a espessura e a cor do traço.

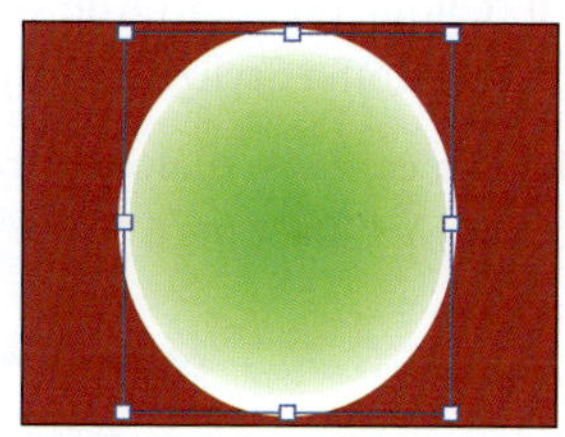

O resultado.

● **Nota:** Você vai aprender mais sobre o painel Appearance na Lição 13, "Aplicando Atributos de Aparência e Estilos Gráficos".

6 Com o contorno branco selecionado no painel Appearance, clique no botão Add New Effect (*fx*) na parte inferior do painel Appearance. Escolha Path > Offset Path.

7 Na caixa de diálogo Offset Path, altere o valor de Offset para **16** pt e clique em OK.

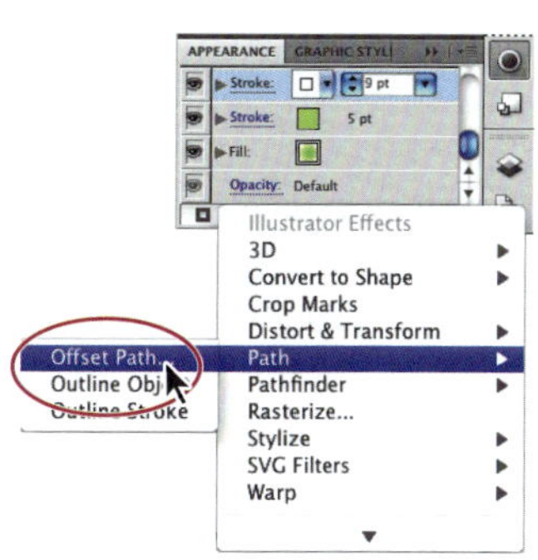

Escolha Path > Offset Path.

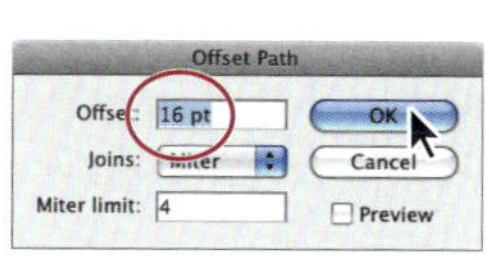

Configure a opção Offset Path.

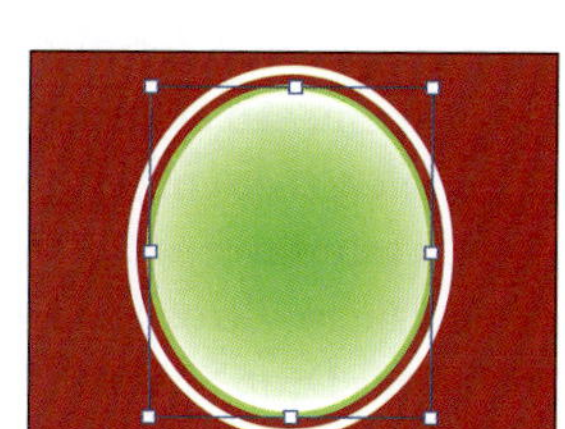

O resultado.

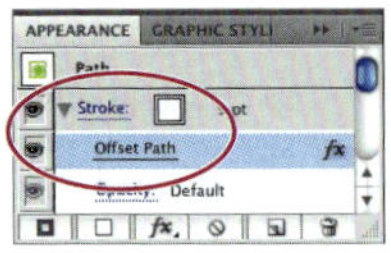

8 No painel Appearance, clique na seta à esquerda da palavra Stroke (9 pt) para abrir o conjunto. Observe que Offset Path é um subconjunto de Stroke, o que indica que Offset Path é aplicado apenas a Stroke.

9 Clique na palavra Path na parte superior do painel Appearance. Isso permite que o sombreamento que você adicionará na próxima etapa seja aplicado também a toda a forma, não apenas ao contorno deslocado.

● **Nota:** Talvez seja necessário rolar para cima no painel Appearance ou redimensionar o painel para uma visualização mais fácil.

10 Clique no botão Add New Effect (*fx*) na parte inferior do painel Appearance e escolha Stylize > Drop Shadow.

11 Na caixa de diálogo Drop Shadow, altere Opacity para **30**%, X Offset para **0** pt, Y Offset para **0** pt e Blur para **5** pt. Clique em OK.

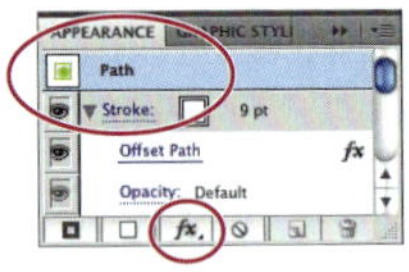

Clique em Path.

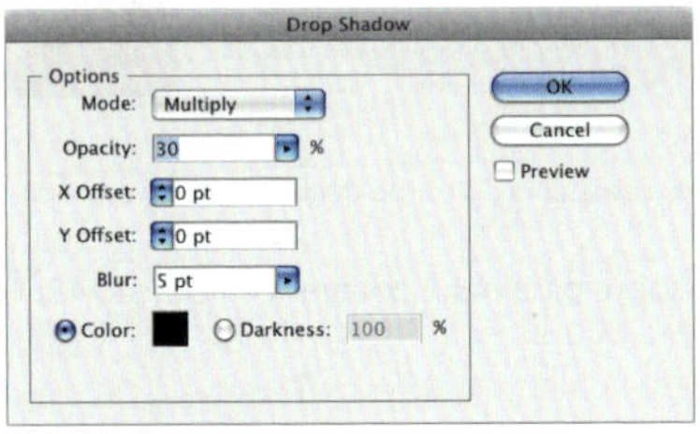

Edite as opções de Drop Shadow.

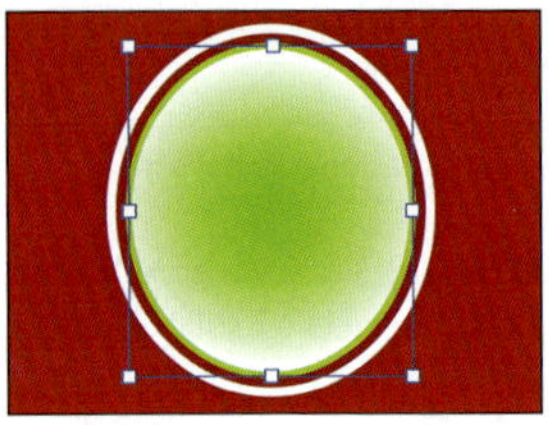
O resultado.

▶ **Dica:** Observe o quadrado Color na caixa de diálogo Drop Shadow. Clicar neste quadrado abre o seletor de cores e permite editar a cor do sombreamento ou escolher a cor em um painel de amostras ou outro catálogo de cores.

12 Escolha Select > Deselect e então File > Save.

Aplique um efeito do Photoshop

Conforme descrito anteriormente neste capítulo, os efeitos na metade inferior do menu são efeitos do Photoshop (efeitos de rasterização). Você pode aplicar esses efeitos em objetos vetorizados ou objetos de bitmap incorporados. Os efeitos de rasterização são efeitos que geram pixels, não dados vetoriais. Esses efeitos incluem filtros SVG, todos os efeitos na parte inferior do menu Effect e os comandos Drop Shadow, Inner Glow, Outer Glow e Feather no submenu Effect > Stylize.

A seguir, você vai aplicar um efeito do Photoshop ao fundo do rótulo.

1 Com a ferramenta Selection (↖), clique para selecionar a forma oval com o contorno branco aplicado. No painel Appearance, clique na fileira do contorno branco para selecioná-lo. Tome cuidado para não clicar na palavra Stroke.

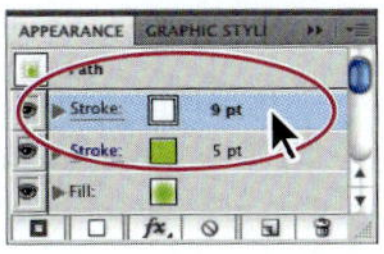

● **Nota:** Depois de aplicar o efeito de rasterização, a forma do fundo será composta por pixels, e não por dados vetoriais.

Você vai aplicar um efeito do Photoshop ao contorno branco.

2 Escolha Effect > Texture > Texturizer para abrir a Effect Gallery. Nas configurações do Texturizer, à direita, altere Texture para Sandstone, Scaling para **140,** Relief para **8** e, no menu Light, escolha Bottom.

Na Effect Gallery você pode aplicar um único efeito de rasterização ou mesmo diversos efeitos desse tipo a um objeto. Os efeitos de rasterização estão no painel intermediário, organizados em pastas que se correlacionam ao item do menu no menu Effect. Você pode experimentar tentando mover efeitos e ajustando suas configurações, se preferir. Clique em OK para definir as opções Texturizer.

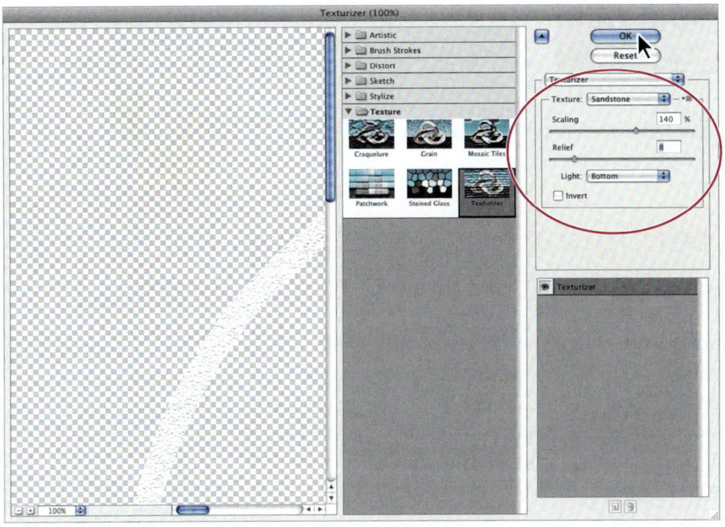

Agora que a arte está completa, você vai redimensioná-la e então salvá-la como um símbolo no painel Symbols. Feito isso, você vai aplicá-la a uma lata de refrigerante 3D, que você vai criar.

3 Com a ferramenta Selection Select, pressione a tecla Shift e clique no retângulo vermelho no fundo, para selecionar ambas as formas. Escolha Object > Arrange > Send To Back.

4 Escolha Seelct > All On Active Board. Escolha Object > Group.

5 Com o grupo selecionado, dê um duplo clique na ferramenta Scale (⊡) no painel Tools.

6 Na caixa de diálogo Scale, altere o valor Uniform Scale para **60** e selecione Scale Strokes & Effects. Clique em OK.

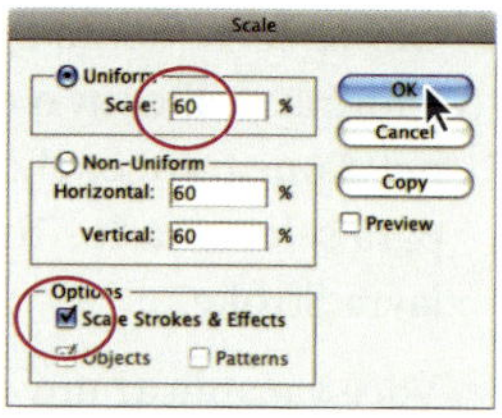

● **Nota:** Se você redimensionar conteúdo e não selecionar Scale Strokes & Effects, as espessuras e os efeitos de contorno permanecerão inalterados.

▶ **Dica:** Para aprender mais sobre símbolos, veja a lição 14, "Trabalhando com Símbolos".

7 Clique no ícone do painel Symbols (♣) ou escolha Window > Symbols para expandir o painel Symbols. Selecione a ferramenta Selection e arraste o conteúdo selecionado para o painel Symbols, para criar um símbolo. Na caixa de diálogo Symbol Options, atribua o nome soda label ao símbolo e selecione Graphic como tipo de símbolo. Clique em OK.

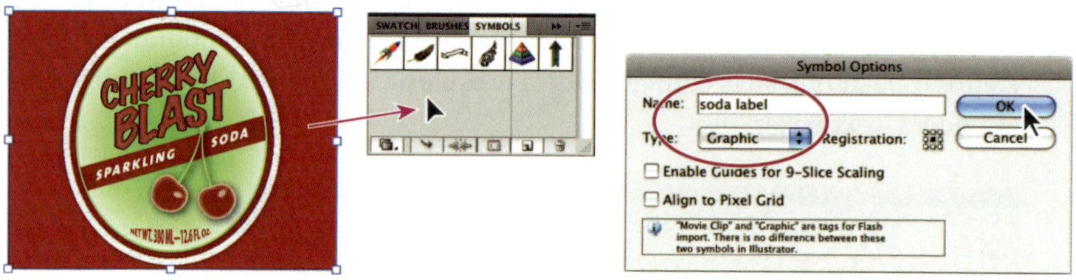

8 Escolha Select > Deselect e depois File > Save. Mantenha o arquivo aberto.

As configurações dos efeitos de rasterização de um documento

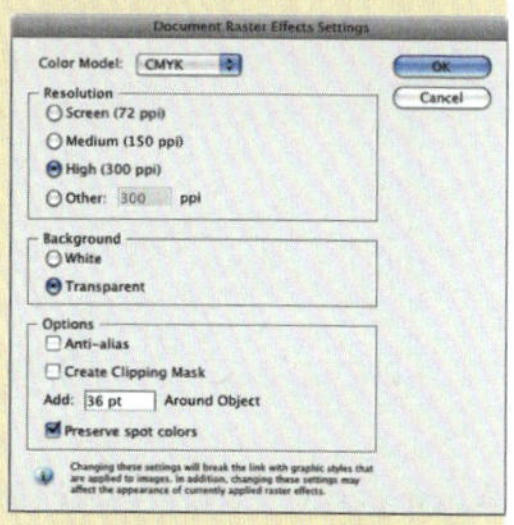

Sempre que você aplicar um efeito de rasterização, o Illustrator utiliza as configurações dos efeitos de rasterização do documento para determinar a resolução da imagem resultante. É importante verificar as configurações dos efeitos de rasterização de um documento antes de começar a trabalhar com efeitos.

Você configura as opções de rasterização para um documento quando cria um novo documento ou escolhendo Effect > Document Raster Effect Settings. Na caixa de diálogo Document Raster Effect Settings, para todos efeitos de rasterização em um documento ou quando você rasteriza um objeto de vetor você pode selecionar Color Mode, Resolution, Background, Anti-alias, Create Clipping Mask e Add Around Object. Para aprender mais sobre as configurações dos efeitos de rasterização de um documento, pesquise em "About raster effects" em Illustrator Help.

– Extraído de Illustrator Help.

Trabalhe com um efeito 3D

Utilizando o efeito 3D, você pode controlar a aparência de objetos 3D com iluminação, sombreamento, rotação e outros atributos. Nesta parte da lição, você vai usar formas bidimensionais como base para criar objetos tridimensionais.

Há três tipos de efeitos 3D que você pode aplicar:

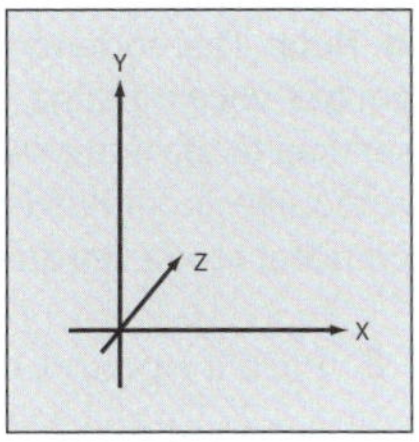

The 3D e ect takes advantage of the x, y, and z axes.

- **Extrude & Bevel** – Estende um objeto 2D sobre o eixo z para dar profundidade ao objeto. Por exemplo, se você fizer uma extrusão em uma elipse 2D, ela torna-se um cilindro.
- **Revolve** – Faz a revolução de um path ou perfil em torno do eixo y global (eixo de revolução) para criar um objeto 3D.
- **Rotate** – Utiliza o eixo z para girar o trabalho 2D no espaço 3D e alterar sua perspectiva.

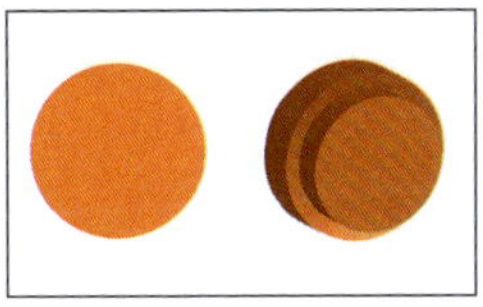

Extrude & Bevel

Revolve

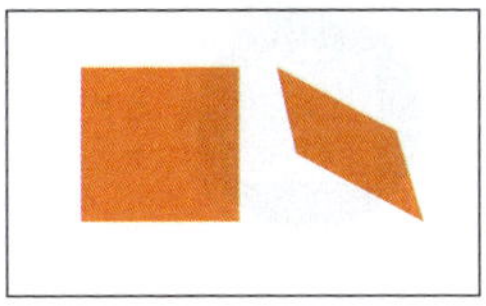

Rotate

Crie um objeto por revolução

Nesta parte da lição, você vai explorar um dos efeitos 3D, chamado Revolve. Você vai criar uma lata de refrigerante tomando como base um path existente na segunda prancheta, usando o efeito Revolve.

1 Escolha Window > Workspace > Essentials.

2 Clique no ícone do painel Artboards () para expandir o painel Artboards.

3 Dê um duplo clique em Artboard 2 no painel para ajustar a prancheta à janela Document. Clique no ícone do painel Artboards para minimizar o painel.

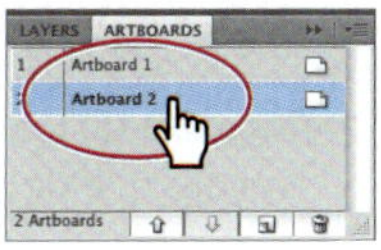

4 Escolha Select > All On Active Artboard.

Esse path corresponde à metade de uma lata de refrigerante. Quando você aplica o efeito revolução a ele, ele será girado em torno da borda direita ou esquerda e assim criar uma forma com 360°.

5 Clique na cor de contorno no painel Control e escolha None ().

● **Nota:** A cor de contorno substitui a cor do preenchimento no objeto, quando ele for girado.

6 Clique na cor de preenchimento no painel Control e selecione White.

7 Escolha Effect > 3D > Revolve. Na caixa de diálogo 3D Revolve Options, escolha Front no menu Position. Selecione Preview para ver as modificações. Talvez seja preciso reposicionar a caixa de diálogo 3D Revolve Options para ver o trabalho.

● **Nota:** Dependendo da complexidade da forma sendo girada e da velocidade da máquina em que você trabalha, efetuar alterações na caixa de diálogo 3D Revolve Options pode ser uma tarefa demorada. Talvez seja útil desmarcar Preview, efetuar algumas alterações e então selecionar Preview outra vez. Desta maneira a forma não tem de ser "redesenhada" na prancheta toda vez que uma alteração for feita na caixa de diálogo.

▶ **Dica:** Angle determina o grau de revolução. Para criar uma aparência de "distanciamento", você pode alterar a rotação para menos que 360º.

8 Para a opção Offset, escolha Right Edge. Essa é a borda em torno da qual seu arco vai girar. O resultado poderá variar significativamente dependendo do lado que você escolher e se houver um contorno ou preenchimento aplicado ao objeto original. Clique em OK.

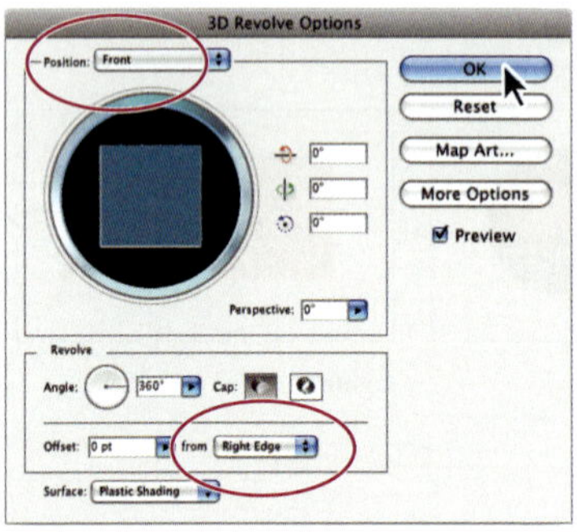

Escolha a borda em que o efeito de revolução será aplicado.

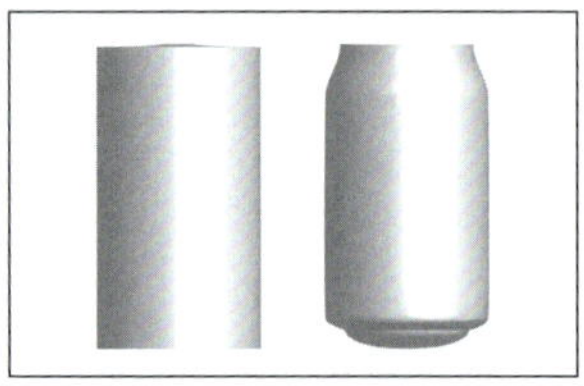

Aplique o efeito com a borda esquerda selecionada.

Aplique o efeito com a borda direita selecionada.

9 Escolha File > Save e mantenha o arquivo aberto.

As opções de 3D Revolve

Na caixa de diálogo 3D Options do efeito Revolve existem diversas outras opções que devem ser consideradas:

- **Angle**: Define o número de graus em que o path entra em revolução, entre 0 e 360.
- **Cap:** Especifica se o objeto aparece sólido (Revolve Cap On) ou oco (Revolve Cap Off).
- **Offset:** Adiciona distância entre o eixo de revolução e o path para criar um objeto em forma de anel, por exemplo. Você pode digitar um valor entre 0 e 1000.

– Extraído de Illustrator Help.

Altere a iluminação de um objeto 3D

O efeito Revolve permite que você adicione uma ou mais fontes de iluminação, varie a intensidade delas, altere a cor da sombra de um objeto e mova as fontes de iluminação em torno dele.

Nesta seção, você vai alterar a intensidade e a direção da fonte de luz.

1 Com a forma da lata de refrigerante selecionada, clique em 3D Revolve no painel Appearance. Se o painel Appearance não estiver visível, escolha Window > Appearance. Talvez também seja necessário rolar no painel Appearance, ou redimensioná-lo, para uma visualização mais fácil.

2 Selecione Preview na caixa de diálogo 3D Revolve Options e clique em More Options.

Você pode criar efeitos de iluminação personalizados no seu objeto 3D. Utilize a janela de visualização no lado inferior esquerdo da caixa de diálogo 3D Revolve Options para reposicionar a iluminação e alterar a cor da sombra.

3 Escolha Diffuse Shading no menu Surface.

4 Na janela de visualização (a esfera sombreada), arraste o quadrado branco que representa a fonte de luz para a esquerda. Isso altera a direção da iluminação. Clique no botão New Light (▣) para adicionar outra fonte de luz à forma da lata de refrigerante. Arraste a segunda fonte de luz para baixo e para a direita.

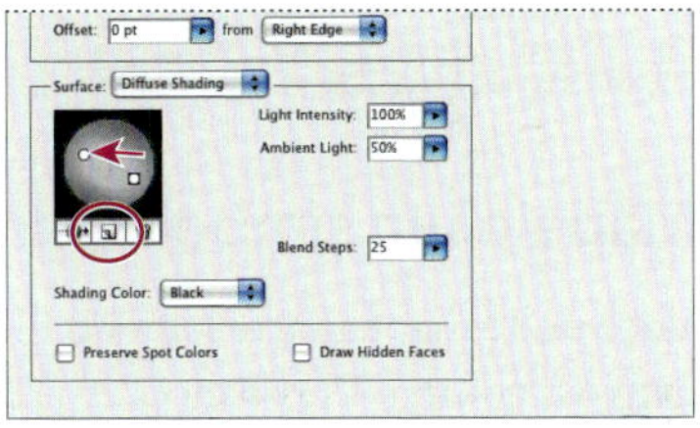

Tente colocá-las em diferentes posições, movendo a caixa de diálogo para poder visualizar o trabalho.

5 Escolha Custom no menu Color Shading. Clique no quadrado vermelho à direita de Custom para abrir o Color Picker. No Color Picker, altere a cor para um cinza médio C=0, M=0, Y=0, B=50). Clique em OK para fechar o Color Picker e retornar para a caixa de diálogo 3D Revolve Options.

6 Na caixa de diálogo 3D Revolve Options, altere Light Intensity para **80%** e Ambient Light para **10%** e clique em OK. Mantenha a caixa de diálogo aberta.

A luz ambiente controla o brilho na superfície do objeto 3D de modo uniforme.

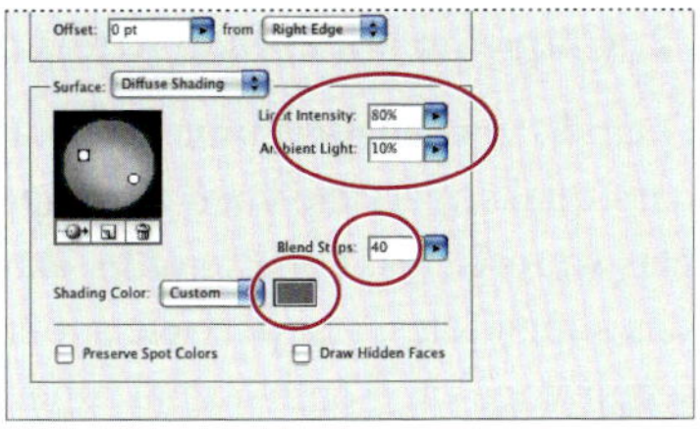

● **Nota:** Dependendo da velocidade da máquina em que você está trabalhando, o processamento das mudanças na caixa de diálogo 3D Revolve Options pode ser uma tarefa demorada.

7 Altere Blend Steps para **40** e clique em OK quando terminar o processamento.

8 Escolha File > Save.

As opções de sombreamento de superfícies

Na caixa de diálogo 3D Options para Extrude & Bevel e Revolve, Suface permite escolher as opções de sombreamento de uma superfície, como:

- **Wireframe:** Define os contornos da geometria do objeto e torna transparente todas superfícies.
- **No Shading:** Não adiciona novas propriedades de superfície ao objeto. O objeto 3D tem a mesma cor que o objeto 2D original.
- **Diffuse Shading:** Faz com que o objeto reflita luz de acordo com um padrão suave e difuso.
- **Plastic Shading:** Faz com que o objeto reflita luz como se ele fosse feito de um material luminoso, muito brilhante.

*- **Nota:** Dependendo da opção escolhida, diferentes opções de iluminação são oferecidas. Se o objeto usa apenas o efeito 3D Rotate, as únicas opções de Surface disponíveis são Shading e No Shading.*

– Extraído de Illustrator Help.

Mapeie um símbolo para a arte em 3D

Você pode mapear arte feita no Illustrator e também importar arte de outros aplicativos, como o Photoshop. A arte que você mapear precisa ser uma arte 2D armazenada no painel Symbols. Os símbolos podem ser qualquer objeto de arte do Illustrator: paths combinados, texto, imagens rasterizadas, objetos do tipo mesh e grupos de objetos. Nesta parte da lição, você vai mapear o rótulo que salvou anteriormente como um símbolo para a lata de refrigerante.

1 Com a lata de refrigerante ainda selecionada, clique em 3D Revolve no painel Appearance. Arraste a caixa de diálogo 3D Revolve Options para o lado, para que você possa ver a ilustração da lata de refrigerante. Certifique-se de que Preview esteja também selecionado.

2 Clique no botão Map Art na caixa de diálogo 3D Options.

Quando você mapeia uma arte para um objeto, antes de tudo você precisa escolher para qual superfície você vai mapear a arte. Todo objeto 3D é composto de múltiplas superfícies. Por exemplo, extrudar um quadrado cria um cubo composto de seis superfícies: a superfície superior, a inferior e as quatro superfícies laterais. A seguir você vai escolher qual superfície você vai mapear e inserir a arte.

3 Arraste a caixa de diálogo Map Art para o lado. Clique no botão Next Surface (▶) até "4 de 4" aparecer no campo superfície. Na arte final, observe que o Illustrator está realçando o reticulado e a superfície selecionada em vermelho.

4 Escolha soda label no menu Symbol. Selecione Preview, se ainda não estiver selecionado.

● **Nota:** Se selecionar a superfície incorreta, escolha Clear e mapeie outra superfície.

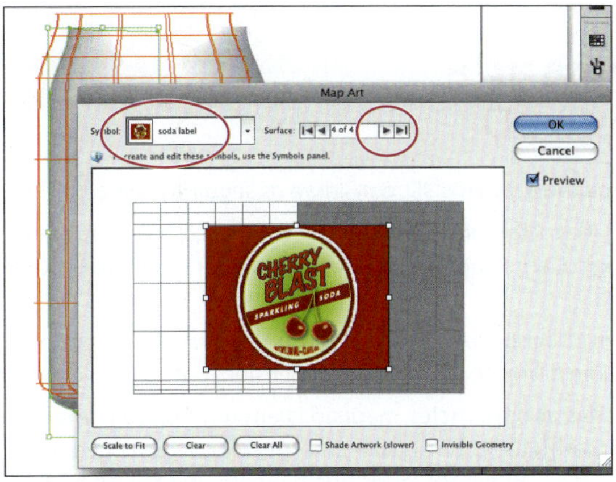

5 Desmarque Preview na caixa de diálogo Map Art para acelerar os passos seguintes.

6 Arraste o símbolo para a área iluminada do mapa na caixa de diálogo Map Art.

Uma cor cinza-clara marca as superfícies atualmente visíveis. Um cinza-escuro sinaliza as superfícies ocultas pela posição atual do objeto.

7 Selecione Shade Artwork (Slower). Selecione Preview para ver a arte com o símbolo mapeado para ela. Você talvez precise reposicionar ou redimensionar o trabalho. Feito isso, clique em OK para fechar a caixa de diálogo Map Art.

8 Na caixa de diálogo 3D Revolve Options, clique no botão Fewer Options e então clique na borda esquerda do quadrado azul e arraste para a direita, para deslocar o objeto 3D ao longo do eixo y. Com Preview selecionado, quando você solta o botão do mouse o objeto na prancheta é atualizado. Clique em OK.

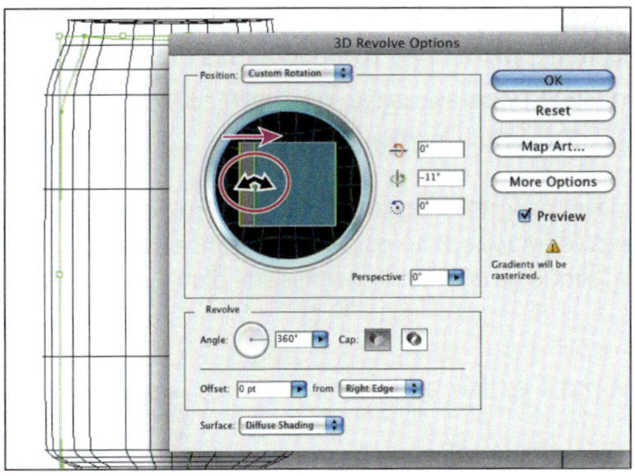

▶ **Dica:** Se você não gosta da posição ou do tamanho do símbolo, você pode clicar no botão Clear na parte inferior da caixa de diálogo para eliminar o símbolo da superfície atual.

▶ **Dica:** Você pode interagir com o símbolo na caixa de diálogo Map Art usando os controles normais da caixa delimitadora para mover, redimensionar ou girar o objeto.

Mapeando uma arte para um objeto 3D

Quando você estiver mapeando objetos 3D, considere os seguintes aspectos:

- Uma vez que o recurso Map Art utiliza símbolos para mapear, você pode editar uma instância de símbolo e então automaticamente atualizar todas superfícies que são mapeadas nela.
- Você pode interagir com o símbolo na caixa de diálogo Map Art com os controles de uma caixa delimitadora normal para mover, redimensionar ou rodar o objeto.
- O efeito 3D lembra todas as superfícies mapeadas em um objeto como um número. Se você editar o objeto 3D ou aplicar o mesmo efeito a um novo objeto, talvez ele fique com mais ou menos lados que o objeto original. Se houver menos superfícies que o número de superfícies definido para o mapeamento original, a arte excedente será ignorada.
- Devido ao fato de a posição de um símbolo ser relativa ao centro de uma superfície de um objeto, se a geometria da superfície for alterada, então o símbolo será remapeado em relação ao novo centro do objeto.
- Você pode mapear arte para objetos que usam o efeito Extrude & Bevel ou Revolve, mas você não pode mapear arte para objetos que usam apenas o efeito Rotate.

– Extraído de Illustrator Help.

A textura agora contorna a forma da lata de refrigerante. A seguir, você vai editar o path da lata de refrigerante e a cor.

9 Com a ferramenta Selection e o objeto 3D selecionado, altere a cor de preenchimento para Black no painel Control.

Observe que toda a forma muda de cor, exceto onde a arte do símbolo está mapeada para a superfície. Neste ponto, se for preciso, você pode editar a forma inicial do trabalho. Se você precisar girar o objeto 3D, então é melhor fazê-lo na caixa de diálogo 3D Revolve Options.

▶ **Dica:** Se você precisar editar a forma, é recomendado que você primeiro desmarque a coluna de visibilidade do efeito 3D Revolve (Mapped) no painel Appearance. Feito isso, quando você tiver terminado de editar a forma, clique na coluna de visibilidade para exibir o efeito 3D Revolve (Mapped) outra vez.

10 Escolha View > Show Edges para exibir as bordas para as outras lições.

11 Escolha File > Save. Mantenha o arquivo aberto para a seção Explore por Conta Própria ou escolha File > Close.

Recursos de impressão

Para tomar as melhores decisões relativas à impressão, você deve entender os princípios básicos de impressão, inclusive o modo como a resolução de sua impressora ou a calibração e a resolução de seu monitor podem afetar a aparência de seu trabalho, quando impresso. A caixa de diálogo de impressão do Illustrator foi projetada para ajudá-lo a executar o processo de impressão. Cada conjunto de opções na caixa de diálogo é organizado para orientá-lo no processo de impressão. Para mais informações sobre como operar a caixa de diálogo, pesquise "Print dialog box options", no Illustrator Help.

Para mais informações sobre como trabalhar com o gerenciamento de cores no Illustrator, veja "Printing with color management", no Illustrator Help.

Se você quiser saber mais sobre as melhores maneiras de imprimir um documento, inclusive noções sobre Color Management, workflows de PDF, entre outras, visite o site:

- http://www.adobe.com/studio/print/

Para conhecer melhor a impressão na Creative Suite, visite:

- http://www.adobe.com/designcenter/cs4/articles/cs4_printguide.html.

Para orientações sobre como trabalhar com transparências e imprimi-las na Creative Suite, visite:

- http://www.adobe.com/designcenter/creativesuite/articles/cs3ip_transguide.html.

Explore por conta própria

Agora, você vai trabalhar com outro efeito para dar um toque interessante ao arquivo sodacan.ai que ainda está aberto.

1 Escolha 1 no menu Artboard Navigation no canto inferior esquerdo da janela Document.

2 Com a ferramenta Selection, clique para selecionar a instância do símbolo na prancheta. Clique no botão Break Link no painel Control para editar as formas.

3 Choose Select > Deselect.

4 Clique na forma oval com o contorno branco para selecioná-la.

5 Escolha Effect > Convert a Shape > Rounded Rectangle.

6 Na caixa de diálogo Shape Options, selecione a opção Relative e então altere Extra Width e Extra Height para **0**. Selecione Preview e então ajuste o raio de canto de acordo com o desejado.

7 Escolha File > Save e depois File > Close.

Crie um item adicional para o trabalho desta lição.

1 Escolha File > Open e localize o arquivo L12start2.ai na pasta Lesson12.

2 Escolha a ferramenta Selection(↖) e, então, Select > All.

3 Arraste o trabalho para o painel Symbols.

4 Na caixa de diálogo Symbols Options, mude o nome para **Soap** e escolha Graphic no menu Type. Clique em OK.

5 Com o trabalho ainda selecionado, escolha Edit > Clear ou pressione a tecla Delete.

6 Selecione a ferramenta Rectangle (▭) e clique uma vez na prancheta. Digite **325 pt** para a largura e **220 pt** para a altura. Clique em OK.

7 Escolha Effect > 3D > Extrude & Bevel e experimente posições e configurações diferentes.

● **Nota:** Alterar a opção Bevel pode aumentar bastante a complexidade do objeto 3D e o número de superfícies para as quais mapear a arte.

8 Clique em Map Art e mapeie o símbolo Soap que você criou para uma superfície da caixa.

9 Feche as duas caixas de diálogo depois de concluir.

Aprimore ainda mais a ilustração criando seus próprios símbolos e aplicando-os a outras faces da caixa.

10 Escolha File > Close e não salve o arquivo.

Perguntas de revisão

1 Identifique duas maneiras de aplicar um efeito a um objeto.

2 Onde os efeitos podem ser aplicados a um objeto para que possam ser editados depois de aplicados?

3 Quais são os três tipos de efeitos 3D disponíveis? Dê um exemplo de por que você utilizaria cada um.

4 Como controlar a iluminação em um objeto 3D? A iluminação de um objeto 3D afeta outros objetos 3D?

5 Quais são os passos para mapear a arte de um objeto?

Respostas

1 Você pode aplicar um efeito a um objeto selecionando o objeto e, então, escolhendo o efeito no menu Effect. Também pode aplicar um efeito selecionando o objeto, clicando no botão Add New Effect (*fx*) no painel Appearance e escolhendo o efeito no menu que aparece.

2 Você pode editar os efeitos no painel Appearance.

3 Os tipos de efeitos 3D são Extrude & Bevel, Revolve e Rotate.

- Extrude & Bevel – Utiliza o eixo z para dar profundidade a um objeto 2D mediante extrusão. Por exemplo, um círculo torna-se um cilindro.
- Revolve – utiliza o eixo y para girar um objeto em torno de um eixo. Por exemplo, um arco torna-se um círculo.
- Rotate – Utiliza o eixo z para girar o trabalho 2D no espaço 3D e alterar sua perspectiva.

4 Clicando no botão More Options de qualquer das várias caixas de diálogo 3D, você pode alterar a luz, a direção da luz e a cor da sombra. As configurações de iluminação de um objeto 3D não afetam as configurações dos outros objetos 3D.

5 Mapeie a arte para um objeto seguindo estes passos:

a Selecione a arte a ser usada como um símbolo e, com Alt (Windows) ou Option (Mac OS) pressionadas, clique no botão New Symbol do painel Symbols.

b Selecione o objeto e escolha Effect > 3D > Extrude & Bevel ou Effect > 3D > Revolve.

c Clique em Map Art.

d Acesse a superfície clicando nos botões Next Surface ou Previous Surface. Selecione o símbolo do menu Symbol. Feche as duas caixas de diálogo.

13 APLICANDO ATRIBUTOS DE APARÊNCIA E ESTILOS GRÁFICOS

Visão geral da lição

Nesta lição, você vai aprender a:

- Criar e editar um atributo de aparência
- Adicionar um segundo contorno a um objeto
- Reordenar atributos de aparência e aplicá-los a camadas
- Copiar, ativar, desativar e remover atributos de aparência
- Salvar uma aparência como um estilo gráfico
- Aplicar um estilo gráfico a um objeto e a uma camada
- Aplicar vários estilos gráficos a um objeto ou camada

Esta lição levará aproximadamente uma hora para ser concluída. Se necessário, remova a pasta da lição anterior de seu disco rígido e copie a pasta Lesson13.

Você pode alterar a aparência utilizando atributos de aparência, incluindo preenchimentos, contornos, efeitos, transparência e modos de mesclagem sem alterar a estrutura dele. Você pode salvar os atributos de aparência como estilos gráficos e aplicá-los a outro objeto; também pode editar um objeto com um estilo gráfico aplicado e, então, editar o estilo – uma enorme economia de tempo!

Introdução

Nesta lição, você vai aprimorar o design de uma página Web aplicando atributos de aparência e estilos gráficos ao texto, ao fundo e aos botões. Antes de começar, restaure as preferências padrão do Adobe® Illustrator® CS5. Depois, abra o arquivo pronto desta lição para ver o que você vai criar.

1 Para que as ferramentas e os painéis funcionem como descritos nesta lição, exclua ou desative (renomeando) o arquivo de preferências do Adobe Illustrator CS5. Consulte "Restaurando as preferências padrão", na página 15.

2 Inicie o Adobe Illustrator CS5.

● **Nota:** Se você ainda não o fez, copie os arquivos desta lição para o seu disco rígido a partir da pasta Lesson13 do CD do *Adobe Illustrator CS5 Classroom in a Book*. Veja "Copiando os arquivos do Classroom in a Book", na página 14.

3 Escolha File > Open. Localize o arquivo L13end_1.ai da pasta Lesson13, na pasta Lessons que você copiou para seu disco rígido para visualizar o trabalho final. Nesta lição, você vai aplicar estilos a botões Web e outros objetos. Deixe o arquivo aberto para referência ou escolha File > Close.

O design da página Web pronta inclui vários estilos gráficos e efeitos, entre eles, degradês, texto semitransparente, sombras projetadas e elementos gráficos texturizados e sombreados.

● **Nota:** Se uma caixa de diálogo de alerta de perfil de cor for exibida, clique em OK.

4 Abra o arquivo L13start_1.ai da pasta Lesson13, localizada na pasta Lessons do disco rígido.

5 Escolha File > Save As. Na caixa de diálogo Save As, navegue até a pasta Lesson13 e abra-a. Nomeie o arquivo **tech_design.ai**. Deixe a opção Save As Type configurada como Adobe Illustrator (*.AI) (Windows) ou a opção Format configurada como Adobe Illustrator (ai) (Mac OS) e clique em Save. Na caixa de diálogo Illustrator Options, deixe as opções do Illustrator em suas configurações padrão e clique em OK.

Utilize atributos de aparência

Você pode aplicar atributos de aparência a qualquer objeto, grupo ou camada utilizando efeitos e os painéis Appearance e Graphic Styles. Um atributo de aparência é uma propriedade estética – como um preenchimento, contorno, transparência ou efeito – que afeta a aparência de um objeto, mas não sua estrutura básica. Uma vantagem de se usar atributos de aparência é que eles podem ser alterados ou removidos a qualquer hora sem mudar o objeto ou outro atributo aplicado ao objeto.

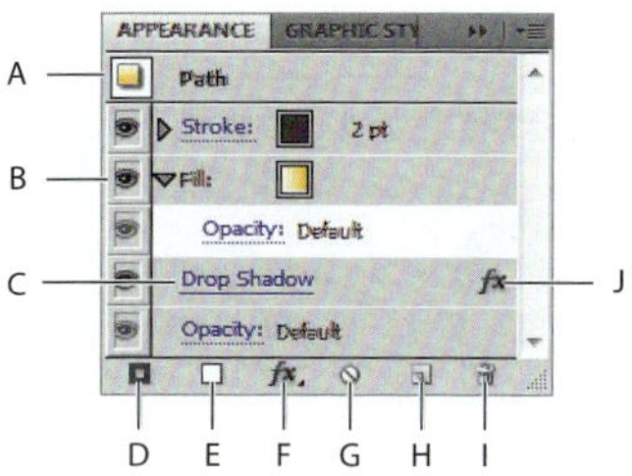

A. Path com contorno, preenchimento e efeito de sombra
B. Coluna Visibility
C. Link para opções
D. Adicionar novo contorno (Stroke)
E. Adicionar novo preenchimento (Fill)
F. Adicionar novo efeito (Effect)
G. Limpar aparência
H. Duplicar item selecionado
I. Excluir item selecionado
J. Indica efeito aplicado

Por exemplo, se aplicar um efeito Drop Shadow a um objeto, você pode alterar a distância da sombra projetada, o desfoque ou a cor. Também pode copiar esse efeito e aplicá-lo a outras formas, grupos ou camadas. Pode até mesmo salvá-lo como um estilo gráfico e utilizá-lo para outros objetos ou arquivos.

- O painel Appearance contém os seguintes tipos de atributos editáveis:
- Stroke (espessura, cor e efeitos)
- Fill (tipo, cor, transparência e efeitos)
- Transparency, incluindo a opacidade e o modo de mesclagem
- Menu Effect

Edite e adicione atributos de aparência

Comece selecionando a forma de uma seta e adicionando elementos à sua aparência básica no painel Appearance.

1 Escolha Window > Workspace > Essentials.

2 No arquivo tech_design.ai, selecione a forma da seta verde na parte superior do botão Home com a ferramenta Selection (↖).

3 Clique no ícone do painel Appearance (◉) no lado direito da área de trabalho e clique na linha do atributo Stroke para selecioná-la. Não clique na palavra Stroke sublinhada em azul; clique à direita ou à esquerda dela.

Selecionar a seta do atributo Stroke permite alterar apenas o contorno do trabalho.

4 Clique na palavra Opacity no painel Control para exibir o painel Transparency. No painel Transparency, escolha Multiply no menu dos modos de mesclagem. Mude Opacity para **50%.** Pressione Enter ou Return para fechar o painel Transparency.

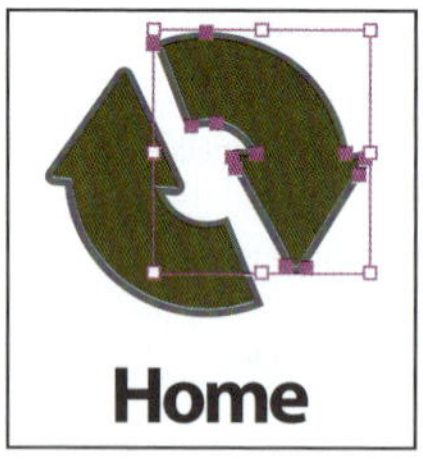

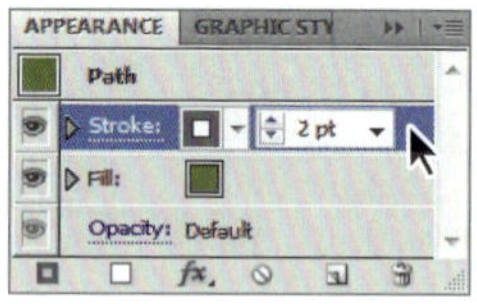

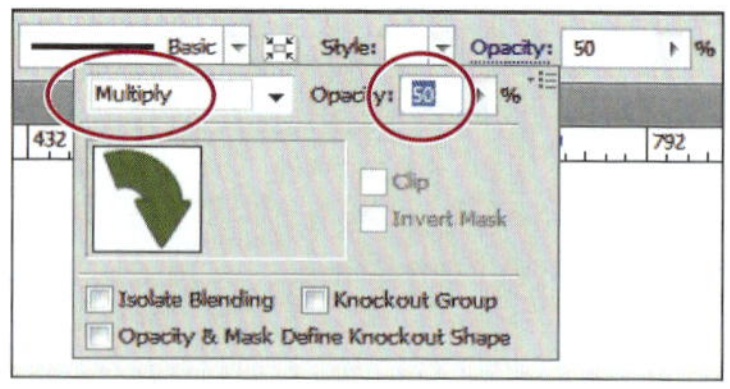

5 Com a ferramenta Selection, pressione Ctrl+barra de espaço (Windows) ou Command+barra de espaço (Mac OS) e clique na forma da seta várias vezes para ampliar para aproximadamente **200%**. Analise o contorno da seta para ver como ele mudou. O efeito do modo de mesclagem Multiply é semelhante ao de desenhar em uma página com uma caneta marca-texto.

Os contornos são centralizados em um path – metade da cor do contorno se sobrepõe à forma preenchida de seta e metade se sobrepõe ao fundo branco.

A seguir, você vai editar o contorno da seta utilizando o painel Appearance.

6 No painel Appearance, expanda os atributos de contorno clicando no triângulo (▶) à esquerda da palavra Stroke na lista do painel.

7 Clique na palavra Opacity para abrir o painel Transparency.

8 No painel Transparency, altere Opacity para **70%**. Clique na linha do atributo Opacity no painel Appearance para ocultar o painel Transparency.

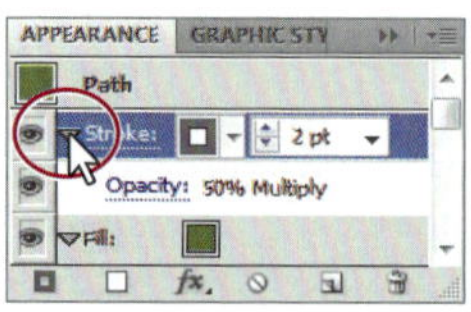

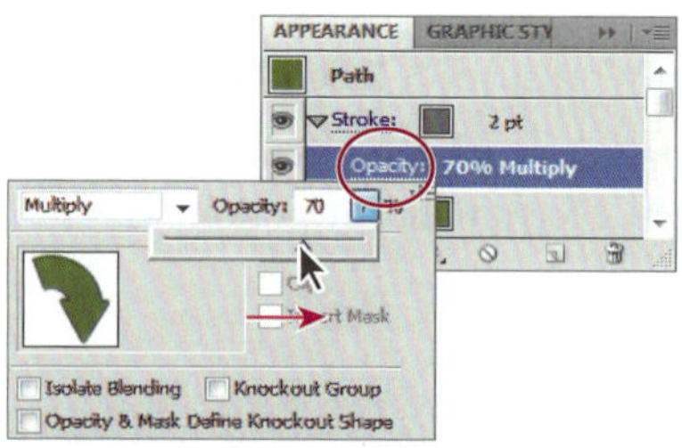

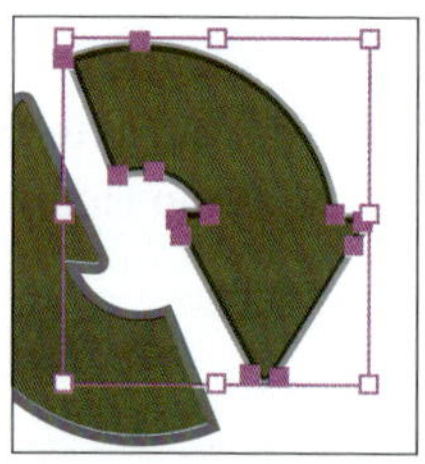

9 Clique em 2 pt no painel Appearance para editar o valor. Altere Stroke Weight para **4** pt. Se quiser, altere também a cor do contorno.

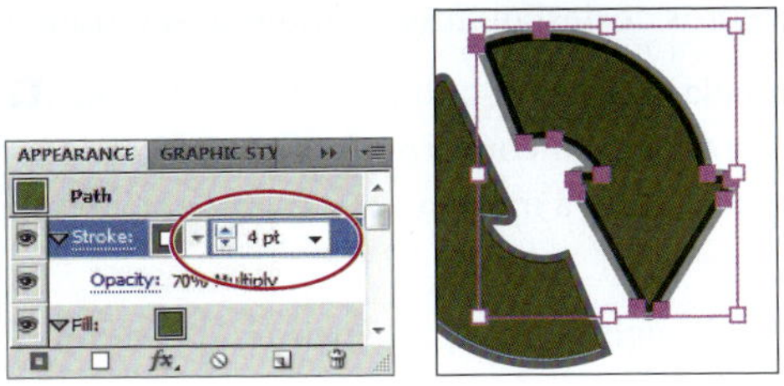

10 Escolha File > Save.

Reordene atributos de aparência

Agora, você vai mudar a aparência do modo de mesclagem Multiply reorganizando os atributos do painel Appearance.

1 Redimensione o painel Appearance para poder ver todo o seu conteúdo. Clique no triângulo (▶) à esquerda da palavra Stroke para ocultar as propriedades do contorno. Se as propriedades de preenchimento também forem exibidas, clique no triângulo (▶) à esquerda da palavra Fill para ocultar as propriedades.

2 Arraste o atributo Fill para ficar acima do atributo Stroke. (Essa técnica é semelhante a arrastar camadas no painel Layers para ajustar a ordem de empilhamento.)

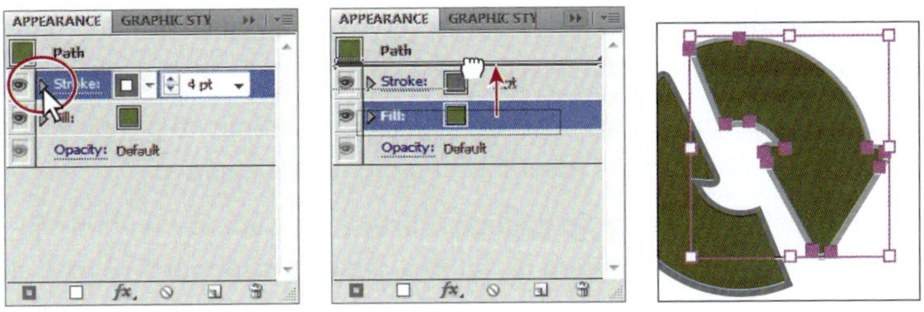

Mover o atributo Fill acima do atributo Stroke altera a aparência do modo de mesclagem Multiply no contorno. Metade do contorno é coberta. Os modos de mesclagem só funcionam em objetos que estão abaixo deles na ordem de empilhamento.

Adicione contorno e preenchimento extra

Agora, adicione outro contorno ao objeto utilizando o painel Appearance. Essa é uma maneira de adicionar elementos de design interessantes ao seu trabalho.

1 Com a forma da seta selecionada, clique no botão Add New Stroke (■) na parte inferior do painel Appearance. Um contorno é adicionado ao topo da lista dos atributos de aparência. Ele tem a mesma cor e espessura de traço do primeiro contorno.

2 Para o novo traço, altere Stroke Weight para **2** pt no painel Appearance.

3 Clique com a tecla Shift pressionada em Stroke Color para abrir o painel Color, em vez do painel Swatches. Escolha RGB no menu do painel (▾≡). Altere os valores RGB para R=**76**, G=**0** e B=**121**. Pressione Enter ou Return para fechar o painel Color e voltar ao painel Appearance.

Você está usando o modo de cores RGB, pois seu trabalho é um documento Web.

▶ **Dica:** Existem outras maneiras de fechar os painéis, como o painel Color, que aparecem no painel Appearance, que incluem pressionar Esc ou clicar na linha do atributo Stroke.

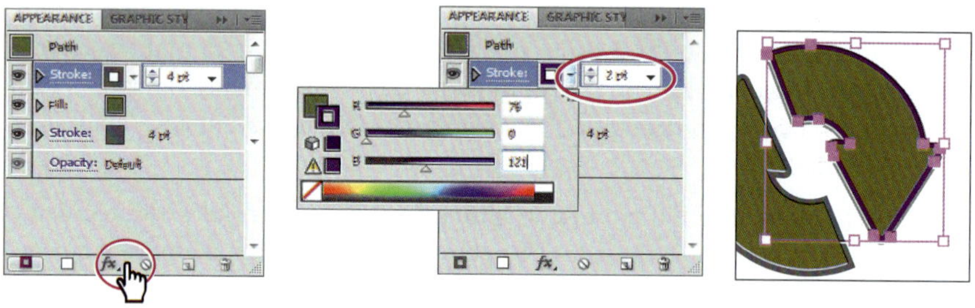

A seguir, você vai adicionar um efeito para alterar o deslocamento do contorno, trazendo-o para o centro da seta.

4 Com a linha do atributo Stroke ainda selecionada, clique no botão Add New Effect (*fx*). Escolha Path > Offset Path no menu que aparece.

5 Selecione Preview na caixa de diálogo Offset Path para ver o efeito do deslocamento enquanto você altera os valores. Mude Offset para **–3 px** e clique em OK.

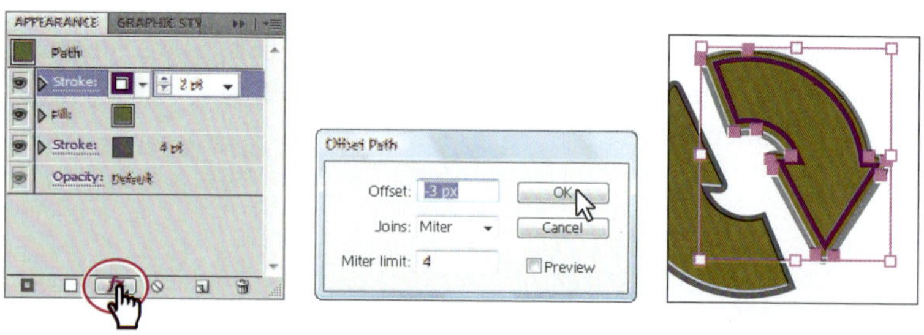

6 No painel Appearance, clique na seta à esquerda de Stroke para exibir os efeitos Opacity e Offset Path. Desmarque o ícone de olho (👁) à esquerda de Offset Path para ocultar esse efeito. Observe que a seta na prancheta muda. Selecione a coluna Visibility para visualizar o efeito Offset Path novamente.

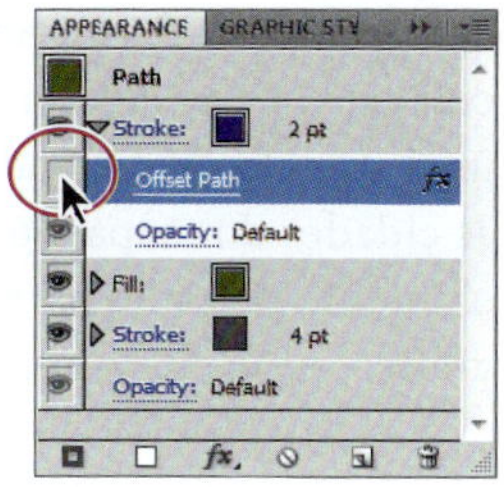

Clicando no ícone de olho no painel Appearance, você desativa um atributo sem excluí-lo.

Agora, reorganize a ordem dos atributos de aparência para preparar-se para adicionar efeitos em tempo real.

7 No painel Appearance, clique no triângulo à esquerda do atributo Stroke 2 pt para ocultá-lo e, então, arraste o atributo Stroke 4 pt para o meio dos atributos Fill e Stroke 2 pt.

▶ **Dica:** Visualize todos os atributos ocultos escolhendo Show All Hidden Attributer no menu do painel Appearance.

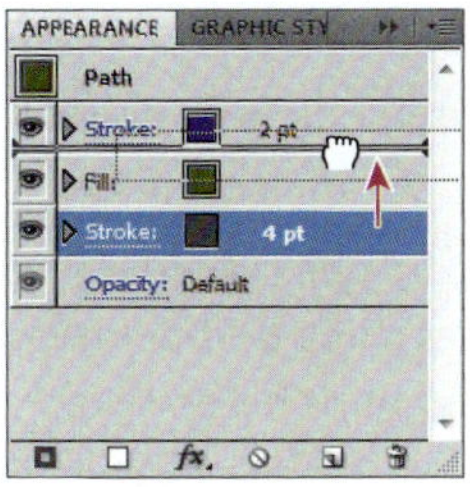

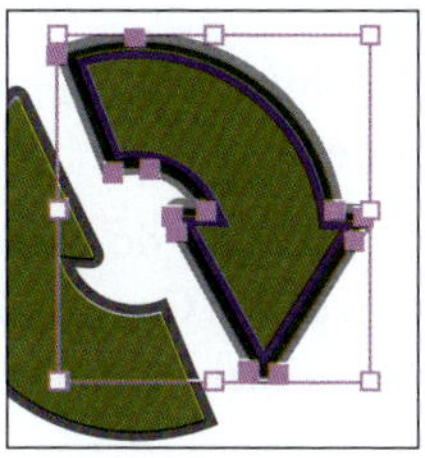

8 Escolha File > Save e mantenha a seta selecionada.

Utilize estilos gráficos

Um estilo gráfico é um conjunto de atributos de aparência salvo que pode ser reutilizado. Com estilos gráficos diferentes, você pode rápida e globalmente alterar a aparência de objetos e texto.

O painel Graphic Styles (Window > Graphic Styles) permite que você crie, atribua nome, salve, aplique e exclua efeitos e atributos de objetos, camadas e grupos. Você pode também romper o link entre um objeto e um estilo gráfico aplicado para editar os atributos deste objeto sem afetar os outros objetos que usam o mesmo estilo gráfico.

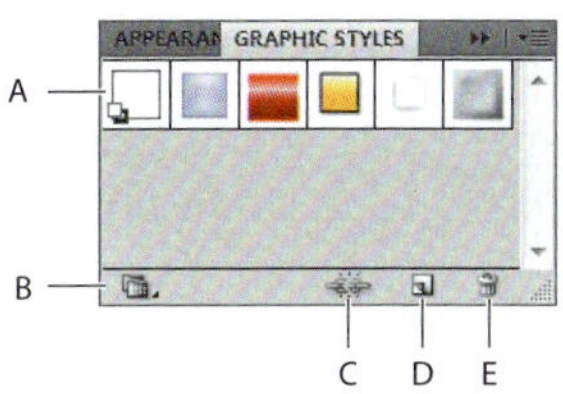

A. Estilos gráficos
B. Menu Graphic Styles Libraries
C. Quebrar link com estilo gráfico
D. Novo estilo gráfico
E. Excluir estilo gráfico

Por exemplo, se você tem um mapa que utiliza uma forma para representar uma cidade, você pode criar um estilo gráfico que pinta a forma de verde e adiciona uma sombra. Você pode utilizar esse estilo gráfico para pintar formas de todas as cidades do mapa. Se decidir utilizar uma cor diferente, altere a cor de preenchimento do estilo para azul, por exemplo. Todos os objetos que usam esse estilo gráfico serão então automaticamente atualizados para azul.

Crie e salve um estilo gráfico

Agora, você vai salvar e nomear um novo estilo gráfico utilizando os atributos de aparência que acabou de especificar para a forma de seta no botão Home. Depois, vai aplicar os mesmos atributos à outra forma de seta.

1 Escolha Essentials no seletor da área de trabalho na barra Application para reconfigurar a área de trabalho.

● **Nota:** Mesmo se Essentials já estiver selecionado, selecionar outra vez reconfigura a área de trabalho.

2 Clique no ícone do painel Graphic Styles() à direita da área de trabalho para abrir o painel Graphic Styles.

3 Arraste o painel Graphic Styles pela guia do painel para que fique flutuante na área de trabalho. Redimensione o painel Graphic Styles para que todos os estilos padrão sejam visíveis e haja espaço vazio na parte inferior, se necessário.

4 Com a forma da seta na prancheta ainda selecionada, no painel Appearance, arraste o thumbnail da aparência Path para o painel Graphic Styles.

5 Quando uma pequena caixa aparecer dentro do painel, solte o botão do mouse. A caixa indica que você está adicionando um novo estilo ao painel.

O thumbnail de path no painel Appearance muda para "Path: Graphic Style".

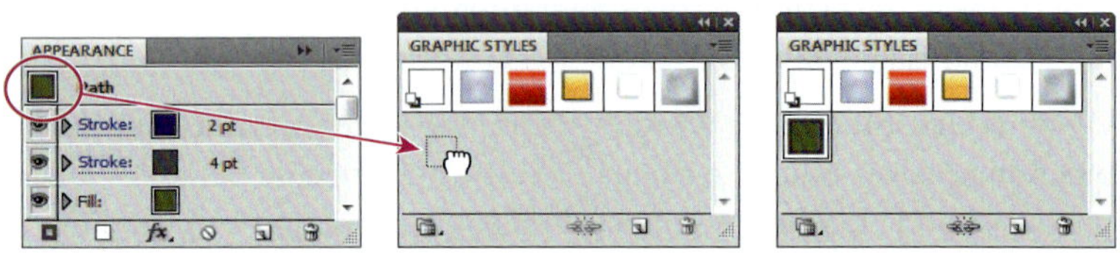

6 No painel Graphic Styles, dê um duplo clique no novo thumbnail de estilo gráfico. Na caixa de diálogo Graphic Style Options, nomeie o novo estilo **Home button**. Clique em OK.

Observe, no painel Appearance, que "Path: Graphic Style" mudou para "Path: Home button". Isso indica que um estilo gráfico chamado Home button está aplicado ao objeto selecionado.

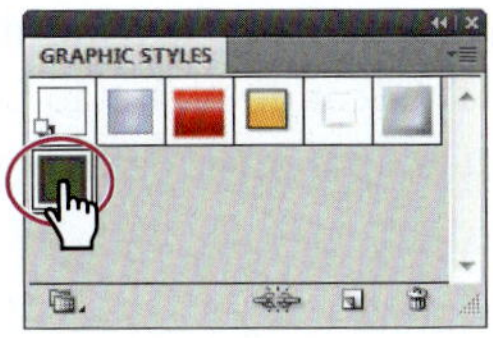

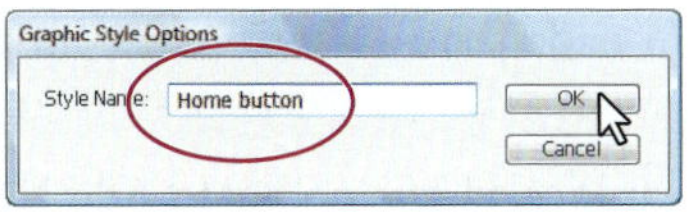

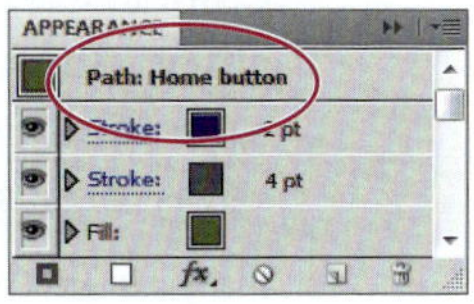

7 Escolha Select > Deselect e então File > Save.

Aplique um estilo gráfico a um objeto

Estilos gráficos podem ser facilmente aplicados a outros objetos. A seguir, você vai aplicar o estilo gráfico da forma da seta da direita à seta da esquerda em Home button.

1 Com a ferramenta Selection (↖), clique para selecionar a outra seta verde.

2 Clique no estilo de elemento gráfico de Home button no painel Graphic Styles para aplicar seus atributos à outra seta.

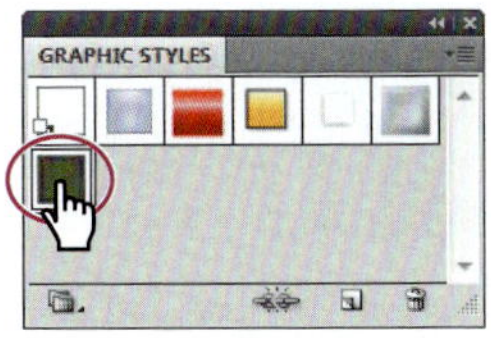

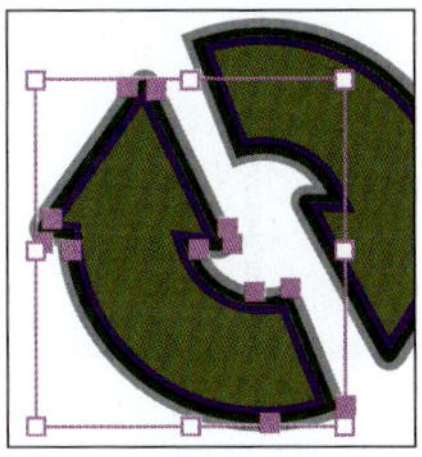

3 Escolha Select > Deselect e então File > Save.

Aplique um estilo gráfico a uma camada

Quando um estilo gráfico é aplicado a uma camada, tudo que é adicionado a essa camada recebe esse mesmo estilo. Agora, crie um novo estilo gráfico e então o aplique a uma camada. Depois, crie novas formas nessa camada para ver o efeito do estilo.

1 Escolha Essentials no seletor da área de trabalho na barra Application.

2 Expanda o painel Appearance (◉) no lado direito da área de trabalho e clique no botão Clear Appearance (⃠) na parte inferior do painel. Selecione o nome ou thumbnail da aparência No Selection na parte superior do painel.

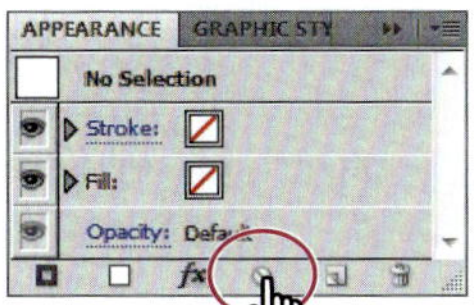

O botão Clear Appearance remove todos os atributos de aparência aplicados a um objeto, incluindo contornos ou preenchimentos. Clicando no botão Clear Appearance sem nada selecionado, você configura a aparência padrão para novas formas.

3 No painel Appearance, clique no botão Add New Effect (*fx*) e escolha Stylize > Drop Shadow em Illustrator Effects. Mude Opacity para **50**%, X Offset para **3** pt, Y Offset para **3** pt e Blur para **3** pt. Clique em OK.

● **Nota:** Quando você digita 3 pt em um campo, você talvez perceba que este valor é convertido em 3 px quando você clica em outro campo. Isso ocorre porque a unidade de medida do documento foi definida em pixels.

4 No painel Appearance, observe que Drop Shadow aparece na lista. Arraste a parte inferior do painel Appearance para baixo, para expor uma área maior do painel.

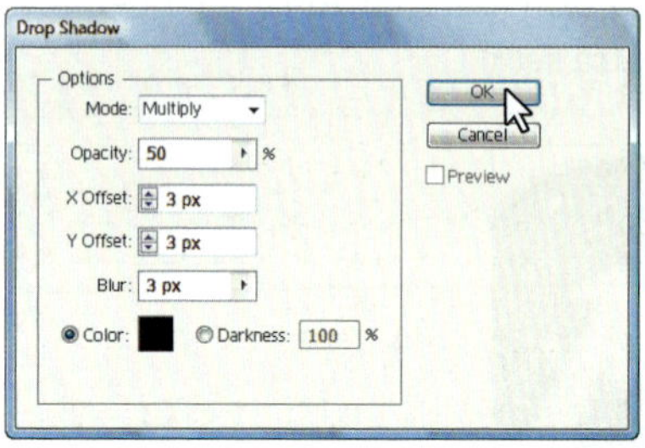

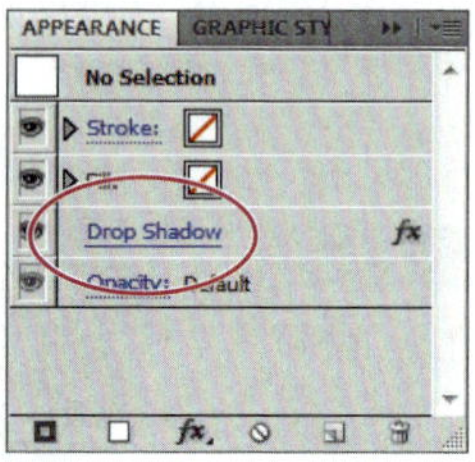

Ao criar um novo estilo, o painel Graphic Style utiliza automaticamente os atributos de aparência exibidos no painel Appearance.

5 Clique no ícone do painel Graphic Styles (▣) no lado direito da área de trabalho para expandir o painel. Clique com a tecla Alt (Windows) ou Option (Mac OS) pressionadas no botão New Graphic Style (▣) e atribua **Drop Shadow** como nome do novo estilo. Clique em OK.

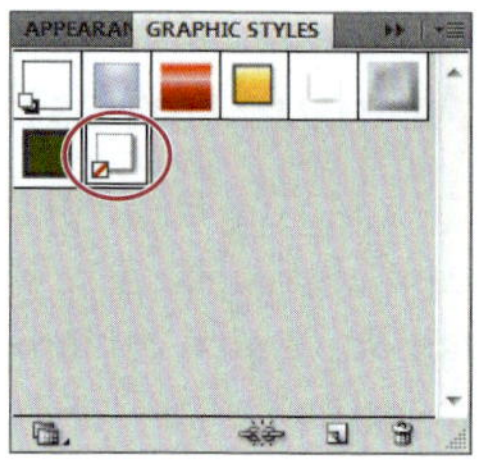

Seu próximo alvo é a camada Blog button, na qual vai aplicar uma sombra projetada a todas as suas formas. O ícone de alvo seleciona o(s) path(s) dessa camada no trabalho.

6 Clique no ícone do painel Layers (◈) no lado direito da área de trabalho para abrir o painel Layers.

7 No painel Layers, clique no triângulo (▸) à esquerda da camada Blog button para expandir a camada. Feito isso, clique no ícone de alvo (○) à direita do nome da camada. Se você não conseguir enxergar as formas selecionadas na prancheta, você pode manter a barra de espaço selecionada e arrastar para a esquerda.

● **Nota:** Você talvez tenha de rolar para baixo no painel Layers.

8 No painel Graphic Styles, clique no estilo Drop Shadow para aplicá-lo à camada e a todo o seu conteúdo. Mantenha as formas selecionadas na prancheta.

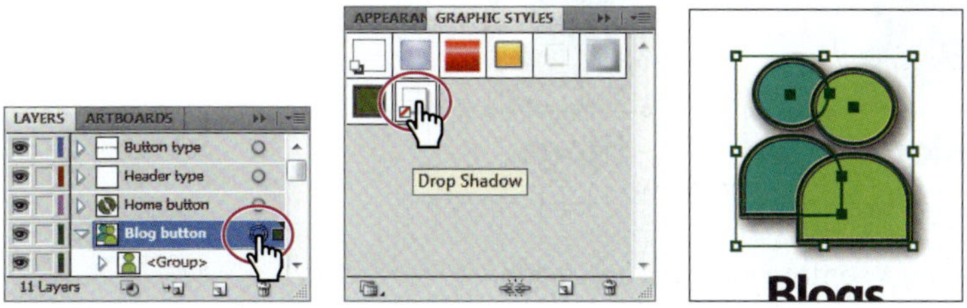

9 Dê um duplo clique na ferramenta Scale (⊡) do painel Tools. Mude Uniform Scale para **70%** e clique em OK.

10 Escolha Select > Deselect e então File > Save.

Agora, você vai testar o efeito de camada adicionando uma forma à camada Blog button.

11 Selecione a ferramenta Zoom (🔍) no painel Tools e clique duas vezes nas formas do blog para ampliá-las.

12 Selecione a ferramenta Ellipse (◯) no mesmo grupo da ferramenta Rectangle (▭) no painel Tools.

13 Verifique se a cor de Fill no painel Control está configurada como None (⧄), Stroke Color como preto e Stroke Weight como **3** pt.

14 Com a camada Blog button ainda selecionada, pressione a tecla Shift e desenhe um círculo sobre as formas do blog com aproximadamente 82 px de altura e largura.

● **Nota:** Para ver o tamanho no rótulo de medida enquanto desenha, certifique-se de que as guias inteligentes estejam selecionadas (View > Smart guides).

15 Escolha Object > Arrange > Send To Back para posicionar a elipse atrás das formas do blog. Com a ferramenta Selection, posicione o círculo para que ele fique mais ou menos centralizado atrás das formas do blog. Mantenha a elipse selecionada.

Como o estilo Drop Shadow contém apenas um efeito e nenhum contorno ou preenchimento, os objetos adicionados à camada retêm seus atributos de contorno e de preenchimento originais.

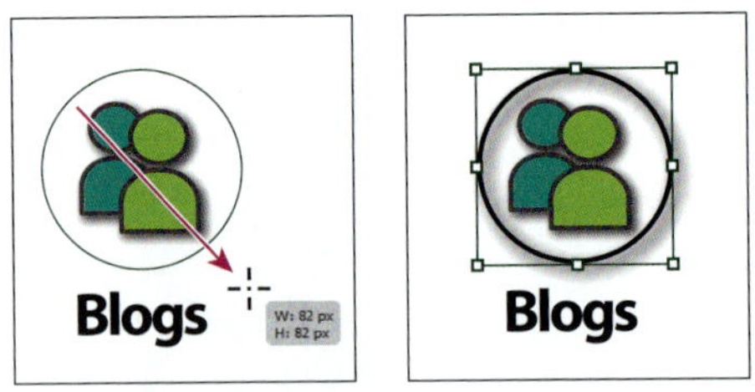

Agora, edite a sombra aplicada à camada.

16 Clique no ícone do painel Appearance (●) no lado direito da área de trabalho, para abrir o painel Appearance.

No painel Appearance, observe o nome Layer: Drop Shadow na parte superior do painel. O painel Appearance mostra que a elipse está em uma camada com uma sombra aplicada à ela.

▶ **Dica:** Você também pode selecionar o ícone de alvo da camada Blog button no painel Layers e então editar o efeito no painel Appearance.

17 Clique nas palavras Layer: Drop Shadow para acessar o efeito Drop Shadow aplicado à camada.

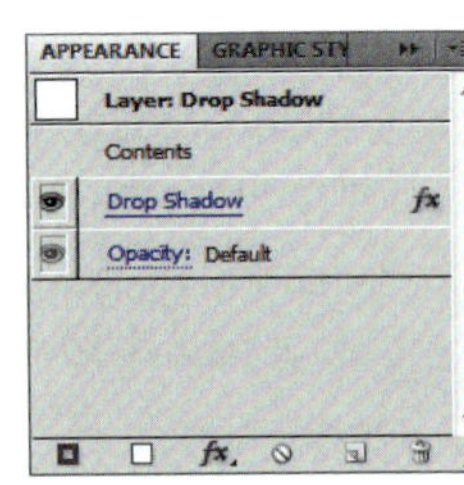

18 Clique nas palavras Drop Shadow sublinhadas no painel Appearance e, na caixa de diálogo Drop Shadow, altere X Offset para **2** pt e Y Offset para **2** pt. Selecione Preview para ver a sutil modificação. Clique em OK.

19 Escolha View > Fit Artboard In Window.

20 Escolha Select > Deselect e então File > Save.

Ícones de alvo

O ícone de alvo no painel Layers indica se um item na hierarquia de camadas possui algum atributo de aparência e se ele está marcado.

(◎) Indica que o item está definido como alvo, mas não possui atributos de aparência além de um único preenchimento e de um único contorno.

(○) Indica que o item não foi definido como alvo e não possui atributos de aparência além de um único preenchimento e de um único contorno.

(●) Indica que o item não está definido como alvo, mas possui atributos de aparência aplicados.

(◉) Indica que o item é definido como alvo e tem atributos de aparência aplicados.

– Extraído do Illustrator Help

Aplique estilos gráficos existentes

Você pode aplicar estilos gráficos ao seu trabalho a partir das bibliotecas que vêm com o Illustrator CS5. Agora, você vai concluir os designs do botão adicionando um estilo existente à camada Chat button.

1 Clique no ícone do painel Layers (◈) no lado direito da área de trabalho para abrir o painel Layers.

2 No painel Layers, clique no triângulo (▶) à esquerda da camada Blog button para ocultá-la. Role para baixo no painel Layers, se preciso, e então clique no triângulo (▶) à esquerda da camada Chat button para expandir a camada.

3 Selecione a subcamada <Path>. Feito isso, clique no ícone de alvo (○) à direita dela.

4 Selecione a amostra amarela (R=253, G=195, B=17) na cor de preenchimento (Fill) no painel Control.

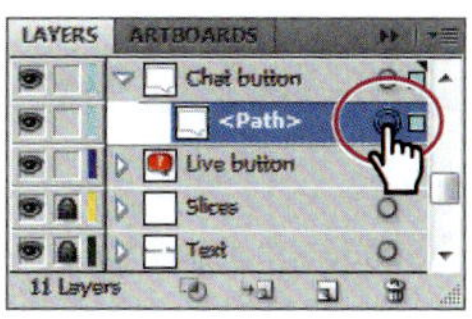

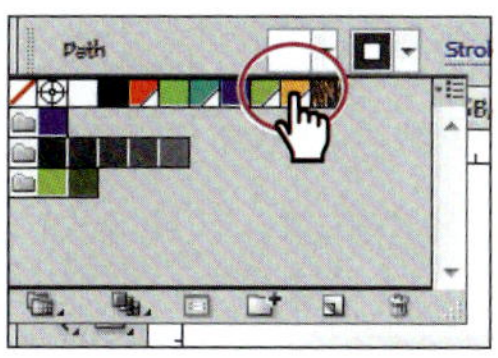

▶ **Dica:** É uma boa ideia usar o painel Layers para selecionar os objetos ou camadas aos quais você quer aplicar estilos. Os efeitos e estilos variam, dependendo do que você definir como alvo, uma camada, um objeto ou um grupo dentro de uma camada.

● **Nota:** Se definir uma camada ou subcamada como alvo por engano, clique com a tecla Ctrl ou Command pressionada no ícone de alvo para desmarcá-lo.

Agora, aplique um estilo gráfico a Chat button. O estilo gráfico contém uma cor de preenchimento, que você aplicará ao objeto chat no lugar do amarelo existente.

5 Com o ícone de alvo (O) da subcamada <Path > ainda selecionado no painel Layers, clique no menu Style do painel Control. Clique com o botão direito do mouse (Windows) ou com a tecla Control (Mac OS) pressionada e mantenha pressionado o botão do mouse no estilo Chat no painel Graphic Styles para visualizar o estilo gráfico no balão de diálogo.

   Visualizar um estilo gráfico é uma excelente maneira de ver como o estilo do gráfico afetará o objeto selecionado, sem ter de aplicá-lo.

● **Nota:** Se o menu Style não aparecer no painel Control, abra o painel Graphic Styles clicando em seu ícone no lado direito da área de trabalho.

6 Clique no estilo gráfico Chat para aplicá-lo ao balão de diálogo.

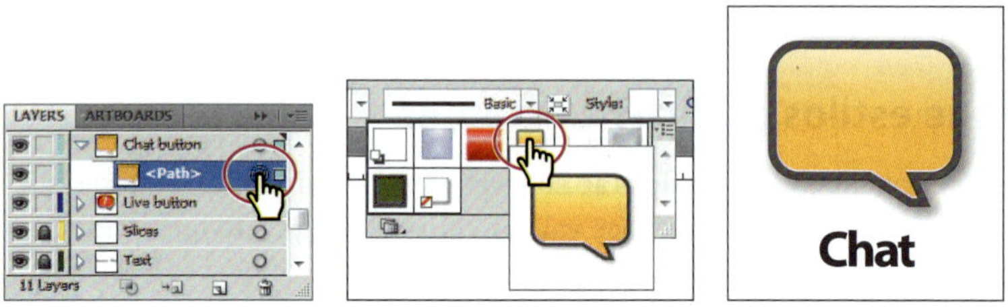

7 Escolha File > Save.

Agora, aplique um estilo gráfico existente ao texto.

8 Escolha Select > Deselect.

9 Com a ferramenta Selection (➘), arraste uma seleção sobre os rótulos do botão (o texto abaixo dos botões) para selecioná-los.

▶ **Dica:** Use as setas na parte inferior do painel da biblioteca Illuminate Styles para carregar a biblioteca de estilos gráficos anterior ou seguinte no painel.

10 Escolha Override Character Color no menu do painel Graphic Styles (▾≡), se já não estiver selecionado. Clique no botão do menu Graphic Styles Libraries (▣) e escolha a biblioteca Illuminate Styles.

   Ao aplicar um estilo gráfico ao texto, o preenchimento de texto substitui a cor de preenchimento do estilo gráfico. Para evitar isso, escolha Override Character Color.

11 Escolha Use Text For Preview no menu do painel Illuminate Styles (▾≡).

12 No painel da biblioteca Illuminate Styles, clique com o botão direito do mouse (Windows) ou com a tecla Control (Mac OS) pressionada e mantenha pressionado o botão do mouse no estilo gráfico Charcoal Highlight, para visualizá-lo no texto. Clique no Charcoal Highlight para aplicá-lo.

Observe que, se a opção Override Character Color estivesse desativada, o preenchimento seria preto.

● **Nota:** Quando você clica em um estilo gráfico de uma biblioteca, o estilo gráfico é adicionado ao painel Graphic Styles para este documento.

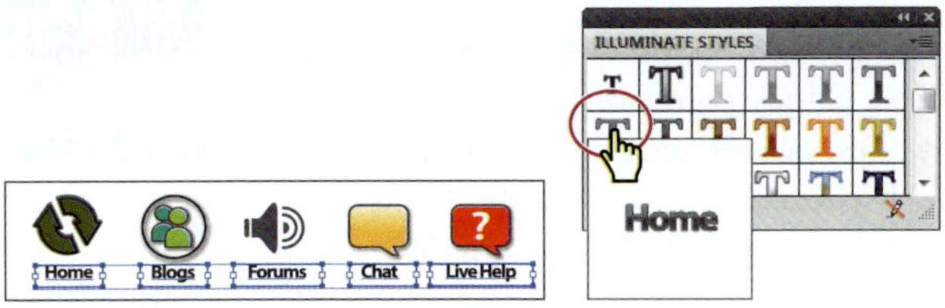

13 Feche o painel da biblioteca Illuminate Styles.

14 Escolha Select > Deselect e então File > Save.

Adicione a um estilo gráfico existente

Você pode aplicar um estilo gráfico a um objeto que já tem um estilo gráfico aplicado, o que pode ser útil se você quiser adicionar propriedades a um objeto a partir de outro estilo gráfico. A formatação torna-se cumulativa.

1 Com a ferramenta Selection (↖), clique para selecionar a forma do botão vermelho Live Help (não o ponto de interrogação).

A seguir, você fará uma modificação na forma e então criará um novo estilo gráfico a partir dos atributos de aparência.

2 Clique na guia do painel Appearance no grupo de painéis Graphic Styles para exibir o painel. Selecione o atributo Fill vermelho e clique no botão Duplicate Selected Item (◻) na parte inferior do painel. Isso cria uma cópia do preenchimento sobre o original no painel Appearance.

3 Clique na cor de preenchimento do novo atributo Fill, selecionado automaticamente no painel Appearance, para abrir o painel Swatches. Clique no botão do menu Swatch Libraries (◻). Escolha Patterns > Nature > Nature_Animal Skins. Selecione o padrão chamado Tiger para aplicá-lo ao preenchimento.

▶ **Dica:** Para ver amostras maiores, escolha Large Thumbnail View no menu do painel Nature_Animal Skins.

4 Feche o painel Nature_Animal Skins.

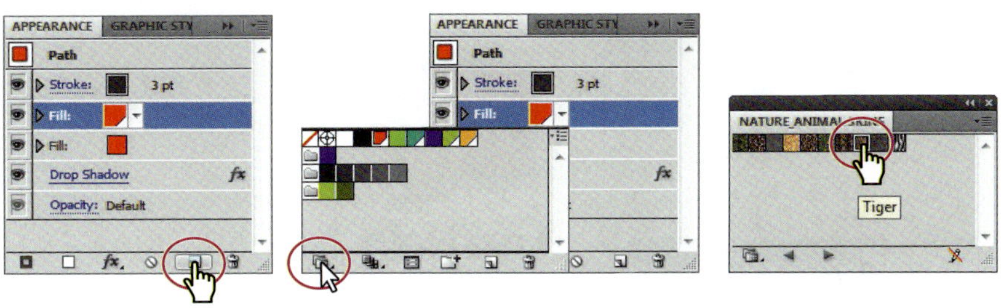

5 Com a linha de preenchimento Tiger selecionada no painel Appearance, mude Opacity para **30**% no painel Control.

6 Clique na guia do painel Graphic Styles para mostrar os estilos gráficos. Clique com a tecla Alt (Windows) ou Option (Mac OS) pressionada no botão New Graphic Style ( ). Na caixa de diálogo Graphic Style Option, nomeie o estilo como **Help**. Clique em OK.

Em seguida, você vai aplicar o estilo gráfico Bevel Soft à forma do botão Live Help que ainda está selecionada.

7 No painel Graphic Styles, clique para aplicar o estilo gráfico Bevel Soft à forma do botão.

Observe que os preenchimentos e o contorno não estão mais visíveis. Estilos gráficos substituem, por padrão, a formatação dos objetos selecionados.

8 Escolha Edit > Undo Graphic Styles.

9 Clique com Alt (Windows) ou Option (Mac OS) pressionadas no estilo gráfico Bevel Soft.

Observe que os preenchimentos e o contorno são preservados e que o chanfro também é aplicado. Clicar com Alt (Windows) ou Option (Mac OS) pressionadas adiciona a formatação do estilo gráfico à formatação existente.

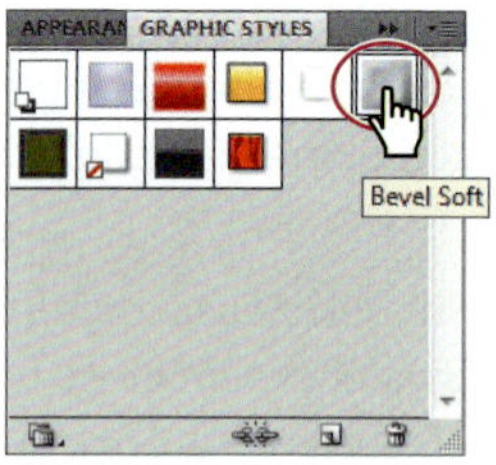

10 Abra o painel Appearance. Clique no ícone de olho ( ) à esquerda do atributo Drop Shadow para ocultá-lo.

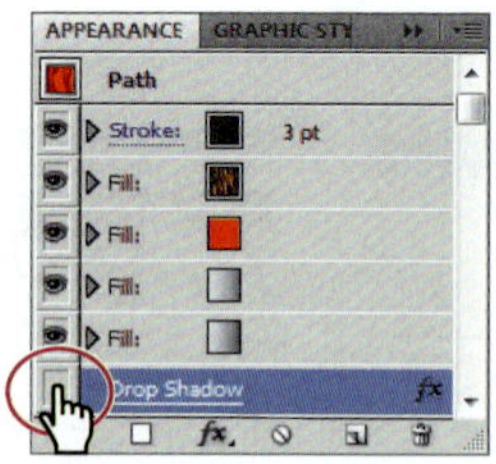

11 Escolha Select > Deselect e então File > Save.

Aplique uma aparência a uma camada

Você também pode aplicar atributos de aparência simples a camadas. Por exemplo, para deixar tudo que está em uma camada 50% opaco, defina essa camada como alvo e altere a opacidade.

A seguir, você vai definir uma camada como alvo e alterar seu modo de mesclagem para suavizar o efeito do texto.

1 No painel Layers, clique no triângulo voltado para baixo ao lado de todas as camadas abertas para ocultá-las.

2 Role até a camada Collumns e então clique no seu ícone de alvo (O).

3 Selecione a amostra K=50 na cor de preenchimento (Fill) no painel Control e altere Opacity para **20%** também no painel Control.

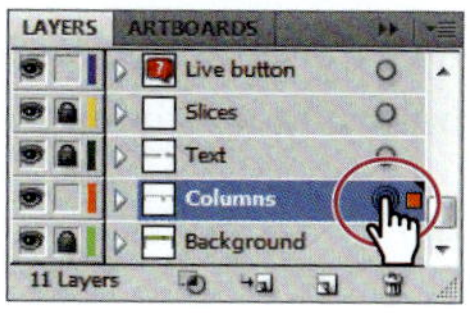

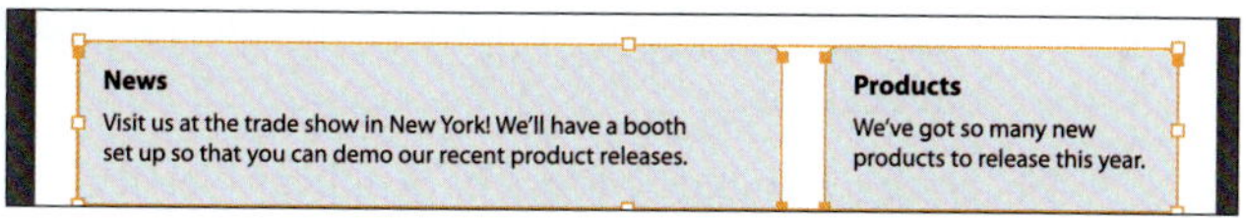

4 Escolha Select > Deselect.

5 Escolha File > Save.

Copie, aplique e remova estilos gráficos

Quando você cria vários estilos gráficos e aparências, pode querer utilizá-los em outros objetos de seu trabalho. Use o painel Graphic Styles, o painel Appearance, a ferramenta Eyedropper (✐) ou a ferramenta Live Paint Bucket (⛋) para aplicar e copiar atributos de aparência.

A seguir, você vai aplicar um estilo a um dos objetos utilizando o painel Appearance.

6 Com a ferramenta Selection (↖), clique em uma das formas de seta do botão Home para selecioná-la.

7 No painel Appearance, arraste o thumbnail de aparência rotulado Path: Home button para a forma do alto-falante maior do botão Forums para aplicar esses atributos.

● **Nota:** Certifique-se de arrastar a miniatura, não o texto.

Você pode aplicar estilos ou atributos arrastando-os do painel Graphic Styles ou do painel Appearance sobre qualquer objeto. O objeto não precisa estar selecionado.

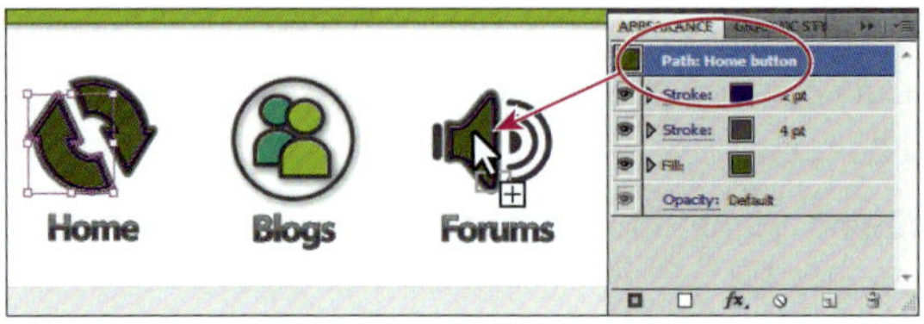

8 Escolha Select > Deselect.

Agora, aplique um estilo arrastando-o diretamente do painel Graphic Styles sobre um objeto.

9 Com a ferramenta Selection, arraste o thumbnail do estilo gráfico Charcoal Highlight no painel Graphic Styles até a forma do auto-falante maior do botão Forums.

10 Solte o botão do mouse para aplicar o estilo à forma.

11 Arraste o mesmo estilo gráfico até a forma do auto-falante menor, à esquerda do botão Forums, para aplicá-lo. Veja a figura para ter uma ideia das posições.

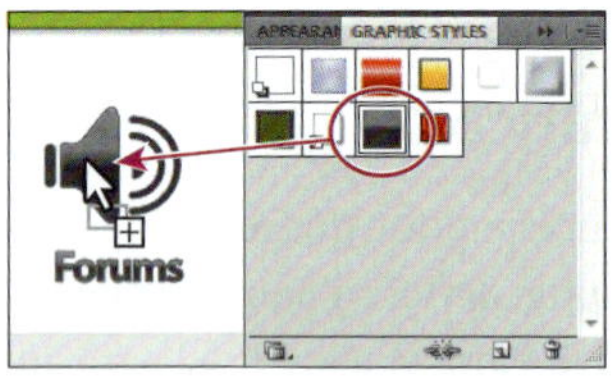

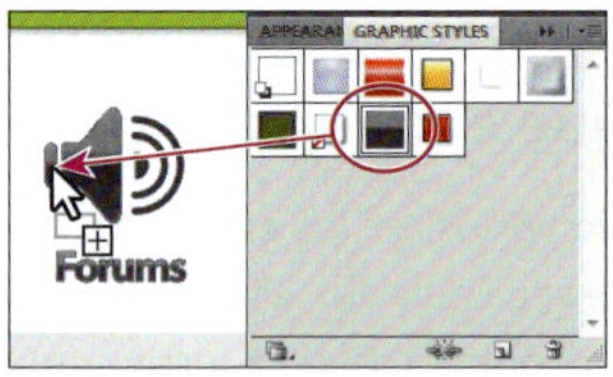

Utilize o painel Layers para copiar um atributo de uma camada para outra.

12 Expanda o painel Layers para ver todas as camadas. Clique na camada Blog button para selecioná-la. Com Alt (Windows) ou Option (Mac OS) pressionadas, arraste o indicador de aparência da camada Blog button para o indicador de aparência da camada de texto Header.

Utilizar Alt ou Option enquanto você arrasta copia um efeito de camada sobre outro, o que é indicado pelo cursor de mão com o sinal de adição. Para mover uma aparência ou estilo de uma camada ou objeto para outro, arraste o indicador de aparência.

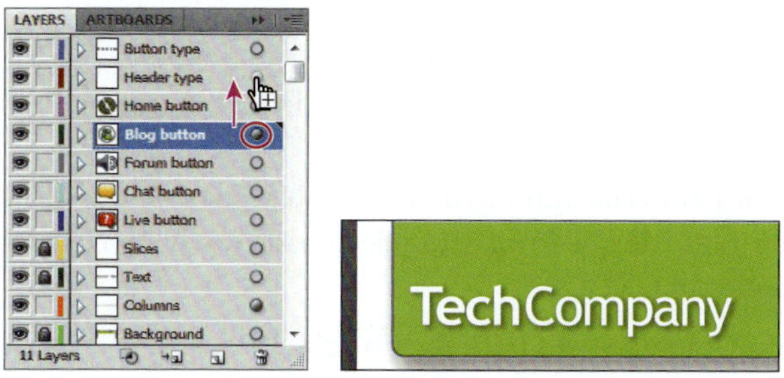

Arraste os atributos de aparência de uma camada para outra com a tecla Alt ou Option.

Agora, remova a aparência de uma camada utilizando o painel Layers.

13 No painel Layers, clique no ícone de alvo à direita da camada Blog button.

14 Arraste o ícone de alvo para o botão da lixeira, na parte inferior do painel Layers, para remover o atributo de aparência.

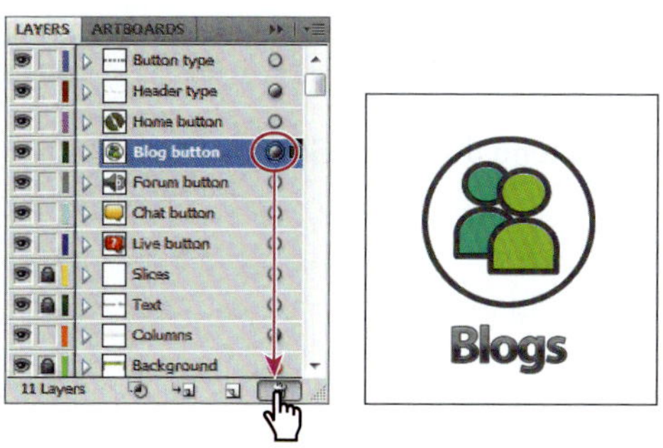

Você também pode remover atributos de uma camada ou de um objeto selecionado no painel Appearance. Para fazer isso, selecione o objeto e clique em Reduce To Basic Appearance no menu do painel. Isso retorna o objeto ao seu estado original (incluindo qualquer contorno ou preenchimento), tal como estava antes de o atributo de aparência ou estilo ter sido aplicado.

15 Escolha File > Save e então escolha File > Close.

Explore por conta própria

Agora que aprendeu os passos básicos para criar e usar aparências e estilos gráficos, você pode testar diferentes combinações de atributos de aparência para criar efeitos especiais interessantes. Tente combinar estilos diferentes para produzir novos estilos.

Por exemplo, eis como mesclar dois estilos existentes para criar um estilo novo em folha:

1 Escolha File > New para criar um novo arquivo. Na caixa de diálogo New Document, certifique-se de que Print está selecionado no menu New Document Profile e clique em OK.

2 Escolha Window > Graphic Styles para abrir o painel.

3 No painel Graphic Styles, selecione o estilo Round Corners 10 pt.

● **Nota:** Se o estilo Round Corners 10 pt não aparecer no painel Graphic Styles, clique no botão Graphic Styles Library Menu e escolha Image Effects > Yellow Glow.

4 Adicione outro estilo ao estilo selecionado clicando com a tecla Ctrl (Windows) ou Command (Mac OS) pressionada no estilo chamado Illuminate Yellow.

● **Nota:** Se o estilo Illuminate Yellow não aparecer no painel Graphic Styles, clique no botão Graphic Styles Library Menu( ) e escolha Type Effects > Twine e repita os dois passos anteriores.

5 Escolha Merge Graphic Styles no menu do painel Graphic Styles.

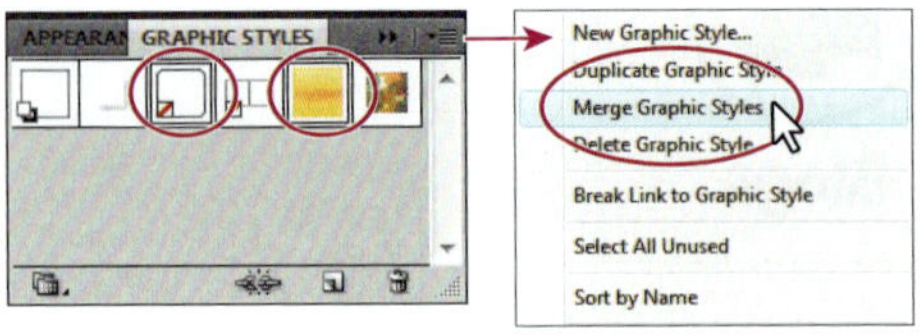

6 Atribua ao novo estilo o nome merged style na caixa de diálogo Graphic Style Options e clique em OK.

7 Na prancheta, desenhe uma forma ou crie um texto, selecione o conteúdo com a ferramenta Selection, e então aplique o estilo mesclado.

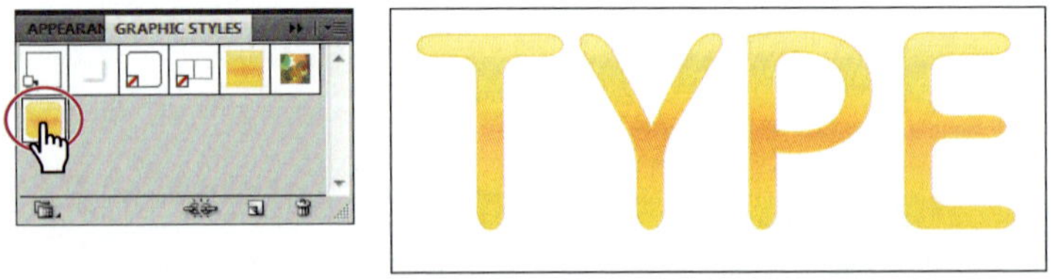

8 Escolha File > Close sem salvar o arquivo.

Perguntas de revisão

1 Identifique dois tipos de atributos de aparência.

2 Como adicionar um segundo contorno a um objeto?

3 Qual a diferença entre aplicar um estilo gráfico a uma camada e aplicá-lo a um objeto?

4 Como você adiciona a um estilo gráfico existente?

5 Como remover um atributo de aparência utilizando o painel Layers?

Respostas

1 O painel Appearance contém os seguintes tipos de atributos editáveis:

- Atributos de preenchimento – Fill (tipo de preenchimento, cor, transparência e efeitos)
- Atributos de contorno – Stroke (tipo de contorno, pincel, transparência de cor e efeitos)
- Atributos de transparência – Transparency (opacidade e modo de mesclagem)
- Efeitos do menu Effect

2 Clique no botão Add New Stroke do painel Appearance ou escolha Add New Stroke no menu do painel Appearance. Um contorno é adicionado ao topo da lista de aparências. Ele tem a mesma cor e espessura de traço do contorno original.

3 Depois que um estilo gráfico é aplicado a uma camada, tudo que você adicionar a essa camada terá esse estilo aplicado a ela. Por exemplo, se você criar um círculo em Layer 1 e depois mover o círculo para Layer 2, que tem um efeito Drop Shadow aplicado, o círculo adotará esse efeito.

Quando um estilo é aplicado a um único objeto, outros objetos dessa camada não são afetados. Por exemplo, se o objeto de um triângulo tiver um efeito Roughen aplicado ao seu path e você movê-lo para outra camada, ele conservará o efeito Roughen.

4 Quando um estilo gráfico já estiver aplicado a um objeto, clique com Alt (Windows) ou Option (Mac OS) pressionadas em um novo estilo gráfico do painel Graphic Styles.

5 No painel Layers, clique no ícone de alvo de uma camada. Arraste o ícone de alvo até o botão Delete Selection do painel Layers para remover o atributo de aparência. Você também pode remover o atributo de aparência de um objeto ou camada selecionados utilizando o painel Appearance. Selecione o objeto e escolha Reduce To Basic Appearance no menu do painel Appearance para retornar o objeto ao seu estado original.

14 TRABALHANDO COM SÍMBOLOS

Visão geral da lição

Nesta lição, você vai aprender a:

- Aplicar instâncias de símbolo
- Criar um símbolo
- Modificar e redefinir um símbolo
- Utilizar as ferramentas de simbolismo
- Armazenar e recuperar arte no painel Symbols
- Trabalhar com símbolos e o Adobe Flash

Esta lição levará aproximadamente uma hora para ser concluída. Se necessário, remova a pasta da lição anterior de seu disco rígido e copie a pasta Lesson14.

O painel Symbols permite aplicar múltiplos objetos pintando-os na página. Os símbolos utilizados em combinação com as ferramentas de simbolismo oferecem opções que tornam a criação de formas repetitivas, como grama, fácil e divertida. Você também pode utilizar o painel Symbols como um banco de dados para armazenar o trabalho e mapear símbolos para objetos 3D. Os símbolos também ser usados para a exportação SWF e SVG.

Introdução

Nesta lição, você terminará a arte de um cartaz. Antes de começar, restaure as preferências padrão do Adobe® Illustrator®. Feito isso, abra o arquivo que contém o trabalho concluído para ver o que você vai criar.

1 Para que as ferramentas e os painéis funcionem como descritos nesta lição, exclua ou desative (renomeando) o arquivo de preferências do Adobe Illustrator CS5. Consulte "Restaurando as preferências padrão", na página 15.

2 Inicie o Adobe Illustrator CS5.

Nota: Se você ainda não o fez, copie os arquivos desta lição para o seu disco rígido a partir da pasta Lesson14 do CD do Adobe Illustrator CS5 Classroom in a Book. Veja "Copiando os arquivos do Classroom in a Book", na página 14.

3 Escolha File > Open e abra o arquivo L14end_1.ai da pasta Lesson14, na pasta Lessons do disco rígido.

Se quiser visualizar o pôster final enquanto trabalha, escolha View > Zoom Out e ajuste o tamanho da janela. Utilize a ferramenta Hand (✋) para mover o trabalho para o local que quiser na janela. Se não quiser deixar a imagem aberta, escolha File > Close.

4 Escolha File > Open para abrir o arquivo L14start_1.ai da pasta Lesson14, localizada na pasta Lessons de seu disco rígido.

5 Escolha File > Save As. Na caixa de diálogo Save As, atribua ao arquivo o nome **poster.ai** e navegue até a pasta Lesson14. Deixe a opção Save As Type configurada como Adobe Illustrator (*.AI) (Windows) ou a opção Format configurada como Adobe Illustrator (ai) (Mac OS) e clique em Save. Na caixa de diálogo Illustrator Options, deixe as opções do Illustrator em suas configurações padrão e clique em OK.

6 Escolha Window > Workspace > Essentials.

7 Dê um duplo clique na ferramenta Hand (✋) para ajustar a prancheta à janela.

Trabalhe com símbolos

Um símbolo é um objeto reutilizável armazenado no painel Symbols (Window > Symbols). Por exemplo, se você criar um símbolo a partir de um objeto na forma de uma folha de grama, poderá adicionar rapidamente múltiplas instâncias desse símbolo ao seu trabalho, assim, você não precisa desenhar as folhas uma por uma. Todas as instâncias do símbolo da grama são vinculadas ao símbolo no painel Symbols para que você possa alterá-las utilizando as ferramentas de simbolismo. Ao editar o símbolo original, todas as instâncias da grama vinculadas a ele são atualizadas. Você pode transformar essa grama marrom em verde instantaneamente! Os símbolos não apenas economizam tempo, mas também reduzem bastante o tamanho do arquivo. Eles também podem ser utilizados em conjunto com o Adobe Flash para criar arquivos SWF ou trabalhos para Flash.

O Illustrator vem com uma série de bibliotecas de símbolos, que variam de ícones tiki a cabelos e pêlos. Você pode acessar as bibliotecas de símbolos no painel Symbols ou escolhendo Window > Symbol Libraries.

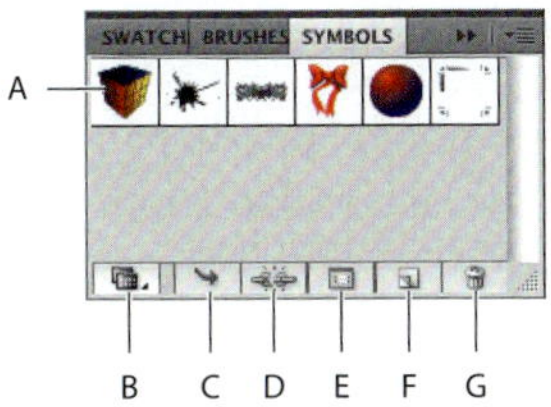

A. Símbolos
B. Menu Symbol Libraries
C. Inserir uma instância de um símbolo
D. Quebrar o link para um símbolo
E. Opções do símbolo
F. Novo símbolo
G. Excluir símbolo

● **Nota:** O painel Symbols à esquerda é o padrão para um novo documento impresso do Illustrator.

Utilize as bibliotecas de símbolos do Illustrator

Primeiro, você vai adicionar um pouco de sushi ao trabalho a partir de uma biblioteca de símbolos existente.

1 Escolha View > Smart Guides para ocultar as guias inteligentes.

2 Clique no ícone do painel Layers (◈) no lado direito da área de trabalho para expandir o painel Layers. Clique na camada sushi para se certificar de que esteja selecionada. Certifique-se também de que todas as camadas estejam minimizadas clicando na seta à esquerda dos nomes das camadas.

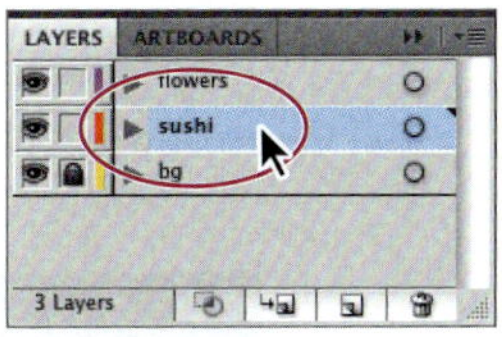

Quando você adiciona símbolos a um documento, qualquer camada selecionada será a camada a qual esses símbolos pertencerão.

3 Escolha Window > Symbols ou clique no ícone do painel Symbols (♣) no lado direito da área de trabalho para expandir o painel.

4 No painel Symbols, clique no botão Symbol Libraries Menu () e escolha Sushi. A biblioteca Sushi se abre como um painel flutuante.

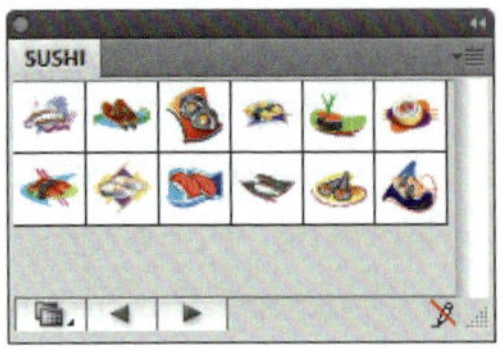

Essa biblioteca é externa ao arquivo em que você está trabalhando, mas é possível importar qualquer um dos símbolos para o documento e utilizá-los no trabalho.

5 Posicione o cursor sobre os símbolos no painel Sushi para ver seus nomes como dicas de ferramenta. Clique no símbolo Futo para adicioná-lo ao painel Symbols para este documento. Feche o painel da biblioteca Sushi.

Todos os documentos têm um conjunto padrão de símbolos no painel Symbols. Ao adicionar símbolos ao painel, eles são salvos apenas com o documento ativo.

▶ **Dica:** Se você deseja ver os nomes dos símbolos e não apenas suas imagens, escolha Small List View ou Large List view no menu do painel Symbols ().

6 Utilizando a ferramenta Selection (), arraste o símbolo Futo do painel Symbols até o lado direito da placa, na prancheta. Arraste outro símbolo até o lado esquerdo, ao lado do símbolo Futo existente.

O símbolo que você arrastou para a prancheta cria instâncias do símbolo Futo. A seguir, você vai redimensionar uma das instâncias do símbolo na página.

● **Nota:** Embora você possa transformar instâncias de símbolo de várias maneiras, as propriedades específicas das instâncias não podem ser editadas. Por exemplo, a cor de preenchimento permanece bloqueada porque ela é controlada pelo símbolo original no painel Symbols.

7 Utilizando a ferramenta Selection, clique para selecionar a instância de símbolo Futo mais à direita. Mantendo a tecla Shift pressionada, arraste o canto superior direito da instância para baixo e para a direita, para reduzir seu tamanho, enquanto restringe suas proporções. Solte o botão do mouse e então a tecla modificadora.

Com a instância de símbolo selecionada na prancheta, observe que, no painel Control, você vê a palavra Symbol e as opções relacionadas a símbolos.

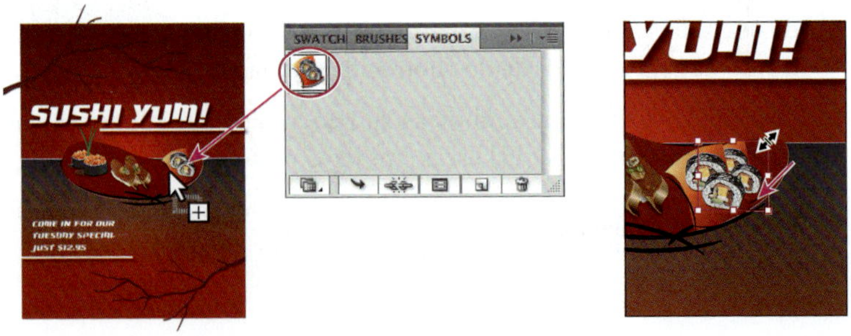

Agora, edite o símbolo original do sushi para que ambas as instâncias sejam afetadas. Existem diversas maneiras de editar um símbolo, mas nesta seção nós nos concentraremos em apenas uma.

8 Com a ferramenta Selection(↖), dê um duplo clique na menor das instâncias de símbolos de Futo na página.

Uma caixa de diálogo aparece, avisando que você está prestes a editar o símbolo original e que todas as instâncias serão atualizadas. Clique em OK para prosseguir. Isso ativará o modo de isolamento, o que o impede de editar qualquer outro objeto nessa página.

▶ **Dica:** Uma maneira alternativa de editar um símbolo é selecionar a instância de símbolo na prancheta e então clicar no botão Edit Symbol no painel Control.

A instância do símbolo Futo em que você deu um duplo clique parece mudar de tamanho. Isso ocorre porque você está vendo o símbolo original, não a instância de símbolo redimensionada na página. Você pode agora editar as formas que compõem o símbolo.

9 Com a ferramenta Selection, dê um duplo clique na instância Futo para desagrupá-la.

▶ **Dica:** Talvez você tenha de aumentar o zoom nas instâncias de símbolo Futo.

10 Clique para selecionar a forma avermelhada que se parece com um prato, abaixo dos pedaços de sushi. Pressione a tecla Delete para excluí-la. Repita a ação com as duas linhas pretas.

11 Com a ferramenta Selection, dê um duplo clique fora do conteúdo do sushi ou clique no botão Exit Isolation Mode (◀) no canto superior esquerdo da prancheta, até você sair do modo de isolamento, para que você possa editar o resto do conteúdo. Observe que ambas as instâncias do Futo agora refletem as alterações que você acabou de fazer.

12 Escolha File > Save e deixe o documento aberto.

Crie símbolos

● **Nota:** Você pode utilizar somente arte inserida e incorporada para criar um símbolo.

O Illustrator também permite que você crie seus próprios símbolos. Você pode criar símbolos a partir de objetos, incluindo paths, paths compostos, texto, imagens rasterizadas (também chamadas imagens bitmap), objetos de malha e grupos de objetos. Os símbolos podem até mesmo incluir objetos ativos, como traços de pincel, mesclagens, efeitos ou outras instâncias de símbolo.

Agora, você vai criar seu próprio símbolo com base em arte existente.

1 Escolha View > Draw_flower. Isso exibe uma visualização ampliada do lado direito da prancheta.

2 Clique no ícone do painel Layers (◈) no lado direito da área de trabalho, para expandir o painel Layers. Clique na camada flowers para se certificar de que esteja selecionada. Você vai colocar a próxima série de instâncias de símbolos nessa camada.

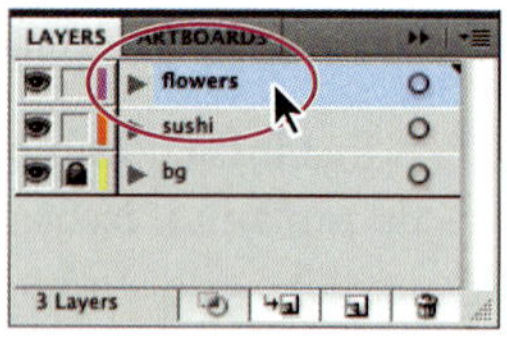

3 Com a ferramenta Selection, arraste um contorno de seleção sobre as duas formas rosas além do lado direito da prancheta, para selecionar ambas.

4 Clique no ícone do painel Symbols (♣) para expandir o painel. Com a ferramenta Selection, arraste as formas selecionadas para uma área em branco do painel Symbols.

5 Na caixa de diálogo Symbol Options, altere o nome para **Cherry Blossom Bud** e selecione Graphic para Type. Clique em OK para criar o símbolo.

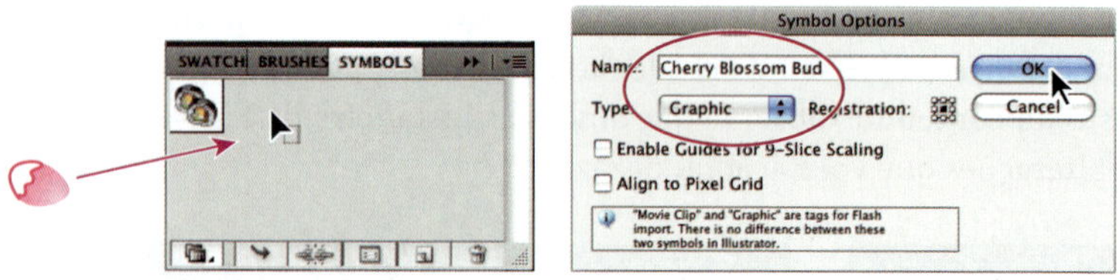

● **Nota:** Por padrão, a arte selecionada se torna uma instância do novo símbolo. Se você não quer que esta arte se torne uma instância do símbolo, pressione a tecla Shift enquanto cria o novo símbolo.

As opções de símbolo

Na caixa de diálogo Symbol Options, você vai encontrar diversas opções relacionadas a atividades do Adobe Flash®. Essas opções são descritas brevemente abaixo e serão abordadas em maior detalhe ainda nesta lição.

- Selecione Movie Clip em Type. Movie Clip é o tipo padrão de símbolo no Flash e no Illustrator.
- Especifique um local na grade de registro onde você quer definir o ponto de ancoragem do símbolo. O local do ponto de ancoragem afeta a posição do símbolo dentro das coordenadas da tela.
- Selecione Enable Guides For 9-Slice Scaling se desejar usar o 9-Slice Scaling no Flash.

– Extraído do Illustrator Help.

Depois de criar o símbolo Cherry Blossom Bud, os botões de cerejeira originais fora da borda direita da prancheta são convertidos em instâncias de símbolo. Você pode deixá-los onde estão ou excluí-los.

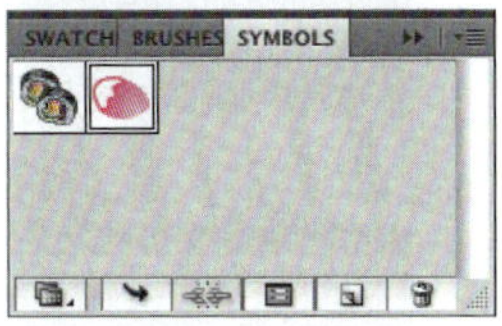

6 Escolha View > Fit Artboard In Window.

7 Escolha File > Save.

Edite um símbolo

Nesta seção você vai adicionar diversas instâncias do símbolo Cherry Blossom Bud ao trabalho. Em seguida, você vai editar o símbolo no painel Symbols e todas as instâncias serão atualizadas.

1 Selecione a ferramenta Zoom (🔍) no painel Tools e clique duas vezes na extremidade direita do ramo de árvore na parte superior da prancheta.

2 Com a ferramenta Selection, arraste uma instância do símbolo Cherry Blossom Bud para a extremidade direita do ramo na parte superior da página.

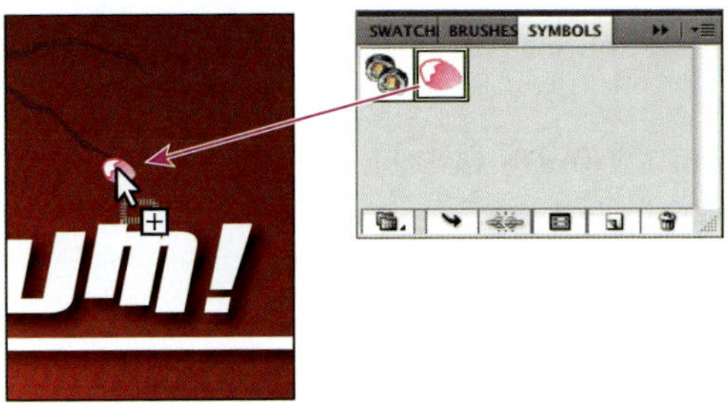

3 Arraste outra instância do símbolo do painel Symbols para os galhos menores do ramo superior da árvore. Veja a figura para ter uma ideia das posições.

A seguir, você vai aprender a adicionar mais instâncias de um símbolo já na prancheta, usando uma tecla modificadora.

4 Com a ferramenta Selection (↖), pressione a tecla Alt (Windows) ou Option (Mac OS) e arraste uma das instâncias Cherry Blossom Bud já na prancheta para criar uma cópia da instância. Quando a nova instância estiver em posição, solte o botão do mouse e então a tecla modificadora. Você agora tem um total de três instâncias de Cherry Blossom Bud.

5 Use o mesmo método para criar um total de sete instâncias no ramo superior da árvore. Veja a figura para ter uma ideia aproximada das posições.

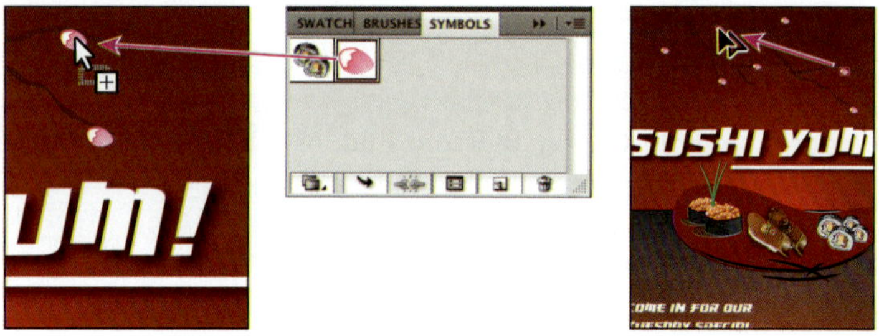

6 No painel Symbols, dê um duplo clique no símbolo Cherry Blossom Bud para editá-lo. Uma instância temporária do símbolo aparece no centro da janela Document.

Editar um símbolo com um duplo clique no símbolo no painel Symbols oculta todo conteúdo da prancheta, exceto o símbolo.

7 Pressione Ctrl++ (Windows) ou Cmd++ (Mac OS) diversas vezes para aumentar a ampliação.

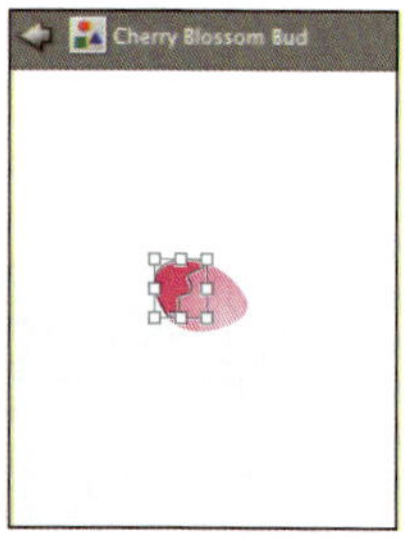

8 Com a ferramenta Selection, clique para selecionar a forma branca menor, preenchida. Altere o contorno para None e o preenchimento para rosa no painel Control.

9 Escolha Select > All, ou arraste sobre as formas com a ferramenta Selection.

10 Escolha Object > Transform > Transform Each para abrir a caixa de diálogo Transform Each. Na caixa de diálogo Transform Each, altere Horizontal e Vertical Scale para **80** e o valor de Angle para **-20**. Clique em OK.

Isso permite que você redimensione todas as instâncias de símbolo de uma só vez, sem precisar alterar as dimensões de cada um individualmente. Você pode efetuar outras alterações na arte do símbolo de maneira semelhante.

11 Dê um duplo clique fora da arte da instância do símbolo na prancheta ou clique no botão Exit Isolation Mode (◆) no canto superior esquerdo da prancheta para ver tudo na prancheta. Pressione Ctrl+0 (Windows) ou Cmd+0 (Mac OS) para ajustar a prancheta à janela.

As instâncias de símbolo foram todas atualizadas com o broto menor.

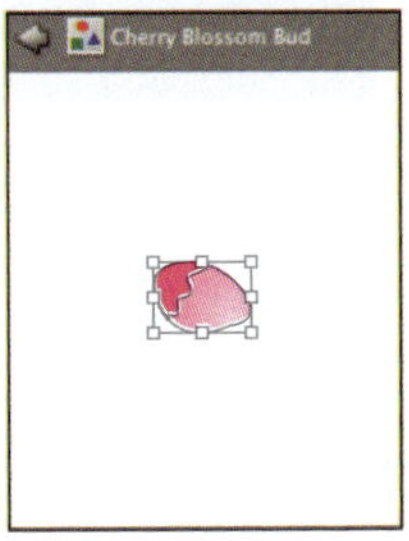

Selecione as formas do símbolo.

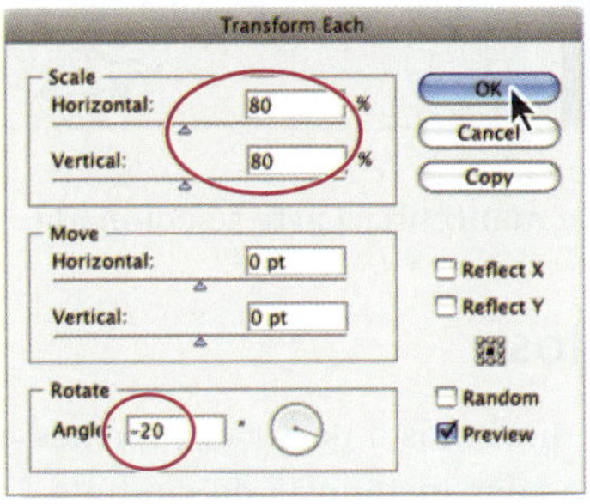

Transforme o conteúdo.

O resultado.

12 Escolha File > Save.

Rompa o link com um símbolo

Há casos em que você precisa editar instâncias específicas na prancheta. Uma vez que as ferramentas de simbolismo permitem efetuar um número limitado de alterações, você às vezes precisa romper o link entre um símbolo e uma instância. Isso cria um grupo de instâncias não vinculadas (se o objeto é composto por mais de um objeto) na prancheta. Você pode então desagrupá-los e editar esses objetos individualmente.

A seguir você vai romper o link com uma das instâncias Cherry Blossom Bud.

1 Com a ferramenta Selection (↖), clique para selecionar uma das instâncias de símbolo do broto na página. No painel Control, clique no botão Break Link.

Esse objeto é agora uma série de paths, conforme indica a palavra Path no lado esquerdo do painel Control. Você poderá ver os pontos de ancoragem das formas.

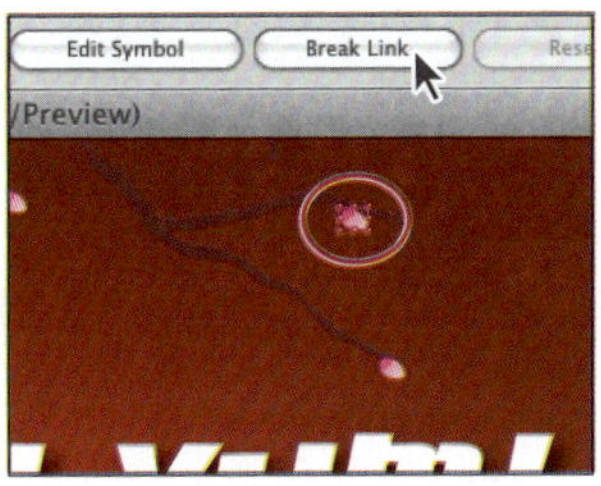

▶ **Dica:** Você pode romper o link com uma instância de símbolo também selecionando a instância de símbolo na prancheta e então clicar no botão Break Link To Symbol (⬌) na parte inferior do painel Symbol.

● **Nota:** Não se preocupe se a cor de sua seleção for diferente da cor mostrada na figura.

2 Selecione a ferramenta Zoom (🔍) e arraste um contorno de seleção sobre o conteúdo selecionado para aumentar o zoom.

3 Com as duas formas selecionadas, escolha Edit > Edit Colors > Saturate.

4 Altere a intensidade para **-60** e selecione Preview na caixa de diálogo Saturate. Clique em OK.

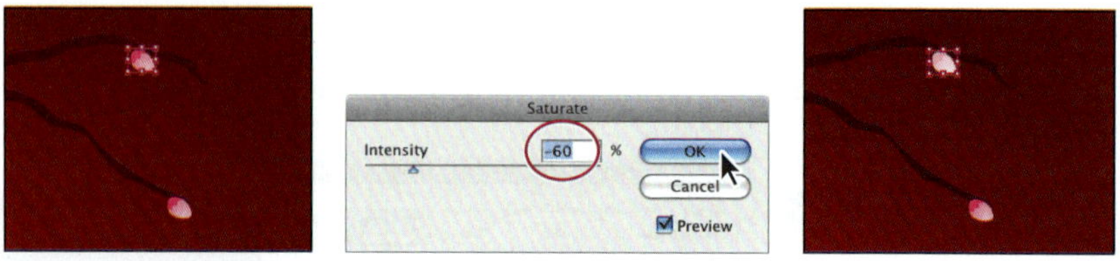

5 Escolha File > Save e mantenha a arte selecionada.

Substitua símbolos

A seguir você vai criar símbolos a partir das formas modificadas dos brotos e então substituir algumas das instâncias do símbolo Cherry Blossom Bud pelo novo símbolo.

1 Escolha View > Fit Artboard In Window.

2 Com a ferramenta Selection (↖), arraste as formas modificadas para o painel Symbols. Na caixa de diálogo Symbol Options, altere o nome para Cherry Blossom Bud 2 e Type para Graphic. Clique em OK.

3 Com a ferramenta Selection, selecione uma instância Cherry Blossom Bud na prancheta. No painel Control, clique na seta à direita do campo Replace Instance With Symbol para abrir o painel Symbols. Clique no símbolo Cherry Blossom Bud 2.

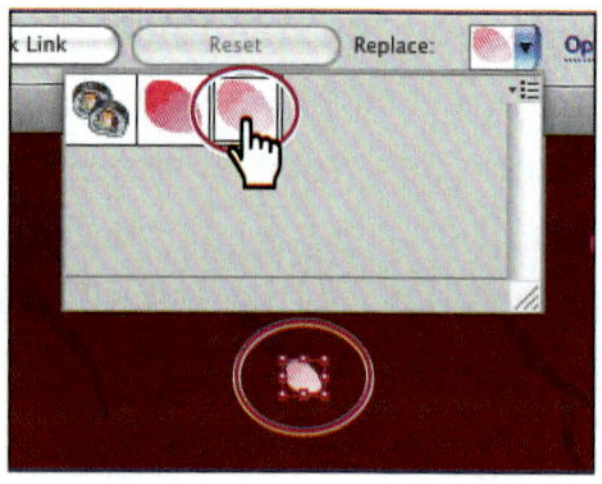

4 Escolha Select > Deselect.

5 Escolha File > Save. Mantenha o arquivo aberto.

Camadas de símbolos

Quando você edita um símbolo usando qualquer um dos métodos descritos, abra o painel Layers e você verá que o símbolo tem suas próprias camadas.

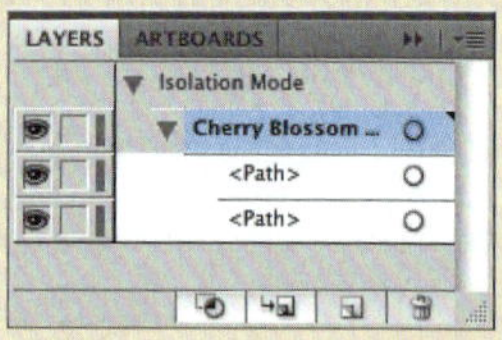

Semelhante ao trabalho com grupos no modo de isolamento, você vê camadas associadas apenas àquele símbolo, não às camadas do documento. No painel Layers, você pode renomear, adicionar, excluir, exibir/ocultar e reordenar os conteúdos de um símbolo.

Renomeie símbolos

O painel Symbols permite renomear um símbolo com facilidade, o que atualiza todas as instâncias de símbolo também no trabalho. A seguir, você vai renomear o símbolo Futo.

1 Com a ferramenta Selection (↖), clique para selecionar uma das instâncias de símbolo na prancheta (o primeiro símbolo de sushi que você arrastou para a página).

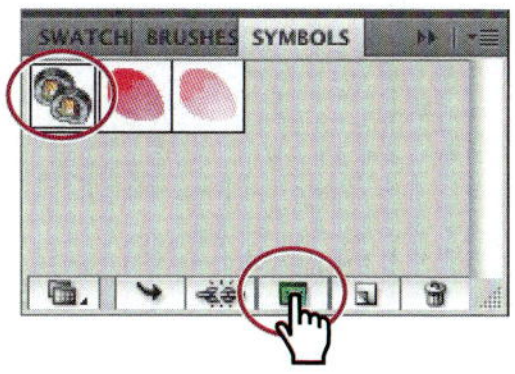

2 No painel Symbols, certifique-se de que o símbolo Futo esteja selecionado. Clique no botão Symbol Options (▤) na parte inferior do painel Symbols.

3 Na caixa de diálogo Symbol Options, altere o nome para **sushi** e Type para Graphic. Clique em OK.

Trabalhe com as ferramentas de simbolismo

A ferramenta Symbol Sprayer (🖌) no painel Tools permite pulverizar símbolos na prancheta, criando conjuntos de símbolos. Um conjunto de símbolos é um grupo de instâncias de símbolos que você cria com a ferramenta Symbol Sprayer. Você pode criar conjuntos de diferentes instâncias de símbolos usando a ferramenta Symbol Sprayer com um símbolo e então usando-a outra vez com outro símbolo.

Aplique spray a instâncias de símbolo

A seguir, você vai desenhar uma flor, salvá-la como um símbolo e então usar a ferramenta Symbol Sprayer para aplicar as flores à sua ilustração.

1 Escolha View > Draw_flower.

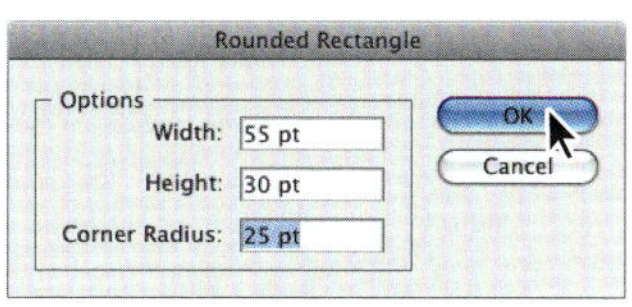

2 Selecione a ferramenta Rounded Rectangle (▭) no painel Tools. Clique uma vez, ao lado da borda direita da prancheta. Na caixa de diálogo Rounded Rectangle, altere Width para **55 pt**, Height para **30 pt** e Corner Radius para **25 pt**. Clique em OK.

3 Com a ferramenta Rounded Rectangle selecionada, pressione a letra D para aplicar o preenchimento padrão branco e um contorno preto de 1 pt.

4 Selecione a ferramenta Zoom (🔍) e clique três vezes no retângulo com vértices arredondados.

5 Selecione a ferramenta Rotate (↻) no painel Tools. Mantendo pressionada a tecla Alt (Windows) ou Option (Mac OS), posicione o cursor um pouco à direita do ponto de centro do retângulo e clique.

6 Na caixa de diálogo Rotate, altere o ângulo para **72**, e clique em Copy.

7 Pressione Ctrl+D (Windows) ou Cmd+D (Mac OS) três vezes para repetir a transformação e criar um total de cinco retângulos com vértices arredondados.

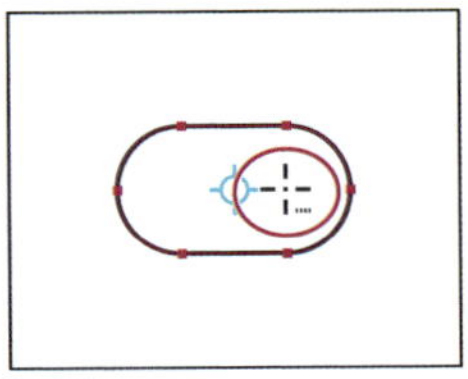

Posicione o cursor.

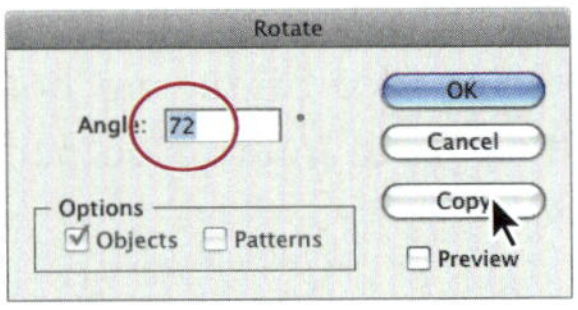

Gire o retângulo inicial.

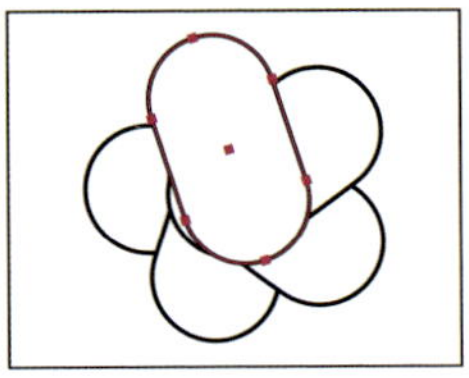

Repita a transformação.

8 Com a ferramenta Selection, arraste sobre as formas de retângulo com vértices arredondados. Feche Window > Pathfinder para abrir o painel Pathfinder. Clique no botão Unite para mesclar todas as formas em uma só. Feche o grupo do painel Pathfinder.

9 Com a forma unida selecionada, altere a cor de preenchimento para Flower (o degradê rosa) e o contorno para None, no painel Control.

10 Clique no ícone do painel Symbols (♣) no lado direito da área de trabalho para abrir o painel Symbols. Arraste a forma de flor para o painel Symbols. Na caixa de diálogo Symbol Options, altere o nome para **Flower** e Type para Graphic. Clique em OK. Exclua a forma da flor original na borda direita da prancheta.

11 Escolha View > Fit Artboard In Window.

12 Selecione a ferramenta Symbol Sprayer (🖌) no painel Tools. Certifique-se de que o símbolo Flowers esteja selecionado no painel Symbols.

● **Nota:** Um valor mais alto de intensidade aumenta a taxa da modificação – a ferramenta Symbol Sprayer pulveriza mais, e mais rápido. Quanto mais alto o valor de densidade do conjunto de símbolos, mais próximos eles ficam entre si enquanto você os pulveriza.

13 Dê um duplo clique na ferramenta Symbol Sprayer (🖌) no painel Tools. Na caixa de diálogo Symbolism Tools Options, altere Intensity para **3** e Symbol Set Desntity para **7**, caso já não esteja assim. Clique em OK.

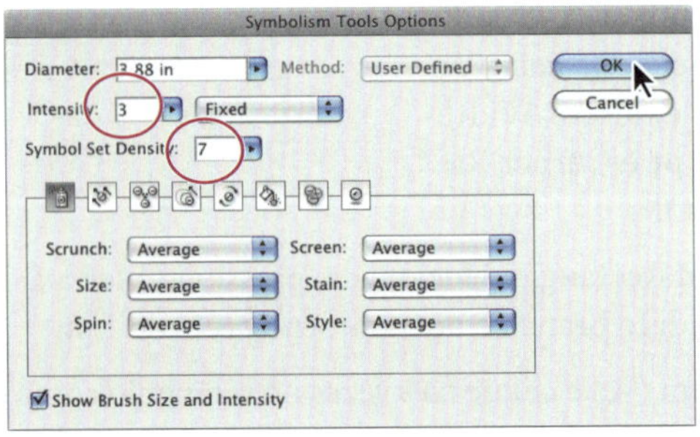

14 Começando pelo lado esquerdo da prancheta, sobre a árvore, clique e arraste um pouco para cima e para baixo, da esquerda para a direita, com a ferramenta Symbol Sprayer, tal como usaria um aerógrafo ou lata de tinta spray, para criar as flores no ramo. Solte o botão do mouse quando vir cerca de 5 flores na prancheta.

Observe a caixa delimitadora em torno das instâncias de símbolo Flowers, identificando-a como conjunto de símbolos. À medida que você pulveriza, as instâncias são agrupadas como um único objeto. Se um conjunto de símbolos for selecionado quando você começar a pulverizar com a ferramenta Symbol Sprayer, as instâncias de símbolo que você está pulverizando serão adicionadas ao conjunto de símbolos selecionado. Você pode excluir um conjunto de símbolos inteiro selecionando-o e então pressionando a tecla Delete.

Pulverize os símbolos.

O resultado

15 Escolha Select > Deselect.

16 Com a ferramenta Symbol Sprayer, arraste sobre o ramo superior da árvore outra vez, para adicionar algumas instâncias extras.

Observe que, após soltar o botão do mouse, você vê uma caixa delimitadora em redor apenas das novas instâncias de flores. Para adicionar instâncias de símbolo a um conjunto de símbolos existente, você precisa antes de tudo selecionar o conjunto.

17 Escolha Edit > Undo Spraying para remover o último conjunto de símbolos Flower.

18 Com a ferramenta Selection, clique para selecionar o símbolo Flower na parte superior da prancheta.

19 Selecione a ferramenta Symbol Sprayer e adicione mais flores ao ramo da árvore. Experimente clicar e soltar, em vez de clicar e arrastar, para adicionar uma flor por vez.

20 Escolha File > Save e mantenha o conjunto de símbolos selecionado.

Na próxima seção, você vai usar as ferramentas Symbolism para alterar a aparência de instâncias individuais de símbolos.

▶ **Dica:** Se você não gosta da posição de uma flor, você pode escolher Edit > Undo Spraying para remover as instâncias que você pulverizou no clique anterior.

Edite símbolos com as ferramentas de simbolismo

Nas etapas abaixo, você vai editar as flores no conjunto de símbolos de flores utilizando as ferramentas Symbolism no painel Tools.

1 Com o conjunto de símbolos de flores e a ferramenta Symbol Sprayer ainda selecionados, posicione o cursor sobre uma das flores. Pressione a tecla Alt (Windows) ou Option (Mac OS) e clique para excluir uma das instâncias do conjunto.

▶ **Dica:** Se a ferramenta Symbol Sizer estiver dimensionando muito rápido, você pode dar um duplo clique na ferramenta Symbol Sizer do painel Tools e tentar reduzir os valores de Intensity e Density na caixa de diálogo Symbolism Tools Options.

2 Selecione a ferramenta Symbol Sizer ( ) no grupo de ferramentas Symbol Sprayer no painel Tools. Posicione o cursor sobre algumas das flores e clique, mantendo pressionado o botão do mouse para aumentar o tamanho de algumas flores. Na mesma área das flores, pressione Alt (Windows) ou Option (Mac OS) enquanto utiliza a ferramenta Symbol Sizer para reduzir o tamanho das instâncias selecionadas.

3 Faça com que algumas flores fiquem menores que as outras, variando tamanhos.

▶ **Dica:** Para afetar um número menor de instâncias de símbolos Flower por vez, pressione a tecla abre colchete ([) diversas vezes para diminuir o diâmetro do pincel.

Redimensione algumas flores.

O resultado

● **Nota:** A ferramenta Symbol Sizer funciona melhor quando você clica nas instâncias de símbolo e solta o botão do mouse, em vez de mantê-lo pressionado.

Agora, você vai girar alguns símbolos.

● **Nota:** As setas aparecem à medida que você gira, indicando a direção da rotação.

4 Selecione a ferramenta Symbol Spinner ( ) no grupo da ferramenta Symbol Sizer. Posicione o cursor sobre a flor no conjunto de símbolos e então arraste para a esquerda ou para a direita, para girá-las.

Quanto mais você move o cursor, mais rotação ocorre.

Arraste para girar as flores.

O resultado

5 Selecione a ferramenta Symbol Shifter ( ) no painel Tools. Com o conjunto de símbolos ainda selecionado, pressione a tecla fecha colchete (]) diversas vezes para aumentar o tamanho do pincel. Clique nas instâncias de símbolos de flores e arraste para alterar suas posições.

6 Escolha Select > Deselect.

7 Escolha File > Save.

Dica: Existem muitas ferramentas de simbolismo disponíveis para você praticar efeitos, inclusive a ferramenta Symbol Stainer ( ), que permite aplicar uma mancha a instâncias de símbolo selecionadas no conjunto de símbolos.

O que as ferramentas de simbolismo fazem?

Ferramenta Symbol Shifter ( ) – Move instâncias de símbolo. Ela também pode alterar a ordem de empilhamento das instâncias de símbolo em um conjunto.

Ferramenta Symbol Scruncher ( ) – Agrupa ou separa instâncias de símbolo.

Ferramenta Symbol Sizer ( ) – Aumenta ou diminui o tamanho das instâncias de símbolo.

Ferramenta Symbol Spinner ( ) – Orienta as instâncias de símbolo em um conjunto. As instâncias de símbolo localizadas próximas do cursor seguem o movimento do cursor. À medida que você arrasta o mouse, uma seta aparece acima do cursor para mostrar a orientação atual das instâncias de símbolo.

Ferramenta Symbol Stainer ( ) – Colore instâncias de símbolo. Colorir uma instância de símbolo muda o tom em direção à cor do tom, preservando a luminosidade original. Dessa forma, os objetos em preto ou branco não mudam de cor.

Ferramenta Symbol Screener ( ) – Aumenta ou diminui a transparência das instâncias de símbolo em um conjunto.

Ferramenta Symbol Styler ( ) – Aplica o estilo selecionado à instância de símbolo. Você pode mudar para a ferramenta Symbol Styler ao utilizar qualquer outra ferramenta de simbolismo clicando em um estilo no painel Styles.

Copie e edite conjuntos de símbolos

Um conjunto de símbolos é um objeto único. Para editar as instâncias presentes nele, você usa as ferramentas de simbolismo no painel Tools. Contudo, você pode duplicar as instâncias de símbolo e usar as ferramentas de simbolismo para fazer as duplicações terem aparência diferente.

A seguir você vai duplicar o conjunto de símbolos de flor e posicioná-lo na parte inferior da prancheta.

1 Clique no ícone do painel Layers (◈) para expandir o painel. Certifique-se de que a camada "bg" esteja bloqueada, conforme indicado pelo ícone do cadeado (🔒) à direita do ícone de olho (👁). Clique no ícone do painel Layers para minimizar o painel.

2 Com a ferramenta Selection (↖), arraste um controle de seleção sobre todo o conteúdo de símbolos na parte superior da prancheta, inclusive o conjunto de símbolos Flower e os brotos.

▶ **Dica:** Se você quiser selecionar todas as instâncias de um mesmo símbolo na prancheta e elas não fizerem parte de um conjunto de símbolos, selecione uma única instância do símbolo e escolha Select > Same > Symbol Instance.

3 Escolha Object > Group.

4 Pressione a tecla Alt (Windows) ou Option (Mac OS) e arraste uma cópia das instâncias para a parte inferior direita da prancheta. Quando a cópia estiver na posição certa, solte o botão do mouse e, em seguida, a tecla modificadora.

5 Escolha Object > Transform > Transform Each. Na caixa de diálogo Transform Each, selecione Reflect X e Reflect Y. Clique em OK.

● **Nota:** Existem diversas transformações que você pode implementar em um conjunto de símbolos. Você pode arrastar um ponto na caixa delimitadora de um conjunto de símbolos com a ferramenta Selection para redimensioná-lo.

6 Com o conjunto de símbolos copiado na parte inferior ainda selecionado, dê um duplo clique na ferramenta Rotate (↻) no painel Tools. Na caixa de diálogo Rotate, altere o valor de Angle para **23** e clique em OK.

7 Com a ferramenta Selection, arraste o grupo de instâncias de símbolo até a posição correta, na parte superior do ramo inferior da árvore.

8 Escolha Select > Deselect e depois File > Save.

Armazene e recupere arte no painel Symbols

Salvar logotipos ou outras artes utilizadas frequentemente como símbolos permite acessá-las rapidamente.

● **Nota:** Bibliotecas de símbolos são salvas como arquivos Adobe Illustrator (.ai).

Nesta parte da lição, você vai salvar símbolos criados anteriormente como uma nova biblioteca de símbolos que você pode compartilhar com outros documentos ou usuários.

1 No painel Symbols, clique no botão Symbol Libraries Menu ( ) e escolha Save Symbols.

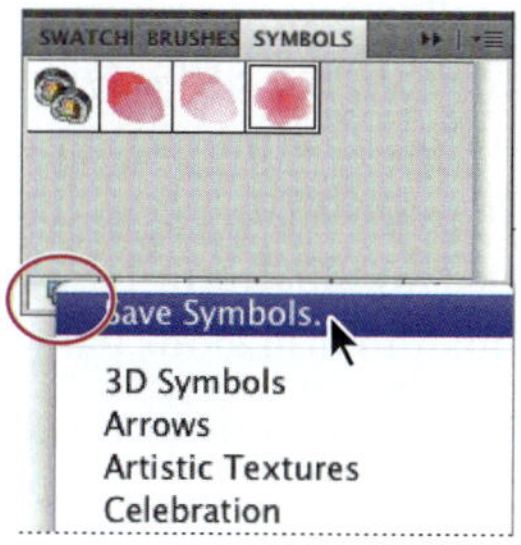

● **Nota:** Ao salvar símbolos como uma biblioteca separada, o documento que contém os símbolos deve estar aberto e ativo na janela de documento.

2 Na caixa de diálogo Save Symbols As Library, escolha uma localização, como sua área de trabalho, para inserir o arquivo da biblioteca de símbolos. Nomeie o arquivo da biblioteca como **sushi_poster.ai**. Clique em Save.

● **Nota:** Ao abrir a caixa de diálogo Save Symbols As Library pela primeira vez, o Illustrator abre uma pasta Symbols, onde você pode armazenar as bibliotecas que criar. O Illustrator reconhece todas as bibliotecas nela armazenadas e permite escolhê-las no menu Symbol Libraries mais tarde.

▶ **Dica:** Se salvar a biblioteca na pasta padrão, você pode criar subpastas e montar uma estrutura de pastas que atenda às suas necessidades. Você pode então acessá-las utilizando o botão Symbol Libraries Menu ou escolhendo Window > Symbol Libraries.

3 Sem fechar o arquivo poster.ai, crie um novo documento escolhendo File > New. Conserve as configurações padrão e clique em OK.

4 No painel Symbols, clique no botão Symbol Libraries Menu ( ) e escolha Other Library na parte inferior do menu. Navegue até a pasta em que salvou a biblioteca sushi_poster.ai, selecione-a e clique em Open.

A biblioteca sushi_poster aparece como um painel flutuante na área de trabalho. Você pode encaixá-la ou deixá-la onde está. Ela permanece aberta enquanto o Illustrator estiver aberto. Ao fechar o Illustrator e então recarregá-lo, esse painel não se reabrirá.

5 Arraste todos os símbolos do painel da biblioteca sushi_poster para a página.

6 Escolha File > Close e não salve o novo arquivo. Mantenha o arquivo poster.ai aberto se planeja passar para a seção Explore por conta própria.

Mapeie um símbolo para arte 3D

Você pode aplicar qualquer arte 2D armazenada como símbolo no painel Symbols a superfícies selecionadas em um objeto 3D. Para aprender sobre mapeamento de símbolos para arte 3D, consulte a Lição 12, "Aplicando Efeitos".

Símbolos e integração com o Flash

O Illustrator também fornece suporte excelente para exportação de arquivos do tipo SWF e SVG. Quando você exporta para o Adobe Flash, pode configurar o tipo de símbolo como Movie Clip. No Flash, você pode escolher outro tipo, se necessário. Além disso, é possível especificar um dimensionamento de 9 fatias no Illustrator para que os movie clips sejam dimensionados adequadamente quando utilizados para componentes de interface com o usuário.

Você pode mover o trabalho do Illustrator para o ambiente de edição do Flash ou diretamente para o Flash Player. Você pode copiar e colar o trabalho, salvar arquivos como SWF ou exportá-lo para o Flash. Além disso, o Illustrator fornece suporte para texto dinâmico e símbolos de movie clip do Flash.

Um fluxo de trabalho genérico de símbolo no Illustrator é semelhante ao fluxo de trabalho de símbolo no Flash:

- Passo 1: Criação do símbolo

  Quando você cria um símbolo no Illustrator, a caixa de diálogo Symbol Options permite atribuir um nome a ele e configurar opções específicas para o Flash: tipo de símbolo movie clip (que é o padrão para símbolos do Flash), localização na grade de registro do Flash e guias de dimensionamento de 9 fatias. Além disso, você pode utilizar muitos dos mesmos atalhos de teclado para símbolo no Illustrator e no Flash – como F8, para criar um símbolo.
- Passo 2: Modo de isolamento para edição de símbolo
- Passo 3: Propriedades e links de símbolo
- Passo 4: Objetos estáticos, dinâmicos e de entrada de texto

A seguir, você vai criar um botão, salvá-lo como um símbolo e editar as opções do símbolo.

1 Escolha Window > Workspace > Essentials.

2 Escolha File > New.

3 Na caixa de diálogo New Document, escolha Web no menu New Document Profile. Mantenha o restante das opções em suas configurações padrão e clique em OK.

4 Escolha File > Save As. Na caixa de diálogo Save As, atribua ao arquivo o nome **buttons.ai** e navegue até a pasta Lesson14. Deixe a opção Save As Type configurada como Adobe Illustrator (*.AI) (Windows) ou a opção For-

mat configurada como Adobe Illustrator (ai) (Mac OS) e clique em Save. Na caixa de diálogo Illustrator Options, deixe as opções do Illustrator em suas configurações padrão e clique em OK.

5 Clique no ícone do painel Symbols (♣) para expandir o painel Symbols.

6 Arraste o símbolo Bullet – Forward azul do painel Symbols para a prancheta.

▶ **Dica:** Conforme mencionamos anteriormente nesta lição, o Illustrator disponibiliza um grande número de outros símbolos. Você os encontra clicando no botão Symbol Libraires Menu na parte inferior do painel Symbols.

7 Com a ferramenta Selection (↖), clique com a tecla Shift pressionada no canto superior direito do botão e arraste para aumentá-lo, soltando o botão e então a tecla modificadora.

8 Com o botão ainda selecionado, altere Instance Name no painel Control para **Home** e pressione Enter ou Return.

O nome da instância é opcional quando você trabalha no Illustrator e é usado para diferenciar uma instância de símbolo de outra. Digitar um nome de instância para cada botão é útil caso você escolha importar o conteúdo do Illustrator para o stage no Flash (File > Import > Import To Stage).

9 Com o botão selecionado, arraste-o para a direita e pressione Shift+Alt (Windows) ou Shift+Option (Mac OS) para criar uma cópia. Solte primeiro o botão do mouse e depois as teclas modificadoras. No painel Control, digite **Info** no campo Instance Name e pressione Enter ou Return.

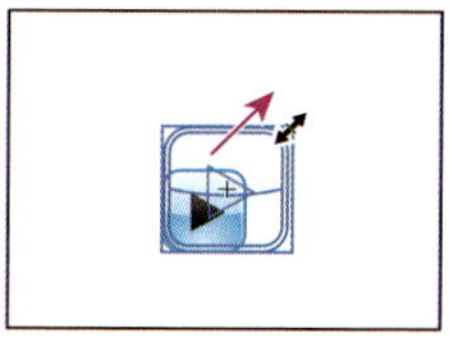

Redimensione a instância do símbolo.

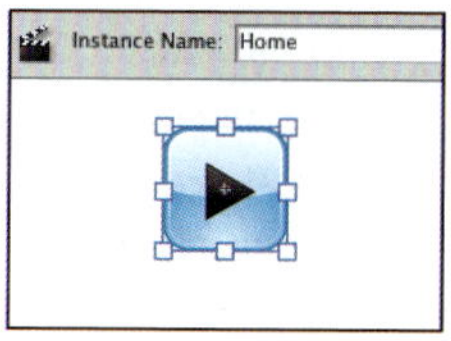

Atribua um nome para a instância.

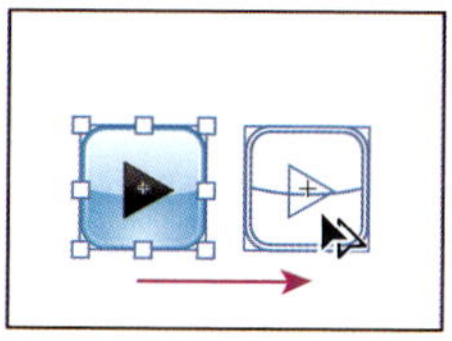

Duplique a instância.

10 Com um dos botões ainda selecionados, clique no botão Symbol Options (▤) no painel Symbols. Certifique-se de que Movie Clip, Enable Guides for 9-Slice Scaling e Align To Pixel Grid estejam selecionados. Clique em OK.

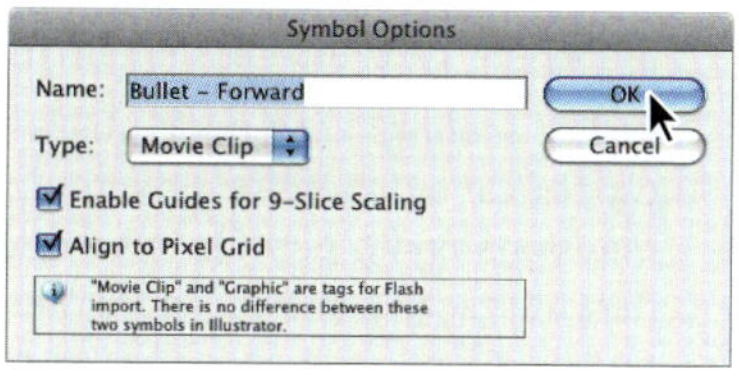

A seguir, você vai ajustar as guias de dimensionamento em 9 fatias.

11 Com a ferramenta Selection, dê um duplo clique no botão da esquerda para entrar no modo de isolamento. Quando a caixa de diálogo de aviso aparecer, clique em OK.

12 Selecione a ferramenta Zoom (🔍) no painel Tools e clique três vezes no botão mais à esquerda para aumentar o zoom. Escolha Select > All.

Escolher Select > All permite que você veja os pontos de ancoragem nas formas. Quando você ajusta as guias de dimensionamento em 9 fatias, você precisa tentar posicioná-las de maneira que indiquem a parte redimensionável do objeto (que normalmente não são os cantos).

13 Com a ferramenta Selection, arraste a partir da guia mais à direita para a esquerda, um pouco à esquerda da seta preta, conforme mostra a figura.

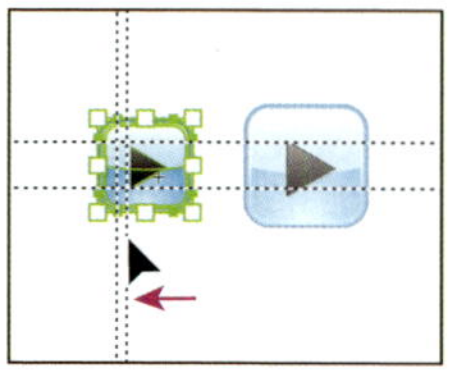

Você pode usar o dimensionamento em 9 fatias (scale-9) para especificar o dimensionamento de acordo com o estilo de componentes para o estilo gráfico e os símbolos de movie clip.

14 Com a ferramenta Selection, dê um duplo clique longe dos botões para sair do modo de isolamento.

15 Escolha View > Fit Artboard In Window e, depois, File > Save.

Entenda as opções de símbolo Flash

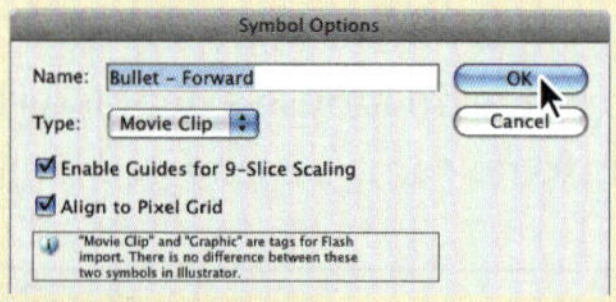

Movie Clip: Utilize os símbolos movie clip para criar segmentos reutilizáveis de animação (em Flash). Os movie clips têm suas próprias Timeline multiframes, independentes da Timeline principal - pense neles como se estivessem aninhados em uma Timeline principal que pode conter controles e sons interativos, além de outras instâncias de movie clip. Você também pode inserir instâncias de movie clip na Timeline de um botão para criar botões animados. Além disso, os movie clips são passíveis de aplicação de scripts com ActionScript®.

Align to Pixel Grid: Para criar um símbolo de alinhamento em pixel, selecione a opção Align to Pixel Grid na caixa de diálogo Symbol Options. Os símbolos alinhados à grade permanecem alinhados à grade de pixels em todos os pontos da prancheta, cada um em seu tamanho real.

9-slice scaling: Você pode utilizar o dimensionamento de 9 fatias (scale-9) para especificar o dimensionamento do estilo gráfico e do movie clip. Esse tipo de dimensionamento permite criar movie clips que se dimensionam adequadamente para utilização como componentes de interface com o usuário, diferentemente do tipo de dimensionamento geralmente aplicado a elementos gráficos e de design.

O símbolo é conceitualmente dividido em nove seções com uma sobreposição semelhante a uma grade e cada uma das nove áreas é redimensionada de maneira independente. Para manter a integridade visual do símbolo, os cantos não são redimensionados, enquanto as áreas restantes da imagem são redimensionadas (em vez de serem estendidas), aumentando ou diminuindo de tamanho, conforme a necessidade.

– Extraído do Illustrator Help

Para a próxima seção, o Adobe Flash CS5 precisa estar instalado em sua máquina.

1 Abra o Adobe Flash CS5.

2 Escolha File > New. Na caixa de diálogo New Document, certifique-se de que a guia General esteja selecionada e que opção ActionScript 3.0 também esteja selecionada na lista. Clique em OK.

3 Escolha File > Import > Import To Library no Adobe Flash. Navegue até o arquivo buttons.ai que acabou de salvar no Illustrator e clique no botão Import To Library. A caixa de diálogo Import "buttons.ai" To Library aparece.

Essa caixa de diálogo permite selecionar a prancheta e as camadas a importar, como importar o conteúdo e muito mais. A opção Import Unused Symbols na parte inferior da caixa de diálogo insere todos os símbolos do painel Illustrator Symbols no painel Flash Library. Isso pode ser muito útil se, por exemplo, você estiver desenvolvendo uma série de botões para um site.

4 Clique em OK.

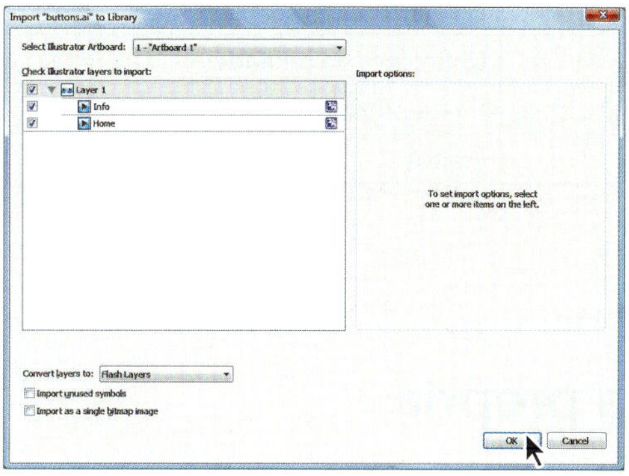

5 Abra o painel Library clicando na guia do painel Library. Clique na seta à esquerda dos nomes da pasta para exibir os recursos e também o símbolo Bullet – Forward da pasta Illustrator Symbols.

6 Arraste o símbolo Bullet – Forward até o Stage.

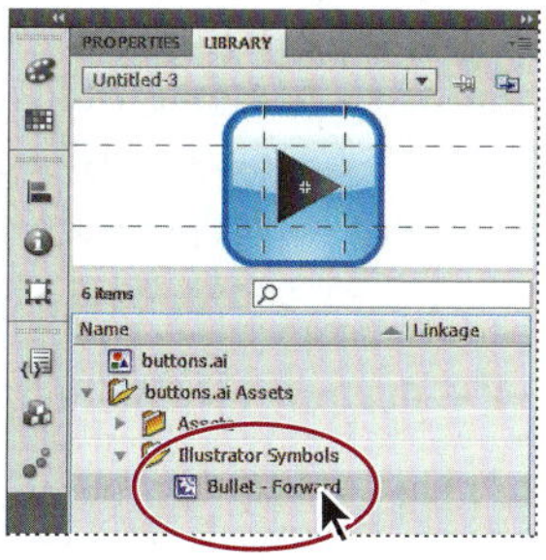

● **Nota:** Há várias maneiras de importar conteúdo do Illustrator CS5 para o Flash CS5. Você também pode copiar e colar do Illustrator para o Flash (usando as preferências padrão de colagem) ou escolher File > Import > Import To Stage. Importar para o Stage insere os dois botões no Stage e cada nome de instância aparece no painel Property quando os botões são selecionados de maneira independente. O conteúdo também é adicionado ao painel Library.

7 Escolha File > Close para fechar o arquivo Flash e não salve as alterações. Feche o Flash e retorne ao Illustrator.

Colando artes do Illustrator no Flash

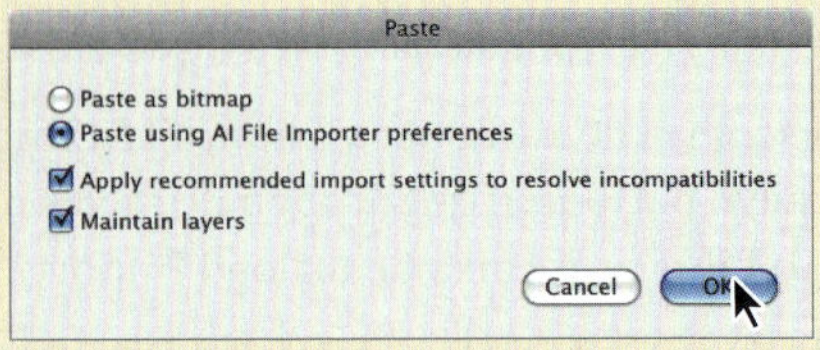

Outra opção para colar conteúdo do Illustrator CS5 no Flash CS5 é copiar e colar o conteúdo no Flash CS5 a partir do Illustrator CS5. Quando você cola no Flash CS5, a caixa de diálogo Paste aparece. Você pode colar um bitmap simples ou colar utilizando as preferências AI File Importer. A última opção funciona da mesma maneira que o comando File > Import > Import To Stage, embora a caixa de diálogo Import "buttons.ai" To Stage não apareça.

Quando você cola a arte do Illustrator no Flash, os seguintes atributos são preservados:

Paths e formas	Escalabilidade
Espessuras do contorno	Definições de degradês
Texto (especifique Flash text)	Imagens vinculadas
Símbolos	Efeitos

– Extraído do Illustrator Help

Explore por conta própria

Tente integrar símbolos em ilustrações com artes repetidas a partir de um mapa que contém de tudo, desde ícones repetidos e sinais de estrada até marcadores criativos e personalizados de texto. Os símbolos facilitam a atualização de logotipos em cartões de visita ou etiquetas de nome ou qualquer trabalho criado com múltiplas ocorrências da mesma arte.

Para inserir várias instâncias de símbolo, faça o seguinte:

1 Selecione o trabalho que quer utilizar como um símbolo.

2 Utilizando a ferramenta Selection (↖), arraste a arte para o painel Symbols. Exclua a arte original quando ela estiver no painel Symbols.

3 Para adicionar uma instância à prancheta, arraste o símbolo do painel Symbols até a prancheta.

4 Arraste quantas instâncias do símbolo quiser ou pressione a tecla Alt (Windows) ou Option (Mac OS) e arraste a instância original para cloná-la para outros locais.

Agora os símbolos estão vinculados com o símbolo original no painel Symbols. Se um símbolo for atualizado, todas as instâncias inseridas serão atualizadas.

Perguntas de revisão

1 Quais são as três vantagens de utilizar um símbolo?

2 Indique a ferramenta de simbolismo utilizada para girar instâncias de símbolo em um conjunto de símbolos.

3 Se estiver utilizando uma ferramenta de simbolismo em uma área à qual foram aplicados dois símbolos diferentes, qual deles é afetado?

4 Como atualizar um símbolo existente?

5 O que é que não pode ser utilizado como um símbolo?

6 Como acessar símbolos de outros documentos?

7 Cite duas maneiras de exportar símbolos do Illustrator para o Flash.

Respostas

1 Três vantagens de usar símbolos são:

- Fácil aplicação de várias formas.
- Você pode editar um símbolo e todas as instâncias serão atualizadas.
- Você pode mapear a arte para objetos 3D (tema tratado detalhadamente na Lição 12, "Aplicando Efeitos").

2 A ferramenta Symbol Spinner altera a rotação de um símbolo ou de um conjunto de símbolos.

3 Se você estiver utilizando uma ferramenta de simbolismo sobre uma área que tem duas instâncias de símbolo diferentes, o símbolo ativo no painel Symbols será a única instância afetada.

4 Para atualizar um símbolo existente, dê um duplo clique no ícone de símbolo no painel Symbols ou em uma instância do símbolo na prancheta. A partir daí, você pode fazer edições no modo de isolamento.

5 Imagens não incorporadas não podem ser utilizadas como símbolos.

6 Você pode acessar símbolos de documentos salvos clicando no botão Symbol Libraries Menu ( ) na parte inferior do painel Symbols e escolhendo Other Library no menu exibido, escolhendo Other Library no menu do painel Symbol, ou ainda escolhendo Window > Symbol Libraries > Other Library.

7 Copie e cole o(s) símbolo(s) do Illustrator para o Flash, escolha File > Import > Import To Stage ou escolha File > Import > Import To Libray.

15 COMBINANDO ELEMENTOS GRÁFICOS COM OUTROS APLICATIVOS ADOBE

Visão geral da lição

Nesta lição, você vai aprender a:

- Diferenciar elementos gráficos vetoriais e imagens bitmap
- Inserir os elementos gráficos do Adobe® Photoshop® incorporados e vinculados em um arquivo do Adobe Illustrator
- Criar e editar uma máscara de recorte
- Criar uma máscara de recorte de paths compostos
- Fazer uma máscara de opacidade para exibir parte de uma imagem
- Obter uma amostra de cor em uma imagem inserida
- Substituir uma imagem inserida por outra e atualizar o documento
- Exportar um arquivo em camadas para o Adobe Photoshop

Esta lição levará aproximadamente uma hora para ser concluída. Se necessário, remova a pasta da lição anterior de seu disco rígido e copie a pasta Lesson15.

É fácil adicionar uma imagem criada em um programa de edição de imagens a um arquivo do Adobe Illustrator. Esse é um método eficaz para ver como uma fotografia fica incorporada a um desenho a traço ou para testar efeitos especiais do Illustrator em imagens bitmap.

Introdução

Antes de começar, restaure as preferências padrão do Adobe Illustrator CS5. Depois, abra o arquivo desta lição para ver o que você vai criar.

1 Para que as ferramentas e os painéis funcionem como descritos nesta lição, exclua ou desative (renomeando) o arquivo de preferências do Adobe Illustrator CS5. Consulte "Restaurando as preferências padrão", na página 15.

2 Inicie o Adobe Illustrator CS5.

● **Nota:** Se você ainda não o fez, copie os arquivos desta lição para o seu disco rígido a partir da pasta Lesson15 do CD do *Adobe Illustrator CS5 Classroom in a Book*. Veja "Copiando os arquivos do Classroom in a Book", na página 14.

3 Escolha File > Open. Localize o arquivo L15end_1.ai na pasta Lesson15, dentro da pasta Lessons que você copiou para seu HD. Esse é um cartão-postal de uma exposição de tecnologia, e você vai adicionar e editar elementos gráficos a ele nesta lição. Deixe-o aberto para referência ou escolha File > Close.

Agora, abra o arquivo inicial no Adobe Bridge CS5.

Trabalhe com o Adobe Bridge

O Adobe Bridge é um aplicativo que é instalado juntamente com outros componentes do Adobe® Creative Suite 5, como o Illustrator ou todo o Creative Suite 5. Ele permite navegar pelo conteúdo visualmente, gerenciar metadados, entre outras coisas.

● **Nota:** Na primeira vez que o Adobe Bridge é carregado, uma caixa de diálogo pode aparecer perguntando se você quer que o Bridge inicie no login. Clique em Yes se quiser que ele carregue na inicialização; do contrário, clique em No para carregar o Adobe Bridge manualmente quando necessário.

1 Escolha File > Browse In Bridge para abrir o Bridge.

2 No painel Favorites da esquerda, clique em Desktop e acesse o arquivo L15start_1.ai na pasta Lesson15. Clique no arquivo no centro do painel Content.

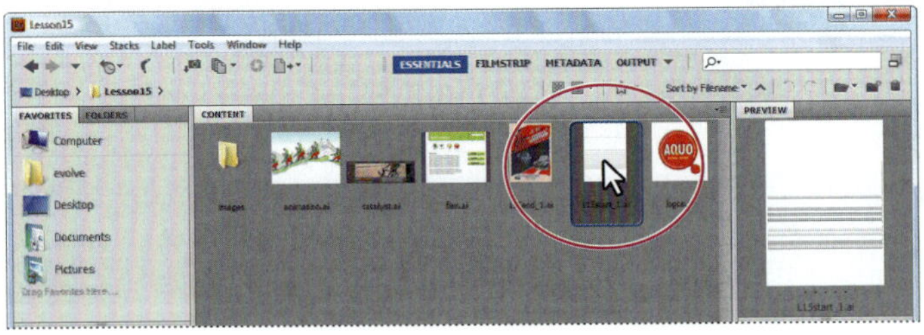

3 Na parte inferior do painel Content, arraste o controle deslizante para a direita para aumentar o tamanho dos thumbnails do painel Content.

4 Na parte superior do Bridge, clique em Filmstrip. Isso altera a aparência da área de trabalho para o modo de exibição "fita de filme", que permite uma visualização maior do objeto selecionado. Clique em Essentials para voltar à área de trabalho original.

5 Na parte inferior no painel Content, arraste o controle deslizante para a esquerda, até você ver todos os thumbnails no painel Content.

6 Com o arquivo L15start_1.ai ainda selecionado no painel Content, clique na guia do painel Metadata no lado direito de área de trabalho (se ainda não estiver selecionada) para ver os metadados associados ao arquivo selecionado. Podem ser dados de câmera, amostras de documento, etc. Clique na guia do painel Keywords para revelar o painel Keywords.

Palavras-chave podem ser associadas a objetos como, por exemplo, imagens, o que permite pesquisá-los com base nessas palavras-chave.

7 No painel Keywords, clique no sinal de adição na parte inferior para criar uma palavra-chave. Digite **rivertown** no campo de palavra-chave e pressione Enter ou Return. Clique para selecionar a caixa à esquerda da palavra-chave, se ainda não estiver selecionada. Isso a associa ao arquivo selecionado.

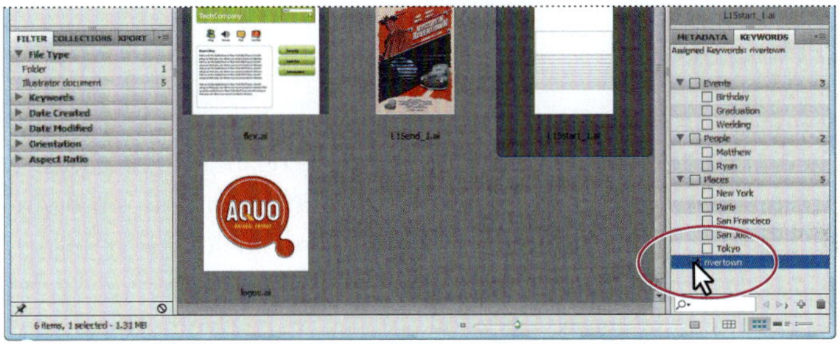

8 Escolha Edit > Find. Na caixa de diálogo Find, escolha Keywords no primeiro menu da seção Criteria. Digite **rivertown** no campo da direita em Criteria. Deixe o campo do meio configurado como contains e clique em Find.

Os resultados da pesquisa aparecem no painel Content.

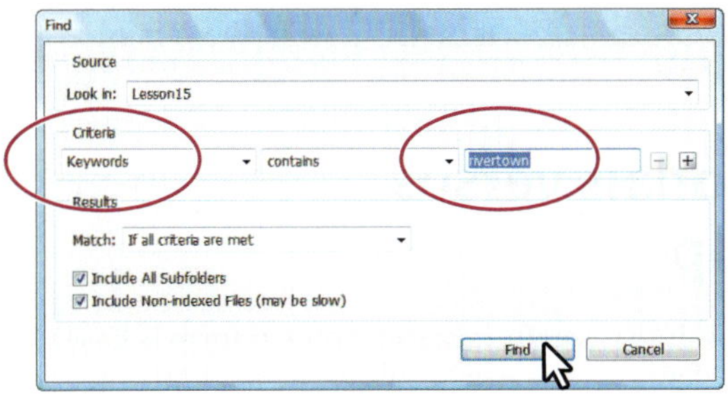

9 Clique no x no canto superior direito do painel Content, à direita do botão New Search, para fechar os resultados encontrados e voltar à pasta.

Visualizar arquivos e trabalhar com metadados e palavras-chave são apenas alguns dos muitos recursos disponíveis no Bridge. Para aprender mais sobre o trabalho com o Bridge, escolha Help > Illustrator Help e pesquise Adobe Bridge.

10 Dê um duplo clique no arquivo L15start_1.ai no painel Content para abrir o arquivo no Illustrator. Deixe o Bridge aberto.

11 Escolha View > Fit Artboard In Window.

12 Escolha Window > Workspace > Essentials para redefinir a área de trabalho Essentials.

13 Escolha File > Save As. Na caixa de diálogo Save As, navegue até a pasta Lesson15 e abra-a. Nomeie o arquivo **movieposter.ai**. Deixe a opção Save As Type configurada como Adobe Illustrator (*.AI) (Windows) ou a opção Format configurada como Adobe Illustrator (ai) (Mac OS) e clique em Save. Na caixa de diálogo Illustrator Options, deixe as opções do Illustrator em suas configurações padrão e clique em OK.

Combine artes

Você pode combinar artes do Illustrator com imagens de outros aplicativos gráficos de diversas maneiras para um amplo espectro de resultados criativos. Compartilhar trabalhos entre aplicativos permite combinar pinturas em degradê e fotografias com a arte a traço (preto e branco). Mesmo que o Illustrator permita criar certos tipos de imagens rasterizadas, é o Adobe Photoshop que se destaca nas tarefas de edição de imagem. Trabalhe com imagens no Photoshop e então as insira no Illustrator.

Esta lição mostra o processo de criação de uma imagem composta, incluindo combinação de imagens bitmap com arte vetorial e trabalho entre aplicativos. Você vai adicionar imagens fotográficas criadas no Photoshop a um cartão-postal criado no Illustrator. Então vai ajustar a cor da foto, mascará-la e obter uma amostra de cor dela para utilizar no trabalho do Illustrator. Você vai atualizar uma imagem inserida e depois exportar seu cartão-postal para o Photoshop.

Elementos vetoriais versus imagens bitmap

O Illustrator cria elementos gráficos vetoriais, que contêm formas baseadas em expressões matemáticas. Os elementos gráficos consistem em linhas uniformes e bem definidas que retêm sua nitidez quando dimensionadas. Eles são mais úteis para ilustrações, texto e elementos gráficos que precisam ser dimensionados em diferentes tamanhos, como logotipos.

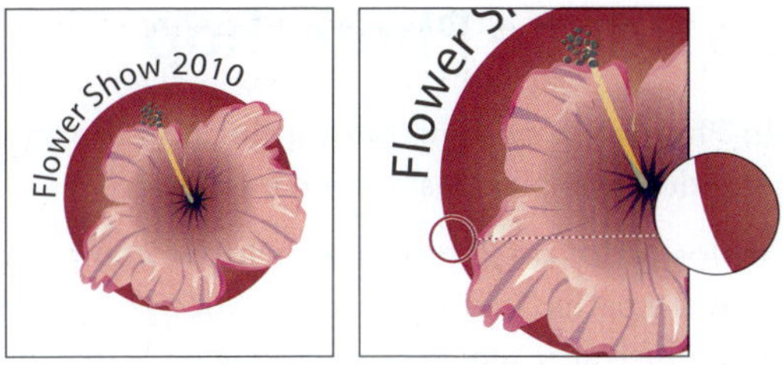

O logotipo é desenhado como arte vetorizada e retém sua definição quando redimensionado para tamanho maior.

Imagens bitmap, também chamadas de imagens rasterizadas, são baseadas em uma grade de pixels e são criadas por aplicativos de edição de imagens, como o Adobe Photoshop. Ao trabalhar com imagens bitmap, você edita grupos de pixels em vez de objetos ou formas. Como as imagens bitmap podem representar graduações sutis de sombras e cores, elas são apropriadas para imagens de tom contínuo, como fotografias ou arte criada em programas de pintura. Uma desvantagem das imagens bitmap é que elas perdem a definição e parecem serrilhadas quando redimensionadas.

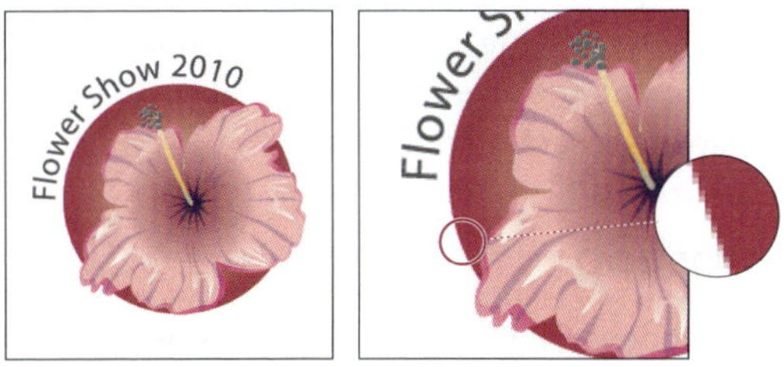

O logotipo é rasterizado como arte em bitmap e perde sua definição quando ampliado.

Ao decidir se utiliza o Illustrator ou um programa de imagem bitmap como o Photoshop para criar e combinar elementos gráficos, considere os elementos da imagem e como a imagem será usada.

Em geral, use o Illustrator se você precisar criar a arte ou texto com linhas nítidas que tenham uma boa aparência em qualquer ampliação. Na maioria dos casos, você também vai utilizar o Illustrator para organizar o design de uma página, porque o Illustrator oferece mais flexibilidade ao se trabalhar com texto e ao reselecionar, mover e alterar imagens. Você pode criar imagens rasterizadas (bitmap) no Illustrator, mas suas ferramentas de edição de pixels são limitadas. Utilize o Photoshop para imagens que precisam de edição de pixels, correção de cores, pintura e outros efeitos especiais. Utilize o InDesign para organizar tudo, de um cartão-postal a um livro de vários capítulos, como o *Classroom in a Book*.

Insira arquivos do Adobe Photoshop

Você pode abrir o trabalho do Photoshop no Illustrator utilizando o comando Open, o comando Place, o comando Paste ou arrastando-o e soltando.

O Illustrator suporta a maioria dos dados do Photoshop, inclusive composições de camada, camadas, texto editável e paths. Isso significa que você pode transferir arquivos do Photoshop para o Illustrator sem perder a capacidade de editar o trabalho. As camadas de ajuste no Photoshop cujo ícone de visibilidade está desmarcado são importadas para o Illustrator, embora estejam inacessíveis. Quando exportadas de volta para o Photoshop, elas são restauradas.

Nota: O Illustrator inclui suporte para rasterizadores Device N. Por exemplo, se você criar uma iamgem Duotone no Photoshop e a inserir no Illustrator, ele separa da maneira adequada e imprime as cores especiais.

Nesta lição, você vai começar inserindo um arquivo do Photoshop que contém uma máscara. Uma máscara em camada é uma maneira de mascarar, ou ocultar, a arte em uma imagem para que as áreas possam ser transparentes. Arquivos inseridos podem ser incorporados ou vinculados. Quando arquivos incorporados são adicionados ao arquivo do Illustrator, ele aumenta de tamanho para refletir a adição do arquivo inserido. Os arquivos vinculados continuam sendo arquivos externos separados, e um link para o arquivo externo é inserido no arquivo do Illustrator. A vinculação de arquivos pode ser uma excelente maneira de garantir que as atualizações de imagem sejam refletidas no arquivo do Illustrator. O arquivo vinculado deve sempre acompanhar o arquivo do Illustrator, ou o link será quebrado e o arquivo inserido não aparecerá no trabalho.

Insira um arquivo Photoshop

1 No Illustrator CS5, escolha Window > Layers para abrir o painel Layers.

2 No painel Layers, selecione a camada Layer e então clique na coluna Visibility para exibir os conteúdos desta camada.

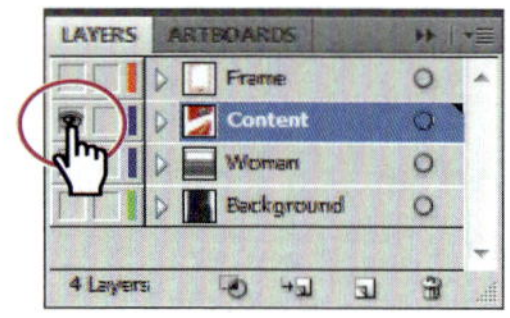

Quando você insere uma imagem, ela é adicionada à camada selecionada. Você vai usar a camada Content para a imagem inserida. A camada já inclui a arte.

3 Escolha File > Save.

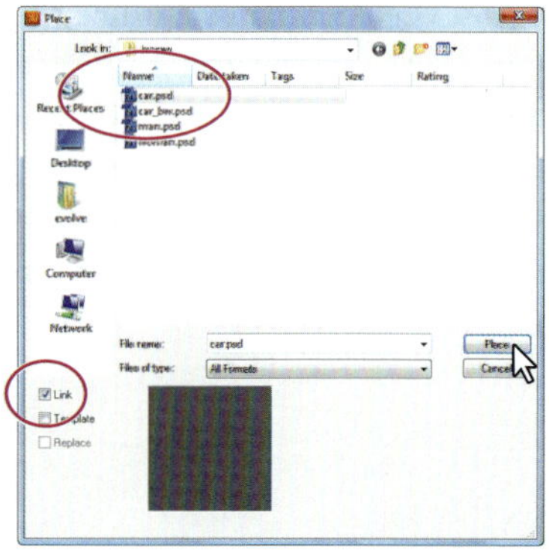

4 Navegue até o arquivo car.psd na pasta de imagens na pasta Lesson15 e a selecione. Não dê um duplo clique no arquivo, nem clique em Place, não agora.

5 Certifique-se de que Link esteja selecionado na caixa de diálogo Place.

Por padrão, os arquivos Photoshop são vinculados a seus arquivos fonte. Assim, se o arquivo fonte for editado, a imagem inserida no Illustrator é atualizada. Se você desmarcar a opção Link, você incorpora o arquivo PSD no arquivo Illustrator.

6 Clique em Place.

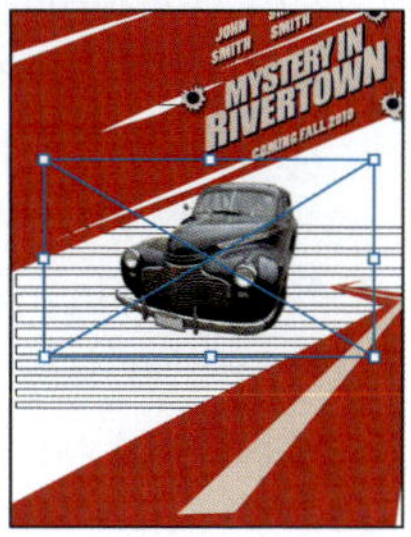

Observe que a imagem é inserida no centro da janela Document. Ela está selecionada, tem pontos delimitadores e um X no centro. Observe também o painel Control. Com a imagem selecionada, você vê as palavras Linked File, indicando que a imagem está vinculada a seu arquivo fonte, e outras informações sobre a imagem. Clicar em Linked File no painel Control abre o painel Links, que você vai estudar ainda nesta lição.

Agora, você vai mover e transformar a imagem inserida.

Duplique e edite uma imagem inserida

Você pode duplicar imagens inseridas da mesma maneira que você duplica outros objetos do Illustrator.

A seguir você vai editar a imagem car.psd e duplicá-la na camada Layers.

1 Com a ferramenta Selection (↖) e a imagem já selecionada, arraste a imagem para baixo e para a direita, para posicioná-la na parte superior da "estrada" vermelha.

2 Mantendo pressionada a tecla Shift, utilize a ferramenta Selection para arrastar o ponto delimitador até o centro da imagem, até a largura ser aproximadamente 5.8 in.

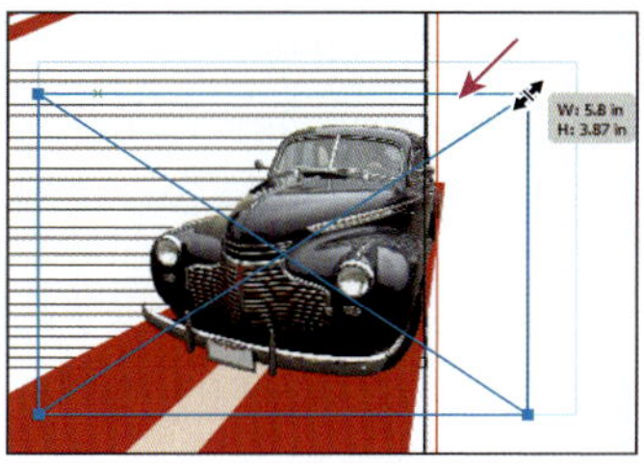

Após redimensionar a imagem, observe o valor de PPI no painel Control é aproximadamente 165. PPI (Pixels Per Inch, ou pixels por polegada) se refere à resolução da imagem. Quando trabalhar com o Illustrator, se você diminuir o tamanho da imagem, sua resolução aumenta. Se você aumentar o tamanho da imagem, a resolução diminui.

▶ **Dica:** Para transformar uma imagem inserida, você pode também abrir o painel Transform (Window > Transform) e alterar as configurações nesse local.

● **Nota:** As transformações efetuadas em uma imagem vinculada no Illustrator e qualquer alteração em resolução não altera a imagem original. As alterações são válidas apenas para a imagem no Illustrator.

● **Nota:** Para acessar as setas de rotação, o cursor precisa estar posicionado um pouco além do ponto do canto.

3 Com a ferramenta Selection, posicione o ponteiro ao lado do ponto delimitador superior direito. Arraste para cima e para a esquerda para girar a imagem cerca de 4 graus. Com as guias inteligentes ativadas, você vai ver um rótulo de medição.

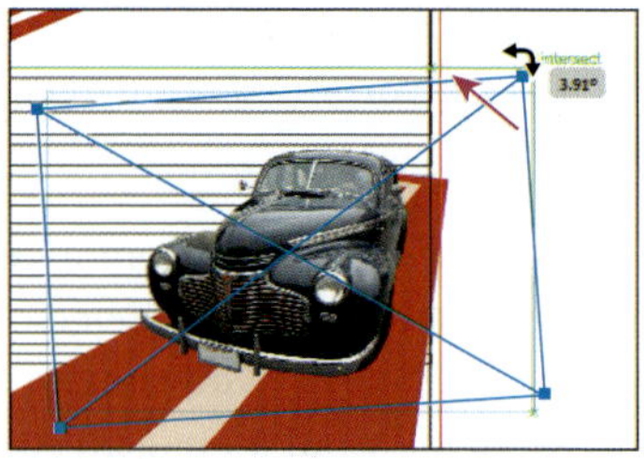

4 Escolha File > Save e mantenha a imagem car.psd selecionada.

A seguir, você vai duplicar a imagem car.psd e editar a cópia.

5 No painel Layers, clique na seta (▷) à esquerda da camada Content para expandi-lo. Observe a subcamada car.psd.

▶ **Dica:** Para fazer uma cópia de car.psd, você pode também arrastar a subcamada car.psd para cima ou para baixo na lista de camadas. Enquanto arrasta, pressione Alt (Windows) ou Option (Mac OS) para duplicar a subcamada. Você precisa primeiramente arrastar e depois manter pressionada a tecla modificadora.

6 Com o carro selecionado na prancheta, escolha Edit > Copy e então Edit > Paste In Place. Essa ação cola uma nova imagem car.psd na parte superior da imagem copiada e a seleciona na prancheta.

7 No painel Layers, dê um duplo clique na nova subcamada car.psd (na parte superior do painel Layers) e a renomeie **small car.psd** na caixa de diálogo Options. Clique em OK.

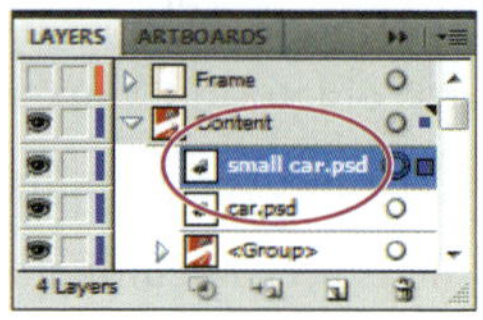

8 Com a imagem do carro copiada ainda selecionada na prancheta, dê um duplo clique na ferramenta Scale (⊡) no painel Tools. Na caixa de diálogo Scale, altere o valor de Uniform scale para **40** e clique em OK.

9 Selecione a ferramenta Selection (↖) e, no painel Layers, clique na coluna Visibility à esquerda da camada Frame, para exibir a arte. Arraste a subcamada small car.psd para a camada Frame. Clique na seta (▷) à esquerda da camada Content, para minimizá-la.

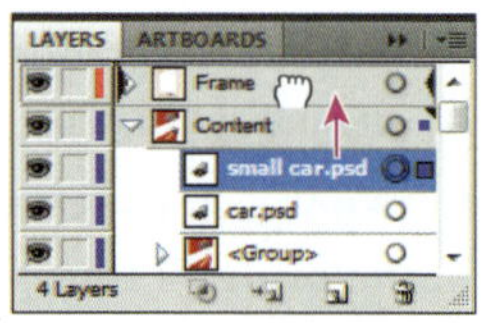

10 Com a ferramenta Selection, arraste o carro pequeno na prancheta para a esquerda do texto, na parte inferior do pôster. A imagem do carro menor deve estar na parte superior da borda da cor creme. A posição exata não é importante. Talvez seja preciso reposicionar o carro pequeno para que não fique sobre o texto.

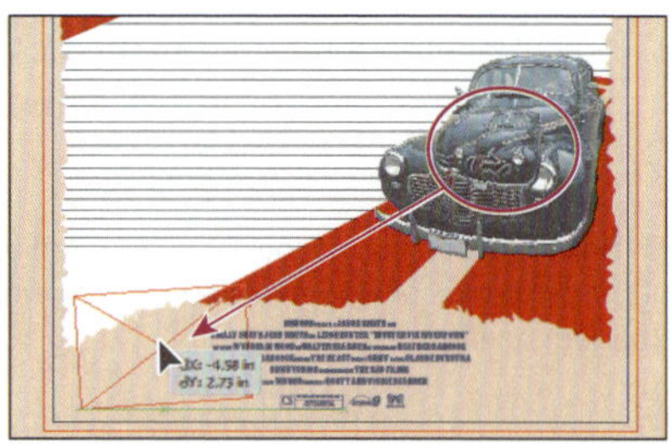

11 Escolha Select > Deselect e depois File > Save.

Incorpore uma imagem do Photoshop em composições de camada

Em geral, designers criam várias composições de um layout para apresentar a seus clientes. Utilizando composições de camada no Photoshop, você pode criar, gerenciar e visualizar várias versões de um layout em um único arquivo do Photoshop.

Uma composição de camadas é um instantâneo de um estado do painel Layers no Photoshop. Composições de camada registram as seguintes informações sobre uma camada:

- Visibilidade – se uma camada está sendo exibida ou oculta.
- Posição no documento
- Aparência – se um estilo de camada está aplicado à camada e ao modo de mesclagem

Você cria uma composição de camadas no Photoshop fazendo alterações nas camadas de seu documento e clicando no botão Create New Layer Comp no painel Layer Comps. Você visualiza composições aplicando-as no documento. Você pode exportar composições de camada para arquivos separados, para um único arquivo PDF, para uma galeria de fotos da Web ou escolher uma quando insere o arquivo Photoshop no Illustrator.

A seguir, você vai inserir um arquivo do Photoshop com composições de camada e incorporá-lo ao arquivo Illustrator.

1 Escolha View > Fit Artboard In Window se você aumentou a ampliação da arte nas etapas anteriores.

Nota: Quando uma imagem é inserida, ela é colocada no centro da janela Document. É por isso que você ajusta a prancheta à janela, para que ela insira a imagem centralizada na prancheta.

2 No painel Layers, clique no ícone do olho (👁) na camada Visibility das camadas Content e Layers para ocultar os conteúdos de ambas. Clique para selecionar a camada Woman.

3 Escolha File > Place.

4 Navegue até o arquivo woman.psd na pasta imagens dentro da pasta Lesson15. Não dê um duplo clique no arquivo, nem clique em Place ainda.

5 Desmarque Link na caixa de diálogo Place, se estiver selecionada.

Nota: Desmarcar a opção Link incorpora o arquivo PSD ao arquivo do Illustrator. A caixa de diálogo Photoshop Import Options só aparece quando você desmarca essa opção.

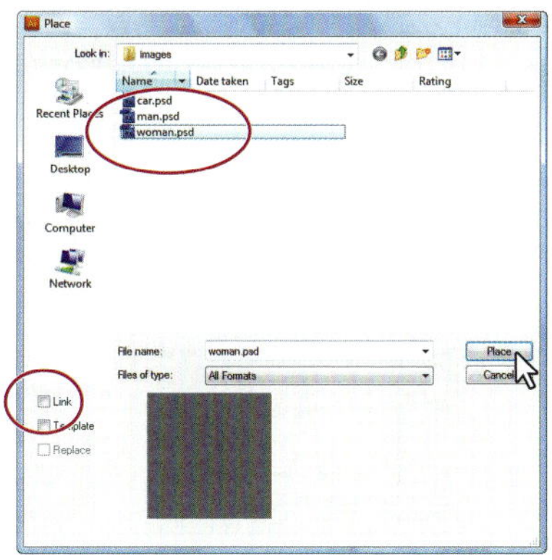

6 Clique em Place.

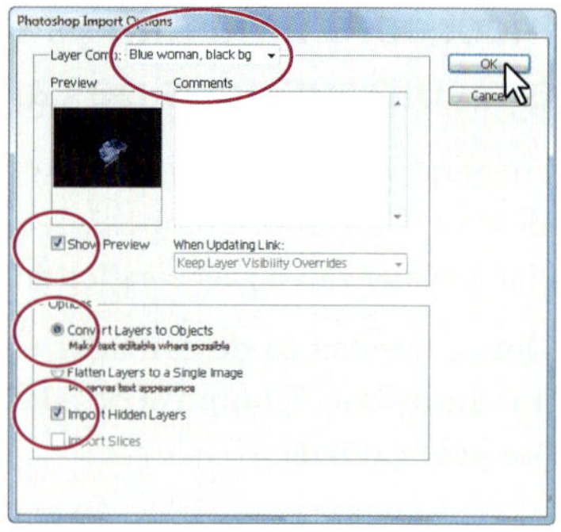

7 Na caixa de diálogo Photoshop Import Options, selecione Blue woman, black bg no menu Layer Comp e selecione Show Preview para visualizar a arte.

8 Selecione Convert Layers To Objects e Import Hidden Layers para importar todas as camadas do documento do Photoshop. Clique em OK.

● **Nota:** Se uma caixa de diálogo de aviso de cor aparecer, como Paste Profile Mismatch, clique em OK.

Em vez de achatar o arquivo, você quer converter as camadas do Photoshop em objetos, porque o arquivo woman.psd contém quatro camadas e uma máscara de camada. Você as utilizará mais adiante na lição.

9 No painel Layers, clique na seta (▷) à esquerda da camada Woman para expandi-la. Arraste a parte inferior do painel para baixo, se necessário, de modo que você possa ver mais camadas. Clique na seta à esquerda da subcamada woman.psd para expandi-la.

Observe todas as subcamadas de woman.psd. Essas subcamadas eram camadas Photoshop no Photoshop e aparecem no painel Layers no Illustrator, porque você escolheu não achatar a imagem quando você a inseriu. Além disso, observe que, com a imagem ainda selecionada na página, o painel Control exibe a palavra Group no lado esquerdo e inclui um link para Multiple Images. Quando você insere um arquivo do Photoshop com camadas e você escolhe converter as camadas em objetos na caixa de diálogo Photoshop Import Options, o Illustrator trata as camadas como imagens individuais em um grupo.

10 Remova a seleção do ícone do olho (👁) à esquerda da subcamada Blue para ocultar a subcamada. Clique na coluna Visibility à esquerda da subcamada Blue para exibi-la outra vez. Remova a seleção do ícone do olho (👁) à esquerda da subcamada woman.psd para ocultá-la.

Os retângulos deverão ser os únicos objetos visíveis na prancheta.

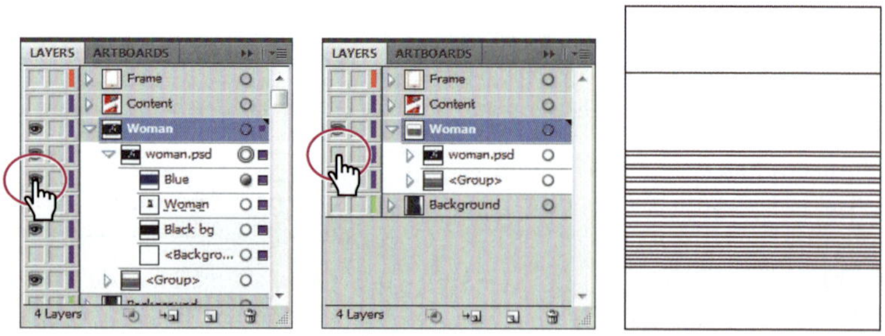

Aplique edições de cores a uma imagem inserida

Você pode utilizar edições de várias maneiras para modificar as cores de imagens inseridas que foram incorporadas. É possível fazer conversões para um modo de cor diferente (como RGB, CMYK ou escala de cinza) ou ajustar valores de cor individuais. Você também pode saturar (escurecer), dessaturar (clarear) ou inverter cores (criar "um negativo colorido).

A seguir, você ajustará as cores em uma imagem que vai inserir pela primeira vez. Mais adiante na lição, você vai aplicar uma máscara a essa imagem.

> **Dica:** Para informações sobre os modos de cor e como modificar cores com edições de cores, consulte "About colors in digital graphics" e "Apply an effect or filter" no Illustrator Help.

1 No painel Layers, clique na coluna Visibility na camada Content para exibir o conteúdo, e então selecione a camada Content.

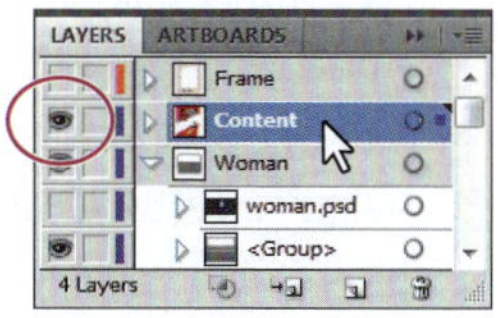

2 Escolha File > Place.

3 Navegue até o arquivo man.psd na pasta images dentro da pasta Lesson15 e selecione-o. Não dê um duplo clique no arquivo, nem clique em Place neste instante.

4 Selecione Link na caixa de diálogo Place e então clique em Place.

> **Nota:** Se o arquivo estiver aberto, a opção Link permanece ativa. Isso significa que, na próxima vez que você inserir uma imagem, a opção Link é aplicada automaticamente.

5 Com a ferramenta Selection (), clique na palavra Transform no painel Control. Certifique-se de que o ponto de centro no indicador Reference Point () esteja selecionado. No painel Transform exibido, altere o valor de X para **1.8** in (certifique-se de digitar "in") e o valor de Y para **3.3** in e pressione Enter ou Return.

Isso posiciona a imagem man.psd no canto superior esquerdo. Observe que o homem tem a aparência de um recorte. Isso ocorre porque há uma máscara criada no Photoshop e que é reconhecida no Illustrator.

> **Nota:** Dependendo da resolução de tela, as opções Transform podem aparecer diretamente no painel Control, ou você talvez tenha de escolher Window > Transform para abrir o painel.

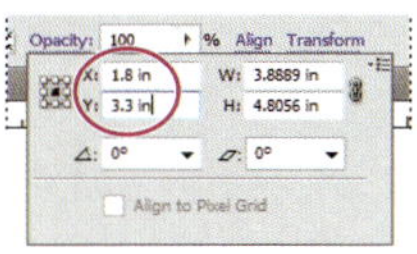

Para editar as cores na imagem, ela precisa estar incorporada no arquivo Illustrator. Se o arquivo estiver vinculado, as alterações que você está prestes a efetuar podem ser feitas no Photoshop e então atualizadas no Illustrator. Porém, às vezes você talvez precise incorporar a imagem para não precisar se preocupar com a necessidade de rastrear a localização de uma imagem vinculada.

6 Com man.psd ainda selecionado na prancheta, clique no botão Embed no painel Control. A caixa de diálogo Photoshop Import Options é aberta, onde você pode escolher uma composição de camadas ou outras opções. Certifique-se de que Flatten Layers to a Single Image esteja selecionado e clique em OK.

No painel Control, você agora vê a palavra Embedded.

7 Com a imagem ainda selecionada, escolha Edit > Edit Colors > Adjust Color Balance.

8 Na caixa de diálogo Adjust Colors, arraste os controles deslizantes ou digite os valores das porcentagens CMYK para alterar as cores da imagem. Você pode pressionar Tab para se deslocar entre os campos de texto. Nós usamos os seguintes valores para criar tons mais avermelhados: C=**-70**, M=**30**, Y=**0** e K=**27**. Fique à vontade para praticar um pouco. Selecione Preview para ver as alterações nas cores.

● **Nota:** Para ver os resultados, talvez seja necessário selecionar e desmarcar Preview enquanto você altera as opções na caixa de diálogo Adjust Colors.

9 Quando estiver satisfeito com a cor da imagem, clique em OK.

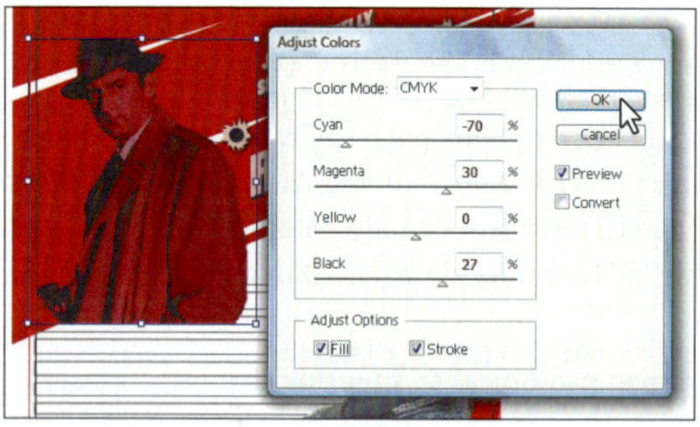

● **Nota:** Se mais tarde você decidir ajustar as cores da mesma imagem escolhendo Edit > Edit Colors > Adjust Color > Balance, os valores das cores serão definidos como 0 (zero).

10 Escolha Select > Deselct e depois File > Save.

Mascare uma imagem

As máscaras cortam uma imagem para que apenas uma parte dela transpareça através da forma da máscara. Somente objetos vetorizados podem ser máscaras de recorte. Porém, qualquer arte pode ser mascarada. Você pode também importar máscaras criadas em arquivos do Photoshop, conforme viu anteriormente. A máscara de recorte e o objeto mascarado são chamados de conjunto de recorte.

Aplique uma máscara de corte a uma imagem

Nesta seção, você vai criar uma máscara de corte para a imagem man.psd.

1 Com a ferramenta Selection (↖), clique na imagem man.psd para selecioná--la. Clique no botão Mask do painel Control para aplicar uma máscara de corte na forma e no tamanho da imagem.

● **Nota:** Também é possível aplicar uma máscara de corte escolhendo Object > Clipping Mask > Make.

▶ **Dica:** Outra maneira de criar uma máscara é usar o modo de desenho Draw Inside. Esse modo permite que você desenhe no interior de um objeto selecionado. O modo Draw Inside elimina a necessidade de executar muitas tarefas, como desenhar e alterar a ordem de empilhamento ou desenhar, selecionar e criar uma máscara de recorte. Para aprender mais sobre os modos de desenho, veja a Lição 3, "Criando e Editando Formas".

2 No painel Layers, clique na seta (▷) à esquerda da camada Content para exibir seu conteúdo, se ainda não o fez. Você talvez tenha de arrastar a parte inferior do painel Layers para baixo ou rolar o painel. Clique na seta à esquerda da subcamada <Group> superior para exibir seu conteúdo.

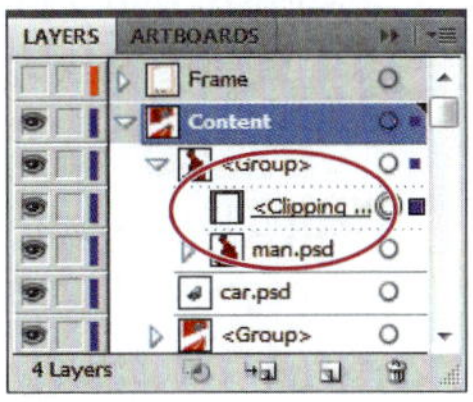

Observe a subcamada <Clipping Path>. Essa é a máscara que você criou clicando no botão Mask no painel Control. A subcamada <Group> é o conjunto de recorte que contém a máscara e o objeto mascarado.

A seguir você vai editar a máscara.

Edite máscaras

1 Com a imagem ainda selecionada, observe o botão Edit Clipping Path (▢) e o botão Edit Contents (◉) exibidos no lado esquerdo do painel Control.

2 Clique no botão Edit Contents (◉) e, no painel Layers, observe que man.psd agora está selecionado. Clique no botão Edit Clipping Path (▢) e observe que <Clipping Path> está selecionado no painel Layers.

Quando um objeto está mascarado, você pode editar tanto a máscara quanto o objeto que está mascarado. Use esses dois botões para selecionar aquele que você editará.

3 Com botão Edit Clipping Path (▣) selecionado no painel Control, utilize a ferramenta Selection para arrastar o ponto delimitador inferior intermediário da máscara selecionada um pouco para cima, conforme mostra a figura abaixo. Observe que a parte inferior da imagem está oculta (mascarada).

4 Selecione a ferramenta Direct Selection (↖) no painel Tools. Clique no ponto inferior esquerdo, primeiro para selecioná-lo e então arraste diretamente para baixo, até ele aderir ao objeto vermelho no fundo. Arraste o ponto direito inferior para cima, até ele aderir ao mesmo objeto vermelho no fundo.

Redimensione a máscara.

Altere a forma da máscara.

O resultado.

5 Utilize a ferramenta Selection para clicar na imagem man.psd e selecioná-la. No painel Control, clique no botão Edit Contents (◉) para editar a imagem man.psd, não a máscara. Com a ferramenta Selection, arraste o homem um pouco para baixo. Observe que você está movendo a imagem, não a máscara. Escolha Edit > Undo Move.

Com o botão Edit Contents (◉) selecionado, você pode aplicar muitas transformações à imagem, que incluem redimensioná-la, movê-la, girá-la, etc.

6 Escolha Select > Deselect e depois File > Save.

Mascarando um objeto com diversas formas

Nesta seção, você vai criar uma máscara para a imagem woman.psd a partir de diversos retângulos. O efeito gerado dá a impressão de que a mulher está por trás de uma persiana; para criar uma máscara de corte com múltiplas formas, as formas precisam ser convertidas em um path composto.

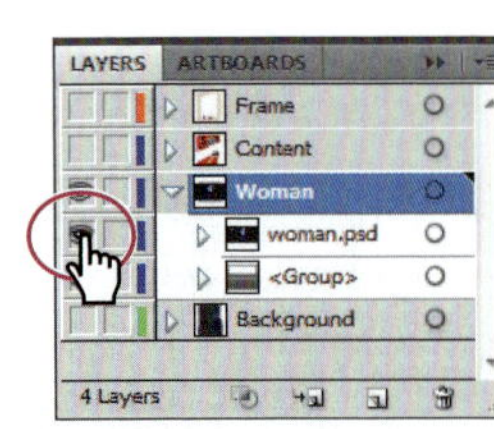

1 No painel Layers, clique na seta (▷) à esquerda da camada Content para minimizá-la e então clique no ícone do olho para ocultar seus conteúdos. Clique na coluna Visibility à esquerda da subcamada woman.psd para vê-la na prancheta.

2 Com a ferramenta Selection, clique para selecionar a imagem da mulher na prancheta e escolha Object > Arrange > Send To Back.

3 Com a ferramenta Selection, clique em um dos retângulos na prancheta. Isso seleciona o grupo de retângulos.

4 Escolha Object > Compound Path > Make. Veja como os grupos de retângulos são inseridos sobre uma subcamada, chamada <Compound Path>, no painel Layers. Mantenha o novo path composto selecionado.

O comando Compound Path cria um objeto único composto de dois ou mais objetos. Paths compostos comportam-se como objetos agrupados. O comando Compound Path permite criar objetos complexos mais facilmente do que se você utilizasse as ferramentas de desenho ou os comandos Pathfinder.

▶ **Dica:** Para transformar os retângulos em um path composto, você também pode clicar no grupo de retângulos com o botão direito do mouse ou com a tecla Control e escolher Make Compound Path.

● **Nota:** Para construir um path composto a partir de múltiplos objetos, os objetos não precisam estar inicialmente agrupados.

A seguir, você vai mascarar a imagem woman.psd com o path composto que você acabou de criar.

5 Com o path composto ainda selecionado, clique com a tecla Shift pressionada na imagem da mulher na prancheta, para selecionar ambos. Clique com o botão direito do mouse (Windows) ou pressionando a tecla Ctrl (Mac OS) no path composto e escolha Clipping Mask.

Observe o botão Edit Clipping Path ( ) e o botão Edit Contents ( ) no painel Control.

▶ **Dica:** Você pode criar uma máscara de recorte a partir de um texto.

▶ **Dica:** Você pode também escolher Object > Clipping Mask > Make.

6 Escolha File > Save e mantenha a imagem mascarada selecionada.

Libere uma máscara

É possível que, em algum momento, você já não deseje uma máscara para ocultar o objeto. Nesses casos, você sempre tem a escolha de liberar uma máscara do conjunto de recorte e com isso ela deixa de ser uma máscara.

- Com a imagem ainda selecionada, escolha Object > Clipping Mask > Release. Isso libera a máscara (path composto) e a imagem, o que os torna novamente objetos separados.

  Quando uma máscara é liberada, via de regra, ela não tem contorno nem preenchimento.

▶ **Dica:** Você pode também clicar com o botão direito do mouse (Windows) ou clicar pressionando a tecla Ctrl (Mac OS) no path composto do retângulo e escolher Release Clipping Mask.

Crie uma máscara de opacidade

Uma máscara de opacidade é diferente de uma máscara de corte porque permite que você não apenas mascare um objeto como também altere a transparência da arte. Uma máscara de opacidade é criada e editada usando o painel Transparency.

Nesta seção, você vai criar uma máscara de opacidade com base no path composto, para que a imagem woman.psd apareça através da máscara.

1 Clique no ícone do painel Transparency (◐) no lado direito da área de trabalho e expanda o painel Transparency.

2 Escolha Select > Deselect.

3 Escolha > View > Outline. No modo Outline, clique para selecionar a borda do path composto com a ferramenta Selection (↖). Escolha View > Preview para voltar ao modo Preview.

4 Pressione a letra D para retomar aos padrões de contorno e preenchimento.

A cor dos objetos usados para mascarar é importante. Se não há cor de preenchimento, então nada será exibido quando ele for usado como máscara de opacidade. Onde a máscara de opacidade for branca, a arte será totalmente visível. Onde a máscara de opacidade for preta, a arte ficará oculta. Tons de cinza na máscara resultam em graus diversos de transparência na arte.

Nota: O objeto que deverá se tornar a máscara de opacidade (o objeto mascarador) precisa ser o objeto selecionado mais elevado na prancheta. Se ele for um objeto individual, como um retângulo, ele não precisa ser um path composto. Se a máscara de opacidade deve ser feita com múltiplos objetos, estes precisam ser agrupados.

5 Escolha Select > All On Active Artboard para selecionar a forma composta e a imagem woman.psd.

6 No menu do painel Transparency,(▾≡) escolha Make Opacity Mask. Certifique-se de que a opção Clip esteja selecionada no painel Transparency.

A imagem woman.psd agora está mascarada com o path composto, conforme indica o sublinhado tracejado sob o nome da camada no painel Layers, se você o abrir. Nesse instante, a máscara de opacidade não parece ser diferente de uma máscara de corte. Você verá que ela oferece um número muito maior de opções.

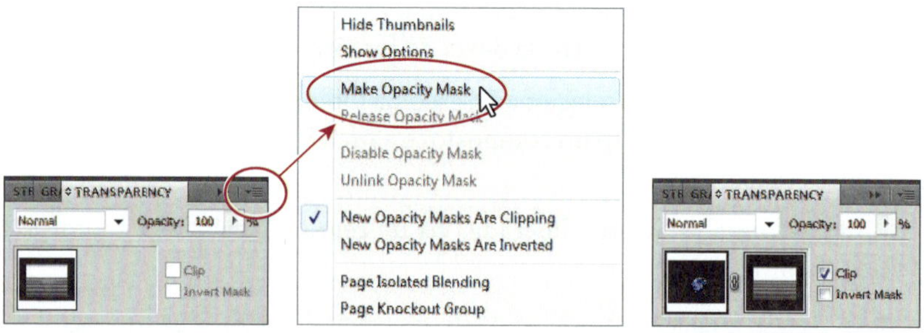

A seguir, você vai ajustar a máscara de opacidade que acabou de criar.

7 No painel Transparency, clique com a tecla Shift pressionada no thumbnail da máscara (conforme indicado pelos retângulos brancos no fundo preto) para desativar a máscara. Observe que um x vermelho é exibido na máscara no painel Transparency e que toda a imagem woman.psd reaparece na janela Document.

▶ **Dica:** Para desativar e ativar uma máscara de opacidade, você também pode escolher Disable Opacity Mask ou Enable Opacity Mask no menu do painel Transparency.

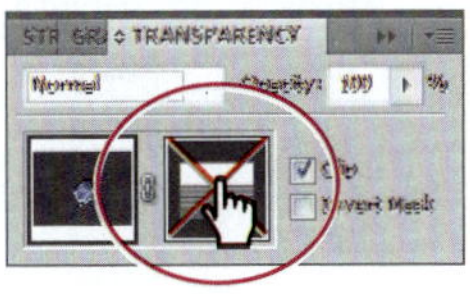

● **Nota:** Você precisa abrir o painel Transparency no lado direito da área de trabalho, porque o painel Transparency no painel Control se fecha quando você interagir com a arte.

8 No painel Transparency, clique com a tecla Shift pressionada no thumbnail da máscara para ativar a máscara de opacidade mais uma vez.

9 Clique para selecionar o thumbnail da máscara no lado direito do painel Transparency.

Clicar na máscara de opacidade no painel Transparecny seleciona a mascara (o path composto) na prancheta. Se a máscara não for selecionada, clique para selecioná-la com a ferramenta Selection. Agora você não pode editar outra arte. Observe também que a guia do documento mostra (<Opacity Mask>/Opacity Mask), indicando que você agora está editando a máscara.

10 Clique no ícone do painel Layers (◆) no lado direito da área de trabalho para exibir o painel Layers. No painel Layers, observe que a camada <Opacity Mask> aparece. Clique na seta de alternância (▷) à esquerda da camada <Opacity Mask> para expandi-la.

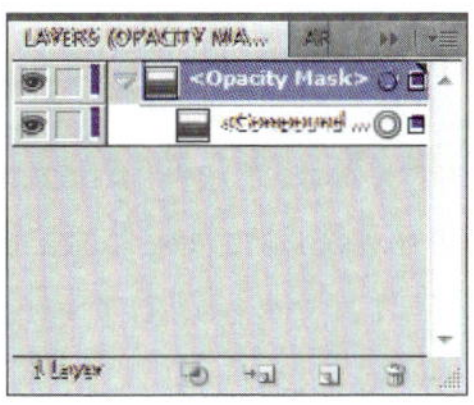

11 Com a máscara ainda selecionada, no painel Control, clique na cor de preenchimento e selecione um degradê linear do preto para o branco, chamado BW Gradient.

12 Selecione a ferramenta Gradient (◪) no painel Tools. Mantendo pressionada a tecla Shift, clique em um ponto situado aproximadamente na metade da altura da forma composta e arraste para baixo, passando a parte inferior das formas, conforme mostra a figura abaixo. Solte o botão do mouse e então a tecla Shift.

13 Clique no ícone do painel Transparency (◕) e observe como a máscara muda no painel Transparency.

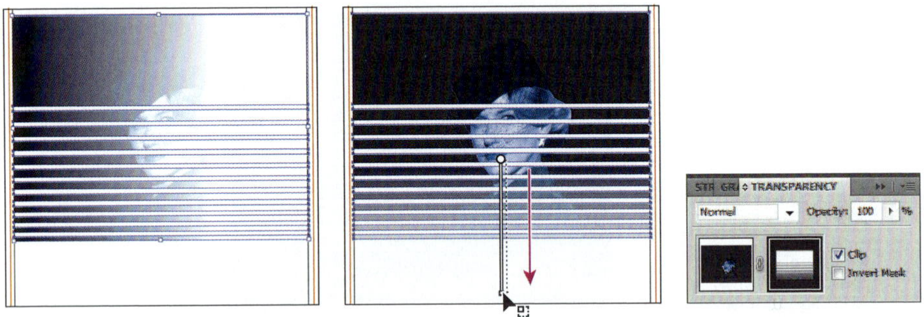

A seguir, você vai mover a imagem sem mover a máscara de opacidade. Com o thumbnail da imagem selecionado no painel Transparency, a imagem e a máscara estão vinculadas uma à outra, por padrão. Com isso, se você mover a imagem na prancheta, a máscara acompanha o movimento.

● **Nota:** Você somente tem acesso ao ícone de link quando o thumbnail da imagem, não o thumbnail da máscara, está selecionado no painel Transparency.

14 No painel Transparency, clique no thumbnail da imagem. Com isso, você não mais estará editando a máscara. Clique no ícone de link (🔗) entre o thumbnail da imagem e o thumbnail da máscara. Isso permite que você mova apenas a imagem ou a máscara, mas não ambas.

● **Nota:** Você precisa interromper a edição da máscara de opacidade antes de trabalhar com outra arte.

15 Com a imagem selecionada na prancheta, escolha Object > Transform > Reflect. Na caixa de diálogo Reflect, certifique-se de que Vertical esteja selecionado e clique em OK.

● **Nota:** A posição da mulher não tem de corresponder exatamente à posição mostrada na figura.

16 Com a ferramenta Selection, arraste a imagem woman.psd para baixo e para a esquerda, conforme mostra a figura.

17 No painel Transparency, clique no espaço em branco entre o thumbnail da imagem e thumbnail da máscara (onde estava o ícone do link (🔗)). Isso vincula a imagem e a máscara outra vez, para que se movimentem juntas.

18 Escolha Select > Deselect e depois File > Save.

Obtenha uma amostra de cores de imagens inseridas

Você pode obter uma amostra de cor ou copiar cores de imagens inseridas para aplicar as cores a outros objetos do trabalho. Isso permite criar facilmente cores consistentes em um arquivo que combina imagens do Photoshop e arte do Illustrator.

Nesta seção, você vai usar a ferramenta Eyedropper para obter amostras de cor da imagem inserida e aplicar as cores a outro objeto.

1 No painel Layers, certifique-se de que todas as camadas estejam minimizadas e então clique na coluna Visibility à esquerda das camadas Frame, Content e Background para exibir seus conteúdos na prancheta.

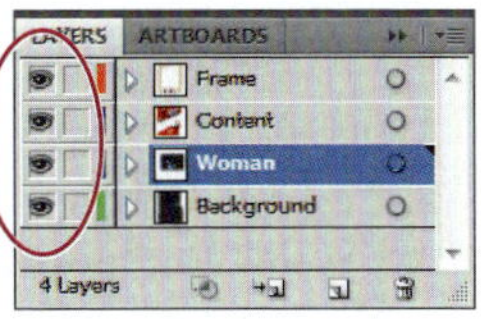

2 Selecione a ferramenta Zoom (🔍) no painel Tools e arraste um contorno de seleção em torno do texto na parte inferior do pôster para aumentar o zoom.

3 Selecione a ferramenta Selection (↖) e dê um duplo clique no logotipo studio9 na parte inferior da prancheta. Isso permite que você entre no modo de isolamento e selecione apenas o logotipo neste grupo. Clique para selecionar o logotipo.

4 Pressione Ctrl+- (Windows) ou Cmd+- (Mac OS) diversas vezes para diminuir o zoom, até você poder enxergar a metade inferior do rosto da mulher.

5 Selecione a ferramenta Eyedropper (✎) no painel Tools e clique com a tecla Shift na imagem da mulher para obter uma amostra e aplicar o azul da camada superior no arquivo em camadas woman.psd. Você pode praticar amostrando as cores de diferentes imagens e conteúdos, se quiser.

A cor a partir da qual você obtém a amostra é aplicada ao logotipo selecionado.

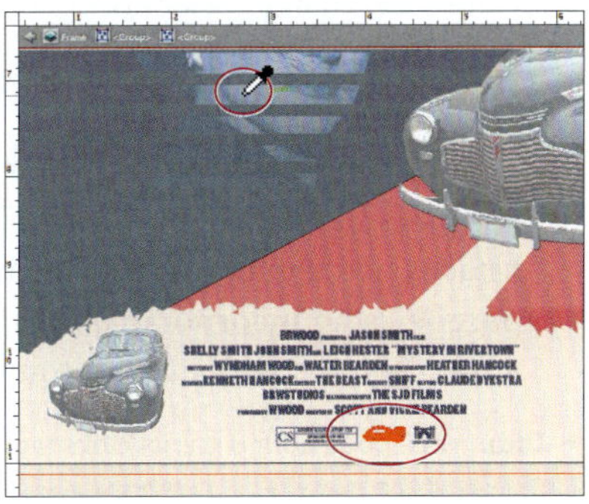

● **Nota:** Usar a tecla Shift com a ferramenta Eyedropper permite aplicar apenas a cor amostrada ao objeto selecionado. Se você não usar a tecla Shift, você aplicará todos os atributos de aparência ao objeto selecionado.

● **Nota:** Você talvez tenha de aumentar o zoom no logotipo studio9 para ver a mudança nas cores.

6 Pressione Escape para sair do modo de isolamento e então escolha View > Fit Artboard In Window.

7 Escolha Select > Deselect e depois File > Save.

Substitua uma imagem inserida e vinculada

É possível substituir uma imagem inserida por outra imagem para atualizar um documento. A imagem substituta é posicionada exatamente onde estava a imagem original e, por isso, nenhum alinhamento é necessário. Se você dimensionou a imagem original, agora poderá precisar redimensionar a imagem substituta para corresponder à imagem original.

Agora, você vai substituir a imagem car.psd menor por uma versão da imagem em escala de cinza.

1 Escolha File > Save As. Na caixa de diálogo Save As, navegue até a pasta Lesson15 e abra-a. Nomeie o arquivo **movieposter2.ai**. Deixe a opção Save As Type configurada como Adobe Illustrator (*.AI) (Windows) ou a opção Format configurada como Adobe Illustrator (ai) (Mac OS) e clique em Save. Na caixa de diálogo Illustrator Options, deixe as opções do Illustrator em suas configurações padrão e clique em OK.

Inclua a opção de arquivos vinculados na caixa de diálogo Illustrator Options

Na caixa de diálogo Illustrator Options, a opção Include Linked Files incorpora quaisquer arquivos vinculados à arte do Illustrator. A caixa não deve ser selecionada se você quiser salvar arte com arquivos vinculados.

2 Com a ferramenta Selection, clique na imagem car.psd menor no canto inferior esquerdo da prancheta. No painel Control, clique no arquivo vinculado em azul, sublinhado. Isso abre o painel links.

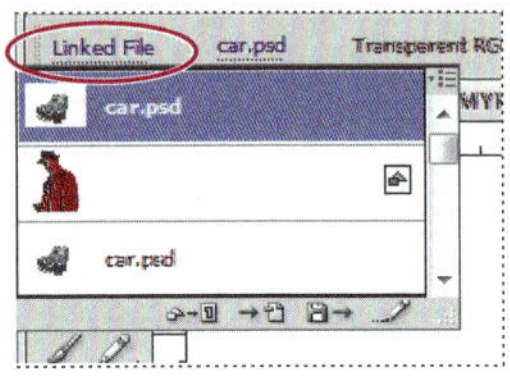

No painel links, observe que algumas imagens listadas não têm nome. Isso normalmente ocorre porque estão incorporadas. O ícone para incorporar ( ) também indica que as imagens estão incorporadas.

▶ **Dica:** Você pode abrir o painel Links também em separado, escolhendo Window > Links.

3 No painel Links, car.psd está selecionado. Clique no botão Go To Link ( ) na parte inferior do painel Links para centralizar a imagem vinculada na prancheta e selecioná-la, se ainda não estiver selecionada. Certifique-se de que car.psd esteja selecionado no painel Links e então clique no botão Relink ( ) na parte inferior do painel.

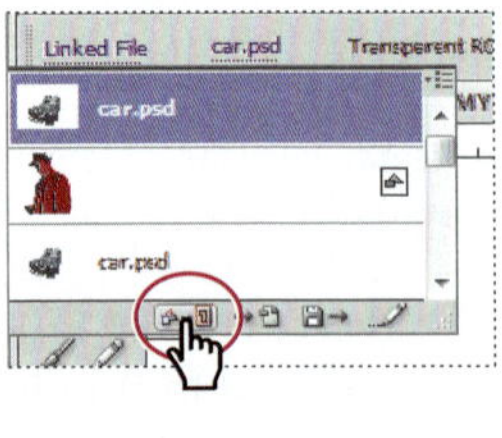

4 Na caixa de diálogo Place, navegue até a imagem car_bw.psd na pasta Lesson15 e selecione-a. Certifique-se de que a opção Link esteja selecionada. Clique em Place para substituir a imagem do carro menor pela nova.

A imagem substituta (car_bw.psd) aparece na prancheta no lugar da imagem car.psd. Quando você substitui uma imagem, os ajustes de cor aplicados à imagem original não são aplicados à imagem substituta. Entretanto, as máscaras aplicadas à imagem original são preservadas. Todos os modos de camada e ajustes de transparência feitos em outras camadas também podem afetar a aparência da imagem.

5 Escolha Select > Deselect e depois View > Fit Artboard In Window.

6 Escolha File > Save.

Se quiser aprender a abrir e manipular um arquivo em camadas do Illustrator no Photoshop, continue até a próxima seção. Se não, pule para a seção Explore por conta própria.

Exporte um arquivo em camadas para o Adobe Photoshop

Você não só pode abrir arquivos do Photoshop em camadas no Illustrator, como também pode salvá-los como arquivos do Illustrator em camadas e depois reabri-los no Photoshop. Mover arquivos em camadas entre o Illustrator e o Photoshop é muito útil para criar e editar elementos gráficos da Web ou de impressão. É possível preservar a relação hierárquica das camadas selecionando a opção Write Layers ao salvar seu arquivo. Você também pode abrir e editar objetos de texto.

1 Escolha File > Export.

2 Vá para a pasta em que você salvará o arquivo e atribua ao arquivo o nome **poster.psd**. Mudar o nome de arquivo preserva seu arquivo do Illustrator original.

3 Escolha Photoshop (PSD) no menu Save As Type (Windows) ou Format (Mac OS) e clique em Save (Windows) ou Export (Mac OS).

4 Na caixa de diálogo Photoshop Export Options, certifique-se de que CMYK é o modelo de cor, selecione High (300 ppi) como a resolução e veja se Write Layers está selecionado. Deixe o restante das configurações nos seus padrões. Preserve Text Editability está apagado porque todo o texto já foi convertido em curvas. Clique em OK.

▶ **Dica:** Na caixa de diálogo Export, a seleção Use Artboards permite exportar as pranchetas como arquivos Photoshop PSD separados.

● **Nota:** Após clicar em OK, você talvez veja uma caixa de diálogo de alerta. Clique em OK.

● **Nota:** Após clicar em OK, talvez demore um pouco para salvar o arquivo.

A opção Anti-alias remove as bordas serrilhadas do trabalho. A opção Write Layers permite exportar cada camada de primeiro nível do Illustrator como uma camada do Photoshop separada.

▶ **Dica:** Você também pode copiar e colar ou arrastar e soltar do Illustrator para o Photoshop. Ao copiar e colar, uma caixa de diálogo aparece perguntando em que tipo de objeto você quer inserir o conteúdo do Illustrator, como Smart Object, Pixels, Path, ou Shape Layer. Para aprender mais sobre importar conteúdo do Illustrator para o Photoshop, pesquise "Duplicate selections using drag and drop" no Illustrator Help.

5 Inicie o Adobe Photoshop CS5.

● **Nota:** Você pode abrir arquivos do Illustrator nas versões anteriores do Photoshop, mas, para esta lição, supõe-se que você esteja utilizando o Adobe Photoshop CS5.

6 Abra o arquivo poster.psd que você exportou no passo 4.

7 Clique na guia Layers para visualizar o painel Layers. Observe as camadas. Escolha File > Close e não salve as alterações.

● **Nota:** Um trabalho muito complexo pode ser rasterizado e achatado a uma camada.

8 Feche o Photoshop CS5.

O Illustrator e o InDesign

Você pode inserir arquivos Illustrator (AI) e arquivos PDF no InDesign. Também pode copiar e colar conteúdo do Illustrator e arrastar e soltar do Illustrator no InDesign. Para aprender mais sobre o Illustrator e o InDesign, consulte o arquivo Adobeapps.pdf (em inglês) no CD Classroom In a Book.

O Illustrator e o Adobe Flash

O Illustrator CS5 permite utilizar seu conteúdo no Flash ou exportá-lo no formato de arquivo Flash (SWF). Para aprender mais sobre como trabalhar com o Illustrator e o Adobe Flash, consulte o arquivo Adobeapps.pdf (em inglês) no CD Classroom In a Book.

O Illustrator e o Adobe Flash Catalyst

No Illustrator CS5, você pode criar e salvar um arquivo Illustrator para utilizar no Adobe Flash Catalyst. Para aprender mais sobre como trabalhar com o Illustrator e o Adobe Flash Catalyst, consulte o arquivo Adobeapps.pdf (em inglês) no CD Classroom In a Book.

O Illustrator e o Adobe Flex

No Illustrator CS5, você pode salvar um arquivo do Illustrator para utilizar no Adobe Flex. Para aprender mais sobre como trabalhar com o Illustrator e o Adobe Flex, consulte o arquivo Adobeapps.pdf (em inglês) no CD Classroom In a Book.

Explore por conta própria

Agora que sabe inserir e mascarar uma imagem em um arquivo do Illustrator, você pode inserir outras imagens e aplicar uma variedade de modificações às imagens. Você também pode criar máscaras para imagens de objetos criados no Illustrator. Para praticar mais, experimente o seguinte:

1 Além de ajustar a cor das imagens, aplique efeitos de transformação (como cortar ou girar), filtros ou efeitos (como um dos filtros/efeitos Artistic ou Distort) para dar contraste aos dois carros no arquivo movieposter.ai.

2 Utilize as ferramentas de forma básicas ou as de desenho para desenhar objetos e criar um path composto para utilizar como máscara. Então insira a imagem woman.psd no arquivo com o path composto e aplique o path composto como uma máscara.

3 Crie texto com uma fonte grande e utilize-o como uma máscara de recorte para um objeto inserido.

4 Escolha File > Close e não salve o trabalho.

Perguntas de revisão

1 Descreva a diferença entre vinculação e incorporação no Illustrator.

2 Como criar uma máscara de opacidade para uma imagem inserida?

3 Que tipos de objetos podem ser utilizados como máscaras?

4 Que modificações de cor podem ser aplicadas a um objeto selecionado utilizando efeitos?

5 Descreva como substituir uma imagem inserida por outra imagem em um documento.

6 Identifique duas maneiras de importar o conteúdo do Illustrator para o Adobe InDesign.

Respostas

1 Um arquivo vinculado é um arquivo externo separado conectado ao arquivo do Illustrator por um link eletrônico. Um arquivo vinculado não aumenta significativamente o tamanho do arquivo do Illustrator. Ele deve acompanhar o arquivo do Illustrator para preservar o link e garantir que o arquivo inserido apareça quando você abrir o arquivo do Illustrator. Um arquivo incorporado é incluído no arquivo do Illustrator. O tamanho do arquivo do Illustrator reflete a adição do arquivo incorporado. Como o arquivo incorporado faz parte do arquivo do Illustrator, não há link que possa ser quebrado. Você pode atualizar os arquivos vinculados e incorporados utilizando o botão Replace Link no painel Links.

2 Uma máscara de opacidade é criada inserindo-se o objeto mascarador sobre o objeto a ser mascarado. Então, selecione a máscara e os objetos a serem mascarados e escolha Make Opacity Mask no menu do painel Transparency.

3 Uma máscara pode ser um path simples ou composto. É possível utilizar texto como máscara. Você pode importar máscaras de opacidade com arquivos do Photoshop inseridos. Também pode criar máscaras de corte de camada com qualquer forma que seja o objeto no topo de um grupo ou camada.

4 É possível utilizar efeitos para alterar o modo de cor (RGB, CMYK ou escala de cinza) ou ajustar cores individuais em um objeto selecionado. Você também pode saturar, dessaturar ou inverter cores em um objeto selecionado. Pode aplicar modificações de cor a imagens inseridas, bem como ao trabalho criado no Illustrator.

5 Para substituir uma imagem inserida, selecione a imagem no painel Links. Clique então no botão Replace Link, localize e selecione a imagem de substituição. Clique em Place.

6 Escolha File > Place no InDesign para inserir um elemento gráfico e criar um link para o original, ou escolha Edit > Paste depois de copiar o conteúdo a partir do Illustrator. Colar conteúdo não cria um link.

ÍNDICE

D

E

F

Notas de produção

O *Adobe Illustrator CS5 Classroom in a Book* foi criado eletronicamente com o InDesign CS4. A arte foi produzida com o Adobe InDesign, o Adobe Illustrator e o Adobe Photoshop. As famílias de fonte Myriad Pro e Warnock OpenType foram utilizadas em todo o livro.

As referências a nomes de empresa nas lições são apenas para fins ilustrativos, e não pretendem referir-se a nenhuma organização ou pessoa real.

Imagens

As fotografias e ilustrações se destinam exclusivamente ao uso com os tutoriais.

Tipos de fonte utilizados

As fontes Myriad Pro e Adobe Warnock Pro são utilizadas em todas as lições. Para mais informações sobre as fontes OpenType e Adobe, visite www.adobe.com/type/opentype/.

Créditos da equipe

As pessoas a seguir contribuíram para o desenvolvimento desta edição do *Adobe Illustrator CS5 Classroom in a Book*:

Gerente de projeto: Wyndham Wood

Editor de desenvolvimento: Brian Wood

Design: Sibyl Perkins

Editor de produção: Brian Wood

Editores técnicos: Lara Mihata e Joan Vermeulen

Compositor: Brian Wood

Edição de texto: Resources Online

Revisão: Resources Online

Indexador: Rebecca Plunket

Design de capa: Eddie Yuen

Design do miolo: Mimi Heft

Colaboradores

Brian Wood Instrutor Adobe Certified em Dreamweaver CS4, Acrobat 9 Pro e Illustrator CS4 e autor de cinco livros de treinamento de Illustrator e InDesign, bem como de diversos vídeos de treinamento e DVDs sobre Dreamweaver e CSS, InDesign, Illustrator e Acrobat, inclusive multimídia e formas Acrobat Expression Web, entre outros.

Além de treinamento a vários clientes de pequeno e grande porte, Brian dá palestras em conferências nos Estados Unidos, como os seminários Getting Started with Dreamweaver and CS5, The InDesign Conference, The Web Design Conference, The Creative Suite Conference e eventos organizados por AIGA, GAG, STC, CASE e outras organizações do setor. Para saber mais, visite www.askbrianwood.com.

Wyndham Wood Escritora profissional com mais de 10 anos de experiência em marketing e negócios, incluindo oito anos como presidente de um centro de treinamento autorizado da Adobe. Além de ajudar a escrever e editar os livros de treinamento, Wyndham escreve artigos e documentos para várias publicações do setor.